Palavras Praticadas

Coleção Estudos
Dirigida por J. Guinsburg

Equipe de realização – Edição de texto: Márcia Abreu; Revisão: Marcio Honorio de Godoy; Sobrecapa: Sergio Kon; Produção: Ricardo W. Neves, Sergio Kon, Raquel Fernandes Abranches e Luiz Henrique Soares.

Tatiana Motta Lima

PALAVRAS PRATICADAS
**O PERCURSO ARTÍSTICO
DE JERZY GROTOWSKI: 1959-1974**

CIP-Brasil. Catalogação-na-Fonte
Sindicato Nacional dos Editores de Livros, RJ

L696p

Motta Lima, Tatiana
   Palavras praticadas: o percurso artístico de Jerzy Grotowski: 1959-1974 / Tatiana Motta Lima. – São Paulo: Perspectiva, 2012.
         (Estudos ; 300)

      Inclui bibliografia
      ISBN 978-85-273-0953-0

   1. Grotowski, Jerzy, 1933-1999 – Crítica e interpretação.
2. Teatro – História e crítica. 3. Representação teatral I. Título.
II. Série.

12-6394.   CDD: 792.09
                  CDU: 792(81)

04.09.12   19.09.12   038845

Direitos reservados à
EDITORA PERSPECTIVA S.A.

Av. Brigadeiro Luís Antônio, 3025
01401-000 São Paulo SP Brasil
Telefax: (011) 3885-8388
www.editoraperspectiva.com.br

2012

Sumário

Agradecimentos. XIII

Apresentação – *Ana Maria de Bulhões-Carvalho* XVII

Introdução: Por um Grotowski Pesquisador. XXI

O PERCURSO DAS PALAVRAS. 1

O Conceito de "Percurso" ou "Trajetória":
Precauções Metodológicas 1

Perspectivas Micro e Macro 3

Grotowski por Seus Textos: Vencendo Preconceitos . . 8

Texto ou Textos, História ou Histórias 13

A Língua Polonesa e a Polônia. 16

Observações Sobre os Materiais de Pesquisa. 28

Reflexões Sobre a Terminologia de Grotowski 32

Os Limites da Pesquisa 33

Grotowski e a Produção da Obra Escrita 35

Entre o Oral e o Escrito. 36

Textos: Modo de Fazer 40

Controle. 43

A Questão das Versões e *The Grotowski*
Sourcebook. 45

Reflexões de Grotowski Sobre Conceitos
e Terminologia 49

O PERCURSO DA NOÇÃO DE ATOR EM GROTOWSKI

1959-1964

MARCO ZERO:
No Início Era a Teatralidade e o Ritual. 57

MARCO 1:
Um Corpo-Voz Hábil – Treinamento e Partitura
em *Sakuntala* 76

TRANSIÇÃO:
"Stanislávski Tinha um Pouco de Razão". 79

MARCO 2:
Ator Artificial e Ator-Santo 87

1965-1974

MARCO 3:
Buscando o que se Queria Encontra-se Outra Coisa:
A Experiência de Cieślak em *O Príncipe Constante* . 164

MARCO 4:
A Consciência Orgânica e o Encontro:
Apocalypsis cum Figuris e Holiday. 201

APÊNDICES

Arte e Vida, Teatro de Grupo e Treinamento. 291

Nem Ator, nem Método 295

O PERCURSO DA NOÇÃO DE ESPECTADOR EM GROTOWSKI.................307

MARCO 1:
Participácolo e Farsa-Misterium.................314

MARCO 2:
Arquétipo, Dialética da Derrisão e Apoteose........319

MARCO 3:
O Espectador-Testemunha.....................366

MARCO 4:
Por uma Participação Outra....................383

CONTER O INCONTÍVEL.........................399

Estrutura e Espontaneidade.....................400
Detalhamento e Precisão.......................415

Anexo: Para "Ler" Grotowski.......................419
Bibliografia...425

Para Dayse, Jair e Caetano,
por estarem sempre presentes,
e por me oferecerem seu amor
que incentiva, ilumina e aceita.

Agradecimentos

A tese que deu origem a este livro consumiu muitos anos e só foi possível graças ao apoio de muitas pessoas e instituições. Desculpo-me, antecipadamente, pelo tamanho dos agradecimentos.

Agradeço ao Jair, meu queridíssimo parceiro de toda uma vida, por seu amor que sabe acompanhar as transformações da minha jornada; à minha mãe, Dayse, por seu carinho, generosidade e confiança; ao meu filho, Caetano, por sua presença luminosa; e ao meu pai, Rodolpho, por seu amor cada vez mais revelado.

Esta investigação não seria a mesma sem o apoio afetivo e intelectual de inúmeros amigos e familiares. Alguns deles: tia Teresa e tio Wanderley, Suyen Matos e Geraldo Rochocz, Ilana e Ricardo Szpilman, Priscilla Duarte e Ricardo Gomes, Daniela Varotto e Daniel Plá, Humberto Brevilheri, Joana Levi, Sylvia Heller, José da Costa, Nanci de Freitas, André Paes Leme, Patrícia Furtado de Mendonça, Berta Teixeira, Bya Braga, Beth Lopes, Maria Thais, Fernando Montes, José Tonezzi, Adriana Vianna, Andréia Resende, Tetê Dias, Claudia Gomes, Marco Abbondanza, Izabela Pluta, Cláudia Tatinge, Maria Assunção, Paula Sandroni, Dani Lima, Larissa Elias, Narciso Telles, Laure

Garrabé, Luís Torreão, Joana Ribeiro, Paulo Atto, Tarzan e Andréia. A todos agradeço de coração.

Agradeço aos queridos companheiros do "Teatro da Passagem": Tarak Hammam, Warley Goulart, Carlos Eduardo Cinelli e Rosana Reátegui. E ainda a Ana Luiza Magalhães, Edison Mego, Daniela Fossaluza, Renata Santiago, Nadam Guerra e Alexander de Moraes, que participaram daquela aventura.

Agradeço ao Marcus Quintaes, por sua parceria nesse longo trabalho de *soul-making*.

Agradeço aos colegas e funcionários da UniRio pelo suporte e interlocução. E aos meus alunos de todos esses anos, particularmente a Marcela Andrade, Tatiane Santoro, Marília Nunes, Eduardo Landim, Letícia Almeida, Rodrigo Abreu, Laura Becker, Clarisse Monteiro, Helena Contente e André Magela.

Agradeço ao Luiz Camillo Osório, pela orientação instigante e frutífera, e ao Jean-Marie Pradier, pela tutoria generosa.

Agradeço aos professores Silvia Fernandes, Fernando Mencarelli, Ana Maria de Bulhões-Carvalho, Nara Keiserman, Ricardo Kosovski e Maria Helena Werneck pela discussão sensível de meu trabalho e pela amizade sempre renovada.

Agradeço ao professor Osinski e a toda equipe do Centro de Grotowski, em Wroclaw, pela recepção calorosa em 1998, e ao Dominique Gérard pela confiança ao compartilhar suas experiências vividas à época do "Teatro das Fontes".

Agradeço ao Thomas Richards e ao Mario Biagini pelo diálogo sempre intenso e provocante. E à equipe do Workcenter, à época do projeto Tracing Roads Across, pela acolhida. Agradeço à Carla Pollastrelli pela recepção generosa no Teatro de Pontedera e por compartilhar suas experiências.

Agradeço ao Ludwik Flaszen, pelo diálogo e por sua generosidade e confiança no fornecimento de materiais para esta pesquisa; e ao François Kahn, pelas entrevistas e por me ensinar, através de seu exemplo, uma maneira sensível e corajosa de estar no mundo e de fazer arte.

Agradeço à Capes, pela bolsa para Paris VIII e pela menção honrosa outorgada a esse trabalho.

AGRADECIMENTOS

Agradeço a todos que durante esses anos me forneceram artigos, compraram e enviaram livros do exterior, xerocaram textos, abriram suas próprias bibliotecas, copiaram vídeos etc.

Esta investigação nasce de todos esses apoios e afetos e ainda de muitos outros que não pude nomear sob pena de me alongar demasiadamente.

Apresentação

O que dizer na abertura de um livro como *Palavras Praticadas*? Para que, ou a quem, servirá uma apresentação? Quem sabe, em primeiro lugar, para evidenciar o que a própria pesquisadora, talvez, não possa afirmar sobre si própria, mas que desde as primeiras páginas a leitura deste livro vai revelar: o caráter consistente da investigação que o antecedeu e o traço criativo que sua escrita oferece. São essas duas características, ao mesmo tempo fundamentais e desafiadoras à qualidade de uma publicação sobre pesquisa em artes, o que há aqui de mais revelador e precioso.

Se o trabalho de Tatiana Motta Lima é construído pela vivência artística e pedagógica, aliada ao amadurecimento intelectual, o que resulta desse universo múltiplo de experiências, viagens, encontros com notáveis e, sobretudo, de muitas leituras é a construção de um pensamento que se vai sedimentando por meio de uma metodologia própria, de modo a imbricar a subjetividade da artista e professora à objetividade da pesquisadora. O que se tem em mãos é proposta modelar para pesquisa em artes cênicas em torno de um objeto vivo, isto é, a obra persistente de um autor já morto.

Que perigos ocorrem quando, morto, o autor é retomado na disseminação de suas ideias? O alerta é dado pela própria pesquisadora: o perigo de que, pela excessiva circulação, certos conceitos sejam utilizados "como *palavras*. E, então, palavras iguais ou semelhantes passam a designar experiências semelhantes, o que, em matéria de atuação, quase nunca é verdadeiro", diz ela, na Introdução. O perigo de se afastar do que pretendera, de se ver autor ou divulgador de ideias às vezes contrárias às que buscou, parece ameaçar um Grotowski dos pósteros. Tatiana Motta Lima enfrenta esse campo de restabelecimento, sabendo: perscrutar o que há de persistente na obra de um autor já morto é difícil e delicado. Reconstituir um pensamento é trabalho de arqueologia e restauração, a exigir conhecimento, ousadia e precisão. Conhecimento para distinguir, dentre as fontes de consulta, as mais confiáveis; ousadia para aventurar-se entre os "pares" consagrados, propondo correções à sua visão; e precisão para definir escolhas.

E qual o segredo para a manutenção dessa postura? Quem responde é François Kahn, na orelha do livro. O primeiro segredo será a "ausência de mitologização", isto é, o extremo cuidado de rejeitar um "impulso de embelezar palavras e fatos", "deslizar os sentidos para fazê-los coincidir com sua própria interpretação". A precisa observação de Kahn evidencia a atitude adequada de arqueóloga e restauradora, ao mesmo tempo que devolve Grotowski aos leitores.

Tatiana continua a obra de Grotowski. Por que se pode acreditar nisso? Porque ela persegue, revela e fixa, de algum modo, com extremo cuidado, um percurso que Grotowski, a seu modo, apaga. Como ela mesma disse, na apresentação oral de seu trabalho que antecedeu a "defesa" da tese e que eu cito a partir de anotações pessoais, seu objetivo era "não a unidade profunda, mas as crises, o drama, as falências". Buscou o Grotowski nos textos e no silêncio dos textos, cruzando termos escritos com o que depreendeu dos exercícios, desejando "quebrar preconceitos: nada pode ser fetichizado". Tatiana Motta Lima reforça essa ideia agora, com o que sua escrita revela, ainda no capítulo 1:

> Se tenho a pretensão de datar os textos e as práticas de Grotowski, de anexar o nome de outros artistas ao seu trabalho, de cruzar termos e procedimentos, não o faço por um amor à história do teatro, mas

pelo interesse íntimo, humano, de conhecer um *outro*, de seguir – inventar? interpretar? – o percurso de encontros, embates, dificuldades, crises, perguntas e respostas de um artista pesquisador, tanto inquieto quanto rigoroso, que propôs novos desafios à arte do final do século xx. Desafios que perduram ainda hoje.

Encontrar o outro. Essa ousadia contém um segundo segredo: a necessidade de demonstrar um controle sobre a lógica de construção da própria escritura, de tal modo que esse mesmo Grotowski que fale seja sempre outro, e o *ritornello* como recurso não canse nem se torne repetitivo: à maneira de uma escrita de romance policial, esta autora dissemina pistas, sobretudo na pujança de notas de rodapé, de tal modo que seu escrito contém e revela uma metaescritura (a tese como metatese). Essa garantia terão os leitores: o rigor nas datações, nas referências, nas fontes e a precisão vocabular permitem que se desenhe o estado da arte dos conhecimentos a respeito de Grotowski, como, por exemplo, o que a nota 130 do capítulo 2 permite concluir: a firmeza com que se transformam fontes secundárias – textos escritos sobre Grotowski – em fontes primárias, textos resultantes de entrevistas realizadas na pesquisa. Daí surge, sem a dureza da forma dicionarizada, uma espécie de glossário vivo de termos grotowskianos, termos que vão sendo aquecidos na medida em que aparecem nos textos, isto é, vão passando de um estado de latência, de sugestão, a uma definição possível e confiável.

No entanto, o que poderia tornar o texto maçante e excessivo, se apresenta de forma fluida e instigante. Qualidade que se desprende de um terceiro segredo: a escrita do texto mantém o tom de conversa, que Sílvia Fernandes, na arguição oral, apontou como "generosidade, vontade de interlocução e, simultaneamente, controle". Apenas a título de exemplo, um dentre inúmeros possíveis, menciono o teor da nota 12 do capítulo 1:

Para poder analisar a terminologia de Grotowski, tanto em termos de sua transformação interna quanto em termos de seu diálogo com diferentes interlocutores, é importante inventariar, na medida do possível, as datas nas quais se produziram as ideias posteriormente publicadas. Assim, utilizarei os colchetes [ ] para informar ao leitor a primeira data referente àquela citação, seja a data da primeira publicação do texto ou a data da entrevista ou palestra que esteve na origem da publicação.

Se a tessitura da obra remete à relação entre arte e vida, se a inquietude do artista que não deixa nada quieto acompanha cada página, se a passagem entre a ideia, o processo, a prática e novamente a ideia registram-se em pulsação viva, é porque a análise do percurso da investigação de Grotowski em torno das noções de ator e de espectador realmente aconteceu e se registrou nas idas e vindas entre textos e procedimentos, no período entre 1959 e 1974, e o propósito da investigação se cumpriu.

Imagina-se Grotowski sorrindo, lendo-se o texto de Tatiana Motta Lima. Ela fala dele, com ele.

Ana Maria de Bulhões-Carvalho
(Professora do Departamento de Teoria do Teatro e do Programa de Pós-Graduação em Artes Cênicas da UniRio)

Introdução
Por um Grotowski Pesquisador

Temos o direito de adular um poeta e colocá-lo sobre um pedestal, desapropriando-o de seu pensamento?

C. MILOSZ [1]

As condições de trabalho são realmente diferentes. Então, quando eu conto para vocês certas experiências, evito dizer que acho que se deve fazer isso ou aquilo. Porque isso não será operativo, mesmo se algum de vocês quiser segui-las. Conto a vocês uma experiência que pode, talvez, levar alguns de vocês a uma reflexão: "Bom, e em outras circunstâncias, em outro tempo, em outro... quais serão as conclusões para mim?" [...] No fundo, quando, por exemplo, na vida teatral, quando estudei Stanislávski era isso. As condições de trabalho de Stanislávski foram totalmente diferentes das condições do meu trabalho [...] o seu conhecimento não foi, nos detalhes, aplicável para mim. E, mesmo assim, era como ver a vida criativa de um outro, a vida criativa de muito grande qualidade, e era como se essa vida criativa, os detalhes de seu trabalho, apresentasse para mim a questão: Bom, e você como faz? Como faria no seu lugar? E por que ele teve razão nesse momento? E por que não no outro? Então, era como se Stanislávski me contasse o que ele fez. E eu pude tomar minhas próprias decisões. É a mesma coisa que eu tento fazer diante de vocês: simplesmente contar para vocês; porque as personalidades, as experiências humanas, as condições de trabalho não são as mesmas para vocês. É diferente. Mas posso dizer para vocês: Ah, minha aventura era essa. Como disse a mim mesmo a propósito de Stanislávski quando comecei meu caminho: Sua aventura era essa. Ele soube viver sua aventura. Isso não quer dizer que eu estou de acordo com tudo. Mas isso me traz questões, me traz questões. No fundo, não são nunca as respostas que são criativas, mas as questões. As respostas, nos domínios

---

1 A propósito de Mickiewicz, C. Milosz, *La Terre d'Ulro*, p. 114. A não ser nos casos em que haja uma indicação específica, todas as traduções que aparecem neste livro foram feitas pela autora, que agradece a contribuição de Patrícia Furtado de Mendonça e Ricardo Gomes nos casos de tradução da língua italiana.

XXII   PALAVRAS PRATICADAS

> *artísticos e culturais, não são únicas. Elas não podem*
> *ser canônicas: deve-se fazer isso. Sim, um pouco pode-*
> *mos dizer o que não se deve fazer, mas o que se deve*
> *fazer, isso depende de muitas circunstâncias*
>
> JERZY GROTOWSKI[2].
>
> *Estou sempre pronto para ser o traidor de qualquer re-*
> *gra exclusiva*
>
> JERZY GROTOWSKI[3].

Muitos estudiosos do teatro, principalmente após a morte de Grotowski[4], têm falado sobre a necessidade premente de se voltar a ler[5] Grotowski[6] e esse ler, para alguns deles, é utilizado em seu duplo sentido: é necessário tanto voltar aos seus textos quanto voltar a interpretar o percurso do artista. Muitos aludem a um Grotowski ao mesmo tempo muito citado e pouquíssimo conhecido. Concordo com essas avaliações. O interesse pelo percurso de investigação do artista acabou sendo substituído por saberes tidos como já adquiridos – sobretudo relacionados ao momento mais conhecido do seu percurso, o momento dos espetáculos teatrais – por uma quantidade de citações que se ligaram ao seu nome, ou por ideias genéricas de um teatro pobre ou de um ator santo.

Ao seu nome uniu-se ainda uma série de ideias errôneas. Entre outras, o amálgama de seu trabalho com o teatro-dança oriental/asiático[7]; sua inspiração artaudiana[8]; e mesmo uma

---

2   J. Grotowski, aula do Collège de France, fita de 12/1/1998, tomo 1, lado B.

3   Interview with Grotowski, R. Schechner; L. Wolford (orgs.), *The Grotowski Sourcebook*, p. 53.

4   J. Grotowski faleceu aos 66 anos, em Pontedera, Itália, em 14 de janeiro de 1999.

5   O número da revista *The Drama Review*, de 2008, dedicada a Grotowski, chamava-se exatamente Re-Reading Grotowski, TDR, v. 52, n. 2, Summer 2008, T 198.

6   Antonio Attisani, *Un teatro apocrifo*; F. Tavianni, Grotowski posdomani, *Teatro e Storia*, n. 20-21, p. 391-420; L. Flaszen, De Mistério a Mistério, em L. Flaszen; C. Pollastrelli (orgs.), *O Teatro-Laboratório de Jerzy Grotowski 1959-1969*, p. 17-32; M. De Marinis, *La Parabola de Grotowski*.

7   Vale a pena ler o texto "Oriente/Ocidente" de Grotowski (1993), bem como a resposta de E. Barba a Kermit G. Dunkelberg sobre a influência do kathakali no trabalho de Grotowski (*A Terra de Cinzas e Diamantes*, p. 183-187). Nesses textos, fica claro que, se houve forte influência do pensamento oriental nas investigações dele, o mesmo não aconteceu com as técnicas do teatro-dança, seja do kathakali, do nô ou da ópera de Pequim. A esse propósito, cf. também Jennifer Kumiega, *The Theatre of Grotowski*, p. 114-116.

8   Grotowski afirmou ter conhecido os textos de Artaud apenas depois de haver construído suas principais ideias sobre o teatro. No texto "Ele Não Era Inteiramente Ele

INTRODUÇÃO: POR UM GROTOWSKI PESQUISADOR   XXIII

maneira de valorizar o teatro de grupo[9] que ele, na sua constante reforma, colocou, em vários momentos, em xeque.

Na falta de um estudo mais aprofundado do assunto[10], podemos afirmar de maneira aproximada que Grotowski, no Brasil, aparece, principalmente, a partir de duas leituras. A primeira delas nasceu nos anos de 1960/1970, época do seu *boom* no Brasil (ele esteve no país em 1974) e em todo o mundo. Essa leitura se presentifica por meio do relato de/sobre grupos que desenvolveram, sob a influência do seu nome, experiências vocais e corporais que, dependendo do ponto de vista do depoente, seriam libertárias e/ou caóticas, e espetáculos "viscerais"[11].

A outra via de leitura de Grotowski no Brasil se deu a partir do trabalho de Eugenio Barba e de outros diretores e grupos do terceiro teatro (Tascabile, Potlasch) que, sobretudo na segunda metade dos anos de 1980, vieram ao país para ministrar palestras e oficinas. Dado o fato de que esses artistas reivindicavam para

Mesmo", Grotowski demonstrou como certas ideias apresentadas como de Artaud (por meio das quais o próprio Grotowski também passou a ser reconhecido) tinham sido afirmadas e experimentadas por outros artistas, já no início do século XX. Ele via em Artaud um visionário que não encontrou nem tempo nem condições para colocar suas ideias em prática de maneira sistemática, e talvez, também por isso, ele não corroborava a comparação estabelecida entre as duas investigações. Nesse sentido, preferia afirmar a influência de Stanislávski sobre seu trabalho. Isso não impede, é claro, que um pesquisador venha a estabelecer semelhanças entre as duas investigações. Particularmente interessante para essa comparação poderia ser o ensaio "O Teatro da Crueldade e o Fechamento da Representação" de Jacques Derrida.

9 Em muitos momentos, para Grotowski, a ideia de grupo esteve relacionada a um *compromisso* entre as pessoas, que ele via como potencialmente prejudicial para a continuidade das investigações. Ele gostava mais do termo *equipe*, termo utilizado até hoje no Workcenter. Voltarei a essa reflexão nos apêndices a "O Percurso da Noção de Ator em Grotowski".

10 Alguns esforços têm sido feitos nessa direção: ver os artigos de A. Carreira, *Grotowski y el Teatro de Grupo en el Brasil*, Cuadernos de Picadero, n. 5; S. Garcia, *Apocalipse cum Brasilia Figura. Traços da Presença de Grotowski no Brasil*, Cuadernos de Picadero, n. 5; e F. Mencarelli, *Grotowski e a Criação Teatral Contemporânea no Brasil*, em A. Carreira et al. (orgs.), *Mediações Performáticas Latino-Americanas II*.

11 Aldomar Conrado, tanto em depoimento gravado para o Seminário Internacional Grotowski 2009, Uma Vida Maior do que o Mito, do qual fui curadora, como em entrevista não publicada concedida a Perla de Maio, afirmou que se interessou por traduzir o *Em Busca de um Teatro Pobre*, no Brasil, porque as ideias de Grotowski eram tão pouco conhecidas quanto requisitadas como influência para as mais bizarras experiências teatrais e de grupo. Conrado disse ter querido, por meio da tradução do livro, trazer mais informação para grupos e artistas de teatro interessados nas investigações dele. (Acervo da pesquisadora)

PALAVRAS PRATICADAS

o seu trabalho uma forte influência das ideias dele, suas práticas e concepções de teatro apresentadas no Brasil foram vistas erroneamente como exemplos concretos do trabalho de Grotowski.

É comum ouvirmos que Barba, no seu esforço por reunir o que nomeou de "princípios que retornam"[12], teria fornecido uma metodologia às ideias e às práticas mais dispersas ou ocultas de Grotowski[13]. É comum também ver o nome dos dois artistas ligados por certas noções como organicidade ou estrutura. Esse não é assunto para este estudo, mas acredito que um trabalho aprofundado tanto sobre os conceitos – presentes em textos de Barba e de Grotowski – quanto sobre as práticas e o percurso dos dois artistas mostraria que, por exemplo, quando se referem à organicidade, falam de coisas diferentes[14]. E aqui não cabe juízo de valor nem estou querendo criar um antagonismo entre as duas obras, mas apenas lembrar que certos termos, quando utilizados por artistas de teatro, entrecruzam-se com outros termos e principalmente com práticas específicas. E nesse sentido, a obra de Barba não explica e muito menos aplica a de Grotowski[15].

---

12 Cf. Eugenio Barba, *A Canoa de Papel*; e E. Barba; N. Savarese, *A Arte Secreta do Ator*.

13 Essa visão não é unicamente uma visão brasileira. L. Wolford dizia, em 1996: "A tendência por associar (ou mais drasticamente fundir) a investigação de Grotowski com o trabalho da Escola Internacional de Antropologia Teatral de Barba (Ista) é generalizada" (*Grotowski's Objective Drama Research*, p. 24). E essa tendência continua em voga, por exemplo, no artigo Exoduction, de R. Schechner, em R. Schechner; L. Wolford (orgs.), *The Grotowski Sourcebook*. Schechner afirmou que "os aspectos mais teatrais do trabalho de Grotowski foram codificados por Eugenio Barba" (idem, p. 465). Creio que frases como essas, que de tão repetidas acabam dispensando sua demonstração, colaboram para o enfraquecimento das teorias e das práticas dos dois artistas. Não importa que Barba utilize termos que também aparecem em textos de Grotowski. Esses termos estão vinculados a práticas específicas, que são, no caso de Grotowski e Barba, extremamente diferentes. E mais: falar em *codificação*, por parte de Barba, dos aspectos teatrais de Grotowski é alimentar a ideia de um Grotowski mais filósofo do que praticante o que, com certeza, não era a vontade de Schechner.

14 Um breve *approche* comparativo foi proposto por Wolford, em *Grotowski's Objective Drama Research*, p. 24-27. Ela diferencia as investigações dos dois artistas no que diz respeito aos *objetos* de pesquisa – *princípios pré-expressivos* dentro das tradições teatrais, sobretudo asiáticas, para Barba, e elementos codificados vindos de tradições rituais, para Grotowski –, à *metodologia* utilizada – justaposição de formas codificadas, para Barba, e destilação dos morfemas essenciais dos idiomas da performance para Grotowski – e aos *objetivos* da investigação – uma presença do ator que funcione para o espectador, para Barba, e a busca de fontes técnicas, instrumentos, com a intenção de realizar um trabalho sobre si, para Grotowski.

15 Grotowski voltou ao Brasil, acompanhado por Thomas Richards, em outubro de 1996. Os dois conduziram no Sesc-SP um seminário de três dias sobre a arte

INTRODUÇÃO: POR UM GROTOWSKI PESQUISADOR   XXV

O que ocorre também é que certos conceitos, principalmente aqueles ligados à atuação, vão ficando tão voláteis, e vão sendo reduzidos a certos *slogans*, que acabam por caber em artistas tão diferentes como Grotowski, Barba, Brook ou Mnouchkine, para não me alongar demais na lista. O não inventário da relação entre termos e experiências faz com que as noções tornem-se abstratas e sejam utilizadas como palavras. E, então, palavras iguais ou semelhantes passam a designar experiências semelhantes, o que, em matéria de atuação, quase nunca é verdadeiro.

Além disso, se à terminologia de Grotowski[16] não se consegue, minimamente, relacionar experiências práticas concretas, corre-se o risco, e uso aqui uma expressão dele próprio, da canonização dessa terminologia. Termos inventados por Grotowski começam a servir para explicar as mais diferentes experiências do próprio artista ou de outrem, e perde-se justamente seu esforço artesanal, que não foi só privilégio de sua prática artística, mas apareceu também em seu discurso e em sua escrita.

Minha forma de fugir tanto daquela volatização dos termos quanto da canonização da terminologia, duas faces da mesma moeda, foi tratar termos importantes do léxico de Grotowski como conceitos, ao mesmo tempo mergulhados na – e emergidos da – prática de ensaios e exercícios. Nesse sentido, não se trata nem de apresentar um dito pensamento do autor, nem de exaltar a empiria, ambas operações propícias à produção de estereotipias. Deduzir suas práticas de uma filosofia geral que as explique totalmente e que permita que não se contradigam

como veículo com a presença de inúmeros pesquisadores e artistas americanos e europeus. O Workcenter realizou também encontros – trocas de trabalho – com grupos brasileiros (Tapa, Galpão, Razões Inversas e Circo Branco). E ainda apresentou, para convidados, sua obra: *Action*. Mas, fora as poucas notícias veiculadas na mídia paulista, e que eram ou simplistas ou buscavam a polêmica – como a entrevista realizada com Ruth Escobar e publicada em *O Estado de S.Paulo* de 18 de outubro de 1996 sob o título: "Ruth: Grotowski é Arrogante e Zangado" –, ainda não foi produzida uma verdadeira análise dessa visita e de seus desdobramentos. Essa visita teria modificado certas posições? Produzido mal-entendido ou incompreensões? No que me diz respeito, esse seminário levantou questões que, de certa forma, estão presentes neste trabalho. Além disso, ele marcou o início de minha relação de investigação junto ao Workcenter.

16 Por terminologia estou entendendo tanto termos que foram escolhidos por Grotowski, quanto aqueles que ele "criou". Aí também estão incluídos os temas – recorrentes ou abandonados – que foram trabalhados na obra escrita do artista.

XXVI PALAVRAS PRATICADAS

entre si, ou, por outro lado, relatar exercícios ou procedimentos como se neles se encontrasse a chave do seu legado, não é a melhor maneira de abordar a sua obra.

Minha opção de análise consiste em seguir (interpretar/construir, pois não há como e nem se quer fugir de um ponto de vista[17]) seu percurso de investigação de modo a perceber o revezamento, o entrecruzamento e a fricção entre discursos e procedimentos.

A vida desse percurso pareceu mais complexa e, portanto, mais interessante que a vida do "mito Grotowski", ainda que esse mito opere e tenha operado como força mobilizadora "para um amplo e complexo processo criador do teatro de grupo" no Brasil[18]. Se minha interpretação do percurso artístico do artista polonês frustra a nossa necessidade humana de métodos, modelos e espelhos, espero que ela mostre aos leitores a genialidade, a persistência e a capacidade de autorreforma de Grotowski e possa produzir interesses, dúvidas, rechaços e questões baseadas em informações pertinentes. Nesse sentido, essa interpretação esteve dirigida à prática e aos praticantes, à ação e aos atuantes, do teatro e da vida.

O título desta obra – *Palavras Praticadas* – apareceu na introdução que Georges Banu fez à edição francesa do livro de Richards – *Travailler avec Grotowski sur les Actions physiques* (Trabalhar com Grotowski Sobre as Ações Físicas). Banu apresentou esse termo como tendo sido forjado por Grotowski para mostrar – quando do trabalho de tradução para o francês do texto originalmente escrito por Richards em inglês – que a tradução deveria preservar as palavras praticadas (*les mots*

---

17 Nesse sentido, minha investigação foi orientada por uma perspectiva na qual o trabalho do pesquisador que se dedica a examinar uma determinada trajetória deve ser visto como a "elaboração de constructos, leituras possíveis e passíveis de discussão" (T. Brandão, Ora, Direis Ouvir Estrelas, *Latin American Theatre Review*, p. 213) e não como uma "recuperação" da trajetória original.

18 A. Carreira, Grotowski y el Teatro de Grupo en el Brasil, *Cuadernos de Picadero*, p. 32. Carreira diz que "se os grupos receberam a 'energia' do pensamento de Grotowski, encontraram vias de organização no exemplo de Eugenio Barba" (idem, p. 33). Talvez também daí tenha vindo a junção entre as *ideias* de Grotowski e as *práticas* de Barba de que falamos mais atrás. Carreira diz ainda que, ao mesmo tempo que o mito Grotowski opera como estímulo, ele também "funciona como elemento que justifica relações decididamente verticais entre mestres e aprendizes". Idem, ibidem.

pratiqués) durante o processo de trabalho, não separando o vocabulário do campo de energias que lhe era próprio, não esvaziando a terminologia de sua fonte corpórea e concreta[19].

Ainda que não acredite que a prática de manter, nos textos escritos, as palavras utilizadas em sala de trabalho esteja presente em toda obra de Grotowski, creio que a expressão *palavras praticadas* reivindica para a sua terminologia um estatuto experiencial: as palavras nascem da experiência e também podem caminhar para influir na experiência, como se a escrita fosse mais um lugar de passagem que de permanência final. Além disso, esse "novo" estatuto das palavras precisou, ele também, ser praticado pelo escritor – e Grotowski dedicou-se com afinco a essa tarefa – para que a palavra vista, muitas vezes, apenas como apresentação inicial de um projeto ou como sistematização final de uma prática não tomasse de assalto o seu texto.

O período que examino vai de 1959, data de abertura do Teatro das 13 Fileiras[20], até 1974, data em que *Holiday, stricto sensu* única atividade parateatral de Grotowski, chegou ao fim, pelo menos no que entendo ter sido sua configuração mais inicial, restrita a um pequeno número de participantes. Ora, analisar esse período implicou avançar para além da data de estreia do último espetáculo de Grotowski, *Apocalypsis cum Figuris*[21], que ocorreu em 1969, rompendo, assim, com os limites da chamada fase teatral[22].

Creio que a datação da fase teatral, embora feita, ou ao menos corroborada, por Grotowski, obscureceu a crise e a transição operada em *Apocalypsis*, e também a relação desse espetáculo com *Holiday*. Além disso, esse corte acabou por

---

19 Assim, por exemplo, as fórmulas *pomper les émotions* ou *dedans du corps*, apesar de incorretas em francês, foram utilizadas na tradução francesa, em nome da fidelidade ao vocabulário utilizado por Richards nas sessões de trabalho.

20 Primeiro nome do teatro de Grotowski, em Opole. Ao longo do texto, vou me referir ao Teatro das 13 Fileiras utilizando a abreviação T13F.

21 Utilizarei a abreviação *Ap* para referir-me a *Apocalypsis cum Figuris*.

22 J. Grotowski, no texto "Da Companhia Teatral à Arte como Veículo", em *O Teatro-Laboratório de Jerzy Grotowski: 1959-1969*, dividiu seu trabalho em quatro fases distintas: o teatro dos espetáculos, o parateatro, o Teatro das Fontes e a arte como veículo. Em *The Grotowski Sourcebook* (1997), a divisão é diferente já que o parateatro e o Teatro das Fontes são apresentados juntos, e acrescenta-se a fase do *Objective Drama*, período entre 1983 e 1985 no qual Grotowski trabalhou na Universidade da Califórnia, Irvine. De Marinis (*La Parabola de Grotowski*) divide o percurso em cinco fases, separando novamente o Teatro das Fontes do parateatro e anexando o *Objective Drama*.

XXVIII PALAVRAS PRATICADAS

marcar o período parateatral de forma mais mítica que necessária quando o associa à sua viagem à Índia[23] e à mudança física do artista – emagrecimento, troca das lentes escuras dos óculos por lentes claras, crescimento de cabelos e barba, mudança na maneira de vestir-se (terno preto com gravata para roupas de estética hippie) – que ali ocorrera. Não que esses fatos não sejam importantes, mas eles participam de um momento e são mais sintomas que causas das modificações operadas no percurso artístico de Grotowski. Assim, para ler os textos/práticas de *Holiday*, achei necessário ler, pelo menos, aqueles/aquelas que se referiam aos espetáculos *O Príncipe Constante*[24] e *Ap*; e o percurso de *Ap*, último espetáculo, também não se explicava totalmente sem a convivência com *Holiday*.

Há ainda outra datação[25], também conformada pela noção de fase teatral, que divide o período entre 1959 e 1969 em duas etapas: uma até 1962, até o espetáculo *Os Antepassados*, e outra que começa dali em diante, ou seja, a partir do espetáculo *Kordian*[26]. Essa divisão tem o mérito de perceber o deslocamento de ênfase feito da encenação para os processos do ator nas investigações de Grotowski. De fato, ele não começou seu trabalho preocupado com os processos atorais – pelo menos com o que, nesses processos, dizia respeito ao que chamou, em 1962, de interioridade do ator –, mas chegou a esse interesse ao longo de sua própria investigação.

Entretanto, essa divisão em duas etapas acabou deixando de lado as modificações operadas, exatamente entre 1962 e 1969, naqueles processos atorais. Após *Kordian*, ou cada espetáculo é visto como um aprimoramento do espetáculo anterior,

---

23 Grotowski, em julho de 1970, viajou sozinho durante seis semanas para a Índia e o Kurdistão. Dessa viagem ele voltou fisicamente transformado a ponto de seus colegas não o reconhecerem imediatamente quando o reencontraram, logo após seu retorno, no aeroporto de Shiraz. São vários os depoimentos que aludem à radicalidade dessa mudança. Ver, por exemplo, os depoimentos feitos para o filme *Jerzy Grotowski, esquise d'un portrait*.

24 Utilizarei a abreviação *Pc* para referir-me ao espetáculo *O Príncipe Constante*.

25 T. Burzynsky; Z. Osinski, *Le Laboratoire de Grotowski*; J. Kumiega, *The Theatre of Grotowski*; M. De Marinis, *La Parábola de Grotowski*.

26 Marco De Marinis, no texto Teatro Rico y Teatro Pobre (1993) marcava a mudança em *Kordian*, mas, na brochura de 2004, referiu-se a *Akrópolis* como o espetáculo divisor de águas. Ele nomeou essa segunda fase do *teatro dos espetáculos* como *teatro pobre*. Cf. *La Parabola de Grotowski*, p. 31.

numa perspectiva evolucionista de seu percurso, ou então os textos e práticas do período entre 1962 e 1969 aparecem vinculados a uma filosofia ou ética geral que os unifica, ou ainda toda a fase é vinculada (e lida por meio da) à experiência de Cieślak[27] em *Pc*.

Frequentemente, por exemplo, recorre-se a textos de Grotowski escritos/ditos[28] no final da década de 1960 para explicar experiências, treinamentos e espetáculos de 1963/1964. Ora, esses textos são, muitas vezes, críticos àquelas experiências, e não poderiam explicá-las, a não ser por oposição. Um termo como corpo-vida, por exemplo, cunhado em encontro/texto de 1969, e que trazia novidades e transformações no que dizia respeito à noção de corpo para ele, aparece ao lado ou como sinônimo do termo ator-santo, de 1964, que trazia em seu bojo exatamente a noção de corpo que ele, em 1969, criticava.

Textos como "O Novo Testamento do Teatro", publicado em 1965, e "Exercícios", de 1969, são textos que se referem a práticas extremamente diferentes, mas fragmentos desses textos têm aparecido, certas vezes, lado a lado, como se os escritos dessa "segunda etapa" do período teatral fossem um grande e único texto apenas dividido em capítulos.

Desse modo, essa leitura acabou por construir um "Grotowski canônico do período teatral". Schechner, no artigo de introdução à fase teatral para o livro *The Grotowski Sourcebook*, disse-o claramente: "Daqui em diante (referia-se ao espetáculo *Kordian*), o novo trabalho era Grotowski clássico"[29].

Essa interpretação que inventou um Grotowski clássico o fez à custa de uma reflexão mais acurada sobre o percurso da investigação do artista e sobre as transformações que essas investigações sofreram justamente ao longo do período entre 1962 e 1969. Perde-se, assim, o drama da pesquisa grotowskiana.

---

27 Ryszard Cieślak (1937-1990) é reconhecido como o principal ator do Teatro--Laboratório de Grotowski. Seu primeiro espetáculo na companhia foi *Kordian*, e ele permaneceu no teatro até seu fechamento em 1984. Cieślak foi o protagonista dos espetáculos *Pc* e *Ap*. Com esse último, ganhou o prêmio de melhor ator *off-Broadway*.

28 Mais à frente, veremos que Grotowski, na maioria das vezes, construiu seus textos a partir de conferências, palestras e encontros. Eles foram textos *ditos* antes de serem textos *escritos* e, por isso, utilizei a barra (/).

29 R. Schechner, Introduction (Part I), em R. Schechner; L. Wolford (orgs.), *The Grotowski Sourcebook*, p. 25.

No Grotowski clássico fica escondida uma série de embates, falências, autocríticas e transformações que busco, na medida do possível, trazer à luz neste livro.

A importância do trabalho de Cieślak em *Pc*, por exemplo, é sempre citada, mas creio que não se investigou suficientemente essa importância – e sua diferença – em relação aos espetáculos anteriores e ao posterior. O que aparece frequentemente, e não só na análise daqueles pesquisadores, mas em algo que poderíamos chamar de um senso comum ligado ao trabalho de Grotowski, é, por exemplo, a afirmação pouco sustentável de que em *Ap*, espetáculo subsequente a *Pc*, todos os atores da companhia teriam chegado ao *ato total* conseguido anteriormente por Cieślak. A impressão que se tem é que uma fórmula ou um método, descoberto com Cieślak, teria sido aplicado aos outros atores. Grotowski nunca fez tal afirmação, e veremos que seus textos chegaram mesmo a desmentir tal possibilidade. Frente a uma afirmação desse tipo fica difícil entender o período de grave crise que levou a montagem de *Ap*, gerada, em parte, exatamente pelo acontecimento que foi a atuação de Cieślak – e sua relação com Grotowski – em *Pc*.

Aquela divisão da fase teatral do artista polonês em duas etapas acabou também por unificar um período de investigação bastante rico e em permanente transformação localizado entre 1963 e 1966, ou seja, entre os ensaios para o espetáculo *Dr. Fausto* e o período imediatamente posterior à estreia de *Pc*. Acredito que, nesse período, ocorreram modificações e descobertas que, se não levadas em consideração, acabam por forçar o pesquisador a reunir conceitos e procedimentos que nasceram, senão em oposição, pelo menos em um forte processo de autocrítica.

Justamente sobre esse período de investigação, há um artigo muito interessante que Franco Ruffini publicou, em 2000, chamado "La stanza vuota" (O Quarto Vazio). Ruffini fez um trabalho minucioso de releitura de alguns textos que aparecem no livro *Em Busca de um Teatro Pobre*, comparando-os com antigas versões desses mesmos textos publicados anteriormente no livro *Alla ricerca di un teatro perduto*, de 1965, de Eugenio Barba. Minha obra dialogou em inúmeros momentos com esse artigo de Ruffini, embora eu discorde de suas conclusões.

INTRODUÇÃO: POR UM GROTOWSKI PESQUISADOR   XXXI

Acredito que Ruffini interpretou procedimentos que foram exatamente – ainda que paulatinamente – superados na feitura de *Pc* como se se tratassem de segredos práticos – e ocultados por Grotowski em seu livro – utilizados na investigação realizada entre Cieślak e Grotowski naquele espetáculo. Justamente por acreditar nesse ocultamento, Ruffini se refere ao livro de Grotowski como se se tratasse de um quarto vazio.

De qualquer maneira, foi por meio da leitura desse artigo de Ruffini que percebi a importância de analisar dois textos de Barba escritos na primeira metade da década de 1960: a brochura *Le Théâtre psycho-dynamique* (O Teatro Psicodinâmico), de 1963, e o livro *Alla Ricerca de un teatro perduto* (Em Busca de um Teatro Perdido), de 1965. Textos do período[30] que, ao que parece, foram deixados de lado pelos estudiosos de Grotowski. Foi também dialogando com o texto de Ruffini que pude desenvolver hipóteses de investigação que considero produtivas para uma leitura do período entre 1963 e 1966.

Entre *Dr. Fausto* e o trabalho em torno de *Pc* – realizado antes, durante e sobretudo depois da estreia do espetáculo – acredito que Grotowski operou uma transformação na sua noção de ator e nos procedimentos vinculados a seu trabalho. A noção de organicidade, por exemplo, foi uma prática/discurso que não esteve presente desde o começo do seu percurso e nem mesmo apareceu a partir de 1962, ou seja, a partir da ênfase nos processos, digamos, interiores do ator. Ela é uma noção dos anos de 1964/1965, e que circunscreveu um campo de investigação diferente do que vinha sendo explorado até então; esse campo da organicidade permaneceu, ele sim, como um campo de investigação importante, mesmo nas pesquisas (ou fases) posteriores do artista.

Há ainda outra razão que me levou a escolher examinar o período entre 1959 e 1974: sendo considerado o período mais conhecido do seu percurso, acredito que os mal-entendidos ocorridos na interpretação dessa fase acabam transferindo-se

---

30 Jennifer Kumiega, por exemplo, autora de *The Theatre of Jerzy Grotowski* (O Teatro de Jerzy Grotowski), livro já citado aqui que pode ser considerado a mais importante análise sobre o percurso de Grotowski entre 1959 e o Teatro das Fontes, embora cite o livro de Barba na sua bibliografia (mas não a brochura), não o utiliza em sua análise. Salvo engano, não há nenhuma citação ou referência ao livro de Barba no corpo do texto.

XXXII PALAVRAS PRATICADAS

para a interpretação das fases posteriores – o parateatro como um todo, o Teatro das Fontes ou a arte como veículo. Assim, desfeitas algumas interpretações equivocadas ou parciais ligadas à fase teatral, poder-se-ia, talvez, abarcar o estudo das fases posteriores de maneira mais pertinente.

O trabalho de Cieślak em *Pc*, por exemplo, tem sido utilizado, inúmeras vezes, para tentar compreender o trabalho atual de Richards[31] e Biagini[32] na arte como veículo. Mas o que sabemos realmente sobre o percurso que levou aquele trabalho de *Pc*? O que sabemos sobre a investigação prática que o sustentava para que possamos vê-la como semelhante àquela realizada na arte como veículo? Novamente, nessas comparações, vejo operando uma análise mais ideológica que material: de Grotowski aparece mais uma dita filosofia abrangente que uma pesquisa, um artesanato, ou mesmo um pensamento em movimento.

De Marinis, em brochura baseada em curso ministrado por ele em 2001 na Facultad de Filosofia y Letras de la Universidad de Buenos Aires, desenvolveu a hipótese de que existiria uma unidade profunda, um fio condutor, que unificaria toda a investigação de Grotowski[33]. Citando um artigo de Tavianni, De Marinis dizia que esse fio era a ioga do ator[34], e a brochura inteira

31 Thomas Richards é diretor do Workcenter of Jerzy Grotowski and Thomas Richards. Em 1996, Grotowski colocou o nome de Richards ao lado do seu no Workcenter, marcando, com esse ato, e também com uma série de declarações, o lugar de Richards como o de herdeiro e continuador de suas investigações. Grotowski chamou-o de *colaborador essencial* (J. Grotowski [1995], O Que Restará Depois de Mim, em *Workcenter of Jerzy Grotowski and Thomas Richards*, p. 21) e definiu a natureza de sua relação com Richards como a de *transmissão do aspecto interior do trabalho* (Testo senza titolo [4.7.1998], p. 443). Antes mesmo de sua morte, Richards já liderava, junto a Mario Biagini, as investigações realizadas no Workcenter. Os dois artistas também detêm os direitos sobre a obra de Grotowski.

32 Mario Biagini é diretor associado do Workcenter, tendo trabalhado com Grotowski desde 1986 até a sua morte.

33 Não foi o único: Attisani fala da *essência* – e cita uma definição desse termo fornecida por Grotowski nos anos de 1980 – como "objetivo do trabalho desde os primeiríssimos tempos" (*Un teatro apocrifo*, p. 12) e mesmo Flaszen, que em muitos de seus escritos enfatiza as *diferenças* dentro do percurso de investigação de Grotowski, acabou por estabelecer uma relação embrionária entre a época da gênese do T.-L. e as práticas mais recentes do Workcenter. Cf. De Mistério a Mistério, em L. Flaszen; C. Pollastrelli (orgs.), *O Teatro Laboratório de Jerzy Grotowski: 1959-1969*, p. 26-27.

34 De Marinis diz que essa *ioga* foi definida por Tavianni por meio de quatro características essenciais: ela é uma disciplina que conjuga a prática física e

INTRODUÇÃO: POR UM GROTOWSKI PESQUISADOR XXXIII

inscreve-se na intenção de provar essa hipótese. Para De Marinis, o ápice e o momento de maior elaboração dessa ioga seria justamente a última fase de trabalho de Grotowski: a arte como veículo.

Não vejo necessariamente problema no esforço de interpretar e construir uma determinada unidade para a sua obra, mas é preciso ter em mente que se esse esforço é feito antes de um mergulho nas complexidades, nas diferenças, antes de várias tentativas e ensaios aproximativos com as práticas e os procedimentos de cada momento, corre-se o risco de uniformizar o terreno das investigações de Grotowski e de se produzir a ilusão de se haver compreendido um percurso – e suas práticas – por meio de uma única ideia central.

É claro que não se trata de um livro de De Marinis onde ele pudesse desenvolver sua hipótese de maneira mais detalhada, mas, sim, da reprodução de um curso em que, necessariamente, é preciso resumir e esquematizar. De qualquer maneira, acredito que as próprias limitações da noção de ioga do ator aparecem quando De Marinis afirma que uma das características dessa ioga, a "experiência do presente no presente", "é seguramente o que busca Cieślak quando trabalha em *Pc*, é o que tratam de fazer os atuantes da arte como veículo"[35].

Não creio que haja erro nessa afirmação, mas a pergunta que se coloca depois dela é: o que aprendemos sobre a experiência realizada por Cieślak em *Pc*, ou sobre a pesquisa dos atuantes na arte como veículo? À pesquisa, aos procedimentos de Grotowski e aos dramas de sua investigação parece sobrepor-se uma ideia central que esconde exatamente a dificuldade de, como pesquisadores, aproximarmo-nos daquilo que foi (ou é) realizado, ou seja, das próprias experiências. Claro que essas experiências não estão facilmente ao alcance de nossas mãos – Grotowski, por uma série de motivos, restringia a descrição de práticas e procedimentos – e serão, de qualquer maneira, sempre mediadas, interpretadas e disciplinadas em um tra-

---

mental; que tende à superação da condição individual para ir além do próprio *eu*; que se baseia em partituras detalhadas e definidas e em estruturas técnicas e exercícios que permitem sair da mecanicidade e encontrar o fluxo vital no aqui e agora; e que, em seus estágios intermediários, fornece certos instrumentos e certa competência técnica que podem ser utilizados para fins profissionais – para os atores – ou pessoais. Cf. De Marinis, *La Parabola de Grotowski*, p. 25.

35 Idem, p. 89.

PALAVRAS PRATICADAS

balho acadêmico, mas talvez possamos escolher se queremos, ao menos, tentar procurá-las, e se sua disciplinarização será maior ou menor.

Outra tentativa de comparação entre Ryszard Cieślak e Thomas Richards – e cito esse desejo de comparação porque ele me parece explicitar exatamente a falta de ênfase sobre o percurso experimental do artista polonês – apareceu no seminário de fechamento do projeto Tracing Roads Across e de comemoração dos dez anos do Workcenter ocorrido em Pontedera em 2006. Um pesquisador afirmava que a relação entre Grotowski e Cieślak, na década de 1960, era semelhante àquela vivida por Grotowski e Richards, nas décadas de 1980 e 1990. Mario Biagini opôs-se fortemente a essa afirmação dizendo que, na relação entre Grotowski e Cieślak, não havia a ideia de transmissão de conhecimento – ideia extremamente importante quando se fala em Richards –, justamente porque, na década de 1960, não havia ainda o que transmitir.

Sem querer corroborar excessivamente com a ideia daqueles que veem Richards como porta-voz ou único herdeiro das investigações de Grotowski, não há dúvida de que a ideia de transmissão não podia ocorrer durante a fase teatral (o que não quer dizer que não tenha aparecido antes da relação entre Grotowski e Richards), já que, como veremos, a relação Grotowski/Cieślak era uma relação de busca e investigação conjunta, de penetração por parte de dois artistas em território ainda desconhecido e selvagem[36].

Não se trata de cair em filigranas de uma exegese sem vitalidade, porém, ao contrário, busca-se aqui fazer aparecer, no cruzamento entre palavras e vivências, justamente um Grotowski pesquisador de que tanto se fala, mas que, em realidade, pouco se conhece, pois para entrar em contato com esse Grotowski é necessário interessar-se também pelas falências, pelos problemas, pelas diferenças entre os diversos momentos de investigação, e não buscar uma interpretação que unifique aquilo que, justamente, ao longo do tempo, se modificou, se diferenciou.

---

36 Mesmo que em algumas entrevistas de Cieślak apareça uma determinada relação hierárquica, exigente e, ao mesmo tempo, amorosa, quando ele se referia à parceria com Grotowski.

INTRODUÇÃO: POR UM GROTOWSKI PESQUISADOR

Assim, acredito existir lacunas a serem investigadas no período entre 1959 e 1974, mesmo que as análises realizadas até então tenham sido feitas por pesquisadores extremamente competentes – e, sobre esse período, o livro de Kumiega[37] ainda é a maior referência – e, é claro, sirvam de base para minha própria análise.

Este livro busca, então, analisar o percurso de investigação de Grotowski em torno das noções de ator e de espectador forjadas por ele, por meio de termos e de práticas/procedimentos, no período que vai de 1959 a 1974. Interessei-me, assim, tanto pela terminologia quanto pelos modos de fazer que estivessem vinculados àqueles dois campos – ator e espectador – de investigação.

Antes de analisar essas noções que são o núcleo desta obra, debruço-me, na primeira parte, sobre um conjunto de preocupações de ordem teórico-metodológicas que pautaram minha pesquisa. Essas questões dizem respeito à produtividade (e aos limites) da utilização dos textos de Grotowski como fonte principal para uma interpretação/investigação de seu percurso artístico. Além disso, investigo também, na primeira parte, sua relação com a produção (tradução e revisão) de seus próprios textos. Como ele os produziu? O que pensava dessa produção escrita? Eis algumas das perguntas que tentamos examinar.

A segunda parte é dedicada ao percurso da noção de ator e dividida em quatro marcos (além do marco zero), de acordo com o que entendi serem momentos de transformação das práticas/discursos sobre atuação. Já na terceira parte analisei o percurso da noção de espectador e, por fim, à guisa de conclusão, optei por debruçar-me sobre as noções de estrutura e espontaneidade analisadas ao longo do livro.

Mais acima falei das dificuldades impostas à compreensão do percurso da noção de ator em sua obra advindas tanto de uma divisão muito estrita entre a fase teatral e o parateatro quanto da subdivisão da própria fase teatral em dois períodos. Referi-me, portanto, ao tema da segunda parte do livro.

---

37 Jennifer Kumiega é pesquisadora e trabalhou, em algumas ocasiões, entre os anos de 1975 e 1981, com o Teatro-Laboratório, que visitara pela primeira vez em 1972.

Mas nas interpretações mais frequentes sobre as noções de espectador, tema da terceira parte, creio também haver uma série de mal-entendidos. De maneira geral, pensa-se o percurso teatral de Grotowski, no que diz respeito ao espectador, como progredindo, da participação ao testemunho. Veremos que essa afirmação dá conta apenas parcialmente daquele percurso, porque deixa de lado as modificações operadas, ao longo do tempo, exatamente nas próprias ideias (e práticas) de participação e de testemunho.

É verdade que ele foi se afastando de um determinado tipo de participação que experimentara nos seus primeiros espetáculos, e se referiu ao testemunho em *Pc* como se ali houvesse reencontrado a verdadeira função do espectador. Por outro lado, em *Ap*, apareceu novamente a proximidade física entre atores e espectadores e também entre os próprios espectadores. Havia ainda o convite à participação – inclusive ativa – do espectador, que, naquele momento, era chamado de irmão. Assim, como analisar a noção de espectador em *Ap*? Tratava-se de participação ou de testemunho?

Além disso, se nos debruçarmos sobre a noção de testemunho, veremos que ela também não foi exatamente a mesma em *Pc* e nas obras da arte como veículo. Meu foco não esteve colocado na última fase do seu trabalho, mas refiro-me a ela na segunda parte e dialogo com ela também nessa introdução para evidenciar que nem sempre, no léxico de Grotowski, termos semelhantes utilizados em diferentes momentos se referem a práticas semelhantes.

Os termos participação e testemunho também se complexificam, por exemplo, face à noção de indução. Essa noção se refere a um tipo de participação da testemunha, participação que podemos chamar de interior ou energética. Essa participação pode, portanto, ocorrer mesmo nas obras da arte como veículo, obras que não foram feitas na intenção das testemunhas, mas funcionam, sobretudo, para os (ou nos) próprios atuantes.

No que diz respeito à fase teatral, em vários textos, a relação entre ator e espectador aparece como definição da essência da arte teatral (e também por isso escolhi as noções de ator e espectador para guiar meu trabalho). Um *slogan* repetido ao infinito diz que teatro, para o artista, seria aquilo que acontece entre o ator e o espectador. Trata-se realmente de uma frase de Grotowski, mas ela tem servido às mais diferentes interpretações e apropriações. Frente a essa máxima, o que parece importante, para um pesquisador interessado no percurso do artista, é menos repetir a afirmação que perguntar-se como ela foi experimentada no trabalho de Grotowski, em seus espetáculos. Ou seja, o pesquisador deve buscar os procedimentos e também outras falas/textos de Grotowski que ajudem a dar materialidade àquela frase-*slogan* que tende à idealização.

A terceira parte também me deu oportunidade de analisar como Grotowski enxergou a influência e o impacto social – ou cultural – de suas investigações. Ao contrário de um percurso fechado sobre si mesmo que pode aparecer quando ficamos muito presos apenas às investigações realizadas pelo artista no campo da atuação, veremos que o seu trabalho esteve permanentemente em confronto (e/ou encontro) com seu tempo. No capítulo sobre o espectador, não me fechei completamente no período estipulado neste trabalho, mas fiz saltos temporais aqui e ali quando isso parecia pertinente ou interessante à análise.

Para finalizar o estudo, como já disse, analisei o binômio estrutura/espontaneidade nas diferentes definições que teve entre 1959 e 1974. Além disso, investiguei esse binômio também em alguns textos produzidos dentro do âmbito do Workcenter of Jerzy Grotowski and Thomas Richards. Foram duas as minhas intenções: uma a de retomar a partir do binômio as várias discussões e descobertas realizadas ao longo do livro; e a outra a de testar se, e de que maneira, uma pesquisa realizada sobre os anos teatrais pode se relacionar com as pesquisas mais recentes do Workcenter.

O Percurso das Palavras

Duas grandes questões serão estudadas neste capítulo: por um lado, como podemos ler Grotowski; e por outro, como ele próprio produzia seus textos. Busca-se revelar ao leitor tanto o campo de investigação sobre o qual me debrucei – os textos de Grotowski como chave principal para interpretação de seu percurso – como os modos pelos quais abordei esse campo. É um capítulo no qual apresentarei certas questões metodológicas que deram uma moldura à minha abordagem, ao mesmo tempo que permitiram um olhar mais complexo e pouco romantizado da obra do artista.

O CONCEITO DE "PERCURSO" OU "TRAJETÓRIA": PRECAUÇÕES METODOLÓGICAS

Ao querer seguir/interpretar o percurso ou a trajetória da investigação artística de Grotowski (ou de algumas de suas noções), foi necessário levar em conta certas questões metodológicas implicadas nos conceitos de trajetória e/ou percurso. Embora os trabalhos que examinam esses conceitos tenham como objeto a "história de vida", a "biografia" ou a "trajetória vital" de alguma personagem histórica (e não a trajetória de uma noção ou investigação), creio que certas precauções metodológicas levantadas nesses trabalhos foram de grande valia para a minha pesquisa.

A trajetória de vida é geralmente pensada como uma sucessão de acontecimentos históricos descritos por meio da interação entre uma ordem cronológica (envelhecimento biológico) e uma ordem lógica (projeto de vida). A vida do indivíduo se confunde, assim, com um projeto, em que a "causa primeira" está no início da sua existência e onde o fim é visto como meta alcançada ou não, por meio de etapas sucessivas de desenvolvimento vinculadas à juventude e à maturidade do dito indivíduo.

Desse modo, a vida é vista como um "conjunto coerente e orientado que pode e deve ser compreendido como expressão unitária de uma intenção subjetiva e objetiva…" Essa perspectiva, como alertou Bourdieu, leva a uma "criação artificial de sentido", já que o biógrafo seleciona, em função de uma "intenção global"[1] e finalista, alguns acontecimentos da história de vida do indivíduo que considera os mais significativos. Trata-se de uma "ilusão biográfica".

A principal contribuição de Bourdieu é aquela que convida o pesquisador a enxergar o indivíduo como um agente social que está em interação social. O agente é moldado pela paisagem histórica e social na qual vive, o que significa que um mesmo indivíduo é vários agentes em uma mesma vida, dependendo das interações que realize. Nessa perspectiva, a construção prévia dos "estados sucessivos do campo" onde se desenvolveu o "agente considerado", o biografado, é condição importante para pensar sobre a "história de vida" daquele indivíduo. Afinal, "quem sonharia evocar uma viagem [personalidade] sem ter uma ideia da paisagem [social] na qual transcorre"?[2]

Yves Clot critica essa reflexão de Bourdieu, chamando-a de uma outra ilusão biográfica[3]. Segundo Clot, ele teria sucumbido à ilusão sociologista que não permitia opor as "posições" (do agente) e as "disposições" (do indivíduo). Clot, para esclarecer sua concepção, retoma de Henri Wallow a ideia de que o conjunto

1 P. Bourdieu, La Ilusion Biografica, *Historia y Fuente Oral*, p. 27.
2 Idem, ibidem.
3 La Otra Ilusion Biografica, *Historia y Fuente Oral*.

simples de elementos impessoais, mesmo com grande grau de complexidade, não poderia fazer surgir o sujeito que chegara a compor.

Clot busca superar a oposição entre subjetivismo – personalidade – e objetivismo – a malha social. Para ele, é necessário considerar tanto a história social, que situa o sujeito frente a diferentes problemas gerais, quanto a história pessoal, que é uma atividade singular – dependente de vacilações, comparações com os outros, deliberações internas – de apropriação dessa história social. Vista desse modo, a relação entre história social e história pessoal criaria um campo de possibilidades várias.

Nas duas perspectivas – de Bourdieu e Clot – a noção de trajetória se opõe à noção de vida, concebida como totalidade orgânica dotada de um sentido único e prévio à ação ou à interação. Na trajetória, há pluralidade de ações e, portanto, pode haver uma pluralidade de sentidos da ação.

Foi partindo desses pressupostos que dirigi minhas perguntas não ao sentido global da obra de Grotowski, mas aos múltiplos sentidos que – essa é minha interpretação – ele mesmo conferiu à sua investigação artística ao longo do tempo. Acredito que essa pluralidade de sentidos se materializou em um conjunto de conceitos e temas a partir dos quais ele vivenciou/nomeou sua investigação teatral. Esses conceitos e temas nasceram, a um só tempo, das interações de Grotowski com múltiplos agentes, e das escolhas individuais que ele fez no interior dessas diferentes situações de interação.

PERSPECTIVAS MICRO E MACRO

A pesquisa que realizei abarca duas perspectivas de certo modo contrastantes. Por um lado, investiguei de maneira minuciosa o período de quinze anos sobre o qual decidi me debruçar. E, dentro desse período, determinados anos, espetáculos ou conceitos foram analisados de maneira ainda mais criteriosa. A ambição – impossível de ser realizada – era a de desvendar o que foi o dia a dia das investigações realizadas no T.-L. entre 1959 e 1974.

Para essa perspectiva, que chamei de micro, foi necessário realizar um trabalho detalhado de análise, datação e contextualização

4 PALAVRAS PRATICADAS

de certos textos e práticas de Grotowski. Além disso, cruzei textos do artista com textos e depoimentos de colaboradores, atores e críticos escritos no mesmo período. Alguns textos de Barba e de Flaszen[4] foram mesmo considerados como textos da empresa[5] Grotowski e tomados como fontes principais. Permanentemente, busquei checar informações e descobrir que relação havia entre conceitos e experiências.

Creio que esse interesse agudo por um determinado período – e o mergulho nos textos de época – permitiu a produção (ou percepção) de novos dados que me ajudaram a escapar daquele "Grotowski clássico", ou a complexificá-lo.

Por outro lado, atuou em minha análise uma perspectiva macro que, levando em conta todo o seu percurso, se esforçou por localizar, dentro dele, o período entre 1959 e 1974. Essa segunda perspectiva permeia a própria história desta pesquisa. A intenção inicial do estudo – que se mostrou ambiciosa demais – era a de analisar todo o percurso de Grotowski, de 1959 até a sua morte, em 1999, recortando-o apenas pelas transformações nas noções de ator e espectador, ou, o que seria mais pertinente se o olhar se ampliasse por toda a trajetória, pelas transformações nas noções de atuante e visitante.

Aquela intenção inicial se confundia com o meu próprio percurso de pesquisadora: meu primeiro esforço, iniciado anos antes do trabalho de tese que gerou este livro, foi o de recolher, ler e analisar os textos de Grotowski – escritos em diversas línguas e em vários momentos – publicados em revistas e livros espalhados pelo mundo. Acabei, desse modo, por ter acesso a

---

4   Ludwik Flaszen (1930-) é crítico, escritor, diretor e pedagogo teatral. Foi cofundador do Teatro-Laboratório. Atuou no T.-L. na função oficial de diretor literário, mas sua verdadeira atividade se realizou junto a Grotowski no sentido de uma contínua discussão das possibilidades e das estratégias de desenvolvimento do trabalho teatral. Flaszen escreveu inúmeros artigos, principalmente nos anos de 1960, sobre as experiências que estavam em curso e foi responsável pelos textos que apareciam nos programas dos espetáculos da companhia. Participou de todas as etapas de trabalho pelas quais passou o T.-L., desde sua abertura até seu fechamento em 1984. Vive há vários anos em Paris. Escreve artigos, ministra palestras e estágios práticos e orienta grupos de teatro. Esteve pela primeira vez no Brasil no Seminário Internacional Grotowski 2009, no qual ministrou palestra, participou de uma entrevista pública e de uma mesa redonda.

5   No início do trabalho em Opole, muitas vezes Barba ou Grotowski utilizam o termo "empresa" quando se referem às pesquisas realizadas.

O PERCURSO DAS PALAVRAS

uma bibliografia bastante extensa[6]. Além disso, estive em contato, através de workshops, entrevistas e encontros, com antigos colaboradores que trabalharam com Grotowski[7] em diferentes épocas. Por fim, venho acompanhando, na medida do possível para uma pesquisadora brasileira, desde o seminário sobre a arte como veículo, realizado em 1996 em São Paulo, o trabalho do Workcenter of Jerzy Grotowski and Thomas Richards[8].

Assim, antes mesmo do recorte feito para a tese, já estava em operação aquela perspectiva macro que jamais foi abandonada. Todas as leituras, os encontros e os depoimentos recolhidos permitiram enxergar os desdobramentos, as interpretações, as diferenças e as continuidades com relação aos termos (e práticas) vinculados ao período que escolhi para pesquisar.

Essa maneira de proceder – de fato a única possível frente ao meu percurso de pesquisadora – se mostrou produtiva por inúmeras razões. Talvez a mais importante delas tenha sido a percepção de que havia, explícita ou implicitamente nos textos de Grotowski, uma constante autocrítica e autorreforma. Assim, minha análise dos textos produzidos entre 1959 e

---

6 Ofereço ao leitor uma lista anexa bastante extensa de textos de Grotowski escritos entre 1960 e 1998.

7 Zygmunt Molik (ator do Teatro-Laboratório entre 1959-1984), Ludwik Flaszen (cofundador do Teatro-Laboratório no qual permaneceu entre 1959-1984), além de François Kahn (trabalhou entre 1973 e 1980, no parateatro e Teatro das Fontes), Dominique Gérard (trabalhou à época do Teatro das Fontes), Katharina Seyferth (trabalhou à época do Teatro das Fontes), Jairo Cuesta (trabalhou entre 1976 e 1986 no Teatro das Fontes e no *Objective Drama*), Jim Slowiak (trabalhou entre 1983 e 1989 no *Objective Drama* e no Workcenter of Jerzy Grotowski), Maud Robart (trabalhou entre 1977 e 1993 no *Objective Drama* e no Workcenter) e Fernando Montes (trabalhou no Workcenter entre os anos de 1988 e 1992, na equipe de Maud Robart).

8 Estive em Pontedera em julho de 1999 e realizei uma longa entrevista com Thomas Richards. Essa entrevista – As an Unbroken Stream (Como um Fluxo Ininterrupto) – foi publicada, em 2008, no livro de Richards, *Heart of Practice* (Coração da Prática), editado pela Routledge. Em 2005 e 2006, participei da equipe de documentação do projeto Tracing Roads Across, acompanhando o Workcenter em uma estadia de vinte dias no teatro de Vassiliev em Moscou. Nessa estadia, a equipe do Workcenter ministrou estágio para diretores e atores, encontrou-se com grupos de teatro e apresentou seus trabalhos: *Action in Creation* (Ação em Criação) e *Dies Irae*. Como parte da equipe de documentação, participei do Seminário de Encerramento do projeto, ocorrido em Pontedera, em abril de 2006. Assisti, durante todos esses anos, a maioria dos trabalhos realizados pelo Centro e tive a oportunidade de interlocução tanto com Richards e Biagini quanto com os outros membros da equipe, como, especialmente, Gey Pin Ang e Jorn Riegels Vimpel.

1974 buscou, conscientemente, revelar esse *modus operandi* do artista e revelar os pontos de choque entre os conceitos, os momentos de falência de um termo ou um procedimento e a gênese de outro etc. O esforço foi mais por localizar e explicitar as diferenças e as transformações, que tinham aparecido como uma marca da obra de Grotowski, que por reunir diferentes ideias e práticas em um todo orgânico.

Outra produtividade de um olhar que abarca todo o percurso foi a possibilidade de perceber, nos textos de Grotowski, aquilo que o artista enxergou como central – os temas e perguntas recorrentes – e o que foi sendo deixado de lado ou mesmo o que foi fortemente criticado por ele. Esforcei-me por não tecer juízo de valor sobre suas escolhas, de maneira que procedimentos e termos, fossem eles renegados ou valorizados posteriormente pelo artista, pudessem ser analisados sem preconceitos.

Outro ganho, dessa segunda perspectiva, foi a possibilidade de fazer um cruzamento entre diferentes versões[9] de um texto dito/escrito pela primeira vez entre 1959 e 1974. Algumas dessas versões têm entre si vinte anos de diferença. Esforcei-me por interpretar os cortes e modificações que ele operou em alguns desses textos, buscando, assim, por contraposição, iluminar os conteúdos das primeiras versões.

Além disso, certos conceitos criados em momentos diferentes do seu percurso frequentemente ajudaram a analisar o período entre 1959 e 1974. Na verdade, em inúmeros textos posteriores à dita fase teatral, Grotowski voltou a analisar os processos dos seus espetáculos, oferecendo outras possibilidades de aproximação com o que havia sido realizado[10]. Claro que essas outras possibilidades estavam, frequentemente, relacionadas com a investigação que ele desenvolvia a cada novo momento. Não cabia a mim, então, fazer como Grotowski, ou seja, apresentar essas novas reflexões como se fossem as reflexões definitivas sobre um determinado evento[11]. O que

9   Grotowski reviu, principalmente nos anos de 1990, muitos de seus textos, produzindo versões ditas *definitivas* ou *finais*.

10 O livro *O Teatro-Laboratório de Jerzy Grotowski: 1959-1969* tem, inclusive, uma seção chamada "A Perspectiva pelo Avesso", na qual são apresentados três textos escritos nas décadas seguintes, mas que se referem à época dos espetáculos.

11 E mesmo Grotowski, em aula do Collège de France, chamava a atenção, ao refletir sobre alguns momentos do seu percurso artístico, para como seus interesses e

O PERCURSO DAS PALAVRAS

me interessou foi a possibilidade de relacionar textos *de* época com textos *sobre* uma determinada época, e perceber o que se revelava através dessas comparações.

Apoiando-me, por exemplo, no conceito de "diretor como espectador de profissão" – que apareceu em texto homônimo baseado em intervenção feita por ele em 1984 –, procurei oferecer ao leitor uma melhor compreensão daquela operação, apresentada em textos da segunda metade dos anos de 1960, na qual o ator não fazia seu trabalho *para* o espectador, mas *diante* dele. Também frente à noção de ação física construída por Richards em seu livro *Al lavoro con Grotowski sulle azioni fisiche*, de 1993, pude deixar mais claro que a ideia de uma interioridade expressa (ou revelada) em signos, ideia presente em alguns dos textos do livro de Grotowski, tem data e não esteve presente nem mesmo durante todo o período da chamada fase teatral.

Assim, ainda que nem sempre citados, esses textos/falas, que são posteriores ao período trabalhado no livro, alimentaram a minha análise, quando não ofereceram – como o texto *"Le Prince Constant*, de Ryszard Cieślak"[12], no qual o diretor descreveu pela primeira vez o processo de trabalho com Cieślak em *Pc* – quase a única fonte de informação sobre um determinado evento.

Também suas aulas no Collège de France, ministradas entre 1997 e 1998, foram de grande auxílio. Nelas, Grotowski fez, entre outras coisas, o balanço do seu percurso de investigação. Uma das aulas, por exemplo, foi inteiramente dedicada a *Ap*. Essa aula – lida em conjunto com o texto *Gênese de Apocalypsis*, de 1969 – foi, como veremos, extremamente importante para minha análise daquele espetáculo.

---

investigações do presente podiam estar, mesmo inconscientemente, intrometendo-se na maneira como contava sua história.

12 J. Grotowski, *Le Prince constant* [dez.1990], de Ryszard Cieślak, em G. Banu, *Ryszard Cieślak, l'acteur-emblème des années soixante*. Para poder analisar a terminologia de Grotowski tanto em termos de sua transformação interna quanto em termos de seu diálogo com diferentes interlocutores, é importante inventariar, na medida do possível, as datas nas quais se produziram as ideias posteriormente publicadas. Assim, utilizarei os colchetes "[ ]" para informar ao leitor a primeira data referente àquela citação, seja a data da primeira publicação do texto ou a data da entrevista ou palestra que esteve na origem da publicação.

8 PALAVRAS PRATICADAS

GROTOWSKI POR SEUS TEXTOS: VENCENDO PRECONCEITOS

O trabalho que desenvolvo foi essencialmente baseado em análise aprofundada dos textos de Grotowski, principalmente naqueles escritos/ditos entre 1959 e 1974. Mais à frente, vou me deter sobre os materiais com os quais trabalhei, mas, nesse momento, gostaria de analisar a produtividade de um trabalho no qual os textos do artista sejam vistos como chave interpretativa.

Attisani[13] afirmou que, para aqueles que não trabalharam com Grotowski, ele é hoje um "texto". Essa ideia parece opor-se ao senso comum que, durante muitos anos, e por razões diferentes, parecia negar aos textos de Grotowski a possibilidade de serem veiculadores de um conhecimento experimental. Talvez por isso haja poucos trabalhos que se debruçam de maneira rigorosa sobre seus textos[14], como se esse tipo de investigação fosse vista, em consequência daquela primeira negação, como pouco produtiva quando o objetivo era produzir conhecimento sobre o percurso ou as práticas do artista[15].

Mas talvez tenha sido justamente esse pouco interesse – ou preconceito – pelo estudo dos textos (e mesmo da terminologia) de Grotowski que tenha impedido alguns pesquisadores de sair da paráfrase dos textos do artista, repetindo, quase inconscientemente, a interpretação que ele fez de seu próprio percurso, e sua terminologia, como se se tratassem de conclusões deles. E, talvez mais problemático do que isso – porque não se trata de julgar os estudos sobre ele pela sua capacidade de produzir ou não novi-

13 A. Attisani, *Un teatro apocrifo*, p. 7.
14 Podemos citar algumas exceções: o número da *Teatro e Storia* (1988), no qual vários estudiosos se dedicaram a analisar o texto *The Performer*; a análise de Attisani, em 2006, desse mesmo texto; o artigo de Franco Ruffini – "La stanza vuota" – no qual ele analisou vários textos do livro de Grotowski.
15 Uma exceção importante é o ensaio de Flaszen publicado, pela primeira vez, em 2001. Na primeira parte desse ensaio, Flaszen se contrapõe a essa visão veiculada, muitas vezes, pelo próprio Grotowski. Demonstra, através de inúmeros exemplos, a importância que Grotowski dava aos textos e à terminologia e afirma que "a obra e o comentário são como uma coisa só", lembrando não tratar-se de "um caso excepcional no século das numerosas revoluções artísticas em que cada uma das artes teve de meditar sobre a própria essência para acompanhar as inquietudes e as acelerações dos tempos". De Mistério a Mistério, em L. Flaszen; C. Pollastrelli (orgs.), *O Teatro-Laboratório de Jerzy Grotowski: 1959-1969*, p. 22.

dades interpretativas –, foi aproximar-se do trabalho do artista sem problematizar a interpretação do próprio Grotowski, sem submetê-la a questões, sem perceber de que maneira foi construída, ou a que condições práticas, ou não, esteve relacionada; sem perceber, enfim, o *modus operandi* do artista, mas apenas dedicando-se às suas conclusões finais.

Grotowski aparece, por exemplo, em inúmeros textos de estudiosos e comentadores como o continuador do trabalho de Stanislávski, ou como "continuador do trabalho sobre as ações físicas de Stanislávski". E não há dúvida de que essa foi uma das importantes interpretações que ele fez do seu próprio percurso. Mas, talvez, mais do que repetir a frase, e ainda omitindo o seu autor, cumpra ao pesquisador fazer perguntas. Por exemplo: qual Stanislávski se constrói por meio dos textos de Grotowski? E, assim, de *qual* Stanislávski ele se diz continuador? Por que Grotowski optou por essa referência constante, principalmente nos últimos anos de sua investigação, a Stanislávski?[16] E essas são apenas as questões mais circunstanciais diante de um tema tão amplo[17]. Creio que essas não seriam perguntas esvaziadoras, mas ajudariam a compreender tanto as investigações de Grotowski quanto a sua maneira de interpretar seu percurso e de escrever seus textos.

Essa negação, essa desvalorização dos textos de Grotowski em comparação ao seu percurso artístico, se apresentou, ao longo do tempo, por meio de inúmeras ponderações que acredito serem, senão de todo infundadas, ao menos equivocadas. Como gostaria de refletir sobre cada uma delas, apresento-as em tópicos.

Pequeno Número de Textos Produzidos

Diz-se que Grotowski teria demonstrado seu desinteresse pela produção textual por meio da pequena quantidade de textos

---

16 Nesse sentido, o artigo de Osinski, La Tradition de Stanislávski au "Théâtre Reduta" et au "Théâtre Laboratoire" é bastante significativo. Seu artigo começa exatamente com a seguinte questão: "Qual a imagem de Stanislávski que os fundadores do Reduta e mais tarde Jerzy Grotowski criaram?" Cf. *Bouffonneries*, n. 20-21, p. 85.

17 Marta Isaacsson de Souza e Silva enfrentou algumas dessas questões em sua tese de doutorado intitulada Le Processus créateur de l'Acteur: Etude d'une filiation, Stanislavski et Grotowski.

10 PALAVRAS PRATICADAS

que escreveu. Assim, esses textos não deviam ser tomados como referência quando a intenção fosse refletir sobre sua obra. Em primeiro lugar, não considero sua produção textual pequena. E há também um equívoco no que diz respeito ao que devemos, como pesquisadores, considerar como *texto* de Grotowski. As inúmeras entrevistas publicadas têm, por exemplo, importância capital e devem ser consideradas como escritos do artista. Para termos uma ideia dessa importância, em recente publicação coordenada por Mario Biagini e Antonio Attisani[18], três[19] dos oito textos escolhidos são entrevistas. Essa importância é ainda maior quando sabemos que a intenção dos organizadores era publicar textos escritos entre 1968 e 1998 que tivessem sido importantes para o trabalho realizado pelo Workcenter no projeto Tracing Roads Across[20].

Também na brochura oferecida aos ouvintes do seminário sobre a arte como veículo ocorrido em São Paulo, em 1996, o texto publicado era justamente a tradução de uma entrevista – "O que Restará Depois de Mim" – feita por Jean-Pierre Thibaudat. É claro que a brochura era extremamente importante, tendo tanto a intenção de explicitar o trabalho realizado no Workcenter quanto de falar sobre a continuidade desse trabalho para depois de Grotowski. E para tudo isso, escolheu-se uma entrevista[21].

Essa impressão de um corpo pequeno de textos nasceu também, talvez, da própria dificuldade de reunir seus escritos que, de maneira geral, estão dispersos em publicações de diversas línguas[22]. De fato, há que se fazer um amplo trabalho de investigação para acessar e reunir todo esse material.

---

18 M. Biagini; A. Attisani, *Opere e Sentieri II: Jerzy Grotowski. Testi 1968-1998*.
19 Intervista con Grotowski (1968), com Richard Schechner e Theodore Hoffman; Ordine esterno, intimità interna (1969), com Marc Fumaroli; e Ciò che resterà dopo di me (1995), com Jean-Pierre Thibaudat.
20 A. Attisani, *Un teatro apocrifo*, p. 28. Tracing Roads Across foi um projeto trienal (2003-2006) realizado pelo Workcenter. A equipe viajou por vários países da Europa apresentando suas obras, ministrando workshops e palestras, realizando encontros de trabalho com grupos e artistas de teatro etc.
21 Em muitas entrevistas, o copyright é do próprio Grotowski.
22 Nos últimos anos, foram feitos esforços no sentido de publicar e/ou traduzir e/ou reunir alguns dos textos de Grotowski: *The Grotowski Sourcebook*, de 1998 (Routledge); *Il Teatr Laboratorium de Jerzy Grotowski 1959-1969*, de 2001 (Fondazione Pontedera Teatro), publicado no Brasil em 2007 pela Perspectiva, e *Opere e Sentieri II: Jerzy Grotowski. Testi 1968-1998*, de 2007 (Bulzoni).

O PERCURSO DAS PALAVRAS

Aqueles que falam de seu desinteresse pela produção escrita parecem ainda desconhecer o trabalho rigoroso que ele realizou na publicação, tradução e revisão de seus textos, além do controle que exerceu sobre essas publicações. Voltarei a esse ponto mais à frente, quando falar sobre o modo como ele construiu e revisou seus textos.

Ênfase no Conhecimento Experimental

Diz-se que Grotowski privilegiava o conhecimento advindo da experiência direta e renegava, assim, aquele conhecimento dito livresco. Por que, então, trabalhar tentando uma aproximação com suas investigações justamente por meio dos seus textos?

De fato, ele valorizava na sua investigação um *saber* que nascia do *fazer*. Insurgia-se, portanto, como já vimos, contra qualquer tentativa de canonização de sua terminologia. Sempre que podia, prevenia o ouvinte/leitor de uma escuta/leitura demasiadamente preocupada com um entendimento puramente mental, doutrinário – não vinculado às experiências práticas – daquilo que havia sido dito. Mas suas críticas diziam mais respeito ao modo de abordar, ou mesmo escrever, um texto que negavam ao próprio texto a possibilidade de ser, como disse Attisani, "uma parte da investigação e uma ponte na direção de um público mais vasto, uma outra modalidade de presença"[23].

Produção de Autoridade: Empiria x Teoria

Diz-se que o trabalho de Grotowski só pode ser conhecido por meio da prática e, por isso, qualquer trabalho mais minucioso sobre os seus textos seria infrutífero, ou de uma erudição sem vitalidade. Devem "falar" de Grotowski aqueles que o "praticam".

Em qualquer campo artístico parece se reproduzir, ainda hoje, um determinado chavão que opõe, de maneira pouco reflexiva, teoria e prática. No que diz respeito a Grotowski, parecemos

---

23 A. Attisani, *Un teatro apocrifo*, p. 34.

nos esquecer de que, assim como em muitos dos encenadores do século xx, a sua produção escrita é parte da obra e não seu apêndice. Além disso, sabemos que muitos dos mal-entendidos que acompanham seu trabalho nasceram e nascem exatamente de experiências que se reclamaram (ou se reclamam) grotowskianas, e não só de análises de cunho mais analítico realizadas sobre sua obra.

Defesa do Grotowski Artesão

Diz-se que Grotowski foi um artesão e não um filósofo ou um teórico e, desse modo, não valeria a pena debruçar-se excessivamente sobre seus textos.

Este estudo também se interessa pelo Grotowski pesquisador e artesão, mas o faz, principalmente, por meio de uma análise detalhada dos seus textos. Na abordagem desses textos, privilegio a relação com as experiências práticas, sabendo que a escrita de Grotowski se relacionou com sua prática artística de diversas maneiras: revezamento, autocrítica, compreensão, divulgação, proteção, manifesto, proposição, auto-historização etc. Neste livro, esforcei-me por contextualizar esses textos, principalmente no que dizia respeito aos modos de fazer de cada momento e ao que venho chamando de "dramas" – descobertas, falências, mudanças de rumo – da investigação realizada em companhia dos seus atores ou dos participantes de *Holiday*.

Ao caracterizar os pontos relacionados acima como preconceitos, não deixo de levar em conta que alguns deles chamam também a atenção para os limites de uma investigação baseada em seus textos. Mas entender os limites de uma investigação não significa que se deva descartá-la como um todo. Ao contrário, o conhecimento desses limites pode fazer com que o pesquisador evite certas abordagens mais moralistas ou dogmáticas, que busque cruzar os textos com seu contexto prático, que queira "ouvir" dentro do texto uma voz mais processual. Os limites fornecem, portanto, o tanto de rigor e humildade necessários quando o objetivo é aproximar-se do percurso de um artista, e, portanto, de um percurso, na maioria das vezes, fortemente prático e artesanal.

O PERCURSO DAS PALAVRAS

Mas creio que, talvez por todos esses preconceitos – e ainda pela dificuldade de reunir os textos e pelo trabalho exaustivo que um estudo como esse requer –, os textos de Grotowski não foram ainda estudados a contento e, o que me parece ainda pior, fragmentos desses textos têm sido utilizados para justificar tal ou qual leitura do pesquisador que os cita. Acredito que práticas, e a escrita é uma delas, estão vinculadas a relações, a corpos, a ambientes, enfim, a uma *materialidade* que não deve ser deixada de lado. Uma análise que não leve em conta o *contexto* das práticas corre o risco da abstração. Ela escapa do objeto analisado, utilizando-o, muitas vezes, para exemplificar certas ideias prévias do pesquisador. Mais difícil fugir, assim, de um olhar etnocêntrico, no qual as conclusões acabam por preceder às hipóteses.

Como já assinalei, ocorre ainda que textos escritos em períodos diferentes são utilizados para exemplificar uma espécie de pensamento do autor sobre um ou outro assunto. Parece-me que, desse modo, acaba-se por afirmar aqueles preconceitos, já que, nessa leitura, textos e experiências estão totalmente apartados um do outro. Nega-se, dessa maneira, aos textos do artista a validade como um dos caminhos para se ter acesso às suas investigações.

Creio, portanto, que os textos permitem um estudo frutífero sobre o percurso de Grotowski, mas é a maneira de abordá-los que tem causado problemas.

TEXTO OU TEXTOS, HISTÓRIA OU HISTÓRIAS

Voltando à frase de Attisani que utilizei anteriormente e que dizia que Grotowski é um "texto", devo dizer que, embora tenha me servido dela para me contrapor àquela visão preconceituosa que não vê interesse num estudo aprofundado sobre seus textos, na perspectiva deste trabalho, o artista polonês não é exatamente um texto. Ou, como afirmou Attisani, "um texto que está na base da atividade desenvolvida por sua última criatura"[24], ou seja, pelo Workcenter of Jerzy Grotowski and Thomas Richards. Na pers-

24 Idem, p. 7.

pectiva que escolhi, Grotowski são "textos", datados e referidos a épocas, a procedimentos e mesmo a diferentes pessoas (os companheiros de trabalho e investigação de cada momento).

Dizendo isso, não gostaria que o leitor entendesse que Attisani se opõe a um esforço por historiar a linguagem grotowskiana. Ao contrário, citando o futurista russo David Burljuk, ele chama a atenção para "a duração da verdade" das palavras, para a necessidade de se perceber quando as palavras estão separadas do contexto que lhes fornecia sentido e eficácia[25].

Por outro lado, ele se interessa, principalmente, por uma outra maneira de abordar a obra de Grotowski. Nessa abordagem, os textos de Grotowski (ou, para dizer melhor, *alguns* textos do artista aos quais Attisani atribui maior validade ou vitalidade) são percebidos realmente como um texto, como uma poética, uma perspectiva de onde se possa perceber, principalmente na relação entre esse texto e as investigações e as obras do Workcenter, uma reflexão sobre a potencialidade da própria condição humana e, naturalmente, da arte ou do teatro quando em relação com essa potencialidade.

Interesso-me pelo trabalho de Attisani e pretendo acompanhar de perto o seu desenrolar, mas, por outro lado, creio que é preciso tomar cuidado com esse tipo de reflexão, mesmo que ela esteja muito distante da busca por aquele pensamento do autor que transformaria a obra do artista polonês, como o próprio Attisani afirmou, em uma paródia, em um "*ismo* filosófico ou pseudo filosófico [...] uma nova utopia teatral"[26].

Para Attisani seria necessário considerar, em primeiro plano, na reflexão sobre a obra e a hereditariedade de Grotowski, o trabalho realizado hoje no Workcenter. Ele vê nesse trabalho a encarnação mais genuína – a palavra é dele – do objetivo que, segundo ele, acompanhou a investigação de Grotowski desde o início: a busca pela *essência*[27].

O perigo de uma análise desse tipo foi explicitado, como vimos, por Bourdieu em seu *A Ilusão Biográfica*. Ora, fora de uma ilusão biográfica, nada na experiência de Grotowski esteve presente desde o início. E esse tipo de abordagem acaba mais

25 Idem, p. 34.
26 Idem, p. 33.
27 Cf. infra, p. XXXII, n. 33.

O PERCURSO DAS PALAVRAS

por velar que por ensinar alguma coisa sobre os esforços e os objetivos do trabalho realizado pelo artista.

Por uma mesma exigência de rigor, assim como não suponho uma homogeneidade no percurso de Grotowski, também não posso conceber o Workcenter como o lugar de sua continuidade mais *genuína*. O Workcenter é, sem dúvida, um dos lugares onde a tradição, da qual o próprio artista se dizia, ele mesmo, um explorador, continua se desenvolvendo na forma de uma investigação sistemática e permanente[28].

Mesmo com todos esses senões não considero minha investigação como antagônica àquela que Attisani vem realizando. Pois, se tenho a pretensão de datar os textos e práticas de Grotowski, de anexar o nome de outros artistas ao seu trabalho, de cruzar termos e procedimentos, não o faço por um amor à história do teatro, mas pelo interesse íntimo, humano, de conhecer um *outro*, de seguir – inventar? interpretar? – o percurso de encontros, embates, dificuldades, crises, perguntas e respostas de um artista-pesquisador, tanto inquieto quanto rigoroso, que ofereceu novos desafios à arte do final do século xx. Desafios que perduram ainda hoje.

Nesse sentido, o que me anima nesta investigação não é a tentação/ilusão de que irei resgatar ou restaurar, seguindo a história, o verdadeiro percurso de Grotowski. Sou antes conduzida pela minha trajetória de atriz e professora de interpretação, o que me leva a buscar, como resultado, não a reconstrução de uma obra, mas a possibilidade de extrair das pesquisas dele, no que diz respeito a seus textos ou a suas experiências performativas, um conjunto de perguntas, proposições, processos, questionamentos, sobre a investigação artística, que possam fermentar novos e diferentes processos e colocar em questão um possível *status quo* do fazer teatral.

Acredito, além de tudo, que, se não há um esforço para historiar textos e práticas, corre-se um risco ainda maior de projeção. Os interesses e crenças dos próprios pesquisadores podem

---

28 Mario Biagini falou de maneira clara sobre a questão da hereditariedade: "Um legado no senso comum implica uma passagem de propriedade. Mas o que é importante não é tanto o que te pertence ou o que te é dado, mas ao que você pertence". Cf. Seminario a "la sapienza", ovvero della coltivazione delle cipolle, em M. Biogini; A. Attisani, *Opere e sentieri*, p. 25.

se misturar, ainda mais facilmente que de costume, com aquela que teria sido a investigação do próprio Grotowski. O esforço por contextualizar pode permitir que apareça a alteridade da investigação de Grotowski; alteridade que, ela sim, nos obriga a sair permanentemente do que mais facilmente compreendemos ou conhecemos. E só pode haver diálogo (e descoberta) se há alteridade.

Assim, concordo com Kolankiewicz quando afirmou estar convicto de que "o modo mais justo de escrever sobre a obra de Grotowski é aquele que busca analisá-la enquanto se realiza em eventos concretos, e, então, que conta histórias como aquelas de Buber sobre os *hassidim*"[29]. É claro que, quando cita o trabalho de Buber, Kolankiewicz torna esse contar histórias mais complexo e significativo. Mas, de qualquer maneira, acredito que buscar as histórias, que se realizaram em práticas e textos, e das quais participaram diversos homens, pode dar a ver uma realidade não doutrinária, mas, ao contrário, experimentada, praticada.

Ao se contar as histórias do T.-L.[30] aparece, frequentemente, um Grotowski *autodidata*: "tudo o que havia de essencial no seu trabalho, ele aprendeu sozinho, olhando, experimentando, testando, *bricolant* com os atores, dialogando com os parceiros de suas investigações"[31]. Aparece, então, um percurso extremamente complexo e rico de pesquisa e aprendizagem, mesmo se estamos acostumados com a imagem de um Grotowski mais guru que pesquisador, mais mestre que aprendiz.

A LÍNGUA POLONESA E A POLÔNIA

Antes mesmo de iniciar este trabalho, já havia começado uma pesquisa sobre os textos e entrevistas de Grotowski em pelo

29 Leszek Kolankiewicz, Grotowski alla ricerca dell'essenza, em J. Degler; G. Ziólkowski, *Essere un uomo totale*, p. 210.

30 Vou me referir assim ao Teatro-Laboratório, nome pelo qual ficou mundialmente conhecido o grupo de Grotowski. Embora o grupo tenha tido inúmeros nomes, o título Teatro-Laboratório, a partir de março de 1962, fez parte de todos eles. Apenas em janeiro de 1975 a palavra teatro foi retirada, chegando--se a Instituto-Laboratório.

31 Ludwik Flaszen, À Propos des laboratoires, studios et instituts, *Alternatives théâtrales*, n. 70-71, p. 63.

O PERCURSO DAS PALAVRAS

menos cinco línguas: português, francês, inglês, italiano e espanhol. Vale lembrar que ele escreveu apenas um livro, *Em Busca de um Teatro Pobre*[32], e que seus outros textos foram publicados em revistas ou brochuras em diversas partes do mundo. Além disso, entrevistas ou fragmentos de texto estão em livros de estudiosos que se debruçaram sobre seu trabalho, como no livro de Osinski[33] e Burzynski, *Le Laboratoire de Grotowski*, no de Kumiega, *The Theatre of Grotowski*, e no de Wolford, *Grotowski's Objective Drama Research*, entre outros. Ao recolher e ler esse material, sempre tentando organizá-lo por datas e lugares nos quais tinham sido proferidos/escritos pela primeira vez, já pude perceber o trabalho realizado quando de uma nova tradução e também a existência de diferentes versões de um mesmo texto.

Necessário dizer que embora não tenha a possibilidade de ler em língua polonesa, língua materna de Grotowski, sinto-me à vontade para desenvolver um trabalho que tem como ponto de referência a terminologia do artista por, pelo menos, três motivos. A quantidade de seus textos publicada em línguas latinas e anglo-saxônicas é inegável, e o livro editado por Flaszen e Pollastrelli ainda veio cobrir a lacuna de textos menos conhecidos – nunca publicados ou apenas publicados na Polônia – produzidos no período anterior àquele do livro de Grotowski. A revista *Théâtre en Pologne*, editada na Polônia com intuito de divulgar o teatro polonês na Europa, escrita em inglês e francês, também me permitiu o acesso a certas palestras dele – por meio da tradução ou do relato dessas palestras, proferidas em polonês, e não editadas em outras publicações. Além disso, muitos de seus textos foram ou originalmente ditos/escritos em francês e/ou inglês – e, muitas vezes, fora da

32 Ainda há, em francês, um caderno editado pelo Festival de Outono de Paris (da Gallimard) – *Le "Jour Saint" et autres textes* – com quatro textos importantes relativos aos primeiros anos da década de 1970: "Jour Saint", "Tel qu'on est, tout entier", "Ce qui fut" e "...Et le Jour Saint deviendra possible". Nesse caderno, os textos são apresentados como parte de um livro que iria ser lançado pela Simon & Schuster de NY. Essa publicação não aconteceu.

33 Teórico e historiador de teatro polonês que acompanhou de maneira constante o trabalho do Teatro-Laboratório de Grotowski na Polônia. Foi diretor do Centre of Studies on Jerzy Grotowski's Work and Cultural and Theatrical Research localizado na antiga sede do T.-L., em Wroclaw. É autor de três livros e de inúmeros artigos sobre Grotowski.

18   PALAVRAS PRATICADAS

Polônia – ou exaustivamente trabalhados por ele quando da tradução do polonês para outras línguas, o que fornece a cada tradução o aval do autor.

Por último, na produção oral/textual de Grotowski, a partir de um determinado momento de sua trajetória, aparece o que Pollastrelli chamou de uma "língua franca": uma palavra/texto que não se submete de todo às estruturas de cada língua e que escolhe de cada uma aquela palavra ou expressão que parece mais condizente com o conceito e a prática que se quer desenvolver ou explicar. Assim, se o artista utilizou alguns termos mantendo-os em polonês, como Święto[34] e Czlowiek[35], também fez o mesmo com termos em inglês, como performer[36] e em francês, como élan vital[37], só para dar alguns pequenos exemplos[38].

Quando Grotowski não conseguia achar o correlato de um termo na língua para a qual estava sendo traduzido, seja ela qual fosse, ou ele mantinha a palavra na língua que lhe parecia explicitar melhor o conceito, como no caso de performer, ou ex-

34 Traduzido por Holiday ou Jour Saint. Pronuncia-se chviento. Na introdução do texto "Holiday" publicado em The Grotowski Sourcebook explica-se que Święto não tem, em inglês, uma tradução equivalente. Afirma-se que a palavra não tem relação com férias ou com um dia onde não haja trabalho. Estaria mais relacionada com a palavra sagrado (sacrum) ou santo (holy). Chama-se ainda a atenção para a sonoridade de święto que se aproxima, em polonês, da sonoridade da palavra swiatlo, que significa luz, embora não haja entre as palavras uma relação etimológica. Święto, diz a introdução, "não está relacionada com nenhuma religião em particular, e mesmo tendo fortes conotações sagradas, também é usada em sentido secular. Em ambos os casos, ela indica algo especial, excepcional, extracotidiano", p. 215.

35 Grotowski anexou, entre parênteses, a palavra Czlowiek depois da palavra homem (man) na última versão de "Holiday". Analisarei essa versão mais à frente e voltarei a esse termo.

36 No Collège de France, Grotowski se referiu à importância desse termo e disse que foi necessário criar em francês o neologismo performative para manter aquela terminologia. Tanto em seu vocabulário quanto naquele da etnocenologia aparecem dois campos de observação do fenômeno artístico/ritual: o performático e o espetacular. Em linhas gerais, na dimensão espetacular analisa-se o espetáculo a partir do ponto de vista da percepção do espectador – indivíduo e/ou coletividade. Na dimensão performativa, o foco está no indivíduo que age – no atuante – e no processo psicofísico que ocorre antes e durante a ação espetacular.

37 Acredito que a palavra esteja relacionada ao termo "elã vital" de Henri Bergson. Aliás, creio que valha a pena realizar um trabalho de comparação entre alguns termos e ideias de Grotowski com o pensamento, e mesmo com a terminologia, de Bergson.

38 Cf. também, a esse propósito: G. Banu, La Langue ou l'Autre du corps, em T. Richards, Travailler avec Grotowski sur les Actions physiques, p. 14.

O PERCURSO DAS PALAVRAS

plicava para o leitor a diferença entre as línguas, fazendo-o entender, por meio desse recurso, aquilo a que estava se referindo.

O que me parece mais delicado de se perder de vista quando se começa a lê-lo em diversas línguas e muitas vezes sem o conhecimento do período no qual o texto foi escrito, é, novamente, o contexto da escrita: é possível se perder de vista tanto as práticas – espetáculos, modos de fazer – que estavam sendo realizadas, quanto o ambiente político-cultural de produção desses textos. Creio ser possível trabalhar sobre a terminologia de Grotowski sem ler polonês, mas acredito também ser menos interessante ler seus textos de modo "a-histórico", como se se tratassem de textos sagrados ou de capítulos de um grande manual para o ator. Embora uma obra, e especialmente aquela de Grotowski, possa superar em muito as suas condições de produção, parece-me que sem o contexto e sem a noção de percurso, corre-se o risco de mitificá-lo ou de dogmatizá-lo, e isso justo a um autor que estava em permanente reescrita, em permanente processo de autocrítica.

Na tentativa de aceder àquele contexto de produção dos textos e práticas de Grotowski, principalmente entre os anos de 1959 e 1974, se não considero muito problemático, pelos motivos expostos acima, o meu desconhecimento da língua polonesa, não há como negar a importância, para o pesquisador, de conhecer a Polônia na qual ele produziu o seu trabalho. Quando falou, por exemplo, que "a presença no léxico do T.-L. de tantas referências cristãs pode maravilhar o leitor... Como se Grotowski tivesse sido um agente secreto do cristianismo no Ocidente laicizado, pagão", e que, no entanto, "na Polônia, ao contrário, ele pode passar por um herege impenitente e por um ateu ocidental"[39], Flaszen mostrou bem o que o desconhecimento do contexto político-religioso pode gerar em termos de falsas interpretações.

Mas talvez ainda mais importante que conhecer a Polônia dos anos de 1960 e 70 seja aproximar-se da Polônia imagética, cultural, simbólica à qual Grotowski, de certa maneira, pertencia, ainda que, em alguns casos, justamente com ela entrasse em confronto. Essa era a Polônia do romantismo de Mickiewicz,

---

39 L. Flaszen, De Mistério a Mistério, em L. Flaszen; C. Pollastrelli (orgs.), *O Teatro-Laboratório de Jerzy Grotowski: 1959-1969*, p. 31.

20 PALAVRAS PRATICADAS

sobretudo na sua peça *Os Antepassados* (*Dziady*), encenada por Grotowski em 1961, de Slowacki (ele encenou *Kordian* e também a versão do escritor para *O Príncipe Constante*, de Calderón) e do neorromantismo de Wyspianski[40] (ele encenou *Akrópolis*[41] e utilizou o comentário[42] de Wyspianski sobre *Hamlet* no seu espetáculo *Estudo sobre Hamlet*, de 1964); era a Polônia do Teatro Reduta, grupo liderado por Osterwa e Limanowski, que trabalhou no país entre as duas guerras. A pátria simbólica do artista sofrera também forte influência da *Wielka* Reforma[43], principalmente na sua vertente russa. Os habitantes dessa pátria eram Stanislávski, Sulerjítski, Meierhold e Maiakóvski, entre outros. Grotowski também vivia em uma pátria *à la Dostoiévski*[44]: o escritor russo foi inúmeras vezes, nos textos que analisei, citado como exemplo de um tipo de investigação, de olhar, de percepção do homem que interessava sobremaneira a Grotowski.

A título de exemplo, quero comentar algumas de suas observações sobre essas influências. Quanto aos textos do romantismo polonês, ele dizia que eram:

textos de nível consolidado na tradição, vitais não só para os meus colegas e para mim, mas também para a maioria, se não para todos, os poloneses. [...] É muito difícil explicar a vocês no que consiste para nós todos e para mim a força preponderante da tradição do romantismo polonês. Tratou-se de um romantismo sem dúvida diverso do francês; era uma arte inacreditavelmente tangível, direta, mas que ao

40 Wyspianski (1869-1907) foi poeta, pintor, escritor dramático e encenador. Sua peça *As Núpcias* (*Wesele*) marca o início do teatro polonês moderno, também chamado, na Polônia, de *neorromantismo*. Craig, segundo Flaszen, considerava Wyspianski um companheiro de batalha pela reforma do teatro. Cf. L. Flaszen, *Hamlet* no Laboratório Teatral, em L. Flaszen; C. Pollastrelli (orgs.), *O Teatro-Laboratório de Jerzy Grotowski: 1959-1969*, p. 91.

41 Utilizarei a abreviação *Ak* para referir-me a *Akrópolis*.

42 Flaszen disse que esse "comentário" era, na verdade, um projeto de encenação de Wyspianski. Idem, ibidem.

43 A Grande Reforma (*Wielka Reforma*) é como os poloneses chamam o período que começa com Antoine, Stanislávski e Reinhardt e vai até os anos de 1930, com a tomada do poder pelo nazismo e stalinismo. Cf. E. Barba, *A Terra de Cinzas e Diamantes*, p. 33. Barba, em palestra de 1 de julho de 2008 no Instituto Italiano de Cultura no Rio de Janeiro, afirmou que, no início dos anos de 1960, a Polônia era o país europeu onde mais estavam vivas – nas Universidades e nos grupos de teatro – as tradições da Grande Reforma.

44 Esse é o título de um trabalho que seria realizado por alguns membros do T.-L. na década de 1980. O trabalho acabou estreando em 1981 com o título de *Thanatos Polski*.

O PERCURSO DAS PALAVRAS

mesmo tempo tinha uma peculiar ala metafísica: queria ir além das situações cotidianas para *desvelar uma perspectiva existencial mais ampla da existência humana, o que se poderia chamar pesquisa do destino*. Nessa dramaturgia não há ênfase declamatória, *páthos* retórico, a linguagem é muito crua[45].

Grotowski apresentou pelo menos duas características do romantismo polonês que serão, como veremos ao longo deste livro, importantes em seu trabalho: uma delas é o impacto do romantismo – seus temas, suas personagens – no imaginário polonês. Ele trabalhou sobre textos considerados *vitais* para a nação. Eles carregam, muitas vezes, a própria ideia de nação polonesa que estava dividida – portanto, não existia geograficamente – à época da escrita desses textos. Além disso, Grotowski chamou a atenção para a dialética, presente no romantismo polonês, entre uma linguagem tangível e direta e aquilo que ele chamou de *pesquisa do destino* humano. Sua investigação, de maneira análoga, buscava de modo tangível, artesanal, aproximar-se de esferas outras, metafísicas, da existência do homem.

As duas citações seguintes dizem respeito a Mickiewicz. Assim como Grotowski, ele também foi professor do Collège de France, responsabilizando-se pela cadeira de literatura eslava entre 1840 e 1844. Sem entrar em muitos detalhes sobre a vida de Mickiewicz, podemos dizer que ela é exemplar em relação ao romantismo polonês já que literatura, política, misticismo e messianismo se amalgamaram em seu percurso de maneira extremamente forte[46].

Vamos à primeira citação, na qual o artista apresentou Mickiewicz como um de seus aliados. Grotowski não tinha com os escritores românticos uma relação tradicional de reverência,

---

45 J. Grotowski, Teatro e Ritual [out., 1968], em L. Flaszen; C. Pollastrelli (orgs.), *O Teatro-Laboratório de Jerzy Grotowski: 1959-1969*, p. 128 (grifo meu).

46 Mickiewicz foi deposto de sua cadeira no Collège de France por expor em aula a doutrina messiânica de Towianski e por exaltar a tradição napoleônica. As partes III e IV do seu curso foram colocadas no *index* em 1848 pelo papa Pio IX. Mickiewicz organizou, no mesmo ano, na Itália, uma legião militarmente insignificante para lutar pela libertação da Polônia. Em 1855, na Guerra da Crimeia, aliou-se aos turcos e viajou para o Oriente Médio com a intenção de criar divisões polonesas para lutar ao lado da Turquia. Seu misticismo buscava "intervir na história para unir o que ficou separado, ou seja, os princípios da ética cristã e a prática política e social, o espírito e a civilização, o lado do coração e o lado da razão". Cf. H. Siewierski, *História da Literatura Polonesa*, p. 81.

mas buscava o diálogo: "Você deve reencontrar seus aliados. Talvez eles estejam no passado. Por isso, falei com Mickiewicz. Mas falei com ele sobre os problemas de hoje. E também sobre o sistema social no qual vivi, na Polônia, por quase toda a minha vida[47]."

Na segunda citação, logo abaixo, ele falou de *Os Antepassados*, talvez o texto mais importante do romantismo polonês, como de um texto que dialogava com a tradição a partir de um ponto de vista que não era, nem nostálgico, nem revolucionário. Mickiewicz retornava, em seu texto, à tradição de culto aos antepassados, mas teria criado, segundo Grotowski, uma "forma literária moderna". O diretor polonês também não foi um nostálgico – como muitas interpretações sobre o artista levam a crer – nem um vanguardista, no sentido de fundação do novo a partir da quebra com todas as tradições do passado. Também ele operou uma nem sempre fácil dialética entre tradição e contemporaneidade.

Em *Os Antepassados* (*Dziady*) de Kovno, Mickiewicz penetrou até as camadas profundas da cultura, remontando aos tempos pré-históricos. E, entretanto, ele o fez sobre um fundamento de tradição historicamente viva, por assim dizer. Ele não reconstituiu um rito antigo, mas criou uma forma literária moderna que se inscreveu *de uma maneira particularmente violenta na disputa dos clássicos como representantes de uma cultura estática e dos românticos como porta-vozes de uma revolução na cultura estabelecida*[48].

Também comparou o romantismo polonês com os romances de Dostoiévski pela capacidade que ambas as obras tinham de penetrar e revelar facetas desconhecidas (ou renegadas) do homem moderno que quer se enxergar, muitas vezes, como um indivíduo consciente e racional, apartado das forças do inconsciente, da natureza e/ou da transcendência. Dizia Grotowski:

No romantismo polonês existem também algumas tentativas de desvelar os *motivos secretos do comportamento humano*: poderíamos dizer que contém um traço da obra de Dostoiévski – a penetração na

47 J. Grotowski, Tu es le Fils de quelqu'un [1985], em R. Schechner; L. Wolford (orgs.), *The Grotowski Sourcebook*, p. 294.
48 J. Grotowski, Jerzy Grotowski parle du Théâtre des Sources [1979], *Le Théâtre en Pologne*, n. 11, p. 23. (Grifo nosso.)

O PERCURSO DAS PALAVRAS

natureza humana a partir de seus motivos obscuros, através de uma loucura clarividente...[49]

Em relação ao Teatro Reduta, percebe-se igualmente, na citação abaixo, que Grotowski buscava, como aliados, investigadores – estivessem vivos ou mortos – que houvessem se interessado por uma determinada pesquisa do humano. Ele referiu-se, novamente, àquela *pesquisa do destino*. "Aquela ética profissional, aquele modelo de uma arte considerada como *uma empresa ligada ao destino da vida* me dá a sensação de ter sido, neste aspecto, uma continuação direta dos princípios fundamentais de Osterwa e do Reduta.[50]"

Essa Polônia imagética/afetiva[51] aparecerá ao longo deste estudo, mas gostaria, nesta introdução, tanto de falar rapidamente sobre o meu percurso de aproximação com ela quanto de explicitar alguns dos ganhos, para a pesquisa, de a ter levado em conta.

Descobri essa Polônia menos nos manuais de literatura, teatro ou dramaturgia polonesas, ainda que o romantismo seja sempre extensamente citado, e mais nas conversas com Flaszen e nas, ainda poucas, leituras que fiz de obras de autores como Milosz – especialmente o seu livro *La Terre d'Ulro* – e Gombrowitz – especialmente alguns de seus diários.

Certas interpretações das investigações de Stanislávski, principalmente relacionadas com o seu trabalho nos *estúdios,* também foram de suma importância. Por último, reconheci algumas das preocupações dessa "pátria grotowskiana" no livro *Crítica e Profecia: A Filosofia da Religião em Dostoiévski*, no qual Luiz Felipe Pondé lê Dostoiévski – e a religião ortodoxa – como um crítico agudo da modernidade, dos valores humanistas, rasgando-os/denunciando-os pela presença do transcendente.

Creio que esse viés de investigação que teve início tardio nesta pesquisa ainda precisará ser mais desenvolvido. As difi-

---

49 J. Grotowski, Teatro e Ritual [out., 1968], em L. Flaszen; C. Pollastrelli (orgs.), *O Teatro-Laboratório de Jerzy Grotowski: 1959-1969*, p. 128. (Grifo nosso.)

50 J. Grotowski, Discorso del dottore honoris causa Jerzy Grotowski [1991], em J. Degler; G. Ziólowski (orgs.), *Essere un uomo totale*, p. 49. (Grifo nosso.)

51 Não confundir essa Polônia histórica e também imaginária dos românticos ou do Teatro Reduta com o ambiente político, teatral e religioso no qual Grotowski viveu e trabalhou e que era muito menos afeito e compreensivo à sua pesquisa.

24 PALAVRAS PRATICADAS

culdades são muitas: desde a dificuldade de acesso a certos materiais – por exemplo, acesso à publicação e à análise dos principais textos da dramaturgia polonesa – até o próprio desenvolvimento de outras investigações – sobre o Reduta, sobre o percurso de Mickiewicz ou mesmo sobre as facetas mais ocultas da investigação de Stanislávski – das quais a pesquisa sobre o percurso de Grotowski é, em certa medida, dependente.

Os encontros com o cofundador do T.-L., Ludwik Flaszen, em Paris em 2006[52], foram importantes tanto no sentido da aproximação com aquela Polônia simbólica, quanto no de poder vê-la em movimento nas investigações de Grotowski e do T.-L. Foi Flaszen que me presenteou com o livro *La Terre d'Ulro*, de Czeslaw Milosz (1911-2004)[53]. O livro é como um diário intelectual íntimo, uma mistura de autobiografia e manifesto – o autor o define como um "tratado teológico sem máscaras". Nele, Milosz, utilizando praticamente aquelas mesmas referências literárias citadas acima – os românticos e neorromânticos, Dostoiévski e, ainda, William Blake –, perguntava-se sobre o destino do homem moderno, esse que ele chamou de habitante do país de *Ulro*[54], da terra dos exilados, do "país dos deserdados espirituais"[55]. Poder ver aquelas referências em ação e ainda por meio de um tema, o exílio do homem, que era de todo pertinente a Grotowski – ainda que as conclusões de Milosz sejam diferentes – foi bastante produtivo. Voltarei a alguns desses

52 Encontrei com Flaszen em Paris nos dias 10, 22 e 29 de julho. Ele foi extremamente acessível e generoso. Respondeu a inúmeras indagações, contou-me histórias e dividiu comigo sua interpretação sobre a história do T.-L., parte de sua própria história. Flaszen também me forneceu ampla bibliografia tanto sobre sua própria obra – artigos, palestras publicadas ou não, entrevistas etc. – quanto sobre temas pertinentes à investigação realizada no T.-L. Entretanto, Flaszen não me permitiu gravar os encontros, o que me obrigou a escrever, de memória, as conversas do dia. Assim, qualquer citação que eu venha a fazer das conversas com Flaszen deve ser vista com cautela. Mais do que palavras *ditas*, trata-se de palavras *ouvidas*.

53 Um poema de Milosz fazia parte da "dramaturgia" de *Thanatos Polski*, trabalho organizado/dirigido por Ryszard Cieślak, em 1981, com antigos membros do T.-L. e com membros da geração parateatral.

54 Nome retirado da obra de Blake e que "designa o país dos sofrimentos espirituais que um homem, por menos mutilado que seja, suporta e deve suportar". Cf. C. Milosz, *La Terre d'Ulro*, p. 40.

55 Idem, p. 137.

temas principalmente no capítulo sobre o percurso da noção de espectador.

Com relação à análise e interpretação da própria obra de Grotowski por intermédio do olhar de estudiosos poloneses[56], cumpre dizer que utilizei o primeiro livro de Osinski (e Burawski), e, principalmente, alguns de seus ensaios. Utilizei, ainda, a já citada revista *Théâtre en Pologne*. Outra obra importante foi o livro *Essere un uomo totale: Autori polacchi su Grotowski. L'ultimo decennio*, lançado em 2005. Embora, como o próprio nome diz, os estudiosos se debruçassem, na maioria das vezes, sobre o último decênio da vida do artista, ou seja, sobre a investigação realizada no Workcenter, creio que, em muitos artigos, eles realizaram uma interpretação não restrita àquela última década. Alguns deles têm mesmo a intenção de analisar a totalidade do percurso de Grotowski.

No que diz respeito à influência de Stanislávski, existe uma camada das investigações do artista russo que, embora ainda não plenamente revelada, começou a vir à tona nas últimas décadas[57]. Cada vez mais aparece um Stanislávski influenciado pela ioga[58], bem como por certas vertentes espirituais. Nesse sentido, o nome de Leopold Sulerjítski (1873-1916), por exemplo, que foi o diretor artístico e administrativo do Primeiro Estúdio (1912), trabalhando junto com Vakhtângov, passou a ser mais valorizado. Sulerjítski foi o intermediário entre Stanislávski e os jovens atores – M. Tchékhov[59], Richard Bolelavski, Serafina Birman, Vera Sokolova – que chegavam ao TAM, ensi-

---

56 Após a morte de Grotowski, parece ter havido uma disputa sobre quem estaria apto a interpretar o seu percurso, e alguns estudiosos poloneses começaram a fazer inúmeros senões a leituras que não fossem provenientes deles próprios. Não quero corroborar essa disputa. O contexto polonês é apenas um dos importantes pontos de vista para se olhar o percurso do diretor. Ele não deve ser colocado de lado, mas também não precisa ser supervalorizado. E, sobretudo, ele não é propriedade dos poloneses, mas pode ser acessado, ainda que, talvez, com mais dificuldade, por pesquisadores de outras nacionalidades.

57 Entrei mais fortemente em contato com essa interpretação através da professora e pesquisadora do CNRS, Marie-Christine Autant Mathieu, especialista em Stanislávski e que desenvolve, entre outras, investigação sobre essa faceta menos conhecida do artista.

58 Ver também o artigo: Stanislávski and Ramacharaka: The Influence of Yoga and Turn-of-the-Century Occultism on the System, de R. Andrew White, *Theatre Survey: The Journal of the American Society for Theatre Research*.

59 Michael Tchékhov tinha sofrido influência da antroposofia de Rudolf Steiner.

26 PALAVRAS PRATICADAS

nando-lhes o sistema de Stanislávski enquanto este ainda estava sendo escrito. Ele era discípulo de Tolstói, conservando em seu trabalho teatral os princípios éticos e espirituais do mestre[60].

Talvez a conclusão mais importante, quando passamos a valorizar essas influências[61], tenha sido a percepção de que a interseção entre arte, e mesmo teatro, e investigação espiritual no trabalho de Grotowski pertencia, pelo menos inicialmente, ainda que com todas as especificidades que a obra dele apresentou, a uma vertente do teatro eslavo que, talvez não sendo a vertente mais aparente, talvez sendo muitas vezes uma vertente marginal ou marginalizada, esteve – e está[62] – presente de forma, quem sabe, mais contínua do que na arte ou no teatro da Europa ocidental. Além disso, essa corrente tem especificidades que a separam em muito de uma visão *new age* ou religiosa – no sentido de vinculada a uma religião, a dogmas e preceitos – seja da arte, seja da própria investigação espiritual.

Estar a par dessa corrente que reuniu (e reúne) de maneira específica arte e investigação esotérica, ou arte e pesquisa espiritual, pode auxiliar o pesquisador naquele que é para Tavianni o problema central para o estudo de Grotowski, ou seja, o de encontrar um pano de fundo, um quadro geral que ajude a ler e a interpretar o duplo fundo – artístico e espiritual – do seu percurso. Tavianni se perguntava "de que História geral faz parte a história de Grotowski?" E, talvez, uma das respostas possíveis seja exatamente que ela faz parte dessa corrente/ten-

---

60 J. I. Poliakova, Sulerjickij et le Premier studio, em *Le Siècle Stanislávski*, p. 37-38. E assim fica claro porque Barba, na introdução ao seu livro *Terra de Cinzas e Diamantes*, propõe como que uma linha de leitura do trabalho de Grotowski, "linha que vai além do horizonte do espetáculo como único fim do trabalho teatral", aquela que começando em Stanislávski na sua relação com Sulerjítzki, passa por Copeau, chega a Osterwa (do Teatro Reduta) e por fim a Grotowski". Cf. E. Barba, Rumo a um Teatro Santo e Sacrílego, em L. Flaszen; C. Pollastrelli (orgs.), *O Teatro-Laboratório de Jerzy Grotowski: 1959-1969*, p. xv.

61 Digo *essas influências* porque sabemos que as referências e influências de Grotowski são inúmeras e algumas se modificaram – ou apareceram pela primeira vez – ao longo do seu percurso. Estou, portanto, chamando a atenção apenas para algumas referências que dizem respeito a um imaginário polonês ou, podemos dizer, eslavo e que apareceram de maneira forte justamente no período que escolhi para estudar.

62 Podemos falar, por exemplo, que Vassiliev, encenador russo bastante conhecido na Europa Ocidental, é um dos participantes dessa corrente subterrânea. Quiçá, justamente por isso, Vassiliev tenha sido tão sensível ao trabalho de Grotowski e continue a apoiar as investigações do Workcenter.

dência presente no teatro polonês, ou, de maneira mais geral, na arte eslava.

Este trabalho não foi dedicado a desenvolver essa hipótese. Somente aquelas influências – todas citadas pelo próprio Grotowski – aparecerão em funcionamento ao longo do livro, seja na terminologia, seja nas investigações práticas realizadas pelo artista. Por outro lado, não há dúvida que poder enxergar seu trabalho à luz daquelas referências auxiliou-me a evitar certas questões que acabam tomando um tempo precioso dos pesquisadores.

A primeira, que pode ser geradora de vários mal-entendidos, é uma pergunta que se fez e se faz constantemente à investigação de Grotowski – e mesmo à época dos espetáculos – sobre se aquela experiência seria ou não uma experiência *artística*, se se tratou ou não de *teatro*. Se o intuito é – embora mesmo esse me interesse pouco – o de definir o que é ou não teatro, talvez seja necessário, antes de tudo, ver o que foi o teatro justamente na Polônia, e conhecer tanto o romantismo polonês, essencialmente voltado para a literatura dramática, quanto o percurso do Reduta. E, mesmo que se trate de um russo, é necessário, por sua influência tanto no teatro polonês quanto na obra de Grotowski, conhecer as pesquisas de Stanislávski. Em Grotowski, temos uma arte rasgada pelo *sagrado*, um teatro rasgado pelo mistério[63] (ou vice-versa), que dialogou com outras experiências artísticas semelhantes.

Além disso, quem sabe possamos ler pelo menos parte do seu percurso pelas influências que ele mesmo disse ter sofrido sem ter de, para entender essa parceria entre o teatro e o sagrado, recorrer aos escritos de Artaud ou ao teatro-dança asiático. Os interlocutores a que me referi mais acima estavam, pelo menos no que diz respeito àquele duplo fundo, mais próximos geograficamente de Grotowski. Estudar a influência dos românticos

---

63 Note-se que utilizei as palavras *espiritual, sagrado, esotérico, mistério* para me referir a essas investigações amalgamadas com o teatro ou a arte de Grotowski. Essa utilização foi proposital. Não quis me fechar em apenas um vocábulo porque cada um deles circunscreve um campo semântico e de práticas que prefiro, nesse caso, deixar aberto. Talvez se tratasse de uma investigação sobre as potencialidades do homem, uma abertura a certas esferas de atuação humana mais desconhecidas ou marginalizadas na nossa época. Não à toa, Grotowski se referiu frequentemente aos *mistérios* gregos e medievais.

28 PALAVRAS PRATICADAS

também ajuda a colocar em cheque aquela interpretação que sustenta a desimportância do texto dramático nas investigações teatrais de Grotowski.

Por fim, sua terminologia que, na genial definição de Flaszen, navegou, quase sempre, entre o artesanato e a metafísica, também ganha[64], se puder ser confrontada tanto com a terminologia do romantismo polonês quanto do Reduta e de Stanislávski, principalmente em se tratando dos anos entre 1959 e 1974, que são aqueles que escolhi para estudar[65].

OBSERVAÇÕES SOBRE OS MATERIAIS DE PESQUISA

Nas sessões anteriores, já me reportei a inúmeras publicações que foram importantes para esta obra. Não pretendo, portanto, repetir aqui essas referências nem mencionar todos os livros, artigos e outros materiais que foram consultados e utilizados nesta pesquisa. Eles aparecerão, tanto em nota de rodapé, quanto na bibliografia final e no anexo, no qual reuni os textos de Grotowski escritos entre 1960 e 1998 a que tive acesso. Gostaria apenas de citar certos livros, artigos ou entrevistas que foram fundamentais e que ainda não foram citados ou apresentados até o momento.

Como creio ter ficado claro, a fonte primária desta investigação são os textos escritos/ditos por Grotowski, principalmente, mas não unicamente, entre os anos de 1959 e 1974.

---

64 L. Flaszen, De Mistério a Mistério, em L. Flaszen; C. Pollastrelli (orgs.), *O Teatro-Laboratório de Jerzy Grotowski: 1959-1969*, p. 29. Dizia Flaszen: "caso não se trate de jogos de palavras de natureza puramente tática, mas da substância da mensagem, o léxico de Grotowski situa-se frequentemente na estreita passagem entre Artesanato e Metafísica. Uma fórmula forte é uma definição profissional, técnica, ligada à prática do ofício, mas ao mesmo tempo faz relampejar significados, emana um clarão de uma outra dimensão".

65 Não estou dizendo com isso que essas são as únicas referências do período. Como já foi ressaltado inúmeras vezes, a influência do pensamento e da filosofia indiana no trabalho e na terminologia de Grotowski foi uma constante. Ele foi também um ávido leitor da psicanálise, da antropologia, dos estudos de religião. Justamente por essa multiplicidade de interesses e saberes – que também não são fixos, mas se transformaram ao longo do percurso do artista – acredito que toda leitura da obra de Grotowski que queira encontrar um quadro de referências muito estrito corre o risco de redução. Optei por seguir o percurso terminológico e de práticas do próprio artista e experimentar, aqui e ali, quando isso me pareceu pertinente, a comparação com algumas "influências".

Além disso, considero os textos de Ludwik Flaszen – escritos principalmente até 1964 – como fontes primárias. Lidos em conjunto, não há dúvida de que os textos de Grotowski e os de Flaszen contam a história de uma investigação. Embora não fossem assinados por Grotowski, os textos de Flaszen se referiam e analisavam, muitas vezes minuciosamente, o trabalho desenvolvido no T.-L. na primeira metade da década de 1960.

Outras fontes primárias são os dois textos escritos por Eugenio Barba: a brochura *Le Théâtre psycho-dynamique*, de 1963, e o livro *Alla ricerca del teatro perduto*, de 1965, ambos referentes ao período no qual Barba foi assistente de Grotowski (1962-1963) no T13F. Os dois trabalhos de Barba[66] são, na verdade, os primeiros escritos que apresentam as investigações realizadas no T.-L. no período que vai até *Dr. Fausto*. No segundo livro, apareceu, pela primeira vez, a entrevista "O Novo Testamento do Teatro" que Barba fez ao artista polonês e que foi posteriormente publicada, com cortes, no livro de Grotowski.

Grotowski deu seu aval a esses textos, considerando-os como parte do esforço de divulgar e sistematizar as experiências em curso ou já ocorridas no T13F. A comparação desses dois textos com textos imediatamente posteriores de Grotowski, e mesmo a comparação dos dois textos entre si, foi extremamente importante para minha análise.

Além desses, dois outros materiais foram bastante utilizados. Tratei-os como depoimentos sobre o período que vinha analisando. Um deles é uma entrevista concedida por Flaszen a Eric Forsythe em 1977, na qual, entre outras coisas, ele comentava o percurso das investigações realizadas até aquela data no T.-L. Apoiei-me em muitas pistas deixadas por Flaszen, e também em análises feitas por ele, para a construção da minha interpretação. O outro é a entrevista que realizei com François Kahn em 2006. Kahn falou do seu percurso de trabalho junto a Grotowski tanto no parateatro quanto no Teatro das Fontes. A entrevista de Kahn ajudou-me a reler os textos fundamentais do momento parateatral do artista polonês não apenas como um manifesto (político-afetivo) – leitura recorrente – mas também como um texto feito de *palavras praticadas*, ou seja, um texto

---

66 Esses dois escritos não foram reeditados.

que se referia objetivamente a certas experiências investigadas (e ocorridas) em *Holiday*.

Na análise utilizei, ainda, algumas entrevistas e transcrições de conferências que, acredito, na sua maioria, não foram revisadas por ele: entre outras, a entrevista concedida a Marco Glantz, que está anexada à edição mexicana do livro de Grotowski e à transcrição de suas conferências no Brasil – tanto as de 1974 quanto as de 1996 – bem como os debates com a audiência. A pergunta que me moveu foi: o que esses materiais podiam fornecer de pistas para uma maior compreensão, no sentido de contextualização, da terminologia dos textos mais "oficiais"?

Duas publicações, uma de 1997 e outra de 2001, também contribuíram para este trabalho. A primeira é o livro *The Grotowski Sourcebook*, editado por Richard Schechner e Lisa Wolford pela Routledge. O livro é dividido em quatro partes – "Teatro de Produções", "Parateatro e Teatro das Fontes", "Objective Drama", e "Arte Como Veículo". Cada uma das partes é composta por um ensaio introdutório – os dois primeiros são de Schechner e os últimos de Wolford –, por textos de Grotowski e também, certas vezes, de artistas que trabalharam a seu lado, e por ensaios, críticas ou depoimentos vinculados a cada um dos quatro períodos. Desse livro, principalmente duas entrevistas do artista, datadas respectivamente de dezembro de 1967 e 1969, foram importantes na minha análise. A primeira é uma versão sem cortes do que foi publicado no livro dele sob o título "O Encontro Americano". Trata-se de uma entrevista que ele concedeu a Richard Schechner e a Theodore Hoffman, logo após o curso que ministrara junto a Cieślak, para os alunos da Escola de Artes da Universidade de Nova York. A segunda é uma entrevista com Marc Fumaroli[67] publicada, pela primeira vez, na *TDR* no outono de 1969.

Embora nesse livro estejam reunidos inúmeros textos dele optei, muitas vezes, por consultar e me referir, sempre que possível, à versão original – à primeira publicação – de cada texto. Os textos de Grotowski no *Sourcebook* foram, muitos deles, revistos e modificados pelo artista, e, assim, impõem complicações a um trabalho que, como o meu, busca trazer o máximo possível o texto para junto do momento de investigação no qual

---

67 Fumaroli foi responsável, muitos anos depois, pela apresentação de Grotowski na sua candidatura à docência no Collège de France.

O PERCURSO DAS PALAVRAS

foi escrito/dito. Utilizei os textos do *The Grotowski Sourcebook* principalmente quando me interessava comparar primeiras e últimas versões. Voltarei a comentar o livro e a questão das "versões finais" quando for analisar a maneira de Grotowski construir e retrabalhar os textos.

A publicação de 2001 é o livro *Il Teatr Laboratorium di Jerzy Grotowski 1959-1969*, editado por Flaszen e Pollastrelli, e publicado pela primeira vez pela Fondazione Pontedera Teatro, em 2001[68]. Esse livro traduzia para o italiano, entre outros, textos de Grotowski anteriores aos do *Em Busca de um Teatro Pobre* que só se encontravam até então em polonês e, alguns deles, apenas em arquivos particulares ou da Universidade de Wroclaw. No prefácio do livro, Flaszen comenta que "Não está excluído que ela (a coletânea de escritos de Grotowski) permita que o leitor atento corrija algumas certezas relativas ao T.-L. nos anos entre 1959 e 1969"[69], deixando uma pista que espero ter sabido aproveitar.

Outro livro importante foi *A Terra de Cinzas e Diamantes*, de Eugenio Barba, publicado pela primeira vez em italiano[70], em 1998. Nele, Barba relatou, entre outras coisas, as suas experiências no período em que esteve acompanhando, em Opole, o trabalho do T13F. Além disso, Barba publicou 26 cartas de Grotowski dirigidas a ele e escritas entre julho de 1963 e agosto de 1969. Essas cartas fazem parte das fontes primárias de minha investigação; e o livro de Barba foi utilizado como fonte secundária.

Não poderia deixar de citar o livro de Jennifer Kumiega, *The Theatre of Grotowski*. Embora escrito em 1985, ele é, ainda hoje, uma referência importante – senão *a* referência, pois, além de tudo, escrito em inglês – para pesquisadores sobre o período que vai do início da fundação do T13F até o Teatro das Fontes. Embora aquela divisão em duas fases do período teatral, que nasceu no livro de Osinski e Burzyński, tenha se fortalecido em Kumiega, sua análise é competente, tem um viés historiográfico que me interessa, e é bem documentada.

---

68 O livro, traduzido por Berenice Raulino, foi publicado em português, em 2007, numa coedição Perspectiva/Edições Sesc-SP/Fondazione Pontedera Teatro.

69 L. Flaszen, De Mistério a Mistério, em L. Flaszen; C. Pollastrelli (orgs.), *O Teatro-Laboratório de Jerzy Grotowski: 1959-1969*, p. 17.

70 O livro, em tradução de Patrícia Furtado de Mendonça, foi publicado em português pela Perspectiva, na coleção Estudos, em 2006.

REFLEXÕES SOBRE A TERMINOLOGIA
DE GROTOWSKI

Gostaria de reunir aqui certas percepções sobre a terminologia do artista polonês que guiaram minha leitura/escuta de seus textos, palestras ou aulas. Algumas delas já foram, ainda que de maneira dispersa, apresentadas no texto.

Uma primeira percepção diz respeito a como alguns textos e conceitos, escritos em épocas diferentes, dialogam entre si. Grotowski realiza esse diálogo intratextos e apresenta correções de rota de certos elementos da pesquisa, abandono de outros e ainda reencontro com alguns. Sua escritura fundava o "novo" conceito/termo sempre a partir de um diálogo com o que já tinha sido um dia teorizado e experimentado.

Sua terminologia também era oriunda de diálogos que estabelecia com a recepção de seus textos. A leitura de seus artigos revela que o artista esteve atento ao impacto de sua conceituação junto a seus leitores. E, sabendo ou intuindo que interpretação havia sido dada a um texto depois que este passara a ser objeto de leitura e análise, se relacionava com essa interpretação na escritura de textos posteriores[71].

O que quero ressaltar aqui é que o artista escrevia e reescrevia seus textos também em relação àquilo que considerava "a imagem social" de sua pesquisa, ajustando essa "imagem" àquela que acreditava ser mais condizente com sua prática. Segundo Tânia Brandão, "os artistas de teatro costumam ter uma imagem social que é a um só tempo um projeto artístico e um cálculo de mercado"[72]. Mesmo que no contexto deste livro o objeto seja a trajetória de investigação e não a trajetória de vida, parece-me que esta "imagem social" deve ser levada em conta na leitura dos textos do artista.

---

71 Aliás, essa operação, ele não realizava só com os seus conceitos, mas, também e frequentemente, com as "leituras" que considerava equivocadas de um grande inspirador seu que foi Stanislávski. Um exemplo disso está no artigo Exercícios (em L. Flaszen; C. Pollastrelli (orgs.), *O Teatro-Laboratório de Jerzy Grotowski: 1959-1969*), no qual se referiu a certos exercícios de Stanislávski, criticando a leitura/utilização errônea que professores e artistas contemporâneos faziam daquelas práticas.

72 T. Brandão, Ora, Direis Ouvir Estrelas: Historiografia e História do Teatro Brasileiro, *Latin American Theatre Review*, p. 215.

Além disso, pode-se perceber uma forte intertextualidade na escritura de Grotowski. Embora ele raramente declare suas fontes e mesmo aproprie-se de tal maneira dos conceitos que estes pareçam criados por e para sua própria experiência, a verdade é que referências a outros textos e autores podem ser percebidas (e outras são reveladas em textos menos conhecidos ou em textos de colaboradores) em uma leitura atenta[73]. Em depoimento de 1965, já discute essa questão:

As fontes racionais de nossa terminologia não podem ser citadas precisamente. Frequentemente, perguntam-me sobre Artaud quando falo em "crueldade", embora suas formulações fossem baseadas em premissas diferentes e tivessem objetivos diferentes [...] Quando falo de "raízes" ou de "alma mítica" perguntam-me sobre Nietzsche; se falo de "representação coletiva", vem logo à tona Durkheim; se de "arquétipos", Jung. Mas as minhas formulações não são derivadas das ciências humanas, embora eu as use para análise [...] Não tenho pretensão de que tudo o que fazemos seja inteiramente novo. [...] Mesmo quando chegamos a certas fórmulas teóricas e comparamos nossas ideias com a de nossos predecessores, já mencionados, somos forçados a apelar para certas correções retrospectivas que nos habilitem a ver mais claramente as possibilidades com que nos deparamos[74].

De fato, Grotowski efetuava certas correções ou modificava de tal forma os ambientes onde os termos apareciam que estes quase perdiam suas marcas de origem. Assim, na intertextualidade que caracterizava sua terminologia, não se deve perder de vista que esta última constitui uma criação rigorosa dele próprio. Mas, sem dúvida, os termos grotowskianos vêm de campos tão diferentes como o teatro, a literatura, os estudos rituais, a antropologia, a psicologia, a psicanálise, o estudo das religiões etc.

OS LIMITES DA PESQUISA

Já vim, ao longo das outras seções, indicando alguns limites de minha investigação como, por exemplo, a necessidade de aden-

---

73 Uma "fonte" fortíssima vem do próprio campo teatral: Stanislávski é, inúmeras vezes, citado sem aspas, mas também sem prejuízo da importância que Grotowski atribuiu ao encenador russo em seu percurso.

74 J. Grotowski, Em Busca de um Teatro Pobre [1965], *Em Busca de um Teatro Pobre*, p. 21.

34 PALAVRAS PRATICADAS

trar ainda mais naquela Polônia simbólica de Grotowski e a falta de recursos para essa tarefa. Falei, ainda, da dificuldade inicial imposta tanto pelo recolhimento e organização dos diversos textos, quanto pelas diferentes versões de um mesmo documento.

Outro limite é a dificuldade de acesso às suas práticas e procedimentos artísticos – aquilo que se passava em sala de trabalho, o que ocorria na relação com os atores ou participantes, ou seja, os processos mais intestinos. A importância concedida à prática acaba, infelizmente, não resultando em textos nos quais essas práticas fiquem verdadeiramente explicitadas. Porém, deve-se dizer que essa era uma escolha de Grotowski, na medida em que um tipo de relato ou descrição do processo de trabalho podia ser lida como uma descrição metodológica – o *método* Grotowski – e se emprestasse à idealização e/ou à estereotipia[75].

Para minimizar essa dificuldade, valorizei, na pesquisa, os textos ou gravações onde aparece, na fala dele, mais claramente, uma descrição do trabalho. Também busquei encontrar depoimentos de época – de atores, companheiros de investigação e mesmo pesquisadores, ou dar voz a antigos colaboradores. Assim, pude cruzar essas diferentes *vozes* com os textos analisados. Mas encontrar/conseguir esses depoimentos também não foi tarefa simples: eles são poucos e, certas vezes, os colaboradores preferem – por pudor, fidelidade às experiências pregressas, disputas de vários tipos – não falar.

De qualquer maneira, um dos objetivos da minha pesquisa é justamente alargar, na medida do possível, esse limite. Acredito que, lidos de certa maneira, os próprios textos de Grotowski, mesmo os canônicos, revelam de forma explícita ou, na maioria das vezes, implícita, experiências, práticas e exercícios[76]. Indicam também modos de fazer/pensar que se transformaram

---

75 Grotowski, por exemplo, arrependeu-se de ter publicado a descrição de alguns exercícios em seu livro. Eles acabaram sendo vistos, erroneamente, como fonte da mestria dos atores do T.-L., uma espécie de metodologia para um novo teatro. O livro de Thomas Richards, *Trabalhar com Grotowski Sobre as Ações Físicas*, parece ter encontrado uma maneira menos propícia à canonização, na medida em que Richards relatou um processo de investigação, comentando-o simultaneamente. Richards não fornece um método, mas perguntas e caminhos.

76 Não há dúvida de que os estágios e workshops que fiz, ao longo do meu percurso de estudo, com alguns antigos colaboradores de Grotowski, bem como a minha experiência como professora de interpretação e atriz me ajudaram a caçar, nos textos, as práticas.

ao longo do tempo. Não é à toa, por exemplo, que Bacci e Carvalho, na introdução à tradução brasileira do livro *Teatro-Laboratório de Jerzy Grotowski: 1959-1969*, dizem que a própria publicação poderia "ajudar a *reaproximar as palavras de Grotowski de sua verdadeira prática*, trazendo a quem o ler uma atenção e uma consciência novas sobre aquilo que foi o real trabalho teatral de Grotowski e do T.-L."[77].

GROTOWSKI E A PRODUÇÃO DA OBRA ESCRITA

Flaszen se contrapôs, no prefácio de *O Teatro-Laboratório de Jerzy Grotowski: 1959-1969*, à ideia bastante difundida de que, para Grotowski, as palavras escritas não tinham grande importância. De resto, essa ideia começou a ser veiculada pelo próprio artista, principalmente a partir da época do parateatro. Parece que a crítica ao que naquele tempo Grotowski chamava de *meios* – espetáculo, ator, espectador – que contribuiriam para evitar o *ato* e o *encontro*, se dirigiu também à escrita, à terminologia, ao texto, por sua inevitável estagnação e possível mitificação de processos e práticas sempre dinâmicos.

Importante também ressaltar que Grotowski encontrava-se, no final dos anos de 1960 e início dos anos de 1970, diante de uma contradição que se materializou em textos e declarações do mesmo período. Ele era considerado o pai do teatro experimental, seu livro *Em Busca de um Teatro Pobre*, que acabara de ser publicado, foi considerado uma espécie de Bíblia para grande parcela do teatro, mas ele mesmo já estava em outro momento – o parateatral – de sua investigação.

Em textos e declarações do início dos anos de 1970, por exemplo, referia-se tanto à época dos espetáculos quanto ao seu livro como se tratasse de momentos que haviam ficado no passado. Falava do *Em Busca de um Teatro Pobre* como de um "diário de bordo" de experiências já finalizadas. Fazia inclusive críticas tanto às experiências teatrais quanto à terminologia apresentada no livro.

---

77 Lembrança de um Sorriso, em L. Flaszen; C. Pollastrelli (orgs.), *O Teatro-Laboratório de Jerzy Grotowski: 1959-1969*, p. 11. (Grifo nosso.)

Grotowski, a partir de então, nunca mais deixou de chamar a atenção dos leitores e ouvintes para os perigos da canonização da terminologia, ou para os malabarismos – teóricos e/ou práticos – feitos com as palavras ou a partir delas.

Mas, se ele "amava repetir [...] que as palavras e as definições não têm grande importância [...] porque só a prática, só o ato conta", ele também nunca abandonou a ideia de fixar as próprias experiências na palavra, pois "atribuía às palavras uma enorme importância. Como se de uma certa enunciação no papel impresso, e até mesmo de uma palavra ou de uma fórmula, dependesse o mais alto ser ou não ser"[78].

Para aqueles que conhecem o trabalho do artista na produção – edição, tradução, nova versão – de um texto escrito, a frase de Flaszen não soa, como à primeira vista, tão excessiva. Acredito, entretanto, que em outra afirmação de Flaszen encontramos de forma mais clara a relação de Grotowski com seus textos e terminologia: "O Grotowski prático era um homem em perene perseguição das palavras", ele "mudava as modalidades do trabalho e procurava as palavras que denominassem o mais fielmente possível a fluida tangibilidade da Experiência"[79].

Flaszen relacionou, na citação acima, a *perseguição de palavras* com as *mudanças* na modalidade de trabalho; a busca permanente de denominação com a possibilidade de, na medida do possível, acompanhar a fluidez da Experiência. Sigo, sem dúvida, essa pista em minha análise.

ENTRE O ORAL E O ESCRITO

Os modos de produção dos textos de Grotowski são diversos. Mas, a partir de um determinado momento do seu percurso, pode-se dizer que quase todos os seus textos têm como base a oralidade. Eles foram ditos antes de serem escritos. São palestras, encontros, conferências, aulas abertas que estão na base de todos os seus principais textos, principalmente depois do

---

78 L. Flaszen, De Mistério a Mistério, em L. Flaszen; C. Pollastrelli (orgs.), *O Teatro-Laboratório de Jerzy Grotowski 1959-1969*, p. 19.

79 Idem, ibidem.

O PERCURSO DAS PALAVRAS 37

seu livro[80]. Ele como escritor impunha a si mesmo o que pedia a seus leitores: uma relação viva e fluida com o saber veiculado. O esforço por se fazer entender por uma determinada audiência, a transformação necessária do que se fala pela relação com quem se fala, a necessidade de responder a perguntas feitas por outros transformam a relação mais clássica entre escritor e texto. Existe uma relação de interlocução real, e não apenas simbólica – uma determinada plateia, um tal entrevistador –, antes de existirem livros e leitores.

No *Em Busca de um Teatro Pobre*, ainda encontramos artigos em que essa oralidade anterior não esteve presente. Na verdade, aparecem, no livro, três modalidades de texto nos quais a fala é de Grotowski[81]. São artigos ou textos escritos diretamente pelo artista: "Em Busca de um Teatro Pobre", "Ele Não Era Inteiramente Ele Mesmo", "Investigação Metódica" e "Declaração de Princípios". Ou palestras: "O Discurso de Skara". Ou ainda entrevistas que, acredito, foram revisadas por ele antes da publicação: "O Novo Testamento do Teatro" (a Eugenio Barba), "Teatro é Encontro" (a Naim Kattan), "A Técnica do Ator" (a Denis Bablet) e "O Encontro Americano" (a Richard Schechner e Theodore Hoffman).

Grotowski não preparava *papers* a serem lidos nos encontros. No máximo, e nem sempre, havia certas notas escritas com os pontos a serem desenvolvidos. Havia também – e isso permanece mesmo na estrutura final de alguns textos, como, por exemplo, "Tel qu'on est, tout entier", "O que Foi" e "...Et le Jour Saint deviendra possible" – encontros quase que exclusivamente baseados em respostas de Grotowski a perguntas da audiência. Ele trabalhava, geralmente, por grupos de questões. Anotava, ou

80 Antes disso, e mesmo antes de ser diretor de teatro, Grotowski escrevia artigos para jornais e revistas e Flaszen afirmou que a escrita era um dos fortes interesses dele. Cf. De Mistério a Mistério, em L. Flaszen; C. Pollastrelli (orgs.), *O Teatro-Laboratório de Jerzy Grotowski: 1959-1969*, p. 18. Os primeiros textos de Grotowski à frente do T13F e alguns daqueles que aparecem no *Em Busca...* foram escritos sem essa relação com a oralidade de palestras e encontros, e serviram a diversos propósitos: um texto era dito pelos atores no próprio espetáculo, outro escrito em pano e colocado para ser lido pelos espectadores ao final da peça, outro era um material de discussão produzido para o Círculo de Amigos do T13F; havia, ainda, ensaios para revistas ou texto com indicações aos estudantes/atores que vinham estagiar no T.-L.

81 Digo isso porque o livro é composto também por textos e/ou anotações de Flaszen, Barba e Franz Marijnen.

memorizava, 4 ou 5 questões feitas oralmente pelo público, dava suas respostas, ouvia mais 4 ou 5, e assim por diante.

Não devemos imaginar, entretanto, que não havia uma preparação para esses encontros. Ao contrário, cada encontro com estudantes, estudiosos e/ou artistas era um momento valorizado: ao mesmo tempo ardentemente esperado pela assistência, e extremamente preparado por ele. François Kahn contou-me, por exemplo, que, ao assistir uma das palestras de Grotowski, reconheceu uma longa conversa que o artista tinha tido com ele tempos antes. Assim pode-se dizer que, nessa conversa, Grotowski, de certa forma, "preparou-se" para aquela palestra.

Jairo Cuesta descreveu ainda outro tipo de preparação que envolvia a relação do artista com a escrita. Respondendo a uma pergunta de Sista Bramini referente a certo momento do Teatro das Fontes, dizia que Grotowski

tem uma relação muito estranha com a escrita: não escreve nunca, mas escreve sempre. Quero dizer que pode-se dizer que todos os seus textos são apenas registros de conferências, mas isso não quer dizer que ele não faça suas anotações, e, quando fala, certamente refere-se a esse tipo de escrita. Talvez um dia decida-se a mostrá-las: deve haver muitas coisas interessantes ali. Acredito que ele naquele momento escrevesse muito sobre as suas experiências no Teatro das Fontes, mas a relação entre a sua escrita e aquilo que acontecia às pessoas nos grupos não era uma relação... de causa e efeito, digamos. Com certeza, aqueles eram seus escritos pessoais, sobre como ele, pessoalmente, via a pesquisa[82].

Esses depoimentos nos contam sobre sua preparação para as palestras e conferências – algumas realizadas sob uma atmosfera quase mítica. A importância desses encontros para Grotowski – e isso até o final de sua vida – também não deve ser menosprezada. Na seleção de participantes para o projeto *Holiday*, por exemplo, ele perguntava ao candidato tanto sobre sua vivência com relação a *Ap,* quanto sobre as impressões nascidas quando da assistência de uma de suas conferências[83]. O

---

82 Jairo Cuesta apud Sista Bramini, *Il teatro delle sorgenti di Jerzy Grotowski*, p. 149. (Grifo nosso.)

83 Foi François Kahn, em entrevista, que me falou que um dos pontos importantes da conversa que teve com Grotowski, quando requeria sua participação em *Holiday*, tinha sido suas impressões sobre duas conferências a que havia assistido anteriormente.

O PERCURSO DAS PALAVRAS

intuito evidentemente não era o de sabatinar o candidato, mas de perceber, nas suas respostas, se havia um terreno comum que o ligasse às experiências parateatrais que estavam sendo propostas e desenvolvidas. Ele, no próprio texto "Holiday", baseado em estenografia de conferência de 13 de dezembro de 1970 na Universidade de Nova York, dizia: "Não há nenhuma maneira fora essa, tem-se de falar por associação: para alguns isso parecerá abstrato, mesmo embaraçante ou ridículo, para outros será concreto como para mim. Aqui, também, podemos reconhecermo-nos um ao outro."[84]

Portanto, também não deve haver dúvida de que os textos nascidos desses encontros eram bastante significativos para Grotowski. E sua maneira de trabalhá-los com vistas à publicação – que veremos mais à frente – confirma essa importância de maneira incontestável.

Grotowski tinha também uma profunda consciência do contexto no qual falava – principalmente se levarmos em conta que parte do seu percurso se deu em uma Polônia ao mesmo tempo católica e comunista – e aprendeu a, como disse Georges Banu, "esconder a serpente entre as rosas"[85], o que significava, também, falar em vários registros ao mesmo tempo: tanto para o Estado que o subvencionava quanto para aqueles que pudessem estar verdadeiramente interessados pela direção das suas investigações.

Os que o conheceram falam ainda da sua característica de ótimo orador, capaz de adequar de maneira precisa o discurso à audiência ou ao interlocutor que tinha no momento: dizia o que lhe parecia fundamental, mas sempre de modo diverso, dependendo daquele(s) que o ouvia(m).

Também não permitia a gravação de suas palestras ou conferências e solicitava que, se alguém fosse escrever sobre o que tinha ouvido, o fizesse no chamado "estilo indireto", ou seja, que não utilizasse aspas quando se tratasse de uma fala sua. O texto deveria aparecer na forma de um relato, em primeira pessoa, daquilo que tinha sido ouvido. O relator tomava para si a responsabilidade por uma interpretação do que havia sido dito.

---

84 J. Grotowski, *"Jour Saint" et autres texts* [1970], p. 24.
85 La Langue ou l'Autre du corps, em T. Richards, *Travailler avec Grotowski sur les Actions physiques*, p. 19.

40 PALAVRAS PRATICADAS

Em 1973, por exemplo, tanto Kerela, relatando um encontro dele com estudantes e artistas em Wroclaw, quanto Ertel, contando sobre outro encontro realizado no Teatro Récamier em Paris, afirmaram que ele não permitiu a gravação (e em Wroclaw, nem anotações) de suas palavras. Justificava sua exigência, entre outros motivos, exatamente pela possibilidade de gerar mal-entendidos sobre seu trabalho, e dizia que isso já havia ocorrido inúmeras vezes.

TEXTOS: MODO DE FAZER

A maioria dos textos de Grotowski foi baseada naquela oralidade dos encontros e palestras e ele buscava mantê-la, muitas vezes, para grande dificuldade dos tradutores. Mas esse é apenas o começo no caminho de produção de um texto. Quem teve acesso a algumas transcrições "brutas" de suas conferências, transcrições não revistas nem trabalhadas pelo autor, pode imaginar o trabalho – de escolha, corte e reordenação – operado pelo autor junto ao que chamarei, imitando Flaszen, de seus "escribas"[86]. Em alguns desses textos, Grotowski continuou trabalhando ao longo dos anos, a cada nova oportunidade de tradução/publicação, e, pelo menos nos dez últimos anos de vida, começou nomear como versões finais as últimas versões que fazia de seus textos.

Flaszen disse que Grotowski, nesse trabalho contínuo sobre seus próprios textos,

---

86 Flaszen se referia, com alguma ironia, ao auxílio dado a Grotowski, por pesquisadores e artistas, na feitura de seus textos. De fato, ao longo de sua trajetória, alguns críticos e estudiosos de teatro realizaram a função de anotar ou gravar suas palestras e propor ao autor ou a própria transcrição daquela palestra, ou mesmo uma primeira versão que, corrigida, se transformava no texto final. O texto O Performer, por exemplo, apareceu, pela primeira vez, pela escrita de Georges Banu, em maio de 1987, logo após o encontro com Grotowski realizado em março do mesmo ano em Pontedera (*Art Press*, n. 114, p. 47). Dizia Banu na introdução ao texto que nomeou na época de "Le Performer et le Teacher of Performer": "Não é nem uma gravação, nem um resumo que eu proponho aqui, mas notas tomadas com cuidado, o mais próximas possível das formulações de Grotowski. Seria necessário lê-las como indicações de percurso e não como termos de um programa, nem como um documento finalizado, escrito, pronto". Grotowski trabalhou posteriormente sobre esse texto, que se transformou em um dos textos-chave do período.

O PERCURSO DAS PALAVRAS

era como o legendário pintor que percorria os museus onde estavam expostas as suas obras-primas e as corrigia às escondidas. Grotowski fazia correções inexoravelmente, quando com o tempo encontrava formulações mais felizes. Acontecia não querer difundir formulações ou ideias que já tinha superado [...] transformava o velho texto de acordo com o estado atual das coisas"[87].

Um texto de Grotowski não estava sempre necessariamente vinculado a apenas uma palestra ou encontro. Muitas vezes, um único texto utilizava transcrições de encontros ocorridos ao longo de alguns anos, e mesmo realizados em lugares diferentes do globo. Em "Da Companhia Teatral à Arte como Veículo" utilizaram-se transcrições de *duas* conferências dele: uma realizada em Módena, em outubro de 1989, e outra na Universidade da Califórnia, Irvine, em maio de 1990. Outros exemplos são: as versões finais do texto "Holiday" – baseado em conferências/seminários realizados entre 1970 e 1972 – e "Theatre of Sources" – baseado em diferentes explanações, feitas entre 1979 e 1982, sobre seu projeto. Essas versões foram publicadas em *The Grotowski Sourcebook*.

Um texto de Grotowski podia começar a partir da gravação, da transcrição de fragmentos ou da estenografia de suas palestras[88], ou mesmo de uma primeira versão de texto já preparada por um dos escribas, quando então ele trabalhava com vistas à primeira publicação. Para as traduções, geralmente trabalhava, a partir de uma primeira versão proposta pelos tradutores, em um *tête-a-tête*, ou seja, em uma procura conjunta pela palavra, expressão ou frase que pudesse manter, na língua traduzida, a oralidade e a fluência da primeira publicação.

A tradução de seus textos foi feita, muitas vezes, por tradutores que mantinham relação estreita com Grotowski e seu

---

87 L. Flaszen, De Mistério a Mistério, em L. Flaszen; C. Pollastrelli (orgs.), *O Teatro-Laboratório de Jerzy Grotowski: 1959-1969*, p. 19.

88 As intervenções orais que geraram a maioria dos seus textos também não são uniformes. Posso localizar pelo menos dois tipos de intervenção: ou ele era convidado para participar, por alguma instituição – universidades, institutos de teatro etc. –, de evento com tema específico, ou que versasse sobre sua própria obra, ou ele mesmo convocava estudiosos e artistas para um encontro, quando sentia necessidade de balizar, fornecer informações e divulgar a direção de suas investigações. Para facilitar, ao longo do texto, chamarei todas essas intervenções de palestras.

trabalho, como é o caso, por exemplo, de Carla Pollastrelli[89] para as traduções em língua italiana. Tanto as primeiras versões quanto as traduções eram ainda, em muitos casos, lidas e revistas (com aporte de sugestões) por colaboradores do artista nativos da língua em que o texto iria ser publicado. Muitas vezes, ele aproveitava a tradução (ou uma nova edição) para corrigir seu texto, acrescentando ou retirando fragmentos, modificando termos etc.

Tendo lido grande parte de sua obra escrita, não percebo uma homogeneidade de estilo. Analisei tanto textos mais reflexivos ou cheios de imagens quanto textos extremamente objetivos onde ele fazia um balanço (quase um relatório) dos trabalhos que vinha realizando. Há textos escritos em primeira pessoa e outros onde a impessoalidade do próprio texto parece caracterizar a investigação proposta no momento. Há textos muito sucintos e textos com várias páginas e sessões. Aliás, a apresentação por blocos de ideias separados por números, espaços ou marcas de edição aparece em inúmeros textos de Grotowski.

O que é frequente, principalmente nos textos do período que estou investigando, é sua autocrítica. Ele se corrigia, se auto-historizava e criticava leituras que considerava inadequadas de sua própria obra. E mesmo quando essa crítica não parece tão evidente, os textos de Grotowski, lidos com acuidade, revelam quase sempre uma interpretação que o artista fazia do seu próprio percurso de investigação. Essa "história" falava menos, talvez, do passado *stricto sensu,* do que revelava as preocupações e investigações presentes no momento de fala/escritura do texto.

Lê-lo com o foco nessa auto-historização permite compreender certos nós, certas questões que acompanharam o trabalho e as investigações ao longo dos anos e que ultrapassaram a cronologia das *fases.* As noções de "espontaneidade" e "estrutura" fazem parte dessas questões fundamentais que, mesmo se transformando ao longo do tempo, permaneceram presentes e centrais nas discussões e experiências do artista. Justamente

---

89 Carla Pollastrelli é diretora, junto com Roberto Bacci e Luca Dini, do Pontedera Teatro; foi diretora administrativa do Workcenter e, durante vários anos, uma das principais tradutoras de Grotowski tanto oralmente, em palestras, quanto em textos escritos. Pollastrelli, no prefácio do livro *O Teatro-Laboratório de Jerzy Grotowski: 1959-1969,* forneceu um pequeno, mas importante depoimento sobre seu trabalho de tradução.

por isso, tratarei dessas noções ao longo do livro, detendo-me mais sobre elas na última parte do trabalho.

Os textos de Grotowski, salvo raras exceções, não se submetem a uma estrutura linear, porque, se há um fio ou vários fios sendo desenvolvidos, eles não se apresentam de maneira didática ou cartesiana, mas através de uma mistura de imagens, exemplos, explicações e histórias que são permanentemente remetidos uns aos outros. Nesse sentido, o cruzamento de vários textos de um mesmo período fornece uma maior compreensão tanto de suas práticas quanto de sua terminologia vinculadas a um determinado momento da investigação.

CONTROLE

Se, a partir do que foi dito acima, não há mais como acreditar em um desinteresse de Grotowski por sua obra textual, talvez ainda não tenha ficado suficientemente claro o controle que ele exercia sobre essa obra, e mesmo aquele que, de certa forma, buscou exercer sobre a divulgação/interpretação de suas investigações. Vários estudiosos citam essa faceta, relacionando-a com o ambiente político[90] – a Polônia sob dominação da URSS –, no qual ele realizou grande parte de suas investigações. Era necessário controlar o que vinha a público sob pena de ter negadas subvenções e mesmo ser impedido de trabalhar.

Não são poucos os editores, escribas e tradutores que relatam as dificuldades de trabalhar – publicar, editar, traduzir – com seus textos. Embora muitos deles, ao falar dessa dificuldade, se refiram não exatamente a controle, mas a uma busca extremada por precisão.

Aqui e ali aparecem também relatos de um controle exercido para fora dos seus próprios textos. Schechner, por exemplo, contou, em ensaio de conclusão do *The Grotowski Sourcebook*, como

90 Kolankiewicz afirmou que o desejo de Grotowski de exercitar o controle era "num certo sentido o lado obscuro dos poloneses". Kolankiewicz contou o que teria dito o artista, em encontro em Danzica: "não se deveria […] manipular o futuro. Essa é a armadilha em que caiu até mesmo o nosso messianismo mickiwiciano". Mas Kolankiewicz concluiu que: "dessa armadilha nem ele [Grotowski] conseguiu fugir". Cf. Grotowski alla ricerca dell'essenza, em J. Degler; G. Ziólowski (orgs.), *Essere un uomo totale*, p. 240.

Grotowski vetou a publicação, no livro, do texto "Two Years Before the Master", de Philip Winterbottom Jr. Schechner relatou que se decidissem pela publicação "não teriam nem uma gota da cooperação de Grotowski ou daqueles do seu círculo íntimo". Ele, então, submeteu o artigo a pessoas que conheciam bem o trabalho do artista e muitas delas confirmaram a imprecisão das ideias veiculadas por Winterbottom. Assim, Schechner cedeu, mas continuou se perguntando: "Eu estava fazendo isso por um interesse pela exatidão ou por causa da ameaça de Grotowski?"[91]

Filipowicz falou ainda de publicações para as quais os autores solicitam o aval de Grotowski para a própria legitimação. E de maneira astuta se pergunta:

O que fazer da entrevista de Andrzej Bonarski com Grotowski, cujos direitos autorais pertencem ao primeiro e não ao segundo? O que fazer do artigo de Osiński, "Grotowski traccia il cammino: Dal dramma oggetivo a l'arte come veicolo", que algumas vezes cita a fonte, e outras mascara as citações com astuta canibalização? Vale acrescentar que o artigo de Osiński foi analisado a fundo por Grotowski no que concerne à terminologia e aos deslizes de linguagem. A questão "A quem pertence o texto?" torna-se particularmente espinhosa quando o texto examinado refere-se a Grotowski[92].

Dito isso, não creio haver uma resposta final para qual seria a relação mais produtiva entre um pesquisador interessado na investigação de um artista e esse mesmo artista. Distância e proximidade, independência e pertencimento se revezam, se interpenetram, se opõem. Pensar sobre algo ou alguém inclui – ou é – uma relação de afeto. O pesquisador é afetado pelo seu objeto e, creio, deveria manter-se em uma relação ativa com esse afeto – não negá-lo e, ao mesmo tempo, não submergir nele. O esforço de aproximação com palavras e práticas alheias é sempre um esforço individual, e terá maior ou menor êxito de acordo com o instrumental de cada pesquisador. De fato, a pergunta sobre a melhor forma de aproximação com a obra de Grotowski – e também, nesse momento, com a obra do Workcenter – é uma pergunta recorrente entre os pesquisa-

---

91 R. Schechner, Exoduction, em R. Schechner; L. Wolford (orgs.), *The Grotowski Sourcebook*, p. 472-473.
92 Halina Filipowicz, Dov'è "Gurutowski"?, em J. Degler; G. Ziólkowski (org.), *Essere un uomo totale*, p. 143.

O PERCURSO DAS PALAVRAS

dores interessados por seu trabalho. Mas a resposta não pode, acredito, ser encontrada *a priori*. Os trabalhos produzidos, sua crítica e autocrítica, mostram e mostrarão os limites e as benesses da maior proximidade e/ou distância de cada pesquisador.

De qualquer modo, não é meu objetivo criticar esse controle exercido por Grotowski nem, por outro lado, encontrar justificativas para ele. O que me interessa aqui é relativizar e problematizar a visão de Grotowski como um artista que não tinha interesse por sua obra escrita e, portanto, muito menos pelo que se dizia ou se escrevia sobre ele.

Slowiak e Cuesta consideram, por exemplo, o controle do artista sobre seus escritos como *natural*. Dizem que "Grotowski percebeu que no futuro ele seria relembrado e examinado primeiramente por meio dos seus textos. Ele queria estar certo de que as palavras escritas não trairiam ou distorceriam sua visão, mas refletiriam seus verdadeiros pensamentos e práticas da melhor maneira possível"[93].

Por outro lado, como veremos logo abaixo, ao retrabalhar seus textos, produzindo novas versões ou versões finais, Grotowski acabou por, em certos casos, nublar justamente a relação entre práticas e textos, ou entre os textos e o seu contexto material, produzindo, assim, uma espécie de texto mais unívoco, talvez exatamente aquele texto que, para Attisani, deveria ser relacionado com as experiências realizadas hoje no Workcenter.

A QUESTÃO DAS VERSÕES
E *THE GROTOWSKI SOURCEBOOK*

Gostaria, então, por conta do meu objeto de estudo – que passa pela relação entre terminologia e prática no percurso de Grotowski –, de investigar o problema das versões de um mesmo texto em sua obra escrita. Pode-se quase dizer que, a cada nova publicação de um dos seus textos, quando se tratava de uma língua familiar[94], ele aproveitava a oportunidade tanto para

93 J. Slowiak; J. Cuesta, *Jerzy Grotowski*, p. 56.
94 Digo isso porque a tradução/publicação do *Em Busca de um Teatro Pobre* em português, em 1971, não teve nenhum acompanhamento do artista. No mesmo ano, por outro lado, a versão francesa foi extremamente revista por ele.

acompanhar a tradução quanto para rever seu antigo texto. Assim, quando temos a oportunidade de ler um mesmo texto dele, publicado em diferentes línguas, vamos, na maioria dos casos, ao menos encontrar algumas pequenas modificações. Não se pode dizer que reescrevia seu texto, mas podia remontá-lo, atualizar certos termos, anexar novas partes da palestra original que tivessem ficado de fora ou, ainda, cortar fragmentos.

Veremos, no segundo capítulo, como, já nos textos iniciais (como no artigo "Em Busca de um Teatro Pobre" e em "O Novo Testamento do Teatro"), o artista operou modificações ao longo do tempo. Nos anos anteriores à sua morte, intensificou esse trabalho, dedicando-se tanto à revisão do seu percurso nas aulas do Collège de France, quanto à revisão dos seus textos.

O livro *The Grotowski Sourcebook,* publicado pela primeira vez em 1997, pode ser considerado como o principal exemplo desse esforço de um Grotowski revisor. Ele acompanhou de perto a preparação do livro[95] e seus textos foram, muitas vezes, revistos por ele, ou mesmo montados pela primeira vez, naquele formato, para essa publicação[96].

Mas o que é problemático em *The Grotowski Sourcebook* (e também em outras publicações com textos dele) é o fato de que nem sempre se explicitava esse trabalho de revisão. Em *Sourcebook,* a impressão é de que os editores reuniram antigos textos, já publicados anteriormente[97], em um único livro. E isso, sem dúvida, facilitaria sobremaneira o trabalho do leitor já que, como vimos, seus textos estão dispersos em inúmeras publicações, quando não em inúmeras línguas. A aparência que se trata de um livro meramente documental fica ainda mais

95 Schechner deu a ver esse acompanhamento quando disse: "Antes de liberar os textos e entrevistas feitas com ele, Grotowski quis ver o sumário do livro. Ele e Richards queriam ter certeza de que tudo que eles escreveram ou disseram estava exatamente como eles queriam [...]. Em quase todos os itens, Wolford, eu e Grotowski concordávamos". Cf. Exoduction, em R. Schechner; L. Wolford (orgs.), *The Grotowski Sourcebook,* p. 472.

96 Refiro-me, nesse último caso, especialmente, ao texto Theatre of Sources. Ainda que Grotowski tenha utilizado apenas textos e/ou estenografias de palestras da própria época, Theatre of Sources, na forma como foi apresentado no *Sourcebook,* não havia aparecido antes em nenhuma publicação. Nesse sentido, ele é um texto da década de 1990.

97 Inclusive inúmeros deles, pela revista *TDR* da qual Schechner foi, durante um bom tempo, o editor.

presente pela maneira como ele foi organizado. Os textos de Grotowski foram divididos por suas fases de trabalho, são precedidos de ensaios introdutórios a cada uma das fases, e seguidos de críticas, análises e depoimentos de época, relacionados a cada um dos momentos do percurso do artista.

Em minha investigação, comecei utilizando o *Sourcebook* exatamente como um livro facilitador para o trabalho de consulta. Mas, aos poucos, no confronto com edições mais antigas dos textos, foi ficando claro que eu não estava tendo acesso aos textos de época, mas a textos, muitas vezes, corrigidos pelo autor. Assim, passei a utilizar o *Sourcebook* apenas algumas vezes, quando me interessou comparar as versões originais dos textos – originais no sentido de estarem mais vinculadas ao contexto material no qual foram ditas/escritas – com as versões do *Sourcebook*.

É claro que em *Sourcebook* há textos – como "Holiday" – que sofreram, talvez, maiores correções, mas em todo o livro há a presença de um esforço de revisão e de reescritura do que fui entendendo serem para o artista as versões finais dos seus textos.

O que parece interessar a Grotowski nessas versões finais não era a manutenção do caráter histórico, documental, ou, poderíamos mesmo dizer, testemunhal do texto – importantíssimo para minha pesquisa. O seu esforço se deu, de certa forma, no sentido de adequar os textos às suas experiências posteriores[98]. Ele fez correções que aproximam o texto de um conhecimento adquirido posteriormente àquelas práticas ou maneiras de pensar que estavam presentes na escrita das primeiras versões. O texto se apagava enquanto documento de época e se iluminava no que ele considerava um saber conseguido/praticado posteriormente. Resumindo, podemos dizer que pelo menos um dos objetivos de Grotowski, ao corrigir seus textos, era o de corrigir o conhecimento neles veiculado[99].

---

98 Diz Wolford sobre a maneira de proceder de Grotowski: "ele redefine sua identidade tanto em processo quanto em retrospectiva, olhando para trás por cima do seu ombro para observar o caminho que sua jornada traçou (por vezes, obscurecendo pegadas se ele considerar que foram desvios no caminho)". Cf. *Grotowski's Objective Drama Research*, p. 10.

99 Attisani em *Un teatro apocrifo*, por exemplo, afirmou que os textos de Grotowski podem ser vistos como escritos para aliados, para buscadores que, no

Assim, na comparação dessas versões finais com versões anteriores, ou mesmo com a primeira versão de um texto, o pesquisador pode obter pistas sobre aquilo que mais interessou ao próprio Grotowski, ao final da vida, deixar como legado textual.

As modificações operadas por ele parecem também, certas vezes, contrapor-se ao que acreditava ter sido uma leitura parcial (ou equivocada) dos seus textos. Corrigindo seu texto, talvez acreditasse poder corrigir – ou esclarecer – aquelas más interpretações.

Respondia pelo menos a essas duas forças – novas descobertas (e correções) vindas da prática/pensamento, e interpretações anteriores (e, segundo ele, equivocadas) dos seus textos – quando trabalhava sobre uma nova versão[100].

Mas, dessa forma, o texto se desliga do contexto de práticas aos quais esteve relacionado, e dos próprios embates que ocorriam no período no qual ele foi dito/escrito. Para a interpretação do percurso do artista e das variadas noções de ator e espectador, para buscar aquelas *palavras praticadas*, essas diferentes versões só são produtivas se se explicitam enquanto tal, senão podem oferecer pistas falsas ao pesquisador.

Esse modo de Grotowski operar em relação aos textos acaba não ajudando na busca por um Grotowski *pesquisador*, às voltas com idas e vindas, erros e correções, falências e retomadas. Ela parece também colaborar, de certa forma, para a construção de uma linha mais evolutiva e progressiva do percurso textual de Grotowski, criando também uma espécie de ilusão, nesse caso não biográfica, como dizia Bourdieu, mas bibliográfica.

Não se trata aqui de julgar a opinião de Grotowski sobre a presença de uma evolução em seu próprio trabalho, sobre o desenvolvimento de uma maior compreensão, um maior conhecimento, que foi (e está) presentificado na última fase de suas pesquisas. Mas, aceitando ou não sua leitura, não gostaria de

futuro, saberão de uma determinada experiência que foi feita e que continua em marcha com Richards.

100 É claro que apenas Grotowski guardava o segredo do porquê das suas modificações e novas versões para um texto já publicado. Mas furtar-se a uma interpretação é perder a oportunidade de refletir, de forma aprofundada, sobre a prática de produção dos seus textos, sobre um determinado *modus operandi* dele como escritor.

O PERCURSO DAS PALAVRAS 49

esquecer, e mesmo quero valorizar, o trajeto nem sempre linear – e muitas vezes dramático – que o levou até essa última fase.

Desse ponto de vista, a trajetória de Grotowski revela uma série de práticas, convergentes e divergentes, que esse homem experimentou junto a inúmeros colaboradores, nos seus 40 anos de trabalho, da fundação do T13F em 1959 à sua morte em 1999. E essas práticas se revezaram com textos que cumpre, também, investigar na sua diferença.

Todo esse trabalho sobre a publicação, a tradução e a revisão dos seus textos demonstra o profundo interesse que ele tinha por sua obra escrita, ainda que (ou por isso mesmo), ele, ao longo dessa mesma obra, faça questão de alertar o leitor para o limite imposto pela linguagem, para sua característica de estabilização de um processo criativo dinâmico e em permanente transformação.

REFLEXÕES DE GROTOWSKI
SOBRE CONCEITOS E TERMINOLOGIA

Roubine[101] explica a convenção histórica que dá a Antoine o título de primeiro encenador, baseando-a em duas razões: ter sido ele o primeiro a assinar sua obra e também a "sistematizar suas concepções, a teorizar a arte da encenação". Vê nessa segunda característica a "pedra de toque" que distinguiria o encenador do *régisseur* e que uniria sob mesmo teto classificatório pesquisas tão distintas quanto as de Craig e Brook, por exemplo.

Grotowski se adequa perfeitamente a essa característica do encenador, um artista que com sua obra cria também um pensamento sobre teatro, um pensamento/obra que ele expôs em inúmeros artigos e em um livro já emblemático. E, mesmo quando abandona o teatro que faz espetáculos, ele continua refletindo e escrevendo sobre suas novas investigações.

Mas o que parece ser interessante é que, ao mesmo tempo em que se inscreve na tradição de um artista/pensador, problematiza esse binômio. A relação da experiência com a ideia, a

---

101   J.-J. Roubine, *A Linguagem da Encenação Teatral*, p. 23-24.

50 PALAVRAS PRATICADAS

teoria, a conceituação e a terminologia, é um tema recorrente em textos e depoimentos do artista, principalmente a partir da sua desistência de realizar espetáculos. Na maioria das vezes, quando se referia a esse campo, era para colocá-lo sob suspeita: a terminologia era, quase sempre, vista como perigosa porque não dava conta de dizer o indizível da experiência, ou porque corria o risco de virar clichê da própria experiência.

Haveria uma espécie de morte no fato de que as palavras, na sua interação com os leitores – ou com alguns leitores –, acabavam esvaziadas de seu sentido experiencial e, assim, de sua funcionalidade. Isso ocorria, segundo Grotowski, ou porque esses leitores não queriam "trabalhar" as palavras – reenviá-las à experiência – e ficavam repetindo fórmulas que, pela própria repetição, se tornavam mortas, ou ainda porque eles utilizavam os termos em uma série de operações intelectuais que, sob a aparência de revelá-los, acabavam esvaziando-os e/ou retirando-os de seus contextos de ação e de possível atualização. Ou, em um terceiro caso, porque os leitores, buscando fórmulas fáceis sobre as quais desenvolver um trabalho prático e não mergulhando no sentido global da experiência descrita, acabavam criando definições e explicações completamente desvinculadas de sua origem e, portanto, equivocadas.

O artista, em 1996, exemplifica essa terceira operação:

Há trinta anos, sempre se repete que nós fizemos o teatro físico, o teatro do corpo. Mas, se pegarmos o sentido do "teatro pobre", é dito em uma frase essencial que o corpo deve ser tão obediente que deve tornar-se como que queimado, inexistente, e o que deve aparecer é o fluxo, a continuidade das impulsões interiores. Mas, evidentemente, eliminar a visibilidade, a substância, o peso do corpo e chegar a esse fluxo de impulsões interiores, é um trabalho difícil. [...] Por outro lado, tomar dois ou três exercícios físicos do Teatro-Laboratório e realizá-los mal, controlar o movimento muscular e as formas de movimentos, é muito simples, muito fácil e, então, é muito mais cômodo para todo mundo dizer que Grotowski fez o teatro físico, porque era mais fácil. E, evidentemente, é ineficaz, porque o caminho verdadeiro é longo e muito difícil[102].

---

102 A partir daqui, quando não houver referência de texto e data ao final das citações de Grotowski, deve-se compreender que se trata de uma transcrição, feita por mim e não revisada pelo artista, de depoimentos dados por ele no

É interessante perceber que, de qualquer maneira, ele se referia ao próprio texto escrito para mostrar como, através de uma leitura atenta, poder-se-iam intuir as práticas a serem experimentadas. O artista, portanto, não abria mão do texto como detentor de algum saber ou desafio em potencial para o leitor.

Grotowski mostrou, com uma ponta de ironia, ter um antídoto a essas simplificações realizadas pelos leitores:

> Imaginem que eu mudei toda a minha terminologia várias vezes, sem mudar a prática. Somente observei que minhas palavras foram apropriadas por outras pessoas e que foram manipuladas de uma maneira amadorística e então eu fiz, rapidamente, uma mudança. [...] e foi muito divertido observar as pessoas. As pessoas chocadas pela mudança da minha terminologia, gritaram: "Mas ele mudou tudo!" Na verdade, eu não mudei a prática. Então, há várias palavras que, quando se tornam mecanicamente utilizáveis, transformam-se em fonte de confusão e é preciso mudá-las. Porque um terrível funcionamento do espírito humano é não buscar uma realidade, mas, sim, fórmulas, é não olhar uma prática, mas fazer malabarismos com a terminologia.

Mas, por outro lado, ao ser perguntado se, no trabalho de Cieślak em *Pc,* a "verticalidade" ou "arte como veículo" (termos utilizados, sobretudo, na última fase de seu percurso) já estavam, de alguma forma, presentes, Grotowski, negando terminantemente essa hipótese, respondeu:

> Então eu já estou prevendo um perigo. Quer dizer, a canonização da terminologia. Eu já me pergunto quando eu serei obrigado a eliminar o termo "arte como veículo" e colocar uma outra coisa no lugar. Com a "verticalidade" é muito difícil, porque é um termo muito preciso, mas, evidentemente, se isso continuar assim, eu vou ter que modificá-lo".

Se, por um lado, a primeira citação mostra como ele enxergava, certas vezes, a transformação da terminologia como um antídoto para um pensamento/prática mecânico que teria ficado permanentemente colado a certos termos, por outro lado, a observação "com a verticalidade é difícil, é um termo muito preciso" mostra como a escolha vocabular era feita por Grotowski sem nenhum tipo de precariedade ou arbitrariedade,

Simpósio Internacional: "A Arte como Veículo: O Trabalho Atual de Jerzy Grotowski e Thomas Richards" produzido pelo Sesc-SP em outubro de 1996.

como podemos confirmar por intermédio dos depoimentos dos seus tradutores.

O problema das leituras "fáceis" parece ser o de que a palavra participava de um contexto de pesquisa, e mesmo de um contexto de escritura e que, longe dele, podia tornar-se vazia ou denotar coisa diferente. Talvez o leitor ideal de Grotowski fosse aquele capaz de estabelecer um diálogo entre a experiência a partir da qual o texto foi produzido e a sua própria investigação. Um leitor que, já tendo mergulhado em um determinado conjunto de vivências, pudesse compreender a terminologia de Grotowski de um ponto de vista prático/existencial. Assim, a conceituação seria uma maneira de se fazer reconhecer por – e, de certa forma, auxiliar – aqueles que partilhavam inquietações e/ou práticas semelhantes.

O risco trazido pela teorização/terminologia na sua relação com a prática artística não se encontrava, para Grotowski, só do lado do leitor. Ele também é algo com que o próprio escritor e posteriormente o tradutor teria de se defrontar. O artista polonês, muitas vezes, parecia vivenciar a ação de colocar uma experiência em palavras como algo delicado, quiçá dramático. Talvez possamos enxergar pelo menos parte daquele controle exercido desse ponto de vista: ligado à angústia de respeitar a experiência, e sua indizibilidade, ao mesmo tempo que buscava palavras para descrevê-la.

Vou tentar, de forma impressionista, e recorrendo a depoimentos do autor de épocas diversas, mostrar como ele pensou essa relação entre teorização e experiência e que lugar destinou a ambas.

Em 1967, o artista, respondendo a uma pergunta de Schechner, que tentava relacionar duas indicações aparentemente contraditórias fornecidas por ele durante um seminário prático, disse:

> Sem dúvida, suas perguntas se relacionam, seus impulsos são muito precisos. Mas é muito difícil explicar. [...] Aceito isto. Num certo momento, a lógica tradicional não funciona. Houve um período em minha carreira em que eu quis encontrar uma explicação lógica para tudo. Fiz fórmulas abstratas para abranger dois processos divergentes. [...] Mas isto era trapaça, e decidi não fazê-lo outra vez. Quando não sei o por quê das coisas, não tento criar fórmulas. Mas, muitas vezes, é apenas um

O PERCURSO DAS PALAVRAS 53

problema de sistemas lógicos diferentes. Na vida, temos tanto a lógica formal quanto a paradoxal. O sistema lógico paradoxal é estranho à nossa civilização mas muito comum ao pensamento oriental e medieval[103].

Grotowski localizou aqui dois perigos com os quais se defrontou e sobre os quais fez referência em outros textos: o primeiro foi o de excesso de racionalização, ou seja, querer compreender pela descrição algo não compreendido pela experiência, ou, dito de outra maneira, não querer deixar margem nenhuma para o indizível. Ele afirmou ter se deparado, ao longo de sua investigação, com algumas descobertas que tinham uma funcionalidade prática, mas não, necessariamente, como par dessa funcionalidade, uma explicação lógica. O segundo perigo foi o de querer submeter a experiência a uma lógica cartesiana, onde o paradoxo devia ser abolido, pois significaria ou erro ou incapacidade de conceituação.

Outro perigo que o artista polonês via na relação ideia/experiência, do ponto de vista do escritor, era a crença de que a precedência da ideia sobre a experiência artística podia ser – e mesmo fosse necessária – para a boa realização dessa experiência. Ele, renegando essa precedência, vai ainda mais longe: acredita que boas ou más ideias não significam necessariamente bons ou maus produtos artísticos. Dizia:

> Porque na arte, como na ciência, existe um único princípio: será que funciona? É a única questão real. Não é questão de se ter ideias justas. Um grande diretor pode ter ideias completamente erradas, falsas, mas a sua prática ser extraordinária. Uma enorme maioria de diretores tem ideias com certeza justas, mas, a sua prática é catastrófica, porque as ideias justas não são capazes de criar uma obra.

Uma reflexão que me parece mais complexa apareceu numa outra resposta do artista. Aqui, as ideias anteriores à experiência não são de todo falsas. Ao contrário, elas podem criar uma trajetória projetada, um erro que será corrigido – se o pesquisador se permitir essa liberdade – pela experiência:

> se vocês imaginam que eu tinha uma ideia metafísica e que por essa ideia criei o Teatro-Laboratório, e que todo o trabalho saiu dessa ideia

---

103 J. Grotowski, O Encontro Americano [dez., 1967], *Em Busca de um Teatro Pobre*, p. 204.

metafísica, se vocês pensam assim, vocês se enganam completamente, mas, ao mesmo tempo, não se enganam. Quando comecei o Teatro-Laboratório, tinha ideias, eu tinha ideias metafísicas e artísticas que não deram nada ao espetáculo. [...] O meu colaborador Ludwik Flaszen, [...] no segundo ano do Teatro-Laboratório, me disse: "Escuta, por que você faz essa interpretação filosófica? Quando você trabalha com os atores você é um verdadeiro sábio, mas depois você fala de alguma coisa que não está ligada ao trabalho" [...] E, lá, eu me lembrei de uma velha tese: que não é a metafísica que leva à técnica, mas é uma técnica que leva a uma metafísica. Quer dizer, encontra-se como que as leis do trabalho prático, e disso sai um conhecimento, uma sabedoria. [...] sempre se fala, na vida, que alguma coisa pressuposta é falsa ou ineficaz. Isso é e não é um erro, porque um trabalho criativo é como conduzir um barco no tempo antigo, quando não existia o rádio e nem mesmo o motor, e o capitão deveria conduzir "à vista". O capitão tem uma espécie de trajetória projetada, mas finalmente, reagindo aos obstáculos, às coisas imprevisíveis [...] ele muda a trajetória, ele a corrige. Nós partimos sempre de um erro, mas todo o segredo que há nisto é que, depois, nós podemos corrigir a trajetória. E é lá que começa a verdadeira competência, na correção da trajetória[104].

O perigo parece estar, então, não exatamente no ato de conceituar ou teorizar, mas no apego a ideias e fórmulas. Esse apego faria o pesquisador identificar-se com sua teoria, mais do que com os acontecimentos, e o tornaria cego às necessárias mudanças de rumo:

> Na ciência (exata), a teoria não é aceita como uma verdade absoluta, é simplesmente uma muleta utilizada por um certo tempo e, depois, quando se encontra uma muleta melhor, ela é jogada fora. Então, eu diria que as pessoas das ciências humanas são frequentemente terríveis, porque se ligam à filosofia e não olham qual é a realidade, querem que a realidade cole com a sua teoria. As pessoas das ciências exatas sabem que suas ideias ou teorias são temporárias, então, olham, simplesmente, se aquilo funciona.

As teorias seriam, assim, para ele, utensílios passageiros para se tentar captar um fenômeno experienciado e ajudar, de certa maneira, no amadurecimento daquele fenômeno. Disso resultava

---

104 Não posso deixar de fazer aqui a associação com a leitura que Pierre Bourdieu fez da epistemologia de Gaston Bachelard, segundo a qual a construção da verdade é concebida como teoria do erro retificado. Cf. La Ilusion Biografica, em *Historia y Fuente Oral*, p. 18.

O PERCURSO DAS PALAVRAS

que se determinados termos eram vistos como descartáveis na sua relação com a prática, o pensamento teórico não o era.

Banu descreveu uma série de estratégias utilizadas pelo "Grotowski escritor", que evitava as palavras que portassem um julgamento de valor "sempre fechado e cego"[105]. Preferia, ao contrário, que, por meio do relato de uma experiência concreta, se pudesse perceber o que não funcionou para os objetivos específicos ali buscados[106]. Fugia também das belas construções frasais[107], do mesmo modo que no seu trabalho prático não estava buscando a beleza como meta final, beleza considerada por ele, em vários depoimentos, exterior e estetizante[108].

Ele também escapava de um texto claro, didático, no qual tudo podia ser explicado, e/ou excessivamente conceitual, no qual parecia que tudo tinha sido compreendido/aprisionado, pois, por um lado, eles diminuem "a complexidade do processo com tudo que ele supõe de escondido, de subterrâneo, às vezes mesmo de impossível de formular"[109], e por outro, podem dar a impressão de que os artistas envolvidos no trabalho descrito alcançaram um alvo final, que *on a attrapé Dieu par les pieds*[110].

105   J. Grotowski apud G. Banu, La Langue ou l'Autre du corps, em T. Richards, *Travailler avec Grotowski sur les Actions physiques*, p. 17.
106   Em outros textos e depoimentos, Grotowski se negava, por exemplo, a responder perguntas mais gerais como aquelas que demandavam sua opinião sobre o teatro *clown*, ou o teatro de texto, por ver, nas próprias perguntas, uma tentativa de estabelecer juízos de valor permanentes para certas categorias de espetáculo. Acreditava que só a obra nominal de um artista podia ser avaliada.
107   "Georges, a beleza, é horrível", J. Grotowski apud G. Banu, La Langue ou l'Autre du corps, em T. Richards, *Travailler avec Grotowski sur les Actions physiques*, p. 18.
108   O artista fugia também, em todas as línguas que utilizava, inclusive em sua língua natal, das normas estabelecidas pela língua culta, como se uma preocupação excessiva com a justeza da língua pudesse nublar a justeza da palavra/ experiência que estava buscando. Grotowski contou a Banu, por exemplo, com desprezo, que uma tradutora polonesa encarregada de traduzir as cartas escritas em espanhol por Gombrowicz, acreditou-se habilitada a corrigir seu "espanhol imperfeito", ao passo que o jovem colaborador argentino de Gombrowicz confessara que, justamente graças aos erros cometidos pelo escritor, havia captado melhor aquilo que Gombrowicz queria dizer. Cf. G. Banu, La Langue ou l'Autre du corps em T. Richards, *Travailler avec Grotowski sur les Actions physiques*, p. 19.
109   Idem, p. 17.
110   J. Grotowski apud idem, ibidem. Lit. "pegar Deus pelos pés", expressão utilizada por Grotowski em sua conversa com Banu para indicar que não queria que seu texto desse a impressão de que aquilo que pertence ao mistério da vida e da investigação artística tivesse sido, de uma vez por todas, resolvido por meio de explicações e conceitos.

Grotowski queria encontrar a palavra justa, aquela que deixaria o leitor escutar dentro do texto "uma voz implicada na pesquisa", voz que a "escritura não deve trair nem sufocar"[111].

Vamos então àquelas *palavras praticadas* para perceber que noções de ator e espectador elas – palavras e práticas – forjaram entre os anos de 1959 e 1974, sem deixar, é claro, de estar atentos ao percurso artístico de Grotowski como um todo.

111 Idem, p. 15.

O Percurso da Noção de Ator em Grotowski

1959-1964

MARCO ZERO:
NO INÍCIO ERA A TEATRALIDADE E O RITUAL

No início da trajetória de Grotowski à frente do T13F não existia nenhuma ênfase particular no trabalho do ator, principalmente do ponto de vista de sua subjetividade, personalidade ou empenho interior. O trabalho do ator era visto como parte da *mise-en-scène* realizada, ela sim, com o intuito de estabelecer novos parâmetros para a ação teatral e uma nova relação com o espectador. Ao mesmo tempo, essa *mise-en-scène* era construída em oposição a inúmeras práticas e estéticas, tradicionais ou de vanguarda, que ele e Flaszen consideravam nocivas ao teatro.

Nos primeiros espetáculos encenados – *Orfeu*, de 1959 e *Caim*, *Mistério Bufo* e *Sakuntala*, todos de 1960 – e nos primeiros quatro textos de Grotowski relacionados ao T13F de que temos notícia – "Invocação para o Espetáculo Orfeu", de 1959 e "Alfa-Ômega", "Brincamos de Shiva" e "Farsa-Misterium", de 1960 – esses dois caminhos, de afirmação de uma nova cena e de negação de certas tendências que estavam em voga em

58 PALAVRAS PRATICADAS

grande parte da cena polonesa da época, aparecem claramente, dando origem aos seus primeiros conceitos de teatro, conceitos que operaram bem antes do famoso "teatro pobre".

Grotowski, no início do seu percurso à frente do T13F, opôs-se ao que chamou de "dimensões apenas estéticas" do teatro. Naquele momento, para exemplificar sua própria investigação, referiu-se a certos períodos na história da arte – os mistérios gregos e medievais, por exemplo – no qual o teatro estava entrelaçado a uma dimensão ritual. Ele falava da arte como um modo específico, "dinâmico, intenso, integral", de experienciar a realidade[1].

Perguntava-se sobre o que caracterizava a essência do teatro, sobre qual era a sua especificidade. A resposta dada naquele momento a essa questão foi muito diversa daquela que, em meados dos anos de 1960, deu origem ao conceito de "teatro pobre". Nele, a "técnica cênica e pessoal", ou "espiritual do ator", termo utilizado na versão do *Cahiers Renaud Barraut*, era "a essência da arte teatral"[2]. Mas, nos seus primeiros textos, Grotowski, definia essa essência a partir de um espelhamento entre o teatro teatral dos anos de 1920 e o fenômeno ritual. A teatralidade era, assim, o substituto laico[3] do ritual religioso: "A reconstrução no teatro do jogo 'ritual' a partir de elementos residuais, ou seja, a restituição ao teatro de seu princípio vital seria um dos objetivos principais da nossa prática."[4]

1 Jerzy Grotowski apud T. Burzynski; Z. Osinski, *Le Laboratoire de Grotowski*, p. 9.
2 J. Grotowski, Em Busca de um Teatro Pobre [1965], *Em Busca de um Teatro Pobre*, p. 14.
3 Ludwik Flaszen, ao comentar o léxico de Grotowski, revelou que o adjetivo *laico* era uma das *palavras-camuflagem* do dicionário do artista. Claro está que o diretor se interessou pelo universo do ritual (ainda que não pela ortodoxia das Igrejas), mas, ao utilizar o termo *laico*, ele acalmava tanto o Estado comunista, por princípio ateu, quanto a Igreja católica que via, assim, preservado o seu domínio de atuação. Além disso, ser *laico* não feria "a sensibilidade agnóstica independente no estilo do Ocidente". L. Flaszen, De Mistério a Mistério, em L. Flaszen; C. Pollastrelli (orgs.), *O Teatro-Laboratório de Jerzy Grotowski: 1959-1969*, p. 28. Por outro lado, Flaszen afirmou que o termo *laico* nos textos do artista, por sua proximidade com palavras de sentido religioso – por exemplo, nas expressões *ritual laico, mistério laico* – podia também fornecer a informação de que havia no T13F, embora não se tratasse da propagação de crenças religiosas, uma experimentação não ortodoxa da espiritualidade.
4 J. Grotowski, Farsa-Misterium [dez., 1960], em L. Flaszen; C. Pollastrelli (orgs.), *O Teatro-Laboratório de Jerzy Grotowski: 1959-1969*, p. 41.

O teatro que estava próximo do rito era, para ele, aquele produzido na Grande Reforma, e Meierhold era uma referência importante[5]. Grotowski utilizou intensamente o vocabulário daquele teatro teatral – teatralidade, jogo, artifício – e apoiou-se em ideias defendidas por encenadores que, no início do século xx, se opuseram a tendências naturalistas e burguesas na arte do espetáculo, tendências que ele também rejeitava[6]. Entre outras coisas, aqueles encenadores abriram a cena à participação do espectador e defenderam a liberdade de manipulação, por parte do encenador, do texto dramatúrgico, dois procedimentos que interessavam a ele.

As práticas e formas do teatro teatral da Grande Reforma foram recuperadas por Grotowski porque ele acreditava que, sem fugir de uma cena naturalista e burguesa, não se conseguiria que o teatro fosse, ou voltasse a ser, um veículo de conhecimento, uma maneira de tocar o *misterium*:

> A forma não funciona aqui como um fim em si, nem como um meio de "expressão" ou para "ilustrar" algo. A forma – a sua estrutura, a sua variabilidade, o seu jogo de opostos (em uma única palavra, todos os aspectos tangíveis e técnicos da teatralidade de que se falou) – é um peculiar *ato de conhecimento*[7].

A arte vista como passível de fornecer acesso ao que é desconhecido, ou caracterizando o próprio ato de conhecer, foi uma constante em seu percurso, mas essa constante foi investigada por meio de diferentes noções (e práticas) de teatro e de ritual, de ator e de espectador, e chegou mesmo a exigir, em determinado momento da prática artística de Grotowski, a eliminação de todas essas noções.

---

5 Principalmente pela proposta do artista russo de independência e autonomia da *mise-en-scène* em relação ao texto dramático.

6 Lê-se na *Théatre en Pologne* (dezembro de 1961), em texto assinado por J. F: "A única arma do teatro é sua 'teatralidade'. É a ela que se inclinavam, há não muito tempo, os realizadores da Grande Reforma. Suas investigações, fracassadas em razão de numerosas circunstâncias desfavoráveis, merecem justamente hoje, na hora em que o teatro está ameaçado, serem retomadas".

7 J. Grotowski, Farsa-Misterium [dez. 1960], em L. Flaszen; C. Pollastrelli (orgs.), *O Teatro-Laboratório de Jerzy Grotowski: 1959-1969*, p. 46.

60 PALAVRAS PRATICADAS

A primeira articulação[8] entre teatro e ritual em sua obra escrita foi estabelecida a partir de inúmeros pontos que passo, agora, a analisar.

Coparticipação do Espectador

O espetáculo era visto como um fenômeno de participação coletiva. O teatro era a única arte onde os espectadores eram coautores da experiência artística. Assim como no ritual, no teatro existiam participantes principais – os atores (os "xamãs", no ritual) e os secundários, os espectadores (a "multidão que observa as ações mágicas do xamã e as acompanha com a magia dos gestos, do canto, da dança etc.", no ritual)[9]. Ele se opunha, desse modo, à cena naturalista com sua distinção entre aqueles que agem e aqueles que observam. Durante o espetáculo, os participantes principais e secundários deveriam ser tanto observadores quanto observados, e, por isso, o espaço de ação teatral requerido por Grotowski era um espaço sem separação, um espaço único[10] onde estavam presentes, ao mesmo tempo e sem distinções, os dois grupos, os dois *ensembles*.

Os espectadores deveriam cumprir, assim como os atores, distintas funções na trama. Representavam grupos diferentes, com papéis específicos, dependendo do lugar e da organização prevista, por exemplo, pela colocação das cadeiras. Assim se li-

---

8 Vou me referir aqui, primordialmente, ao texto "Farsa-Misterium" de 1960. Esse texto só foi publicado recentemente, em 2001, em italiano, e em 2007, em português. Ele pertencia ao arquivo privado de Flaszen e foi escrito por Grotowski para um seminário organizado pelo T13F e pelo Círculo de Amigos desse teatro, que funcionava na época. É apresentado, originalmente, como um material teórico "para uso estritamente interno".

9 Idem, p. 41.

10 Esse espaço único se construiu, nos espetáculos de Grotowski, aos poucos, e principalmente a partir da entrada no grupo, em 1960, do arquiteto Gurawski, que se tornou responsável pela construção do espaço cênico. *Os Antepassados* (*Dziady*), espetáculo de 1961, foi o primeiro exemplo desse espaço totalmente compartilhado por atores e espectadores. Antes disso, embora tenha havido transformações na relação clássica entre palco/plateia, as áreas de demarcação para atores e espectadores continuavam presentes. No capítulo sobre a noção de espectador, investigarei também as modificações operadas no espaço cênico, por entender que essas modificações construíram as (e foram construídas pelas) noções de espectador.

O PERCURSO DA NOÇÃO DE ATOR EM GROTOWSKI 61

quidava a tradicional relação entre cena e plateia "em favor de algo que poderia ser chamado ironicamente de 'participáculo'"[11].

Como vimos, os participantes secundários no ritual foram descritos por ele como uma multidão que participava ativamente das ações realizadas pelo xamã. A ideia de multidão, quando transportada para o seu teatro, não diz respeito ao número de espectadores, até porque, mesmo por razões de espaço físico[12], os espetáculos do T13F sempre foram apresentados para um número restrito de pessoas. Nomear os participantes secundários como multidão era enxergá-los como coletividade, como grupo, e não como indivíduos isolados. Nessa fase de suas investigações, era justamente à coletividade de espectadores que Grotowski se dirigia, estimulando-a a participar da ação e a atuar na trama ficcional do espetáculo. Vou me dedicar extensamente a esse ponto, e às suas extremas transformações, no próximo capítulo, dedicado às noções de espectador.

A Presença do Misterium

O segundo ponto no entrecruzamento teatro/ritual pode ser localizado na presença do *misterium*, ou seja, na função que Grotowski concedia aos dois eventos. Citando os mistérios antigos e medievais, ele afirmava que, naqueles dois momentos históricos, as formas teatrais estavam relacionadas com o contexto do culto aos deuses e que, desse modo, o segredo, o *misterium* estava localizado nas divindades, nos espíritos e, portanto, no exterior dos participantes. Já a teatralidade, considerada por ele como o *misterium* moderno, buscava esse segredo nos próprios participantes do jogo teatral, "pelo fato de que não procuramos nada fora deles, fora do homem"[13]. A função fundamental da teatralidade era a busca desse segredo ao mesmo tempo coletivo, um segredo do grupo, e coletivizante, um segredo que resgatava o indivíduo de sua experiência de isolamento e fragmentação.

11 Idem, p. 42.
12 A sala do T13F podia receber 116 espectadores. Era uma sala de 84,5 m², J. Degler, Laudatio, em J. Degler; G. Ziólkowski (orgs.), *Essere un uomo totale*, p. 91.
13 J. Grotowski, Farsa-Misterium [1960], L. Flazsen; C. Pollastrelli (orgs.), *O Teatro-Laboratório de Jerzy Grotowski: 1959-1969*, p. 42.

Artificialidade

Um terceiro ponto de espelhamento entre o teatro e o ritual era a artificialidade que o artista percebia nos dois fenômenos. E nesse terceiro ponto fica ainda mais clara a importância do teatro teatral nessa sua fase de trabalho. No jogo ritual, localizava um sistema de signos abreviado, definido *a priori*, e, portanto, convencional. Era também um sistema de signos, uma estrutura artificial, que distinguia, para o artista, a teatralidade da vida de todo dia. Ele criticava o teatro burguês que, em nome da verdade da vida, negava a lei da artificialidade e da convenção, servindo-se dela apenas como se se tratasse de um mal inevitável.

Grotowski fazia uma diferença entre o que chamava de "lógica da forma", justificada pelas leis da teatralidade, pela própria estrutura da cena, e "lógica da vida corrente" que, não sendo estruturada, não seria, portanto, artística. Naquele momento, a arte que podia aproximar-se de uma função ritual estava, para ele, baseada na construção, na convenção e na artificialidade: "O termo 'arte' é próximo, afim ao termo 'artificialidade'"[14].

Efetivamente, encontramos nos espetáculos desse período uma artificialidade e um trabalho de composição que eram totalmente assumidos pela cena de Grotowski, além de uma forte oposição a quaisquer movimentos naturais ou cotidianos por parte do ator. Ele estava aqui, de certa forma, irmanado com a vanguarda teatral, nas suas experiências mais formais:

> Se alguém no espetáculo faz um gesto ou executa uma ação, é preciso perguntar: o que é no espaço – só um movimento "natural" ou um movimento artístico, teatral, um elemento da composição, uma construção, uma micropantomima? A palavra falada se é só *dizer* a palavra (mesmo com o pensamento, mesmo com a intenção) não é ainda algo de artístico, não é teatro. Onde está o som-matéria da composição?[15]

Tratava-se da produção de movimentos e sons não cotidianos – ele os denominava "signos" – justificados pela lógica total do espetáculo, pela lógica da cena. Grotowski utilizava, por exemplo, elementos acrobáticos em suas *mise-en-scènes* iniciais,

14 Idem, ibidem.
15 Idem, p. 45.

O PERCURSO DA NOÇÃO DE ATOR EM GROTOWSKI

elementos que por si mesmos produziam um corpo de ator distanciado do corpo cotidiano. Esses elementos acrobáticos eram justificados pela "lógica da forma", intrinsecamente ligada à totalidade da cena, aos múltiplos sentidos que o encenador intentava construir no espetáculo.

O exemplo que ele forneceu – e que está citado abaixo – é quase ingênuo na sua tentativa de explicar a expressão corporal não cotidiana de um ator pelas intenções gerais da cena, mas, ao mesmo tempo, revela o conteúdo farsesco presente em seus primeiros espetáculos:

> No espetáculo, durante um monólogo patético, o ator está plantando bananeira. Os estranhos nos perguntam: "por quê? qual o objetivo dessa esquisitice? por que o ator está plantando bananeira?" Respondemos: na realidade, o detalhe deve ser justificado pela estrutura da totalidade. [...] são de rigor a lógica e a coerência da forma. Portanto, por exemplo, na cena do louco monólogo, está de cabeça para baixo o monstruoso burocrata Pobiedonóssikov – o absurdo das palavras transformou-se no absurdo da situação. O elemento acrobático justificou-se na lógica da forma [...] diversa da lógica ocasional de cada dia[16].

O que podemos ver é que, nos textos e experiências iniciais, ele concedia bastante importância à artificialidade já que, baseando-se em um sistema de signos, ela permitiria o acesso àquilo que estaria velado pela cotidianidade. Ela permitiria, assim, que se estabelecesse o jogo ritual.

Jogo e Magia

Como apontei mais atrás, dentre os elementos que compunham o espelhamento ritual/teatro, o último era exatamente a simetria estabelecida por Grotowski entre a magia do ritual religioso e o jogo do ritual teatral. Magia e jogo cumpririam o mesmo princípio agregador, comunitário. No jogo teatral operaria um "infantilismo consciente"[17], aquele que faz o espectador brincar,

16 Idem, p. 44. Grotowski se referia aqui à personagem Pobiedonóssikov da peça *O Banho* de Maiakóvski. Ele utilizou partes dessa peça na construção do seu espetáculo *Mistério Bufo,* de 1960.
17 Idem, p. 43.

PALAVRAS PRATICADAS

como um jogador, com o que está convencionado. A imaginação, ao contrário de quando em contato com o mito religioso, "não trabalha aqui 'a sério' [...], mas fingindo"[18]. Assim como o participante do ritual, o espectador, aceitando as regras do jogo teatral, tornava-se parte de uma comunidade. A premissa de pertencimento à comunidade era, para ele, condição *sine qua non* para que, também no fenômeno teatral, o *misterium* pudesse ser tocado. Seus espetáculos buscavam, portanto, construir essa sensação de pertencimento[19].

Primeiras Definições de Teatro

Duas definições de teatro forjadas por Grotowski exatamente nessa época ajudam a compreender o jogo dialético que vigorava no T13F. A primeira definição era: "Se eu tivesse que definir as nossas pesquisas cênicas com uma frase, com um termo, me referiria ao mito da Dança de Shiva; diria: 'brincamos de Shiva'"[20]. São três os pontos que, para ele, ligavam o deus Shiva ao teatro que realizava. Em primeiro lugar, Shiva "dança a totalidade" e o artista tinha a mesma ambição, por meio dos seus espetáculos, de confrontar-se com a realidade por todos os seus lados, na sua multiplicidade de aspectos, abarcando-a inteiramente; Shiva é também o "criador dos opostos" e Grotowski trabalhava por contrastes, buscando, ou

18 Idem, p. 44.

19 Essa forma de entender e buscar uma espécie de *comunidade* no teatro diz respeito a um momento específico das investigações de Grotowski localizado no início dos anos de 1960. Essa busca foi extremamente criticada por ele no texto Teatro e Ritual, de 1968, que comentarei no capítulo sobre o espectador. Mas faço logo a ressalva para que o leitor não perca de vista que estou seguindo e interpretando o percurso de certas formulações dele e, desse modo, afirmações e interesses de determinados períodos podem vir a ser negados ou abandonados – e o são – pelo artista, em períodos subsequentes.

20 Idem, p. 38. Essa definição se encontra em texto homônimo traduzido pela primeira vez do polonês para o italiano, em 2001, para o livro *O Teatro-Laboratório de Jerzy Grotowski: 1959-1969*, que recebeu outra tradução, em 2007, no Brasil, pela editora Perspectiva e pelo Sesc-SP. Trata-se, na verdade, de um fragmento de texto que fazia parte da monografia final apresentada por Grotowski à Escola Superior do Estado de Cracóvia para obtenção do seu diploma de diretor. Esse texto já havia sido publicado por Osinski no livro *Grotowski Wytycza Trasy*.

opor diferentes elementos do espetáculo, ou produzir choques e contradições dentro de um mesmo elemento. Por último, Shiva é representado com os olhos entreabertos e um leve sorriso, demonstrando ser conhecedor da relatividade das coisas. Da mesma maneira, ele ambicionava, no início, por meio do humor, da ironia, da pilhéria, da farsa, presentes em seus espetáculos, produzir um olhar distanciado, que pudesse colocar em questão crenças e convenções da sociedade e do teatro poloneses.

Em outro texto do mesmo ano, as mesmas ambições aparecem sobre outra definição. Grotowski, buscando novamente nomear o teatro que realizava, propunha: "farsa dialética", ou "mistério laico" e, por último, perguntava-se se a melhor definição não seria a de "farsa-misterium"?[21] A busca do *misterium* era realizada através de um olhar farsesco, crítico e distanciado que Flaszen disse ser o seu vizinho irônico, "que o arremeda e desse modo o torna crível. Aqui ainda toda essa xamanice, própria daquela esfera arcaica, devia passar através [...] de todo o moderno aparato próprio, na Europa cartesiana, dos céticos, dos rebeldes e dos hereges"[22]. O que organizava, de certo modo, aquela mobilidade das convenções teatrais era exatamente uma "específica essência *farsesca* acima do gênero"[23].

O Exemplo de Caim

Analisarei alguns aspectos do espetáculo *Caim*, de 1960, para exemplificar esse jogo ao qual venho me referindo. A própria escolha do texto por parte de Grotowski mostrava aquele desejo de *dançar a* totalidade. Ele dizia ter se interessado por *Caim* por encontrar no texto, assim como em *Os Antepassados* ou em *Fausto*, "o mundo inteiro e a vida inteira do homem"[24]. Mas essa totalidade era construída por inúmeros pares de

---

21 J. Grotowski, Brincamos de Shiva [1960], em L. Flaszen; C. Pollastrelli (orgs.), *O Teatro-Laboratório de Jerzy Grotowski: 1959-1969*, p. 44.
22 L. Flaszen, De Mistério a Mistério, em L. Flaszen; C. Pollastrelli (orgs.), *O Teatro-Laboratório de Jerzy Grotowski: 1959-1969*, p. 25.
23 J. Grotowski, Farsa-Misterium [dez., 1960], em L. Flaszen; C. Pollastrelli (orgs.), *O Teatro-Laboratório de Jerzy Grotowski: 1959-1969*, p. 44.
24 J. Grotowski apud J. Kumiega, *The Theatre of Grotowski*, p. 21.

opostos, por choques e contraposições[25]. A personagem Caim era caracterizado como um jovem homem moderno à procura do sentido da vida, e era tratado tanto de forma grotesca quanto de maneira trágica. Por meio das diversas maneiras de apresentar a personagem, a encenação formulava uma indagação sobre o herói revoltado: suas inquietações e a maneira de vivenciá-las deveriam ser encaradas de forma séria ou irônica?

As personagens Deus e Lúcifer foram transformadas, na encenação do artista, em Alfa, personificação das forças da natureza, e Ômega, personificação da sabedoria e da inquietude da consciência humana[26]. Ao final do espetáculo, Alfa era revelado como também sendo Ômega e todos os atores, portando uma máscara de Alfa/Ômega, dançavam uma dança extática em homenagem à unidade do universo[27]. Ao mesmo tempo, no fundo do palco, aparecia um cartaz com um texto de Grotowski. O texto celebrava a unidade e a polaridade do mundo e era escrito propositadamente em um dialeto estilizado e com letras infantis[28], o que criava, sem dúvida, mais um contraste.

As críticas feitas ao espetáculo, à época, falavam em uma cena estrategicamente construída que planejava, e conscientemente organizava, a reação da audiência. Uma cena onde se podiam encontrar quase todos os estilos teatrais, uma cena repleta de invenções[29] e de constantes transformações, uma cena feita

25 A importância desse jogo de opostos para o pensamento grotowskiano à época aparecia também em um aforismo de Heráclito pintado na entrada da sala do T13F: "Aquilo que se opõe converge, e a mais bela das tramas forma-se dos divergentes; e todas as coisas surgem segundo a contenda", L. Flaszen, De Mistério a Mistério, em L. Flaszen; C. Pollastrelli (orgs.), O Teatro-Laboratório de Jerzy Grotowski: 1959-1969, p. 30.

26 O Lúcifer no Caim de Byron é um rebelde que se revolta contra a moral tradicional.

27 T. Burzynski; Z. Osinski, Le Laboratoire de Grotowski, p. 15-16.

28 A título de curiosidade, apresento um fragmento desse texto: "O mundo é unidade todavia, que se dança infinitamente, vocês sabem, do elemento ao cerebrinizar, isto quer dizer de Alfa a Ômega. Do fazer festa à dor também, vocês sabem". J. Grotowski, Alfa-Ômega, em L. Flaszen; C. Pollastrelli (orgs.), O Teatro-Laboratório de Jerzy Grotowski: 1959-1969, p. 37.

29 Cito parte da crítica de T. Kudliński: "Diálogos filosóficos se transformam em escárnio; choque metafísico em zombaria; demonismo em circo; terror trágico em cabaré, lirismo em bufonaria e trivialidade. Há [...] milhares de invenções, música inoportuna, ensurdecedora, uma voz falada de um megafone [...] No cenário, vemos a mesma coisa, quanto mais surrealismo simbólico, mais humor brincalhão." T. Kudliński apud T. Burzynski; Z. Osinski, Le Laboratoire de Grotowski, p. 16.

O PERCURSO DA NOÇÃO DE ATOR EM GROTOWSKI

de inúmeros fragmentos contrastantes; uma Torre de Babel que buscava revelar as complicações da vida nos seus diferentes aspectos[30]. Tanto *Caim* quanto *Orfeu*, segundo Osinski, eram espetáculos baseados em ricos e múltiplos elementos visuais e teatrais e em truques técnicos, e não se debruçavam sobre a arte do ator. Osinski comparava a estrutura do espetáculo à "montagem de atrações" de Eisenstein, já que cada cena do espetáculo era uma unidade preparada com vistas a produzir um efeito definido no espectador[31].

O que Kumiega, em 1985 – em uma perspectiva que levou em consideração a continuidade do percurso de Grotowski –, enxergava nesses primeiros espetáculos era tanto uma "manipulação intelectual" por parte do diretor – que organizava mentalmente a cena com vistas a produzir tal ou qual reação do público e ainda introduzia textos de próprio punho para explicitar sua mensagem – quanto uma "profusão de efeitos"[32]. Ao que parece, para ela aquela dialética da forma, que tinha por objetivo atingir a percepção do espectador de maneira aguda e que era concretizada através do choque e do contraste entre os diversos elementos do espetáculo, tinha dado origem a uma cena de riqueza formal muitas vezes estéril.

Como vimos, Grotowski não se interessava por um teatro puramente estético que dialogasse apenas com seus próprios modos de fazer e com suas ferramentas. Seu interesse pela convenção e pela artificialidade – na coparticipação do espectador, no sistema de signos – explicava-se principalmente por meio daquele *vis-à-vis* com o ritual. A artificialidade visava a favorecer "a criação de uma singular aura psíquica e coletiva, da concentração, da sugestão coletiva; organiza(r) a imaginação e disciplina(r) a inquietude"[33]. Por outro lado, acompanhando as críticas de época e vendo as fotos dos primeiros espetáculos, tem-se exatamente a mesma impressão de Kumiega: a de uma cena seduzida pelas ideias e pelos jogos de formas e efeitos.

---

30 Idem, ibidem.
31 Idem, ibidem.
32 J. Kumiega, *The Theatre of Grotowski*, p. 24.
33 J. Grotowski, Farsa-Misterium [dez. 1960], em L. Flaszen; C. Pollastrelli (orgs.), *O Teatro-Laboratório de Jerzy Grotowski: 1959-1969*, p. 41.

Grotowski também fez críticas contundentes a esse período e parece referir-se a ele quando, em 1965, diz ter vacilado durante anos entre "os impulsos nascidos da prática e a aplicação de princípios *a priori*". O artista afirmou que só depois de algum tempo havia percebido que "a montagem conduzia à conscientização, ao invés de ser produto de uma conscientização"[34].

Já Flaszen, em artigo escrito após a morte do artista e, portanto, em uma perspectiva que levou em conta todo o seu percurso, traçou as correspondências entre os primeiros textos do que nomeou como *época de nossa gênese* e a arte como veículo. Via, no início do T13F, a semente do que teria acontecido depois. Os exemplos fornecidos por Flaszen foram, entre outros, as referências feitas por Grotowski nos dois momentos, aos mistérios da Antiguidade; a percepção do teatro (da forma) como ato de acesso – veículo – para o conhecimento; Flaszen também viu a partitura rítmica e sonora presente no espetáculo *Sakuntala*, sobre o qual nos debruçaremos a seguir, como uma forma embrionária da futura noção de "corrente de impulsos visíveis" descrita por Grotowski em texto referido à arte como veículo[35].

Enquanto a leitura de Flaszen apontava, por meio dessas semelhanças, certas tentações que acompanharam o percurso de Grotowski, ela era instigante. O interesse pelo ritual, a presença, desde o início, de um diálogo com o sagrado, a perspectiva da arte como via de acesso ao conhecimento são mesmo tentações que se repetem ao longo do seu percurso. Mas, quando Flaszen afirma que "os antigos instrumentos e as palavras usadas naquele tempo servem ao trabalho na outra margem"[36], creio que não foi tão feliz. É verdade que, algumas vezes, Grotowski utilizou as mesmas palavras em momentos diferentes, mas a perspectiva era mais frequentemente aquela de correção do termo diante das novas descobertas e práticas que aquela de continuidade, ou de relação genética entre os termos.

---

34 J. Grotowski, Em Busca de um Teatro Pobre [1965], *Em Busca de um Teatro Pobre*, p. 16.

35 O texto é o Da Cia Teatral à Arte como Veículo e foi baseado em duas conferências de Grotowski: uma realizada em outubro de 1989 em Módena e outra em maio de 1990 na Universidade da Califórnia, Irvine.

36 L. Flaszen, De Mistério a Mistério, em L. Flaszen; C. Pollastrelli (orgs.), *O Teatro-Laboratório de Jerzy Grotowski: 1959-1969*, p. 27.

O PERCURSO DA NOÇÃO DE ATOR EM GROTOWSKI   69

Não crer, a princípio, que mesmas palavras e expressões se refiram, necessariamente, a práticas semelhantes é uma das pistas importantes para o estudioso que vai se deparar com os textos e o percurso de Grotowski. A arte como veículo é uma investigação de todo diferente, nas práticas e nos textos, daquela empreendida nos anos iniciais e mesmo seguintes do T13F, por mais que seja sedutor para Flaszen, e, às vezes, até para o próprio Grotowski, encontrar e afirmar semelhanças e continuidades.

O Programa Negativo da Companhia

Em 1964, quatro anos depois da estreia de *Caim*, Grotowski referia-se ao espetáculo mais como um exorcismo contra o teatro convencional que como um lugar de criação de princípios cênicos que viriam posteriormente a ser explorados pelo grupo. Dizia que *Caim* havia formulado o "programa negativo da Cia"[37], ou seja, que o espetáculo havia, de maneira proposital, sido construído a partir da crítica e da oposição a certas direções presentes, à época, no teatro polonês.

Esse programa negativo, que já operava no primeiro espetáculo, *Orfeu*, pode ser visto como uma outra tendência do T13F, tendência diferente, mas concomitante com aquela que buscava, nos primeiros espetáculos, um *vis-à-vis* entre o ritual e o teatro.

O programa negativo tem inúmeros aspectos. Ele é construído a partir de críticas ao teatro do absurdo e ao existencialismo, movimentos fortes na Europa Ocidental do pós-guerra e que, na sua chegada tardia à Polônia, a partir do outubro polonês em 1956[38], entusiasmaram a intelectualidade e também os artistas poloneses de teatro.

---

37 J. Grotowski [1964] apud T. Burzynski; Z. Osinski, *Le Laboratoire de Grotowski*, p. 16.

38 Desde a morte de Stálin, em 1953, começou, nos países satélites da União Soviética, um clima de desestalinização. No chamado *outubro polonês* de 1956, a hegemonia dos stalinistas ortodoxos foi definitivamente quebrada e, em termos culturais, isso significou um maior fluxo de informações e trocas culturais entre a Polônia e o mundo Ocidental.

No primeiro espetáculo à frente do T13F, *Orfeu*, Grotowski escolheu um texto de Cocteau exatamente para poder polemizar com algumas ideias do autor. O artista reescreveu, por exemplo, a prece que finaliza a peça[39]. No panteísmo presente nessa reescritura, Kumiega[40] viu uma provocação deliberada ao entusiasmo dos artistas poloneses por aqueles movimentos vindos do Ocidente. Provocação confirmada quando, em entrevista publicada pouco depois da estreia de *Orfeu*, ele afirmou sua posição contrária ao teatro do absurdo dizendo que seu grupo não tinha desejo de perpetuar o absurdo; que enxergava e queria encontrar algum tipo de esperança[41].

O segundo espetáculo, *Caim*, pode ser lido como uma crítica ao existencialismo. Se o texto de Byron havia sido escolhido por levantar uma grande diversidade de questões humanas, questões também presentes no movimento existencialista, a *mise-en-scène* polemizava claramente com o pessimismo absoluto que Grotowski enxergava presente tanto no próprio texto de Byron, escrito no início do século XIX, quanto naquele movimento dos anos de 1950. O espetáculo dava respostas diferentes para questões filosóficas semelhantes, pois, segundo Flaszen, o texto de Byron oferecia apenas a revolta, o não desesperado, e esse *páthos* do pessimismo absoluto era escarnecido no espetáculo, bem como o seu par oposto, a esperança ingênua e cega[42].

O programa negativo se construiu também contra a submissão da cena à literatura dramática. Na verdade, de início, interessava a Grotowski a escolha de textos e autores com quem pudesse polemizar, perspectiva que carregava nela mesma uma não submissão ao escritor do texto. Ele não teve, principalmente nos três primeiros espetáculos, nenhum pudor em interferir radicalmente no texto – e contra o texto – que havia escolhido para encenar. Transformou-o de inúmeras maneiras, principalmente a partir de uma cena construída por jogo de

---

39 Cito uma parte do texto de Grotowski publicado na íntegra no livro *O Teatro-Laboratório de Jerzy Grotowski: 1959-1969*: "Nós te agradecemos, mundo, por ser. [...] Te agradecemos por não sermos separados de ti, por sermos tu, porque justamente em nós atinges a consciência de ti, o despertar", Invocação para o Espetáculo *Orfeu*, p. 35.

40 J. Kumiega, *The Theatre of Grotowski*, p. 20.

41 Idem, p. 21.

42 Idem, p. 22-23.

O PERCURSO DA NOÇÃO DE ATOR EM GROTOWSKI

opostos, o que seria o sentido original do texto colocando-o em cheque e mesmo ridicularizando-o.

Segundo Kumiega, ele utilizava o espetáculo como um veículo para negar ou inverter a filosofia do escritor[43] e, até mesmo nesse procedimento, podemos ver aquela dialética da forma – que tomava a encenação como soberana – em operação. Nos dois primeiros espetáculos, entrou em clara polêmica com os autores dos textos, e isso só não ocorreu mais fortemente no terceiro espetáculo, *Mistério Bufo*, porque o próprio texto de Maiakóvski tinha já, frente ao tema abordado, uma visão distanciada e irônica que foi aproveitada e ampliada por Grotowski.

Essa forma de tratar o texto dramatúrgico era vista, segundo Kumiega, com reservas pelo teatro polonês que, por esse e por inúmeros outros aspectos, questionava a própria existência do T13F como teatro subvencionado.

O teatro de Grotowski, naqueles anos iniciais, foi construído ainda em oposição ao ilusionismo e ao naturalismo da cena burguesa. E ele convocou, como seus aliados nessa crítica, os Grandes Reformadores do início do século xx. Osinski afirmou que *Mistério Bufo*, por exemplo, se colocava frontalmente contra a estética pequeno burguesa que vigorava no teatro oficial polonês. O espetáculo era, portanto, segundo o pesquisador, "uma performance abertamente 'militante' [...], uma batalha perversa contra os oponentes do T13F"[44].

Os primeiros espetáculos do artista fundaram, portanto, uma relação conflituosa com o teatro polonês, ao mesmo tempo em que foram também produtos dessa relação. Esse clima pouco amistoso encontra-se bem descrito por Kumiega, que relatou que, antes mesmo da estreia do primeiro espetáculo do T13F, já havia um forte debate na imprensa local e nacional sobre a competência do grupo para estar à frente do projeto.

O T13F se estabeleceu em Opole (cidade pequena que contava apenas com um outro teatro bastante convencional, o Ziemi Opolskiej) sob a desconfiança e, muitas vezes, o antagonismo da classe teatral[45]. Essa desconfiança nascia, entre outras

43 Idem, p. 20.
44 T. Burzynski; Z. Osinski, *Le Laboratoire de Grotowski*, p. 18.
45 J. Kumiega, *The Theatre of Grotowski*, p. 11-12;19-20.

72 PALAVRAS PRATICADAS

coisas, pelas próprias declarações dos artistas de que estariam fundando um teatro que seria, na Polônia, único no gênero, um teatro "com princípios radicalmente experimentais e de vanguarda"[46]. Osinski ressaltou que essa e outras declarações feitas quando da abertura do T13F marcaram "uma declaração de guerra contra o teatro existente" que, segundo a visão de Flaszen e Grotowski, existia por absoluta inércia[47].

As críticas principais eram baseadas na *desteatralização*, na literalidade da cena burguesa e naturalista, em que "o ator [...] está sentado, come, caminha, cospe, fuma, tosse, tamborila com os dedos na mesa, agita a perna, faz perguntas, responde, medita. E se estas atividades são justificadas, em linhas gerais, por alguma circunstância da vida (a *lógica da vida*), considera-se habitualmente que tudo já esteja absolutamente em ordem"[48].

Seus espetáculos, mas também os programas de seus espetáculos e suas declarações na imprensa local, afrontavam claramente essas facetas do teatro polonês que eram, na maioria das vezes, bem recebidas pelos espectadores. Por outro lado, em seus primeiros espetáculos, foi obrigado a suspender apresentações por falta de público ou a apresentar-se para uma plateia de apenas três ou quatro espectadores[49].

O *Ator em* Orfeu, Caim *e* Mistério Bufo

Como acabamos de ver, nos primeiros espetáculos de Grotowski, assim como em seus primeiros textos e declarações, não há nenhuma investigação mais específica sobre o trabalho do ator, seja sobre seus chamados instrumentos de trabalho, seu corpo e sua voz, seja sobre sua interioridade, subjetividade ou empenho interior. A ênfase estava colocada na própria cena – o ator como mais um elemento – e a serviço da recepção do espectador. Em relação ao ator, pode-se dizer que Grotowski

---

46 L. Flaszen apud J. Grotowski, A Possibilidade do Teatro [fev., 1962], em L. Flaszen; C. Pollastrelli (orgs.), *O Teatro-Laboratório de Jerzy Grotowski: 1959-1969*, p. 48.
47 T. Burzynski; Z. Osinski, *Le Laboratoire de Grotowski*, p. 15.
48 J. Grotowski, Farsa-Misterium [dez. 1960], em L. Flaszen; C. Pollastrelli (orgs.), *O Teatro-Laboratório de Jerzy Grotowski: 1959-1969*, p. 44-45.
49 T. Burzynski; Z. Osinski, *Le Laboratoire de Grotowski*, p. 17.

O PERCURSO DA NOÇÃO DE ATOR EM GROTOWSKI

fugia de uma interpretação baseada em parâmetros realistas e buscava a mesma *artificialidade*, o mesmo jogo de contrastes, a mesma possibilidade de composição que procurava nos demais elementos da cena.

Numa rápida passada de olhos nos três primeiros espetáculos, localizarei algumas direções dadas a essa fuga do naturalismo. Em seguida, me deterei em *Sakuntala*, quarto espetáculo de Grotowski, no qual, ainda por necessidades da própria cena, ele começou a realizar um trabalho mais sistemático com seus atores.

O espetáculo *Orfeu* foi montado em menos de três semanas. O período de ensaio serviu apenas para que ele, que já havia elaborado *a priori* todos os aspectos da *mise-en-scène*, "levantasse" o espetáculo. Nenhuma importância foi então atribuída a qualquer processo de ator[50].

Em *Caim*, o ator era também visto como mais um dos instrumentos do espetáculo, construindo e fazendo parte daquele jogo de opostos ao qual me referi anteriormente. Mas, nesse espetáculo, alguns comentadores/críticos já visualizaram certas direções dadas ao trabalho atoral. Osinski, por exemplo, relatou que os diálogos entre as personagens, que "aconteciam em uma atmosfera de luta semifísica sob a forma de metáforas retiradas do esporte", apontavam para uma visível influência da tradição meierholdiana[51].

Já Kumiega ressaltava, em *Caim*, as pequenas transformações operadas na relação ator/espectador: dois dos atores (que representavam Caim e Ômega) faziam incursões breves e limitadas na área reservada aos espectadores, e se dirigiam diretamente à audiência, usando as palavras do texto de Byron[52].

O crítico Jan Pawel Gawlik atacava Grotowski, à época, especificamente por não voltar-se para as possibilidades dos atores, concentrando-se num uso desordenado da forma com o único propósito de produzir uma riqueza de efeitos. Essa seria, literalmente, a mesma crítica que Grotowski fez, anos mais tarde, ao que chamou de espetáculos experimentais: "Eu conheço bem os 'espetáculos experimentais', eu mesmo os

---

50 J. Kumiega, *The Theatre of Grotowski*, p. 13.
51 T. Burzynski; Z. Osinski, *Le Laboratoire de Grotowski*, p. 16.
52 J. Kumiega, *The Theatre of Grotowski*, p. 24.

74 PALAVRAS PRATICADAS

dirigi"[53]. Naquele momento, tanto essa crítica de Gawlik como o "programa negativo" apenas ratificavam a não centralidade de uma investigação voltada para o trabalho do ator nas primeiras encenações dele.

Em *Mistério Bufo*, Grotowski trabalhou sobre a ideia de um *ator-jogador* que, por meio de convenções teatrais compactuadas com o público no próprio momento da *mise-en-scène*, era capaz de representar inúmeras personagens (ou objetos) e de servir de diversas maneiras às necessidades do espetáculo. O espetáculo baseava-se em duas peças de Maiakóvski, *Mistério Bufo* e *Os Banhos* (Bánia) – no espetáculo, as personagens transferiam-se livremente de uma peça para outra – e, como prólogo e epílogo, utilizou-se alguns fragmentos de mistérios medievais poloneses.

Os atores representavam, portanto, tanto personagens como objetos inanimados – uma máquina de escrever ou um telefone. Eles portavam na mão objetos que lembravam escudos, utilizados tanto para marcar a mudança de personagens como para representarem, algumas vezes, palhetas de pintor ou rifles. Os objetos de cena, apenas uma tina e um banco preto, também eram transformados na sua função original por meio da manipulação dos atores. E mesmo a passagem do tempo era feita por meio de recursos atorais, como descreve Falkowski na sua crítica ao espetáculo: "Quando uma passagem de tempo deve ser marcada, por exemplo, uma noite que passou, os lençóis são balançados ritmicamente em cima dos atores prostrados, para significar seu sono"[54].

Comentando o espetáculo na época, Flaszen escrevia que essa forma de trabalho do ator

permite de uma maneira literalmente provocativa a aplicação da moderna técnica de atuação, de acordo com a qual o ator não personifica inteiramente a personagem, mas, ao contrário, atua como se "ao lado" do papel. [...] E – é claro – isso nos libera – com o pequeno tamanho de nosso grupo – dos problemas de uma peça com um elenco tão excessivamente numeroso[55].

---

53 J. Grotowski, Vers un théâtre pauvre [1965], *Cahiers Renault Barrault*, p. 51.
54 Falkowski apud T. Burzynski; Z. Osinski, *Le Laboratoire de Grotowski*, p. 18.
55 L. Flaszen apud J. Kumiega, *The Theatre of Grotowski*, p. 28.

O PERCURSO DA NOÇÃO DE ATOR EM GROTOWSKI

Em texto do início dos anos 2000, Flaszen falou do trabalho dos atores em *Mistério Bufo* como tendo "evidentes referências ao trabalho do ator 'biomecânico' de Meierhold com sua ostentada composição do corpo, a ritmização das ações e a acrobacia"[56].

Seria possível ver nesse terceiro espetáculo, como fez um dos críticos da época, Kudliński, um estilo atoral começando a se estabelecer[57]. É verdade que Grotowski poderia ter optado por aprofundar esse caminho do ator-jogador a serviço de uma *mise-en-scène*, mas não foi isso o que ocorreu. Ao contrário, em textos ulteriores, quando se referia aos primeiros espetáculos, Grotowski parecia preferir excluir *Orfeu* e *Mistério Bufo*. Creio que isso ocorreu porque ele não encontrava, nas investigações realizadas nesses espetáculos, o ponto de partida, nem pelo lado da crítica, de suas pesquisas subsequentes.

Por outro lado, ele se referiu inúmeras vezes a *Caim* e *Sakuntala*. Esses dois espetáculos investigaram mais fortemente aquela lógica dos contrastes: oposições entre os vários elementos da cena, choque entre diferentes estilos e maneiras de atuar. Essa lógica dos contrastes se transformou com a entrada da noção de *arquétipo* nas reflexões de Grotowski e com o que chamou de "dialética da derrisão e apoteose", mas, de qualquer maneira, pode-se enxergar aí, e creio que por isso interessava a Grotowski recuperar os exemplos de *Caim* e *Sakuntala*, uma determinada continuidade de procedimentos.

Além disso, em *Sakuntala*, como veremos logo a seguir, empreendeu-se uma investigação sobre o chamado *corpo-voz* do ator na qual as noções – e práticas de – treinamento, *partitura* e *signos vocais e corporais* apareceram pela primeira vez. Com essa investigação, que foi rechaçada ou totalmente reformulada por ele nos anos subsequentes, começava-se a escrever mais fortemente o percurso da noção de ator no T.-L. E é justamente por isso que chamei esse momento de Marco 1 das noções de ator.

---

56 L. Flaszen, De Mistério a Mistério, em L. Flaszen; C. Pollastrelli (orgs.), *O Teatro-Laboratório de Jerzy Grotowski: 1959-1969*, p. 23.

57 "Particularmente a inventividade dos atores, que mais claramente delineia o novo estilo nascente", Kudliński, apud T. Burzynski; Z. Osinski, *Le Laboratoire de Grotowski*, p. 18.

MARCO 1:
UM CORPO-VOZ HÁBIL – TREINAMENTO
E PARTITURA EM *SAKUNTALA*

Pela importância dada à *partitura* corporal e vocal do ator, pelo início do treinamento e, também, por críticas posteriores de Grotowski, críticas que indicavam novos rumos para a noção de ator nos espetáculos do artista polonês, e que só poderiam ter sido formuladas a partir da – ainda que em oposição à – experiência realizada nesse espetáculo, me deterei em *Sakuntala*.

Salvo no que diz respeito à mudança ocorrida no trabalho do ator, *Sakuntala* pode ser caracterizado como um espetáculo no qual continuava atuando aquele espelhamento entre teatro e ritual, em que "os aspectos cerimoniais da performance não devem ser levados totalmente a sério. É um convite do diretor para um jogo"[58]. Mas, com esse jogo, ele queria trazer à tona os "paradoxos do amor eternamente válidos"[59], como veremos a seguir.

Kumiega citou em seu livro grande parte de um texto escrito à época, por Flaszen, e que estava integrado ao programa do espetáculo. Por meio desse texto, podemos perceber tanto a estrutura do espetáculo quanto a direção (e a importância) dada ao trabalho do ator.

Flaszen falava de um espetáculo desenvolvido de maneira extrema sobre a convenção e a artificialidade (lembrar que esses termos à época eram vistos de modo positivo). Nos atores, isso se presentificava por intermédio da "convenção gestual", de um "modo de falar", enfim, da "criação de um alfabeto inteiro de signos cênicos convencionais"[60]. Flaszen disse mesmo, anos depois, que esse espetáculo marcou o começo da busca pelos chamados signos teatrais[61].

O texto de Kalidasa era, segundo Flaszen, utilizado apenas como um roteiro para o espetáculo. Originalmente, tratava-se de uma história de amor ingênua e poética, mas Grotowski, pela encenação e também pela inserção de outros textos – o

---

58 L. Flaszen apud J. Kumiega, *The Theatre of Grotowski*, p. 29.
59 Idem, p. 30.
60 Idem, p. 29.
61 L. Flaszen, Conversations with Ludwik Flaszen, *Education Theatre Journal*, p. 321.

Kama Sutra é um exemplo –, transformou a história em um "confronto entre a poesia sublimada do amor e a prosa simples das imposições rituais, das leis habituais e do código sexual"[62]. No centro da cena – os espectadores ficavam localizados nos dois lados da cena –, uma espécie de coluna fazia referência ao falo.

No espetáculo, por um lado a vida é mostrada como um modo de transe, um delírio, um sonho; enquanto por outro, como uma cerimônia convencional, expressão do comportamento humano codificado, etiquetado[63]. A "fase de transe" era construída por meio da imobilidade dos atores que compunham adaptações grotescas das posturas da ioga, e a "fase de convenção" era realizada por meio da movimentação dos atores, movimentação (e voz) também partiturada.

Com *Sakuntala*, produzia-se, pela primeira vez, no T13F, um espetáculo "extremamente preciso e baseado em sequências de movimentos. O mesmo se dava com toda a partitura de som"[64].

A diferença entre *Sakuntala* e os três espetáculos anteriores é que nesse aquela *artificialidade* da *mise-en-scène,* na qual o ator era apenas mais um dos instrumentos, passou a ser buscada, primordialmente, por meio da produção do que Grotowski nomeou de "partitura de signos vocais e corporais do ator". Em *Sakuntala*, "aparecia […] a partitura do ator, minuciosa, matematicamente exata. […] O corpo-voz"[65].

O ator passou a ser, por exemplo, o único produtor dos vários efeitos sonoros da cena[66] e, assim, sua voz teve de ser capaz de atingir diferentes registros, entonações ou nuanças diversas. Seu corpo também teve de realizar diversos movimentos que fugissem da esfera dos movimentos cotidianos, se aventurando, cada vez mais, em posições e gestos inusuais. O que interessava era a produção de signos sonoros e corporais que pudessem ser fixados precisamente em uma partitura.

---

62 L. Flaszen apud J. Kumiega, *The Theatre of Grotowski*, p. 29.
63 Idem, ibidem.
64 L. Flaszen, Conversations with Ludwik Flaszen, *Education Theatre Journal*, p. 321.
65 L. Flaszen, De Mistério a Mistério, em L. Flaszen; C. Pollastrelli (orgs.), *O Teatro-Laboratório de Jerzy Grotowski: 1959-1969*, p. 24.
66 *Mistério Bufo* foi o primeiro espetáculo da companhia sem música mecânica. Ela jamais retornou à cena grotowskiana.

78 PALAVRAS PRATICADAS

Essa necessidade de produzir signos e partiturá-los passou a exigir do ator habilidades para as quais era necessário um rigoroso treinamento. E foi assim que a prática do treinamento foi iniciada no T13F. Segundo Flaszen, naquele momento, vivia-se numa encruzilhada:

Algo se cristalizou naquele momento – nós estávamos procurando por um teatro puro onde não se podia distinguir o conteúdo da forma. Nós queríamos uma forma pura – movimento. Essa mudança teve uma tremenda consequência. A necessidade de exercício subitamente apareceu: simplesmente para ser capaz de fazê-lo[67].

Contudo, esse treinamento estava muito longe de ser aquele pelo qual o T.-L. seria reconhecido mundialmente. Nesse momento, e ainda por alguns espetáculos subsequentes, até pelo menos *Ak*, ele esteve totalmente voltado para – e submetido à – realização da *mise-en-scène*: treinava-se aquilo que seria preciso realizar posteriormente em cena. A voz precisava passar por diferentes tons e estilos? Desenvolviam-se exercícios vocais específicos. Um trabalho acrobático e de ioga era requerido? Essas modalidades se faziam presentes no treinamento diário dos atores etc. A possibilidade de êxito do espetáculo estava depositada na habilidade do ator, pois agora ele era o produtor daqueles *signos* que deviam afetar a coletividade de espectadores.

Interessante perceber que Flaszen, no comentário que fez a *Sakuntala* em 1977, ao mesmo tempo em que se referia novamente à importância do treinamento e da partitura corporal e vocal do ator presentes nesse espetáculo, chamava também a atenção para uma relação do trabalho com o "mundo físico" como ainda "desagradável, como se erotismo ou fisicalidade não fosse aceitável". Dizia ainda: "Importante na percepção do mundo de Grotowski naquele momento era a não aceitação e a zombaria da natureza como algo desagradável"[68].

Gostaria de guardar essas observações para, mais à frente, discutir sobre a transformação na relação com o corpo do ator, e mesmo a transformação na noção de corpo, ocorrida no T.-L.

---

67 L. Flaszen, Conversations with Ludwik Flaszen, *Education Theatre Journal*, p. 231.
68 Idem, ibidem.

O PERCURSO DA NOÇÃO DE ATOR EM GROTOWSKI 79

Sakuntala alimentou os – ou foi alimentada pelos – textos "Brincamos de Shiva" e "Farsa-Misterium"[69]. Utilizando essa pista, podemos nos perguntar se esses textos nos dão alguma informação sobre as investigações ligadas ao trabalho do ator em *Sakuntala*.

Grotowski se referiu, por exemplo, a uma interseção entre atuação, dança e pantomima e, dessa afirmação, principalmente quando sabemos que elementos acrobáticos e posições de ioga estiveram presentes em *Sakuntala*, podemos inferir que era exatamente através de formas codificadas – acrobacia e ioga entre elas – que o diretor almejou, em um primeiro momento, construir aqueles *signos* que se opunham à lógica da vida cotidiana. A pantomima também foi trabalhada por ele e fez parte das investigações da primeira versão de *Ak*, por exemplo. Segundo Barba, Grotowski se encantara com o trabalho de Marcel Marceau, quando assistiu em Paris, em 1959, a uma apresentação do artista[70].

Em "Brincamos de Shiva", referiu-se a um trabalho que não *representava* a realidade, mas que *dançava* a realidade. O que estava em jogo aqui era uma visão rítmica, e não naturalista, do real. Ele acreditava na importância do ritmo para o espetáculo teatral. A partir dele buscou construir aquele jogo de contrastes, aquela dialética da forma. O artista fazia uma analogia entre o que chamava de "os protótipos biológicos do ritmo", ou seja, as batidas do coração (sístole e diástole) e a respiração (inspiração e expiração), e a utilização do ritmo em um espetáculo. Dizia buscar, na construção do ritmo do espetáculo, a mesma unidade elementar presente naqueles processos biológicos.

TRANSIÇÃO:
"STANISLÁVSKI TINHA UM POUCO DE RAZÃO"

Encontrei um dos primeiros escritos de Grotowski relativos especificamente ao trabalho do ator em uma nota de apêndice ao texto "A Possibilidade do Teatro", publicado pela primeira vez

---

69 J. Grotowski, Brincamos de Shiva [1960] e Farsa-Misterium [dez., 1960], em L. Flaszen; C. Pollastrelli (orgs.), *O Teatro-Laboratório de Jerzy Grotowski: 1959-1969*.
70 E. Barba, *A Terra de Cinzas e Diamantes*, p. 47.

80 PALAVRAS PRATICADAS

em fevereiro de 1962 em uma brochura do T13F[71]. Grotowski que, nos anos subsequentes, foi considerado o encenador que, depois de Stanislávski, mais se debruçou sobre o processo criativo do intérprete, referia-se aqui ao trabalho do ator apenas em uma nota final não muito extensa.

Porém, a despeito de sua extensão, creio que essa nota dava forma escrita às experiências realizadas em *Sakuntala*, ao mesmo tempo que, apontando o limite dessas mesmas experiências, anunciava a direção das pesquisas realizadas em espetáculos posteriores, como *Kordian* (que estava justamente sendo ensaiado no momento de escrita e publicação do texto), *Ak* e *A Trágica História do Dr. Fausto*. Esse limite dizia respeito a um determinado âmbito do trabalho do ator que ele confessou ter negligenciado e que estava ligado ao que nomeou de "empenho interior", "intenção consciente" ou de "ação sustentada por associações íntimas".

Antes de analisar a nota, chamo à atenção para algumas importantes passagens localizadas no corpo mesmo do texto e que criticam, em certa medida, procedimentos utilizados em espetáculos precedentes. Grotowski definiu, nesse texto, o teatro (aquilo que chamava de sua especificidade) pelo contato vivo e imediato entre ator e espectador. Também aqui, atores e espectadores eram vistos como uma só coletividade ativa, participante e interativa. Assim, o teatro era caracterizado, segundo o artista, pela ausência de uma forma permanentemente fixada, como o seriam, por exemplo, a literatura (por meio da impressão final), ou o cinema (por meio da edição final do filme). O específico do teatro seria o seu tornar-se por meio do contato com o espectador.

No entanto, ele não apresentava mais, como naquele texto de 1960, o jogo teatral como simétrico à magia ritual. Ao contrário, via no jogo cênico – naquela brincadeira coletiva, naquele infantilismo consciente que antes havia elogiado – o perigo de dar à vizinhança estabelecida entre audiência e atores

---

71 Em linhas gerais, o texto A Possibilidade do Teatro fazia uma recapitulação crítica das experiências realizadas pela companhia até então. O texto provavelmente foi escrito entre outubro de 1961 e janeiro de 1962, já que se refere aos ensaios de *Kordian*, que estreia em 13 de fevereiro de 1962, mais ou menos oito meses depois da estreia no T13F de *O Idiota*, dirigido por W. Krygier (segundo diretor do grupo).

O PERCURSO DA NOÇÃO DE ATOR EM GROTOWSKI

um caráter puramente convencional. A magia ritual estava, nesse momento, fazendo par não mais com o jogo cênico, mas com um trabalho realizado sobre o *arquétipo*[72]. Grotowski estava buscando o *arquétipo* como

o fator que poderia atacar o "inconsciente coletivo" dos espectadores e dos atores, assim como acontecia na pré-história do teatro, no período da comunidade viva e aparentemente mágica de todos os participantes da representação[73].

Mas não devemos nos enganar. Por mais que ele falasse em um contato vivo entre o ator e o espectador, a ênfase do seu teatro ainda não estava, nesse momento, e muito menos ainda em *Sakuntala*, colocada sobre o *processo criativo* do ator, entendido aqui como processo pessoal ou íntimo. O diretor, buscando criar aquela comunidade viva, buscando a possibilidade de "influir sobre a esfera inconsciente da vida humana em escala coletiva"[74], via o ator como uma espécie de feiticeiro que, por meio de um minucioso e hábil trabalho vocal e corporal, realizava a unificação entre a cena e a audiência. Veremos isso com mais detalhes naquela nota de Grotowski sobre o ator, que passo então a analisar.

O que em primeiro lugar fica claro, na nota em apêndice, é que a visão sobre o trabalho do ator acompanhava, como já afirmamos, aquela visão de *mise-en-scène* baseada no espelhamento teatro/ritual. No trabalho do ator não existiam, segundo o diretor, cânones a serem seguidos: diferentes meios poderiam ser utilizados se fossem justificados pela lógica do espetáculo – sempre diferente da lógica da vida –, ordenados em uma composição na qual os elementos constitutivos fossem necessários e fixados em uma partitura, salvo em lugares previamente destinados a uma parcial improvisação. Artificialidade, composição e fixação dos elementos da atuação são, até então, as referências mais fortes no trabalho do ator.

Mas que tipos de estrutura, de composição, estariam interessando a Grotowski nesse período? E, ao responder a essa pergunta, vamos entrar na noção de partitura a qual me referi

---

72 O termo será trabalhado no capítulo sobre as noções de espectador.
73 J. Grotowski, A Possibilidade do Teatro [fev., 1962], em L. Flaszen; C. Pollastrelli (orgs.), *O Teatro-Laboratório de Jerzy Grotowski: 1959-1969*, p. 50.
74 Idem, p. 51.

82 PALAVRAS PRATICADAS

mais acima. A estrutura buscada era aquela na qual o gesto ou a entonação do ator estivessem associados a um signo definido, associados a um modelo de gesto ou encantamento, "associado(s) a algo que tenha um significado universal tenho em mente uma arte do ator que – por meio da alusão, da associação, do aceno com o gesto ou com a entonação – se refira a modelos formados na imaginação coletiva"[75].

Foi assim que se pôs em prática aquela ideia, já presente no texto "Farsa-Misterium", de um *ator-feiticeiro*, de um xamã: os sons e gestos não eram apenas movimentos convencionais ou cotidianos, mas fórmulas mágicas que causariam um impacto profundo na imaginação da coletividade; que permitiriam, enfim, que se pudesse mesmo falar em coletividade, em comunidade.

O testemunho de Michael Kustow, que visitou Opole, em 1963, parece resumir algumas das investigações do diretor nesse momento:

> O ator é um feiticeiro, fazendo coisas além das possibilidades do espectador, afetando o seu subconsciente, [...] Grotowski está tentando construir uma linguagem teatral efetivamente artificial. Naturalismo foi deixado para trás – "composições" vocais e físicas (como no teatro Japonês) são requeridas para desenvolver um senso de ironia, para criar um estilo de interpretação que, de maneira não literal, mas através de associação e alusão, clama por respostas enraizadas na imaginação coletiva[76].

Na pequena nota em apêndice aparecem ainda duas advertências. A primeira repetia aquela relação intrínseca entre arte e artificialidade, transportando-a, agora, para o universo do trabalho do ator: "Aquilo que é artístico, que é arte, é artificial (*ex nomine*), isto é, ágil, como uma demonstração de habilidade, pode ser examinado como puro efeito (físico ou vocal)."[77]

Importante abrir um parêntese para dizer que as palavras habilidade, efeito e truque[78] utilizadas por ele de maneira elo-

---

75 Idem, p. 73.

76 Kustow apud J. Kumiega, *The Theatre of Grotowski*, p. 40.

77 J. Grotowski, A Possibilidade do Teatro [fev., 1962], em L. Flaszen; C. Pollastrelli (orgs.), *O Teatro-Laboratório de Jerzy Grotowski: 1959-1969*, p. 72.

78 Cf., por exemplo: "são possíveis e mesmo convincentes os 'truques' do ator que consistem em contrapontear a palavra com o movimento [...] e coisas semelhantes". Idem, p. 73.

O PERCURSO DA NOÇÃO DE ATOR EM GROTOWSKI

giosa, nesse momento, ganharam peso cada vez mais negativo em suas pesquisas subsequentes. Em 1965, por exemplo, dizia: "Não pretendemos ensinar ao ator uma série de habilidades ou um repertório de truques"[79]. Essa transformação tão radical pode ser explicada pela mudança sofrida na noção de corpo quando a ênfase de suas investigações voltou-se, a partir de meados de 1960, para o processo criativo do ator. A ideia de corpo que sustentava os termos habilidade, efeito e truque foi colocada sob suspeita e mesmo rechaçada, como veremos mais adiante.

Por hora, posso dizer que Grotowski passou a criticar a busca por habilidade ou a produção de efeitos por parte do ator porque via essa busca como referida a um pensamento que enxergava o corpo e a voz como instrumentos, como material exterior ao ator a ser por ele manipulado e dominado. Essa era uma maneira de pensar que, segundo o artista, projetava sobre o corpo e a voz uma imagem ideal e final a ser conquistada. O corpo acabava sendo visto como um inimigo a ser vencido. Essa é uma das razões pelas quais a habilidade podia, em sua opinião, se transformar em bloqueio e impedir o processo criativo: a busca por habilidade reforçaria uma divisão entre o agente e seu corpo[80].

Os termos efeito e habilidade apareciam positivamente quando o pensamento do artista polonês ainda estava voltado para a busca de um determinado tipo de relação com o espectador. Nesse momento, o ator devia ser o produtor de signos que tocassem a coletividade (espectadores) – pois que ancorados em imagens da psiquê coletiva – e, para isso, deveria, sim, habilitar-se.

Essa primeira advertência resume perfeitamente a direção do trabalho realizado em *Sakuntala*: um ator que por meio de um treinamento rigoroso, com ênfase na habilidade e no efeito, pôde sair com seu corpo e voz das esferas da expressividade cotidiana e aventurar-se na produção de signos.

---

79 J. Grotowski, Invocação para o Espetáculo *Orfeu* [1965], em L. Flaszen; C. Pollastrelli (orgs.), *O Teatro-Laboratório de Jerzy Grotowski: 1959-1969*, p. 14.

80 Por outro lado, a ênfase que Grotowski deu à necessidade de fugir do "diletantismo" e a importância que atribuiu ao "artesanato teatral" e ao "rigor" na fase de investigação sobre o processo criativo do ator, podem ser vistas como aquela face da habilidade que coabita com a ideia de processo criativo, porque sendo um "modo de abordagem" desse mesmo processo, desafia-o e instiga-o a ultrapassar limites sem fixar formas finais.

Na segunda advertência da nota em apêndice lê-se: "O que é artístico é intencional"[81]. Aqui enxergo uma novidade em relação às reflexões sobre o trabalho do ator desenvolvidas até então. Essa advertência aparece como uma espécie de correção de rota ou, ao menos, como a percepção de uma deficiência relativa à primeira advertência.

Segundo Grotowski, a partir de um aprendizado prático, ele teria chegado à conclusão de que "na escola da revivescência" – ou seja, a escola de cunho stanislavskiano – "há um pouco de razão": para que o artifício fosse executado "de modo dinâmico e sugestivo é necessária uma espécie de empenho interior"[82]. A própria ideia de efeito, de artifício, de truque, sofre as consequências dessa correção de rota: "Não há efeito, ou há unicamente um efeito tronco de madeira, se na ação do ator não há uma intenção consciente"[83]. Os movimentos do ator não podiam mais ser explicados apenas por uma lógica da forma, por uma lógica da encenação, uma lógica externa ao ator, mas deviam ser justificados por uma intenção íntima do ator.

Grotowski afirmava ainda que esse empenho interior deveria acontecer não só durante o trabalho de composição, mas também no momento de realização da *partitura*. Aqui ele se aproxima efetivamente de Stanislávski quando este opôs à "arte da representação", na qual o "viver o papel" ocorria apenas como "preparativo para o aperfeiçoamento de uma forma exterior", sendo apenas "uma fase preparatória numa elaboração artística mais ampla", à "arte da vivência", na qual "viver o papel" era considerado "o instante primordial da criação" e, portanto, deveria ocorrer todas as vezes que o ator interpretasse sua personagem, fosse durante os ensaios, fosse nas apresentações[84].

Se as referências a Stanislávski estão presentes, Grotowski fez questão de ressaltar que não estaria falando da arte da revivescência como a imaginara o mestre russo. Ele estava se referindo ao transe do ator[85]. Com relação a esse termo, que foi

---

81 J. Grotowski, A Possibilidade do Teatro [fev., 1962], em L. Flaszen; C. Pollastrelli (orgs.), *O Teatro-Laboratório de Jerzy Grotowski: 1959-1969*, p. 72.
82 Idem, ibidem.
83 Idem, ibidem.
84 C. Stanislávski, *A Preparação do Ator*, p. 47.
85 J. Grotowski, A Possibilidade do Teatro [fev., 1962], em L. Flaszen; C. Pollastrelli (orgs.), *O Teatro-Laboratório de Jerzy Grotowski: 1959-1969*, p. 72.

O PERCURSO DA NOÇÃO DE ATOR EM GROTOWSKI

utilizado durante um determinado período das suas investigações, ainda não havia nessa nota nenhuma explicação – nem conceitual, nem de procedimentos utilizados – nem se especificava quais seriam as diferenças entre uma abordagem pelo transe e a abordagem stanislavskiana. Ele apenas afirmou que as associações íntimas, as intenções conscientes, o empenho interior eram as "pilhinhas psíquicas", as "baterias interiores" do ator que permitiriam o transe[86].

A primeira noção de transe, construída a partir de procedimentos utilizados à época, apareceu apenas na versão de "O Novo Testamento do Teatro"[87] publicado por Barba, em *Alla ricerca del teatro perduto*, em 1965. Vamos, logo a seguir, nos deter nesses procedimentos e na noção de transe construída a partir deles.

Grotowski, em 1996, no seminário em São Paulo, afirmou que o termo transe tinha desaparecido muito rapidamente do seu vocabulário porque "percebi que os atores ocidentais fazem grandes besteiras com isso"[88]. Veremos, com o avançar da reflexão proposta neste capítulo, que não foram apenas os atores ocidentais os alvos de sua crítica. Ele criticou também, ao longo da década de 1960, muitos dos seus próprios procedimentos relacionados a essa noção.

Voltando à nota que estamos analisando, podemos ver que havia tanto a valorização de uma partitura de signos vocais e corporais a ser construída por um ator habilidoso, quanto a percepção, talvez ainda tímida, de uma outra instância do trabalho do ator, também necessária à construção daquela partitura e que requeria do intérprete o seu empenho interior.

Pode-se enxergar, já a partir dessas duas notas, o começo de uma reflexão que gerou, ainda que com inúmeras modificações, o binômio estrutura/espontaneidade (aqui descrito, se quisermos, como partitura de signos/transe) que foi, nos anos posteriores, um dos princípios basilares do trabalho do ator em Grotowski.

86 Idem, ibidem.
87 Esses procedimentos foram retirados da versão posterior do texto publicada no livro *Em Busca de um Teatro Pobre*, de 1968.
88 J. Grotowski, O Que Restará Depois de Mim [1995], em *Workcenter of Jerzy Grotowski and Thomas Richards*. Brochura do simpósio realizado em set./out. de 1996 em São Paulo.

86 PALAVRAS PRATICADAS

Para finalizar cito um fragmento do texto "Teatro e Ritual", de 1968, no qual ele falava sobre *Sakuntala*. Em sua crítica contundente ao espetáculo, revelou tanto as buscas realizadas no momento de feitura do espetáculo quanto os limites encontrados naquela investigação:

Tínhamos feito um espetáculo, *Sakuntala* de Kalidasa, em que tínhamos investigado a possibilidade de criar os signos no teatro europeu. [...] a aspiração de descobrir um sistema de signos adaptados ao nosso teatro, à nossa civilização. Nós o fizemos: o espetáculo era efetivamente construído com pequenos signos gestuais e vocais. Isso no futuro demonstrou-se fecundo: justamente então tivemos que introduzir no nosso grupo os exercícios vocais, de fato não teria sido possível criar signos vocais sem uma preparação especial. O espetáculo foi realizado, era uma obra singular, dotada de uma certa sugestividade. Mas observei que era uma transposição irônica de cada possível estereótipo, de cada possível clichê; cada um desses gestos, desses ideogramas construídos expressamente, constituía no fim o que Stanislávski chamava de "clichê gestual"; na verdade não era "eu amo" com a mão no coração, mas se reduzia em suma a algo semelhante. Tornou-se claro que não era esse o caminho[89].

Quando comparou os *signos* produzidos em *Sakuntala* com aquilo que Stanislávski nomeou clichê gestual, ele se referia a um resultado final no qual a relação entre o ator – seu corpo e voz – e sua partitura era apenas aquela de um vínculo mecânico e formal. Entendo os *clichês* como determinadas formas que não são influenciadas pelo fluxo de imagens ou das ações atorais, sendo quase como fotografias reproduzidas, *a posteriori*, por músculos, bem treinados ou não, que desconhecem, porque não reatualizam, os sentidos das imagens que re/produzem.

Os clichês também fixam a atenção do ator nessas formas digamos "musculares" e impedem que transformações inerentes à dinâmica da vida psicofísica participem das ações e influenciem a partitura. Ao observarmos as fotos do espetáculo *Sakuntala* podemos efetivamente enxergar essa gestualidade da qual falou Grotowski. Os atores estão em diferentes poses ou posições que lembram as posições da ioga. De maneira geral, há uma impressão de fixidez e formalismo.

89 J. Grotowski, Teatro e Ritual [out., 1968], em L. Flaszen; C. Pollastrelli (orgs.), *O Teatro-Laboratório de Jerzy Grotowski: 1959-1969*, p. 129-130.

O PERCURSO DA NOÇÃO DE ATOR EM GROTOWSKI 87

Essa crítica a *Sakuntala* feita em 1968 também corrobora a análise que estivemos fazendo da segunda advertência presente no texto de 1962: em um dado momento, pareceu necessário a Grotowski, para a construção das partituras de signos, que à artificialidade se reunisse o empenho interior do ator, sob pena de que se produzissem não signos que afetassem o espectador, mas apenas *clichês*, estereótipos vocais e/ou gestuais.

Grotowski falou ainda, na citação acima, na "aspiração de construir um sistema de signos adaptados à nossa civilização" e, também nesse ponto, percebeu a falibilidade do seu projeto, pois, como dirá em texto de 1965, a identificação do grupo com o mito não era mais possível na contemporaneidade. Kumiega disse que essa convicção o levou a retirar tudo que não fosse essencial e partir em uma busca do mais básico e poderoso no indivíduo. Ela citou o fragmento de um artigo de Byrski sobre Grotowski para corroborar sua afirmação: "Quando tudo que é mais individual e íntimo fosse revelado, as características do comportamento individual seriam eliminadas; o ator se tornaria o paradigma da humanidade."[90]

Voltarei a essa problemática no capítulo dedicado às noções de espectador, mas continuo, logo abaixo, trabalhando sobre aquela necessidade de junção entre artifício e empenho interior no trabalho do ator, que havia aparecido nas notas do texto de 1962.

MARCO 2:
ATOR ARTIFICIAL E ATOR-SANTO

A relação entre o artifício e o transe é, talvez, o mote principal de dois textos de Eugenio Barba: *Le Théâtre psycho-dynamique* e *Alla ricerca del teatro perduto*, onde ele descrevia e analisava as investigações realizadas no T13F. *Le Théâtre psycho-dynamique* é uma brochura datilografada de janeiro de 1963, e *Alla ricerca del teatro perduto*, primeiro livro escrito sobre Grotowski, foi publicado em fevereiro de 1965. Barba chegou a afirmar que se tratava de um mesmo texto escrito em francês e

---

90 Byrski apud J. Kumiega, *The Theatre of Grotowski*, p. 117.

traduzido para o italiano[91], mas, ao compará-los, percebemos que embora a semelhança seja realmente grande, existe uma diferença importante entre eles. No livro apareceu, pela primeira vez, a noção de autopenetração. Nele foi publicada, também pela primeira vez, a entrevista[92] de Grotowski a Barba – "O Novo Testamento do Teatro"[93] – onde justamente conceitos e procedimentos ligados à noção de autopenetração foram descritos e analisados.

Grosso modo, podemos dizer que a brochura aludia ainda a um ator artificial, como Barba mesmo o nomeou, enquanto no livro apareceu, pela primeira vez, a noção de um ator-santo. Essa segunda perspectiva, ainda que não tenha nascido necessariamente em oposição à primeira, desenhou um outro campo de exploração para os atores do T.-L.

Os dois escritos cobrem o período no qual Barba trabalhou junto ao T13F. Na introdução ao livro, Barba trata-o como um diário de bordo escrito entre junho de 1961 e abril de 1963. Essas datas não são exatamente corretas, pois Barba só começou a trabalhar com Grotowski em janeiro de 1962[94]. Mas, se as datas não corroboram a versão de "diário de bordo", elas se referem exatamente ao período de ensaios e apresentações dos espetáculos *Kordian*, *Ak* e *Dr. Fausto*[95], espetáculos relacionados, como veremos, às noções de arquétipo e de transe.

A carta de 5 de abril de 1965 de Grotowski para Barba confirma essa datação, pois, frente à possibilidade de editar o livro de Barba em polonês, Grotowski dizia ser necessário "acrescentar um apêndice sobre o desenvolvimento do método de 1964 até hoje", mostrando que o período ao qual Barba se referia no livro finalizava em 1963. Assim, acredito que os conceitos e as práticas que vamos analisar nesses textos nasceram em relação àqueles três espetáculos.

---

91 E. Barba, *A Terra de Cinzas e Diamantes*, p. 83-84.

92 Talvez seja falso referir-se a esse texto como a uma "entrevista". Em *Alla ricerca...* diz-se que as declarações de Grotowski se baseiam em notas a apontamentos feitos por Barba em diferentes momentos de sua estadia em Opole.

93 Em *Alla ricerca...* aparece a primeira versão de "O Novo Testamento do Teatro". Ela foi reeditada – com cortes – no livro de Grotowski.

94 E só começou a escrever o livro a partir da disposição de Ferenc Hont, diretor do Centro de Estudos Teatrais de Budapeste, que tinha visitado o T.-L., em 1962, de publicar as teorias de Grotowski, E. Barba, *A Terra de Cinzas e Diamantes*, p. 91.

95 Barba fez a assistência de direção de *Ak* e *Dr. Fausto*.

O PERCURSO DA NOÇÃO DE ATOR EM GROTOWSKI

Estou fazendo questão de me alongar na datação desses dois textos de Barba porque Franco Ruffini utilizou alguns fragmentos desses textos, principalmente a entrevista de Grotowski, como referidos à experiência realizada por Cieślak em *Pc*. Embora entenda que procedimentos e conceitos não tenham desaparecido da noite para o dia do trabalho do T.-L., acredito – e desenvolvo tanto essa hipótese quanto as evidências que a suportam – que o trabalho de Cieślak em *Pc* inaugurou uma nova noção de ator no T.-L., noção paradoxalmente tributária e independente dos conceitos e procedimentos trabalhados até então. Em *Pc* foram realizadas descobertas que engendraram, ao longo da segunda metade dos anos de 1960, novos procedimentos, novos conceitos e nova terminologia. O título do Marco 3, "Buscando o Que se Queria, Encontra-se Outra Coisa", fala exatamente dessa questão.

Mas, por hora, meu interesse não está colocado sobre o espetáculo *Pc*, de 1965. Gostaria de apresentar e analisar procedimentos e terminologia relativos ao trabalho do ator no T.-L. como foram descritos nos textos de Eugenio Barba e que estão, portanto, referidos àqueles três espetáculos citados mais acima. Embora sendo textos de Barba e não de Grotowski – com exceção da entrevista "O Novo Testamento..." – podemos, sem receio, tratá-los como participantes de um esforço de divulgação, organização, quando não de metodologização das práticas realizadas, naquele momento, no T.-L., esforço do qual, sem dúvida, Grotowski fazia parte.

Nas cartas enviadas a Barba, seu interesse pelo livro é evidente: interessou-se pela publicação e distribuição, enviou fotos e desenhos de Gurawski para serem inseridos no livro, pediu para que fossem acrescentadas notas, fez revisões. Tratava o livro de Barba sobre o T.-L. como um projeto da "nossa empresa" (carta de 26/4/1965). Sua crítica ao livro, após a publicação, também foi positiva: "Vi seu livro (graças ao conhecimento do material eu era mais ou menos capaz de seguir o italiano). Penso que seja um livro que deu certo e que existam possibilidades de publicá-lo em polonês" (carta de 5/4/1965). Podemos ver nesse interesse e nessa crítica um aval de Grotowski às ideias publicadas na obra de Barba e, assim, creio ser justo analisá-las como representativas das suas investigações daquela época.

Artificialidade

Barba valorizava, nos dois textos, o que chamou de um ator artificial, ou de composição ou a-naturalista. Esse ator era diferente daquele que apresentava, na cena, uma *tranche de vie* ("pedaço de vida")[96], era diferente de um ator-jogador, trágico ou burlesco, e também diferente de um ator distanciado. O ator de Grotowski, apresentado por Barba, era capaz de associar gestos e encantações a um signo determinado, capaz de realizar associações, alusivas, não óbvias, entre seu gesto e sua voz e os modelos radicados na imaginação coletiva.

Barba apresentou, em ambos os textos, essa interpretação artificial como um sistema metodicamente ordenado cuja intenção principal era golpear o subconsciente do espectador[97]. Nesse sentido, não há muita diferença entre aquelas notas apresentadas no texto de 1962 e os escritos de Barba, a não ser pela descrição pormenorizada das características desse ator artificial. Então, vamos a elas: a. O ator artificial não escondia a estrutura, lógica e consciente até o mínimo detalhe, de sua composição. Quando era necessário trocar de personagem, por exemplo, ele o fazia à vista do espectador, por meio da transformação de sua voz e de seu corpo; b. ele era um ator híbrido, capaz de inserir em sua composição elementos que não pertenciam ao mundo humano (alusões mímicas ou vocais a objetos e animais) e de, por meio de seu corpo e voz, sugerir diferentes lugares/cenários ao espectador; c. era capaz de realizar ações vocais ou gestuais impossíveis de serem reproduzidas pelo espectador: "O espectador deve crer que nada é impossível para o ator". Era essa a "magia" teatral[98]; d. que tinha a habilidade de dirigir conscientemente a atenção do espectador (posteriormente é ao diretor que Grotowski concedeu essa função, já que ao ator cumpria realizar sua ação não mais para o espectador, mas face a ele); e. trabalhava criando polêmica teatral, ou seja, baseando-se naquele jogo de contrastes entre os diversos

96 Expressão empregada pelo diretor francês André Antoine (1858-1943), para designar o esforço de levar o naturalismo à cena teatral apresentando a descrição realista de "pedaços da vida" cotidiana.

97 Quando Barba descreveu as qualidades desse ator artificial não estava se referindo a um projeto, mas, antes, sistematizando a experiência atoral adquirida nos vários espetáculos de Grotowski realizados até então.

98 E. Barba, *Alla ricerca del teatro perduto*, p. 69-70.

O PERCURSO DA NOÇÃO DE ATOR EM GROTOWSKI

elementos afeitos à interpretação: contraste entre efeitos vocais e corporais, entre diferentes técnicas de interpretação, grotesco, lírico etc., entre o sentido do texto e maneira de interpretá-lo, entre diferentes partes do seu próprio corpo, entre o seu figurino, os elementos do cenário e seu corpo etc. O que se buscava com essa polêmica era exatamente a fuga de uma "banalidade tautológica" e a produção de um choque no espectador; f. o ator artificial relacionava-se com o espectador como um provocador: "o ator se dirige ao espectador, toca-o, fala com ele, circunda-o sem parar, mantendo-o sob o jugo de sua presença física, concreta, inquietante e extraordinária [...] Entre o ator e o espectador existe a mesma relação que ocorre entre o domador e as feras"[99]; g. esse ator também transformava fenômenos fisiológicos – suor, respiração alterada por esforço físico etc. – e seus próprios defeitos ou inadequações ao papel em contribuições à personagem.

Transe

A noção de transe sofreu modificações na obra de Grotowski. Ela se caracterizou, antes de tudo, por uma determinada direção que ele quis dar, a partir de 1962, ao trabalho atoral. Deve ser vista mais como uma investigação, que colocou sob teste inúmeros procedimentos, mesmo antagônicos entre si, do que como uma categoria fechada. Os procedimentos mudaram ao longo do tempo, modificando, assim, a própria noção de transe.

Buscava, de maneira geral, um estado no qual o empenho interior do ator superasse as amarras do projeto stanislavskiano, de cunho mais realista, e alçasse voo. Em um primeiro momento, como veremos, experiências de sugestionamento ligadas tanto ao campo psicoterápico quanto a práticas da ioga foram empregadas na tentativa de realizar esse voo. Mas, nos anos seguintes, Grotowski fez inúmeras críticas a esses procedimentos e acabou mesmo por abandonar o termo transe[100], embora não a investigação que ali estava em jogo.

---

99 Idem, p. 75.
100 Apenas em 1982, no final do *Teatro das Fontes*, Grotowski voltou a falar em transe, mas já havia, nesse momento, uma outra percepção do fenômeno. A noção de *transe* utilizada em 1982 estava vinculada tanto à *organicidade* – termo que ele

92 PALAVRAS PRATICADAS

Nos dois textos de Barba, há diferenças na conceituação do termo. Em *Le Théâtre psycho-dynamique*, o transe foi descrito como a concentração e a mobilização das energias interiores que permitiam ao ator a concretização física e vocal de suas intenções. Interpretar em estado de transe significava que o ator utilizava, da melhor maneira possível, seus meios psíquicos e mentais com o objetivo de realizar, com grande precisão e passo a passo, os efeitos vocais e gestuais que haviam sido previamente definidos[101]. Já em *Alla ricerca*..., o transe foi definido como autopenetração, como um "ataque aos pontos nevrálgicos da psiquê mediante associações de ideias" e como "uma manifestação de vitalidade"[102]. E o interpretar em estado de transe era entendido como uma disposição "passiva" do ator para realizar uma "partitura ativa".

Na primeira definição, a ênfase estava na realização de efeitos vocais e físicos, definidos, inclusive, previamente, ainda que esses efeitos não devessem ser realizados sem um envolvimento dos meios psíquicos e mentais do ator. Na segunda definição, a ênfase passava para uma investigação realizada mais diretamente sobre a psiquê de cada ator.

Em *Théâtre psycho-dynamique*, o jogo do ator estava baseado, principalmente, na artificialidade, ainda que já houvesse a presença do transe. Em *Alla ricerca*..., ao contrário, o transe, a autopenetração, passou, efetivamente, para o primeiro plano. Barba chegou mesmo a dizer que a terminologia dos dois polos – autopenetração e artificialidade – era "aproximativa, pois no fundo o centro e o eixo de toda essa técnica interpretativa reside na técnica espiritual"[103].

Antes de entrar propriamente na noção de autopenetração, e no período no qual esta noção esteve em evidência, gostaria de analisar algumas interseções operadas na passagem entre a via do ator artificial, hábil operador de signos, e a via do ator-

---

forjou principalmente a partir de *Pc* e que apresentou em encontros e palestras do final dos anos de 1960 – , quanto a um tipo de atenção e de consciência que não apareciam tão claramente nos textos dessa primeira metade da década de 1960. Importante também lembrar que, quando, em 1982, ele se referia a transe, tinha já entrado em contato direto com inúmeros rituais no Haiti, na Índia, no México etc., coisa que não acontecera, salvo engano, nos anos de 1960.

101 E. Barba, *Théâtre psycho-dynamique*, p. 75.

102 Idem, *Alla ricerca del teatro perduto*, p. 60.

103 Idem, p. 80.

-santo. O primeiro amálgama entre artificialidade e transe foi, em certo sentido, uma tentativa de somatório das técnicas cênicas e espirituais do ator.

Um exemplo desse somatório aparece nos subtítulos – colocados, talvez, pelo editor – na versão do texto "Em Busca de um Teatro Pobre" publicado na *Théâtre Drama Review*. O primeiro desses subtítulos era, justamente, "o processo espiritual por meio dos signos". Há, portanto, um processo espiritual do ator – transe – que aparece, se configura, se apresenta *por meio* dos signos – artificialidade. Essa configuração marca um momento específico do trabalho, que apareceu na sua forma escrita, principalmente nas primeiras versões de textos como "O Novo Testamento do Teatro" ou mesmo no "Em Busca de um Teatro Pobre". Ela é bastante diferente daquela que operou, por exemplo, no conceito de ato total que analisarei mais à frente.

O que Grotowski parecia tentar nesse primeiro momento era uma reunião de dois polos que enxergava, de certa maneira, como separados entre si. Os tópicos que analisaremos mais à frente revelarão tanto essa separação das duas esferas quanto a tentativa de reunir, por adição, os universos interior e expressivo do ator.

É claro que a apresentação por tópicos, como todo esquema, imobiliza operações que, na realidade, estiveram permanentemente em movimento. Corro esse risco, pois acredito que os benefícios fornecidos por essa interpretação aos leitores que vão se deparar posteriormente com seus textos da primeira metade dos anos de 1960 – lê-los ou relê-los – superam as inevitáveis estereotipias.

Os leitores poderão perceber aqueles textos como referidos a um momento definido das investigações do artista, e não acreditar que eles estejam descrevendo, no que diz respeito à relação entre artificialidade e interioridade, o pensamento dele de todo o período teatral, ou pior, o pensamento de Grotowski *tout court*.

Vamos então aos tópicos:

a. Signos (e/ou) impulsos psíquicos

Em *Sakuntala*, como vimos anteriormente, Grotowski se empenhou na tentativa de construção do que chamou de "signos ocidentais". Ele, inspirando-se na experiência do teatro oriental,

94 PALAVRAS PRATICADAS

buscava construir com seus atores um alfabeto vocal e gestual, mesmo que este não fosse estável ou fixo como aquele que se encontra, por exemplo, no Kathakali indiano ou no Nô japonês. Falava em "modelos de gestos" que, descobertos pelos atores, pudessem, como no teatro-dança oriental, afetar a comunidade de espectadores.

Quando essa busca, no entender do artista, falhou e quando as técnicas psíquicas passaram para o primeiro plano, ele continuou utilizando o termo signo, mas foi transformando aos poucos a sua conceituação. Sua noção foi se misturando, cada vez mais, a uma nova noção, aquela de impulso. O signo era apresentado, certas vezes, como par do impulso, como uma organização externa que aparecia quando se agudizava e, ao mesmo tempo, se organizava o processo interno. Os impulsos eram, nesse momento, interiores, espirituais e/ou psíquicos. E o signo aparecia como a face externa, corporal, material, ideoplástica desse impulso. O termo signo foi também, algumas vezes, apresentado como sinônimo de impulso, os signos buscados sendo os próprios impulsos espirituais.

Já por volta de 1966/67, Grotowski deixou de se referir a signo quando falava do trabalho mais fundamental realizado por seu ator. Utilizava, sobretudo, a noção de impulso, agora não mais adjetivada. E no percurso de suas investigações, como veremos mais à frente, encontraremos pistas tanto sobre o porquê da nova escolha terminológica quanto sobre o porquê da retirada daqueles adjetivos.

Em texto de 1968, "Teatro e Ritual", se ele disse, por outro lado, nunca ter abandonado completamente a ideia de articular a partitura de impulsos em um sistema de signos, ele também afirmou que "o trabalho parado nessa fase seria estéril", que era necessário ultrapassar o estado da própria cisão. Referia-se exatamente ao ato total, noção que, como veremos, rompeu com a ideia de um impulso interno que necessitava ser, de certa maneira, controlado, externalizado e expresso/expressivo[104].

Essas duas noções, signo e impulso, nas aulas do Collège de France (1997-1998) vieram ainda a pertencer, em oposição simétrica, respectivamente às linhas artificial e orgânica, linhas

104   J. Grotowski, Teatro e Ritual [out., 1968], em L. Flaszen; C. Pollastrelli (orgs.), *O Teatro-Laboratório de Jerzy Grotowski: 1959-1969*, p. 132-134.

O PERCURSO DA NOÇÃO DE ATOR EM GROTOWSKI

nas quais Grotowski dividiu, com vistas a uma aproximação didática, as artes performativas. Ele apresentava seus interesses e seu percurso de investigação como vinculados à *linha orgânica*.

b. Expressividade (e/ou) confissão

A função do ator como aquele que expressa (e se expressa) e a ênfase nessa capacidade expressiva foi, paulatinamente, colocada em questão. No primeiro texto de Barba, a habilidade do ator e o aumento constante de suas possibilidades no campo do corpo e da voz eram descritas como um instrumental que permitia ao ator escrever exteriormente, e em consonância com um empenho que não era só formal, mas interior, aqueles signos necessários à expressão e à relação com o espectador.

Já em *Alla ricerca...*, a função do treinamento não era apresentada como a busca por habilidade ou aperfeiçoamento, mas baseada no desbloqueio do corpo/voz do ator. As técnicas psíquicas ou "espirituais" passaram para o primeiro plano do treinamento, e o objetivo passou a ser a promoção de uma determinada anulação do corpo. Os exercícios deviam eliminar as resistências do corpo a fim de que o ator pudesse realizar imediatamente os próprios impulsos psíquicos[105]. A expressividade do ator, sua comunicação com o espectador, foi então paulatinamente rejeitada na sua via direta, aquela do ator hábil que operava sobre o espectador. E aos poucos se chegou à noção de um ator confessante que afetava o espectador indiretamente.

c. Corpo habilidoso (e/ou) corpo anulado

Nesse momento de transição entre um corpo habilidoso e um corpo que deveria deixar de existir, os conceitos ainda estavam sendo descritos de maneira dualista e a superação dessa dualidade ocorria pela soma dos fatores. Se por um lado dizia-se nos textos que o corpo devia ser conscientemente controlado, dominado, disciplinado, esse controle visava a permitir que o ator, não tendo que se preocupar com seu corpo, pudesse mergulhar em seus conteúdos psíquicos sem dispersão. O ator

---

105   E. Barba, *Alla ricerca del teatro perduto*, p. 117.

devia treinar seu corpo, controlá-lo, superar seus bloqueios etapa a etapa, para, no momento da realização, utilizá-lo de maneira inconsciente.

A escrita nesse momento trabalhava sobre uma oposição entre o consciente e o inconsciente, entre o controle e o não controle, entre a aprendizagem e a ação. Enfim, era necessário treinar justamente para esquecer – superar – o treinamento. Veremos, mais à frente, que, nos textos/conferências do finalzinho dos anos de 1960, Grotowski nomeava essa perspectiva de aprendizagem como uma perspectiva de "domesticação" do corpo, em oposição ao que chamou de uma perspectiva de liberação (aceitação) do corpo[106].

d. Artificialidade (e/ou) disciplina

Frente à noção de autopenetração, transformou-se também a maneira de pensar e valorizar a artificialidade. Inicialmente baseada no efeito e na habilidade, ela passou a ser vista principalmente como disciplina e como freio: a autopenetração, o desvendar dos impulsos psíquicos, corria o risco do caos, do amorfo ou da histeria. A disciplina articulava – e, portanto, ao mesmo tempo canalizava e potencializava – o processo psíquico, para que ele não fosse percebido como "uma forma de caos biológico"[107].

O que estava em jogo em todos esses binômios era aquela dualidade a qual me referi mais acima e que pode ser expressa nos pares de opostos externo/interno, mente/corpo, forma/conteúdo, consciente/inconsciente. Muitas vezes, Grotowski ainda é lido a partir dessa configuração. Ela não é datada pelos estudiosos e acaba se espraiando para toda a fase teatral, quando não vai ainda mais além dessa fase.

A noção de ato total, e também a de contato, que aparecem logo a seguir nos textos de Grotowski – a partir de 1966 –, noções

---

106 Já no final dos anos de 1980 e início dos anos de 1990, nas palestras que deram origem ao *Da Cia Teatral à Arte como Veículo*, Grotowski referiu-se novamente a duas maneiras de abordagem do corpo. Naquele momento ele falava em "domar o corpo", ou, na segunda perspectiva, em "desafiar o corpo". Mesmo sublinhando os problemas da primeira abordagem, Grotowski disse que os limites e perigos seriam superáveis se se tivesse conhecimento deles e se o instrutor fosse lúcido. Porém, afirmou ter sempre estado mais interessado na segunda abordagem.

107 J. Grotowski, Vers un théâtre pauvre [1965], *Cahiers Renault Barrault*, p. 54.

O PERCURSO DA NOÇÃO DE ATOR EM GROTOWSKI 97

que respondem, a meu ver, à experiência em *Pc*, já apresentam uma outra forma de enxergar e de descrever o trabalho do ator. E, ainda mais à frente, no final dos anos de 1960 e início dos anos de 1970, as noções de consciência orgânica e de encontro explicitam de maneira ainda mais aguda uma outra direção dada às investigações.

De certa maneira, tanto o detalhamento da noção de ação física no trabalho de Grotowski[108] como o conteúdo principal de suas aulas no Collège de France, ou seja, a divisão didática das artes performativas nas linhas orgânica e artificial, podem ser lidos como partes de um mesmo esforço para tornar mais evidente quais foram, no entender do próprio artista, as contribuições específicas do seu trabalho tanto para o teatro quanto para uma determinada investigação sobre o próprio homem. E essas investigações estão longe de confirmar o pensamento dualista que, muitas vezes, aparece nos textos da primeira metade da década de 1960.

Entre 1963 e 1965

Mas ainda não é hora para essa reflexão. O que pretendo é analisar em detalhes os modos de praticar e discursar que fundaram, entre 1963 e 1965, uma determinada noção de ator em Grotowski. Esse foi um período riquíssimo de investigações e, mesmo que elas tenham sido transformadas e criticadas por ele, cumpre, sem dúvida, entendê-las melhor. Apresentei aqueles tópicos conclusivos antes da descrição mais detalhada apenas para que o leitor saiba por qual caminho trilhei em minha análise e possa, mais facilmente, acompanhar esse caminho.

O texto que analiso é, principalmente, o *Alla ricerca...*, com a primeira versão de "O Novo Testamento do Teatro". Utilizei ainda a primeira versão do "Em Busca de um Teatro Pobre" (1965), "A Arte do Ator", de Flaszen (1964), e "Dr. Fausto: Montagem Textual de Barba" (1964), para apoiar minha análise.

Mesmo nos debruçando sobre esses textos nas suas primeiras versões, vamos entrar em contato com termos que fazem

---

108 Cf. o livro de Thomas Richards, *Trabalhar com Grotowski Sobre as Ações Físicas*.

parte daquela que é considerada *a* terminologia grotowskiana por excelência, terminologia que aparece assim como uma espécie de eco todas as vezes que se pronuncia o seu nome. Isso é compreensível na medida em que essa é a terminologia utilizada nos dois primeiros capítulos do único livro dele, e que esses textos, antes mesmo da própria publicação do livro, haviam aparecido em revistas importantes como a TDR e os *Cahiers Renault Barrault*. De certa forma, foram esses os primeiros textos que trouxeram as ideias de Grotowski para o mundo.

Lidar com essa terminologia foi sempre um desafio para mim, principalmente antes de conhecer as primeiras versões dos dois textos de Grotowski e o livro de Barba. Em primeiro lugar, havia o que percebia como contradições entre um léxico mais ligado ao trabalho do ator enquanto construtor de expressividade, e outro que apresentava essa perspectiva como bloqueadora de um processo de autorrevelação. Aludi a essa percepção nos tópicos acima.

Além disso, os textos pareciam fragmentados: certas ideias eram introduzidas, mas não de todo desenvolvidas. Descobri, com o acesso às primeiras versões, que, em muitos casos, essa dificuldade advinha exatamente dos cortes feitos posteriormente pelo artista.

Havia, por último, a dificuldade advinda dos campos semânticos aos quais a terminologia de Grotowski, nesses textos, parecia se referir: era uma terminologia religiosa? Psicanalítica? Sociológica? Também nesse terreno foram de bastante ajuda as versões iniciais de "O Novo Testamento..." e do "Em Busca...", bem como a descrição do contexto no qual a entrevista foi produzida e que está descrito no livro de Barba, *A Terra de Cinzas e Diamantes*.

Comparar as versões dos dois textos citados e cruzar essa comparação com outras informações disponíveis permitiu, entre outras coisas, perceber transformações em sua compreensão no que dizia respeito às relações entre corpo e psiquê no trabalho do ator.

Mas, mesmo com o acesso às primeiras versões, percebo que todo esse vocabulário, que envolve termos como ator-santo, transe, autopenetração psíquica, pode levar, facilmente, ou ao encantamento, ou ao descrédito, se não for relacionado às investigações que estavam efetivamente sendo realizadas à luz dessa

O PERCURSO DA NOÇÃO DE ATOR EM GROTOWSKI   99

nomenclatura. Os termos podem soar ao leitor como abstratos ou mágicos. E não há como negar as associações imediatas – místicas – ligadas a essa terminologia[109]. Por outro lado, essa terminologia foi par de uma experiência concreta – treinamentos diários, espetáculos, ensaios – que me interessou, na medida do possível, desvendar. Espero que, após a minha análise, esses termos ganhem certa materialidade empírica, ainda que continuem – esse parece ser parte do seu poder – nos instigando e inspirando.

Dr. Fausto e o Ator-Santo

Começo minha análise por *Dr. Fausto*, pois acredito que esse espetáculo, apresentado pela primeira vez em abril de 1963[110], produziu o resultado mais agudo – e, em certo sentido, problemático[111] – daquela busca sobre a interioridade do ator que Grotowski começara em 1962. Foi principalmente em *Dr. Fausto* que

109   É fato que a escolha desses termos, por parte de Grotowski, levou em conta também os possíveis campos associativos que eles eram capazes de despertar (e que despertam, ainda hoje) no leitor.

110   Aqueles que conhecem a trajetória de Grotowski podem estranhar essa escolha de "marco", já que ele é posterior a uma *mise-en-scène* bastante importante, *Ak*. Mas *Ak* teve cinco versões: o espetáculo, estreado em outubro de 1962, continuou sendo apresentado até 1967. Não há dúvidas de que *Ak* sofreu inúmeras transformações no que diz respeito ao trabalho do ator e que seria, portanto, bastante interessante para a reflexão que estou desenvolvendo se houvesse material disponível para uma comparação entre o espetáculo estreado em 1962 e suas posteriores versões. Mas, como isso parece, por hora, impossível, prefiro tentar compreender *Ak* a partir de *Dr. Faustus*, espetáculo imediatamente posterior.

111   Não temos muitas informações sobre o processo de trabalho do ator Zbigniew Cinkutis, protagonista da peça, mas, após o espetáculo, ele deixou o т.-ь., retornando apenas em 1967. Em conversa informal com Flaszen, entendi que Cinkutis – que participou de *Os Antepassados* e foi o protagonista em *Kordian* – teve dificuldades com a exposição exigida dos atores – e principalmente dele, protagonista – no processo de construção de *Dr. Fausto*. É verdade também que o ano de 1964 foi um ano extremamente difícil já que, por problemas políticos, não havia nem mesmo garantia da continuidade do grupo e "alguns simplesmente não puderam suportar psicologicamente essa situação e o deixaram". J. Kumiega, *The Theatre of Grotowski*, p. 43. Mas o certo é que, mesmo com a volta de Cinkutis, em 1967, *Dr. Fausto* nunca mais voltou a ser encenado, diferentemente do que aconteceu com o espetáculo anterior, *Ak*, que teve sua última versão realizada, com a presença de Cinkutis, em maio de 1967. Grotowski também não se referiu muitas vezes a *Dr. Fausto* em suas palestras, textos ou entrevistas.

100 PALAVRAS PRATICADAS

a busca pelas experiências individuais e íntimas de cada ator – e a exigência colocada na *revelação* dessas experiências – passou a transformar mais profundamente os processos de trabalho.

Nos ensaios de *Fausto,* segundo Barba, o diretor começou a trabalhar pela primeira vez, por períodos mais ou menos longos, com cada ator individualmente[112]. Essa mudança na forma de trabalho mostra claramente, se vista à luz de outras indicações sobre o período, uma ênfase no trabalho atoral entendido como confissão pessoal. A cena era construída a partir de um *treinamento psíquico* no qual as vivências íntimas de cada ator eram requeridas e vinham à tona. Grotowski estimulava esse processo e, para isso, desenvolvia maneiras de trabalhar que dependiam em muito da relação estabelecida com cada ator individualmente[113].

Em um dos poucos comentários que fez sobre *Dr. Fausto*, e já depois da volta de Cinkutis ao T.-L., Grotowski afirmava que, em *Dr. Fausto*, havia feito, pela primeira vez, um espetáculo "absolutamente tangível"[114]. Para entender o que essa afirmação revela sobre o trabalho do ator no espetáculo é necessário conhecer um pouco mais sobre essa sua *mise-en-scène*. Ele transferiu toda a ação da peça para o que, no texto original de Marlowe, era a ação da última cena, na qual Fausto confessava os pecados a seus convidados.

No espetáculo, Fausto, durante a confissão, relembrava episódios de sua vida, que apareciam, então, na forma de *flashbacks*. O artista polonês transformou os espectadores – em termos espaciais e de direcionamento da ação cênica – nos convidados de Fausto e, com isso, ele pôde começar a fazer com que "a função dramática do espectador e a função do espectador enquanto espectador fossem as mesmas"[115], o que produzia também aquela tangibilidade no espetáculo.

---

112 E. Barba, *A Terra de Cinzas e Diamantes*, p. 36.
113 Dizia Cinkutis sobre essa época: "Até esse ponto, o ator era um homem a ser usado durante o espetáculo, manipulado, as soluções eram sugeridas para ele. Durante o trabalho em *Dr. Faustus*, ele começou a ouvir os atores. Ele estava escutando, vendo, tentando fixar algo quase impossível de fixar, pontos que podiam não ser esteticamente interessantes, mas que eram importantes como parte do processo", Cinkutis apud J. Kumiega, *The Theatre of Grotowski*, p. 131.
114 Interview with Grotowski, em R. Schechner; L. Wolford (orgs.), *The Grotowski Sourcebook*, p. 50.
115 Idem, ibidem.

O PERCURSO DA NOÇÃO DE ATOR EM GROTOWSKI

Mas, sem me ater, nesse momento, ao papel do espectador, acredito que só é possível compreender profundamente aquela experiência tangível da qual falava Grotowski se percebemos a noção de ator que esteve em jogo em *Dr. Fausto*. O trabalho do ator era baseado em experiências íntimas, dolorosas, que ele oferecia, em confissão, para os espectadores. Analogamente à personagem central, Cinkutis, o protagonista da peça, se confessava. Também os outros atores utilizavam a moldura da confissão faustiana do texto de Marlowe (e o bisturi das personagens do texto) para sua própria autopenetração[116].

Não é de se estranhar que, exatamente a partir desse momento, o treinamento passasse a ser visto como um lugar de pesquisa íntima do ator. O treinamento não estava mais vinculado a um espetáculo, mas era, ele mesmo, produtor ou revelador de experiências novas ou rememoradas[117].

Após essa breve apresentação de *Dr. Fausto*, que nos servirá mais à frente, gostaria de iniciar a análise dos textos relativos ao período de 1963/65 pelo termo ator-santo. Embora apareça apenas em um dos textos do período, parece-me que, ao redor desse termo, pode-se reunir, sem dificuldade, o conjunto de preocupações e práticas relacionadas, naquele momento, ao ator. Além disso, esse é um termo recorrente nos escritos de inúmeros comentadores e estudiosos do trabalho de Grotowski, um termo que, para o bem e para o mal, fez história. Também por isso é importante conceituá-lo e contextualizá-lo.

A partir desse termo, iremos ainda percorrer o léxico do diretor entre 1963 e 1965 – autopenetração, transe, personagem-

---

116 Em entrevista de dezembro de 1967, o diretor dizia exatamente isso: "A confissão era autêntica porque o ator realmente mobilizava associações da sua vida. Ao mesmo tempo que fazia a confissão de Fausto com o texto, ele realizava a sua própria confissão muito drástica, mas disciplinada". Idem, ibidem.

117 Utilizo aqui a palavra "experiência" como Grotowski a utilizou em carta, de 21 de setembro de 1963, para Eugenio Barba: "O senhor escreveu dizendo que desejaria ver os resultados concretos do seu trabalho. Pois bem, permita-me que lhe diga: resultados concretos não se veem nunca. Os resultados concretos (sobretudo em uma arte fugaz como o teatro) nascem e morrem num abrir e fechar de olhos, e penso que seja errado ligar-se a eles. [...] Possui-se de verdade somente aquilo *de que se fez experiência,* sendo assim (no teatro) aquilo que se sabe e que pode ser verificado no próprio organismo, na própria individualidade, concreta e cotidiana".

102 PALAVRAS PRATICADAS

-bisturi – bem como analisar um modo de relação ator-diretor fundamental naquele momento do trabalho.

O termo ator-santo é, para Grotowski, tanto uma metáfora relativa à função do ator do T.-L. – "um homem que, através da arte, entra em uma fogueira, realiza um ato de doação"[118] – quanto um direcionamento das investigações realizadas no campo atoral. Ele comparava o postulado da santidade do ator com aquele do movimento à velocidade da luz: "Explico-me: podemos ir nesta direção de maneira sistemática e consciente, obtendo, assim, resultados práticos"[119].

Praticamente na mesma época da utilização desse termo, ele estava envolvido com ensaios e apresentações do espetáculo *Dr. Fausto*. Nesse espetáculo, como podemos ver nas notas da produção tomadas por Eugenio Barba[120], a questão da santidade é central. Fausto, que, como sabemos, renegou Deus assinando um pacto com o Demônio, é visto, no espetáculo, como um santo. Cabe perguntar, até porque já vimos existir uma analogia entre o trabalho do ator e o percurso da personagem, que ligação poderia haver entre a santidade de Fausto e aquela do ator? Minha aproximação com a nomenclatura se fará exatamente a partir dessa pergunta.

A santidade de Fausto se explicava, no espetáculo, por duas imagens principais: o seu desejo absoluto da verdade e a sua rebelião contra Deus. Essas duas imagens seriam complementares, pois, as notas de Barba o afirmam, é porque o santo identifica-se com a busca pela verdade que forçosamente rebela-se contra Deus; o começo de sua busca é, precisamente, essa rebelião, ou seja, o pacto com o Diabo.

A "santidade secular"[121] do ator-santo se produzia exatamente a partir da mesma ligação instaurada entre a vontade de verdade e a transgressão de certas crenças e estruturas sociais/psíquicas repressoras que, consciente e, principalmente,

118   J. Grotowski, O Novo Testamento do Teatro [1964], *Em Busca de um Teatro Pobre*, p. 105.
119   Idem, p. 38.
120   Fausto de Marlowe, em *Alla ricerca...*, p. 19- 27; e *Dr. Faustus*: Montagem Textual, *Em Busca de um Teatro Pobre*, p. 61-70.
121   Dizia Grotowski: "Não me entendam mal. Falo de 'santidade' como um descrente. Quero dizer: uma 'santidade secular'", O Novo Testamento do Teatro [1964], *Em Busca de um Teatro Pobre*, p. 29.

O PERCURSO DA NOÇÃO DE ATOR EM GROTOWSKI 103

inconscientemente, moldavam suas ações. O ator realizava essa busca pela verdade atacando exatamente essas estruturas que operavam em seu organismo; era necessário transgredir essas estruturas e as limitações que elas impunham.

Assim, em certo sentido, era necessário atacar e transgredir a própria psiquê portadora dessas imagens. Por isso, Grotowski falava ao mesmo tempo em blasfêmia, profanação e sacrilégio (já que os "deuses" – religiosos, culturais e nacionais – eram colocados em questão, uma vez que o ator se rebelava contra eles), e em autopenetração, revelação, autossacrifício (porque como esses "deuses", de alguma forma, estruturavam aquele ator, algo dele mesmo se revelava e se sacrificava naquela rebelião).

Há ainda, nas notas de produção de *Fausto*, um trecho que quero analisar. Nele esclarece-se que aquilo de que cuida um santo é da alma, "ou para usar uma expressão moderna, do seu autoconhecimento"[122]. Assim, Fausto não podia interessar-se por "ciências restritas e limitadas como a filosofia e a teologia: deve rejeitar toda ciência desse tipo e endereçar sua busca para outro lugar"[123].

Temos, então, um santo como aquele homem que, preocupado com sua alma (autoconhecimento), busca a verdade rebelando-se contra Deus e suas leis. Ele renega também os conhecimentos acumulados nas ciências que, poderíamos dizer, tomaram a questão da alma para si e parte à procura de outro lugar. Uma pergunta de Grotowski registrada em um filme do período e feita em tom de blague tocava exatamente nesse ponto. Após afirmar que o problema principal do seu teatro tinha se tornado a vida interior do homem, ele completou: "Nós colocamos os espectadores diante da seguinte questão: Se Deus existe, então ele cuida da nossa vida espiritual, mas e se ele não existe?"[124] A vida espiritual do homem, sua alma, o conhecimento que pode ter de si mesmo é, para o artista polonês, *affair* do próprio homem, um ator-santo que busca realizar uma autopenetração.

Se certos mitos foram cooptados por dogmas, estereótipos e clichês (sociais e psíquicos) é para as mãos do homem que,

---

122   E. Barba, *Alla ricerca del teatro perduto*, p. 20.

123   Idem, p. 21.

124   Citação retirada do filme *A Postcard from Opole*, de 1963.

104 PALAVRAS PRATICADAS

segundo o diretor, precisariam voltar. Caberia a ele, talvez, rea-
tualizar, refundar e recriar (esses) seus próprios valores.

Talvez agora possamos apresentar algumas palavras de
Grotowski sobre o ator-santo:

Se o ator realiza publicamente uma provocação diante de outros
homens com uma provocação endereçada a si mesmo, se com um excesso, uma profanação, um sacrilégio inadmissível, procura a si mesmo,
superando a sua personagem de todos dias, ele permite que o espectador também desenvolva este tipo de pesquisa. Se ele não exibe seu
corpo, mas anula-o, queima-o, liberta-o de toda resistência derivada
de seus impulsos psíquicos, então ele não vende mais o seu corpo,
mas faz dele uma oferenda, repete o gesto da Redenção, está perto da
santidade[125].

Em outro momento, ele explicava o que entendia por *profanação*[126]:

Falamos de profanação: o que, na realidade, será isso, senão um
tipo de falta de tato baseado no confronto brutal entre nossas declarações e nossas experiências diárias, entre as experiências de nossos antepassados que vivem em nós, e nossa busca de uma vida confortável ou
nossa concepção de luta pela sobrevivência, entre os nossos complexos
individuais e os da sociedade como um todo?[127]

Grotowski via o espectador – porque esse espectador podia
viver as mesmas tensões que eram confrontadas brutalmente
por seus atores – como passível de ser estimulado pelo trabalho

---

125 J. Grotowski, O Novo Testamento do Teatro [1964], *Em Busca de um Teatro
Pobre*, p. 45.

126 Nesse momento, Grotowski parece utilizar tanto a palavra *blasfêmia* quanto
a palavra *profanação* para dar conta desse confronto entre diferentes valores.
Posteriormente, ele estabelecerá uma diferença entre os dois termos. Cito aqui
uma declaração dele para o filme *O Teatro-Laboratório de Grotowski*, de 1992:
"é preciso compreender a diferença entre blasfêmia e profanação. A profanação é quando alguém não tem verdadeiramente relação com o sagrado, com
o divino; faz besteira, destrói, debocha. Isto é profanação. A blasfêmia é o
momento de tremer, nós trememos porque tocamos em algo sagrado. Talvez
esta coisa sagrada já esteja destruída pelas pessoas, já esteja deformada, mas
mesmo assim permanece sagrada. A blasfêmia é uma maneira de responder
para restabelecer a ligação perdida, restabelecer algo que está perdido. Sim,
é uma luta contra Deus, por Deus. É uma relação dramática entre o sagrado
e o ser humano que é feita de várias distorções, mas, ao mesmo tempo, quer
encontrar qualquer coisa que é viva".

127 Idem, p. 45.

O PERCURSO DA NOÇÃO DE ATOR EM GROTOWSKI 105

de autopenetração, a empreender um processo semelhante. O espectador poderia, também, por outro lado, fazer oposição e indignar-se com essa experiência. No próximo capítulo, desenvolverei amplamente essa questão.

Interessante perceber que grande parte da terminologia utilizada em torno da noção de ator-santo implicava exatamente uma ideia de tensão, de luta, de embate. Se formos rapidamente ao dicionário, veremos que no sacrifício, no despojamento e no desnudamento se "abre mão de", "se renuncia a"; que ultrajar e blasfemar significa "ofender preceitos, afrontar algo ou alguém"; que transgredir – Grotowski via o teatro como lugar de transgressão – está ligado a "infringir, violar, deixar de cumprir" algo. Ele falava, ainda, em "excesso", que no dicionário quer dizer "aquilo que ultrapassa o permitido, o legal e o normal", uma "sobra" para fora das estruturas, "violência"[128].

No ator-santo também aparece a noção de sacrifício, de entrega, de oferta, de doação de si (ou dom de si) e, como metáfora recorrente para essa entrega, o amor, e também sua consumação carnal, ou seja, o ato amoroso, sexual. Ainda sem entrar na noção de corpo que aí se apresenta, podemos notar, por exemplo, que Grotowski, como "sombra" do ator-santo, apresentou o ator-cortesão e como "sombra" do diretor-santo aparecia o diretor-rufião. Tanto no cortesão quanto no rufião falta exatamente, para ele, a noção de entrega que está presente no ato amoroso ou na Redenção: o oferecimento – e mesmo a morte do corpo – para redenção da(s) alma(s).

Tudo isso pode parecer uma bem (ou mal) escrita carta de intenções. Para alguns, heroica e romântica, para outros realista e crítica, não importa. É, parece-me, nas definições e nos caminhos da prática, nos processos e também nos resultados, que o que pode parecer um jogo intelectual ganhará sua forma final. Afinal, o que Grotowski estava propondo para o ator –

---

128 Uma das correções que Grotowski fez à tradução francesa da entrevista concedida a Barba e intitulada "O Novo Testamento do Teatro" diz respeito, exatamente, à palavra "excesso". Ele, em 1964, escreve ao tradutor: "Em vários momentos eu falo de 'excesso', e entendo-o de forma absolutamente literal e brutal. O senhor às vezes usa a palavra 'cume'. *Teria que permanecer 'excesso' de qualquer maneira*". J. Grotowski apud E. Barba, *A Terra de Cinzas e Diamantes*, p. 137, nota 1, grifos de Grotowski. Com a palavra cume não aparecia necessariamente o sentido de violência, brutalidade e quebra de regras que interessava a ele.

e para o espectador, por tabela – era uma experiência que só pôde ser realizada no próprio organismo do ator.

Por outro lado, se apresentássemos apenas o relato das práticas – ou, melhor dizendo, o relato de certas práticas a que tivemos acesso[129] – sem apresentar a direção proposta, sem falar no ator-santo, também poderíamos incorrer em um excesso de empirismo tão produtor de estereotipias quanto o excesso de intelectualização. Devemos lembrar que, como disse Flaszen, o léxico de Grotowski se fez entre o artesanato e a metafísica. E, para interpretar esse léxico, pareceu-me salutar manter, quando possível, esse mesmo ir e vir.

Autopenetração

O termo autopenetração é, a princípio, estranho à língua portuguesa, mas não se trata de um problema de tradução. O termo também é encontrado nas traduções inglesas (*auto-penetration*), italianas (*auto-penetrazione*), francesas (*autopénétration*) e de língua espanhola (*autopenetración*) a que tive acesso.

É um termo irmão do conceito de ator-santo. Nascidos na mesma época, não seria errado afirmar que a autopenetração é a tarefa do ator-santo, é aquela busca da verdade que passava pela transgressão e pelo sacrifício. O termo apareceu como conceito central na primeira versão do texto "O Novo Testamento do Teatro" e também esteve presente, ainda que não nomeado, na primeira versão do artigo "Em Busca de um Teatro Pobre"[130].

Em "O Novo Testamento do Teatro", Grotowski, ao falar dos significados da palavra pesquisa em suas investigações,

---

129 Importante que o pesquisador do percurso de Grotowski tenha sempre em mente que seu acesso aos procedimentos e práticas é limitado – limitado pelos relatos oferecidos nos textos dele ou nos textos e entrevistas dos colaboradores – para que se evite, ao máximo, tomar a parte pelo todo. E esse é também um problema que enxergo no texto "La stanza vuota" de Ruffini. Ele referiu-se a certos procedimentos, importantes, sem dúvida, como se fossem os únicos do período e, sobretudo, sem fornecer uma abordagem conceitual que permitisse ao leitor enxergar o percurso daqueles procedimentos, ou seja, como o diretor chegou até eles e como utilizou-os e criticou-os ao longo de suas investigações.

130 A *autopenetração* continuou presente, citada ou não, mesmo nas versões posteriores desses dois textos que foram publicadas no livro de Grotowski.

O PERCURSO DA NOÇÃO DE ATOR EM GROTOWSKI

dizia que um deles era exatamente "a ideia de penetração da nossa própria natureza de homem, de penetração de quanto há nela de mais tenebroso e de mais íntimo"[131].

Em *A Terra de Cinzas e Diamantes*, Barba dizia que procurava, nos anos de Opole, termos que pudessem "condensar os elementos de base desse novo teatro", e que autopenetração teria sido um dos termos encontrados. Barba explicou que essa autopenetração era "sobretudo espiritual" e que ela caracterizava "o trabalho psíquico do ator nesse teatro ainda não definido como pobre"[132].

Duas informações interessam nessa citação. A primeira é a datação do termo: ele teria nascido antes da definição de teatro pobre utilizada por Grotowski no texto "Em Busca de um Teatro Pobre", de 1965. A segunda informação importante é justamente o caráter de trabalho psíquico do ator, de trabalho sobretudo espiritual que acompanhou a definição de autopenetração.

Mas se o termo autopenetração nasceu antes do teatro pobre, ele ainda parece ecoar na primeira versão do artigo "Em Busca de um Teatro Pobre". Em 1966[133], Grotowski continuava se referindo à centralidade do processo psíquico do ator nas investigações do T.-L. Dizia que o trabalho realizado no T.-L. se baseava em três investigações principais: a relação entre ator e espectador, a composição do papel e a técnica espiritual do ator[134]. E, mais à frente, continuava:

No nosso teatro, o método de formação do ator, para dizer a verdade, não tende a lhe inculcar alguma coisa, mas principalmente a lhe ensinar a eliminar os obstáculos colocados durante o trabalho psíquico por seu próprio organismo. [...] nesse sentido é, então, uma *via negativa*: eliminação das resistências, dos obstáculos e não a adição de meios ou de receitas. Podemos dizer, é claro, que no nosso método o processo psíquico do ator é, ele mesmo, um meio, mas isso não seria completamente correto, porque é preciso se dar conta de que não se pode *jamais aprender* um processo espiritual. Anos de trabalho e exercícios especialmente compostos (exercícios que através de um "training" psíquico, plástico e

131 J. Grotowski, O Novo Testamento do Teatro [1964], *Em Busca de um Teatro Pobre*, p. 83.
132 E. Barba, *A Terra de Cinzas e Diamantes*, p. 44 e 45.
133 Embora a primeira versão do texto seja de 1965, ela está em polonês. Cito, então, a versão francesa de 1966, editada em *Cahiers Renault Barrault*.
134 J. Grotowski, Vers un théâtre pauvre [1965], *Cahiers Renault Barrault*, p. 51.

108 PALAVRAS PRATICADAS

vocal, tentavam levar o ator a um gênero de concentração apropriada) permitem às vezes descobrir o início desse caminho[135].

Grotowski falou aqui em processo psíquico e treinamento psíquico. E, embora afirmando a impossibilidade da aprendizagem de um processo espiritual, ele forneceu, na primeira versão de sua entrevista a Barba, indicações concretas de certos procedimentos e exercícios que, como ele afirmou na citação acima, permitiriam a descoberta do início do processo.

Na análise que se segue, vou, portanto: 1. analisar o que aparece nos textos de época – principalmente em *Alla ricerca...* e na primeira versão de "O Novo Testamento do Teatro" – como caracterizando esse processo psíquico (ou espiritual, já que os termos são utilizados como sinônimos) do ator, ou seja, analisar o que caracterizava a autopenetração; e 2. analisar o treinamento psíquico ao qual Grotowski se referiu e através do qual buscou uma concentração adequada (concentração era, como veremos, sinônimo de transe) para o desenvolvimento do processo de autopenetração psíquica do ator.

Acredito que, ao final dessa análise – e também por causa da vinculação a um processo e a um treinamento psíquicos –, a noção de autopenetração estará mais contextualizada e, quem sabe, mais bem compreendida. Na autopenetração, a ênfase esteve, de fato, colocada sobre o processo psíquico[136] do ator, processo que era estimulado e sugestionado por fórmulas mentais.

Em suas investigações, pelo menos a partir de *Kordian*, enxerga-se sempre um cruzamento entre a subjetividade e o que seria o seu ultrapassamento. Ou seja, era sempre por meio do ator visto como indivíduo, e sem que se negasse essa individualidade, que se teria acesso a potencialidades desconhecidas do humano[137]. Essa interseção foi trabalhada de maneira

---

135 Idem, p. 53 (itálico do autor). Partes desse texto foram cortadas quando da edição do livro em 1968.

136 Em algumas cartas de Grotowski a Barba esse trabalho centrado na psiquê se revelava, inclusive, na nomenclatura utilizada: "Estou recapitulando minhas investigações deste último período: acredito que agora eu poderia tentar – na medida da minha ignorância, naturalmente – iniciá-lo (prática e individualmente) nos 'exercícios psíquicos', na 'anatomia do subconsciente', na psicanálise 'não privada'". Carta de 15 de setembro de 1963, em E. Barba, *A Terra de Cinzas e Diamantes*, p. 127.

137 Assim, mesmo por meio da *autopenetração*, a busca não era por revelar apenas o "eu" do ator, mas um princípio transcendente.

O PERCURSO DA NOÇÃO DE ATOR EM GROTOWSKI

diversa ao longo do tempo. No momento estudado neste Marco 2, o encontro era entre a autopenetração e o arquétipo: a via de acesso àquelas potencialidades tinha cunho fortemente psicológico ou psicanalítico.

Não à toa, na mesma época em que estava utilizando o termo *autopenetração*, Grotowski, perguntado sobre qual seria a formação ideal para atores, afirmou que ela deveria ser iniciada ainda no secundário, e que dela deveriam participar tanto teatros laboratórios quanto institutos de pesquisa atoral. Na equipe desses institutos imaginados, viu a necessidade de um psicanalista e de um antropólogo social[138].

Os termos escolhidos nessa época também inter-relacionavam um vocabulário de cunho mais espiritual – ator-santo, dom de si (este também presente no vocabulário do romantismo polonês), via negativa – com um de viés mais psicanalítico – autopenetração, máscaras, nós psíquicos, complexos.

Grotowski, em entrevista de 1992, falando sobre sua juventude, dizia: "Naquela época queria estudar o hinduísmo para trabalhar sobre diversas técnicas da ioga, ou medicina para tornar-me psiquiatra, ou arte dramática para tornar-me diretor"[139]. Interessante perceber como essas três disciplinas permaneciam, no início da década de 1960, como referências para ele. Esteve em permanente diálogo com essas três áreas de conhecimento e as utilizava de modo bastante específico, como já veremos.

Posteriormente, abandonou a noção de autopenetração e passou a falar em ato total (termo que esteve intimamente ligado ao trabalho de Cieślak em *Pc*). Nesses dois termos, acredito esconderem-se diferentes tentativas de Grotowski de proceder sobre (e/ou de explicar) as relações entre corpo e psiquê no trabalho realizado com os atores no t.-l.

O Processo de Autopenetração

A autopenetração é apresentada inúmeras vezes como um processo análogo ao de análise, de autoanálise ou de uma terapia

---

138   J. Grotowski, O Novo Testamento do Teatro [1964], *Em Busca de um Teatro Pobre*, p. 44.

139   J. Grotowski, Intervista di Marianne Ahrne [1992], *Teatro e Storia*, p. 430.

psicanalítica. Buscava-se acessar as (ou penetrar nas) zonas psíquicas mais desconhecidas, íntimas, reclusas e sobretudo dolorosas e bloqueadas de cada ator. Buscava-se o "núcleo mais secreto da nossa personalidade", a "verdade sobre nossa ânima". Era exatamente a esse processo que Grotowski inicialmente se referia quando falava em *revelação*, em "retirada de máscaras", em "verdade sobre si mesmo", em "desnudamento".

Contidos no conceito de autopenetração aparecem imagens ao mesmo tempo de dor e de violência[140]. O ator "agredia a si mesmo, formulava interrogações angustiantes, penetrava no que havia nele de mais tenebroso, violentava os centros nevrálgicos da sua psiquê, vivia uma sucessão de feridas íntimas". Falava-se ainda em "violação do organismo vivo", em "exposição levada a um excesso ultrajante" e em "sacrifício e exposição da parte íntima da nossa personalidade"[141].

Por outro lado, o processo também era apresentado como um processo de libertação e cura. Ele conduzia "a uma des-

140 Cinkutis se referiu assim à sua experiência: "Houve um tempo antes de 1970 ou 1971, o tempo das performances, das peças, o tempo do trabalho pesado, suor dado à profissão, sangue. Joelho quebrado. O preço. Casamento (o primeiro) acabado. Vida quebrada. Falta de privacidade. Devoção a essa profissão: mas vida tão pesada, trabalho pesado contra mim mesmo para ser melhor, para conseguir uma qualidade melhor. E essa maneira de pensar fez que eu sentisse que eu era um ator bem mediano. Alguém não muito talentoso. Não alguém que recebeu um chamado. Vamos dizer que essa profissão aconteceu para mim, e porque eu encontrei um homem, Grotowski, com grande seriedade trabalhando em teatro, eu devotei-me a ele. E algo saiu desse trabalho. Ajudou-me a entender a vida dos outros, minha própria vida, o mundo. Talvez não fosse um trabalho bem escolhido, mas era feito honestamente. Esse trabalho tornou-se como um bisturi nas mãos de um cirurgião. Muita dor".

141 Já no "Discurso de Skara", de 1966, Grotowski dizia: "não procurem sempre associações tristes de sofrimento, de crueldade. Procurem também algo luminoso. Muitas vezes, podemos nos abrir por meio de recordações sensuais de dias lindos, de recordações do paraíso perdido, pela recordação de momentos pequenos em si mesmos, em que estivemos verdadeiramente abertos, em que tínhamos confiança, em que fomos felizes. Isso é muitas vezes mais difícil de penetrar que em labirintos escuros, desde que se trata de um tesouro que não queremos doar". *Em Busca de um Teatro Pobre*, p. 197. Na verdade, ele revelou, em 1990, que a partitura de Cieślak em *Pc*, principalmente seus monólogos, tinha sido construída a partir da recordação de sua primeira grande experiência amorosa de juventude. Tratava-se exatamente de uma recordação sensual, uma recordação que não tinha nada do martírio imputado à personagem do príncipe, mas que, pelo *dom de si*, era análoga àquele martírio. Creio que quando falava dessa luminosidade que também permitia a doação de si referia-se exatamente ao príncipe de Cieślak. Já aqui se encontra uma diferença frente à noção de autopenetração, construída, como vimos, em interseção com a violência e a dor.

O PERCURSO DA NOÇÃO DE ATOR EM GROTOWSKI

carga de complexos como em um tratamento psicanalítico"[142], levando a uma harmonia interior e tornando o ator mais vibrante de corpo e mente.

Em uma das questões da entrevista, Barba perguntava sobre os potenciais perigos do trabalho de autopenetração. Justamente por tratar-se da "desintegração de toda uma série de mecanismos que regulam a vida psíquica e mental do ator e de algumas ideias motrizes da sociedade", ele perguntava se, "do ponto de vista da higiene mental" do ator, não havia um perigo nesse processo[143].

Grotowski respondeu que o perigo estava em um trabalho realizado pela metade, no qual o ator tentasse conservar sua máscara enquanto dizia buscar a autopenetração. O ator, dessa maneira, poderia conseguir ricos efeitos estéticos, mas corria o perigo de viver, na vida psíquica, algo semelhante a um dilaceramento entre a máscara e si mesmo[144]. Por outro lado, ele afirmou que, levado até o fim, o trabalho permitia que se colocasse "novamente a nossa máscara cotidiana sabendo para o que ela serve e aquilo que ela dissimula". Dizia ainda que "o ator que nesse processo [...] vai até o fundo, para além de todo limite normalmente aceitável, conquista uma espécie de harmonia interior [...] torna-se [...] muito mais sadio"[145].

Autopenetração e Excesso

Uma das características da autopenetração era exatamente o seu caráter de excesso, de situação limite, de avançar indefinidamente na quebra de barreiras internas. O excesso impedia que o ator teatralizasse suas emoções. Grotowski afirmava que o ator deveria trabalhar sobre recordações concretas, íntimas,

---

142 J. Grotowski apud E. Barba, *Alla ricerca del teatro perduto* [1964], p. 107.

143 No original, a pergunta de Barba era: "Este processo de análise deve levar, sem dúvida, a uma forma de desintegração de toda uma série de mecanismos que regulam a vida psíquica e mental do ator e de algumas ideias motrizes da sociedade. Não é perigoso para o ator trabalhar por tempo demais com a autopenetração? Quero dizer, do ponto de vista da higiene mental?"

144 Nesse texto, Grotowski deu o exemplo de Van Gogh como de um processo incompleto de integração, e de Thomas Mann como do encontro de uma possível harmonia.

145 Idem, p. 107-108.

112 PALAVRAS PRATICADAS

mas sobre recordações que exigissem dele um "choque de sinceridade" tão forte que fosse impossível bombear as emoções, ficar tenso ou dramático: "Vocês estarão desarmados diante de uma tarefa que é demais para vocês, diante de uma tarefa que quase os esmaga"[146].

Falar em autopenetração, em desnudamento espiritual, como bem descreveu Flaszen, significava falar de um processo que culminava em "um ato excepcional, intensificado, no limite, solene, extático"[147]. Não se tratava de submeter a psiquê do ator aos mesmos estímulos aos quais ela estava acostumada a ser confrontada na vida cotidiana, e assim fazê-la reagir de um modo já conhecido. Tratava-se, ao contrário, de submetê-la a estímulos que fizessem emergir as antinomias, a dialética do comportamento humano, pois "quando o ser humano experimenta um choque causado por um medo, uma ameaça grave ou uma alegria excessiva, ele para de se comportar 'naturalmente'"[148].

Nesse processo,

o fluxo psíquico é real [...] mas ele não se desenvolve nos limites das sensações cotidianas, dessas reações comuns sobre as quais se baseia psicologicamente o teatro naturalista. Esse fluxo psíquico quebra (transgride) os obstáculos das experiências do dia a dia, assumindo uma intensidade excepcional, cujas sensações podem ser definidas como extremas[149].

Cinkutis parece se referir exatamente a essa transgressão e a esse excesso na citação abaixo, na qual também está presente o tanto de violência e dor pertencentes ao processo de autopenetração:

Eu me lembro de que houve um tempo em Opole quando nós tentamos voar – literalmente "voar". Paramos de pensar do jeito que havíamos sempre pensado – que éramos seres humanos e não podíamos voar. Quem falou que não podemos voar? O que isso significa?

146 J. Grotowski, O Discurso de Skara [jan. 1966], Em Busca de um Teatro Pobre, p. 192.
147 L. Flaszen, A Arte do Ator, em L. Flaszen; C. Pollastrelli (orgs.), O Teatro-Laboratório de Jerzy Grotowski: 1959-1969, p. 89.
148 J. Grotowski, Vers un théâtre pauvre [1965], Cahiers Renault Barrault, p. 54.
149 E. Barba, Alla ricerca del teatro perduto, p. 80.

O PERCURSO DA NOÇÃO DE ATOR EM GROTOWSKI 113

Então – tentamos voar. Sim, nós continuamos caindo, claro, mas não aceitávamos que não podíamos voar. Às vezes, doía cair. Mas continuamos tentando de qualquer maneira, pois acreditávamos que nada era impossível[150].

Dom de Si

Outra imagem que acompanhava permanentemente a noção de autopenetração era aquela da oferta ou do dom de si. Grotowski chegou mesmo a dizer que, se tivesse de expressar todo aquele processo do ator em uma única frase, falaria exatamente no dom de si: "É necessário dar-se nu, na própria intimidade mais profunda, com confiança, como nos damos no amor"[151].

O dom de si vinculava-se tanto à confissão – ou seja, a revelação de tudo que havia de mais íntimo, "o que se quer manter fechado, aquilo que provoca dor, aquilo que não é para os olhos do mundo..."[152] – , quanto ao abandono. Ele referia-se ao "doce e quente" dom de si, falava também em "abandonar-se em plena humildade"[153]. Para o diretor, o excesso necessário à autopenetração só se tornaria um ato de oferta, de sacrifício, e não de impudência, se fosse passivo, se o agente se abandonasse àquele excesso.

O dom de si necessitava assim de um "estado de ociosidade, de disponibilidade passiva que tornava possível a realização ativa"[154]; necessitava, portanto, que o ator representasse em estado de transe.

O que estava em jogo na noção de transe era, entre outros, o que se poderia chamar de fonte ou origem da ação cênica. Essa não estaria em uma decisão voluntária, ativa do agente da ação. O estado de transe devia permitir que a investigação dos motivos psicanalíticos de cada ator não fosse conduzida de maneira narcísica. O ator sacrificaria, na autopenetração, o seu próprio

---

150 Cinkutis apud Robert Findlay, Grotowski's Laboratory Theatre Dissolution and Diaspora, em R. Schechner; L. Wolford (orgs.), *The Grotowski Sourcebook*, p. 184.

151 J. Grotowski, apud E. Barba, *Alla ricerca del teatro perduto* [1964], p. 97.

152 Idem, p. 92.

153 Idem, p. 97.

154 J. Grotowski, O Novo Testamento do Teatro [1964], *Em Busca de um Teatro Pobre*, p. 32.

voluntarismo que gosta de submeter a revelação a seu jugo, gosta de conduzir a confissão para seus próprios fins. Se o voluntarismo triunfasse, estaríamos diante da impudência e diante daquela atuação tensa, dramática, à qual Grotowski se referiu. No transe, ao contrário, havia uma disponibilidade passiva. Era nesse estado que o ator podia descobrir e realizar a partitura, o trabalho ativo. O transe possibilitava o – ou era mesmo sinônimo do – dom de si.

O dom de si também estava relacionado à noção de confissão utilizada na primeira metade dos anos de 1960, e mesmo um pouco depois desse período. A noção de confissão não é fácil, pois antes mesmo de conceituá-la, ou seja, de tentar compreender o que estava em jogo quando ele se referia à confissão do ator, já temos de lidar com várias imagens, religiosas ou jurídicas, vinculadas a essa palavra.

No texto "Tel qu'on est, tout entier", baseado em conferência de dezembro de 1970 em Nova York, Grotowski respondeu a uma questão da audiência sobre a diferença entre a confissão de um ator e aquela de um doente na psicoterapêutica. Criticando seu próprio termo, confissão, que dizia não ser dos mais felizes, ele estabeleceu uma diferença entre a confissão de Marmeladov, personagem do romance *Crime e Castigo* de Dostoiévski, que vivia confessando suas torpezas a torto e a direito, retirando disso "um prazer momentâneo", narcísico, e a confissão, que Grotowski também chamou de testemunho, do próprio Dostoiévski. O autor, por meio dos seus romances e personagens, confessava; o que significava, para Grotowski, dizer que o escritor permitia que os leitores vissem, por meio dos romances, as contradições, a dialética da alma humana.

Grotowski dizia que muitos atores, nas suas vidas profissionais, inclinavam-se a seguir o exemplo de Marmeladov e "praticar uma pequena confissão venenosa, da qual se lança mão como de um bombom para se sentir melhor"[155]. Ele afirmou que não era esse o caminho que havia buscado.

---

155 J. Grotowski, Tel qu'on est, tout entier [12 dez., 1970], *"Jour Saint" et autres textes*, p. 41.

O PERCURSO DA NOÇÃO DE ATOR EM GROTOWSKI

Bisturi para Autopenetração: Personagem

A personagem vista de maneira arquetípica, e os procedimentos utilizados por Grotowski para levar o ator à confissão parecem exatamente ajudá-lo a se afastar de uma confissão apenas narcísica.

Para referir-se à relação ator-personagem, utilizou várias imagens: a personagem era como um bisturi de cirurgião utilizada para a própria dissecação do ator; era instrumento que lhe permitia apurar aquilo que se encontrava por baixo da máscara de todo dia; era, ainda, trampolim para a autopenetração ou mesmo uma espécie de espelho, já que o ator se refletia no material do seu papel para poder penetrar em si mesmo.

Em suas palavras:

Não se trata do problema do retratar-se em certas circunstâncias dadas, ou de "viver" um papel; nem isso impõe um tipo de representação comum ao teatro épico e baseado em um cálculo frio. O fato importante é o uso do papel como trampolim, um instrumento através do qual se estuda o que está oculto por nossa máscara cotidiana – a parte mais íntima da nossa personalidade –, a fim de sacrificá-la, de expô-la[156].

Na técnica de penetração psíquica do ator, a descoberta do ator de seus motivos psicanalíticos se fazia, exatamente, por meio de uma analogia com o percurso da personagem. Por isso, a distribuição dos papéis, realizada pelo diretor, trazia, nela mesma, intenções outras do que aquelas ligadas seja à noção de *physique de role*, seja às capacidades estritamente artísticas de cada ator[157].

Barba referindo-se a Cinkutis, que interpretava Fausto, dizia que ele realizava "um determinado ato no tempo presente diante dos espectadores reunidos na sala, ato que exprime [podemos acrescentar, em analogia com o ato de Fausto] a revolta

---

156 J. Grotowski, O Novo Testamento do Teatro [1964], *Em Busca de um Teatro Pobre*, p. 32.

157 Como contou Flaszen já na década de 1970: "Ao escolher um certo texto, Grotowski prestava atenção em como um determinado papel podia servir ao ator como uma ferramenta de autoanálise". Conversations with Ludwik Flaszen, *Education Theatre Journal*, p. 322.

116 PALAVRAS PRATICADAS

pessoal, dele, ator, contra a banalidade da vida cotidiana e o seu sacrifício à paradoxalidade da arte"[158].

A ideia de papel como bisturi se opõe radicalmente àquela, bastante difundida, que considera que, no T.-L., a dramaturgia era apenas pretexto para as experiências e espetáculos. A palavra pretexto é aí utilizada com o intuito de afirmar tanto que a escolha específica de um texto não era fundamental para o processo de trabalho, quanto que o próprio trabalho do ator se construía sem relação íntima com essa escolha[159]. Essa visão está fortemente ancorada em uma leitura que descreve o teatro de Grotowski como um teatro físico, de potencialidades e virtuosismo corporal, o teatro no qual o corpo é levado em conta e, por oposição, o texto não o é. É uma leitura bastante datada (nascida nos anos de 1970), mas vale a pena mencioná-la, já que ainda permanece presente quando se fala no nome de Grotowski.

Pelo que vimos até aqui, já parece difícil afirmar tratar-se de um teatro físico, na medida em que se forjou no T.-L. um outro estatuto do corpo que não era absolutamente o estatuto "físico"[160]. Não estou afirmando, é claro, que se tratava de um teatro literário ou mesmo que os espetáculos não podiam ser vivamente experienciados pelos espectadores que não pudessem compreender seu conteúdo textual. Ao contrário, o impacto desses espetáculos em audiências de todo o mundo, entre espectadores que desconheciam, na sua maioria, a língua polonesa e que não tinham acesso a legendas[161], parece demonstrar que os espetáculos funcionavam independentemente do controle dos espectadores sobre o texto que estava sendo proferido pelos atores.

O que quero pontuar é que a escolha do texto dramatúrgico – ou mesmo a escolha dos fragmentos de textos ditos em Ap[162] – e a

---

158 E. Barba, *Alla ricerca del teatro perduto*, p. 79.

159 É claro que Grotowski não tinha com o texto uma relação de fidelidade, mas de diálogo e, portanto, podia modificá-lo com inserções, cortes ou mudanças na sua estrutura. Mas isso não quer dizer que o texto era desimportante ou que sua escolha estivesse desvinculada das questões fundamentais do trabalho.

160 Grotowski, em 1996, como vimos no capítulo "O Percurso das Palavras", se opôs veementemente a essa denominação.

161 Grotowski nunca permitiu o uso de legendas em seus espetáculos.

162 Em *Ap* utilizaram-se textos da *Bíblia* (por exemplo, o *Cântico dos Cânticos*), de Dostoiévski (*O Grande Inquisidor*), de T. S. Eliot (*Ash Wednesday* e *Gerontion)* e de Simone Weil.

O PERCURSO DA NOÇÃO DE ATOR EM GROTOWSKI   117

distribuição das personagens – ou a criação delas ao longo dos ensaios, em *Ap* – tiveram um papel importante no desencadeamento dos processos criativos/existenciais dos atores.

Autopenetração Coletiva e Encarnação do Arquétipo

Trabalhei exaustivamente sobre a noção de arquétipo em Grotowski no capítulo dedicado às noções de espectador. Mas não há como negar que essa noção, que foi também uma prática, poderia ter sido apresentada nesse capítulo destinado às noções de ator. É que para desenvolver as ideias sobre autopenetração e sobre personagem-bisturi precisamos de algum conhecimento sobre arquétipo.

Grotowski definia, naquele momento, o próprio teatro como uma autopenetração coletiva. Ele deveria "quebrar todas as resistências, esmigalhar todos os clichês mentais que protegem o acesso ao subconsciente [do espectador]"[163]. E era justamente a autopenetração do ator, por sua potencialidade de aceder ao arquétipo, que propiciava essa autopenetração coletiva.

A relação entre autopenetração, personagem-bisturi e imagens arquetípicas está presente também no fragmento abaixo:

> Eu penso que se começamos o nosso trabalho para um espetáculo ou para um papel, procurando atentamente aquilo que nos poderá ferir o mais profundamente, ofender-nos o mais intimamente, e ao mesmo tempo dar-nos um total sentimento de verdade purificadora que nos restitui definitivamente a paz, se é para essa estrada que nos encaminhamos, chegaremos inevitavelmente a imagens arquetípicas coletivas[164].

A noção de personagem-bisturi, mesmo se não citada explicitamente, também apareceu em "A Arte do Ator", texto de Flaszen escrito em 1964. E novamente ocorreu o amálgama entre aquela noção e a de arquétipo. Flaszen opunha – como era recorrente nos textos da época – o método de Grotowski à "arte de viver um papel" de Stanislávski. Segundo Flaszen, para

---

163 E. Barba, Rumo a um Teatro Santo e Sacrílego [1964], em L. Flaszen; C. Pollastrelli (orgs.), *O Teatro-Laboratório de Jerzy Grotowski: 1959-1969*, p. 100.

164 J. Grotowski apud E. Barba, *Alla ricerca del teatro perduto* [1964], p. 103-104.

118 PALAVRAS PRATICADAS

o artista russo tratava-se de incitar os atores a procurar extratos da sua psiquê que fossem convergentes com a psiquê da personagem. Os atores de Stanislávski eram guiados pela pergunta "o que eu faria, se fosse a personagem, naquela situação?" Já o ator de Grotowski, como explicitava Flaszen,

interpreta a si mesmo enquanto representante do gênero humano nas condições contemporâneas. Choca-se na sua palpabilidade espiritual e corpórea com um certo modelo humano elementar, com o modelo de uma personagem e de uma situação, destilados do drama: é como se literalmente se encarnasse no mito. Não as analogias espirituais com o protagonista criado, não as semelhanças dos comportamentos, próprias de um homem fictício em circunstâncias fictícias. Desfruta o hiato entre a verdade geral do mito e a verdade literal do próprio organismo: espiritual e físico. Oferece o mito encarnado com todas as consequências, não sempre agradáveis, de tal encarnação[165].

Assim, como vimos, um dos elementos que permitia a noção de papel como bisturi era a ideia de personagem enquanto um modelo humano, um arquétipo, um mito, com o qual o ator, "representante do gênero humano nas condições contemporâneas", iria se confrontar.

Era como se a personagem permitisse que o ator formulasse para si mesmo certas perguntas, se colocasse frente a certos desafios ou se encontrasse com certos fantasmas ou sonhos que diziam respeito a toda uma comunidade[166]. O papel permitia que o ator se confrontasse com os ecos do passado, ecos que podiam ser atualizados e, talvez, reescritos por meio desse confronto[167].

---

165 L. Flaszen, A Arte do Ator [1964], em L. Flaszen; C. Pollastrelli (orgs.), *O Teatro-Laboratório de Jerzy Grotowski: 1959-1969*, p. 88-89.

166 Pode-se dizer que Grotowski pensava essa coletividade em torno da ideia de uma determinada sensibilidade polonesa, em torno da ideia de "nação".

167 Flaszen exemplifica o que era essa experiência: "Se – suponhamos – faz um comandante que morre em batalha [...] representará o próprio sonho de uma morte patética; a nostalgia de uma manifestação heroica; a humana fraqueza de sublimar-se à custa dos outros; desvelará as próprias fontes, uma após a outra, como se desnudasse o tecido vivo. Não recuará devendo violar a própria intimidade, os motivos pelos quais se envergonha. Ao contrário, o fará até o fim. É como se oferecesse – literalmente – a verdade de seu organismo, das experiências, dos motivos recônditos, como se a oferecesse aqui, agora, *diante dos olhos dos espectadores*, e não em uma situação imaginada, no campo de batalha". Idem, p. 89.

O PERCURSO DA NOÇÃO DE ATOR EM GROTOWSKI   119

A citação de Barba que leremos a seguir foi a tentativa mais bem-sucedida que encontrei de resumir – apresentando todos, ou quase todos, os componentes que analisei mais acima – a autopenetração. Mesmo sendo uma citação grande, creio que vale a pena reproduzi-la, pois que ela une o que, por motivos didáticos e de análise, apresentei em blocos separados.

Para o ator, a *personagem é um instrumento* para *agredir a si mesmo*, para atingir alguns recessos segredos da sua personalidade, para *desnudar o que ele tem de mais íntimo*. É um processo de autopenetração, de *excesso*, sem o qual não pode existir criação profunda, contato com os outros, possibilidade de formular interrogações angustiantes que voluntariamente evitamos para preservar o nosso limbo cotidiano. *Livrando-se da canga que o define socialmente e de maneira estereotipada*, o ator cumpre um ato de sacrifício, de renúncia, de humildade. Esta sucessão de feridas íntimas vitaliza o seu subconsciente e lhe permite uma expressividade que não se pode certamente comparar com a expressividade obtida com um cálculo frio ou com a identificação com a personagem. *Violentando os centros nevrálgicos da sua psiquê* e *oferecendo-se com humildade a esse sacrifício*, o ator, assim como o espectador que quer se entregar, *supera a sua alienação* e os seus limites pessoais e vive um clímax, um "ápice", que é *purificação*, aceitação da própria fisionomia interior, *libertação*[168].

Função do Diretor

Na brochura em francês, Barba referiu-se, ao falar do trabalho do ator, a um setor que, embora sendo de grande importância, era muito difícil de definir: o trabalho psicológico do diretor sobre o ator. Já em *Alla ricerca...* a relação entre o transe do ator e a função do diretor foi descrita mais claramente. Algumas perguntas de Barba feitas em "O Novo Testamento do Teatro" também demonstravam a importância que a relação ator-diretor tinha para o processo de autopenetração. Barba falava sobre a responsabilidade do diretor no processo de autoanálise do ator, falava ainda que a superação do limite teatral pela interseção do teatro com diferentes campos de saber – psicologia, antro-

---

168   E. Barba, Rumo a um Teatro Santo e Sacrílego [1964], em L. Flaszen; C. Pollastrelli (orgs.), *O Teatro-Laboratório de Jerzy Grotowski: 1959-1969*, p. 99-100. (Grifos nossos.)

120 PALAVRAS PRATICADAS

pologia, sociologia, história das religiões – era realizada pelo diretor, "pelos seus conhecimentos e a sua ciência"[169].

A função de Grotowski junto aos atores do T.-L. era extremamente específica. Ao se referir a essa especificidade, ele dizia que "assim como nem todo médico pode ser um bom psiquiatra, nem todo diretor pode realizar esse tipo de teatro"[170]. Com essa metáfora tocou em pelo menos dois pontos que já analisamos anteriormente: a interseção entre o seu teatro e a psicologia/psicanálise e a percepção da presença de uma "doença" – individual e social – que seu teatro pretendia ajudar a curar[171].

Além disso, para voltarmos ao tema da relação entre diretor e ator, ele postulava uma relação de autoridade consentida, como aquela que existe entre o psicanalista ou o psiquiatra e o paciente. Ele acreditava que o diretor só poderia ajudar o ator no processo de autopenetração se fosse emocional e cordialmente aberto para ele, se enxergasse o ser humano não com desprezo, mas como uma pessoa que sofre. Falava em uma confiança que avançava para além dos limites do consciente, em uma "abertura quente", em um "olhar quente" do diretor para com o ator. Dizia que, se fosse recíproco, só isso já permitiria ao ator "realizar tentativas extremas, sem temer, nem acordos, nem humilhações". Apreciava a severidade do diretor, "mas, como um pai ou um irmão mais velho, e não como um mercador de escravos"[172].

Ao mesmo tempo, Grotowski se dizia consciente do lado sombrio da condição e função desse diretor analista: "em torno daquela que é nossa tendência luminosa, se cria um círculo de sombra que podemos perfurar, mas não destruir"[173]. As sombras nomeadas por ele são várias: a manipulação ("necessidade de aprender a manipular os homens", a função "pressupõe uma hábil diplomacia, um talento frio e desumano para as intrigas"), o componente sádico (variante "daquilo que no ator se poderia

---

169 E. Barba, *Alla ricerca del teatro perduto*, p. 110.
170 J. Grotowski apud Barba, *Alla ricerca del teatro perduto* [1964], p. 109.
171 Dizia Grotowski, em 1966: "Artaud permanece como um desafio para nós nesse ponto: talvez menos pelo seu trabalho do que pela ideia de *uma salvação por meio do teatro*". Cf. Ele Não Era Inteiramente Ele, *Em Busca de um Teatro Pobre*, p. 99. (Grifo nosso.)
172 J. Grotowski apud E. Barba, *Alla ricerca del teatro perduto* [1964], p. 109.
173 Idem, p. 110.

O PERCURSO DA NOÇÃO DE ATOR EM GROTOWSKI

chamar de componente masoquista")[174] e a presença do diretor-
-rufião contrário permanente de um possível diretor-santo. Se
o ator-cortesão era aquele que utilizava as habilidades de seu
corpo para vendê-lo melhor, o diretor-rufião agia como intermediário nessa venda, ganhando sua parte na transação.

O que o artista polonês apontava nesse momento como
sombra relacionada à própria função do diretor e com a qual tinha de lidar, foi, alguns anos mais tarde, visto por ele como verdadeiro empecilho ao trabalho que intentava realizar. Kumiega
acreditava que uma das causas que teriam levado Grotowski
a desistir de fazer novos espetáculos teria sido justamente a
necessidade de abandonar a função de diretor[175]. Nos anos de
1970, ele dizia que a obrigação de construir uma obra de arte
impunha um tipo de relação de manipulação entre atores e diretor da qual queria definitivamente afastar-se.

Mas, voltando à primeira metade dos anos de 1960, podemos nos perguntar qual era a atuação desse diretor-santo em
relação ao processo de autopenetração do ator.

Embora Grotowski não tenha fornecido muitas informações nesse sentido, falando apenas sobre a necessidade de "submeter o ator a exigências crescentes", de "empurrá-lo a esforços
dolorosos sobre si mesmo"[176], Barba foi farto em explicações.
Segundo ele:

> O diretor deve esforçar-se para conhecer como o ator quer mos-
> trar-se na sua vida privada e ser aceito pelos outros (a sua máscara ou
> persona), as suas tendências secretas, os seus complexos, a sua biogra-
> fia, as suas experiências pessoais, aquilo que quer esconder na sua vida
> e o que ama ostentar, de que gênero é a sua imaginação, como reage
> às palavras, à música ou às imagens, quais são as suas possibilidades
> físicas, quais as imperfeições psíquicas e físicas[177].

Vários eram os objetivos desse, digamos, diagnóstico, mas
todos eles diziam respeito a ajudar o ator – e para isso era importante conhecer sua reação, sua sugestibilidade a imagens,

---

174 Idem, p. 106.
175 J. Kumiega, *The Theatre of Grotowski*, p. 153-154.
176 J. Grotowski apud E. Barba, *Alla ricerca del teatro perduto* [1964], p. 106.
177 E. Barba, *Théâtre psycho-dynamique*, p. 26; e idem, *Alla ricerca del teatro perduto* [1964], p. 41.

PALAVRAS PRATICADAS

palavras, músicas – a acessar e liberar, nos ensaios e em cena, seu manancial psíquico profundo, aspectos recalcados ou não conscientes, criando uma intensidade que incomodasse e provocasse o espectador.

Frente àquele conhecimento, a escolha, por parte do diretor, da personagem destinada a cada ator visava a permitir uma "genuína afinidade" psíquica entre o ator e seu papel. Grotowski, utilizando uma linguagem técnica, artesanal, buscava despertar e afetar o manancial inconsciente ou recalcado de seus atores[178].

Barba, entre outros exemplos, descreveu um ator que, na vida, gostava de parecer um senhor, um intelectual, e que se comportava, portanto, dessa maneira. Esse mesmo ator, entretanto, quando bebia, ou em uma festa, ria de maneira rouca, gutural, animalesca, maneira que não aparecia no cotidiano de sua vida e que não se coadunava com aquela "imagem de intelectual". Então, Grotowski, evitando fazer alusões pessoais, propôs ao ator que utilizasse no ensaio aquele modo de rir habitualmente reprimido. Imediatamente apareceu uma tensão subconsciente entre o ator e seu papel, e as reações emotivas chegaram a grande intensidade. E, uma vez que o riso tinha já influenciado a interpretação do ator, não era necessário que ele permanecesse na cena final.

Muitos anos mais tarde, em 1998, Barba resumiu assim essa faceta do trabalho de Grotowski:

> Ele tinha muita consciência da estrutura psicológica de cada indivíduo e levava isso em consideração quando os dirigia. Não era um trabalho sobre a psicologia deles em relação a uma personagem, mas, ao contrário, sobre como fazer brotar *involuntariamente* determinadas características e energias pessoais para colorir a ação cênica[179].

---

178 Idem, ibidem.

179 E. Barba, *A Terra de Cinzas e Diamantes*, p. 51. Embora esse seja um bom resumo para aquela época, parece-me que Barba, utilizando a expressão "colorir a ação cênica" abriu mão do componente de "cura" individual e coletiva envolvida naquele penetrar nas energias pessoais de cada ator e tomou o trabalho apenas de um ponto de vista cênico. É claro que o trabalho se realizava em direção à obra, ao espetáculo, mas não podemos esquecer de que se tratava da tentativa de "criar para o teatro um sacro que fosse laico". Grotowski acreditava que "um tal aprofundamento laico, tomando o lugar do aprofundamento religioso" era uma "necessidade psicossocial do ponto de vista da saúde da massa". Cf. J. Grotowski apud E. Barba, *Alla ricerca del teatro perduto*, p. 111.

O PERCURSO DA NOÇÃO DE ATOR EM GROTOWSKI 123

Em termos de procedimentos, podemos dizer que a investigação entre o ator e o diretor era realizada em uma atmosfera reservada, protegida, quase secreta; a própria casa do ator era utilizada por ser considerado um lugar seguro o suficiente para realizar aquela investigação tão íntima. A sinceridade e a confiança, bem como a concessão, por parte do ator, de um lugar de autoridade ao diretor eram elementos fundamentais para o bom desenrolar do trabalho. Nessas condições, o ator podia revelar ao diretor lados que ele não gostava de mostrar e, por meio de uma elaboração feita em conjunto, chegar à estrutura do papel.

Há, ainda, nos textos, descrições sobre as maneiras do diretor intervir no processo do ator. O princípio geral era *primum non nocere*[180], que aparece no texto de Grotowski assim mesmo, em latim, para nos remeter ao aforismo hipocrático, máxima da ética médica. Em condições teatrais, *non nocere* significava que o diretor não deveria representar para o ator um possível resultado, nem explicar-lhe intelectualmente aquilo que se esperava dele. Também não devia sobrecarregá-lo com instruções: "o diretor [...] deveria usar uma terminologia frequentemente alusiva, vaga, imprecisa, mas sugestiva, colorida de palavras, frases, imagens capazes de atingir a fantasia do ator e a suscitar modelos espontâneos de ação"[181]. Veremos, logo abaixo, como essa maneira de pensar a linguagem do diretor esteve relacionada ao próprio treinamento psíquico, pois a vinculação desse treinamento com técnicas de sugestionamento pareceu-me, no decorrer da minha análise, cada vez mais evidente.

Treinamento Psíquico ou Exercícios de Concentração

Em "O Novo Testamento do Teatro", na versão publicada no livro de Barba, Grotowski falou de um treinamento psíquico, treinamento que propiciava o estado de transe, base do processo de autopenetração: "essa capacidade do ator, capacidade essencial [a autopenetração] inclui a obrigação de exercícios muito particulares, me refiro aos exercícios de concentração"[182].

---

180 Em tradução para o português: "primeiro não prejudicar".
181 E. Barba, *Alla ricerca del teatro perduto*, p. 43.
182 J. Grotowski apud E. Barba, *Alla ricerca del teatro perduto* [1964], p. 94.

124 PALAVRAS PRATICADAS

Uma das diferenças da primeira versão da entrevista para aquela que apareceu no livro *Em Busca de um Teatro Pobre,* publicado em 1968, é que Grotowski inicialmente explicitou esses exercícios. Descreveu e analisou o que chamou de os "três elementos fundamentais do transe". Além disso, ele também aludiu a uma determinada anatomia especial do ator que nomeava de "nós de expressividade".

São vários os interesses que me levam a apresentar ao leitor essas descrições e análises que o diretor optou, posteriormente, por cortar: em primeiro lugar, busco fornecer informações sobre procedimentos operados em uma determinada época do trabalho, procedimentos que podem ajudar a vislumbrar, pelo menos em parte, a prática realizada em torno dos conceitos de autopenetração e de ator-santo que já analisei. Encontrei também nesses procedimentos certas pistas que reforçam o amálgama existente entre técnicas da ioga e técnicas psicoterapêuticas no trabalho do ator[183].

Em segundo lugar, interessa-me refletir sobre sua decisão de retirar esses fragmentos quando da publicação do seu livro, como também sobre a sua decisão de modificar outras inúmeras partes (todas, por exemplo, que se referiam à noção de um corpo inexistente ou anulado), abrindo mão, em edições posteriores àquela de 1968, da própria noção de

---

183 Tanto Kumiega quanto Flaszen também se referiam à importância da psicologia e da psicanálise durante um determinado período das investigações do T13F. Dizia Kumiega: "A comparação com a psiquiatria contemporânea não é, de maneira nenhuma, absurda. O diretor polonês frequentemente se referia ao processo do ator no T.-L. como uma forma de análise, ou de terapia para o ator, e, por consequência, para o espectador. De modo a lembrar um psiquiatra analítico, Grotowski examina os estados de ser de seus atores, a relação desses com o funcionamento do condicionamento social, os efeitos recíprocos da ação/condicionamento, e os efeitos do passado e da memória na ação. Da mesma maneira, suas teorias relacionam-se com algumas escolas da prática psiquiátrica contemporânea em relação à tese central de que o funcionamento cerebral foi demasiadamente enfatizado no passado como um meio de compreensão da condição humana." J. Kumiega, *The Theatre of Grotowski*, p. 121. E Flaszen, mais recentemente: "Nosso teatro teve, em um determinado período, múltiplas afiliações com a psicanálise, nas suas diferentes versões. E com o psicodrama. A função do teatro devia ser terapêutica. Grotowski falava abertamente da psicanálise. Trata-se de coisas raramente citadas ultimamente. L. Flaszen, *Grotowski, homo ludens*, palestra de 24 de outubro de 2004 no Studio Théâtre/ Comédie Française, p. 3.

O PERCURSO DA NOÇÃO DE ATOR EM GROTOWSKI 125

autopenetração[184]. Para realizar toda essa reflexão é imprescindível que o leitor conheça aquilo que foi cortado. Recuperarei todos esses cortes.

Mas, antes disso, é necessário ter em mente que os exercícios psíquicos que vamos apresentar eram apenas uma parte do treinamento que ocorria à época no T.-L., treinamento que, como veremos na citação que se segue, incluía ainda outras facetas: "Os atores se reúnem todas as manhãs às dez. O programa de trabalho tem início com três horas de exercícios elementares: ginástica, acrobacia, respiração, dicção, plástica, rítmica, composição de 'máscaras' mímicas, estudos pantomímicos, *exercícios psíquicos (concentração)*"[185].

Exercícios Psíquicos

Os três elementos fundamentais do transe eram a "atitude introspectiva", o "relaxamento físico (relax)" e a "concentração de todo o organismo na região do coração". Grotowski afirmava que cada um desses elementos, quando desenvolvido a fundo, acionava os outros e, assim, era através das particularidades individuais de cada ator que se estabelecia qual era o melhor elemento para se iniciar o trabalho. Para o esperado desnudamento, era necessário que o ator descobrisse "em si seus motivos psicanalíticos, a verdade calma e dolorosa de si mesmo"[186]. Propiciar a descoberta desses motivos era a principal intenção do treinamento psíquico.

O diretor descreveu cada um daqueles três elementos. Com relação à atitude introspectiva, dizia que o ator devia

---

184 A edição francesa, de 1971, traduzida por Claude B. Levenson, é um exemplo. Nessa edição, na entrevista concedida a Barba, Grotowski trocou a expressão *ato espiritual* pelo termo *ato total*. Ora, o termo havia sido criado posteriormente para dar conta do trabalho de Cieślak em *Pc*.

185 E. Barba, Rumo a um Teatro Santo e Sacrílego [1964], em L. Flaszen; C. Pollastrelli (orgs.), *O Teatro-Laboratório de Jerzy Grotowski: 1959-1969*, p. 98. (Grifo nosso.) Kumiega não cita esses exercícios psíquicos e nem parece se referir ao mesmo treinamento comentado por Barba, embora fale exatamente do período entre 1963 e 1965. Kumiega disse que: "Havia três categorias básicas no trabalho desenvolvido: I. exercícios plásticos; II. exercícios corporais; e III. trabalho vocal e respiratório". Cf. *The Theatre of Grotowski*, p. 118. (Grifo nosso.)

186 J. Grotowski, apud E. Barba, *Alla ricerca del teatro perduto* [1964], p. 95.

126 PALAVRAS PRATICADAS

encontrar os *slogans*, as fórmulas em torno das quais se dispõe todo um casulo de reações instintivas, ligadas à sua personalidade particular: por exemplo, "sou feio", "ninguém me ama". Se esse motivo é colhido convenientemente, se nele concentramos toda a atenção, isso não provoca um sentimento de exasperação, mas, ao invés disso, de dor "quente", uma sensação similar a um grande mar morno[187].

Após a descoberta desses motivos, constatava-se tanto um relaxamento físico automático quanto a percepção de que o centro daquele casulo se localizava na região do coração.

Na parte dedicada ao treinamento em *Alla ricerca...*, esse elemento aparece mais uma vez, agora na voz do próprio Barba. Ele é descrito como uma espécie de psicanálise do ator, ou seja, "encontrar o motivo íntimo que regula a vida do ator, por exemplo, 'não sou velha demais?', 'sou pior que os outros', motivo íntimo que contém elementos de amargura"[188].

A outra entrada para o transe era o relaxamento: sentado com as costas e as pernas relaxadas, na "posição de cocheiro", regulando a respiração e aquietando o pensamento, "de modo que a tranquilidade do pensamento chegue como algo de já existente que tivesse sido velado e maculado", alguns atores chegavam à descoberta dos seus motivos psíquicos pessoais, ou seja, daquela dor quente, proporcionando "um despertar para a vida na região do coração"[189]. Esse exercício visava a deslocar o processo mental do cérebro para o corpo inteiro. Outra posição descrita para o relaxamento era a do corpo entregue ao solo, em posição análoga a de um recém-nascido. O ator devia pensar por meio de associações de ideias muito lentas, apoiando-se em recordações ou sensações que o feriram em seu íntimo. O instrutor observava quais partes do corpo começavam, através de micromovimentos, a "viver". Depois, ele sugeria ao ator que pensasse com uma determinada parte do corpo sem que esse "pensamento-movimento" se transformasse em uma composição. Gradualmente, a "vida" se estenderia a todo o corpo e, "no final o ator 'pensa' com o corpo que adquire uma expressividade devida a micromovimentos"[190].

---

187 Idem, ibidem.
188 E. Barba, *Alla ricerca del teatro perduto*, p. 137.
189 J. Grotowski apud E. Barba, *Alla ricerca del teatro perduto* [1964], p. 96.
190 E. Barba, *Alla ricerca del teatro perduto*, p. 134.

O PERCURSO DA NOÇÃO DE ATOR EM GROTOWSKI   127

A última "entrada" era transferir (através de sugestionamento) o "nosso eu consciente da cabeça para a região do coração". Grotowski se referia a uma região que a anatomia não podia definir precisamente, e que "frequentemente é colocada entre o coração e o esterno, mais acima ou mais abaixo, e às vezes até um pouco à direita do esterno". Feita a transferência, devia-se estabelecer um diálogo entre essa região e as outras partes do organismo: "fiquem tranquilas, estou com vocês, quase como se quisesse confortá-las". Para acompanhar esse diálogo, podia-se apalpar – com a mão ou as pontas dos dedos – as partes às quais o coração se dirigia. Ele falou ainda da importância de verificar o interno das coxas e a parte entre o plexo solar e o esterno, "o que provoca frequentemente a sensação de uma onda quente que arrebenta para cima"[191].

Nas páginas dedicadas à descrição do treinamento, Barba afirmou que esses exercícios estavam sempre relacionados a uma tarefa concreta – lembremos da personagem-bisturi – e que o ator podia aprender, por meio deles, uma maneira psicofísica de preparar-se para a ação cênica. Afirmou, também, que somente Grotowski estava apto a guiar esse gênero de exercício.

Quando falava do treinamento psíquico, o artista referia-se a uma "anatomia particular do ator" que deveria, segundo ele, ser desenvolvida. Tendo como base essa anatomia particular, Grotowski dizia que o trabalho era o de procurar, no corpo do ator, pontos que pudessem ser como fontes nutritivas para a atuação; e citava, como exemplos, a região lombar, o baixo ventre e o plexo solar[192]. Chamava esses pontos de nós de expressividade (também existiam nos pés, mãos, cabeça, peito, coluna vertebral). Eles tinham como função serem "rédeas" ou "timões" do corpo: "Existem alguns nós individuais no ator [...] por meio dos quais ele inicia e finaliza suas ações sentindo-se completamente livre"[193]. Grotowski referiu-se também a um nó comum a todos, o *nó do baixo ventre*. Dizia que o uso da cabeça como fator de expressividade humana podia

---

191 J. Grotowski apud E. Barba, *Alla ricerca del teatro perduto* [1964], p. 96.
192 As observações sobre a "anatomia" do ator que apresentei até aqui não foram cortadas do livro. Só o seu desdobramento posterior.
193 J. Grotowski apud E. Barba, *Alla ricerca del teatro perduto* [1964], p. 98.

128 PALAVRAS PRATICADAS

ser lido como um "escudo atrás do qual se dissimula o nó do baixo ventre, e isso por uma forma de pudor"[194].

Nessa nova anatomia havia também uma relação de paralelismo entre os diversos *nós*: "Cada nó, desenvolvido no ator desde o início, tem um nó gêmeo escondido que comumente opõe a maior resistência. [...] Uma vez vencida a sua resistência, esse torna-se então o segundo polo de articulação da expressividade do corpo"[195].

Pistas de Leitura

Essa descrição dos exercícios de concentração pode oferecer certa estranheza a um leitor assíduo dos textos Grotowski e, sem dúvida, essa é uma descrição que desnaturaliza uma leitura pregressa. Autopenetração, ator-santo, penetração psíquica, desnudamento, quebra de máscaras, palavras do diretor à época e que pertencem a um determinado imaginário teatral, ganham uma perspectiva menos moralista e, sobretudo, menos idealista. Elas aparecem como uma prática psicofísica específica.

Lembro-me de que, antes mesmo de ter tido acesso ao livro de Barba e à entrevista de Grotowski, no qual esses procedimentos se encontravam descritos, havia lido o artigo de Ruffini, "La stanza vuota", publicado em 2000. Ruffini recuperou exatamente alguns desses mesmos cortes feitos por Grotowski e datou esses exercícios como vinculados ao processo de investigação realizado em *Pc,* enxergando-os como procedimentos que teriam levado ao resultado conseguido por Cieślak no espetáculo.

Minha primeira reação foi de descrença na hipótese de Ruffini. Lembrei-me imediatamente de que Grotowski havia criticado, várias vezes, justamente a noção de *introspecção* – como uma noção que retirava o ator do contato com parceiros imaginários/reais; contato, como veremos, tão necessário à realização do ato total.

Lembrei-me, ainda, das inúmeras críticas que ele havia feito ao relaxamento, criticando as escolas de teatro que utilizavam esse

194 Idem, ibidem.
195 Idem, ibidem.

exercício como se ali estivesse escondido o segredo de uma interpretação bem-sucedida. Descreveu, principalmente em textos escritos a partir de 1969, a vida de uma ação como baseada em um ciclo de tensões e relaxamentos e esse modo de ver e trabalhar não estavam presentes naqueles procedimentos nos quais os atores se colocavam na "postura de cocheiro" ou de neonato e, por meio de sugestionamento, transferiam o "eu" da cabeça para o coração.

Além disso, Ruffini apresentava uma lista de atividades (estou utilizando aqui a noção de Grotowski), também cortadas por ele próprio quando da edição do seu livro, como se se tratasse de uma "típica linha de ações físicas". No próprio livro de Barba, como pude descobrir, essa nomeação "ação física" não aparecia. A lista era utilizada para exemplificar um tipo de exercício no qual o ator deveria "efetuar microestudos mímicos, ou seja, sem acessórios"[196]. O ator deveria, por exemplo, acender um cigarro imaginário atento aos micromovimentos e gestos necessários àquela tarefa. Esses micromovimentos estavam então listados e deviam ser realizados em ritmos diferentes e justificados por uma lógica individual.

Não há dúvida de que se tratava de um exercício retirado do método de Stanislávski, que investigava o conceito de tempo-ritmo, conceito relacionado àquele de ação. Mas estamos longe da conceituação de ação física do próprio Grotowski e, mesmo que se tratasse de uma primeira abordagem do conceito por parte do artista polonês, o mais natural teria sido que Ruffini, conhecedor da obra de Grotowski, tivesse apresentado esses cortes como nascidos exatamente da percepção, por parte do próprio artista, de um erro conceitual.

Como explicitei na introdução, ao comparar as diferentes versões feitas por Grotowski dos seus próprios textos, pode-se perceber que, na maioria das vezes, ao modificar um texto, ele buscava corrigi-lo ou atualizá-lo em relação a conceitos e procedimentos que, experimentados posteriormente, passavam a ser centrais (e tidos por ele como mais corretos) em sua investigação.

Imaginei, então, se os cortes operados por Grotowski na entrevista a Barba não teriam seguido esse mesmo procedimento.

---

196   E. Barba, *Alla ricerca del teatro perduto*, p. 131.

130 PALAVRAS PRATICADAS

Reforçava essa hipótese a lembrança de que, em vários textos posteriores, exatamente aqueles elementos do transe – embora não nomeados assim – tinham sido criticados e revistos por ele. Reuni muitas dessas autocríticas e apresento minhas conclusões mais à frente.

A leitura de Ruffini me incomodava sobretudo porque ele não buscava somente analisar os procedimentos e o seu descarte na edição do *Em Busca...*, mas afirmava ter encontrado, exatamente naqueles exercícios descartados, as práticas que seriam o segredo da construção de *Pc* e de investigações, mesmo posteriores, de Grotowski. Mais do que isso, ele via nesses exercícios a revelação de um modo de fazer que teria ganho expressão escrita apenas no livro de Richards, de 1993, livro referente ao trabalho de Grotowski sobre as ações físicas, e, justamente por isso, interessava-lhe recuperar aquela lista de atividades como se se tratasse de um mesmo trabalho sobre ações físicas.

Por um lado, compreendo que Ruffini tenha visto naqueles exercícios de concentração certos temas de trabalho que estiveram, é bem verdade, presentes nas investigações posteriores do diretor. Mas creio que ele confundiu a percepção de um determinado campo de investigação – no qual Grotowski forjou diferentes conceitos e procedimentos e no qual, agindo como um investigador, ajustou e criticou tanto sua metodologia quanto sua terminologia – com uma quantidade limitada e datada de procedimentos/exercícios que não incluíam, como já mencionei, nem o conceito de contato, tão importante na segunda metade dos anos de 1960.

O perigo que se corre aqui – e como sou uma pessoa ligada à prática, essa é uma preocupação sincera – é o da fetichização de exercícios específicos como se neles se encontrasse a fonte prática das investigações do artista polonês.

Mas, se havia o incômodo com as conclusões de Ruffini, os cortes apresentados por ele me deixaram curiosa. De qualquer maneira, aqueles elementos do transe tinham, em algum momento, feito parte do treinamento dos atores do t.-l. e mereciam ser, portanto, analisados. Foi então que busquei ter acesso aos próprios textos de Barba e à entrevista de Grotowski publicada em *Alla ricerca...*, já que esse material era a fonte das citações e análises de Ruffini. Espantei-me, tam-

O PERCURSO DA NOÇÃO DE ATOR EM GROTOWSKI 131

bém, que esses textos de Barba não tivessem sido analisados por Kumiega.

Em primeiro lugar, foi importante contextualizar a primeira versão da entrevista "O Novo Testamento do Teatro" utilizada na análise de Ruffini. Ela era parte integrante do livro de Barba onde apareceu, pela primeira vez, a noção de autopenetração, sem sombra de dúvida a noção central do livro no que se refere ao trabalho do ator.

Assim, aqueles procedimentos – citados por Ruffini em seu artigo – estavam fortemente ligados àquela noção. A datação desse termo não me parecia difícil. Barba, em seu livro *Terra de Cinzas e Diamantes*, requereu, como vimos, a autoria do termo, datando-o como anterior ao conceito de teatro pobre de Grotowski e, portanto, ele só poderia estar ligado aos – ou pelo menos ter nascido na época dos – espetáculos nos quais Barba foi assistente de direção: *Ak* e/ou *Dr. Fausto*.

Além disso, em todo o livro de Barba (publicado em fevereiro de 1965), incluindo a entrevista de Grotowski, não havia nenhuma referência ao processo de *Pc,* que estreou em abril de 1965, mas que Barba só conseguiu assistir – como ele mesmo afirma em *A Terra de Cinzas e Diamantes*[197] – em fevereiro de 1966. As referências se concentravam exatamente em *Ak* e em *Dr. Fausto*, avançando somente até *Estudo sobre Hamlet,* que estreou em março de 1964 e a que Barba havia apenas assistido[198] na volta da sua viagem à Índia[199].

Como já deve estar claro, não podia acreditar que aqueles procedimentos guardassem o segredo nem do processo realizado por Cieślak em *Pc,* nem das experiências posteriores de Grotowski, como Ruffini queria fazer crer. Mas, de qualquer jeito, os procedimentos continuavam me inquietando, exatamente pelo

197 Ver, no livro de Barba, a nota 3, de pé de página, relacionada à carta de Grotowski de 26 de abril de 1965. Carta 15, E. Barba, *A Terra de Cinzas e Diamantes*, p. 153.

198 Embora Barba cite alguns exemplos retirados de *Estudo Sobre Hamlet* – espetáculo posterior a *Dr. Fausto* e que estreou em 17 de março de 1964 –, ele não acompanhou, efetivamente, o processo desse espetáculo. Assiste apenas aos dois meses finais de ensaio. Barba disse em seu livro de memórias: "Quando cheguei, o processo de trabalho já havia sido encaminhado". Cf. *A Terra de Cinzas e Diamantes*, p. 75.

199 Desenvolvi outros pontos relativos à questão da datação do livro de Barba em páginas anteriores, portanto, não voltarei a eles.

132 PALAVRAS PRATICADAS

forte estranhamento que me provocavam. Ao contrário de Ruffini, eu não conseguia facilmente relacioná-los com os outros conceitos do artista que conhecia e estava, há algum tempo, estudando.

Dois fragmentos da entrevista me chamaram particularmente a atenção, talvez exatamente porque os procedimentos descritos não se repetem mais em lugar nenhum da obra de Grotowski: a utilização daquelas fórmulas ligadas a reações instintivas e a ênfase no trabalho baseado no sugestionamento. Como relacionar esses procedimentos que eu não conhecia – fórmulas, sugestionamento, postura de cocheiro, nós de expressividade – dentro do quadro mais geral dos conceitos e mesmo dos outros procedimentos de Grotowski à época?

Lembrei-me imediatamente de uma conversa informal que havia tido com Flaszen, na qual ele me relatava um interesse inicial de Grotowski – antes mesmo da fundação do T13F – pela hipnose. Flaszen não tinha me fornecido mais informações, e eu mesma não havia insistido sobre o tema, pois que não via a sua relevância para meu trabalho sobre o percurso prático/conceitual de Grotowski dentro do T.-L. Mas agora, diante da noção de sugestionamento, aquele pequeno fragmento de conversa me parecia importante.

Comecei, então, a procurar por pistas. Encontrei, nos textos de Grotowski de 1969, algumas referências que se relacionavam – geralmente de maneira crítica – com aqueles procedimentos descritos na primeira metade dos anos de 1960. Encontrei também em "Exercícios", texto de 1969 no qual ele historicizou e criticou algumas de suas práticas anteriores, uma referência à escola de psicoterapia médica de J. H. Schultz denominada *treinamento autógeno*. Grotowski apresentava-a como uma escola de relaxamento que se baseava em observações extraídas do hataioga. Dizia tratar-se de "uma versão europeia fortemente radicada nos contextos e nas pesquisas europeias"[200], e que o treinamento criado por essa escola tinha sido muito famoso, principalmente depois da Segunda Guerra Mundial.

Na verdade, tratava-se de um fragmento interessante. Quase um aparte no tema que estava desenvolvendo até aquela altura do

---

200 J. Grotowski, Exercícios [1969], em L. Flaszen; C. Pollastrelli (orgs.), *O Teatro-Laboratório de Jerzy Grotowski: 1959-1969*, p. 167.

O PERCURSO DA NOÇÃO DE ATOR EM GROTOWSKI

texto e que dizia respeito ao relaxamento e a certos exercícios de Stanislávski. Grotowski, como sabemos, não é farto em revelar referências, mas, de alguma forma, havia feito questão de manter o nome de Schultz quando da transposição da conferência em texto a ser publicado. E, também de certa maneira, dava positividade a esse treinamento, quando apresentava-o não como uma cópia, mas como uma versão do hataioga radicado nos contextos e pesquisas europeias. Valia a pena pesquisar.

Por intermédio de um livro de Schultz publicado em português, *O Treinamento Autógeno*, tive acesso a esse método e constatei inúmeras semelhanças entre os procedimentos ligados ao transe do ator, como descrito na primeira versão da entrevista de Grotowski, e certos procedimentos e conceitos do treinamento autógeno de Schultz. Além de me auxiliar na compreensão daqueles elementos do transe, o treinamento autógeno me permitia compreender ainda melhor a noção de autopenetração.

Importante dizer ao leitor que não se trata aqui, de maneira nenhuma, de saudar a descoberta do treinamento de Schultz como se se tratasse de uma descoberta definitiva para a compreensão daqueles exercícios ou noções de Grotowski. Minhas evidências empíricas revelam apenas que ele conhecia o treinamento. Além de citá-lo em os "Exercícios", quando descrevia os elementos relativos ao transe, utilizou a expressão postura de cocheiro, exatamente a mesma expressão que Schultz afirmou ter criado para nomear uma de suas posturas de relaxamento. E Grotowski descrevia essa postura exatamente da mesma maneira que Schultz[201].

Minha hipótese de que havia relação entre o pensamento/prática de Grotowski de fins da primeira metade dos anos de 1960 e o treinamento autógeno, tal como Schultz o descreveu em seu livro homônimo, não pode ser provada. Não tenho dados, pelo menos no momento, nem sobre a veiculação do treinamento autógeno na Polônia, nem sobre a forma de acesso que ele teria tido a esse treinamento e a essa bibliografia e muito

---

201   Dizia J. H. Schultz: "Essa postura corporal passiva, a encontramos em muitas profissões em que se precisa permanecer longas horas sentado sem apoio. Qualificamo-la de *postura de cocheiro*." Cf. *O Treinamento Autógeno, Autorrelaxação Concentrativa*, p. 41.(Grifo nosso.)

134 PALAVRAS PRATICADAS

menos posso afirmar que tenha utilizado o treinamento autógeno ou alguma versão dele com seus atores.

Assim, espero validar a hipótese (da relação entre as técnicas) não na medida da sua veracidade, mas na medida da sua eficácia, ou seja, da capacidade que essa hipótese tem (ou não) de aumentar a compreensão sobre aqueles exercícios psíquicos de Grotowski.

Além disso, não tenho a pretensão – nem a competência – para entrar profundamente nas ideias de Schultz e nem estou afirmando que só elas deem conta de explicar esses exercícios e, muito menos, esse período de investigação de Grotowski. As referências (e inspirações) dele são sempre múltiplas e sempre transformadas – e não literalmente aplicadas – à luz de seu próprio método. Ele mesmo citava, entre outros, a ioga, os treinamentos de Dalcroze e Delsarte, como referências para o período. Mas, de qualquer maneira, por se tratar de uma possibilidade de analogia jamais aventada anteriormente, pelo menos no que pude averiguar, e que me pareceu produtiva, resolvi deter-me nela.

Dois Graus do Treinamento Autógeno

Em seu livro, Schultz reúne, a partir de uma mesma problemática, o transe, referências a diversas técnicas – xamanismo, ioga, hipnose, psicanálise, psicologia analítica junguiana, vivência mística extática, filocália[202], ginástica de Dalcroze – que também pertenciam ao universo prático e conceitual de Grotowski. Assim, encontramos tanto nele quanto em Schultz um tipo de investigação capaz de relacionar campos de estudo que, à primeira vista, estão separados entre si.

Schultz afirmava, por exemplo, que só seria possível estabelecer os parâmetros de uma teoria do treinamento autógeno se se pudesse "esclarecer as peculiaridades do método sem criar problemas-limite do tipo biológico ou psicológico", pois, senão,

---

202 "Uma espécie de reunião de textos tradicionais sobre a prece ortodoxa, sobretudo solitária, desde os anacoretas egípcios do século IV até os monges do monte Athos do século XV, passando pelo Sinai. Essa prece é também chamada de 'prece do coração' ou 'prece de Jesus'". Cf. J. Gouillard, *Petite Philocalie de la Prière du coeur*.

O PERCURSO DA NOÇÃO DE ATOR EM GROTOWSKI   135

"as considerações de caráter biológico nos conduzirão à 'mitologia cerebral' ou 'biofilosofia', e as de caráter psicológico nos farão desviar até a metafísica"[203].

Schultz, que era neurologista, se interessava pela inclusão do psiquismo no campo da fisiologia. Chamava seu método de organísmico, "no intuito de superar [...] o conceito dualístico de interação causal entre soma e psiquê", já que via esses aspectos como parte de "um mesmo e indivizível fenômeno que é a 'vida humana' ou seja o 'organismo' *sensu lato*"[204].

Schultz interessava-se, portanto, em estudar treinamentos relacionados a experiências místicas e/ou religiosas (principalmente a ioga, mas também a mística hesicasta[205] e os exercícios de Santo Inácio de Loyola), encontrando, no que dizia respeito às experiências psicossomáticas descritas pelos místicos[206], inúmeras analogias com seu método. Outras analogias, ele as encontrou em um tipo de ginástica de vertente psicossomática como aquela de Dalcroze, de Wigman e de Duncan.

O pensamento de Schultz era semelhante ao de Grotowski, sobretudo no modo de enxergar as técnicas psicofísicas vindas de diferentes campos – artístico, religioso ou psicanalítico[207] – como passíveis de serem analisadas e experimentadas sem que se precisasse, necessariamente, aderir ao "credo" que lhes dera origem. Isso não queria dizer desrespeito às crenças ou filosofias, mas caracterizava uma maneira de olhar que se interessava, para usar uma expressão de Marcel Mauss, pelos "usos do corpo" presentes nessas técnicas[208]. E, nesse sentido,

203 J. H. Schultz, *O Treinamento Autógeno, Autorrelaxação Concentrativa*, p. 295.
204 Kenzler apud J. H. Schultz, *O Treinamento Autógeno, Autorrelaxação Concentrativa*, p. 2.
205 Corrente mística das Igrejas do Oriente, que remonta aos primeiros séculos cristãos. Cf. A. e R. Goettmann, *Prière de Jesus Prière du Coeur*.
206 Dizia: "o grau superior do nosso treinamento tem estreita relação com uma série de ideias muito respeitáveis de base predominantemente religiosa". Cf. J. H. Schultz, *O Treinamento Autógeno, Autorrelaxação Concentrativa*, p. 249.
207 Lembremos o interesse de Grotowski pelo teatro, pela psiquiatria e pelo hinduísmo.
208 Dizia Mauss: "Acredito que, precisamente, há, mesmo no fundo de todos os nossos estados místicos, técnicas corporais que não estudamos e que foram perfeitamente estudadas na China e na Índia desde épocas muito antigas. Esse *estudo sociopsicobiológico* da mística deve ser feito." M. Mauss, As Técnicas Corporais, em *Sociologia e Antropologia*, p. 233. Grotowski se interessava, exatamente, por esse tipo de estudo.

diferentes campos do conhecimento sobre o humano podiam dialogar entre si. Grotowski solicitou a Barba, por exemplo, em carta de 20 de outubro de 1964, que lhe enviasse livros "sobre o tantrismo e sobre o hataioga do ponto de vista psicológico e psicanalítico", numa clara perspectiva transdisciplinar.

Para a própria terminologia de base psicológica ou psicoterapêutica que o artista utilizava à época, encontrei em Schultz uma referência condizente. Schultz apresentava seu método como uma almificação do corpo, dizia que ele contribuía para o conhecimento das neuroses e permitia a liberação de complexos. Grotowski utilizava, como já vimos, termos muito semelhantes. Além disso, Schultz convidava o paciente a encontrar uma "fórmula da personalidade", exatamente a mesma expressão que Grotowski utilizou na entrevista a Barba quando falava da introspecção.

O livro de Schultz auxiliou-me ainda a dar uma configuração mais sistêmica a certas noções que eram apresentadas por Grotowski de maneira um tanto dispersa ou fragmentada. Além disso, por intermédio de Schultz, entrei em contato com um outro treinamento psíquico, com exercícios psíquicos e pude compreender melhor essas expressões utilizadas pelo diretor. Inúmeros pontos da entrevista concedida a Barba também puderam, a partir do treinamento autógeno, ser lidos de um ponto de vista mais prático ou mais técnico.

Descrição Sumária dos Dois "Graus"
do Treinamento Autógeno

O treinamento autógeno é dividido em dois graus. No grau inferior, trabalha-se eminentemente a entrada no relaxamento e no ensimesmamento, um estado sugestivo, que permitia – e citarei apenas o que me parece mais relevante para meu propósito – a autotranquilização ou o "amortecimento da ressonância dos afetos"; a alteração nas vivências dos sentidos já que "o homem ensimesmado tanto pode excluir amplos campos de impressões sensoriais como, ao inverso, atender, segundo sua disposição interna, a uma determinada faceta, entregando-se exaltado, até o máximo, pela concentração"[209]; e a "produção de imagens que brotam do mais profundo da personalidade"[210].

Schultz dizia que esse primeiro grau tinha a finalidade de ensinar ao indivíduo da experimentação a passividade na resposta às formulações empregadas, ensinar "o simples 'deixar que aconteça por si mesmo'"[211].

Em um ambiente propício e em uma postura adequada (a postura do cocheiro era uma delas), de olhos fechados e em uma "sintonização de repouso", o indivíduo passava por seis exercícios: 1. vivência de peso e 2. vivência de calor – ambas as vivências começavam se localizando em partes do corpo em particular e depois atingiam o corpo todo[212]; 3. vivência cardíaca e 4. vivência respiratória – ambas deviam adaptar-se à sintonização geral de repouso; 5. concentração de calor "intenso e fluente" no abdome; e 6. esfriamento da fronte, o que significava "excluir a cabeça dessa vivência geral, em particular a zona em que costumamos localizar a vivência do eu"[213]. Para cada um desses exercícios, encontravam-se fórmulas de entrada que eram repetidas algumas vezes como, por exemplo, "meu braço direito está pesado", "o plexo solar está muito quente", "a respiração é completamente calma".

No grau superior já era necessário entrar rápida e prontamente em concentração autógena. O passo seguinte era "fazer girar ambos os globos oculares para cima e para dentro", o que provocava um "súbito aprofundamento da comutação autógena"[214]. O trabalho, nesse grau, se realizava por meio de diferentes estímulos à visualização mental. Na ordem: de cores, de determinados objetos, de objetos abstratos (Justiça, Felicidade etc.), da expressão ou símbolo que representasse o estado de alma mais desejado pelo indivíduo, de determinada pessoa. Por fim, a técnica também propunha a formulação de perguntas e o observar de respostas provindas do inconsciente.

---

209 J. H. Schultz, *O Treinamento Autógeno, Autorrelaxação Concentrativa*, p. 132.
210 Idem, p. 144.
211 Idem, p. 254.
212 O tipo de abordagem corporal do método era o da segmentação do corpo, segmentação entendida dentro de uma totalidade recuperada ao final do processo.
213 J. H. Schultz, *O Treinamento Autógeno, Autorrelaxação Concentrativa*, p. 116.
214 Idem, p. 234.

Havia, ainda, o que Schultz apresentava como o "vivificar, mediante a mais profunda concentração, uma *fórmula da personalidade* [...] para cuja realização falte valor ao indivíduo, não obstante formar já parte de sua maneira de ser" ou uma de "tipo orientador, que faça ver ao indivíduo o ser, reconhecido como mais conforme à sua maneira de ser mais íntima"[215].

O relaxamento físico favorecia o surgimento de imagens, sensações e emoções relacionadas com a problemática inconsciente do cliente. Por isso, Schultz tratava o grau superior do seu treinamento como um "campo repleto de possibilidades para a investigação da psicologia geral e das neuroses", pois que "a visualização das vivências interiores adquire, no estado de concentração, uma grande riqueza, amplidão e vivacidade e, ainda, mais firmeza, que possibilita a sua observação"[216].

Schultz alertava também para os riscos referentes ao grau superior do treinamento autógeno, dizendo que ele revolvia profundamente a personalidade, e que "conduzia a uma polêmica nos estratos mais profundos da personalidade", pois tratava-se de "alcançar novos conhecimentos do Eu"[217].

O ponto culminante das possibilidades psicoterapêuticas a que seu treinamento aspirava era a "elevada meta da 'realização de si mesmo' em 'harmonia total' funcional"[218]. Schultz estabelecia uma relação entre "neuroses" e "valores existenciais", dizendo que existiam certas circunstâncias necessárias à vida psíquica, certos valores que, quando colocados em perigo, levavam à neurose e aos complexos.

O médico enxergava, no grau avançado, tanto uma relação com as teorias de Jung, quanto com ideias de "base predominantemente religiosa"[219]. O que estava em jogo era, como no treinamento de Grotowski, um trabalho que enxergava a subjetividade como porta de entrada para um Eu menos individual.

É bastante clara a semelhança do treinamento psíquico de Grotowski com praticamente todos os pontos citados acima: o ensimesmamento em Schultz e a introspecção em Grotowski;

215 Idem, p. 248. (Grifo nosso.)
216 Idem, p. 249.
217 Idem, p. 248.
218 Idem, p. 247.
219 Idem, p. 249.

O PERCURSO DA NOÇÃO DE ATOR EM GROTOWSKI 139

o esfriamento da cabeça em Schultz e a transferência do eu da cabeça para o coração em Grotowski; e, nos dois treinamentos, a importância do relaxamento físico e da passividade, a utilização de fórmulas de personalidade, a produção de material psíquico e até os riscos aos quais os praticantes estavam submetidos.

Analisemos, em detalhes, essas semelhanças. Em um primeiro bloco, apresento os conceitos/práticas de ideoplastia, comutação, concentração passiva, autorregulação, ensimesmamento e filme psíquico de Schultz, comparando-as com conceitos/práticas de Grotowski. No segundo, comparo mais especificamente o treinamento e os exercícios propostos pelo diretor com certas particularidades do treinamento autógeno.

Bloco 1:
Ideoplastia, Comutação, Concentração Passiva, Autorregulação e Filme Psíquico

O treinamento autógeno é um método concentrativo[220], ou seja, um método que opera "somente à base de concentração mental"[221]. Através de sugestões e fórmulas, busca-se ajustar o indivíduo de experimentação a certo estado anímico/fisiológico. O método é, portanto, regido por um princípio ideomotor ou ideoplástico: ideias – sugestões, fórmulas, imagens mentais, perguntas – exercem ação sobre (e operam modificações no) o campo motor e psicológico do indivíduo da experimentação[222], em virtude da estreita relação entre mente, corpo e comportamento[223].

---

220 Schultz disse que seu método era, "em sentido histórico, filho do hipnotismo". Mas que, ao contrário da hipnose e da sugestão, onde havia uma forte relação inter-humana, o seu treinamento era autógeno, ou seja, autossugestivo, auto-hipnótico, e que, por isso, preferia chamá-lo de concentrativo. Mesmo assim, Schultz utilizou inúmeras vezes o termo "sugestivo" para nomear o treinamento.

221 J. H. Schultz, *O Treinamento Autógeno, Autorrelaxação Concentrativa*, p. 44.

222 A utilização de fórmulas e estímulos baseava-se, pelo menos, em três pressupostos: de que o "puro pensar" nunca era puro pensar, mas atuava sobre o suceder corporal; de que qualquer pessoa apresentava invariavelmente reações que escapavam ao seu controle consciente; e de que justamente essas reações inconscientes e involuntárias podiam ser dirigidas por concentração mental, distinguindo-se dos impulsos voluntários habituais.

223 A força ideoplástica de uma ideia se mede exatamente pela sua maior ou menor potencialidade em suscitar, em confronto com o organismo, modificações psíquicas, somatoviscerais e comportamentais.

140 PALAVRAS PRATICADAS

Grotowski, no livro *Em Busca de um Teatro Pobre*, na tradução de Aldomar Conrado[224], afirmava que, se fosse convidado a explicar, por meio de fórmulas científicas, o que queria dizer por autopenetração ou transe, diria tratar-se "de um emprego particular da sugestão, tendo como objetivo uma *realização ideoplástica*"[225].

Essa frase pouquíssimo citada de Grotowski, talvez porque difícil de ser compreendida somente à luz dos conceitos vinculados no próprio livro, ganha, na analogia com o treinamento autógeno, um sentido mais evidente. Por meio do sugestionamento, de ideias, de estímulos e de fórmulas, buscava-se operar no organismo do ator tanto no nível psíquico quanto no nível fisiológico/neurológico e motor. Grotowski dizia que todos os exercícios do treinamento do ator não deviam "ser exercícios de habilidade, mas constituir como um sistema de alusões"[226]. Referia-se, novamente, ao sugestionamento operado pelas imagens/fórmulas mentais.

Outro termo que apareceu, inúmeras vezes, no livro de Schultz é comutação. Tanto do ponto de vista fisiológico quanto psicológico realizar a comutação significava "mudar um estado de coisa já estruturado de maneira estável". Do ponto de vista psicológico, significava mudar atitudes mentais arraigadas, usando de maneira diversa o pensamento, a atenção, a concentração. Schultz afirmava que, na vida cotidiana, o indivíduo era treinado para fazer algo, mas que no treinamento autógeno ele devia se aproximar do não fazer. O treinamento autógeno buscava penetrar em camadas da psiquê reprimidas ou inacessíveis à vida de todo dia.

A concentração passiva era exatamente aquele estado psíquico diverso do cotidiano: nela havia ausência de esforço, de empenho, de vontade e dava-se "conformidade interior aos fenômenos naturais que transcorrem no sentido favorável"[227]. Schultz referia-se ao abandono, à submissão e à entrega como pares necessários àquela concentração. Um dos maiores erros

---

224 Digo isso, porque na tradução francesa (1971) essa frase é retirada.
225 J. Grotowski, O Novo Testamento do Teatro [1964], *Em Busca de um Teatro Pobre*, p. 33. (Grifo nosso.)
226 J. Grotowski apud E. Barba, *Alla ricerca del teatro perduto* [1964], p. 97. (Grifo nosso.)
227 J. H. Schultz, *O Treinamento Autógeno, Autorrelaxação Concentrativa*, p. 204.

O PERCURSO DA NOÇÃO DE ATOR EM GROTOWSKI

do praticante seria a influência de uma vontade ativa, diretiva e espasmódica. Requeria-se, ao contrário, uma contemplação passiva das fórmulas utilizadas e do efeito dessas sobre o corpo. A consciência deveria ser, assim, espectadora do que se passava no interior do ser.

Da mesma forma, Grotowski dizia que, para mobilizar todas as suas forças psíquicas e físicas na autopenetração, o ator devia estar em estado de disponibilidade passiva. O corpo/psiquê do ator devia reagir a partir dessa passividade que, para ele, confundia-se com um estado de humildade, não um estado no qual o ator quer, voluntariamente, fazer algo, mas que apenas renuncia a não fazê-lo. Falava, então, nesse período, em via negativa: a ênfase não estava no aprendizado de técnicas, mas no desbloqueio daquilo que estava impedindo o organismo de agir.

A noção de passividade esteve relacionada, tanto em Schultz quanto em Grotowski, com a crença em uma autorregulação realizada pelo organismo. Como exemplo dessa autorregulação podemos citar a fórmula usada para alcançar o domínio respiratório no treinamento autógeno: "algo respira em mim" – também utilizada, segundo Schultz, no budismo japonês. Esse modo de pensar/agir em relação ao organismo apareceu em inúmeros textos do artista, principalmente nos ditos/escritos do final da década de 1960. A ideia de que não é o agente que faz algo, mas de que algo se faz. Ou de que o agente da ação não era mais o indivíduo, e que a tarefa do praticante era justamente retirar as resistências para que o processo pudesse ocorrer, era dar livre trânsito a uma regulação pertencente ao próprio organismo. Entregar-se – ação enfatizada por Grotowski e Schultz – era servir a essa regulação outra, a essa autorregulação que não era controle voluntarista de si, mas que era vista pelo médico como outra forma de domínio do corpo.

Schultz fez inúmeras vezes em seu livro uma analogia entre a comutação requerida/realizada pelo treinamento autógeno e aquela do entregar-se ao sono. A passagem de um estado ativo de vigília a um passivo, como o do sono, não poderia ser feita de maneira voluntária – quem quer dormir permanece desperto, dizia Schultz, citando uma expressão clínica. Ele afirmava a necessidade de ceder, e não provocar, a um estado de

142 PALAVRAS PRATICADAS

transe, de "ceder à tendência do organismo de entrar no estado de passividade"[228].

Outra relação entre o treinamento autógeno e o sono é o ensimesmamento: à diferença do estado de vigília, onde há relação, por meio dos órgãos dos sentidos, e adaptação ao mundo exterior, no sono e no transe do treinamento autógeno, "o contato com o mundo exterior está praticamente interrompido e a reação ao meio limita-se ao mínimo"[229] O estado alcançado por meio do treinamento era como um estado de sono consciente, um sonhar acordado, no qual o indivíduo tinha acesso às imagens do inconsciente pessoal e coletivo. "De maneira semelhante ao que ocorre no sono noturno, [...] em boa concentração autógena [...] sempre poderemos alcançar a produção de vivências óticas, ou seja [...] um vivenciar com imagens"[230]. Schultz, para descrever esse processo, utilizava o termo filme psíquico de J. Boese.

Essa analogia entre o estado de sono e o estado de transe, e mesmo a nomenclatura utilizada, não é alheia às investigações de Grotowski no período analisado nesse marco. O diretor falava da penetração do ator no mundo tenebroso e íntimo das imagens pessoais e coletivas. E na possibilidade que o ator tinha de "manifestar impulsos psíquicos tão tênues [...] impulsos que na nossa psiquê estão incertos entre a realidade e o sonho"[231]. Referia-se, ainda, a uma película interna – de vivências, de memórias – que era projetada, pelo ator, na cena (a tela). O ator vivia a cena teatral como se se tratasse de uma atualização de suas memórias; era capaz de "construir sua própria linguagem psicanalítica de som e gesto, assim como um grande poeta cria sua própria linguagem psicanalítica da palavra"[232].

Bloco 2

Utilizarei, agora, o treinamento autógeno para reler especificamente o treinamento psíquico de Grotowski, ou seja, aqueles elementos de entrada no transe. Além do treinamento autógeno,

228 Idem, p. 33.
229 Idem, ibidem.
230 Idem, p. 235.
231 J. Grotowski apud E. Barba, *Alla ricerca del teatro perduto* [1964], p. 92.
232 Idem, ibidem.

O PERCURSO DA NOÇÃO DE ATOR EM GROTOWSKI

citarei também algumas ideias de Reich (Schultz cita Reich, embora não o utilize em sua análise, e há pistas do interesse do artista polonês por esse autor[233]) e da ioga que participarão do mesmo esforço de, por meio de analogias, lançar pistas para a compreensão das práticas descritas nos exercícios psíquicos de Grotowski – principalmente os *nós de expressividade* – que ele, posteriormente, optou por retirar do seu texto.

Cumpre dizer que não tenho competência específica no campo da ioga nem no das investigações de Reich, e que certos conceitos desses campos serão utilizados tomando por base apenas textos de referência, sendo requeridos somente quando se configurarem instrumentos operativos para a melhor compreensão do texto de Grotowski.

Numa rápida revisão, devemos lembrar os três elementos do *transe* citados por ele: a introspecção, o relaxamento e a concentração do "eu" na região do coração. E que a possibilidade da introspecção estava relacionada com o encontro de uma fórmula da personalidade que, reconhecida/descoberta, levava a um relaxamento geral das tensões e a um despertar na região do coração.

Outro ponto a recuperar são as referências constantes de Grotowski ao abdome, ao plexo solar e à lombar. Nessa área, se localizava um dos nós de expressividade, um nó comum a todos e oposto – na anatomia de Grotowski – ao nó gêmeo da

---

233 Serge Ouaknine afirmou (em palestra realizada em Buenos Aires no ano de 2000) que os gráficos apresentados em seu livro sobre o espetáculo *Pc*, gráficos que buscam representar o percurso realizado sobretudo nos três monólogos de Cieślak, protagonista de *Pc*, seguiam – Grotowski o teria dito – a fórmula de Reich da curva orgástica. A fórmula ou curva de Reich é assim expressa: 1. tensão mecânica; 2. carga bioelétrica; 3. descarga bioelétrica; 4. relaxamento. No gráfico apresentado no livro como o da "curva do processo de ultrapassamento psicofísico", lê-se o seguinte processo, que se repete nos três monólogos do príncipe sempre de maneira crescente: 1. passividade ou ação; 2. ascenção; 3. cume psíquico (transiluminação); e 4. relaxamento. Não tenho competência para avaliar a afinidade entre as duas curvas e, assim, para analisar a afirmação de Ouaknine, de resto não publicada. Minha citação visa apenas a mostrar como referências ao campo psicanalítico – pouco analisado quando se fala de Grotowski, já que se prefere aquele do sagrado ou do ritual – pululam aqui e ali por meio do depoimento de indivíduos que tiveram proximidade efetiva com o trabalho realizado durante a época que estou analisando. Flaszen, por exemplo, discordou da análise de Ouaknine ainda que tenha confirmado o interesse do diretor pelo conceito de *couraças* e pelos livros *A Função do Orgasmo* e o *Assassinato de Cristo*, de Reich.

144 PALAVRAS PRATICADAS

cabeça que, por uma forma de pudor, acabava prevalecendo na expressividade humana. Esses nós seriam, para ele, ao mesmo tempo, fontes nutritivas e timões do corpo e, quando liberados, proporcionariam uma expressividade liberta de amarras.

Falava ainda da necessidade de, para não perder-se em um caos biológico, submeter essa investigação à disciplina, à artificialidade. Só assim o ator se tornava produtor de uma linguagem que afetava o espectador. Vamos ver, então, de que maneira Schultz auxiliou minha leitura desses conceitos/procedimentos.

Dar Alma ao Corpo

Schultz utilizou, preferencialmente, no livro no qual estou me baseando, a noção de ensimesmamento, embora também tenha falado aqui e ali em introspecção. Uma das condições para a produção do transe, assim como o entende o treinamento autógeno, é, justamente, a vivência de ensimesmamento, que Schultz afirmou ser facilitada pela "atenção interna aos fenômenos corporais". Ele dizia que, "concentrada em sua vivência corporal, a pessoa se submerge numa camada de vivências sensoriais e sensitivas, com o que obtém, sem forçar, um isolamento concentrativo"[234]. A pessoa, segundo Schultz, "se realiza na sua vivência corporal, sentindo-a passivamente, ou seja, se 'somatiza'"[235]. Por essa atitude psíquica, semelhante, segundo ele, "às vivências gerais de um banho quente", ficariam menos ocupadas aquelas reações que unem os indivíduos ao mundo real e espiritual.

O ensimesmamento era um isolamento do indivíduo do mundo exterior e necessitava da monotonia nos diversos campos sensoriais. Ao contrário do estado de vigília, onde há uma relação do indivíduo com o mundo circundante, onde há adaptação e reação do indivíduo a esse mundo, no estado sugestivo ou hipnótico, o contato com o mundo exterior se limitaria ao mínimo.

Quando Grotowski falou na introspecção como um dos elementos do transe, se referia, exatamente (e esse ponto foi

234 J. H. Schultz, *O Treinamento Autógeno, Autorrelaxação Concentrativa*, p. 27.
235 Idem, p. 36.

O PERCURSO DA NOÇÃO DE ATOR EM GROTOWSKI

criticado por ele mesmo em textos posteriores), a essa limitação do contato com o externo, a esse voltar-se para dentro. A introspecção se fazia, para ele, justamente como no grau superior do treinamento autógeno, por meio da descoberta e repetição de fórmulas da personalidade que, se convincentes, concentrariam a atenção do ator levando-o a vivenciar, como já vimos, uma sensação similar a um grande mar morno (e há também aqui semelhança com o banho quente de Schultz).

Além disso, a noção de somatização de Schultz também ajuda na compreensão do que às vezes parece contraditório na entrevista de Grotowski, ou seja, a importância do conhecimento e observação do corpo e a anulação desse mesmo corpo para que ele não opusesse resistência aos impulsos psíquicos.

O relaxamento de Schultz tinha o mesmo objetivo: liberar o corpo de tensões por meio de uma concentração no próprio corpo, de uma somatização que, em última instância, devia conduzir o corpo a ser apenas passagem para a produção de reflexos, impulsos, imagens reprimidas ou escondidas. O diretor também falava na obrigação do ator de "investigar aquilo que se encontra debaixo de nossa máscara de todos os dias, aquilo que constitui o núcleo mais secreto da nossa personalidade para oferecê-lo, despir-se disso"[236]. Referia-se justamente aos impulsos e às imagens reprimidas ou ocultas.

Tanto o treinamento autógeno quanto o treinamento psicológico do artista visavam alcançar a produção e o estudo de material psíquico, alcançar a produção, inclusive, de vivências ópticas – lembrem-se de que Schultz e Grotowski falavam de um filme interno – e mesmo táteis.

Motricidade, Musculatura e Psiquimismo

Talvez a noção de *relaxamento*, no treinamento autógeno, seja a que reúna de maneira mais explícita as reflexões de caráter biológico/fisiológico e psicológico do método de Schultz. O relaxamento era visto como um fator básico no fenômeno da comutação. Semelhante à fisiologia do sono, o transe operava uma

---

236 J. Grotowski [1964] apud E. Barba, *Alla ricerca del teatro perduto*, p. 94.

inibição, um relaxamento e uma liberação das tensões corporais. Esse relaxamento favorecia não só o descanso do indivíduo, como também, principalmente, dava acesso a conteúdos inconscientes e a uma motilidade sutil operada por impulsos liberados, desinibidos. Dessa forma, o relaxamento tanto operava a desinibição quanto era um dos resultados dela.

Foi no capítulo "Psicoterapia e Neurose" que Schultz tocou de maneira mais aprofundada na relação entre motricidade, musculatura e psiquismo. Esse capítulo é repleto de citações a textos de Otto Fenichel, psicanalista renomado, já que interessava a Schultz, como neurologista, defender o caráter biopsicológico ou psicofisiológico do seu método. Schultz apoiava-se em Fenichel para afirmar que as inibições psíquicas eram apreendidas, pelo organismo, como inibições motoras produzindo limitações "do domínio do Eu sobre a motilidade"[237].

A repressão – a não realização de ações impulsivas – aparecia, para Schultz, justamente na distância estabelecida entre os impulsos e a motilidade. Essa distância, que era ao mesmo tempo uma luta entre o impulso ao movimento e as inibições a esse impulso, acabava por provocar reflexos fisiológicos, chegando até a alterações funcionais da musculatura esquelética que poderiam ficar fixadas para toda a vida.

Fenichel dizia ainda que a distonia era "um meio para manter a repressão do reprimido, um equivalente fisiológico do esforço da repressão". Além disso, afirmava que "considerada do ponto de vista psicanalítico, a distonia muscular conduz consigo, pela luta entre o instinto e a defesa contra ele, um 'quantum' de libido desperdiçado, da mesma forma como toda repressão significa um excesso de libido retido e um defeito da libido livre"[238].

Havia, por tudo que foi dito, uma relação direta entre repressões psíquicas e tensões corporais e, a partir desse fato, Schultz defendia o relaxamento, fazendo uma diferença entre uma motilidade reprimida, espasmódica, tensionada e uma que seria a plasmação, o reflexo, dos impulsos liberados ou acessados.

---

237   J. H. Schultz, *O Treinamento Autógeno, Autorrelaxação Concentrativa*, p. 369.
238   Fenichel apud J. H. Schultz, *O Treinamento Autógeno, Autorrelaxação Concentrativa*, p. 371.

O PERCURSO DA NOÇÃO DE ATOR EM GROTOWSKI

Grotowski esteve envolvido exatamente com a mesma problemática levantada por Schultz. A autopenetração deveria permitir que os complexos, as inibições – aquilo que o indivíduo gostaria de esconder aos olhos do mundo –, os impulsos psíquicos viessem à tona. E, para isso, era necessário anular o corpo justamente porque ele era considerado uma barreira de tensões e bloqueios ao impulso, impedindo-o de se realizar. O reflexo da luta da mobilidade contra o desaguamento dos impulsos psíquicos, e também o reflexo de uma mobilidade advinda do impulso desbloqueado apareciam no organismo do ator e podiam (e mesmo deviam), a partir daí, ser trabalhados, para dar origem a signos que afetassem o espectador.

Schultz citou, mesmo que não tenha se aprofundado nesse campo, também as repressões das tendências autoeróticas, amorosas e agressivas. Citava, mais uma vez, Fenichel quando este afirmava serem principalmente os impulsos sexuais os maiores objetos da repressão e que "geralmente, o grau máximo de espasmodização se encontra ao nível da pélvis, do períneo e dos quadris"[239].

Grotowski também não falou claramente, na entrevista a Barba, sobre a repressão ou o bloqueio aos impulsos eróticos e amorosos, mas era, parece-me, a isso que se referia quando mencionava a prevalência da cabeça sobre o baixo ventre (falava da cabeça como de um escudo ao baixo ventre, escudo estabelecido por uma forma de pudor) na expressividade humana. Lembremos que ele falava do nó do baixo ventre como aquele que era o mais comum a todos os homens.

Essa impressão do trabalho sobre a desrepressão dos impulsos eróticos/sensuais na investigação desse período se reforça quando Barba, descrevendo a última cena de Fausto/Cinkutis em *Dr. Fausto,* dizia que, na cena, memórias sexuais do ator vinham à tona por meio de reações de seu próprio corpo. Vejamos a citação: "Na cena final, Fausto cai em êxtase: o ator parece reevocar e reprocurar aquelas reações do próprio corpo que se conectam com um próprio prazer íntimo: *recordações e associações pessoais de ideias sexuais* do ator sustentam a *partitura somática* desta cena"[240].

239 Idem, p. 370.
240 E. Barba, *Alla ricerca del teatro perduto,* p. 79. (Grifo nosso.)

148 PALAVRAS PRATICADAS

O trabalho de reevocação daqueles impulsos era, portanto, realizado na própria cena, e a partir da personagem a ser trabalhada. Como veremos mais à frente, o trabalho de Cieślak em *Pc* foi também baseado em um momento de sua juventude, no qual ele viveu sua primeira grande experiência amorosa/sexual. Isso pode significar que, ou havia um trabalho sistemático sobre associações e memórias referentes à sexualidade, ou, o que talvez seja mais pertinente, que, no aflorar daqueles impulsos psíquicos escondidos ou bloqueados, eram exatamente os de caráter sensual/sexual os que mais apareciam.

Flaszen, nas conversas informais que tivemos, falou do processo de Cinkutis como de um processo que inaugurara um tipo de investigação no T.-L. que não havia se completado por dificuldades do próprio ator no lidar com a exposição exigida pelo processo de autopenetração[241]. Essa exposição exigia, ao que parece, uma superação dos bloqueios à energia sexual/sensual que nos atravessa.

Vida Emocional e Função Orgânica

Schultz relacionava, ainda, estados emocionais e funções orgânicas, e dizia que seu método tinha em comum com o hipnotismo a possibilidade do enfraquecimento ou reforço das sensações. Ele estava se referindo à possibilidade de auto-observação contemplativa dos afetos, de um distanciamento interior que ava-

---

241 Vejamos como Cinkutis se referiu ao trabalho de Cieślak em *Pc* e a relação entre esse trabalho e o espetáculo *Dr. Fausto*, do qual foi protagonista: "A decisão de Grotowski de fazer *O Príncipe Constante* foi influenciada pelo trabalho em *Dr. Fausto*. O próximo passo era encontrar o 'ator total', alguém que oferecesse a si mesmo totalmente [...] Ele queria descobrir como um tal 'ato total' pode criar sentimento real aqui e agora. Ele queria quebrar a separação convencional entre os mundos ficcional e factual. O diretor desistiu dos 'truques'; ao invés disso, isso tinha que ser feito pelo ator. Se o ator fosse extremamente verdadeiro, intenso durante a performance, então isso ocorreria. Em *O Príncipe Constante* isso ocorreu. A performance de Ryszard Cieślak era inacreditável. Ele era capaz de arriscar tudo totalmente, de dar sua própria personalidade para Grotowski, Cieślak se tornou uma extensão de Grotowski; ele foi recriado por Grotowski". Cf. Cinkutis apud R. Findlay, Grotowski's Laboratory Theatre Dissolution and Diaspora, em R. Schechner; L. Wolford (orgs.), *The Grotowski Sourcebook*, p. 186.

O PERCURSO DA NOÇÃO DE ATOR EM GROTOWSKI 149

liava os afetos e podia, então, trabalhar sobre eles desde seu enfraquecimento até a sua potencialização.

No treinamento autógeno podia-se ainda voltar a vivenciar certa situação quantas vezes se quisesse. E justamente essa repetição, unida ao relaxamento e à passividade, fornecia base para "as mais variadas elaborações do material afetivo"[242].

Quando Grotowski se referia ao encontro daquelas fórmulas de personalidade e de como elas não provocavam no ator uma exasperação, mas sim uma espécie de dor quente, liberando o coração, parece falar, de maneira análoga, dessa relação entre vida emocional e função orgânica. A repetição das fórmulas provocava reações instintivas ligadas à personalidade particular do ator. O ator contactava, assim, certos afetos, liberando-os, ao mesmo tempo que liberava a função orgânica correlata, que era, para o diretor, o coração. O coração se dirigia então às outras partes do corpo na tentativa de também liberá-las dos bloqueios, tensões e repressões.

A expressão de Schultz para seu método, a almificação do corpo, falava justamente dessa possibilidade de dar alma a cada parte do corpo, devolvendo uma vida psíquica a cada segmento do corpo e liberando-o, assim, de inibições neuróticas e depressões. O indivíduo poderia então chegar à felicidade de dominar seu próprio corpo, não mais pela repressão, mas pelo livre curso daqueles impulsos.

Essa análise fornece um quadro teórico pertinente ao exercício de relaxamento que citamos mais acima, por meio do qual o ator tocava recordações e sensações íntimas que acabavam por produzir reflexos em seu corpo, reflexos que Grotowski nomeou, naquela ocasião, de micromovimentos. Nesse exercício, o ator aprendia a (ou permitia-se) pensar com o corpo.

Também no capítulo dedicado à ginástica e pedagogia, Schultz falou sobre a relação entre afeto e motricidade. Citou Duncan, Wigman e Dalcroze, entre outros, mostrando como a ginástica era meio para uma mudança na personalidade. Dançar podia ser, e aqui Schultz citava a escola de Dalcroze, "a plasmação do ser harmônico"[243].

---

242 J. H. Schultz, *O Treinamento Autógeno, Autorrelaxação Concentrativa*, p. 367.
243 Idem, p. 380.

Artificialidade e Autopenetração

Por tudo o que foi dito acima, parece mais fácil compreender a relação entre artificialidade e autopenetração, tal como foi pensada, nesse momento, por Grotowski. Ele falava da artificialidade como se se tratasse da construção daquela linguagem psicanalítica de sons e gestos. A fonte daquela linguagem eram exatamente os impulsos psíquicos e seu reflexo no corpo do ator. Esses reflexos, em um segundo momento, eram estudados e transformados em *signos* articulados, em ideogramas, que provocavam associações na psiquê dos espectadores.

Podemos dizer que eram exatamente os impulsos inconscientes – reprimidos, ocultos – que Grotowski queria alcançar pelo processo de autopenetração, e que sua noção de artificialidade, naquele momento, esteve vinculada à possibilidade de elaboração do material psíquico emergido por meio do (ou junto ao) relaxamento da musculatura e à liberação da motilidade corporal.

Observada desse ponto de vista, a explicação de Grotowski que cito abaixo fica mais evidente:

A elaboração da artificialidade [...] consiste, por exemplo, em analisar o reflexo da mão reencontrado em um processo psíquico, depois o seu desenvolvimento sucessivo nos ombros, no cotovelo, no pulso, nos dedos; em seguida, determinar a maneira como cada um desses elementos encontrados pode ser articulado em um signo, um ideograma que, por um lado, reproduziria de maneira imediata os motivos secretos do ator e, por outro, entraria em contraste com eles[244].

A artificialidade era uma elaboração posterior que utilizava os reflexos psicofísicos – baseados em vivências íntimas e dolorosas – como material de trabalho, como alfabeto para a *linguagem psicanalítica* a ser construída: "O estímulo psíquico fornecido pelo diretor, sugerindo ao ator associações de ideias que o golpeiam no mais íntimo e o colocam a nu, causa uma reação do organismo inteiro que, em *uma segunda fase do trabalho*, se torna precisa e se exterioriza em uma partitura de signos"[245].

---

244 J. Grotowski [1964], apud E. Barba, *Alla ricerca del teatro perduto*, p. 99.
245 E. Barba, *Alla ricerca del teatro perduto*, p. 78-79. (Grifo nosso.)

O PERCURSO DA NOÇÃO DE ATOR EM GROTOWSKI 151

Esse gênero de interpretação, Grotowski dizia ser mais vizinho, como arte, à escultura do que à pintura, já que na segunda se anexavam cores e, na primeira, subtraía-se aquilo que escondia a forma, que já estaria "pronta" no interior do bloco de mármore. Grotowski falou do uso consciente que o escultor fazia do martelo e do cinzel. Tratava-se, na elaboração da artificialidade, de buscar conscientemente, no interior do organismo, "formas das quais nós sentimos a trama, mas cuja realidade é para nós ainda incompreensível"[246].

Em um resumo tosco, pode-se dizer que o corpo do ator era essa pedra a ser esculpida, na qual, através de um determinado antitreinamento, pois que visava a desbloquear e não ensinar habilidades, os impulsos psíquicos liberados eclodiam em reflexos – motores, musculares – exteriores. A artificialidade estava vinculada ao trabalho de perceber a eclosão desses reflexos e de elaborá-los de modo a revelar a forma completa escondida na pedra, e realizar, então, a partitura.

Barba[247] aludia a inúmeras maneiras de correlacionar autopenetração e artificialidade no trabalho realizado naquela época, mas, em todas elas, o que chama a atenção – pois que não acompanha conceitual e praticamente o todo das investigações de Grotowski no que diz respeito ao binômio – é a divisão ainda presente – mesmo se, durante o processo, não há psiquê sem corpo – entre o processo psíquico e sua formalização. Tratava-se daquela relação de oposição e de somatório entre algo interior a ser penetrado e algo exterior tratado como linguagem, de que falamos anteriormente.

Cito as possibilidades de relação aventadas por Barba:

Primeiro o processo de autopenetração e, em seguida, a sua articulação formal. Ou ainda um esboço *a priori* de uma partitura de signos é usado pelo ator para desferir o ataque à própria psiquê [...] Ou ainda [...] a autopenetração faz jorrar a partitura formal e, por sua vez, a artificialidade da interpretação parece frear e disciplinar esse fluxo psíquico; [...] o fluxo biológico se condensa em forma – signos e metáforas – e a parte artificial da interpretação interioriza-se em autêntico ato espiritual[248].

246 J. Grotowski [1964] apud E. Barba, *Alla ricerca del teatro perduto*, p. 99.
247 E. Barba, *Alla ricerca del teatro perduto*, p. 80.
248 Idem, ibidem.

Autenticidade e Entrega do Eu

Outra semelhança entre o treinamento autógeno e certos conceitos de Grotowski é a ideia de postura autêntica apresentada por Schultz. Para ele, eram duas as características de uma postura autêntica por oposição a uma inautêntica: 1. a motivação da postura e a íntima união do indivíduo com essa motivação; e 2. a entrega total: "a questão da autenticidade e da inautenticidade é decidida pela entrega interior, a verdadeira inundação emocional"[249]. Dizia, por exemplo: "Não tomaremos a mal que o realmente piedoso mostre em suas palavras, atos e pensamentos um hálito de beatitude, enquanto que nos repugna o frade glutão e epicurista que se nos quer apresentar como inimigo do prazer carnal"[250].

Do mesmo modo, Grotowski também afirmava que todo o processo de autopenetração e transe poderia ser descrito em uma só expressão: no dom de si, na entrega interior. A autopenetração dizia respeito a um "abandonar-se em plena humildade".

Os Nós de Expressividade

Grotowski se referiu, como vimos, aos nós de expressividade. No livro de Schultz sobre o treinamento autógeno não encontrei referência a isso. Entretanto, a ideia de nós energéticos pode ser facilmente encontrada, entre outros, em textos referentes à ioga e em escritos de Reich. Por ajudarem a refletir sobre a terminologia do diretor, por se relacionarem com uma anatomia diferente daquela presente na medicina ocidental, e por colocarem em pauta a questão da *energia,* resolvi me deter, ainda que muito superficialmente, nos *granthis* (os nós da ioga) e nos anéis (os nós de Reich). Fala-se aqui de bloqueios – de ordem psíquica, emocional, energética, muscular – à circulação da energia (psíquica e/ou telúrica e/ou espiritual) no corpo humano.

---

249 J. H. Schultz, *O Treinamento Autógeno, Autorrelaxação Concentrativa*, p. 389.
250 Idem, ibidem.

O PERCURSO DA NOÇÃO DE ATOR EM GROTOWSKI 153

Nos textos de ioga, fala-se, principalmente, em três *granthis:* o *Brahma Granthi*, o *Vishnu Granthi* e o *Shiva Granthi*, relacionados respectivamente a três chacras, o *Muladharana chakra* (também chamado de chacra Base ou Raiz, localizado na base da coluna e que se relaciona com o poder criador da energia sexual), o *Anahata chakra* (o quarto chacra, relaciona-se com o coração) e o *Ajna chakra* (o sexto chacra situa-se no ponto entre as sobrancelhas. Conhecido como "terceiro olho" na tradição hinduísta e está ligado à capacidade intuitiva e à percepção sutil).

Reich estabeleceu uma relação entre tensões musculares crônicas – couraça muscular – e o bloqueio do trânsito energético – libidinal. A couraça muscular (e também psicológica, já que corpo e psiquê estariam ligados) seria segmentada em sete anéis perpendiculares à coluna: ocular, oral, cervical, toráxico, diafragmático, abdominal e pélvico. Reich trabalhava, então, no relaxamento desses anéis, buscando chegar ao que nomeou de caracteres genitais, que seriam indivíduos que não estariam mais aprisionados em suas couraças e defesas psicológicas.

Grotowski buscou ter acesso a um arsenal atoral/humano escondido, "dissimulado atrás da máscara cotidiana", ocultado na crença de um indivíduo lógico e racional, senhor de suas ações. O transe interessou a Grotowski por ser porta de acesso a uma concentração e vitalidade outras, diferentes daquelas experimentadas na vida de todo dia. Ele buscava encontrar no ator fontes escondidas ou, melhor, reprimidas.

Na autopenetração, buscava penetrar – com excesso e violência (o que não quer dizer voluntarismo) – no terreno das energias psíquicas, no terreno do inconsciente, buscando ali fontes nutritivas para a cena. A linguagem sugestiva, a linguagem alusiva e associativa do diretor (e mesmo do ator, na procura e repetição de frases referidas ao núcleo de sua personalidade), que guiava diversos exercícios, era uma maneira de tentar acessar aquelas fontes, que necessitavam de um corpo anulado, queimado – já que o corpo era visto como bloqueador das energias psíquicas – para poderem eclodir.

O que me parece mais importante perceber é que Grotowski, no que dizia respeito às investigações sobre o trabalho do ator, estava trabalhando sobre o que poderíamos chamar de energia psíquica, espiritual ou vital e que, após nossa análise,

154 PALAVRAS PRATICADAS

ganha uma concretude que o termo geralmente perde na sua utilização no teatro[251]. Falava-se naquele momento em desamarrar (ou atacar) os nós psíquicos do ator, em liberar a descarga dos recalques, em ativar os centros nevrálgicos. A energia psíquica bloqueada podia ser descarregada, liberada, ativada. E, assim, utilizada para a construção da cena.

Na noção de energia aqui referida, esteve presente aquela anatomia outra, a anatomia que fala de canais para a libido, orgone ou prana – não me interessa aqui escolher nenhuma nomenclatura em particular – circular. Os chacras e granthis da ioga, as couraças e anéis de Reich ou o abdome, o coração, a cabeça e os nós psíquicos de Grotowski estão relacionados exatamente com essa "anatomia", que não é aquela da medicina ocidental tradicional, mas que pode ser experimentada. E o foi. Experimentada e estudada nos corpos dos atores de Grotowski.

Seria esse ator "um artista como todos os outros? Um artista diferente dos outros? Um cientista? Uma cobaia? Um apóstolo? Ou algo ainda mais diferente?", era o que Grotowski se perguntava no início de 1965[252].

Autocrítica

Mas, se essa anatomia particular continuou interessando a ele, não é difícil localizar, em alguns dos seus textos posteriores a 1965, justamente críticas a vários dos procedimentos descritos na entrevista concedida a Barba. E é principalmente porque Ruffini em "La stanza Vuota" não levou em conta essas críticas que minha análise se afastará da dele.

---

251 Por mais que a palavra "energia" seja problemática para um trabalho acadêmico "ocidental" – porque de definição imprecisa em nível conceitual –, impossível não utilizá-la em uma pesquisa que se interessa pela trajetória de Grotowski. E ainda mais: acredito que os conceitos dele – *autopenetração*, *revelação*, *dom de si* – ganham em clareza, e mesmo em interesse, se são lidos não de um ponto de vista moral, mas de um ponto de vista energético. L. Wolford (*Grotowski's Objective Drama Research*, p. 32) dizia: "Objetividade, no pensamento e prática de Grotowski, está, portanto, ligada à ciência da energia – algo que é visto como intangível e suspeito em nossa cultura, mas que é muito desenvolvido em outras tradições culturais, particularmente na indiana e chinesa".

252 E. Barba, *A Terra de Cinzas e Diamantes*, carta 13 de 6/2/1965, p. 148-150.

O PERCURSO DA NOÇÃO DE ATOR EM GROTOWSKI   155

Embora, certas vezes, até pela virulência do ataque, o diretor polonês parecesse criticar práticas de outros artistas, práticas que ele não teria necessariamente experimentado, percebe-se, no cruzamento dessas críticas com aqueles procedimentos descritos no livro de Barba, que era inclusive ao seu percurso que ele se referia. Tratava-se de uma autocrítica. Vamos a ela.

O relaxamento é exatamente um dos tópicos que Grotowski analisou em seu texto "Exercícios", texto que também tem um caráter de auto-historização. Ele falou de uma leitura equivocada feita a partir de Stanislávski – embora também afirmasse que o próprio Stanislávski não tinha desenvolvido suficientemente esse tópico – sobre a necessidade do ator de estar relaxado. A ênfase no relaxamento acabava, para ele, estimulando "uma espécie de atrofia ou astenia do corpo"[253].

Criticava não só o próprio relaxamento, mas sua utilização como instrumento para acessar certos estados psíquicos; procedimento que, como vimos, havia sido utilizado por ele mesmo nos seus exercícios psíquicos. A crítica de Grotowski era virulenta. Referindo-se às escolas de formação de atores, dizia que os estudantes:

Movem-se em câmera lenta; a boca semifechada, os braços pendem como pesos. Caminham em círculo pensando em liberar sua expressão e em encontrar algum estado psíquico excepcional. [...] Depois entram em cena. Alguns deles estão de novo completamente contraídos, portanto voltam a relaxar ainda mais uma vez. Os outros estão totalmente relaxados, ou seja, estão astênicos, como em uma espécie de sono[254].

Em 1973, dava esse mesmo exemplo, mas referia-se à sua própria investigação. Dizia que, por volta de 1960, os exercícios de relaxamento estavam na moda, e que eles, então, os praticaram. Porém haviam percebido, posteriormente, que esses exercícios não ajudavam o ator, que ou o relaxamento não funcionava em cena, ou, se funcionava, o ator se tornava "mole como um trapo"[255].

---

253   J. Grotowski, Exercícios [1969], em L. Flaszen; C. Pollastrelli (orgs.), *O Teatro-Laboratório de Jerzy Grotowski: 1959-1969*, p. 167.
254   Idem, ibidem.
255   E. Ertel, Grotowski au récamier, *Travail Théâtral*, n. 12, p. 129.

Afirmava, no final dos anos de 1960, a importância de "redescobrir os falsos pontos de tensão e eliminar o excesso de contração", mas falava principalmente da natureza cíclica da vida: um ciclo de tensões e relaxamentos que eram naturais e interferiam nas ações dos atores. Afirmava também que essas tensões e relaxamentos não podiam ser definidos e que nem sempre podiam ser dirigidos. Nessa última assertiva, vejo outra crítica de Grotowski aos procedimentos utilizados por ele anteriormente, pois em seu treinamento psíquico ele visava a operar conscientemente sobre as tensões do corpo por meio da sugestão, da direção fornecida ao corpo pelas imagens e fórmulas mentais.

Grotowski não se opunha, naturalmente, a um trabalho que buscasse superar tanto as tensões quanto o relaxamento em excesso, no entanto via naquele "estar deitado no chão e relaxar-se", "até mesmo um pouco de narcisismo" e "nada para o ofício [...], ao contrário, muitos danos"[256].

A noção de introspecção também foi posta em cheque por ele em vários dos seus textos da segunda metade dos anos de 1960, sendo vista como um empecilho ao processo criativo do ator.

Em "O Encontro Americano", por exemplo, Grotowski falou de sua investigação sobre a ioga e de como havia experimentado com seus atores uma concentração introvertida, que não era propícia à expressão:

Começamos fazendo ioga diretamente, visando a uma concentração absoluta. É verdade, perguntamos, que a ioga confere ao ator o poder de concentração? Observamos que, apesar de todas as nossas esperanças, acontecia exatamente o contrário. *Havia uma certa concentração, mas era introvertida.* Essa concentração destrói a expressão; trata-se de um sono interno, um equilíbrio inexpressivo, um repouso absoluto que elimina todas as ações. Isto deveria ser óbvio, porque o objetivo da ioga é parar três processos: o pensamento, a respiração e a ejaculação. Isto significa que todos os processos da vida são interrompidos e encontra-se a plenitude e a realização numa morte consciente, numa autonomia fechada em nossa própria essência. Não ataco isso, mas não é para atores[257].

256 J. Grotowski, Exercícios [1969], em L. Flaszen; C. Pollastrelli (orgs.), *O Teatro-Laboratório de Jerzy Grotowski: 1959-1969*, p. 168.
257 J. Grotowski, O Encontro Americano [dez., 1967], *Em Busca de um Teatro Pobre*, p. 207. (Grifo nosso.)

O PERCURSO DA NOÇÃO DE ATOR EM GROTOWSKI 157

No treinamento psíquico de Grotowski vimos, de certa forma, essa mesma ênfase no controle do pensamento e da respiração, em um voltar-se para dentro – autopenetração – e no ralentar dos processos vitais, ainda que se buscasse acessar a conteúdos psíquicos reprimidos/escondidos.

Ainda em outros textos, criticou uma aplicação do hataioga para atores, exatamente por causa de sua direção de ensimesmamento, de introversão, de introspecção. Em "A Voz", por exemplo, falou sobre os exercícios de respiração do hataioga e disse que o resultado orgânico conseguido estava "muito próximo da hibernação invernal de certos animais"[258], ou seja, que esses exercícios não permitiam que os processos vitais operassem na construção da partitura atoral.

Em "O que Foi", falou dos exercícios de 1964, que estavam em seu livro, como de "exercícios muito velhos, por sinal, longínquos, ao menos para mim" e voltou a criticar o trabalho sobre o hataioga no qual o objetivo seria o de "ralentar as atividades do corpo, de atingir uma modorra mantendo o equilíbrio". Dizia que esse modo de exercitar-se era inútil no campo de seu interesse porque "apaga a comunhão, apaga a existência em relação a outro homem"[259].

Grotowski criticou também treinamentos baseados em um determinado controle do mental (do pensamento) sobre o corpo, no que poderíamos chamar de uma "pilotagem" do corpo pelo mental. E referiu-se, para exemplificar esse controle, à utilização de palavras repetidas automaticamente, ou à procura de fórmulas da personalidade, de *slogans* da personalidade. Comparando essas críticas com os exercícios apresentados na entrevista a Barba, vê-se que estava criticando suas próprias pesquisas em torno daquelas fórmulas que, uma vez encontradas, provocariam, como ele dizia, tanto um relaxamento instantâneo quanto um reviver da região do coração.

Ao criticá-lo, dizia que esse procedimento podia dar a impressão de um verdadeiro desnudamento, mas que se tratava apenas de truques e/ou de pseudorrevelações. O que parece é

---

258 J. Grotowski, A Voz [1969], em L. Flaszen; C. Pollastrelli (orgs.), *O Teatro--Laboratório de Jerzy Grotowski: 1959-1969*, p. 150.
259 J. Grotowski, O que Foi [1970], em L. Flaszen; C. Pollastrelli (orgs.), *O Teatro--Laboratório de Jerzy Grotowski: 1959-1969*, p. 200.

158 PALAVRAS PRATICADAS

que ele acabou vendo aquele trabalho, realizado por meio do sugestionamento e das fórmulas de personalidade, como investigações a serem necessariamente superadas.

Em "A Voz", por exemplo, lê-se:

> Há ainda um perigo a ser evitado: urros, gritos, truques consigo mesmos, através de palavras repetidas automaticamente ou movimentos que imitem os impulsos vivos [...], movimentos programados, causados pelo exterior, controlados pelo cérebro, não o cérebro que quer evitar uma espécie de caos, mas o cérebro que nos corta em dois: no pensamento que dirige e no corpo que segue como uma marionete[260].

Sua crítica ao trabalho realizado com máscaras faciais também é um bom exemplo do que acabo de afirmar. Vou explicar primeiramente do que se tratava, antes de apresentar sua autocrítica. O processo de construção da máscara facial fixa também esteve, de certa maneira, relacionado com a autopenetração psíquica do ator.

Esse processo começou em *Ak*. No início dos ensaios desse espetáculo, no qual a cena se referia a um campo de concentração, uma das atrizes, segundo Barba, "escorregava continuamente em tons emotivos". Assim, para fugir de uma interpretação sentimental, Grotowski resolveu pesquisar a construção de máscaras fixas feitas somente pelos músculos faciais dos atores.

Cada máscara deveria fixar uma reação típica da personalidade de cada ator. Barba, afirmando terem existido diferentes maneiras por meio das quais cada ator encontrou sua máscara, disse que Grotowski conseguiu fazer "emergir caras amarradas e de escárnio, aparências servis e ares de submissão, olhares arrogantes e fisionomias amedrontadas"[261].

Vamos nos interessar, agora, pela autocrítica de Grotowski. Apresento, para isso, um fragmento do texto "Exercícios". A citação é grande, mas mostra de maneira clara suas críticas posteriores a procedimentos que ele havia utilizado e elencado como necessários ao processo de autopenetração:

---

260 J. Grotowski, A Voz [1969], em L. Flaszen; C. Pollastrelli (orgs.), *O Teatro- -Laboratório de Jerzy Grotowski: 1959-1969*, p. 160.
261 E. Barba, *A Terra de Cinzas e Diamantes*, p. 51.

O PERCURSO DA NOÇÃO DE ATOR EM GROTOWSKI · 159

no início, procurávamos a máscara facial, usando os músculos faciais com total premeditação e treinando as diferentes partes do rosto: as sobrancelhas, as pálpebras, os lábios, a testa, e assim por diante. [...] Isso nos dava a possibilidade de forjar diversos tipos de rostos, de máscaras, mas finalmente demonstrou-se estéril. Todavia nos levou a uma descoberta [...] de que cada rosto, com todas as suas rugas, é o traçado da nossa vida. As rugas abraçam o ciclo inteiro das experiências fundamentais que se repetiram incessantemente ao longo da nossa vida [...]. Como "Ah, estou cansado disso..." ou "Devo contudo viver de algum modo..." ou "Um dia será a minha vez" [...] Essas frases criam os traços e depois as rugas. [...] se, enquanto se trabalha um papel, encontramos uma delas [Grotowski referia-se às frases] que tenha sido experimentada na nossa vida e que tenha sentido no contexto do papel, o rosto criará essa máscara sozinho.

Essa observação é perigosa porque o ator pode começar a procurar tal fórmula, inclusive usando as palavras e depois constranger-se, apressar-se a repeti-la e a procurar falsas rugas, a procurar uma máscara, uma "personagem", uma "personalidade", o slogan da personalidade [...] Pode expor à luz somente o seu rosto ao invés de si mesmo todo. E assim abandonamos essa pesquisa. No entanto, essa experiência permaneceu conosco e não hesitamos em nos referir a ela, quando é necessário[262].

Na sua crítica de 1969, utilizou praticamente as mesmas palavras usadas quando, em 1964, relatava os procedimentos do treinamento psíquico: ele permitiu assim – ainda que não o explicitasse – que conhecêssemos sua visão posterior sobre aqueles mesmos exercícios.

Talvez, a essa altura do texto, ainda não possamos entender exatamente a importância do teor das críticas de Grotowski. Será preciso passar pelos processos atorais dos espetáculos *Pc* e *Ap* (que nomeei de marcos 3 e 4) para que essas críticas ganhem a importância que realmente tiveram em seu percurso investigativo. Apresentei-as nesse momento por acreditar que, para o leitor, era interessante ter acesso a essas críticas logo após a descrição dos procedimentos e exercícios utilizados na primeira metade da década de 1960.

Como vimos na introdução, a partir de uma visão ampla da obra escrita de Grotowski e de suas diferentes versões para um mesmo texto, não parece difícil afirmar que ele corrigia seus

---

262 J. Grotowski, Exercícios [1969], em L. Flaszen; C. Pollastrelli (orgs.), *O Teatro-Laboratório de Jerzy Grotowski: 1959-1969*, p. 178. (Grifo nosso.)

textos a cada nova versão. E essa foi a primeira pista que me fez enxergar os cortes e modificações presentes na entrevista a Barba como cortes e modificações vinculados às transformações operadas por uma pesquisa em andamento e que, sobretudo após *Pc*, teria encontrado nova configuração.

É claro que sempre é necessário analisar em cada versão onde há essas diferenças se elas estão relacionadas à correção e à mudança nos procedimentos utilizados a cada momento, ou estão vinculadas apenas a uma melhor maneira de explicitar o que já vinha sendo realizado, sendo, nesse caso, apenas modificações no *discurso*.

No caso dos cortes e modificações realizadas na entrevista concedida a Barba, quando da publicação do livro *Em Busca de um Teatro Pobre*, em 1968, creio, e pretendo demonstrar, que a mudança no texto relacionava-se com novas descobertas práticas e com uma mudança na maneira de enxergar o trabalho do ator que foi iniciada principalmente com a investigação realizada entre ele e Cieślak em *Pc*; investigação que se realizou durante um período de tempo bastante grande.

Creio que o problema das modificações e cortes feitos por Grotowski em "O Novo Testamento do Teatro" é que eles produziram uma entrevista onde não explicitava os procedimentos utilizados no momento em que ela havia sido escrita, nem corrigia explicitamente esses procedimentos com base em novos termos e conceitos que apareciam, por exemplo, em outros textos presentes no mesmo livro, como "A Técnica do Ator", "O Discurso de Skara" e "O Encontro Americano". Nesses últimos, por exemplo, as noções de ato total e de contato foram bastante exploradas.

A entrevista do diretor concedida a Barba, assim como foi publicada no *Em Busca de um Teatro Pobre*, é uma entrevista híbrida: ela reúne inúmeras informações – e, por isso mesmo, se transformou, certas vezes, junto ao texto "Em Busca de um Teatro Pobre", na principal fonte de atores, estudantes e até pesquisadores – mas, ao mesmo tempo, ela é repleta de ausências – justamente os cortes feitos por Grotowski[263].

---

263 Talvez alguns mal-entendidos tivessem sido desfeitos se Grotowski tivesse optado por explicitar as transformações ocorridas no período que vai da realização da entrevista à publicação do livro, e não intentasse, através dos cortes, atualizar e corrigir sua entrevista.

O PERCURSO DA NOÇÃO DE ATOR EM GROTOWSKI   161

Alguns conceitos/termos utilizados nessa entrevista, que foram superados por Grotowski ainda à época dos espetáculos, acabaram marcando uma leitura da fase teatral, leitura que não dá conta das investigações realizadas naquela fase, e muitos menos do que, dessa fase, ele carregou consigo enquanto, digamos, saber adquirido.

Justamente por isso, creio que o artigo de Ruffini incorre em erro quando interpreta os cortes realizados por Grotowski, ou seja, a retirada do texto das partes referentes ao treinamento psicológico e aos elementos do transe, como a "revelação" do processo realizado com Cieślak em *Pc,* revelação que Grotowski teria optado por esconder[264]. E Ruffini ainda foi além, fazendo desses procedimentos – que não se referem a noções fundamentais como o contato e a organicidade – uma lente para enxergar, a partir da fase teatral, conceitos e processos ainda posteriores àquela fase.

Entendo que Ruffini tenha enxergado naquele treinamento psíquico e nos elementos do transe pontos de interseção com investigações posteriores do artista. Mas, se há interseções, elas se dirigem mais aos temas de interesse de Grotowski do que aos procedimentos apresentados por Ruffini, de uma maneira um tanto exagerada, como se se tratasse de segredos finalmente revelados.

Quando lemos, nos exercícios de concentração, sobre a passividade no trabalho do ator, ou sobre a transferência do mental para o lugar do coração, entre outros, enxergamos, sem dúvida, certos temas e mesmo certos termos que apareceram em textos posteriores de Grotowski.

Mas, dito isso, o máximo que nos é permitido afirmar a partir dessa semelhança é que, no momento da entrevista a Barba, ou seja, por volta de 1964, uma prática baseada em uma investigação psicofísica já estava presente no trabalho do artista polonês com seus atores. Mas inferir daí que os procedimentos relatados – e cortados – fossem justamente os procedimentos-chave

---

264 Ruffini chamou o livro de Grotowski de "o quarto vazio", por entender que ele havia se recusado, quando do lançamento do seu livro, a revelar os procedimentos que teriam levado Cieślak ao ápice da atuação conseguida em *Pc*. Segundo Ruffini, o diretor não queria, no momento em que estava sendo reconhecido mundialmente no campo teatral, revelar o lado mais secreto – e justamente menos teatral – do seu trabalho.

para a construção de *Pc*, e ainda referir-se a eles como se dessem conta de explicar investigações posteriores, é tomar o específico pelo global; é trocar a tarefa de investigar o caminho efetivo das pesquisas de Grotowski, pelo relato e descrição de certos exercícios, de certos procedimentos que são datados e, mais do que isso, foram criticados e revistos pelo próprio artista.

Posso compreender que Ruffini tenha encontrado nesses exercícios, como bem demonstrou, uma temática geral que acompanhou o percurso artístico de Grotowski, mas, se acreditarmos que tudo já estava desde sempre ali – seja na gênese ou em certos exercícios específicos –, acabamos por nos cegar ao desenrolar de suas investigações e práticas.

Acredito que o caminho da investigação à qual alude Ruffini não foi estabelecido a partir ou por meio desses exercícios, citados no livro de Barba e cortados no de Grotowski. Esse treinamento psíquico foi apenas um momento de um percurso muito longo, marcado sobretudo pela autocrítica e pela transformação, senão dos interesses, certamente dos procedimentos empregados.

Um pesquisador que deseje encontrar uma lente para estabelecer, a partir da fase teatral, uma ponte com as experiências posteriores, experiências dos anos de 1970, 80 e 90, talvez devesse procurá-la justamente nos textos críticos ao período no qual vigorava a noção de autopenetração. Por exemplo, em conferências proferidas nos anos finais da década de 1960: "Exercícios", "A Voz", "Respuesta a Stanislavski" (editado apenas em 1980, mas proferido em 1969), entre alguns outros.

Não é à toa que dois livros lançados recentemente – *O Teatro-Laboratório de Jerzy Grotowski: 1959-1969*, editado pela Fondazione Pontedera Teatro em 2001 (e pela editora Perspectiva e Sesc-sp, no Brasil), e *Opere e sentiere II*, organizado por Mario Biagini, vice-diretor do Workcenter e Antonio Attissani em 2007 –, escolheram publicar exatamente alguns desses textos de 1969 para representar a chamada fase teatral.

O livro sobre os primeiros dez anos ainda divide, de certa forma, a fase teatral em dois momentos, já que reúne textos escritos por Grotowski, Flaszen e Barba, entre 1959 e 1964, numa seção chamada "A Energia da Gênese", e textos escritos entre 1965 e 1969 em uma outra seção chamada "Prática na

O PERCURSO DA NOÇÃO DE ATOR EM GROTOWSKI

Expansão". Interessante perceber que: 1. os textos de 1964 são colocados ao lado de textos bastante iniciais, que apontam procedimentos claramente superados, ou transformados, ao longo da fase teatral; e 2. os textos escolhidos para representarem a *expansão* foram principalmente aqueles escritos/proferidos no final da década de 1960[265], textos nos quais a noção de organicidade era, talvez, a noção mais importante.

Essa escolha explicita, a meu ver, uma determinada interpretação que enxerga todos os textos escritos/proferidos por Grotowski antes da estreia de *Pc* (1965) como relacionados a um começo, a uma gênese que só encontraria sua expansão tanto mundial quanto nos processos internos de trabalho, a partir de 1965, ou seja, a partir da mudança para Wroclaw e, principalmente, a partir do trabalho realizado em *Pc*.

Ainda que em meu trabalho não tenha reforçado essa interpretação, porque quis adentrar o mais possível na diferença – mesmo daquelas investigações anteriores a *Pc* –, acredito que ela é interessante por colocar o foco sobre a noção de organicidade que se explicitou, sem dúvida, por meio e a partir de *Pc*.

---

265 Exceção feita à inserção da versão final do artigo "Em Busca de um Teatro Pobre", de 1965.

1965-1974

MARCO 3:
BUSCANDO O QUE SE QUERIA ENCONTRA-SE OUTRA COISA: A EXPERIÊNCIA DE CIEŚLAK EM *O PRÍNCIPE CONSTANTE*

Frequentemente, na vida, quando algo parece confuso, confuso porque não se pode dizer é somente isso, é unicamente isso, há uma verdade [...] Se um fenômeno pode ser definido simplesmente em termos de "é isso e somente isso" significa que existe em nossas cabeças e não em outro lugar. Mas, se o fenômeno existe na vida, não há jamais a possibilidade de defini-lo até o fim. Suas fronteiras são movediças[266].

Escolhi esse fragmento de Grotowski como abertura do Marco 3 porque, na tentativa de mapear conceitos e procedimentos ocorridos na preparação para o espetáculo *Pc*, vi-me exatamente diante de um fenômeno desse tipo, ou seja, impossível de definir até o fim. Aceitando o paradoxo, devo dizer que o trabalho de Cieślak em *Pc* foi ao mesmo tempo tributário e independente daquilo que era caracterizado como o processo de autopenetração.

Por um lado, não há como negar continuidades e pensar com base nessas continuidades é, sem dúvida, ter acesso a inúmeras pistas, como, para dar alguns exemplos: 1. a investigação sobre as energias psicofísicas, presente na noção de autopenetração, continuava operando em *Pc*. Podemos enxergar, por exemplo, o trabalho de Cieślak em *Pc*, trabalho ancorado na recordação de uma sua experiência amorosa/sexual de juventude, como parte daquela investigação ligada à desrepressão de impulsos eróticos/sensuais ocorrida já em *Dr. Fausto*; 2. a tentativa de superar máscaras sociais em busca de um *eu* mais alargado, ligado, por exemplo, à busca de conteúdos emergidos do inconsciente pessoal e coletivo dos atores esteve presente nos dois momentos; 3. o trabalho, nos dois momentos, foi baseado não na aquisição, por parte dos atores, de habilidades – físicas ou vocais –, mas no reconhecimento e na superação de

---

266 J. Grotowski, Oriente/Ocidente [1984], *Máscara: Cuaderno Iberoamericano de Reflexion Sobre Escenologia*, p. 62-63.

O PERCURSO DA NOÇÃO DE ATOR EM GROTOWSKI

seus bloqueios. Essa maneira de trabalhar, Grotowski nomeou, em 1965, de via negativa[267].

Assim, pode-se (e mesmo deve-se) estabelecer uma relação entre o trabalho de Cieślak em *Pc* e alguns dos procedimentos e conceitos vinculados à noção de autopenetração. Mas, por outro lado, esse mesmo trabalho questionou vários daqueles pressupostos e deu origem a uma nova maneira de investigar – e mesmo de nomear – os processos atorais.

O trabalho de Cieślak em *Pc* foi, assim, paradoxalmente, o cume de uma investigação e, ao mesmo tempo, a sua crítica. A experiência superou a noção de autopenetração, fundou o ato total e requereu do diretor uma nova visão: aquela ligada à consciência orgânica de todos os elementos.

As principais diferenças entre o trabalho de Cieślak em *Pc* e os espetáculos anteriores foram: 1. uma nova maneira de enxergar o corpo parece ter surgido. O corpo passou a ser visto através da lente da organicidade ou da consciência orgânica, ele não era mais inimigo, não era o único a bloquear um dito processo psíquico, não era apenas armadura, aquilo que deveria ser anulado, mas ganhava em positividade; 2. uma positividade que permitiu a Grotowski falar em um ato total; 3. a noção de contato que pôs em cheque vários procedimentos anteriores; 4. a luminosidade que esteve presente na experiência de Cieślak. Na autopenetração, como vimos, Grotowski falava em um processo de violação, de violência, de ultraje a que o ator devia ser submetido. Buscava-se revelar aqueles fatos psíquicos que provocassem dor, para trazê-los à luz e, de certa forma, para curá-los. A experiência de Cieślak, ao contrário, e Grotowski fazia questão de afirmá-lo permanentemente, foi uma experiência luminosa: "no trabalho de direção com Ryszard Cieślak, nós nunca tocamos nada que tenha sido triste"[268]. Por último, a relação de nascimento duplo e compartilhado ocorrido entre Grotowski e Cieślak foi extremamente diferente de qualquer relação que Grotowski, como diretor, tivesse experimentado com seus atores até então.

267 J. Grotowski, Em Busca de um Teatro Pobre [1965], *Em Busca de um Teatro Pobre*, p. 15.

268 J. Grotowski, *Le Prince constant* de Ryszard Cieślak [dez., 1990], em G. Banu, *Ryszard Cieślak, l'acteur-emblème des années soixante*, p. 16.

166   PALAVRAS PRATICADAS

Voltarei de maneira detalhada a todos esses pontos no decorrer desse marco.

Na Fronteira Entre o Ator e o Não Ator

Mesmo sem esquecer aquelas continuidades, não seria exagerado afirmar que, de um determinado ponto de vista, em *Pc*, uma experiência sem precedentes aconteceu no T.-L. O trabalho desenvolvido pelo diretor em parceria com o ator Cieślak, uma espécie de grau máximo daquela investigação sobre o trabalho do ator que vimos apresentando até então, foi de tal forma potente que acabou por reescrever tanto a própria direção das pesquisas quanto os processos ligados a ela.

Essa "diferença" se confirma tanto nas críticas ao espetáculo – como, por exemplo, no fragmento da crítica de Kerela apresentado logo abaixo – quanto na própria percepção de Grotowski, a que temos acesso por meio de três cartas escritas a Eugenio Barba entre fins de 1964 e fins de abril de 1965[269].

Dizia Kerela:

Os elementos fundamentais da teoria de Grotowski encontraram, na realização específica desse ator, uma forma demonstrável; não somente como demonstração do método, mas como a sua fruição mais soberba. Nós tínhamos visto até agora realizações maravilhosas de Grotowski em seu trabalho com os atores e expressamos o nosso reconhecimento disso em muitas ocasiões. Mas nos inclinávamos a sermos mais céticos no que dizia respeito às suas afirmações sobre a arte do ator como um "ato de transgressão" psíquico, como exploração, sublimação e transferência de substâncias psíquicas profundamente enraizadas. Esse ceticismo deve ser por sua vez questionado quando em face à criação de Ryszard Cieślak[270].

Assim, para o crítico Jòsef Kerela, somente nesse espetáculo, e por meio do trabalho de Ryszard Cieślak, a terminologia grotowskiana sobre o ator teria encontrado sua realização prática.

---

269   As cartas são de 29 de dezembro de 1964, e de 5 e 26 de abril de 1965. A última foi escrita, portanto, um dia depois da estreia de *Pc*.

270   Jòsef Kerela apud T. Burzynski; Z. Osinski, *Le Laboratoire de Grotowski*, p. 54.

O PERCURSO DA NOÇÃO DE ATOR EM GROTOWSKI

Nas cartas escritas por Grotowski esse caráter de excepcionalidade do espetáculo também se fez presente. Ele considerava-o "um espetáculo particular, diferente dos anteriores" (carta de 5.4.1965), que marcava "o início de um período novo na estética da nossa 'empresa'". Considerava, ainda, que "tanto do ponto de vista do método do ator, como do que poderia ser definido como o espírito da obra", havia a possibilidade de que aquele trabalho se desenvolvesse, e enxergava o espetáculo como a experiência artística mais importante que teria realizado até então. E completava: "E não só artística" (carta de 26.4.1965).

Também Eugenio Barba, que havia trabalhado no T.-L. por dois anos, e acompanhado o desenrolar das investigações, surpreendeu-se imensamente com o espetáculo e, sobretudo, com a atuação de Cieślak, quando pode vê-la em 1966. Lembrando-se dessa época, disse:

> Meus alicerces estavam de pernas para o ar, não conseguia entender o que tinha acontecido com aqueles atores que eu conhecia tão bem. Nos espetáculos do 13 Rzedów que eu tinha visto, Ryszard Cieślak era um ator secundário, os protagonistas foram sempre os maravilhosos Zygmunt Molik [...] e Zbigniew Cynkutis [...]. Agora eu via o Cieślak no papel do protagonista: um espírito e ao mesmo tempo um leão dançavam sobre a ponta de uma agulha[271].

Os processos de investigação que construíram esse espetáculo e a experiência realizada a cada representação por Cieślak colocavam Pc em um lugar fronteiriço entre aquilo que mais facilmente reconhecemos como teatro – e trabalho de ator – e aquilo que foge a essa configuração. O ator diria, anos mais tarde, que acreditava ter deixado de ser ator justamente a partir de Pc[272].

Conhecendo de antemão a direção que Grotowski deu à sua trajetória artística, arrisco dizer, e pretendo desenvolver esse ponto mais à frente, que com um dos espetáculos mais importantes e aclamados que já havia realizado, ele começou também, não de todo conscientemente, a deixar de ser diretor,

---

271 E. Barba, *A Terra de Cinzas e Diamantes*, p. 92-93.

272 Essa declaração aparece no filme *The Total Actor: Reminicences of Ryszard Cieślak (1937-1990)*. O filme, feito após a morte de Ryszard, é composto de depoimentos de inúmeros artistas e de uma grande entrevista com a filha do ator, Agnieszka Cieślak. Inclui ainda fragmentos de documentários e entrevistas do próprio Cieślak.

168 PALAVRAS PRATICADAS

a construir a sua saída do teatro[273]. Saída que se deu, efetivamente, no final da década de 1960.

A partir de *Pc*, as funções de diretor e ator, e o próprio lugar da cena teatral na sua relação com os espectadores, sofreram um impacto que se mostrou, na sequência, irremediável: em um futuro próximo, Grotowski rechaçaria essas funções, bem como abandonaria de uma vez por todas a produção de espetáculos.

Mas sua "saída" não foi imediata, e sim paulatina. Inicialmente, ele começou a se dedicar, cada vez mais intensamente, a "redescobrir os elementos da arte do ator"[274]. Os anos imediatamente posteriores à estreia de *Pc* podem ser vistos como anos de investimento em um certo método de trabalho que pudesse ser experimentado para fora das fronteiras das investigações dos atores do T.-L. Ele viajou, principalmente acompanhado de Cieślak, para ministrar workshops e abriu, no próprio espaço do T.-L., um estúdio que recebia estagiários de todo o mundo. Esses estagiários, como pode se confirmar pela escalação para o espetáculo *Os Evangelhos*, abortado logo após a estreia para convidados, foram acolhidos também no que seria o próximo espetáculo da companhia.

Os anos seguintes a *Pc* também foram dedicados a um longo processo de investigação que levou a *Ap*, último espetáculo de Grotowski. *Ap* levou três anos para ser construído e tanto o processo de criação do espetáculo quanto o resultado final apontavam mais uma vez, e de forma talvez ainda mais radical que em *Pc*, para um esgarçamento das fronteiras teatrais e, no que diz respeito ao tema desse capítulo, para um ator que talvez não mais o fosse, pelo menos naquilo que nomeamos tradicionalmente como tal.

As investigações realizadas em *Pc* já se localizavam em uma fronteira entre o teatro e o não teatro, ou como dizia o

---

273 Segundo Osinski, as quatro conferências ministradas por Grotowski na "Brooklyn Academy of Music" no final de 1969 poderiam ser vistas como prenúncios dessa sua saída do teatro, mas teria sido apenas no texto "Holiday", baseado na transcrição de um encontro do artista com alunos e professores no hall da Universidade de Nova York, que Grotowski teria definido e desenvolvido aquela previsão. T. Burzynski; Z. Osinski, *Le Laboratoire de Grotowski,* p. 88. Grotowski, em "Holiday", dizia: "O teatro não me interessa mais, exceto o que eu posso fazer deixando o teatro atrás de mim". Cf. J. Grotowski, Jour Saint, *"Jour Saint" et autres texts,* p. 12.

274 J. Grotowski, Investigação Metódica [mar., 1967], *Em Busca de um Teatro Pobre,* p. 184.

O PERCURSO DA NOÇÃO DE ATOR EM GROTOWSKI

diretor, em uma fronteira "entre o *tantra*[275] e o teatro" (carta de 26.4.1965). Ao falar dessa fronteira, parecia estar aludindo à efetividade, verificada no trabalho de Cieślak, daquela investigação realizada sobre os centros energéticos do corpo, investigação que empurrava de fato as fronteiras do teatro, confrontando-o com experiências ou tradições – o tantra, entre elas – baseadas no trabalho sobre as energias psicocorporais.

Comentando o espetáculo já nos anos de 1990, disse-o mais claramente ao afirmar que, no trabalho de Cieślak, "certos sintomas, mesmo nunca procurados, se repetiam sempre, porque os centros energéticos estavam em funcionamento, todas as vezes"[276]. O ator nesse momento não mais interpretava, mas estava envolvido na realização de um ato real. Para exemplificar, chamava a atenção para certas reações físicas de Cieślak como, por exemplo, o tremer das pernas após um de seus monólogos. Grotowski afirmava que aquele não era um fragmento ensaiado, mas que aquela reação ocorria todas as vezes, e que sua fonte estava localizada em torno do plexo solar do ator. Tratava-se, assim, não mais da atuação do intérprete, mas da reação psicofísica do homem Cieślak.

Grotowski ainda fez questão de relatar que um psiquiatra que havia visto o espetáculo disse ter ficado espantado por, pela primeira vez, ter visto, no teatro, um ato real. Não à toa escolheu citar um psiquiatra, um profissional que está todo o tempo debruçado sobre corpos "carregados" por energias psíquicas.

Realizar esse trabalho fronteiriço exigiria, segundo o artista, "uma precisão técnica extrema, especialmente no que se refere à técnica espiritual do ator; tudo está suspenso por um fio, e pode facilmente desviar-se do bom caminho"[277].

Mas o que sabemos sobre o processo de construção do espetáculo?

---

275 Barba fez uma nota de pé de página a esse termo que apareceu também na carta de Grotowski de 10.6.1963: "Técnicas rituais do hinduísmo, ligadas à transmutação das energias do nível biológico àquele espiritual". Não quero entrar em mais explicações do que essas fornecidas por Barba. A partir dessas indicações, prefiro localizar como essa mesma ideia apareceu nas descrições do diretor sobre o processo realizado por Cieślak em *Pc.*

276 J. Grotowski, *Le Prince constant* de Ryszard Cieślak [dez., 1990], em G. Banu, *Ryszard Cieślak, l'Acteur-emblème des années soixante*, p. 19.

277 Idem, ibidem.

170 PALAVRAS PRATICADAS

O Processo

Apenas em 1990, em encontro realizado para homenagear Cieślak, que havia falecido no mesmo ano[278], Grotowski relatou o processo de trabalho de *Pc*. Deteve-se em vários detalhes do trabalho, principalmente daquele realizado com Cieślak, mas disse estar revelando apenas alguns segredos.

Embora esteja seguindo, de maneira geral, a cronologia dos textos grotowskianos com vistas a interpretar, por meio deles, o percurso da noção de ator, acredito que, nesse caso, a palestra de 1990 permitirá que essa interpretação se faça de maneira mais detalhada[279]. O relato ajuda na compreensão dos textos da década de 1960, que serão também objeto de análise. Utilizarei ainda, para analisar o trabalho de Cieślak – e dos outros atores – nesse espetáculo, algumas descrições/análises que Serge Ouaknine fez, em 1970, em um volume da coleção Les Voies de la Création Théâtrale inteiramente dedicado ao *Pc*[280].

Grotowski disse ter trabalhado em cima de *Pc* por anos e anos seguidos: "Nós começamos esse trabalho em 1963[281]. A estreia oficial ocorreu dois anos mais tarde. Mas, na verdade, nós trabalhamos bem antes da estreia oficial"[282].

Nos primeiros anos, muitos meses foram dedicados ao trabalho individual com Cieślak. Aqui, tratava-se de um processo

---

278   Esse relato foi feito em 9 de dezembro de 1990 na sala do *Théâtre de l'Odéon*, Paris. A palestra foi publicada sob o título "*Le Prince constant* de Ryszard Cieślak" no livro *Ryszard Cieślak, l'acteur-emblème des années soixante*, de 1992.

279   De qualquer maneira, não podemos perder de vista que Grotowski, em 1990, estava mergulhado nas pesquisas sobre a arte como veículo e, assim, falava do espetáculo, feito em 1965, também dessa perspectiva.

280   Ouaknine chegou ao T.-L. em janeiro de 1966. Após um ano de estágio, Grotowski solicitou a ele que reconstruísse o roteiro de *Pc*. Ouaknine fez, então, uma série de 90 desenhos que seguiam o desenrolar do espetáculo. Ouaknine escreveu, posteriormente, o volume para a coleção francesa.

281   Não é possível precisar exatamente a que trabalho realizado com Cieślak, desde 1963, Grotowski se referia aqui. Talvez estivesse falando daquele *treinamento psíquico* realizado com todos os atores. Talvez se referisse ao trabalho de Cieślak em *Dr. Fausto*. Em 1990, ele disse que a primeira grande façanha de Cieślak tinha ocorrido exatamente nesse espetáculo, na feitura da personagem de Benvoglio. Não podemos esquecer também que, entre *Dr. Fausto* e *Pc*, houve ensaios e apresentações (ainda que poucas) do espetáculo *Estudo Sobre Hamlet*, do qual Cieślak foi tanto ator quanto assistente de direção.

282   J. Grotowski, *Le Prince constant* de Ryszard Cieslak [dez., 1990], em G. Banu, *Ryszard Cieslak, l'Acteur-emblème des années soixante*, p. 14.

O PERCURSO DA NOÇÃO DE ATOR EM GROTOWSKI 171

diferente daquele relatado em *Dr. Fausto*, em que o diretor também ensaiava individualmente com cada ator. Essa foi uma investigação de longa duração e feita a portas fechadas. Não foi compartilhada nem com os outros membros da companhia. Era realizada somente entre Cieślak e Grotowski.

Sobre isso, dizia Flaszen:

> Grotowski e Cieślak transcenderam a relação diretor-ator [...] Mas, mesmo eu que era a testemunha de várias coisas no Teatro-Laboratório, eu não sei, e ninguém sabe, como Grotowski trabalhou com Cieślak. Mesmo eu, seu confidente! Isso foi a saída da manipulação. Era uma relação humana transcendendo a relação profissional[283].

Para dar conta da diferença entre o trabalho realizado com Cieślak e aquele feito com os outros atores[284], Serge Ouaknine falou em técnica I e técnica II[285]. Na citação abaixo, onde Ouaknine se referiu à técnica II, veremos, mais uma vez, a experiência de Cieślak em *Pc* ser apresentada tanto como continuidade e ápice de uma investigação anterior, quanto como experiência de exceção que levou à modificação de procedimentos e do próprio percurso do T.-L.:

> A técnica II é fruto de uma investigação efetuada especialmente para o espetáculo *O Príncipe Constante*. Muito antes disso, o trabalho vinha sendo dirigido nesse sentido, mas só o ator Ryszard Cieślak realizou

283 L. Flaszen, Conversations with Ludwik Flaszen [1977], *Education Theatre Journal*, p. 303.
284 "Esse foi um trabalho com dois grupos, onde um dos grupos era uma pessoa, Ryszard, e o outro grupo, os outros atores do Teatro-Laboratório". Cf. J. Grotowski, *Le Prince constant* de Ryszard Cieslak, em G. Banu, *Ryszard Cieslak, l'Acteur-emblème des années soixante*, p. 19.
285 Essa parece ter sido uma classificação feita por Grotowski, pois Barba também se referiu a ela, embora de maneira um pouco diferente daquela apresentada por Ouaknine: "A técnica 1 se referia às possibilidades vocais e físicas e aos vários métodos de psicotécnica transmitidos desde Stanislávski. Era possível dominar esta 'técnica 1', que podia ser complexa e refinada, através do rzemioslo, o artesanato teatral.
   A 'técnica 2' tendia a liberar a energia 'espiritual' em cada um de nós. Era um caminho que levava o Eu ao Eu, onde todas as forças psíquicas e individuais se integravam e, superando a subjetividade, permitia o acesso às regiões conhecidas pelos xamãs, pelos iogues, pelos místicos. Acreditávamos profundamente que o ator pudesse ter acesso a essa 'técnica 2'. Nós tínhamos uma ideia do caminho, buscávamos os passos concretos a serem dados para embrenhar na obscura noite da energia interior", E. Barba, *A Terra de Cinzas e Diamantes*, p. 50.

172 PALAVRAS PRATICADAS

plenamente essa investigação até o seu termo. A partitura de despojamento psicocorporal representa um cume na pesquisa de eliminação de
resistências [...] Essa etapa foi uma reviravolta decisiva na evolução do
t.-l. Ela desenhou as bases e os objetivos de sua atividade, ao mesmo
tempo em que afirmou a maturidade de sua investigação metódica[286].

Ouaknine apresentou a técnica II como uma via de conhecimento. A personalidade do ator era o objeto de investigação. E o
que aparecia em cena – principalmente nos monólogos I, II e III
de Dom Fernando, personagem de Cieślak –, era "a expressão, a
mais natural, da personalidade do ator: um supernaturalismo do
ator, a destruição de sua máscara da vida". A interpretação do ator
era, em realidade, no seu devir, um processo de desvelamento, "de
desintegração de sua própria máscara psíquica", seguindo o "caminho de uma descida progressiva, das camadas mais superficiais
(a máscara) às mais profundas (subconscientes e arquetípicas)"[287].
Quando Grotowski localizou a experiência de Cieślak entre o tantra e o teatro era também a esse processo a que estava se referindo.

Ouaknine, analisando ainda o trabalho de Cieślak, falou
que no ápice daquela experiência ocorria a transiluminação-
-êxtase do ator. Dizia que esse fenômeno era "palpável no ato
de amor e observável na vida corrente, mas infinitamente mais
raramente, pois os indivíduos têm pouquíssima ocasião para
serem autênticos"[288]. Assim, podemos deduzir que aquele era
um fenômeno que não dizia respeito, particularmente, ao trabalho do ator, não estava relacionado a uma função exercida apenas
dentro do teatro, mas podia ser verificado na vida de todo dia – e
vimos, novamente aqui, a analogia com o ato de amor e com o
gozo – por um homem que se dedicasse a investigar uma via
de conhecimento específica.

Essa técnica II, e, mais que isso, sua realização, como já
podemos inferir pelo seu objeto de pesquisa, modificou sensi-
velmente a própria função do ator na relação com o sua personagem, a função do diretor e também a própria noção de cena
teatral. Ela também inaugurou a noção do espectador como
testemunha, que trabalharei no próximo capítulo.

286 Serge Ouaknine, *Théâtre laboratoire de Wroclaw*, p. 41.
287 Idem, p. 40.
288 Idem, p. 41.

O PERCURSO DA NOÇÃO DE ATOR EM GROTOWSKI

Na técnica 1, segundo Ouaknine, as camadas psíquicas do ator só estavam engajadas em um primeiro nível de profundidade, que ele dizia ser aquele nível implicado no curso de um psicodrama. O ator procurava as possibilidades essenciais da sua personalidade como respostas às estimulações exteriores que recebia, fixando, depois, essas possibilidades em signos[289]. Nessa descrição, Ouaknine parece referir-se exatamente ao processo de autopenetração que analisamos no marco anterior.

Voltando ao relato de Grotowski, vemos que ele fez questão de apontar a diferença entre o espetáculo, a cena, que, baseada no texto de Calderón/Slowacki, contava a história de um martírio[290], e o trabalho realizado com Cieślak e que era baseado num período da memória do ator, um período de cerca de 40 minutos[291], localizado na sua adolescência, no qual ele vivera sua primeira grande experiência amorosa.

Sobre essa lembrança, Grotowski contou:

Isto se referia àquele tipo de amor que, como só pode acontecer na adolescência, carrega toda sua sensualidade, tudo que é carnal, mas ao mesmo tempo carrega, por detrás disso, alguma coisa de totalmente diferente, que não é carnal ou que é carnal de uma outra maneira e que é muito mais como uma prece. É como se, entre esses dois aspectos, se criasse uma ponte que é uma prece carnal[292].

Ryszard Cieślak rememorou aquele encontro/ato amoroso através dos impulsos, das ações físicas daquele momento. O objetivo não era recriar o momento vivido, recuperá-lo a fim de apresentá-lo posteriormente de forma mais ou menos realista, mas de, por meio dele, e do que ali tinha se passado em nível psicofísico – ou, se quisermos, em nível energético –, "decolar

---

289 Idem, p. 40.

290 *Pc* é originalmente uma peça de Calderón de la Barca, mas Grotowski trabalhou a partir da adaptação feita por Julius Slowacki, poeta polonês da primeira metade do século XIX. O enredo da peça é, em linhas bem gerais, o seguinte: um príncipe católico (D. Fernand), no tempo das batalhas entre espanhóis católicos e mouros muçulmanos, é feito prisioneiro e submetido a uma série de torturas e pressões a fim de que abandone o cristianismo, mas ele permanece fiel até o fim.

291 Quarenta minutos era exatamente o tempo dos três monólogos do príncipe. Cf. Discorso del dottore honoris causa Jerzy Grotowski, em J. Degler; G. Ziólkowski (orgs.), *Essere un uomo totale*, p. 52.

292 J. Grotowski, *Le Prince constant* de Ryszard Cieslak [dez., 1990], em G. Banu, *Ryszard Cieslak, l'Acteur-emblème des années soixante*, p. 17.

174 PALAVRAS PRATICADAS

na direção dessa prece impossível". A memória psicofísica daquele momento localizado na adolescência do ator era atualizada exatamente através de um trabalho minucioso sobre as ações e os impulsos.

Segundo Grotowski, o verdadeiro segredo da investigação de Cieślak foi o de "sair do medo, da recusa de si mesmo [...], entrar em um grande espaço livre onde não se tenha nenhum medo e não se esconda nada"[293].

A lembrança do ato amoroso (talvez surgida por meio daquele trabalho de pensar com o corpo que citamos no outro bloco, ou por meio da liberação de certos nós psíquicos) estava escrita no corpo de Cieślak e, uma vez atualizada – rememorada em seus impulsos, não trucada, não manipulada – trazia, nela mesma, esse espaço de liberdade; trazia ou reencontrava um corpo esquecido, escondido, mas já experimentado naquele encontro amoroso/sensual/sexual da adolescência do ator.

Cieślak não mais recusava a si mesmo, não mais recusava seu corpo, posto que ele mesmo era porta e via para o grande espaço livre ao qual Grotowski se referiu na citação acima.

O ator, segundo o relato de Grotowski, fez uma memorização minuciosa dos textos que falaria no espetáculo e pôde colocar "esse rio das palavras" sobre "o riacho da lembrança dos impulsos do seu corpo"[294], o que quer dizer que ele trabalhou com o texto não a partir do seu conteúdo literal ou mesmo simbólico, no sentido de relacionado a um subtexto, mas a partir daquela alavanca fornecida pelos impulsos.

As ações psicofísicas sustentavam a emissão do texto que se transformava, ele também, em ação vocal. Mas, a direção do trabalho não estava centrada em apenas estabelecer um amálgama entre as partituras corporal e vocal. O que se buscava era fazer com que a partitura final servisse de base concreta para aquela prece carnal.

Durante muito tempo, e até que a linha de ações de Cieślak estivesse completamente segura, Grotowski trabalhou sozinho com o ator. E mesmo quando Cieślak começou a trabalhar junto com os outros membros do grupo, ele ainda não entrava em seu processo. Apenas realizava, de um ponto de vista téc-

293 Idem, p. 17-18.
294 Idem, p. 18.

O PERCURSO DA NOÇÃO DE ATOR EM GROTOWSKI

nico, o que era necessário para o ensaio: falava o texto, realizava as atitudes de base do corpo. Nesse momento, Grotowski trabalhava principalmente com os outros atores na organização do espetáculo: criava uma composição de cantos, de interpretações, de alusões visuais e de imagens iconográficas que iriam contar, na mente do espectador, a história de *Pc*, personagem nunca representada por Cieślak – e nem mesmo utilizada, nesse caso, como bisturi.

Somente depois desse trabalho, e depois que os outros atores já haviam encontrado suas próprias ações, Cieślak começou a entrar no seu processo e foi então possível estabelecer a relação entre os dois grupos.

Nascimento Duplo e Compartilhado

Um elemento não menos crucial nessa experiência foi a relação estabelecida entre Grotowski e Cieślak, uma relação bastante diferente daquela estabelecida entre um ator e um diretor com vistas à construção de um espetáculo ou cena teatral. Uma relação também diferente daquela descrita por Barba e Grotowski em *Alla ricerca...*, na qual o diretor aparecia como se fosse uma espécie de psicanalista dos atores, seus analisandos e que, pelo relato de Ouaknine sobre a técnica i, parece ter permanecido na relação entre Grotowski e os outros cinco atores[295] de *Pc*.

A relação com Cieślak marcou, na sequência, uma profunda transformação de Grotowski como diretor: a maneira de conduzir experiências e ensaios não foi mais a mesma após *Pc*. Ele passou, paulatinamente, a rechaçar qualquer resquício de manipulação dos atores ou de busca por quaisquer efeitos ou truques relacionados ao trabalho dos atores e acabou, por fim, abandonando a própria função de diretor.

Sua relação com Cieślak não o transformou apenas profissionalmente. Em entrevista de 1975, referiu-se a um momento

---

295 Os cinco atores, na primeira versão, eram: Rena Mirecka, Antoni Jaholkowski, Maja Komorowska, Mieczyslaw Janowski e Gaston Kulig. Na segunda, Kulig foi substituído por Stanislaw Scierski. E na terceira versão os nomes eram: Rena Mirecka, Antoni Jaholkowski, Zygmunt Molik, Zbigniew Cynkutis e Stanislaw Scierski.

176 PALAVRAS PRATICADAS

pessoal, evidentemente relacionado às suas investigações no
T.-L. e, na minha interpretação, à relação desenvolvida com
Cieślak em *Pc*, onde ele passara a aceitar a si mesmo. Grotowski
não localizou precisamente o momento onde houve a transformação na sua maneira de enxergar a si mesmo. Disse apenas
que ocorrera antes do sucesso, ou seja, antes da segunda metade
da década de 1960, e que relações humanas teriam causado a
mudança. Afirmou ainda que "o que parecia ser um interesse
pela arte da atuação provou ser uma busca por e a descoberta
de parceria"[296].

Confessou que, por longo tempo, tinha suspeitado de sua
"não existência" e que isso teria a ver com "restrições sobre
minha própria natureza, também em termos biológicos"[297]. Dizia que, para existir sem gostar de si mesmo, tivera de ser, de
alguma maneira, superior aos outros, um líder. Sentia que o
problema central da sua não existência era "uma ausência de relação com os outros, porque nenhuma relação que eu tinha era
completamente real"[298]. Acreditava, inclusive, que seu interesse
por técnica, por metodologia e mesmo por arte era derivado
de seu "devastador desejo de existir – um desejo associado à
dominação, ditadura, severidade, persistência"[299].

Diante desses fragmentos, não há como minimizar a importância da relação que Grotowski estabeleceu com Cieślak
na investigação de *Pc*[300]. Acredito, inclusive, que foi a relação
Cieślak/Grotowski – ou as descobertas realizadas por meio
dela – que deram vida ao conceito de encontro, conceito

296 J. Grotowski apud J. Kumiega, *The Theatre of Grotowski*, p. 219.
297 Idem, p. 218.
298 Idem, p. 219.
299 Idem, ibidem.
300 Grotowski em 1990 dizia: "É muito raro que uma simbiose entre alguém
que se diz um encenador e alguém que se diz um ator possa superar todos
os limites da técnica, de uma filosofia, ou de hábitos cotidianos. Isso foi a
uma tal profundidade que frequentemente era difícil saber se eram dois seres
humanos que trabalhavam, ou um duplo ser humano." *Le Prince constant* de
Ryszard Cieslak, em G. Banu, *Ryszard Cieslak, l'Acteur-emblème des années
soixante*, p. 14. E Flaszen disse, em 2004, que, no trabalho com Cieślak, Grotowski "encontrou sua nova encarnação, aquela de uma pessoa não autori-
tária", que havia descoberto "uma possibilidade real de se desembaraçar de
sua máscara, de sair do jogo ator-diretor, habitual no teatro. Uma dimensão
extrateatral dentro da própria estrutura do teatro". Cf. *Grotowski, homo ludens*, p. 8.

O PERCURSO DA NOÇÃO DE ATOR EM GROTOWSKI

fundamental para entender, por exemplo, as experiências realizadas em *Holiday*. Voltarei a essa questão no próximo marco.

Por hora, gostaria apenas de enfatizar a importância que a relação artística/humana com Cieślak teve para Grotowski. Era a essa relação que ele estava se referindo no último parágrafo do texto "Em Busca de um Teatro Pobre"[301.] Esse parágrafo, como veremos, relaciona-se fortemente com a entrevista de 1975 que acabamos de analisar:

> Existe algo de incomparavelmente íntimo e produtivo no trabalho com um ator que confia em mim. Ele deve ser atencioso, seguro e livre, pois nosso trabalho consiste em explorar ao extremo suas possibilidades. Seu desenvolvimento é seguido minuciosamente pela minha perplexidade e pelo meu desejo de ajudá-lo; o meu desenvolvimento se reflete nele, ou melhor, se encontra nele – e nosso desenvolvimento comum transforma-se em revelação. Não se trata de instruir um aluno, mas de se abrir completamente para outra pessoa, na qual é possível o fenômeno de "nascimento duplo e partilhado". *O ator renasce – não somente como ator, mas como homem – e, com ele, renasço eu. É uma maneira estranha de se dizer, mas o que se verifica, realmente, é a total aceitação de um ser humano por outro*[302].

A relação de Grotowski com Cieślak pode ser pensada completamente fora de um âmbito profissional. Afinal, não se tratava mais de uma relação ator-diretor, mas sim de uma relação entre dois seres humanos. Mas, por outro lado, ela esteve emoldurada por uma investigação artística, e foi também por meio das transformações nas condições de trabalho e na maneira de conduzir as investigações que pôde se concretizar.

No relato de 1990, por exemplo, fica claro como, em todos os momentos do trabalho, Grotowski esteve concentrado em criar condições para – e a fugir dos hábitos que pudessem impedir – aquela revelação de Cieślak. Essa concentração e essa proteção ao processo do ator apareceram em inúmeros procedimentos de trabalho relatados pelo diretor: no não interesse

---

301 Sobre esses parágrafos, diz Kerela: "Hoje lemos essas linhas não mais como pontos cruciais do programa proposto pelo reformador do teatro, mas como uma confissão sincera e ao mesmo tempo como um testemunho autêntico desse renovado nascimento duplo de Cieślak e de Grotowski". Cf. Propos sur un acteur, em G. Banu, *Ryszard Cieslak, l'Acteur-emblème des années soixante*, p. 92.

302 J. Grotowski, Em Busca de um Teatro Pobre [1965], *Em Busca de um Teatro Pobre*, p. 22. (Grifo nosso.)

por efeitos – "Eu pedi a ele tudo, uma coragem de certa maneira inumana, mas eu jamais pedi a ele que produzisse um efeito"; na utilização do tempo – "Ele tinha necessidade de cinco meses a mais? Tudo bem. Dez meses? Tudo bem. Quinze meses? Tudo bem"[303]; em um trabalho individualizado e só paulatinamente – e organicamente – dividido com o resto do elenco; na construção, por parte de Grotowski, de uma cena que criava, ela mesma, a personagem, sem que fosse necessário pedir ao ator que representasse D. Fernando e nem mesmo que utilizasse aquela personagem como bisturi.

E ainda, embora Grotowski não tenha se referido a isso explicitamente, na transformação ocorrida na relação entre ator e espectador e realizada, seja através da própria arquitetura cênica – tratava-se de uma paliçada que separava a cena e os espectadores – seja por meio do estatuto de espectador como testemunha. É como se por meio da cena – texto, personagens, ações dos outros atores, situações, posição do espectador – ele tivesse construído uma moldura que contivesse e, de certa maneira, protegesse a experiência realizada por Cieślak.

Assim, a própria ideia de espetáculo começou a ser problematizada frente às novas descobertas sobre o processo criativo do ator. Nascia o que se poderia nomear como uma cisão, ou ao menos uma dissociação, entre o processo do ator e a cena. Cieślak trabalhou sobre suas lembranças, associações, sobre sua vida psicofísica e não esteve vinculado à ficção – história do martírio de D. Fernando – que Grotowski construiu por meio do espetáculo[304].

Em *Pc* havia, então, um trabalho sobre dois registros, pelo menos para Grotowski: um era o chamado processo criativo

---

303 J. Grotowski, *Le Prince constant* de Ryszard Cieslak [dez., 1990], em G. Banu, *Ryszard Cieslak, l'Acteur-emblème des années soixante*, p. 19.

304 Essa vinculação entre trabalho de ator e espetáculo pôde se dar em um outro patamar como Grotowski deu a entender em uma entrevista concedida a Schechner e Hoffman em dezembro de 1967: "*O Príncipe Constante*. Todo o espetáculo foi baseado nos motivos do Príncipe. Foi uma tentativa de realizar, a partir de Ryszard Cieślak, [...] algo impossível: um pico psicofísico como o êxtase, mas, ao mesmo tempo, alcançado e mantido de maneira consciente. Isso significa que, se Cieślak tratasse sua profissão como o Príncipe tratava seu destino, o resultado seria um tipo semelhante de plenitude". Cf. Interview with Grotowski, em R. Schechner; L. Wolford (orgs.), *The Grotowski Sourcebook*, p. 52.

O PERCURSO DA NOÇÃO DE ATOR EM GROTOWSKI

do ator, e outro aquilo que deveria, por meio da organização dos vários elementos da cena, ser construído para o espectador. Ele abandonou, com o passar do tempo, seu trabalho como encenador, como "espectador de profissão"[305], como aquele que deveria se colocar no lugar do espectador e preparar uma trajetória para o seu "olhar", preparar uma certa história a ser observada[306]. Ele prosseguiu nas suas pesquisas em torno do processo do ator, prosseguiu a partir daquela experiência vivenciada com Cieślak em *Pc*.

Por outro lado, em *Da Cia Teatral à Arte como Veículo*, fez questão de dizer que havia uma "profunda raiz" relacionando o ciclo de associações de Cieślak e a percepção do espectador. Essa raiz estava localizada na leitura de poemas de Juan de la Cruz que falavam, como veremos com mais detalhes um pouco à frente, do encontro entre a Alma e Deus – tema presente em *Pc* – como de um encontro entre a Amada e o Amado[307].

Creio que uma das razões que levou o artista a falar dessa "profunda raiz" foi a percepção de que parte da gente do teatro havia lido o relato da experiência do processo de Cieślak em *Pc* como se se tratasse de uma metodologia: trabalha-se a partir de uma memória do ator, coloca-se essa memória em relação a um texto outro, e faz-se com que, por meio da montagem, essa memória não se revele, mas possa ser (re)lida de outra maneira pelo espectador. Ora, mais uma vez, não estamos diante de um método – e ele parecia querer afirmá-lo –, mas frente a uma investigação específica que, se deixa indicações de caminhos possíveis, não deve ser lida (nem aplicada) como uma receita.

---

305 É assim que Grotowski chamava o encenador no artigo "O Diretor como Espectador de Profissão". Esse artigo, baseado em uma intervenção dele feita em Volterra em 1984, foi publicado tanto na revista *Máscara* de janeiro de 1993 quanto no livro *Il Teatr Laboratorium de Jerzy Grotowski: 1959-1969*, p. 241-257.

306 Seria faltar com a verdade deixar de dizer que Grotowski percebia esse trabalho em torno da narrativa como uma forma de aquietar a mente do espectador (para que ele não ficasse se perguntando o que o espetáculo queria dizer) e deixar outros canais de recepção/percepção abertos para receber e se confrontar com a investigação humana que estava se dando no ator.

307 J. Grotowski, Da Companhia Teatral à Arte como Veículo [1989/1990], em L. Flaszen; C. Pollastrelli (orgs.), *O Teatro-Laboratório de Jerzy Grotowski: 1959-1969*, p. 233.

Os Textos da Época

Embora em alguns dos textos de 1964/1965 que comentei mais acima já se pudesse perceber a influência das experiências realizadas com Cieślak em *Pc* na escritura (e terminologia) de Grotowski, acredito que essas experiências nortearão mais fortemente textos e entrevistas posteriores, datados de 1966/1967[308]. Talvez pela própria contemporaneidade entre escrita e experiência, o texto "Em Busca de um Teatro Pobre", por exemplo, publicado em 1965, embora se referisse claramente, ainda que nunca nominalmente, ao processo realizado em *Pc*, parece não oferecer um material tão rico para a reflexão sobre esse processo quanto alguns textos dos anos posteriores.

O termo ato total, por exemplo, que como veremos foi cunhado por Grotowski em relação ao trabalho realizado por Cieślak em *Pc*, aparece de maneira mais detalhada em textos e entrevistas do início de 1967. Além disso, a ênfase dada ao contato no trabalho do ator, noção tão importante na construção desse espetáculo, também ficou mais evidente em entrevistas de 1966/1967.

Nos textos de 1966/1967, Grotowski parece se aproximar de uma escrita (ou de uma fala, já que muitos dos textos do período são entrevistas e conferências) cada vez mais artesanal (ainda que nunca perca o seu caráter metafísico). São muitos os possíveis motivos para essa mudança. E talvez o mais importante deles seja, justamente, a própria experiência realizada com Cieślak, experiência que transformou em prática concreta – artesanal – antigas intuições e desejos de Grotowski.

Ao analisarmos os termos ator-santo e ato total, por exemplo, veremos que o primeiro era utópico, indicava uma determinada direção a seguir; já o segundo foi criado *a posteriori*, na

---

308 Na verdade, acredito que as investigações de *Pc* continuaram a ser, muito tempo depois, parte integrante, mesmo que não sempre explicitamente nomeada, da escritura de Grotowski. Acredito que essa referência ocorra pelo que esse espetáculo teve, na trajetória do artista, tanto de *fronteira* como de *ponte* entre aquilo que podemos mais facilmente considerar como uma experiência teatral e aquilo que ultrapassa essa denominação. Por um lado, em *Pc*, o trabalho de Cieślak ultrapassou, em muito, aquilo que, de modo geral, pertence ao campo da atuação. Por outro lado, o espetáculo, em grande parte exatamente pelo trabalho do ator principal, foi considerado um dos mais importantes do século xx. Em *Pc*, algo que pode ser caracterizado como um *trabalho sobre si*, e um excelente resultado *espetacular* coexistiram na mesma obra.

tentativa de nomear uma experiência realizada. Na escritura de Grotowski pós-*Pc* tratava-se menos de estabelecer parâmetros de ação e mais, pela necessidade de um revezamento entre prática e teoria, de descrever e analisar uma experiência já vivenciada.

Além disso, muitos desses textos foram proferidos/escritos em relação aos cursos ministrados por ele no exterior, em companhia, principalmente, de Cieślak. Alguns são textos baseados em conferências ou entrevistas realizadas logo após o término dos workshops. São, assim, textos escritos para tentar compartilhar, com jovens artistas norte-americanos ou europeus, fossem eles atores ou estudantes, o trabalho realizado no T.-L. A nomenclatura empregada era, também, mais imediatamente dirigida às experiências práticas propostas – e vivenciadas – naquelas oficinas. Havia um esforço de dar a ver ao mundo teatral algumas direções de investigação até então internas ao T.-L. Aqueles eram textos escritos para fora das fronteiras polonesas e dos diálogos e embates vividos pelo T.-L. junto à classe artística e à crítica teatral daquele país.

Por último, podemos também dizer que a escrita de Grotowski entre 1966/1967, e daí em diante, precisou responder ao que ele enxergava como interpretações equivocadas de seus textos, termos e conceitos. Travou um diálogo com essas interpretações, intentando corrigi-las.

Depois de todas essas observações, vale lembrar que o que mais me interessa, ao estudar a escritura desse período, é checar a possibilidade de, por meio dela, ter acesso, o mais possível, às práticas realizadas em, e a partir de, *Pc*.

Vamos então à análise de alguns dos textos e noções forjadas à época[309].

Do Corpo Anulado ao Ato Total

Grotowski definiu, em 1964, o ator como "um homem que trabalha em público com o seu corpo, oferecendo-o publicamente"[310].

---

309 Continuarei ainda me referindo à palestra de Grotowski, de 1990, por razões que já expus no corpo do texto.

310 J. Grotowski, O Novo Testamento do Teatro [1964], *Em Busca de um Teatro Pobre*, p. 28.

182 PALAVRAS PRATICADAS

E foi exatamente a partir da relação do ator com seu próprio corpo que ele estabeleceu a famosa diferença entre o ator-cortesão e o ator-santo. No primeiro caso, dizia tratar-se da existência do corpo e, no outro, da sua não existência.

O corpo do ator-cortesão era apresentado como um corpo hábil, repleto de arsenais e truques e o do ator-santo como um corpo anulado, inexistente, queimado. Eliminando o corpo, o ator-santo eliminava justamente os bloqueios e resistências que impediriam que o processo psíquico se desenvolvesse, que impediriam que os impulsos interiores emergissem em uma reação exterior; que impediriam, enfim, que o processo de autopenetração atingisse seu objetivo.

O léxico grotowskiano parece separar, desse modo, como faço sempre questão de frisar, o que se nomeava *corpo* e aquilo que era chamado de *processo psíquico*, dando prioridade a esse último, e entendendo o primeiro como elemento a ser colocado sob suspeita, como elemento bloqueador – por sua própria existência – dos impulsos interiores, da *autorrevelação* do ator.

No conceito de ato total, conceito formulado por ele a partir do processo de Ryszard Cieślak em *Pc*, o corpo ganhou, como veremos, um novo estatuto.

Flaszen, em entrevista concedida em 1977[311], afirmou, nesse mesmo sentido, que "a primeira aceitação da natureza-corpo-fisiologia apareceu (no T.-L.) em *Pc* com Cieślak. Até então, tudo que tinha a ver com natureza e corpo era deformado [...] Da mesma maneira, os motivos do mundo eram deformados"[312]. Flaszen se referia, com esse "até então" tanto aos primeiros espetáculos quanto à própria noção de ator-santo.

Segundo Flaszen, até *Pc* "nossa relação com o mundo físico era ainda desagradável, como se o erotismo ou a fisicalidade não fosse aceitável"[313]. O aspecto corporal era visto como um empecilho, algo pertencente ao aspecto grosseiro do homem

---

311 Importante ressaltar que essa era a época do "parateatro", época de crítica veemente à própria noção de teatro que era considerado como mais um dos meios de evitar o encontro verdadeiro entre os homens. Segundo Flaszen, o parateatro era também um tempo de aceitação do corpo-natureza-fisiologia, "porque ele [corpo] é – como é – feio ou bonito. *É*". *Cf.* Conversations with Ludwik Flaszen, *Education Theatre Journal*, p. 321.

312 Idem, ibidem.

313 Idem, ibidem.

O PERCURSO DA NOÇÃO DE ATOR EM GROTOWSKI   183

e que deveria, então, ser denunciado, subjugado pelo espírito, deveria ser santificado. O pecado original da função do ator seria exatamente trabalhar por meio da exposição do seu próprio corpo e esse pecado deveria ser purgado.

Em um primeiro momento, essa denúncia, essa tentativa de subjugar o corpo, foi feita por um grande investimento no artesanato, na habilidade atoral, em um trabalho que permitisse ao ator, pela sua precisão, honestidade e constância, dominar e controlar o próprio corpo. Posteriormente, essa habilidade foi percebida como fria, como apenas tecnicamente justa, como vimos, por exemplo, nas críticas de Grotowski a *Sakuntala*.

O segundo momento foi exatamente aquele do ator-santo. A autopenetração falava, de certa forma, de uma nova maneira de subjugar o corpo, já que ele era visto como a principal fonte dos bloqueios. Assim, ao anular o corpo, o ator não tinha mais onde se esconder e podia permitir que seus impulsos psíquicos fossem liberados até o limite. Em 1977, Flaszen definiu essa abordagem como dualista:

> Nós analisávamos a prostituição como uma espécie de esconderijo, uma vergonha que evitava se expor. Enquanto nos expomos, nós, na verdade, nos encobrimos, para nos tornarmos atrativos aos olhos dos outros. Mas a purificação origina-se em não esconder nada, levando alguém a exceder seus limites, de modo que cada reação e impulso é levada até o final. Assim, o pecado original do ator era excelentemente abordado. Prostituição se transforma em santidade. Esta era nossa abordagem, nossa maneira de pensar. *Era dualístico, prostituição em santidade. Maniqueísta*[314].

Ato Total

O ato total foi um termo criado por Grotowski para nomear exatamente a experiência realizada por Cieślak em *Pc*. Com esse termo, ele, entre outras coisas, escreveu um estatuto diferente para o corpo. Como veremos, na base do conceito encontrava-se exatamente a superação daquela dualidade à qual Flaszen se referia.

---

314 Idem, p. 322. (Grifo nosso.)

184 PALAVRAS PRATICADAS

Escolhi a citação de Tadeusz Burzynski, crítico polonês, para explicitar essa relação de filiação entre experiência e conceito[315]. Além disso, Burzynski também falou da excelência e especificidade da interpretação de Cieślak, que deixara os críticos poloneses sem palavras para defini-la:

Era muito difícil para mim falar isso, mesmo nomear isso dessa maneira: "que Cieślak esculpia o espaço com sua voz". Ele era sua voz, ele estava completo nela. *De qualquer jeito, Grotowski estava usando esse termo então: "Ato total"*. Pessoas como eu e Kerela, os críticos, estávamos perdidos quando confrontados com isso. Nós estávamos procurando por termos metafóricos como: "um ator inspirado", "um ator em estado de graça"[316].

O ato total envolvia uma série de ideias e processos. Mas, talvez, a mais fundamental, se olharmos para a trajetória de Grotowski como um todo, tenha sido a possibilidade, contemplada por esse conceito, de dar positividade à corporalidade, e de associar aquilo que era visto como físico – biológico, instintivo – com o que era visto como pertencente ao campo espiritual.

Ele dizia que no ato total: "a realização do ator constitui-se em uma superação das meias medidas da vida cotidiana, do conflito interno entre corpo e alma, intelecto e sentimentos, prazeres fisiológicos e aspirações espirituais"[317]. Assim, corpo, consciência e espírito encontraram, nesse termo, um tipo de configuração que evitava aquela dualidade que vimos operar em alguns dos seus textos anteriores.

Cito ainda dois fragmentos nos quais ele definia o ato total exatamente como uma experiência não dual. O primeiro fragmento foi retirado de uma entrevista concedida a Denis Bablet em 1967:

É algo muito [...] difícil de definir, embora seja bastante tangível do ponto de vista do trabalho. É o ato de desnudar-se, de rasgar a máscara diária, da exteriorização do eu. É um ato de revelação sério e

315 Flaszen também dizia, em 1977, que a noção de *ato total* era "o segredo do seu trabalho [de Grotowski] com Cieślak. Eu duvido que ele tivesse, no início, o conceito de Ato Total". Idem, p. 318.
316 Filme *The Total Actor*. (Grifo nosso.)
317 J. Grotowski, Ele Não Era Inteiramente Ele [1967], *Em Busca de um Teatro Pobre*, p. 105.

O PERCURSO DA NOÇÃO DE ATOR EM GROTOWSKI   185

solene. O ator deve estar preparado para ser absolutamente sincero. *É como um degrau para o ápice do organismo do ator, no qual a consciência e o instinto estejam unidos*[318].

O segundo foi citado por Osinski e é também de 1967:

Eu exijo do ator um determinado ato que traz em si uma atitude com relação ao mundo. Em uma única reação o ator deve sucessivamente descobrir todas as camadas de sua personalidade, começando pela camada biológica e instintiva, para chegar, passando pelo pensamento e pela consciência, *a um ápice onde tudo se converte em um todo*[319].

Podemos perceber que a passagem pelo estrato biológico e instintivo é vista como necessária à realização do ato total. Essa faceta não é negada nem deve ser anulada ou apagada. E, mais que isso, afirmava que, no momento de realização do ato total, era impossível separar instinto e consciência. Eles estariam integrados, unidos, não seriam mais duas parcelas de uma soma. O tudo se converte em um todo.

Flaszen revelou que a inspiração para o termo ato total veio dos escritos de Juan de la Cruz, escritos que haviam acompanhado o grupo no período de trabalho sobre *Pc*[320]. Os escritos desse poeta espanhol do século XVI mesclam misticismo e erotismo, e revelam a experiência/ideia de um *Deus namorado*.

San Juan de la Cruz lia e admirava o *Cântico dos Cânticos*, parte do *Antigo Testamento*, onde amor divino e carnal também não se separam facilmente. O termo utilizado por Grotowski, prece carnal, para referir-se ao trabalho de Cieślak em *Pc*, alude justamente a esse mesmo sentido erótico/místico que está presente em Juan de la Cruz, no *Cântico dos Cânticos* e também, por exemplo, em Santa Teresa D'Ávila.

Além disso, a própria noção de ato total foi descrita, muitas vezes, como um ato de amor: "Este ato de total desnudação de um ser transforma-se numa doação que atinge os limites

318   J. Grotowski, A Técnica do Ator [mar., 1967], *Em Busca de um Teatro Pobre*, p. 180. (Grifo nosso.)
319   J. Grotowski [1967] apud T. Burzynski; Z. Osinski, *Le Laboratoire de Grotowski*, p. 56. (Grifo nosso.)
320   L. Flaszen, De Mistério a Mistério: Algumas Considerações em Abertura [2001], em L. Flaszen; C. Pollastrelli (orgs.), *O Teatro-Laboratório de Jerzy Grotowski: 1959-1969*, p. 31.

186 PALAVRAS PRATICADAS

da transgressão das barreiras e do amor. Chamo isso um ato total"[321].

A noção de dom de si, de doação, também permaneceu fortemente presente no ato total. Ao falar de Cieślak, em 1991, Grotowski ressaltou exatamente a sua capacidade de doação: "Quero dizer que ele era capaz de doar-se, que era capaz de não esconder nada da esfera secreta de sua vida. Em outras palavras, que havia nisso um ato de alegre sacrifício"[322].

Corpo e Organicidade

Grotowski começou também a falar, a partir dessa experiência, em organicidade, conceito que foi mais elaborado nos textos do final dos anos de 1960 e que trabalharei, portanto, no próximo marco. Posso adiantar que, na organicidade, o corpo não era mais visto como aquilo que bloqueava o processo psíquico. Pelo contrário, ele pôde ser percebido como uma espécie de pista de decolagem para o ato total.

Ao comentar o processo de Cieślak baseado na lembrança de sua experiência de adolescência, Grotowski dizia que era como "se aquele adolescente rememorado *se liberasse do peso do corpo, com o corpo*, como se fosse para um território onde não há mais peso, não há mais sofrimento"[323]. Sair do peso do corpo, por meio do corpo, ou seja, sem negar o corpo, aceitando-o plenamente nas suas forças biológicas e instintivas, integrando-o, está aí mais uma boa descrição do ato total.

Como venho falando dessa positividade concedida ao corpo por Grotowski, talvez seja preciso também deixar claro que o seu trabalho nunca foi, e não passou a ser a partir de *Pc*, focado no corpo físico, naquilo que Fernando Pessoa chamou de "pernas e costeletas do destino". A nova experiência, a do ato total, permitiu enxergar no corpo, na carne, na natureza, algo que não necessitava ser anulado, ou superado, mas que

321 J. Grotowski, Investigação Metódica [1967], *Em Busca de um Teatro Pobre*, p. 105.
322 J. Grotowski, Discorso del dottore honoris causa Jerzy Grotowski [2001], em J. Degler; G. Ziólkowski (orgs.), *Essere un uomo totale*, p. 48.
323 J. Grotowski, Intervista de Mario Raimondo [1975], *Teatro e Storia*, p. 432.

O PERCURSO DA NOÇÃO DE ATOR EM GROTOWSKI

podia ser experimentado em sua potencialidade última; pode-se enxergar, na carne, a possibilidade da prece e na prece, a presença da carne.

Não quero dizer que Grotowski não conhecesse essa possibilidade, estudioso que era das inúmeras vias do sagrado, mas, experimentalmente, parece que ela se realizou somente com Cieślak em *Pc,* transformando o próprio ator, Grotowski e, na sequência, todo o trabalho realizado do T.-L.

Dr. Fausto e Dom Fernando

Para que possamos retirar todo o impacto dessa transformação operada nas investigações do artista, estabeleci uma analogia entre Dr. Fausto, personagem principal do espetáculo homônimo, e D. Fernando, personagem principal de *Pc.* Dr. Fausto, para obter conhecimento, para ser *santo,* precisou opor-se a Deus e à sua natureza de homem, precisou pactuar com o "Diabo", precisou atacar e transgredir a si mesmo, à sua própria condição humana; já, para D. Fernando, o conhecimento esteve ligado a uma constante submissão a seu destino, entendido aí não como aquilo que já estava escrito, mas como uma necessidade, um desejo, do qual não se deveria (ou poderia) tentar escapar.

Grotowski, naquela entrevista de 1975, falando da aceitação de si mesmo, falou também da noção de liberdade que ele perseguia. Essa liberdade parece comparável com o percurso da personagem de Cieślak em *Pc.* Ele opunha-se ao conceito de libertação que "supõe que o mal está ligado à nossa existência corporal e que nós devemos então liberarmo-nos da existência corporal". Opunha-se também à liberdade vista como "liberdade de escolha" ou, como seu oposto, "rendição aos caprichos do destino". Opunha-se, ainda, à liberdade vista como "absoluto voluntarismo". Dizia que, para ele, liberdade estava conectada à "suprema tentação", ou ao "supremo desejo": "E quando eu falo de desejo, é como água no deserto ou como uma tomada de ar para alguém que está se afogando"[324].

---

324 J. Grotowski [1975] apud J. Kumiega, *The Theatre of Grotowski*, p. 218.

Podemos também confrontar a imagem que aparecia em *Dr. Fausto* com aquela das poesias de San Juan de la Cruz que serviu de base para *Pc*. Do santo contra Deus de Fausto, um Deus que não se diferenciava tanto assim do seu oposto, e que submetia o homem à ignorância por meio dos limites impostos por seu corpo e sua natureza, um Deus que precisaria, portanto, ser desafiado, passou-se para um encontro extático com Deus, um Deus namorado que permitiria ao homem conhecer justamente por meio da sua humanidade, quando levada às últimas consequências. A carne, o corpo, abrigaria "quartos", "moradas", como dizia Santa Teresa D'Ávila, que poderiam religar o homem ao divino. No primeiro caso, parecia exatamente tratar-se de uma revolta contra os limites impostos pela condição de homem; no segundo, a possibilidade de ver, na própria natureza, o transcendente.

No primeiro caso, o corpo precisaria, então, ser controlado ou anulado; já no segundo, ao contrário, ele seria morada para o amor divino; e se ele, em certo sentido, também se anulava (e Grotowski continuou usando esse termo), essa anulação estava vinculada ao gozo, ao êxtase: um corpo que queima, que entra em êxtase, no contato com esse amor. Talvez possamos mesmo dizer que o corpo individual se anulava – ou se encontrava – no corpo do outro, do amado; no corpo do mundo.

O corpo do místico – em San Juan de la Cruz e Santa Teresa D'Ávila, por exemplo – passa a ser reconhecido como um corpo *para* o amor divino e, por meio de encontros com o outro (Outro), vai se reescrevendo como um corpo *do* amor, ao mesmo tempo carnal e transformado pela relação com a divindade, pela relação com o Outro.

Não à toa, vimos que Grotowski se referiu ao trabalho de Cieślak em *Pc* dizendo tratar-se de uma prece carnal: carne e espírito ganham positividade – e luminosidade – na reatualização daquele ato amoroso vivido na adolescência. E, principalmente, carne e espírito não se negavam mutuamente, mas, ao contrário, não conseguiam mais se separar, pois, onde começaria um e terminaria o outro? E, mais ainda, onde começaria o eu e terminaria o outro?

Olhando a partir dos textos, vemos, por exemplo, que Grotowski, na versão do texto "Em Busca de um Teatro Pobre" para o livro homônimo, retirou toda adjetivação vinculada ao termo

O PERCURSO DA NOÇÃO DE ATOR EM GROTOWSKI

impulso. Na versão anterior, os impulsos eram interiores ou espirituais. Além disso, ele eliminou a seguinte frase, na qual afirmava ser o corpo a colocar empecilhos ao amadurecimento interior: "o corpo do ator não deveria opor nenhuma resistência ao processo interior"[325]. Na versão para o livro, ele falava em eliminar as resistências do organismo como um todo, dando a entender que, se fizermos a comparação entre as duas versões, os bloqueios não eram unicamente corporais. De maneira geral, comparando as duas versões, vemos que ele optou por retirar palavras e frases que realçassem em demasia uma oposição entre corpo e espírito, ou que apresentassem qualquer suspeita em relação ao corpo.

Luminosidade

Outro ponto que Grotowski fazia questão de ressaltar quando se tratava da experiência de Cieślak em *Pc,* e onde também enxergo aquela positividade dada ao corpo, era a base luminosa da experiência do ator. A noção de autopenetração, como vimos, esteve relacionada a um penetrar em experiências dolorosas, nas quais o ator vivia uma sucessão de feridas íntimas. Já para o ato total as fontes parecem ter sido diferentes. O texto de Calderón/Slowacki falava de tortura, de sofrimento e de martírio, mas, segundo ele, foi sustentado (e ele falava aqui do trabalho de Cieślak) por um fluxo de vida que, em realidade, se referia a um evento de gozo, de transiluminação, de plenitude[326].

Em "O Discurso de Skara", por exemplo, Grotowski chamava a atenção dos estudantes para que não procurassem sempre "associações tristes de sofrimento, de crueldade". Dizia que procurassem "algo luminoso". E parecia estar se referindo exatamente ao trabalho de Cieślak – lembremos que ele não havia até então revelado que o trabalho de Cieślak era baseado em uma recordação específica da juventude – quando dizia:

> Muitas vezes, podemos nos abrir através de recordações sensuais de dias lindos, de recordações do paraíso perdido, pela recordação de momentos, pequenos em si mesmos, em que estivemos verdadeiramente

325 J. Grotowski, Vers un théâtre pauvre [1965], *Cahiers Renault Barrault,* p. 53.
326 J. Grotowski, Intervista de Mario Raimondo [1975], *Teatro e Storia,* p. 432.

190 PALAVRAS PRATICADAS

abertos, em que tínhamos confiança, em que fomos felizes. Isso é muito mais difícil de penetrar do que em labirintos escuros, desde que se trata de um tesouro que não queremos doar[327].

Nessa citação fica ainda mais claro que não se tratava, para o ator, de escolher uma determinada memória e utilizá-la como material de cena, mas de manter-se todo tempo em relação com certos ecos de momentos do passado nos quais esteve presente aquele que eu chamei – e aqui é necessário retirar os estereótipos e as pieguices que acompanham o termo amor – de corpo para e do amor. Essas lembranças reatualizadas e trabalhadas nos seus detalhes, nos seus impulsos, conduziriam os atores para fora dos estereótipos, para fora das "verdades de calendário". E permitiriam, talvez, o que era mais fundamental, o reencontro entre o físico e o espiritual. Esse ator, então, não mais utilizava "seu organismo para ilustrar 'um movimento da alma'", mas realizava "esse movimento com o seu organismo"[328].

Essa orientação transformou a própria função do ator. Não havia mais uma instância de interpretação, mas a realização de um "ato real: de coragem, de humildade, de oferta"[329]. Cieślak afirmou, por exemplo, ser impossível coadunar a experiência do ato total com aquela da atuação *stricto sensu*, pois – no momento de liberação da verdade humana – o indivíduo não interpreta, mas simplesmente é. Dizia, ainda, que aquilo que parecia, para muitos, como um estilo diferente de interpretação estava intimamente ligado a um trabalho sobre

impulsos que nós temos frequentemente na vida, inconscientemente, nos, digamos, "momentos íntimos". Nós os temos, mas, muito frequentemente, os mascaramos. E nos momentos absolutamente íntimos, incessantemente íntimos – nós somos verdadeiros [...] *um papel deve liberar esse momento humano real, verdadeiro*[330].

---

327 J. Grotowski, O Discurso de Skara [jan., 1966], *Em Busca de um Teatro Pobre*, p. 197.

328 J. Grotowski, Ele Não Era Inteiramente Ele [1966], *Em Busca de um Teatro Pobre*, p. 97-98.

329 L. Flaszen, De Mistério a Mistério, em L. Flaszen; C. Pollastrelli (orgs.), *O Teatro-Laboratório de Jerzy Grotowski: 1959-1969*, p. 31.

330 Declaração veiculada no filme *The Total Actor. Reminicences of Ryszard Cieślak: 1937-1990*. (Grifo nosso.)

Contato

Gostaria de trabalhar agora sobre outro termo utilizado com frequência por Grotowski nos textos de 1966/1967: o contato. Pode-se dizer que existem várias camadas de compreensão desse conceito, mas que, de forma geral, estar em contato significava estar em relação com. Essa ideia, em aparência simples, transformou inúmeras práticas do T.-L.

A noção de contato começou a aparecer em seus textos apenas a partir da segunda metade dos anos de 1960 e se tornou uma noção central. Ela não esteve presente em nenhum texto anterior nem na brochura ou no livro de Barba sobre Grotowski. Isso parece significar que essa foi também uma noção relacionada – como o ato total – às experiências vividas em *Pc*.

Ele disse ter descoberto o contato "na base de um problema completamente objetivo e técnico"[331]. Um problema que poderia ser formulado mais ou menos assim: o ator corria o risco de compreender aquele trabalho de autopenetração e de amadurecimento como um trabalho que se realizaria a partir dele e que seria voltado, também, para ele mesmo; esse seria, para Grotowski, um ator concentrado "no elemento pessoal como um tipo de tesouro" [...] "procurando a riqueza de suas emoções", um ator que apenas estimularia artificialmente o processo interno, um ator imerso em uma espécie de "narcisismo"[332].

Estamos aqui frente a mais uma de suas autocríticas àquela investigação realizada, tendo como base a introspecção. Como vimos no bloco anterior, ele criticou a direção de algumas de suas investigações que, no seu modo de ver, em certo momento, estimularam o processo interno por meio do sugestionamento, conduzindo a concentração do ator para uma "caça ao tesouro" de sua própria intimidade.

O conceito de contato se opunha, assim, àquele de introspecção. Grotowski afirmava que o ator, a fim de se realizar, não deveria trabalhar para si mesmo, que "penetrando em sua relação com os outros, estudando os elementos de contato, o ator

---

331 J. Grotowski, O Encontro Americano [dez., 1967], *Em Busca de um Teatro Pobre*, p. 201.

332 J. Grotowski, O Discurso de Skara [jan., 1966], *Em Busca de um Teatro Pobre*, p. 191.

descobrirá o que está nele"[333]. Interessante perceber na citação acima que, mesmo terminologicamente, passou-se da autopenetração a um penetrar na relação com os outros.

A noção de contato nasceu tanto por meio do embate com aquele problema "objetivo e técnico", que ele disse ter enfrentado, quanto também, acredito, inspirada pela experiência de Cieślak, que construíra uma partitura em que a relação com um parceiro imaginário – aquele que vivera com ele a experiência amorosa de adolescência – era fundamental.

O novo termo estava intrinsecamente ligado àquelas ideias de doação, de oferta de si, e de confissão, mas, de certa forma, reescreveu essas ideias, dando-lhes mais concretude. O contato, esse novo conceito/procedimento, transformou praticamente todos os campos de trabalho do ator no T.-L., como veremos a seguir.

Estar em contato significava, concomitantemente, perceber o outro e reagir intimamente de acordo com essa percepção. Grotowski contrapunha o contato, que forçaria o ator a modificar o seu jeito de agir, ao padrão que "está sempre fixo"[334]. Em discurso de encerramento de um workshop, ele usou o seu próprio exemplo de palestrante para falar sobre a transformação permanente exigida, ou melhor, percebida, pela noção de contato:

> Agora estou em contato com vocês, vejo quais de vocês estão contra mim. Vejo uma pessoa que está indiferente, outra que escuta com algum interesse e outra que sorri. Tudo isso modifica as minhas ações [...].Tenho aqui algumas notas essenciais sobre o que falar, mas a maneira como falo depende do contato. Se, por exemplo, ouço alguém sussurrando, falo mais alto e articuladamente, e isto inconscientemente, por causa do contato[335].

No final da citação, outro ponto importante da ideia de contato: a reação aqui não foi premeditada, nem resolvida *a posteriori*; o contato pressupunha uma escuta que era imediatamente

---

333 J. Grotowski, O Encontro Americano [dez., 1967], *Em Busca de um Teatro Pobre*, p. 202.
334 J. Grotowski, O Discurso de Skara [jan., 1966], *Em Busca de um Teatro Pobre*, p. 187.
335 Idem, p. 187-188.

O PERCURSO DA NOÇÃO DE ATOR EM GROTOWSKI   193

reação, e foi por isso que ele falou de uma transformação feita inconscientemente.

O contato pressupunha, também, uma relação concreta com o espaço: é em direção ao outro em termos de espaço físico que a reação pode ocorrer. Nesse sentido, o conceito de contato não incluía apenas os atores que se relacionavam, mas também o espaço onde ocorria essa relação. Isso pode ficar mais claro por meio de uma citação de Grotowski sobre trabalho com o que chamava de "companheiro imaginário"[336]:

> Esse companheiro imaginário deve ser fixado no espaço desta sala real. *Se não se fixar o companheiro em um lugar exato, as reações permanecerão dentro da gente.* Isto significa que vocês se controlam, sua mente os domina e vocês se movimentam para um narcisismo emocional, ou para uma tensão, um certo tipo de limitação[337].

Do mesmo modo, o contato com um companheiro real (um outro ator) também se dava em uma dimensão espacial facilitada, é claro, pela presença física desse companheiro. Estar em contato significava direcionar, inclusive espacialmente, pensamentos, ações, intenções e voz para um companheiro, imaginário ou não. É por isso que, segundo ele, quando havia contato, havia "automaticamente uma harmonia vocal", "um concerto para duas vozes", "um tipo de composição"[338].

Podemos dizer que, também em termos de espaço físico, quando havia *contato* existia uma composição entre os corpos, o que poderíamos chamar, seguindo o exemplo de Grotowski, de "coreografia para dois corpos", coreografia entendida aqui não como uma marcação definida *a priori* e executada pelos intérpretes, mas como uma ocupação harmônica do espaço que envolvia e incluía aqueles corpos que se relacionavam. Assim, espaço e sonoridade podiam nos dizer sobre a ausência ou a presença de contato entre os atores.

---

336 Fala-se em *companheiro imaginário* quando o ator, trabalhando sobre um momento específico de sua memória, recuperava, no espaço da sala de trabalho, aquele fragmento de lembrança e, consequentemente, aquele ser (companheiro) com o qual esteve em relação.

337 J. Grotowski, O Discurso de Skara [jan., 1966], *Em Busca de um Teatro Pobre*, p. 187. (Grifo nosso.)

338 Idem, p. 188.

194 PALAVRAS PRATICADAS

O contato transformou profundamente o trabalho do ator no t.-l. O treinamento, por exemplo, foi bastante modificado a partir desse conceito. O trabalho sobre as caixas de ressonância[339], por exemplo, trabalho iniciado no início dos anos de 1960, embora tivesse sido mantido no treinamento vocal, ganhou nova configuração. Antes, o trabalho consistia em fazer com que o ator "comprimisse" a coluna de ar em uma parte específica do corpo, que se tornaria, assim, uma caixa de ressonância, já que a emissão do som seria amplificada a partir desse lugar do corpo escolhido, como se o ator falasse a partir da cabeça, por exemplo. Quando as caixas de ressonância são apresentadas no capítulo "Treinamento do Ator (1959-1962)" em *Em Busca de um Teatro Pobre*, afirma-se – em nota de pé de página – que, embora não houvesse comprovação científica de que essa pressão subjetiva da inspiração do ar dirigida a uma determinada parte do corpo criasse objetivamente uma caixa de ressonância, era inegável que ela modificava a voz e o poder de emissão do ator (e que se verificava uma vibração no lugar escolhido). Em um primeiro momento, trabalhava-se, então, sobre as caixas de ressonância de maneira direta, premeditada: o ator buscava realizar aquela pressão e a verificava através das vibrações que podia perceber ao tocar na parte solicitada do corpo. A partir do contato, essas caixas passaram a não ser mais trabalhadas diretamente, mas "colocadas em ação por meio de vários impulsos e do contato com o exterior"[340].

O aluno[341] era convidado, por exemplo, a "conversar" com a parede, com o teto, com o chão[342] a fim de obter, em forma de eco, uma resposta desses diferentes lugares do espaço. Essa

339 Ou ressonadores, ou vibradores.
340 J. Grotowski apud E. Barba, O Treinamento do Ator (1959-1962), *Em Busca de um Teatro Pobre*, p. 108.
341 Algumas referências importantes que temos sobre o treinamento do ator no t.-l., nessa época, se referem a cursos dados por Grotowski e Cieślak no exterior. Por essa razão, usarei, indiscriminadamente, as palavras ator e aluno quando me referir ao treinamento.
342 Cito uma descrição de Temkine sobre esse "exercício" de Grotowski para chamar a atenção para a relação entre o *contato* com o espaço e a estimulação das caixas de ressonância: "Grotowski pega um garoto pelo braço, e passeia com ele pela sala incitando-o a realizar um diálogo com o teto: as palavras refletem e ecoam ali, é como se a parte superior do crânio emitisse as palavras. Depois, o diálogo se faz com a parede que está em frente a ele. Dessa vez, a voz parece sair do peito". Cf. R. Temkine, *Grotowski*, p. 152.

O PERCURSO DA NOÇÃO DE ATOR EM GROTOWSKI

resposta era o estímulo que engendraria, por sua vez, uma nova reação do ator, reação que, começando no corpo, se espraiava para uma nova emissão vocal; era, então, uma resposta que iniciava uma nova "conversa". O trabalho sobre o eco ajudava a exteriorizar a voz[343] porque forçava o ator/aluno a reagir em relação ao espaço: "o eco deveria ser objetivo, vocês devem ouvir o eco. Nesse caso, a nossa atitude, a nossa atenção, não estão orientadas em relação a nós mesmos, mas em direção ao exterior"[344]. O eco da voz seria quase um "outro" com quem o ator estabeleceria contato. Também o trabalho sobre associações – com animais, com espaços, com companheiros imaginários etc. – ajudavam a estabelecer esse contato.

A própria maneira que Grotowski tinha de ensinar os exercícios vocais era baseada na ideia de contato. Ele estimulava o aluno por meio de sua posição no espaço (andando em torno do ator, indo para cima dele, afastando-se), de sua própria emissão vocal (atacando-o com sua voz, como um tigre, por exemplo) e do contato físico (ele tocava diferentes partes do corpo do aluno, carregava-o pelo braço etc.)[345].

Interessante lembrar que, nas descrições que Barba fez do trabalho anterior de Grotowski com os seus atores, o que parecia estar em jogo era o fornecimento de sugestões ou estímulos sonoros – palavras, frases, perguntas, músicas –, estímulos que o próprio ator podia, em algum momento, fornecer a si mesmo, como as fórmulas da personalidade, e não uma relação tão fisicalizada, de tanto contato entre os corpos quanto a que vimos acima. Aqui, o próprio aprendizado era realizado por meio do contato – inclusive físico – entre professor e aluno.

---

343 J. Grotowski apud F. Marijnen, O Treinamento do Ator [1966], *Em Busca de um Teatro Pobre*, p. 167.

344 J. Grotowski, A Voz [1969], em L. Flaszen; C. Pollastrelli (orgs.), *O Teatro-Laboratório de Jerzy Grotowski: 1959-1969*, p. 155.

345 Thomas Richards em seu livro relatou o jeito de fazer as coisas "direto, físico e exigente" que Cieślak mantinha com os alunos em um curso que ministrou em Yale. Contou que alguns alunos ficavam chocados quando, durante os exercícios, Cieślak manipulava seus corpos, estimulando-os a reagir, mas que, para ele, "tudo pareceu muito orgânico, como dois ursos brincando". Essa imagem de Richards toca fortemente na ideia de *contato*: voz e corpo se transformam pelo estímulo do outro e não por uma decisão voluntária de um dos agentes/ atores. Cf. *Trabalhar com Grotowski Sobre as Ações Físicas*, p. 11.

196 PALAVRAS PRATICADAS

Os exercícios físicos e plásticos[346], em sua maioria, também foram mantidos e, como vimos, estavam sendo trabalhados pela *via negativa*. Mas, além disso, a partir de um determinado momento, esses exercícios foram "orientados para uma busca de contato: a recepção de um estímulo do exterior e a reação a ele"[347].

Como exemplo desse redirecionamento, citarei mais uma vez o trabalho desenvolvido a partir da ioga. Grotowski, como vimos, tendo buscado a ioga como recurso para um trabalho sobre a concentração, acabou achando que o tipo de concentração engendrada pela prática daqueles exercícios não servia para os atores. Aquela era, segundo o artista, uma concentração introvertida, geradora de um repouso absoluto, que eliminava todas as ações.

Entretanto, continuavam a haver, na própria ioga, pontos de interesse para ele. Segundo o artista, as posições – asanas do hataioga –, além de ajudarem as reações naturais da coluna vertebral, conduziriam o ator a desenvolver uma segurança no próprio corpo e uma adaptação natural ao espaço. Esses elementos, que continuavam interessando a Grotowski, foram, então, transformados em elementos de contato humano: estabelecia-se "um diálogo vivo com o corpo, com o companheiro que evocamos em nossa imaginação ou talvez entre as partes do corpo cujas mãos falam com as pernas, sem colocar esse diálogo em palavras e pensamentos"[348].

Ao assistirmos o filme *Training at the "Teatr Laboratorium" in Wroclaw – Plastic and Physical Training* no qual Cieślak ensinava a dois atores do Odin Teatret os exercícios plásticos e físicos, vemos a ênfase na noção de contato – através do trabalho sobre as associações e do próprio jogo, da própria relação com os companheiros de trabalho. Cieślak, por exemplo, ensinava, na segunda parte

---

346 Eram os nomes utilizados no T.-L. para dois tipos diferentes de exercícios que aparecem no filme *Training at the "Teatr Laboratorium" in Wroclaw: Plastic and Physical Training*. No texto "Exercícios", na tradução para o português, eles foram chamados de "exercícios plásticos e exercícios corporais" (*O Teatro-Laboratório de Jerzy Grotowski: 1959-1969*, p. 171). O nome "plásticos" vem da linhagem de exercícios de Delsarte e Dalcroze, entre outros. Os *exercícios físicos* (ou corporais) eram baseados nos *asanas* do hataioga.

347 J. Grotowski apud Barba, O Treinamento do Ator (1959-1962), *Em Busca de um Teatro Pobre*, p. 108.

348 J. Grotowski, O Encontro Americano [dez., 1967], *Em Busca de um Teatro Pobre*, p. 208.

O PERCURSO DA NOÇÃO DE ATOR EM GROTOWSKI

do filme, vários asanas, mas esses eram colocados em uma dinâmica diferente daquela apresentada na aprendizagem do hataioga clássico. Eles eram trabalhados não como posições estáticas, mas em um fluxo contínuo, e as "passagens" entre os asanas nasciam como "respostas" a relações – imaginárias ou não – que apareciam durante o trabalho. Os asanas, vistos como detalhes fixados previamente, eram colocados em jogo, respondiam ao contato.

Trabalhei apenas sobre alguns exemplos de transformação no treinamento realizado no T.-L. a partir do contato, mas espero que esses exemplos pontuais possam ter dado ao leitor a imagem de uma mudança de direção profunda e decisiva para o trabalho no próprio T.-L. e também para uma metodologia do ator.

Outras noções se transformaram a partir do *contato*. Em texto de 1967, por exemplo, à antiga noção de personagem como bisturi, Grotowski anexou a noção de contato. Dizia que o papel era "um instrumento para fazer um corte transversal de si mesmo, uma análise de si mesmo; *e, a partir daí, um contato com os outros*"[349].

Também a noção de partitura sofreu transformação. Antes era vista como capaz de organizar e expressar (comunicar) os impulsos psíquicos aflorados e que, sem ela, corriam o risco do amorfo e do caos. Depois não podia mais ser entendida senão a partir da noção de contato: "O que é uma partitura de ações? Essa é a pergunta essencial. A partitura de ações são os elementos do contato. Receber e dar as reações e impulsos do contato. Se você fixa isso, então você fixa todos os contextos de suas associações"[350].

Há ainda uma dimensão um pouco mais delicada do termo contato no trabalho do ator grotowskiano. Nessa dimensão, creio que o contato era par necessário do ato total. Essa relação, que estou chamando de necessária, foi explicitada em uma entrevista de Grotowski concedida a Schechner em dezembro de 1967[351]. O artista falou em três renascimentos do ator por meio da via do contato.

349 J. Grotowski, A Técnica do Ator [mar., 1967], *Em Busca de um Teatro Pobre*, p. 182. (Grifo nosso.)

350 J. Grotowski, Interview with Grotowski [dez., 1967], em R. Schechner; L. Wolford (orgs.), *The Grotowski Sourcebook*, p. 54-55.

351 Essa é a mesma entrevista que venho, em alguns momentos, citando mais acima no texto e que faz parte do livro *Em Busca de um Teatro Pobre*, sob o título de "Um Encontro Americano".

O primeiro renascimento se daria quando, a partir de recordações e de associações que permitissem ao ator pesquisar seu relacionamento com os outros, ele "começa a viver em relação a alguém [...] ao companheiro de sua própria biografia", o que quer dizer que seus gestos, seu comportamento, sua expressão, sua voz se transformam a partir daquele companheiro imaginário.

Logo em seguida, o ator começaria "a usar os outros [atores] como tela para o companheiro da sua vida", começaria "a projetar coisas sobre as personagens da peça". Poderíamos dizer que ele traria essa lembrança para o tempo-espaço do presente. Esse seria o seu segundo renascimento.

O terceiro renascimento tinha relação com aquele corpo liberado do qual falamos anteriormente e é esse terceiro renascimento que me parece indicar aquela relação necessária entre o contato e o ato total. Para Grotowski, a liberdade, a doação de si, só poderia existir na presença do que ele chamava de um companheiro seguro. Ele não definiu esse companheiro, dizia apenas que muitos atores o compreendiam e o encontravam quando lhes era dito para doarem-se totalmente. Segundo o artista, cada ator teria sua própria oportunidade – diferente para cada um – de fazer a descoberta desse companheiro seguro.

Comparava novamente essa doação com um amor autêntico. Um amor, não a Deus – à natureza ou ao panteísmo –, que "já não funciona para nossa geração", mas a um "outro ser humano, que pode realizá-lo [ao ator] e compreendê-lo absolutamente", um amor "a alguém que nos compreende, mas que nunca encontramos. Alguém por quem se procura".

O ato total foi realizado por meio e a partir desse contato, desse terceiro renascimento, que Grotowski dizia não ser nem para o ator que o estava realizando nem para o espectador. "É muito mais paradoxal"[352].

Não é à toa que, em *Pc*, os espectadores passaram a ser denominados testemunhas[353]: o ato total não é feito para o espectador,

---

352 J. Grotowski, O Encontro Americano [dez., 1967], *Em Busca de um Teatro Pobre*, p. 201-203. Talvez algo dessa afirmação final nos permita compreender esse trabalho atual que "não é feito para o espectador" e que, muitas vezes, não conta nem mesmo com a sua presença; trabalho que foi e está sendo realizado no Workcenter of Jerzy Grotowski and Thomas Richards sob o nome de arte como veículo.

353 Nomenclatura que Grotowski também recuperou na fase final de sua trajetória.

O PERCURSO DA NOÇÃO DE ATOR EM GROTOWSKI

mas diante dele. Essa relação entre ato total e audiência será trabalhada no próximo capítulo do livro. Indico apenas que, mesmo que o ato total não tivesse sido construído na relação com o espectador, ele produzia um determinado tipo de impacto na audiência. Um impacto de tal ordem que Grotowski, em seu texto "Teatro e Ritual", dizia que, naquele momento, tendo abandonado a ideia de realizar um teatro ritual, havia justamente reencontrado aquele teatro. Ele se referia aqui à ênfase do trabalho que, tendo sido retirada da busca pela participação ativa do espectador – por meio da qual o diretor intentara construir a vivência de um ritual no teatro –, recaíra sobre o processo do ator, sobre o ato total. Voltarei também a esse ponto.

Como acabamos de ver a partir da citação de Grotowski sobre os três renascimentos, o trabalho dos atores do T.-L. era fortemente baseado em lembranças e associações.

Ouaknine chamava o ator, nessa pesquisa, de ator Proust[354]. Para ele, a motivação criativa do ator corresponderia à memória involuntária de Proust. O processo poderia ser descrito mais ou menos assim: o ator estava em cena, realizando suas ações. Em um dado momento, uma dessas ações abria a porta das associações, das memórias do ator. Essa associação transformava a totalidade psicocorporal do ator, ele vivia essa memória no espaço/tempo da improvisação[355]. Sua voz, seus gestos, sua expressão eram, então, modificados, determinados por aquelas associações pessoais, por sua motivação. O ator, desse modo, não guardava apenas para ele a lembrança despertada, não ficava absorvido por ela (o que o levaria, segundo Ouaknine, a ficar "ausente" ou "em outro lugar"), ele encontrava, a partir daquele comportamento transformado pela memória, uma abertura em direção ao outro, uma reação que pudesse estimular seu(s) parceiro(s) de cena[356].

---

354 Não fica claro se essa é uma nomenclatura usada apenas por Ouaknine ou se faz parte de uma nomenclatura de trabalho utilizada no T.-L.

355 Dizia Grotowski: "As recordações são sempre reações físicas. [...] É realizar um ato concreto. [...] Tornem as suas ações concretas, relacionando-as a uma lembrança". Cf. O Discurso de Skara, *Em Busca de um Teatro Pobre*, p. 187.

356 Segundo Ouaknine, depois de longo trabalho sobre essa mesma improvisação – depois de os atores terem anotado, por escrito, todos os detalhes possíveis; depois de terem sido incorporadas as intervenções do diretor visando à

200 PALAVRAS PRATICADAS

Podemos perceber um trabalho de ator dirigido pelo contato e para o contato: pelo contato, na medida em que eram encontradas inicialmente "aquelas cenas que poderiam dar aos atores uma chance de pesquisar o que os ligava aos outros [...] Assim, o ator poderia buscar 'concretamente lembranças e associações que condicionaram decisivamente a forma de contato'"[357]. E é dirigido para o contato, porque não se completava na rememoração, mas atualizava a memória, suas motivações e impulsos, na relação com o espaço real da cena e com os outros atores que ali estavam presentes.

Não se tratava, em nenhuma medida, portanto, de representar – ficcionar – uma lembrança da própria vida privada: o contato, para realizar-se, requeria o tempo presente, requeria o ato. A memória era atualizada – o que pode parecer um paradoxo – na medida em que o trabalho baseado em associações, ao mesmo tempo relembrava e presentificava um momento em que havia existido anteriormente aquele corpo do – e para o – contato.

Um último ponto que diz respeito ao trabalho realizado com as lembranças íntimas dos atores é que esse trabalho só tinha importância se as lembranças trabalhadas se apresentassem como desafios: se guardassem, para o ator, segredos importantes nos quais ele pudesse penetrar e conhecer. No trabalho com as lembranças, estava implícita a ideia de autopesquisa e de risco, ideias nucleares para pensarmos o trabalho do ator tanto no T.-L. quanto nas fases posteriores. Grotowski acreditava que o trabalho de ator só se realizava quando estava voltado para a busca daquele "desconhecido dentro de nós"[358].

organicidade da cena como um todo; depois de terem sido realizadas inúmeras repetições –, aquela motivação repetida e fixada continuava mantendo seu poder criador, ao mesmo tempo que se tornava mais maleável. Essa *partitura* de motivações poderia, então, por exemplo, passar a ser realizada em diferentes tempos-ritmos, mas ela permaneceria sempre justificada por elementos da própria vida do ator.

357 J. Grotowski, Interview with Grotowski [dez., 1967], em R. Schechner; L. Wolford (orgs.), *The Grotowski Sourcebook*, p. 40. Estou traduzindo aqui do inglês porque achei que esse fragmento não estava suficientemente claro na tradução de Aldomar Conrado que, de maneira geral, venho utilizando.

358 Grotowski concebia o seu próprio trabalho de diretor de maneira semelhante: "Eu não faço um espetáculo para ensinar aos outros o que eu já sei". Cf. J. Grotowski apud R. Schechner, Introduction (Part 1), em R. Schechner; L. Wolford (orgs.), *The Grotowski Sourcebook*, p. 25.

O PERCURSO DA NOÇÃO DE ATOR EM GROTOWSKI   201

Na contradição entre esse "domínio do desconhecido [...] e do encontro das técnicas para modelá-lo, estruturá-lo, reconhecê-lo" é que aparecia, para o artista polonês, uma radiação especial; o processo para conseguir o autoconhecimento seria alavanca para o trabalho de cada ator. Assim, o ator grotowskiano era convidado a empreender uma autopesquisa permanente, pesquisa considerada, ao mesmo tempo, parte da técnica atoral e direito inalienável da sua profissão[359].

MARCO 4:
A CONSCIÊNCIA ORGÂNICA E O ENCONTRO:
APOCALYPSIS CUM FIGURIS E *HOLIDAY*

> *De um determinado ponto de vista, assim como Grotowski foi a fonte da maestria de Cieślak, este foi a fonte do ensinamento de Grotowski.*
>
> L. KOLANKIEWICZ[360]

> *O ator não existe mais, o que existe é o homem que está mais do que os outros no encontro.*
>
> J. GROTOWSKI[361]

Para aqueles que conhecem a divisão por fases do percurso de Grotowski, pode parecer estranho colocar, em um mesmo marco conceitual sobre a noção de ator, seu último espetáculo, *Ap* – referente, portanto, à fase teatral –, e o que poderíamos chamar do seu primeiro e, em certo sentido, único projeto parateatral, ou seja, *Holiday*[362]. É claro que existem inúmeras

---

359 J. Grotowski, O Encontro Americano [dez., 1967], *Em Busca de um Teatro Pobre*, p. 200-201.

360 Leszek Kolankiewicz, Grotowski alla ricerca dell'essenza, em J. Degler; G. Ziólkowski (orgs.), *Essere un uomo totale*, p. 230.

361 J. Grotowski, ...Et le Jour Saint deviendra possible [out., 1972], *"Jour Saint" et autres texts*, p. 80.

362 Na chamada fase parateatral, houve inúmeras propostas, vinculadas a diferentes líderes ou guias – indivíduos que estiveram ou não no grupo inicial do T.-L., que propunham e lideravam ações ou laboratórios parateatrais. É claro que Grotowski, por sua liderança, tinha uma função de organização e de apreciação crítica das experiências realizadas. Mas podemos dizer que a experiência parateatral dele – e também a primeira experiência parateatral do T.-L. – foi *Holiday*. Como estou me interessando, particularmente, pelo percurso artístico dele, não tratarei do parateatro como um todo, mas me

202 PALAVRAS PRATICADAS

diferenças entre um e outro empreendimento que não serão omitidas aqui. Por outro lado, enxergá-los como pertencendo a um mesmo marco permitirá perceber a que ator Grotowski renunciou, e como foi necessário, para ele, que essa renúncia se desse até o fim, até a desistência de fazer novos espetáculos e, mesmo, de ministrar workshops para atores, como havia feito, principalmente junto com Cieślak, durante toda a segunda metade da década de 1960.

Esse diálogo entre *Ap* e *Holiday* já havia aparecido na análise de outros pesquisadores, como Kumiega, por exemplo. E não é difícil encontrar citações que corroborem essa visão. Schechner, por exemplo, mesmo tendo optado como editor do *The Grotowski Sourcebook* por separar a fase teatral do parateatro (e reunir, esse último ao Teatro das Fontes), disse, em ensaio referente à fase parateatral, que "*Ap* era uma produção teatral desejando ser um trabalho parateatral"[363]. Slowiak e Cuesta, em livro recente, afirmaram que *Ap*, quando nasceu, era uma ponte perfeita para o novo campo de investigação de Grotowski: o parateatro[364].

Mas talvez colocá-los em um mesmo marco conceitual sobre a noção de ator permita levar aquela relação entre o espetáculo e a ação parateatral ainda um pouco mais longe. E já veremos a produtividade dessa abordagem.

Acredito que, mesmo que *Ap* seja um espetáculo teatral, tanto o processo que levou à sua construção quanto a própria vida da peça apontam para o desfazimento de uma certa noção grotowskiana de ator, noção que havia encontrado seu ápice no trabalho de Cieślak em *Pc*. Esse desfazimento, começado em *Ap*, se aprofundou em *Holiday*.

---

deterei em *Holiday*. No confronto entre essa experiência e os textos de época é necessário ter em mente que os textos escritos/ditos por Grotowski no início dos anos de 1970 não devem ser lidos como referidos às experiências parateatrais como um todo, mas sim a *Holiday*. A especificidade dessa experiência foi explicitada por ele quando, ao apresentar suas fases de trabalho, disse que "Dentro [do parateatro], de maneira oculta, havia 'O Dia Santo' ['Le Jour Saint' foi como ele nomeou *Holiday* em francês], A Festa: humana, mas quase sagrada, ligada a 'se desarmar' – totalmente, reciprocamente". Cf. J. Grotowski, *Projet d'enseigment et de recherches*, p. 182.

363 Richard Schechner, Introduction (Part II), em R. Schechner; L. Wolford (orgs.), *The Grotowski Sourcebook*, p. 207.

364 James Slowiak; Jairo Cuesta, *Jerzy Grotowski*, p. 28.

O PERCURSO DA NOÇÃO DE ATOR EM GROTOWSKI   203

Ap nasceu de uma crise bastante grave no T.-L., que teve duração de pelo menos três anos[365]. Entender essa crise é fundamental para interpretar o percurso de Grotowski pós-*Pc* e sua posterior decisão de não mais encenar espetáculos. Os textos proferidos/escritos entre 1969 e 1974 nos dão pistas sobre – quando não se referem explicitamente a – essa crise.

São textos que continuavam desenvolvendo o que acredito terem sido, para Grotowski, as principais descobertas relacionadas ao trabalho de – e com – Cieślak no *Pc*: a organicidade e o encontro com o outro ser humano (e, por isso, escolhi a primeira epígrafe que abre o Marco 4). Por outro lado, esses textos se insurgem contra qualquer possibilidade de sistematização, de método, de pedagogia que pudesse vir a ser aplicada com base naquela experiência. E mais: eles retiram da experiência a possibilidade de inserir-se em qualquer lógica de mercado, seja aquela da profissionalização – o T.-L. como "fábrica" de atores excepcionais – seja aquela do ensino – o T.-L. como escola de atores ou como descobridor e propagador de um método aplicável por e para outros (e, justifica-se, assim, a escolha da segunda epígrafe).

Embora a construção de *Ap* seja anterior a *Holiday* (o espetáculo demorou três anos para ser realizado, entre final de 1965 e 1968), a vida do espetáculo se misturou inteiramente com a vida de seu projeto parateatral (e também com os outros projetos parateatrais, já que *Ap* foi apresentada até 1980) e, nesse sentido, as experiências podem ser vistas como contemporâneas entre si.

Ap estreou oficialmente em 11 de fevereiro de 1969[366] e é possível datar o início de *Holiday* pelo menos a partir de setembro

---

365   Dizia Flaszen: "Essa foi uma crise muito séria. *Apocalypsis* provou ser a saída da crise […] O terrível buraco morto que tinha engolido todo nosso trabalho foi o ventre no qual a obra nasceu". Cf. Conversations with Ludwik Flaszen, *Education Theatre Journal*, p. 323.

366   Em julho de 1968, houve uma pré-estreia para a censura. Grotowski contou, na aula de 12 de janeiro de 1998 do Collège de France, as estratégias que utilizou nessa pré-estreia. Ele já havia enviado – como era obrigatório – o texto da peça para a censura. O texto enviado era apenas uma listagem ordenada dos fragmentos de textos ditos no espetáculo. Ele suprimiu tanto o nome das personagens – referidas claramente a nomes bíblicos – quanto a atribuição dos textos a cada personagem, o que camuflava totalmente o sentido do espetáculo. No dia da apresentação, pediu para que os atores não realizassem totalmente as ações – blasfemas do ponto de vista do catolicismo –, mas que apenas as esboçassem. Mais do que isso: pediu que textos e ações fossem propositalmente malfeitos. Assim, a censura viu apenas um conjunto de textos

204 PALAVRAS PRATICADAS

de 1970, data em que Grotowski fez um convite, por meio de vários periódicos populares destinados a jovens e da rádio polonesa, "àqueles – porque para eles isso é simplesmente uma necessidade – que deixam seu conforto interno e procuram revelar-se no trabalho, no encontro, no movimento e na liberdade"[367].

Além da proximidade das datas, *Ap* e *Holiday* são duas experiências que, na prática, dialogaram e se entrecruzaram em inúmeros momentos e de diversas formas. Em 25 de fevereiro de 1970, na prefeitura de Wroclaw, em encontro com programadores culturais vindos de toda Polônia para ver *Ap*, e naquela que é considerada a primeira vez na qual anunciou suas intenções parateatrais, Grotowski dizia: "Vivemos em uma época pós-teatral. Não é uma nova onda teatral que se segue, mas algo que vai tomar o seu lugar. [...] Acredito que, para mim, *Apocalypsis cum Figuris* assinala uma nova etapa na pesquisa. Ultrapassamos uma certa barreira"[368]. E no mesmo ano, no Festival de Manizales, Colômbia: "Aquilo que há anos me empurrava rumo a outros horizontes foi resolvido dentro de mim"[369]. Assim, podemos dizer que *Ap* – por seu próprio percurso de crise e pelas saídas que conseguiu fornecer – abriu as portas aos outros horizontes, aos horizontes parateatrais:

Se alguém tem por objetivo o homem revelado, a meu ver, em cada fase da vida essa revelação deve significar o cruzar de uma nova barreira. Em *Apocalypsis,* esse problema nos pareceu particularmente claro e agudo. Já durante o trabalho preparatório, nós percebemos que havia nele [*Ap*], potencialmente, o germe de algo diferente, de uma maneira oculta, como se fosse um borrar de fronteiras[370].

Se a crise que deu vida a *Ap* foi, em certo sentido, a mesma que permitiu o nascimento de *Holiday*, podia-se imaginar que, uma vez feita a passagem para o parateatro, *Ap* deixaria de ser

desamarrados e ações fragmentadas e aprovou o espetáculo. No dia seguinte a essa apresentação – como mais uma estratégia dele – estava marcada uma viagem da trupe para o exterior. A estreia oficial da peça ocorreu apenas no início de 1969. E era, segundo Grotowski, uma reelaboração do espetáculo, com fragmentos diferentes daqueles apresentados na pré-estreia.

367 J. Grotowski apud J. Kumiega, *The Theatre of Grotowski*, p. 100.

368 Idem, p. 99.

369 J. Grotowski, O que Foi [1970], em L. Flaszen; C. Pollastrelli (orgs.), *O Teatro--Laboratório de Jerzy Grotowski: 1959-1969*, p. 199.

370 J. Grotowski apud J. Kumiega, *The Theatre of Grotowski*, p. 104.

O PERCURSO DA NOÇÃO DE ATOR EM GROTOWSKI

apresentada. Mas isso não foi de maneira nenhuma o que ocorreu[371]. E se olharmos do ponto de vista do percurso individual de Grotowski, houve, ao contrário, principalmente na primeira metade da década de 1970, um profundo entrelaçamento entre as duas experiências.

Esse entrelaçamento se realizou de diversas maneiras. Uma delas pode ser vista pelas transformações ocorridas, principalmente na relação ator e espectador em *Ap,* entre os anos de 1971 e 1973. Nesse período, foram realizadas "mudanças externas e estruturais significativas em *Apocalypsis*"[372], mudanças confirmadas pelo histórico das diferentes versões do espetáculo: a primeira versão datada de junho de 1971 e a segunda, de outubro de 1973[373]. Pois foi justamente nesses primeiros anos da década de 1970 que o grupo de *Holiday* se constituiu e realizou suas investigações a portas fechadas, isto é, sem que houvesse ainda uma seleção para participantes externos ao grupo formado a partir daquela primeira convocação[374].

Não pretendo neste momento discorrer extensivamente sobre essas transformações, já que o próximo capítulo será dedicado exatamente ao percurso da noção de espectador em Grotowski. Assinalo apenas que as transformações indicavam uma "maior proximidade física e psicológica" entre atores e espectadores, e mesmo entre os espectadores entre si[375]. Os espectadores também foram, em certo momento, convidados a uma participação direta no espetáculo.

---

371 Por outro lado, *Pc* foi apresentada pela última vez em 10 de dezembro de 1970 (J. Kumiega, *The Theatre of Grotowski,* p. 100). Acentua-se aí a especificidade de *Ap,* e sua natural convivência com as experiências parateatrais. Em 1971, Grotowski explicou sua decisão de tirar *Ak* de cartaz: "nós paramos de fazer *Akrópolis*. Não que o espetáculo tivesse perdido suas qualidades técnicas (ao contrário, ele atingiu um nível tecnicamente impecável e tornou-se um espetáculo sem vida), mas parou de ser um encontro com os outros e se transformou em um fato puramente estético". Cf. Une Rencontre avec Grotowski, *Le Théâtre en Pologne,* n. 7, p. 6.

372 J. Kumiega, *The Theatre of Grotowski,* p. 101.

373 *Ap* foi apresentada até o final de 1980, mas sua última versão é datada de 23 de outubro de 1973, o que pode significar que as transformações mais importantes em *Ap* ocorreram nos primeiros anos da década de 1970, justamente no período das experiências de *Holiday.*

374 O primeiro *Holiday* aberto a participantes externos selecionados aconteceu em junho de 1973.

375 Idem, p. 102.

206 PALAVRAS PRATICADAS

Outra transformação que pode parecer mais anedótica, mas que, ao contrário, é parte daquele desfazimento de uma determinada noção de ator em Grotowski, foi a opção, feita em meados de 1972, de que os atores utilizassem, no espetáculo, roupas do cotidiano e não mais figurinos. As roupas dos atores se confundiam, assim, com aquelas utilizadas pelos próprios espectadores, transformando-os, como disse Kumiega, em "pessoas comuns com roupas do dia a dia". A aproximação com a cotidianidade e com a contemporaneidade (o que não quer dizer com a banalidade e a trivialidade), como já veremos, fez parte das investigações desse período.

Ap foi também, durante todo o período parateatral do T.-L., um lugar de maior visibilidade e de manutenção da legitimidade do grupo. *Ap* era apresentado como um espetáculo, ou seja, como um produto público do T.-L. e, nesse sentido, era pragmaticamente necessário à vida das outras experiências mais reclusas e que suscitavam, por isso mesmo, mais dúvidas do meio teatral.

O espetáculo foi ainda um lugar de coesão do grupo, já que o parateatro, mesmo partindo de um determinado núcleo de críticas e questões comuns, abarcou, no decorrer da década de 1970, inúmeras atividades e laboratórios, independentes entre si e coordenados por diferentes indivíduos.

Além disso, em torno de *Ap* se realizou o encontro e a seleção de participantes para as experiências parateatrais. O processo de seleção começava, em certo sentido, no *testemunho* do espetáculo e continuava ao longo de uma extensa conversa[376] – em *Holiday*, entre Grotowski e os interessados em participar da experiência – após a apresentação da peça[377].

---

376 Grotowski, já em 1970, na conferência em Nova York, posteriormente publicada sobre o nome de "Holiday", parecia referir-se a algo semelhante a esse processo de mútua seleção: "Eu estou sentado frente a alguém que se parece comigo e com muitos dentre vocês. Sinto uma necessidade que me parece tão palpável que poderíamos tocá-la com a mão, e, entretanto, nós não encontramos palavras para defini-la. Eu lhe coloco uma questão após a outra – na verdade, eu as faço a mim mesmo – ele responde, e quando eu sinto que não saberia dizer se é a sua resposta ou a minha, eu anoto. E assim, lentamente, emerge a descrição da necessidade comum a nós dois".

377 François Kahn, em entrevista concedida a mim em 2006, referiu-se a esse processo de seleção de pessoas para o trabalho. O processo se fazia por meio de uma conversa com Grotowski que podia ser bastante longa. Ele visava a poder perce-

O PERCURSO DA NOÇÃO DE ATOR EM GROTOWSKI

Em entrevista datada de 1975, Grotowski resumiu esse entrelaçamento entre *Ap* e *Holiday* dizendo que o encontro realizado em *Ap*, em uma situação ainda teatral, servia como ponto de partida para um encontro mais total – leia-se *Holiday* – que poderia ser, ele também, passagem para "nossa conversão à verdadeira vida, é como nossa conversão à vida vivida, é como nossa conversão à vida *tout court,* absoluta". A importância de *Ap* no que o artista chamava desse "míssil de vários estágios" seria a possibilidade fornecida pelo espetáculo "de estar sempre integrado na vida social habitual"[378].

Por outro lado, ao relacionar *Ap* e *Holiday*, não posso perder de vista a importância, para Grotowski, de sua saída do teatro e de sua entrada em um inteiramente novo domínio de investigação. Em alguns textos, referiu-se, por exemplo, ao medo que teve ao resolver abandonar os limites prévia e socialmente definidos pelo fazer teatral, aventurando-se na experiência, ainda sem fronteiras definidas, de *Holiday*.

Outra maneira de justificar a escolha desse quarto marco das concepções do ator seria fotografá-lo na sua relação com o marco anterior, representado pelo espetáculo *Pc*, e, é claro, por aquilo que no espetáculo foi mais definidor de uma noção de ator, ou seja, a experiência de Ryszard Cieślak. Frente a essa experiência, o quarto marco indica tanto um profundo corte – com a experiência de excelência e, de certa forma, de exceção de Cieślak – quanto uma continuidade – com a descoberta da *organicidade* e daquele *nascimento duplo e partilhado.*

Houve a necessidade de renunciar à experiência de Cieślak: querer reproduzi-la – seja em um espetáculo, seja através de uma metodologia para o ator – foi, para Grotowski, encontrar e propiciar não mais a experiência original, mas os clichês da experiência. O quadro teatral, mesmo de um teatro *grotowskiano,*

ber que qualidade de energia e de engajamento seria colocada no trabalho por cada um dos interessados. Visava também a separar aqueles psicologicamente frágeis, pois não queria que o trabalho fosse utilizado como lugar de "exposição", como pretexto para descarga emotiva de pessoas que tivessem problemas psicológicos importantes. Além disso, o trabalho de Grotowski não estava voltado para pessoas que estivessem à procura de formação ou de aperfeiçoamento no campo da atuação. Para uma descrição ainda mais detalhada de Kahn sobre esse processo de seleção, ver também S. Bramini, *Il teatro delle sorgenti di Jerzy Grotowski*, p. 295-296.

378   J. Grotowski, Intervista de Mario Raimondo [1975], *Teatro e Storia*, p. 427.

PALAVRAS PRATICADAS

acabou não sendo visto como propício à exploração de certas tentações vislumbradas e experimentadas na experiência de/ com Cieślak em *Pc*.

Para Kumiega, quando *Ap* foi finalmente apresentada, "percebeu-se retrospectivamente que *Pc* tinha marcado o fim de um estágio de trabalho para o T.-L., um período no qual a força dos experimentos tinha sido centrada nos processos teatrais do ator nos limites dados pela estrutura de um espetáculo"[379].

Ao mesmo tempo, as investigações mais importantes desse quarto marco, realizadas em torno do que Grotowski nomeou de organicidade e de encontro têm, ambas, filiação nas experiências de Cieślak em *Pc*, e na relação humana construída entre eles quando da preparação do espetáculo.

Assim, esse quarto marco fotografa, frente à experiência de *Pc* : 1. um momento de *construção*, poder-se-ia mesmo dizer de *nomeação* da experiência, um momento de influência e impacto no mundo teatral da noção de ator que dali adveio; 2. um momento de crise, renúncia e rejeição de aspectos relacionados àquela noção; e, por fim, 3. um momento de reorientação para fora do próprio universo atoral e teatral *stricto sensu*, ou seja, o abandono do teatro e, consequentemente, o abandono daquele trabalho realizado sobre (e a partir de) um dos profissionais do teatro, o ator.

Grotowski fez, desde muito cedo, um teatro diverso daquele convencional e seu ator foi, pelo menos a partir do que caracterizei como o segundo marco, um ator que não se adequava à noção mais corrente de intérprete de uma personagem. Assim, o que podemos perguntar nesse quarto marco é o que exatamente o artista polonês abandonava quando dizia abandonar o teatro.

Sabemos que não se tratava apenas de uma crítica ao teatro em geral, crítica que ele já vinha fazendo desde muito antes, mas do abandono do seu *próprio* teatro, da sua própria concepção de ator que teria chegado a um grau máximo com Cieślak. Tratava-se, indiscutivelmente, de um corte. Porém, com o que ele efetivamente rompeu? E ainda: Grotowski nunca mais voltou a fazer espetáculos, no entanto sua crítica aguda ao teatro

---

379   J. Kumiega, *The Theatre of Grotowski*, p. 86.

O PERCURSO DA NOÇÃO DE ATOR EM GROTOWSKI

convivia com inúmeras apresentações de *Ap*. O que em *Ap* permitia essa convivência?[380]

Em certo momento, ele enxergou o que lhe pareceu uma contradição insuperável entre as experiências e relações humanas que lhe interessavam e o quadro oferecido pelo teatro com suas exigências, suas funções – ator, diretor, espectador – e seu produto – espetáculo. O teatro lhe pareceu outro lugar para mentir, baseado em relações de manipulação (como aquela do diretor em relação ao ator, e mesmo do espetáculo em relação ao espectador) e submetido a exigências de produção. O profissionalismo, a técnica, as estratégias de criação, os meios, a ênfase no treinamento foram vistos como maneiras de retardar ou mesmo de impedir o *ato* que era sempre *hic et nunc*.

Kumiega, em sua análise da transição da fase teatral em direção ao parateatro, centrou-se principalmente em dois aspectos: nas relações diretor-ator e ator-espectador. Essas duas relações, segundo ela, sofreram profundas mudanças, principalmente nos dois últimos espetáculos do T.-L. – *Pc* (na relação de Grotowski com Cieślak) e *Ap* – , e acabaram sendo totalmente dissolvidas em *Holiday*.

Houve também, nesse momento, uma profunda mudança na maneira de se pensar a formação de ator, o método ou a sistematização de saberes. O conhecimento passou a ser visto como só podendo ser apreendido em um *vis-à-vis*, em uma relação entre *irmãos*, e, assim, era, em certa medida, não sistematizável, não se adequando nem às exigências do profissionalismo nem àquelas de uma metodologia para o ator.

A experiência de Cieślak aguçou, e por outro lado, de certa maneira, deu cabo das pretensões pedagógicas e/ou metodológicas que acompanhavam a trajetória de Grotowski. Ele chegou a apresentar, em alguns dos seus textos ditos/escritos nos anos seguintes ao espetáculo *Pc,* o ato total como uma certa experiência modelo, porém percebeu, logo à frente, que era preciso justamente renunciar ao ato total como modelo e alvo, para, como gostava de dizer, realizar (e, em certo sentido, deixar que a própria natureza da experiência indicasse) o próximo passo.

---

380 Parte dessa resposta será fornecida também no capítulo sobre as noções de espectador.

210 PALAVRAS PRATICADAS

Uma declaração recorrente em diversos estudiosos da obra de Grotowski é que em *Ap* todos os atores teriam chegado ao ato total realizado por Cieślak em *Pc*[381]. Pessoalmente, tenho um profundo incômodo com essa afirmação. Ela nos leva a acreditar que Grotowski e Cieślak haviam chegado a um modelo ideal – o ato total – que pôde ser aplicado, no espetáculo subsequente, aos outros atores da companhia. Como veremos mais adiante, de modo contrário às suposições anteriores, o nascimento de *Ap* só foi possível quando Grotowski, e todos os outros componentes do grupo, renunciaram ao desejo de reproduzir tanto como método quanto como produto àquela imagem ideal fornecida por Cieślak no trabalho realizado em *Pc*.

Em 1975, Grotowski dizia: "Ryszard, em *O Príncipe Constante*, era verdadeiramente uma encarnação da minha maneira de ver o ator, daquilo que eu procurava. Mas era aquela encarnação unicamente porque era a encarnação de si mesmo e não de mim"[382].

A declaração indica claramente o paradoxo entre encontrar um grau máximo de realização de ator – realização que tinha sido buscada por meio de múltiplos caminhos – e perceber que essa realização era, de certa maneira, única. Havia, portanto, a percepção de que a experiência fora realizada, pelo menos naquele formato, por aquele ator ou, melhor ainda, propiciada pela relação estabelecida entre Grotowski e Cieślak, e não por um sistema passível de ser, de alguma maneira, mesmo que heterodoxa, aplicado a outros.

Nos últimos anos da década de 1960 e início da de 1970, o diretor deixou, por exemplo, de utilizar o termo ato total e passou a falar em ato. Leio nessa pequena mudança uma tentativa de não remeter suas investigações do momento, nem mesmo em sua terminologia, àquela experiência realizada com Cieślak, já que o ato total, como vimos, havia sido o termo com o qual nomeou a experiência com Cieślak.

É verdade que, nos anos imediatamente seguintes a *Pc*, o ato total foi vislumbrado como alvo, como ponto final de um caminho a ser percorrido, por exemplo, pelos estagiários que

---

381 Cf., por exemplo, J. Kumiega, *The Theatre of Grotowski*, p. 92.
382 J. Grotowski, Intervista de Mario Raimondo [1975], *Teatro e Storia*, p. 427.

O PERCURSO DA NOÇÃO DE ATOR EM GROTOWSKI

solicitavam, na época, uma formação junto ao T.-L.[383]. Mas acredito que no final dos anos de 1960, e após a estreia de *Ap*, falar em ato era, para ele, afirmar que muitos e diferentes caminhos conduziam à aceitação do *teu Homem* – termo que analisaremos mais à frente – e que cada caminho era "diverso: diverso não apenas para cada um individualmente, mas diverso também para cada processo criativo"[384].

Por outro lado, como já afirmei anteriormente, isso não significou que as marcas – práticas e existenciais – deixadas pela experiência de *Pc*, não tenham sido, ao longo dos anos subsequentes, reelaboradas e, de diversas maneiras, reativadas no trabalho do T.-L.

Gostaria de justificar ainda este quarto marco pela presença de noções relacionadas ao *participante* – já que aqui não podemos mais falar somente em ator – que, muito mais que aquelas presentes no livro de Grotowski, *Em Busca de um Teatro Pobre*, dialogaram com as fases seguintes do trabalho do artista. Os textos relacionados a este marco, que exploram a noção de *organicidade*, apresentam um determinado conjunto de questões das quais Grotowski não mais se separou ao longo do seu percurso. A perspectiva *orgânica* descoberta em *Pc* e ampliada, potencializada – e, podemos dizer, mais bem descrita –, nas experiências (e textos) deste quarto marco esteve presente nos anos e fases subsequentes.

Apocalypsis: Gênese do Espetáculo

Antes de me deter nos textos e termos do período, gostaria de apresentar a história de Grotowski sobre a gênese de *Ap*, espetáculo que demorou três anos para ser encenado. Na história da crise que deu origem à *Ap*, revelam-se escolhas, recusas e temas deste quarto marco da noção de ator.

Ap é o único espetáculo ao qual ele dedicou um texto completo: "Sobre a Gênese de *Apocalypsis*". O texto foi baseado nas

---

383   Ver, por exemplo, o texto "Declaração de Princípios", *Em Busca de um Teatro Pobre*, p. 210-218.

384   J. Grotowski, Sobre a Gênese de *Apocalypsis* [1969/1970], em L. Flaszen; C. Pollastrelli (orgs.), *O Teatro-Laboratório de Jerzy Grotowski: 1959-1969*, p. 182.

212 PALAVRAS PRATICADAS

transcrições de alguns encontros ocorridos depois da estreia do espetáculo, por volta do decenário do T.-L. A versão polonesa foi preparada (naturalmente com o aceite do artista) por Leslek Kolankiewicz e foi publicada pela primeira vez, salvo engano, apenas em 1984, numa tradução para o italiano[385].

Em 12 de janeiro de 1998, Grotowski dedicou a totalidade de sua aula no Collège de France à gênese desse espetáculo. Nessa aula, detalhou ainda mais aquilo que havia descrito nos encontros de 1969/1970. Utilizarei, sempre informando ao leitor, tanto informações obtidas do texto "Sobre a Gênese…" como da aula do Collège de France. Nesse caso, não enxergo a aula como uma correção de Grotowski ao texto previamente publicado. Trata-se mais de complementos e de elucidações sobre o que havia sido apenas esboçado no texto do final dos anos de 1960.

Um primeiro ponto que nos interessa, e que foi muito mais aprofundado na aula do Collège de France, é o difícil impacto da experiência e do sucesso de *Pc* na construção de *Ap*. Grotowski dizia ter havido, naquele momento de feitura do espetáculo, uma tentação de repetir algo – tratava-se da experiência de Cieślak em *Pc* – que, no momento do seu nascimento, tinha sido uma *exploração do desconhecido;* havia em *Ap*, portanto, permanentemente o perigo de querer *"trouver les neiges d'antan"*[386]. Falou ainda sobre a dificuldade de encontrar o caminho para o próximo espetáculo depois de algo que havia se caracterizado como um grande sucesso, e, mais que isso, como uma realização de antigos desejos e intuições.

Além disso, tocou explicitamente no trabalho individual de Cieślak em *Ap*, principalmente no que dizia respeito à relação entre o *processo criativo* desse ator e certos poemas de T. S. Eliot, que eram ditos por Cieślak no decorrer de *Ap*. A pergunta que Grotowski disse ter-se feito à época era: Qual seria o próximo passo para Cieślak após o cume da experiência atoral e humana que ele havia realizado em *Pc*? Grotowski relatou que

385 O que me levou a crer ter sido essa a primeira publicação foi o aparente não conhecimento de Kumiega sobre o conteúdo desse texto; ela, que em seu livro trabalhou com inúmeros textos em polonês, tanto de colaboradores e estudiosos quanto do próprio Grotowski, não cita esse texto em sua bibliografia.

386 Grotowski refere-se aqui à famosa poesia de François Villon, *Ballade des dames du temps jadis*, particularmente famosa pelo seu refrão interrogativo: *Mais ou sont les neiges d'antan?* (Mas onde estão as neves do passado?).

O PERCURSO DA NOÇÃO DE ATOR EM GROTOWSKI 213

ele mesmo e Cieślak encontraram, em certos textos de Eliot, um *detonador interior* para esse próximo passo.

Referiu-se ainda à competência técnica dos atores (e dele mesmo) no momento da feitura de *Ap* como se se tratasse de um bloqueio ao trabalho, pois que aquela competência permitia ao grupo *imitar* perfeitamente a verdade e não *fazer* a verdade.

Talvez a melhor forma de ler o texto "A Gênese de *Apocalypsis*" seja seguir o percurso do que Grotowski nomeou como a experiência da rejeição e da renúncia que marcou a construção do espetáculo: "Lembrei-me da renúncia que ditou esse trabalho. Nem em mim era consciente. [...] A renúncia. Creio que tenha sido o único tema do nosso trabalho em *Apocalypsis cum Figuris*"[387]. Anos depois, na aula do Collège de France, comentou: "Não sabíamos a solução, ela foi encontrada pela via dos fracassos".

São inúmeros os pontos aos quais ele disse ter renunciado e foi exatamente essa renúncia, forjando, por oposição, outra maneira de trabalhar, que permitiu o nascimento de *Ap*. A gênese de *Ap* seguiu um caminho que, como Grotowski fez questão de dizer, é impossível de ser tomado como modelo. Afirmava que nem ele nem os outros membros do grupo saberiam como repetir aquele processo.

Mas a que Grotowski renunciou? Em que fracassou? E como chegou a *Ap*? Responderei a essas perguntas tendo como foco principal o tema deste capítulo, ou seja, as noções de ator que se depreendem do (ou que explicitamente se apresentaram no) discurso e da (na) prática do artista nesses anos.

Relacionarei, a seguir, as renúncias e fracassos aos quais Grotowski se referiu ao longo do seu texto. Ele falou da recusa em utilizar os estereótipos do seu próprio trabalho; da recusa à técnica criativa que fora descoberta e utilizada até então; da recusa a, como diretor, resolver algo por meio de truques, quando "a coisa está morta" e "não convém consertar, remendar nada", ou criar sozinho, manipulando os atores; da renúncia à tentação de "enveredar por um caminho conhecido, como aquele, por exemplo, de *O Príncipe Constante*". Falou ainda

---

387 J. Grotowski, Sobre a Gênese de *Apocalypsis* [1969/1970], em L. Flaszen; C. Pollastrelli (orgs.), *O Teatro-Laboratório de Jerzy Grotowski: 1959-1969*, p. 194.

214 PALAVRAS PRATICADAS

do fracasso de dois espetáculos ensaiados e posteriormente abandonados: *Samuel Zborowski* – espetáculo que começou a ensaiar depois de *Pc,* para o qual já havia sido feito figurinos e cenários, e que foi abortado antes mesmo de estrear[388] – e *Os Evangelhos* – espetáculo que chegou a ser apresentado, em 20 de março de 1967, em ensaio aberto, mas foi abandonado logo em seguida.Continuando, discorreu sobre a renúncia aos prazos[389], e mesmo a respeito da renúncia a uma futura estreia: "É possível que não se chegue à estreia, que a obra não nasça". E revelou, por fim, que houve renúncia à perfeição, "procurar a perfeição quando se sabe trapacear, é o trapacear que vai aparecer", e, ainda, renúncia a colocar o seu olhar de diretor, a sua demanda de rigor e perfeição, sobre os atores. Ele dizia ter tido a percepção de que era o seu próprio olhar que gerava, entre os atores, a tensão e a demonstração de que ele estava tentando fugir. A exigência desse olhar gerava, segundo ele, uma auto-defesa em cada ator: "Meu olho estimulava a uma tecnicidade: meus colegas se sentiam obrigados a serem perfeitos"[390].

Na aula do Collège de France, falou novamente da virtuose, do conhecimento, da mestria acumulada pelo grupo como um dos elementos que impedia o *processo criativo*. Para ele, a busca do profissionalismo tinha funcionado enquanto era fonte de revelação, enquanto era luta contra o – e entrada no – desconhecido. Mas, quando ser profissional passou a significar que se conheciam os caminhos, que se podia reproduzi-los e ensiná-los a outros, foi preciso renunciar ao profissionalismo, às técnicas acumuladas e rejeitar os modos

388 Falando das dificuldades vividas nos ensaios de *Samuel Zborowski*, Grotowski dizia ter se recusado "a simular uma força criativa que na realidade não tinha, renunciei a fazer uma violência sobre mim e sobre os atores [...] Por que querer criar quando a criação não brota de nós? Ou, mesmo se surge, vai em uma outra direção? Idem, p. 184-185.

389 Havia uma grande pressão externa, ligada tanto ao governo que subvencionava o teatro e queria que houvesse espetáculos, quanto à imprensa/crítica polonesa que, referindo-se às viagens de Grotowski ao exterior para realização de palestras e workshops, dizia coisas desse tipo: "De artista criativo e inquieto, ele está lentamente se transformando em conferencista e professor". Cf. J. Kumiega, *The Theatre of Grotowski*, p. 49.

390 Grotowski chegou a ficar quatro semanas em casa, "triste, rebelado", enquanto os atores continuavam trabalhando, para não imprimir esse olhar ao trabalho dos colegas: "Não devia haver essa relação em que tudo era forçado à perfeição". J. Grotowski, Collège de France [1969/1970], 12.1.1998.

O PERCURSO DA NOÇÃO DE ATOR EM GROTOWSKI   215

de fazer. Naquele momento de crise, ele disse não ter encontrado nenhum procedimento no qual se ancorar, "nenhum método, porque creio que não há. Somos nós, aquele momento, era eu"[391].

Uma das transformações importantes ocorridas em *Ap* foi a aceitação daquilo que era cotidiano, contemporâneo, corpóreo. Grotowski, em vários momentos do texto sobre a gênese de *Ap*, falou do reencontro, no trabalho, com o que chamou de *terra da cotidianidade*. Dizia que não se tratava "daquilo que é lendário, mítico, consagrado, formado, mas daquilo que é real perante a vida. Naquele período se apresentaram recordações bem sinceras tiradas da vida real, seria possível dizer comum, dos meus colegas e minha"[392]. Grotowski se referia ainda à *presença da vida corpórea* no espetáculo, utilizando essa expressão quase como sinônima daquela *terra da cotidianidade*.

A um dado momento ficou claro para ele que a centralidade do espetáculo seria praticamente sem relação com os textos apocalípticos. Mas que ali havia o "apocalipse da vida, daquilo que é trivial, por assim dizer". O termo *apocalipse*, embora relacionado, no senso comum, com o final do mundo, vem do grego e significa *revelação*. Grotowski falava, então, da revelação que pode advir dessa vida trivial. Segundo Kumiega, o "sacrifício é levado para um nível de responsabilidade e resposta pessoal; as potencialidades da situação eram rebaixadas do mito e da lenda e eram reconhecidas como inerentes à experiência do dia a dia"[393].

Vamos ver, logo a seguir, que em *Ap* se fez uma profunda radiografia daquele grupo de atores e diretor. Por meio dos temas, das relações inter-humanas, das perguntas que formulou, *Ap* contou a história daqueles homens e mulheres que trabalharam juntos por tantos anos. O espetáculo mergulhou de fato na *terra da cotidianidade*, enxergando, naquelas relações, a encarnação de alguns aspectos míticos. Houve um rasgar da *terra da cotidianidade*, feito pelo grupo em sua própria carne,

---

391 O que é apresentado nesse texto como renúncia, ganhou, em outros, o tom de aguda crítica ao teatro, à técnica, ao profissionalismo etc.

392 Idem, p. 190.

393 J. Kumiega, *The Theatre of Grotowski*, p. 142.

216 PALAVRAS PRATICADAS

entre os seus. Grotowski dizia não ter escondido "a nossa vida, a nossa existência, o nosso ser, as nossas experiências"[394].

Ap testemunhou, nas renúncias que teve de fazer, os processos experienciados em espetáculos anteriores, as relações estabelecidas ao longo do tempo entre aqueles artistas, o modo como eles foram afetados pelos temas aos quais se dedicaram ao longo dos espetáculos, e também deu a ver a relação estabelecida entre cada artista individualmente e a história do grupo do qual fazia parte. Grotowski ainda dizia: "Esse ajuste de um miserável, pequeno apocalipse é lamentável, mesquinho. Aquele idiota lá. Porém lá está uma referência a algo mais"[395].

Ap era, para Grotowski, o seu espetáculo mais pessoal, e, ao mesmo tempo, mais fortemente baseado na criação dos atores. Dizia que em nenhum dos seus espetáculos anteriores essa criação fora tão evidente[396]. Foi preciso que ele renunciasse à função de diretor nos moldes em que havia trabalhado nos últimos espetáculos, que aceitasse ser conduzido pelo processo criativo dos atores, para que realizasse seu espetáculo mais pessoal. Encontram-se aqui, sem dúvida, os ecos daquele nascimento duplo e partilhado – do encontro – que Grotowski havia experimentado com Cieślak em *Pc*.

Teu Homem e Encontro

Uma expressão que perpassa todo o texto "Sobre a Gênese de *Apocalypsis*" é a expressão teu Homem:

o ator deveria recusar-se a agir com sua personalidade conhecida pelos outros: elaborada, calculada, preparada para os outros, como uma máscara. De resto, frequentemente, se trata não de uma personalidade, mas de duas, três, quatro... Pela mesma razão pude descobrir que ele

394 Interessante perceber como, tanto no texto quanto na aula do Collège de France dedicados a *Ap*, aparece, mais que em qualquer outro momento, o nome dos atores do t.-l. Grotowski geralmente não citava nominalmente seus atores ou colaboradores, mas, quando falava de *Ap*, talvez exatamente pelo caráter do processo, sempre se referia aos nomes de Antek, Rena, Ryszard etc.
395 J. Grotowski, Sobre a Gênese de *Apocalypsis* [1969/1970], em L. Flaszen; C. Pollastrelli (orgs.), *O Teatro-Laboratório de Jerzy Grotowski: 1959-1969*, p. 195.
396 Idem, p. 194-195.

O PERCURSO DA NOÇÃO DE ATOR EM GROTOWSKI 217

deveria procurar aquilo que – com Teófilo de Antioquia[397] – eu chamava de "o teu Homem": mostra-me o teu Homem que eu te mostrarei o meu Deus[398].

O que Grotowski chamou de liberação ou aceitação do próprio Homem passou pela noção de encontro, noção que explicitamente trabalhada nos textos e práticas vinculados a *Holiday*, já está presente nas páginas iniciais desse texto sobre *Ap*. Ele dizia, por exemplo, que só poderia ocorrer algo criativo entre um ator e um diretor quando "ocorresse o contato entre dois mistérios". Tratava-se daquela procura de si mesmo, no outro: "procuramos nele (no ator) também nós mesmos, o nosso 'eu' profundo, o nosso si. A palavra 'si' ou 'se', que é absolutamente abstrata se referida a nós mesmos, se imersa no mundo da introversão, tem sentido porém quando se aplica em relação a algum outro"[399].

Em *Ap*, o essencial ocorreu, segundo Grotowski, exatamente no trabalho individual – mas não introvertido – de cada ator; ocorreu nesse "mostra-me o teu Homem". Afirmou, inclusive, que um dos problemas encontrados no momento da construção do espetáculo foi a dificuldade de manter, no trabalho final do conjunto, as sementes descobertas quando ele trabalhava com cada ator individualmente. Longo tempo foi gasto para reunir essas duas facetas.

Interessa, é claro, neste capítulo, entender como se deu sua investigação com os atores em *Ap*, pois que era aí que estava se desenhando uma outra noção de ator e de trabalho de ator (ou, talvez, desfazendo-se de uma vez por todas essas duas noções). Em "A Gênese de *Apocalypsis*", embora afirmasse a importância dessa investigação, ele foi parco em informações; disse, inclusive, que sobre esse aspecto não era possível falar. Na aula do Collège de France, foi um pouco mais generoso, mas não há dúvida que continuam havendo inúmeros segredos e lacunas.

O que podemos fazer então, a partir de suas declarações, é interpretar alguns caminhos percorridos no processo criativo

---

397 Teólogo, escritor cristão apologista e padre da Igreja. Viveu – ao que tudo indica – no final dos anos de 100.
398 Idem, p. 182.
399 Idem, p. 181.

218 PALAVRAS PRATICADAS

dos atores para a construção de *Ap*. Minha interpretação, baseada principalmente em algumas falas de Grotowski, não dará conta, naturalmente, de explicitar todo o caminho – longo e difícil – realizado com os atores até a construção do espetáculo. Desse modo, decidi apresentar minha análise por meio de "instantâneos", ou seja, como se se tratasse de fotografias de momentos importantes desse percurso.

A interpretação baseada na fixidez desses instantâneos será tão mais interessante se o leitor puder enxergá-la, não como uma descrição fiel dos processos de ator realizados naquele espetáculo, mas como pistas que serão utilizadas – junto com outras – para compor este quarto marco das concepções sobre a noção de ator em Grotowski.

Primeiro Instantâneo

O trabalho realizado por Grotowski como diretor em *Ap* foi essencialmente o de olhar as sementes que espontaneamente brotavam do trabalho dos atores. Para o aparecimento, e mesmo o desenvolvimento, dessas *sementes*, ele disse ter sido necessário, inúmeras vezes, sentar-se silenciosamente, por longo tempo, apenas para observar. Flaszen confirmou essa transformação na maneira de Grotowski dirigir:

durante *Apocalypsis*, ele descobriu uma outra maneira de trabalhar e quem ele era no trabalho. O método básico da sua atividade não era mais instruir os atores, mas, principalmente, esperar. Ele sentava silenciosamente, esperando, hora após hora. Essa foi uma mudança muito grande, porque antes ele era verdadeiramente um ditador[400].

O ator podia, por exemplo, realizar sua ação durante todo o tempo que achasse necessário sem que o diretor o conduzisse, ou o convidasse a parar. Em parceria com o ator, buscava reconhecer e alimentar aquilo que, no trabalho realizado, enxergassem como algo *vivo*; buscava, então, permanecer, como ele mesmo dizia, fiel a essas sementes.

---

400 L. Flaszen, Conversations with Ludwik Flaszen, *Education Theatre Journal*, p. 324-325.

O PERCURSO DA NOÇÃO DE ATOR EM GROTOWSKI   219

Segundo Grotowski, o perigo para o diretor era o de perder de vista ou o de abrir mão dessas sementes, por medo da sua não adequação à obra final, ao espetáculo que estava sendo ensaiado. Grotowski rejeitou diversas vezes a obra – desistindo, por exemplo, da encenação de *Samuel Zborowski* e de *Os Evangelhos* – em prol de uma fidelidade – que, segundo ele, necessitava ser permanentemente renovada – àquelas *sementes*.

É nesse sentido que Grotowski dizia que *Ap* se fez: "me decidi a não fazer nada à força. *Deveria fazer-se por si.* [...] Por que lutar, por que querer criar, quando a criação não brota de nós? Ou, mesmo se surge, vai em outra direção? Então é preciso procurar essa outra direção"[401]. No trabalho do diretor apareceu também uma via negativa que esteve presente, anteriormente, no trabalho dos atores: não o querer fazer, mas o permitir – fugindo aos bloqueios – que algo se fizesse.

Para os atores, essa nova condução baseada na rejeição total dos truques, dos meios, dos modos de fazer, trouxe novas e grandes exigências, como vemos nessa fala de Grotowski:

> Para todo o grupo foi o período em que tocamos algo de essencial: a consciência de que nesse espetáculo não havia a possibilidade de se esconder, de enganar, nem mesmo inconscientemente; de que, em outras palavras, ninguém podia se limitar a não perturbar. Em cada um dos nossos espetáculos anteriores uma possibilidade do gênero existia ainda, embora em grau muito menor em relação aos outros teatros [...] Mas aqui é impossível [...] nada fora da honestidade – a honestidade de cada um – é capaz de salvá-lo. Nessa perspectiva, *Apocalypsis* é o mais difícil dos nossos espetáculos. É o mais desarmado e indefeso [...] sempre suspenso sobre o abismo, sempre pronto a cair[402].

Havia ainda outro trabalho realizado pelo diretor e seus atores em *Ap*: tratava-se de um exercício de associação, de, digamos, leitura sensível ou poética daquelas sementes. Essa leitura era realizada a partir de um universo partilhado por aqueles homens, filhos daquele tempo, e mesmo filhos daquele grupo. No próximo instantâneo, já veremos esse trabalho *associativo* – nesse caso, apenas do diretor – em ação.

---

401   J. Grotowski, Sobre a Gênese de *Apocalypsis* [1969/1970], em L. Flaszen; C. Pollastrelli (orgs.), *O Teatro-Laboratório de Jerzy Grotowski: 1959-1969*, p. 185.
402   Idem, p. 194.

220 PALAVRAS PRATICADAS

Segundo Instantâneo

Grotowski, no texto sobre a gênese do espetáculo, contou a cena motriz de *Ap*, "aquela única improvisação que deu início, no trabalho, àquela corrente que nos levou a *Apocalypsis*"[403]. O diretor havia relacionado o trabalho que Jaholkowski estava realizando durante os ensaios de *Samuel Zborowski*[404] com uma personagem que não pertencia àquela peça de Slowacki. Tratava-se de um padre cristão ortodoxo. Essa figura construída inconscientemente por Jaholkowski era, segundo Grotowski, a única coisa viva nos ensaios da peça até então.

A partir desse padre (Pope), Grotowski lembrou-se da "Lenda do Grande Inquisidor", de *Os Irmãos Karamazov*, de Dostoiévski. E, utilizando essas duas referências, preparou junto com Jaholkowski, justamente em um dia onde "não havia um grande entendimento" no grupo, uma provocação[405].

Primeiro, ele retirou da sala toda a cenografia que já estava pronta para a peça de Slowacki. Depois, falando a Jaholkowski sobre sua associação com a figura do padre ortodoxo, propôs que o ator montasse uma espécie de banquete, de Santa Ceia:

> Estabeleci junto com ele que, de repente, durante o banquete, teria começado a fazer alusões, que finalmente aqui alguém é o melhor ator: seja como homem, quanto como ator, e de verdade... quase um santo. E assim aconteceu [...]. Em toda essa tarefa, Antek[406] sabia a coisa essencial: devia encontrar alguém que fosse o melhor. Já devia voltar-se em direção a Cieślak, mas se voltou, ao contrário, para Cinkutis. Depois, porém, queria mudar o objetivo de suas *avances* [...] De repente jogou Cinkutis no chão e se dirigiu a Cieślak: Cieślak é um grande ator, mas detesta que alguém o cobre. A situação se tornou um pouco ambígua. Calou-se, agachou-se. E foi então que Jaholkowski inventou aquele texto extraordinário, que mantivemos no espetáculo: "Nasceste em Nazaré, és o Salvador, por eles morreste na cruz, mas eles não Te reconheceram!" E naquele momento também Rena Mirecka entoou aquele canto: "Glória ao Grande e ao Justo!"[407]

---

403   Idem, p. 186.
404   Jaholkowski iria fazer a personagem principal do espetáculo que, então, se
        estava ensaiando.
405   Idem, p. 186-187.
406   O ator Antoni Jaholkowski.
407   Idem, p. 187.

O PERCURSO DA NOÇÃO DE ATOR EM GROTOWSKI

No espetáculo *Ap*, essa improvisação permaneceu presente, separada em duas cenas distintas. No início do espetáculo, havia o que poderia ser nomeado como um momento pós-festa[408]. Mas o grupo procurava, ainda, com o que se divertir e "Simão Pedro [Antek] diz, como se lançasse um desafio: 'Levantemo-nos! Oh Salvador!' E assim roda pela sala. Encontra Lázaro [Cinkutis] e o indica, mas é só uma brincadeira". Na sequência, Antek encontrava Cieślak (Escuro/Inocente[409]) e então se dirigia a ele como se fora Cristo[410].

A segunda cena vinha daquela improvisação criada por Mirecka:

todos circundam o Escuro segurando velas na mão e cantando: "Glória ao Bom e ao Justo." Cantam-lhe esse belo canto para que acredite nisso. E também eles querem acreditar nisso. Quando isso acontece, começam a balir em cima dele como cabras; do mesmo modo com que se pode acabar com alguém, assim eles balem em cima dele, destroem-no, aniquilam-no com a sua lamúria[411].

Grotowski afirmava: "do meu encontro com o pope, com o ator que [...] deu vida ao pope, abriu-se uma perspectiva natural, uma base possível. Não ainda aquela em direção ao Grande Inquisidor. Para o momento aquela do sacerdote, do provocador de Cristo. E ao mesmo tempo, abrira-se a possibilidade para Cieślak como Cristo"[412].

408 "É possível que extenuados por sua devassidão, eles repousem, banhados no esperma, no suor e no álcool espalhados" (programa do espetáculo).
409 A personagem de Cieślak chamava-se, em polonês, Ciemny, que pode ser traduzido por *escuro* ou *obscuro* (mas também por simples, cego, inculto. Cf. K. Puzyna, *Apocalypsis cum Figuris*, *Le Théâtre en Pologne*, n. 6-7, p. 21). Em inglês, utilizou-se *simpleton*, em italiano, *l'innocente*, em francês, *l'innocent* e em espanhol, *el inocente*. Grotowski comentou, na aula do Collège de France, sobre essas nomenclaturas. Dizia que a palavra em polonês tinha um sentido que não se conseguiu achar em outras línguas, que misturava o perigoso e o sagrado. Falou sobre a semelhança da personagem de Cieślak com o *jurodivij*, o "louco de Deus", personagem que descobriu na obra de Dostoiévski. Afirmava que o *jurodivij* era verdadeiro, que sua presença era real. Dizia que ele era um "toi face à moi". Mas a questão sobre se ele era ou não divino permanecia. O Cristo de Grotowski/Cieslak era um Cristo *jurodivij*. Utilizarei sempre a denominação *Escuro/Inocente* para tentar aproximar-me dessa imagem.
410 J. Grotowski, Sobre a Gênese de *Apocalypsis* [1969/1970], em L. Flaszen; C. Pollastrelli (orgs.), *O Teatro Laboratório de Jerzy Grotowski: 1959-1969*, p. 186.
411 Idem, ibidem.
412 Idem, p. 187.

222 PALAVRAS PRATICADAS

Fiz questão de fazer essas longas citações e de descrever certas cenas do espetáculo, porque acredito que só assim podemos compreender pelo menos algumas das camadas associativas presentes em *Ap*. Não há como negar, frente a esse exemplo, que uma camada dizia respeito à vida da própria companhia e de seus membros. Não cabe aqui encontrar um "o que, em última instância, se queria dizer", mas apenas perceber que uma série de embates, de conflitos, de expectativas dos integrantes do grupo entre si, bem como as vivências desse grupo frente ao mundo exterior estiveram presentes na tessitura do espetáculo.

Apontar Cinkutis – que havia sido o ator principal em *Kordian* e em *Dr. Fausto*, que havia se afastado da companhia e retornado em 1967 – como o melhor, o santo, para, posteriormente, voltar atrás e apontar Cieślak – o ator do ato total, aquele reconhecido internacionalmente – não pode ser visto como uma escolha aleatória; essa era, no mínimo, uma vivência, consciente ou inconsciente, daquele grupo. Slowiak e Cuesta, ao relatarem essa cena, afirmaram sem dar maiores explicações que: "algo não dito tornou-se carne"[413].

O duplo admiração/aniquilamento, aqui presente na cena do canto de Mirecka, já havia também aparecido em *Pc*. Naquele espetáculo, os próprios torturadores se confessavam ao príncipe, queriam partilhar de sua carne, ao mesmo tempo em que preparavam a sua execução. No caso de *Ap*, esse duplo fascínio/aniquilamento esteve analogamente alimentado pelo sucesso estrondoso do T.-L. Naquele momento, o sucesso e a possibilidade de aniquilamento – daquilo que era visto como mais autêntico no trabalho da companhia – não eram duas experiências tão antagônicas.

Creio que poderíamos encontrar, no espetáculo, inúmeras outras associações desse tipo. As personagens de cada ator, os nomes bíblicos a que estão associados, as ações que fazem, os

---

413   J. Slowiak; J. Cuesta, *Jerzy Grotowski*, p. 25. Findlay afirmou que, em palestra realizada em Nova York, em 31 de agosto de 1984, Grotowski confessou que "Algo das tensões entre Cynkutis e Cieslak estava em jogo nesse momento teatral, mas foi Jaholkowski em um ensaio que equivocadamente indicou Cynkutis. 'Eu fiquei feliz com o erro de Antek', disse Grotowski". Cf. R. Findlay, Grotowski's Laboratory Theatre Dissolution and Diaspora, em R. Schechner; L. Wolford (orgs.), *The Grotowski Sourcebook*, p. 186.

O PERCURSO DA NOÇÃO DE ATOR EM GROTOWSKI

textos que dizem, não foram estabelecidos *a priori*. Nenhum ator tinha, no início dos ensaios de *Ap*, um texto teatral ou personagem a interpretar. Os textos foram aparecendo por meio de associações pessoais e de grupo – no encontro entre o diretor e cada um dos atores, no encontro dos atores entre si. Assim eles eram, textos e personagens, mais que nunca, ligados àquilo que era mais íntimo a cada ator. Pertenciam àquela terra da cotidianidade, da corporeidade; eram também portas para o mostra-me teu Homem.

As personagens e os textos ditos pelos atores revelavam certas contradições, experiências, revelavam parte da vida daquele microcosmo que era o T.-L. e, ao mesmo tempo – e *pour cause* –, permitiam que se percebesse (e se recebesse) essas contradições e experiências não como circunscritas à psicologia daqueles atores, à sua personalidade, mas como que vinculadas a uma experiência humana mais ampla.

As diversas camadas do espetáculo, desde as relacionadas à intimidade dos atores, até àquelas voltadas ao "tema" do espetáculo – uma possível segunda vinda de Cristo à Terra[414]– mais do que simplesmente dialogar entre si, criavam condições para que naquele ajuste de um miserável, pequeno apocalipse, ajuste lamentável, mesquinho, houvesse uma referência a algo mais[415]. Aquela cena motriz do espetáculo não falava justamente da convivência entre – algo que poderíamos, à primeira vista, considerar muito comezinho – as relações de inveja,

---

414 Sobre essa camada, apresento um fragmento da análise/crítica a meu ver mais interessante feita sobre o espetáculo: "Cinco pessoas reunidas por acaso resolvem, por pilhéria, criar um Cristo – mas ele é verdadeiramente falso? Ele percorre novamente seu caminho e perde. Mas é verdadeiramente um fracasso? Esses pontos de interrogação fazem a força emotiva e intelectual de *Apocalypsis*. Se Grotowski tivesse apenas querido dizer que Deus está morto, ele teria repetido depois de Dostoiévski uma verdade que já se tornou banal [...]. Mas a pergunta se Deus está morto toca em um casulo de problemas que não são para nada negligenciáveis. E isso fica mais forte já que na linguagem metafórica de *Apocalypsis*, Deus (ou Cristo) não deve necessariamente equivaler ao Deus pessoal judaico cristão. Ele pode significar todo um leque de problemas humanos. K. Puzyna, *Apocalypsis cum Figuris*, *Le Théâtre en Pologne*, n. 6-7, p. 14. Havia, segundo Puzyna, uma profunda interrogação sobre um Cristo/homem. Uma completa descrição de *Ap* encontra-se em apêndice no livro de J. Kumiega, *The Theatre of Grotowski*.

415 J. Grotowski, Sobre a Gênese de *Apocalypsis* [1969/1970], em L. Flaszen; C. Pollastrelli (orgs.), *O Teatro-Laboratório de Jerzy Grotowski: 1959-1969*, p. 195.

224 PALAVRAS PRATICADAS

admiração, raiva e amor entre aqueles atores e a possibilidade de uma segunda vinda de "Cristo"?

O programa do espetáculo parece corroborar essa análise quando se referia à possibilidade de encontrar, em experiências da vida de todo dia, o mito:

> Os alegres convidados representam inicialmente os atributos das personagens do *Evangelho*, depois se colocam na situação dessas personagens; descobrem, nelas, afinidades com sua máscara humana e espiritual frequentemente deformada e caricaturizada no desenrolar da ação – e tudo isso pela força dessa lógica inconsciente que, quase automaticamente, empurra os homens, suas máscaras e seus títulos, a gravitar, nos momentos de verdade, na direção das representações do mito.

Grotowski se referiu, como veremos no próximo instantâneo, justamente a essa interdependência, quando respondeu, na aula do Collège de France, a uma indagação da audiência sobre a relação entre o trabalho de Cieślak em *Ap* e os textos de T. S. Eliot que eram ditos pelo ator no espetáculo.

Terceiro Instantâneo

Não encontrei, antes dessa aula do Collège de France, nenhuma declaração de Grotowski sobre o trabalho de Cieślak em *Ap*[416]. E é natural que nos perguntemos sobre a continuidade do trabalho desse ator, já que ele havia realizado em *Pc*, tanto na própria percepção de Grotowski quanto aos olhos do mundo teatral, um feito excepcional que abalara as fronteiras do que até então se definia como ator[417].

---

416 No texto sobre a gênese de *Ap* aparece uma referência ao trabalho com Cieślak, mas ela é vaga e confusa: "Uma outra questão do gênero, impossível de formular, era a pesquisa, junto a Cieślak, em torno de Cristo. A um certo ponto, de qualquer forma, depois de muito tempo, a bloqueamos, a fechamos, a fim de entrar nela de maneira completamente diversa, para depois voltar a ela ainda à maneira de antes, mas já com uma outra perspectiva". Idem, p. 188.

417 Grotowski, no encontro em homenagem a Cieślak, em 1990, encontro no qual revelou parte do processo realizado em *Pc*, também se referiu rapidamente ao trabalho de Cieślak em outros espetáculos. Disse que uma das personagens de Cieślak em *Dr. Fausto*, a personagem Benvoglio, tinha sido a primeira verdadeira façanha do ator. Em relação a *Ap*, ele disse apenas que o espetáculo fez de Cieślak um ator célebre, principalmente nos EUA. Confessou-se mais vinculado

Na aula do Collège de France, forneceu pequenos porém preciosos detalhes relacionados àquele trabalho e à pesquisa que ele vinha realizando junto a Cieślak, desde *Pc*, sobre a figura de Cristo. Os detalhes fornecidos diziam respeito principalmente à relação entre o trabalho de Cieślak e os poemas "Ash Wednesday" e "Gerontion" de T. S. Eliot. As falas do *Escuro/Inocente* – personagem de Cieślak em *Ap* – eram compostas por longos fragmentos desses poemas.

Interessante perceber que, quando Grotowski se referia à relação entre Cieślak e os textos ditos pelo ator em *Ap*, ele não fazia nenhuma diferença entre a personagem de Cieślak – o *Escuro/Inocente* – e o próprio ator. Os textos escolhidos estavam vinculados à intimidade, à vida, inclusive artística, de Cieślak. Estavam vinculados, por exemplo, à experiência do ator em *Pc*, experiência de um grande feito humano e profissional, e também de reconhecimento mundial. Ao mesmo tempo, os textos diziam respeito àquela pesquisa sobre Cristo.

Misturando em suas declarações essas duas instâncias – o ator Cieślak e a figura de Cristo – Grotowski permitiu que enxergássemos melhor como aquilo que ele chamou de um terreno da cotidianidade – ligado à intimidade do ator, às suas relações com o microcosmo do t.-l. e com o mundo – foi refletido ou recebeu o reflexo, em *Ap*, do mito de Cristo.

O artista polonês falou, por exemplo, que, em relação a seu trabalho, Cieślak não deveria repetir a experiência realizada em *Pc*, mas que deveria *ser* "alguém depois dessa experiência". E completava: "Cristo, mas em uma segunda vinda, depois de ter tido conhecimento de que o jogo estava perdido, depois de ter vivido a vacuidade da glória". Seria um Cristo "louco de Deus", que continuaria jogando quando já sabia que não poderia ganhar. Ele estava se referindo a Cristo ou a Cieślak? Impossível responder. Cieślak, de certa forma, vivia, assim como o "Cristo" do espetáculo, um segundo retorno: retorno pós-glória e pós--vazio da glória.

Os textos de Eliot atuaram em Cieślak, segundo Grotowski, como um detonador, uma bomba interior: os textos escolhidos

à atuação de Cieślak em *Pc*, "e também a alguma coisa que se criou entre mim e ele durante o trabalho". Cf. *Le Prince constant* de Ryszard Cieslak, em G. Banu, *Ryszard Cieslak, l'acteur-emblème des années soixante*, p. 14.

não se referiam mais a uma explosão de juventude, como aquela relacionada com *Pc;* não se tratava mais da potência de um amor sensual de juventude. Tratava-se, ao contrário, de um Cristo *velha águia* – a imagem vem do texto de Eliot –, depois de todos os fracassos, depois de passada a juventude e a glória.

Cito alguns fragmentos, com os cortes feitos no espetáculo de Grotowski, do texto "Quarta-feira de Cinzas" (Ash Wednesday) que foram ditos por Cieślak em *Ap*, para que tenhamos mais clareza desse detonador. A tradução é de Ivan Junqueira, do original *Collected Poems 1909-1962*, para a Editora Nova Fronteira, em 1981:

> Porque não mais espero retornar
> Porque não espero
> Porque não espero retornar
>
> Não mais me empenho no empenho de tais coisas
> (Por que abriria a velha águia suas asas?)
> Por que lamentaria eu, afinal,
> O esvaído poder do reino trivial?
>
> Porque não mais espero conhecer
> A vacilante glória da hora positiva
> Porque não penso mais
> Porque sei que nada saberei
> Do único poder fugaz e verdadeiro
> Porque não posso beber
> Lá, onde as árvores florescem e as fontes rumorejam,
> Pois lá nada retorna à sua forma
>
> Porque sei que o tempo é sempre o tempo
> E que o espaço é sempre o espaço apenas
> E que o real somente o é
>
> Porque não mais espero retornar
> Que estas palavras afinal respondam
> Por tudo o que foi feito e que refeito não será
> E que a sentença por demais não pese sobre nós
>
> Porque estas asas de voar já se esqueceram
> E no ar apenas são andrajos que se arqueiam
> No ar agora cabalmente exíguo e seco
> Mais exíguo e mais seco que o desejo

O PERCURSO DA NOÇÃO DE ATOR EM GROTOWSKI 227

Os poemas de Eliot eram textos objetivamente potentes, ao mesmo tempo em que se enraizavam na memória de vida de Cieślak, em sua subjetividade. E era isso que fazia deles, segundo Grotowski, um detonador. Os textos ao mesmo tempo apelavam para, encontravam e revelavam as contradições do ator, permitindo que elas fossem compartilhadas com os espectadores.

Os textos de Eliot vinculavam-se às vivências do ator, fazendo, ao mesmo tempo, que elas ganhassem uma fala/experiência que não se restringia àquelas vivências. Estavam efetivamente em relação com o que Grotowski chamava de um *toi plus que toi* (um tu mais que tu mesmo). E era esse *toi plus que toi* que era chamado a responder quando o ator era colocado frente a um texto importante para ele.

Quarto Instantâneo

Ao citar o trabalho realizado sobre a "cena das mulheres que vão ao sepulcro", Grotowski contou que essa cena estava relacionada a uma associação de sua infância, já que o caminho feito, em uma cena do espetáculo, até o sepulcro de Cristo era análogo àquele feito pelas camponesas – que lavavam os pés e aprontavam-se para irem à igreja –, na aldeia campestre de Nienadówka, onde vivera na infância. Ele ficara, quando criança, fascinado com essa "cena" das mulheres, querendo saber todos os detalhes daquela preparação.

Na aula do Collège de France, utilizou essa cena para exemplificar o que chamou de relação entre mito pessoal e mito tribal. Contou que também as atrizes que realizavam a cena tinham, de forma diferente, lembranças que se conectavam com aquele fragmento. Pelo menos uma delas – Mirecka – tinha tido contato íntimo com aquele costume polonês. O ponto de vista feminino, entretanto, era outro, pois que, como garotas, elas viam nas práticas daquelas mulheres algo que deveriam, em última instância, aprender a fazer, e que iriam repetir durante a vida, e mesmo ensinar quando fossem mais velhas. Queriam, quando pequenas, aprender a repetir aquela gravidade das mulheres mais velhas que se preparavam ritualmente para ir à missa.

228 PALAVRAS PRATICADAS

Todas essas vivências, segundo ele, faziam dessa cena – que não chegou a permanecer desse modo no espetáculo[418] –, um encontro entre mito pessoal, ligado às vivências e às fantasias que as atrizes e o próprio Grotowski tinham tido quando crianças, e mito tribal, pois que suas vivências pessoais se encontravam com as vivências da "tribo polonesa" da qual faziam parte. A cena ia ainda mais além, já que se relacionava com a cena bíblica da chegada das mulheres ao sepulcro de Cristo. Cena que, sem dúvida, era também um mito tribal.

Não se tratava, portanto, de expressar através da cena um significado x ou y, mas de tocar essa camada designada mito tribal e que também poderíamos chamar, para usar um termo mais antigo de Grotowski, de camada arquetípica. A diferença aqui é que se anteriormente o arquétipo já se encontrava no texto ou na personagem e deveria ser enfrentado pelo ator – o ator deveria medir-se, como homem contemporâneo que era, com a força das imagens arquetípicas –, nesse momento, com a noção de mito pessoal, tratava-se, como bem disse Kumiega, de entrar em contato com a "estrutura mítica de nossos seres sociais"[419].

O artista fez questão de frisar que essa estrutura era independente do que ele nomeou como *ideologia* de cada um. Para exemplificar, contou que essa cena da ida ao sepulcro funcionava tanto para ele, que sempre fora anticlerical, quanto para a atriz que fazia a cena que, ao contrário, vinha de uma família que colaborara imensamente com a Igreja. Não se tratava daquilo que se "dizia" acreditar ou não, mas daquilo que fazia eco internamente.

Uma análise de Terry Eagleton sobre Eliot bem poderia se adequar àquilo que estamos apontando nessa investigação. Eagleton disse que, para Eliot, o significado de um poema era uma questão bem desimportante; que Eliot teria dito que o significado era algo como um pedaço de carne que o ladrão joga para o cão de guarda para distrair o animal. Eagleton afirmou que de maneira verdadeiramente simbolista, o poeta estava interessado naquilo que um poema fazia, e não no que dizia. Estava interessado "na ressonância do significante, nos ecos dos seus arquétipos, nas associações fantasmagóricas que

418   A cena aparece no filme *Il Teatr Laboratorium di Jerzy Grotowski*, de 1992
419   J. Kumiega, *The Theatre of Grotowski*, p. 96.

O PERCURSO DA NOÇÃO DE ATOR EM GROTOWSKI 229

assombram a sua granulosidade e textura, no trabalho furtivo e subliminar do seu inconsciente". O significado servia apenas "para as aves, ou talvez para a pequena burguesia"[420].

O mito pessoal era, para Grotowski, uma maneira de acessar aquilo que a cena podia fazer e não simplesmente dizer, fosse para os atores, os espectadores ou para ele mesmo. Em muitos depoimentos, dizia que quando ao realizar seus espetáculos atacava certos mitos tribais, sentia em si mesmo um *frisson*, um tremor, e completava dizendo tratar-se daquele *frisson* que se sente quando se ataca o que é sagrado. Grotowski era afetado, ele também, como parte da tribo, por aquela instância arquetípica, fantasmagórica ou oculta da qual falou Eagleton.

Quinto Instantâneo

Nestes instantâneos, tenho querido principalmente mostrar como aquilo que era cotidiano, relacional, pessoal, corpóreo, social, ganhou, em *Ap*, um espaço importante. *Ap* tinha, não há dúvida, inúmeras camadas, mas talvez a mais fundamental, mesmo como sustentáculo das outras, fosse aquela relacionada ao cotidiano, à "vida vivida", àquela "verdade carnal" da qual falava Grotowski.

Ainda no intuito de dar a ver essa camada, cito a referência que Grotowski fez, explicitando sua importância, a um período de um mês no qual os ensaios práticos foram suspensos para que o grupo analisasse, por meio de associações pessoais, o processo realizado até então. Referiu-se às associações trazidas à tona por Scierski, ator que fazia João, como tendo sido fundamentais para o espetáculo. Eram "associações pessoais [relacionadas] a tudo que acontece hoje, na Polônia, no âmbito da nossa vida"[421]. Eram "recordações bem sinceras tiradas da vida real"[422] e foram, ao que parece, de grande ajuda para a construção do espetáculo.

---

420 Terry Eagleton, Rainer's Sterile Thunder, *Prospect Magazine*, n. 132.
421 J. Grotowski, Sobre a Gênese de *Apocalypsis* [1969/1970], em L. Flaszen; C. Pollastrelli (orgs.), *O Teatro-Laboratório de Jerzy Grotowski: 1959-1969*, p. 189.
422 Idem, p. 190.

No tópico 11 do texto "O que Foi", Grotowski, embora não cite explicitamente *Ap*, parece estar se referindo exatamente a esse processo que acabo de relatar:

se para um grupo humano algo quase se eleva no ar, algo que perturba e seduz, isso estará ligado à vida daquelas pessoas, à nossa própria vida, mas a vida não é jamais fechada em uma torre de marfim, transborda inevitavelmente para fora, vai além das paredes dentro das quais agimos, além do laboratório onde pesquisamos; trata-se de uma questão humana, viva para os outros, não só para nós. Portanto, em um sentido ou em outro, é social. […] É bem fácil blaterar no bar sobre as tragédias dos outros, mais difícil é afrontar a tragédia que se mistura com a nossa vida[423].

Na aula do Collège de France, falou sobre as várias camadas associativas que compunham o espetáculo: a primeira era aquela de um duelo entre a figura de Cristo e a Igreja que teria "inventado" um Cristo para si. Perguntava-se, então: teria sido Pedro, o fundador da Igreja, e não Judas, o verdadeiro traidor? O texto "O Grande Inquisidor" de Dostoiévski foi fundamental como detonador dessa questão. O embate se dava então entre o "Cristo histórico e o Cristo que não sabe que o é e talvez não o seja", representado pelo vagabundo que é chamado à cena da festa e nomeado "Cristo" apenas para entreter os convidados já entediados. Mas, como dizia Puzyna, "atrás da derrisão, uma tensão permanecia: e se talvez…?"[424]

Outra associação – não explícita – dizia respeito à relação entre a Polônia e o comunismo e, é claro, à figura de Stálin. Teria o comunismo, assim como Cristo, sido esmagado justamente por aqueles que se diziam seus defensores?

A terceira camada associativa era aquela que venho apontando mais fortemente, ou seja, os ditos e os não ditos da história daquele grupo de atores, suas idiossincrasias, sua relação com o sucesso e com o "feito" de Cieślak em *Pc*. Também nessa terceira camada aparece a vida do grupo (e de cada um dos atores) frente à Polônia dominada por duas forças: do Estado comunista e da Igreja Católica.

---

423   J. Grotowski, O que Foi [1970], em L. Flaszen; C. Pollastrelli (orgs.), *O Teatro--Laboratório de Jerzy Grotowski: 1959-1969*, p. 208.
424   *Apocalypsis cum Figuris, Le Théâtre en Pologne*, n. 6-7, p. 17.

O PERCURSO DA NOÇÃO DE ATOR EM GROTOWSKI 231

Vejamos um dos exemplos fornecidos por Flaszen quando perguntado sobre quais seriam essas imagens potentes, essas associações:

Há uma cena em *Apocalypsis* que chamamos 'o casamento em Kama' – quando eles andam pela sala, cantando, e João e Maria Madalena são como a noiva e o noivo. Quais são as associações ali? Devo dizer que se trata de uma arcaica percepção da Polônia, uma terra abandonada, pobre, enlameada...; um grupo de pessoas, camponeses, possivelmente peregrinos, seguem o caminho. Não se sabe bem se é uma peregrinação ou se as pessoas estão se casando. Eles estão conectados porque muitos dos antepassados dos meus colegas eram camponeses. Um é Lázaro[425], que tem uma genealogia de fato diferente, e ele percebe sua presença no grupo de maneira diferente. Ele é estranho: sua marcha é uma marcha cínica. Esse caminho é estranho para ele, mas ele participa. Então, suas associações pessoais são diferentes[426].

A quantidade de campos associativos em uma única cena é realmente bastante grande: a imagem de uma determinada Polônia, a peregrinação, o casamento – enquanto fatos concretos, mas, é claro, também simbólicos –, a genealogia dos próprios atores, a exclusão de um deles etc.

Sexto Instantâneo

Havia, ainda, em *Ap*, uma investigação que relacionava misticismo e erotismo e que, como vimos, esteve presente em quase todos os espetáculos de Grotowski. Em *Ap*, talvez mais do que em qualquer outro espetáculo, esse componente era mais visível, como poderemos perceber na descrição/análise da primeira cena do espetáculo, feita pelo crítico Konstanty Puzyna.

Desculpo-me pelo tamanho da citação, mas creio que ela além de apresentar um aspecto importante de *Ap*, nos remete aos outros espetáculos de Grotowski. Ela pode ser lida, então, como relacionada àquela investigação erótico-mística presente

425 Mais uma vez, o nome da personagem confunde-se com o nome do próprio ator: Cinkutis fazia Lázaro e era ele, acredito, que tinha uma genealogia diferente do resto do grupo.
426 L. Flaszen, Conversations with Ludwik Flaszen [1977], *Education Theatre Journal*, p. 317.

232 PALAVRAS PRATICADAS

no trabalho dos atores tanto em *Dr. Fausto* como em *Pc.* Vamos ao fragmento:

Uma jovem garota (Elisabeth Albahaca) levanta e começa a falar primeiro em voz baixa, depois sua voz aumenta e ela começa a cantar em espanhol. João (Stanislaw Scierski) repete seu texto em polonês: "Em verdade, em verdade, eu vos digo, se não comerem a carne do Filho do homem e não beberem seu sangue, vocês não têm vida em vós", e ele continua: "Pois minha carne é verdadeiramente um alimento e meu sangue é verdadeiramente uma bebida". Desde o começo, nós recebemos a explicação de várias audácias características desse espetáculo: as palavras "comer a carne e beber o sangue" são tomadas ao pé da letra. Em consequência, o amor – noção chave de toda a história de Cristo – é também tomado ao pé da letra, em seu sentido carnal. Trata-se, é claro, de uma espécie de erotismo místico, como nos textos de Juan de la Cruz[427].

Novamente vemos a referência a Juan de la Cruz e, talvez mais do que em qualquer exemplo anterior, aparece, nessa análise de Puzyna, aquela materialidade, carnalidade e erotismo a que estamos nos referimos ao longo do capítulo sobre a noção de ator.

Terminamos por aqui os instantâneos para podermos começar a traçar as diferenças na noção de ator desse quarto marco. Antes, como vimos, o ator era convocado a encontrar um processo análogo àquele experimentado por sua personagem. A personagem era vista como matriz arquetípica, e esta era um bisturi para o ator. Ao mesmo tempo conformado por aquela matriz e utilizando-a como instrumento, o ator era instado a encontrar em si mesmo experiências análogas àquelas de sua personagem.

Em *Ap*, o processo foi diverso. Não havia um texto de base e, a princípio, nem mesmo um tema de base. Esse tema foi encontrado ao longo dos ensaios e, assim, ao contrário do que ocorrera nos espetáculos anteriores, os textos e personagens é que foram ao encontro do trabalho dos atores. Os textos não proporcionaram um terreno arquetípico para o começo do trabalho. Eles, ao contrário (assim como as personagens), foram como que colhidos – através das associações pessoais de Grotowski e dos atores – no próprio terreno das experiências atorais.

Aquilo que, no trabalho do ator, vinha anteriormente sendo impulsionado pelos textos de um repertório romântico,

---

427 *Apocalypsis cum Figuris, Le Théâtre en Pologne*, n. 6-7, p. 15.

O PERCURSO DA NOÇÃO DE ATOR EM GROTOWSKI   233

foi encontrado em *Ap* no desvendamento do ser social de cada ator, na exteriorização das contradições íntimas de cada um. Flaszen dizia : "Antes, o *self* estava subordinado ao papel. Alimentando o papel com o *self*, o papel se torna vivo. Aqui a situação está invertida. O papel se torna um trampolim para a experiência das pessoas: atores e público."[428]

Foi na aceitação do "seu Homem" de cada ator, e dele mesmo, que Grotowski encontrou o que chamou de motor de criação para *Ap*. Tornando suas próprias vidas inteiramente visíveis, os atores, segundo ele, exploraram o terreno mítico: "aquilo que emergiu dali é uma espécie de representação do gênero humano, como se essas seis pessoas representassem o gênero humano"[429]. Na terra da cotidianidade, levada às últimas consequências, encontrava-se o terreno mítico, os mitos pessoais, e, ao mesmo tempo, coletivos, culturais, os mitos tribais.

Holiday: Histórico do Grupo

Assim como fiz com *Ap*, cumpre fazer certas observações históricas sobre a constituição do grupo inicial de *Holiday*[430] e dos laboratórios que deram desdobramento a essa experiência. Grotowski falou desse percurso ao responder às perguntas dos ouvintes em sua palestra no Rio de Janeiro, em 1974. François Kahn[431] forneceu também algumas pistas na entrevista que me concedeu em 2006. E também em Kumiega, na sua obra *The Theatre of Grotowski*, e em James Slowiak e Jairo

---

428 L. Flaszen, Conversations with Ludwik Flaszen [1977], *Education Theatre Journal*, p. 310.

429 J. Grotowski, Sobre a Gênese de *Apocalypsis* [1969/1970], em L. Flaszen; C. Pollastrelli (orgs.), *O Teatro-Laboratório de Jerzy Grotowski: 1959-1969*, p. 195.

430 Importante ter em mente, antes de qualquer coisa, que "uma parte substancial do trabalho parateatral na verdade não envolvia participantes de fora, mas era conduzido sob condições fechadas com um time pequeno de hábeis praticantes". L. Wolford, General Introduction, em R. Schechner; L. Wolford (orgs.), *The Grotowski Sourcebook*, p. 4. Fiz questão de fornecer essa informação porque, talvez, a parte mais conhecida e mencionada do parateatro seja exatamente aquela relacionada com as ações que envolviam muitos participantes externos ao grupo.

431 François Kahn foi selecionado a participar de um *Holiday* em 1973 e, depois disso, participou como *guia* de diversos projetos parateatrais. Fez parte do grupo de investigação do Teatro das Fontes. Trabalhou junto a Grotowski até 1981.

234 PALAVRAS PRATICADAS

Cuesta, no livro *Jerzy Grotowski*, o percurso do grupo foi relativamente relatado[432].

A primeira data que oficialmente se refere à formação do grupo que deu origem a *Holiday* é setembro de 1970, data daquela convocação mencionada mais acima e que foi feita, por meio de jornais e rádio, a jovens[433] poloneses. Antes disso, em julho de 1970, houve a emblemática viagem de Grotowski de seis semanas à Índia e ao Kurdistão[434], viagem da qual voltou totalmente diferente, a ponto de não ser rapidamente reconhecido por seus companheiros de trabalho. Estava muito mais magro, com cabelos e barbas compridas (antes, sempre barbeado e de cabelos curtos), vestia roupas *hippies*, ao invés do terno preto habitual, e tinha trocado as lentes dos seus óculos, que antes eram escuras e não permitiam que se enxergasse seus olhos, por lentes claras. Muitas vezes[435], no relato de sua trajetória, essa viagem à Índia e, principalmente, a transformação física do artista, acabam por estabelecer um marco cronológico para o início das atividades parateatrais. Mas, de fato, a realidade parece ter sido mais complexa.

Grotowski, em fevereiro de 1970, já anunciava, em encontro realizado em Wroclaw, sua disposição *pós-teatral*. E, pelo que pude concluir por meio da entrevista com François Kahn, a própria viagem à Índia, ao invés de inaugurar, era uma parte integrante do momento parateatral. Seu emagrecimento, por exemplo, foi o resultado de uma dieta para que seu corpo es-

---

432 Ainda assim, creio que a formação e o trabalho inicial desse grupo tenham sido pouquíssimo investigados. A especificidade de *Holiday* ficou escondida dentro da grande quantidade de experiências e laboratórios nomeados de parateatro. É trabalho para outro pesquisador, ou para outro momento.

433 Tratava-se realmente de jovens muito jovens, a ponto de Kahn relatar que seus 24 anos criaram um pouco de problema na seleção que fez em 1973: "eu era já um pouco velho para Grotowski". Cf. Kahn apud S. Bramini, *Il teatro delle sorgenti di Jerzy Grotowski*, p. 295.

434 Essa foi, segundo Kumiega e Schechner, a *terceira* viagem de Grotowski àquele país. A segunda havia sido feita em agosto do ano anterior. Nela, o diretor travou contato com um importante mestre *Baul*. R. Schechner, Introduction (Part II), em R. Schechner; L. Wolford (orgs.), *The Grotowski Sourcebook*, p. 207. Já Cuesta & Slowiak falam dessa como sendo a *quarta* viagem de Grotowski à Índia. A primeira teria ocorrido no final de 1968, a segunda, no verão de 1969, a terceira, no final de 1969 e essa quarta, no verão de 1970. Cf. *Jerzy Grotowski*, p. 28.

435 Por exemplo, nos depoimentos fornecidos ao filme *Esquise d'un portrait*, dirigido por Maria Zmarz-Koczanowicz, após a morte de Grotowski.

O PERCURSO DA NOÇÃO DE ATOR EM GROTOWSKI

tivesse apto a participar de experiências que passaram a lhe interessar[436]. É importante saber que ele não apenas dirigiu ou coordenou as experiências de *Holiday*, mas foi também um participante ativo daquelas investigações. E, para tanto, parece ter precisado emagrecer[437]. Além disso, Slowiak & Cuesta afirmaram que aquela proposta de colaboração, só publicada em setembro, tinha sido escrita em junho, ou seja, antes mesmo da sua viagem à Índia[438].

Infelizmente, não consegui obter dados concretos sobre a existência de práticas – e não só de desejos – parateatrais anteriores àquela convocação de setembro de 1970. Por outro lado, sabendo que, por exemplo, Teo Spychalski, que estava no T.-L. desde 1966, e que acompanhou de perto os ensaios de *Ap* entre 1966 e 1968, fez parte do primeiro grupo de *Holiday*, posso imaginar que a experiência parateatral pode não ter sido inaugurada apenas nos últimos meses de 1970.

Mas, mesmo não sendo possível afirmar que houvesse um trabalho parateatral formal anterior à viagem de Grotowski, pode-se minimizar o caráter mítico – como se ele tivesse recebido na Índia uma "revelação" – que a ênfase excessiva nessa viagem acabou fornecendo a essa fase.

Embora não tome sua viagem à Índia – feita, na maioria do tempo, a pé ou em carona – como marco cronológico do parateatro, não gostaria, por outro lado, de negar a sua importância, e, muito menos, a importância da transformação física vivida

---

436 Em 1974, no Brasil, Grotowski dizia: "Nas experiências dos encontros de que lhes falei, atuo diretamente como todos os outros, pois não seria possível existir alguém como um diretor que fica separado. É necessário dar o testemunho da sua participação pessoal e plena". Cf. Debate de Jerzy Grotowski, não publicado. Cedido à pesquisadora por Narciso Telles.

437 Kazimierz Grotowski se referiu assim à dieta e às mudanças físicas do irmão: "Um dos problemas de saúde de Jurek, que talvez resultasse de sua doença renal, era o excesso de gordura. Nos anos de 1960, ele pesava mais de 100 quilos. Isso impedia que se movesse livremente [...] Por volta de 1970, Jurek decidiu tentar uma dieta massacrante [...] Coincidiu com sua viagem ao Irã e ao Oriente Médio. Ele emagreceu algumas dezenas de quilos. Teve de mudar todo o guarda-roupa, com exceção de sapatos, meias e chapéus. Rejuvenesceu muito. Mudou o estilo de vida e a maneira de se vestir. Aquele senhor corpulento, sério, barbeado, que se vestia de preto, transformou-se em um jovem hippie, com um pouco de barbicha". Cf. Ritratto di familia, em J. Degler; G. Ziólkowski (orgs.), *Essere un uomo totale*, p. 80-81.

438 J. Slowiak; J. Cuesta, *Jerzy Grotowski*, p. 32.

236 PALAVRAS PRATICADAS

pelo artista. Alguns críticos falaram mesmo em uma nova encarnação de Grotowski. E a palavra parece adequada até pelo que, como veremos à frente, ela traz de relação com os pensamentos e práticas de Grotowski à época; práticas, em certo sentido, cada vez mais encarnadas, mais vinculadas ao corpo e à vida. Além disso, pela primeira vez, ele parecia solidário – e não em luta – com o espírito do tempo, e isso também se operou no seu corpo e nas suas roupas.

Nesse espírito – da contracultura, das buscas empreendidas pela juventude nas décadas de 1960 e 1970 – Grotowski viu, pelo menos inicialmente, parecença com outro tempo que tanto o instigava: o tempo "dessas pessoas que há dois mil anos frequentavam o deserto nos arredores de Nazareth", "pessoas em busca de verdade". Referia-se tanto aos praticantes da ioga ou do budismo, quanto àqueles homens e mulheres vinculados ao início do cristianismo. Mas, segundo ele, naquela época as ações estavam vinculadas a um espírito religioso e ele não via "possibilidade de conservar esse espírito nos dias de hoje". A semelhança estava, entretanto, na "necessidade de reencontrar um sentido para a vida", "uma necessidade de rejeitar a força, de rejeitar os valores reinantes e de procurar outros valores sobre os quais pudéssemos construir uma vida sem mentira"[439].

Ele percebia e se integrava, assim como muitos naquela época, ao nascimento de uma sensibilidade diferente, ao que chamava de um "novo peixe no rio das novas gerações", mas, desde o começo, alertou para o perigo que seria fetichizar esse peixe, fetichizar aquelas necessidades próprias à nova geração. Dizia que o peixe não era o rio, e que, frente aos mortos e aos não nascidos, todos os vivos daquele momento tinham a mesma idade[440]. Dizia, ainda, ser impossível formular respostas unívocas para aquela busca de sentido, e criticava, por exemplo, a visão que pregava uma necessária inserção da arte na política. Fugia, também, de legislar sobre as opções mais válidas à ação, como, por exemplo, questão presente à época, sobre se a essa *nova sensibilidade* cabia o permanecer nas cidades ou o buscar a vida campestre. Voltarei às suas reflexões sobre esse deslizamento entre arte e vida um pouco mais à frente.

439 J. Grotowski, Jour Saint [13 dez., 1970], *"Jour Saint" et autres texts*, p. 5-6.
440 Idem, p. 20-21.

O PERCURSO DA NOÇÃO DE ATOR EM GROTOWSKI   237

Por outro lado, Grotowski criticava fortemente tudo o que lhe parecia como uma morte em vida. E o teatro era, naquele momento, mais um lugar para fingir, para escapar ao ato, para morrer em vida. Na desistência de fazer novos espetáculos, havia um convite feito a si mesmo e a alguns outros – e não a qualquer um, porque, como dizia, "amar todo mundo era não amar ninguém" –, um convite que era uma prática nomeada *Holiday*. Essa prática, circunscrita em um tempo e espaço determinados, tinha potencialmente a capacidade de contagiar a vida de todo dia.

Trezentas[441] pessoas responderam àquela proposição de cooperação. Em novembro de 1970, as setenta selecionadas participaram de um encontro de quatro dias e quatro noites na sala do T.-L. em Wroclaw. Grotowski relatou que, por meio das cartas, eliminou principalmente os postulantes com pretensões teatrais:

> Eliminei todos aqueles que escreveram que queriam ser atores, diretores, todos os que nos procuravam apenas como base de aprendizagem para o teatro. [...] É que no ponto da evolução em que nos encontrávamos, não nos interessava sermos uma espécie de cópia das escolas teatrais. E foi muito conscientemente que não tínhamos nos dirigido aos estudantes das escolas de teatro, mas aos outros[442].

Nessa declaração, aparece uma marca desse período: a recusa e mesmo o mal-estar com *o método Grotowski*[443]. O artista abandonou não apenas a direção de espetáculos, mas também o que poderia ser chamado, principalmente após a mudança para Wroclaw e após *Pc*, como uma sua inclinação pedagógica; inclinação que se realizou tanto na fundação de um estúdio no T.-L., que recebia estagiários do mundo todo, como nos

---

441   Grotowski, em 1974, falou em mais de mil postulantes e em 400 selecionados para o primeiro encontro.

442   Debate de Jerzy Grotowski, não publicado. Cedido à pesquisadora por Narciso Telles.

443   Antes esse mal-estar parecia não existir. Em carta de 5 de dezembro de 1966, por exemplo, ele dizia: "Estarei em Nancy entre o final de fevereiro e os primeiros dias de março, para dar um breve curso sobre o *método*". E ainda, em carta de 23 de abril de 1967, referindo-se ao curso anual que, desde 1965, ministrava na sede do Odin Teatret em Holstebro, Dinamarca: "Não lhe mando nenhum programa para o curso. Na sua apresentação pode chamá-lo *método Grotowski* ou então técnica individual, como preferir", em E. Barba, *A Terra de Cinzas e Diamantes*, p. 173 e 174. (Grifo nosso.)

238 PALAVRAS PRATICADAS

workshops ministrados, na maioria das vezes, por Grotowski e Cieślak em inúmeros pontos do planeta.

Do encontro de quatro dias e quatro noites, teria resultado, segundo Kumiega, um grupo de dez pessoas[444] que trabalhou junto a Grotowski e também a Teo Spychalski durante vários meses no ano de 1971. A única referência que encontrei a esse encontro estava na transcrição do debate que se seguiu à palestra de Grotowski no Rio de Janeiro, em 1974. Como a história não foi publicada, merece ser contada.

Segundo o artista, os participantes selecionados não o conheciam, nem pessoalmente e nem por fotos. Assim, durante quase três dias, tomaram-no pelo seu assistente e, enquanto "aguardavam a chegada do verdadeiro senhor Grotowski", estabeleceram com ele uma relação bastante familiar – talvez impossível de ser estabelecida de outro modo, já que ele era visto, no mínimo, como uma personalidade. Relatou que, quando o caso foi revelado, já havia se criado uma ligação bastante espontânea entre todos, e que os participantes reagiram à revelação como se tudo houvesse sido uma grande brincadeira.

O que os participantes fizeram durante aqueles três dias? Cito ele próprio:

eu só lhes propunha que se divertissem, já que Grotowski não tinha ainda chegado. Surgiu essa aventura extraordinária, porque espontaneamente eles acabaram criando uma realidade entre eles, por meio de improvisações, jogos, brincadeiras com instrumentos, por meio de coisas inteligentes, tolas, estúpidas, criativas, o que vocês quisessem[445].

Essa pequena história, quase anedótica, também nos fala sobre esse quarto marco: novamente aparece uma recusa de qualquer relação hierárquica estabelecida em torno do "senhor Grotowski"; aparece um recolher dos instrumentos, dos meios técnicos utilizados até então, e a abertura para a investigação de algo até então desconhecido ou pouco explorado. Sua antiga função e suas armas de trabalho foram recusadas em prol da criação e do estímulo a uma realidade que se dava entre os participan-

---

444 Tanto Carla Pollastrelli (Prefazione, em J. Grotowski, *Holiday e Teatro delle Fonti*, p. 13) quanto Grotowski, na palestra de 1974, no Rio de Janeiro, falaram em nove pessoas.

445 Grotowski, 1974, palestra no Rio de Janeiro.

O PERCURSO DA NOÇÃO DE ATOR EM GROTOWSKI 239

tes. Para a criação dessa realidade foi preciso suportar e permitir que inteligência e tolice, estupidez e criatividade coabitassem.

Após a seleção, ele solicitou ao grupo dos selecionados que permanecesse por pelo menos um ano, "porque era em um ano que se saberia para quem essa aventura seria um problema vital para um longo período". Ao longo de 1972, o grupo se modificou com saídas e entradas de novos membros, e, no final do mesmo ano, houve o primeiro encontro do grupo de novos de *Holiday* (nesse momento, sete pessoas, entre elas Wlodzimierz Staniewski) com sete integrantes da geração teatral: Grotowski, Spychalski, Flaszen, Molik, Cieślak, Jaholkowski, Albahaca e Paluchiewicz.

O primeiro trabalho que os dois grupos realizaram juntos, durante sete meses, foi a reforma do próprio espaço que serviria, posteriormente, às suas investigações. Era o espaço de Brzezinka[446]. Para Grotowski, foram necessários tanto a separação dos dois grupos quanto essa maneira de reuni-los – para a reforma do espaço de trabalho. Ele não queria que surgisse, entre os "velhos" atores do T.-L. e os "novos" da geração parateatral, um relacionamento de mestre-discípulo[447]. Novamente, assim como no caso da brincadeira sobre ser o seu próprio assistente, ele interferiu para que não se criasse uma relação de submissão entre os novos e os velhos membros do grupo.

Depois disso, todo o grupo viveu junto nesse espaço que ficava em uma área de floresta. Mas esse coabitar não ocorria de modo contínuo: "períodos de oito dias e oito noites na floresta alternavam com um tempo de repouso de três ou quatro dias, durante os quais cada um voltava à sua vida privada, às suas ocupações pessoais, retornava à cidade"[448].

---

446 Fazenda abandonada adquirida pelo T.-L. Ficava a mais ou menos 40 km de Wroclaw. O nome do espaço é o mesmo do vilarejo próximo. Lá ocorreram inúmeras atividades do grupo de *Holiday*. Grotowski contou que "a única construção que existia lá era um velho estábulo para vacas" que tiveram de reconstruir e transformar no local de trabalho. Cf. Debate de Jerzy Grotowski, não publicado.

447 Idem, ibidem.

448 J. Grotowski apud E. Ertel, Grotowski au récamier, *Travail Théâtral*, n. 12, p. 131. Segundo J. Slowiak e J. Cuesta, *Jerzy Grotowski*, p. 34, esse intercalar de períodos permitia, entre outros, que o trabalho na floresta não fosse entendido como uma "volta para a natureza"; permitia que o encontro com a natureza não fosse, assim, romantizado.

240 PALAVRAS PRATICADAS

A primeira citação dos nomes dos participantes da chamada geração parateatral foi feita por Kumiega e remete a junho de 1973, data do primeiro *Holiday* aberto a participantes externos selecionados[449]. Essa citação, em certa medida tardia, não permite saber se os que estavam em 1973 participaram da convocação de 1970, se entraram posteriormente (e como), ou mesmo se já faziam parte de um grupo reunido antes mesmo da própria convocação.

De qualquer maneira, em junho de 1973, a geração parateatral era formada por: Irena Rycyk, Zbigniew Kozlowski, Aleksander Lidtke, Teresa Nawrot e Wlodzimierz Staniewski[450]. Kumiega cita também o nome de Jacek Zmyslowski[451], nome importante dessa geração, que foi convidado a permanecer no grupo exatamente após esse primeiro encontro de 1973.

Acredito que o mais importante seja ter em mente que *Holiday* foi principalmente coordenado por Grotowski e que era, de início, um trabalho realizado por um grupo totalmente diferente daquele grupo de atores que originalmente pertencia ao T.-L. Tratava-se de uma nova geração de pesquisadores, geração formada por membros bem mais jovens e que, como vimos, podiam ou não ter formação relacionada à área teatral. Jacek Zmyslowski, por exemplo, tinha apenas 19 anos quando chegou ao T.-L. e era estudante de antropologia.

Não devemos também confundir essa nova geração com aqueles estagiários[452] que, desde Opole (mas, oficialmente,

449 Esse primeiro encontro ocorreu em Brzezinka, e durou três dias e três noites. Meses depois, em outubro, outro encontro aberto a participantes selecionados ocorreu em um acampamento rural perto de Pittsburgh, tendo durado oito dias. Há referência ainda a mais dois encontros: um na França, em novembro de 1973, e outro na Austrália, entre final de março e meados de junho de 1974. J. Slowiak; J. Cuesta, *Jerzy Grotowski*, p. 35.

450 Na brochura *On the Road to Active Culture*, de 1978, Kolankiewicz citou também o nome de Jerzy Bogajewicz como parte do primeiro grupo de jovens de *Holiday*.

451 Jacek Zmyslowski dirige inúmeros projetos parateatrais, entre eles, Vigília e o Projeto Montanha. Fez parte, também, do grupo de investigação do Teatro das Fontes. Morre, muito jovem, em 1982, de câncer, em Nova York, para onde tinha viajado para tratar-se. Cf. L. Kolankiewicz, Grotowski alla ricerca dell'essenza, em J. Degler; G. Ziólkowski (orgs.), *Essere un uomo totale*, p. 196.

452 Embora não tenha encontrado uma listagem com os nomes dos estagiários que passaram pelo T.-L., quando alguns desses nomes aparecem, como, por exemplo, no elenco de *Os Evangelhos*, eles nunca se confundem com os nomes da geração parateatral.

O PERCURSO DA NOÇÃO DE ATOR EM GROTOWSKI

desde Wroclaw), eram recebidos no T.-L. Flaszen marcou essa diferença de maneira clara quando disse:

No passado, quando os jovens atores se juntavam a nós, eles eram considerados "aprendizes" sem direitos, passando por um purgatório atoral. Mas aos novos em 1970-1971 foram dados todos os direitos desde o começo. No que diz respeito ao resto de nós, a hierarquia prévia foi destruída e todo mundo teve de começar novamente: Cieślak ou não! [...] um homem jovem e desconhecido, sem nenhum passado profissional (ninguém o conhecia) era agora igual a Cieślak ou a Rena. Como de fato ocorreu, ele [acredito que Flaszen se refira a Zmylowski] estava liderando a experiência mais importante. Ele era o mais avançado de todos nós[453].

Holiday ocorreu, ao que tudo indica, entre os anos de 1970 e 1974/1975. E, infelizmente, não há muito registro sobre esse percurso[454]. Kumiega[455] disse que *Holiday* foi batizado oficialmente de *Special Project*, mas tenho dúvida se essa nomenclatura designa todo o tempo exatamente o que estou enxergando como a investigação mais particular de Grotowski dentro do parateatro[456]. A própria Kumiega fez uma diferença entre o *Large Special Project* – coordenado por Cieślak – e o *Narrow Special Project,* e só esse último pareceu-me estar relacionado às experiências de *Holiday*[457].

453 L. Flaszen, Conversations with Ludwik Flaszen [1977], *Education Theatre Journal,* p. 323-324.

454 Como afirma Wolford (General Introduction, em R. Schechner; L. Wolford (orgs.), *The Grotowski Sourcebook,* p. 4), tanto o parateatro quanto o Teatro das Fontes foram documentados quase que exclusivamente por participantes ocasionais ou pessoas de fora; os líderes desses projetos ou os participantes que ficaram por um longo período tenderam a silenciar sobre as atividades nas quais estiveram envolvidos.

455 J. Kumiega, *The Theatre of Grotowski,* p. 202.

456 O parateatro abrigou, com o passar do tempo, inúmeros – e diferentes – programas/laboratórios liderados por diversos indivíduos. Em 1975, por exemplo, o Instituto-Laboratório (como o T.-L. passou a chamar-se) contava com os seguintes programas: Acting Therapy (conduzido primeiramente por Molik e, depois, junto com Mirecka e Jaholkowski); Meditations aloud (Flaszen); Event (Cinkutis em colaboração com Mirecka); Workshop Meetings (Scierski); Song of Myself (Spichalski) e Large Special Project (Cieślak em colaboração com Albahaca, Jaholkowski, Kozlowski, Molik, Nawrot, Paluchiewicz, Rycyk, Zmyslowski). Cf. L. Kolankiewicz, *On the Road to Active Culture,* p. 18-20.

457 Segundo Kolankiewicz (Grotowski alla ricerca dell'essenza, em J. Degler; G. Ziólkowski [orgs.], *Essere un uomo totale,* p. 229), ocorreu, em 1973, no norte da França, o *Narrow Special Project,* conduzido por Grotowski e, entre outros,

242 PALAVRAS PRATICADAS

Em dois encontros/palestras de Grotowski no ano de 1973, relatados por Jozef Kerela e Évelyne Ertel, encontrei algumas pequenas mas interessantes descrições de *Holiday* e, principalmente, daquilo que era feito nos encontros entre o grupo original e alguns poucos participantes selecionados. Kerela fez um relato do encontro que Grotowski teve com estudantes e participantes do IV Festival Internacional Estudantil em Wroclaw, ocorrido no dia 27 de outubro de 1973, e Ertel relatou o encontro realizado em 27 de abril de 1973, no Teatro Récamier, em Paris[458].

Grotowski referia-se à época – início de 1973 – em que começaram as experiências de participação de algumas pessoas selecionadas no grupo original de *Holiday*. Relatou como se dava, de maneira geral, o processo de encontro e trabalho com essas novas pessoas. Primeiro, os indivíduos interessados em participar de *Holiday* iam assistir *Ap*, e, "antes, durante e depois" do espetáculo, Grotowski e seu grupo entravam em contato com os interessados; eram centenas de pessoas. Dessas, eles selecionavam um grupo bem pequeno, entre cinco e sete pessoas, "sobre as quais eles sabem uma coisa: que em diferentes pontos de vista, são pessoas que se parecem com eles"[459].

Depois, o grupo e os novos selecionados realizavam – em um lugar protegido das questões cotidianas – um encontro que durava alguns dias e noites e onde todos eram participantes *ativos*. O encontro tinha uma determinada estrutura que era ligada à "consciência das etapas pelas quais é preciso passar para se desembaraçar dos obstáculos que se colocam entre as pessoas reunidas. É preciso se desembaraçar do medo, da desconfiança recíproca, suprimir a linha de divisão entre o que se faz e a reflexão sobre o que se faz; procurar como estar inteiramente frente ao outro, com todo o seu ser"[460].

Wlodzimierz Staniewski, e, no sul da França, realizou-se o *Large Special Project*, conduzido por Cieślak.

458 Lembremos que em julho de 1973 tinha ocorrido na Polônia o primeiro *Holiday* aberto à participação de selecionados externos ao grupo que já vinha trabalhando, pelo menos a partir daquele encontro que se seguiu à convocação.

459 J. Kerela, Grotowski dans le style indirect libre, *Le Théâtre en Pologne*, n. 10, p. 6.

460 J. Grotowski apud J. Kerela, Grotowski dans le style indirect libre [1973], *Le Théâtre en Pologne*, n. 10, p. 6.

O PERCURSO DA NOÇÃO DE ATOR EM GROTOWSKI

Grotowski afirmava que, embora houvesse sempre essa estrutura por etapas, os encontros podiam ser bastante diferentes entre si, já que eram guiados tanto pelo grupo original quanto pelos convidados. Dizia ainda que, mesmo não havendo nenhuma "representação" ou "fabulação", inúmeras coisas aconteciam: "no espaço, no movimento, nas reações entre os homens"[461].

Aquelas primeiras etapas visavam a permitir o encontro que só podia ocorrer entre "alguém e alguém, entre um ser e outro, e depois entre vários, e depois entre todos os que participam do encontro"[462]. Veremos mais à frente essa experiência realizada entre duas pessoas que Grotowski chamava de "la recherche du sien" (à procura do seu).

Grotowski disse que *Holiday* era uma maneira de realizar "sonhos que são abandonados como não sérios, como infantis"[463]. Fiz questão de citar essa frase porque Kahn, nos poucos detalhes que me deu sobre sua experiência em *Holiday* (França, 1973), falou concretamente de ações realizadas a partir de alguns sonhos/desejos dos participantes. Esses sonhos eram "atualizados" por meio de ações concretas. Na citação abaixo, de 1975, temos um bom resumo das intenções e práticas de *Holiday*:

Inicialmente, eu sabia muito pouco; Eu sabia, por um lado, que não haveria histórias, tramas, fábulas de nada ou de ninguém. Em segundo lugar, que a seleção daqueles que tomariam parte devia ser mútua. [...] Além disso, eu sabia que somente as coisas mais simples poderiam ocorrer, o que fosse mais elementar e crível entre as pessoas; deveria haver estágios ou níveis, mas não poderia ser um rito – no sentido da estrutura do ritual – porque deve ser mais simples que um rito. Deve ser baseado em coisas como o fato de reconhecer alguém, de compartilhar substâncias, compartilhar elementos [...] o espaço é compartilhado, a água é compartilhada, o fogo é compartilhado, o movimento é compartilhado, a terra é compartilhada, o toque é compartilhado. Há como uma abertura, uma transcendência das barreiras do medo e do interesse pessoal[464].

---

461 Idem, ibidem.
462 Idem, ibidem.
463 J. Grotowski apud E. Ertel, Grotowski au récamier, *Travail Théâtral*, n. 12, p. 131.
464 J. Grotowski [1975] apud J. Kumiega, *The Theatre of Grotowski*, p. 223.

244 PALAVRAS PRATICADAS

Ao trabalhar, mais à frente, sobre a noção de encontro, voltarei a vários aspectos de *Holiday*.

Creio ter fornecido ao leitor até aqui pelo menos uma parte do contexto de nascimento dos textos e termos que agora vou analisar. Aproximei–me, por meio de alguns termos, das experiências do final dos anos de 1960 e início dos 70, experiências de resto tão pouco documentadas. Cruzei os textos de Grotowski ditos/escritos no período, com depoimentos e críticas também do período, e com a entrevista que François Kahn me forneceu. Trabalhei principalmente com textos/seminários do final do período teatral, quando ele ainda não tinha oficialmente dito que *Ap* seria seu último espetáculo – "Sobre a Gênese de *Apocalypsis*", "Exercícios", "A Voz" – e com os textos reconhecidamente parateatrais como "O que Foi", "Holiday/ Jour Saint", "Tel qu'on est, tout entier", "I See You, I React to You", e "...Et le Jour Saint deviendra possible". Continuarei ainda utilizando a tradução de Yan Michalski para a palestra (e as respostas ao público) que Grotowski fez, no Rio de Janeiro, em 1974. E também os relatos de Évelyne Ertel, "Grotowski au Récamier", e de Jozef Kerela, "Grotowski dans le style indirect libre", ambos baseados em encontros de 1973.

Na leitura de todos esses textos, fica clara a construção de uma nova percepção do fazer atoral que acabou prescindindo do espetáculo, do diretor e do espectador[465]. O ator (mas mesmo a formação atoral não era mais exigida) passou a se chamar guia, líder ou participante, e, principalmente, irmão, homem.

Nesse marco, creio haver dois termos centrais: organicidade ou consciência orgânica e encontro. São termos que propiciam enxergar uma nova noção – ou o desfazimento de uma noção – de ator. Além disso, eles são como núcleos que agregam outros termos importantes à época, como corpo-memória, corpo-vida, mental, processo criativo, ato, fluxo, impulso, teu Homem, irmão etc.

Comecemos por organicidade.

---

465 Quanto ao espectador, a complexidade dessa relação será analisada no capítulo seguinte.

O PERCURSO DA NOÇÃO DE ATOR EM GROTOWSKI 245

A Noção de Organicidade

Em carta para Barba, datada de primeiro de setembro de 1964, Grotowski dizia:

> Minha tendência à individualização aumenta, quase todas as semanas me traz uma nova iluminação sobre o ofício. Estranhas experiências: mudei os exercícios e, se devo ser sincero, fiz uma revisão de todo o método. Não tem nada de diferente nele nem existem novas letras para este alfabeto, mas agora defino como orgânico tanto o que antes era "orgânico" (para mim) como aquilo que eu considerava dependente do intelecto. E tudo me aparece sob uma nova luz. Como isso pode acontecer? Parece-me uma tal mudança que provavelmente terei que reaprender todo o ofício, quer dizer, estudar tendo como base esta nova "consciência orgânica" de todos os elementos[466].

Essa carta foi escrita quando os ensaios de *Pc* estavam a pleno vapor[467]. Ela fotografa, a meu ver, uma transição entre procedimentos ligados ao conceito de autopenetração – e transe – como descrito na versão inicial de "O Novo Testamento do Teatro" – e aqueles que, principalmente a partir do trabalho de Cieślak em *Pc*, permitiram que Grotowski cunhasse o termo ato total.

O estudo baseado na consciência orgânica de todos os elementos, que Grotowski começou por volta da segunda metade de 1964, só foi plenamente descrito nos textos do final da década de 1960 – principalmente naqueles proferidos no ano de 1969/1970. E foi exatamente nesses textos, como vimos, que ele se referiu de maneira crítica aos procedimentos descritos na versão sem cortes de "O Novo Testamento do Teatro".

A importância da organicidade em sua investigação já foi apontada por inúmeros estudiosos do seu trabalho, mas creio que a transformação operada por essa investigação nem sempre foi compreendida ou investigada a contento.

A consciência orgânica, quando descoberta, claramente reformulou – e negou – ideias e procedimentos de trabalho anteriores a ela. E não apenas procedimentos do chamado período

---

466　E. Barba, *A Terra de Cinzas e Diamantes*, p. 139.

467　A investigação sobre organicidade já havia começado, segundo Flaszen, no espetáculo anterior, estreado seis meses antes: *Estudo sobre Hamlet*.

da gênese, quando o artista polonês ainda não explorava efetivamente o trabalho mais subjetivo do ator, mas procedimentos operados, por exemplo, na primeira versão de *Ak* ou em *Dr. Fausto*, ou seja, quando já havia uma direção investigativa que privilegiava nitidamente o empenho interior do ator.

O que anteriormente Grotowski percebia como dependente do intelecto, no sentido de necessitar de um mental que sugestionasse e direcionasse as energias da psiquê/corpo – as memórias, as associações, as imagens psíquicas –, passou a ser trabalhado a partir, ou melhor, dentro de uma dita consciência orgânica que, quando em funcionamento, não dissocia mais consciência e corpo.

Grotowski, em encontro no teatro Récamier, disse-o claramente. Falou que *Ak* (e aqui refere-se a todas as versões do espetáculo, já que o encontro no Récamier ocorreu 1973) ainda dizia respeito a uma pesquisa técnica; ele considerava como orgânica apenas a última cena do espetáculo. Afirmou, ainda, que, em *Pc*, somente o trabalho de Cieślak tinha sido baseado em uma pesquisa orgânica, e que as outras personagens tinham sido criadas por meio de uma composição de cunho mais artificial. Grotowski completou dizendo enxergar em *Ap* um total abandono do seu passado técnico em benefício de uma investigação baseada no encontro ator-ator e ator-espectador[468]. Veremos, mais à frente, como a noção de encontro esteve intimamente relacionada com a de organicidade.

A maior dificuldade para que se possa entender a importância da "descoberta" da organicidade e as mudanças e rupturas que essa "descoberta" provocou nas práticas de Grotowski está justamente na compreensão da própria noção. A pergunta que precisa ser feita é: a que Grotowski se referia quando falava em organicidade? Tomar o termo por compreendido e começar rapidamente a manipulá-lo teoricamente parece não facilitar o conhecimento das investigações realizadas no T.-L.

O termo relacionava-se tanto com aspectos artesanais da arte do ator, aspectos expressos em um amplo espectro de sintomas indicadores da presença do orgânico, quanto com aspectos metafísicos, no qual a noção de organicidade e aquela

---

468   J. Grotowski apud E. Ertel, Grotowski au récamier, *Travail Théâtral*, n. 12, p. 130.

O PERCURSO DA NOÇÃO DE ATOR EM GROTOWSKI

de verdade se irmanavam. Talvez não haja uma noção nos escritos de Grotowski que se adéque tanto àquela formulação de Flaszen sobre o amálgama entre artesanato e metafísica quanto a de organicidade. Para aproximar-se minimamente do conceito e da prática da organicidade, é necessário lidar com esses dois lados e permanecer nesse vaivém.

Organicidade não foi uma palavra circunscrita a certa experiência – embora tenha se relacionado inicialmente com a investigação realizada por Cieślak em *Pc*. Ela era como uma nova chave de investigação, uma nova lente a partir da qual Grotowski passou a enxergar e a investigar o trabalho do ator. Essa lente fê--lo ter, como ele mesmo disse a Barba, que reaprender todo o ofício. Não é de se estranhar, portanto, que, no final de 1960 e início de 70, as expressões processo criativo e processo orgânico fossem utilizadas como sinônimos. Um processo atoral só era visto como criativo se nele se enxergasse os sintomas da organicidade, se ele fosse conduzido por aquela consciência orgânica.

Considero que os textos do final dos anos de 1960 e início dos 70 – exatamente porque vinculados a essa consciência orgânica – estão em maior continuidade com todo o percurso posterior de Grotowski que os textos mais canônicos presentes no *Em Busca de um Teatro Pobre*.

Nos anos de 1990, no seu texto "Da Cia Teatral à Arte como Veículo", ele fez críticas ao parateatro e ao Teatro das Fontes por enxergar nessas experiências a possibilidade de estancarem na organicidade e na horizontalidade:

Tanto o parateatro quanto o Teatro das Fontes podem implicar em uma limitação: a de fixar-se no plano "horizontal" (com as suas forças vitais, portanto principalmente corpóreas e instintivas) em vez de decolar desse plano como de uma pista. Se bem que isso seja evitável se se presta muita atenção, é oportuno falar a respeito, porque o predomínio do elemento vital pode bloquear no plano horizontal: não permite passar na ação *acima* daquele plano[469].

Mas não devemos entender que esta crítica tenha engendrado uma total mudança de perspectiva. A organicidade,

---

469 J. Grotowski, Da Companhia Teatral à Arte como Veículo [1989/1990], em L. Flaszen; C. Pollastrelli (orgs.), *O Teatro-Laboratório de Jerzy Grotowski: 1959-1969*, p. 231.

descoberta em *Pc,* nunca mais foi abandonada por ele. Ao contrário, redescobrir e/ou confiar nesse território vital, como o nomeia Richards, é parte do trabalho dos atuantes mesmo hoje na arte como veículo, ainda que a investigação no Workcenter se desenvolva na direção da verticalidade. Não devemos também esquecer que não há antagonismo entre organicidade e verticalidade, já que Grotowski caracterizava a verticalidade como uma escada de vaivém entre as energias que chamava de mais vitais, biológicas ou brutas e aquelas mais sutis e transparentes.

Como professor do Collège de France, grande parte de seu esforço foi exatamente a caracterização – e distinção – de duas linhas de trabalho dentro das artes performativas: a linha orgânica e a linha artificial. Essas linhas foram analisadas tanto dentro das práticas rituais quanto das teatrais. Ele caracterizou o seu próprio trabalho como tendo sido realizado dentro da linha orgânica, o que demonstra tanto a importância do tema quanto sua permanência nas investigações do artista.

O que nasceu em *Pc,* no campo do trabalho atoral, acabou caracterizando-se, para ele, como um campo de investigação próprio, não necessariamente ligado ao teatro, embora nele também pudesse ser encontrado. Quando apresentou, no Collège de France, a linha orgânica e a artificial, percebendo-as também dentro do universo da performatividade dos rituais, ele demonstrou que não se referia apenas a escolhas artísticas e/ou estéticas. A linha artificial não podia, então, ser confundida com formalismo ou com um trabalho baseado na composição, e nem mesmo com disciplina ou estrutura, já que não faria sentido aplicar, dessa maneira, esses mesmos conceitos às práticas rituais.

A linha artificial caracterizava-se por processos/práticas – fossem artísticos ou rituais – que ao contrário de liberar as energias vitais, optavam por contê-las ou controlá-las ou mesmo tendiam a buscar a paralisação dessas energias. Quando ele se referiu, por exemplo, ao hataioga e a seu objetivo de ralentar respiração, ejaculação e pensamento, falava justamente dessa contenção das energias vitais. Não por acaso dizia que, nesse treinamento, "o resultado orgânico está muito próximo da hibernação invernal de certos animais"[470]. Para ele, extinguia-se,

---

470 J. Grotowski, A Voz [1969], em L. Flaszen; C. Pollastrelli (orgs.), *O Teatro--Laboratório de Jerzy Grotowski: 1959-1969,* p. 150.

O PERCURSO DA NOÇÃO DE ATOR EM GROTOWSKI

nesse caminho artificial, a "comunhão" e a "existência em relação ao outro homem", fatores determinantes para a organicidade[471].

Na organicidade, não operava um *desapegar-se* em relação ao corpo, em relação ao outro, em relação ao mundo. Ao contrário, o organismo era em-comum, participante da *anima mundi*.

Assim, quando Grotowski falou em organicidade por oposição à artificialidade, no Collège de France, ele não estava se referindo ao seu antigo binômio estrutura/espontaneidade, como muitos ainda preferem interpretar. Grotowski afirmava haver estrutura e vida – embora de maneira bastante diferente – nas duas linhas de investigação. Quando dizia ter optado pela linha orgânica, afirmava ter optado por trabalhar sobre ou a partir do que chamou dos "motores do homem", sobre as forças vitais, sobre o – e a partir da aceitação do – encarnado. Dizia que trabalhar nesse território tinha a ver com não querer "separar-se das contradições", "deter ou aniquilar uma parte da nossa natureza"[472].

O que se buscava a partir de então era liberar o processo orgânico: encontrar situações, ações, exercícios que desobstruíssem ou que destruíssem as causas que impediam o acesso a esses processos; essas causas eram necessariamente diferentes para cada indivíduo.

Organicidade, na década de 1960 e de 1970, é um termo que nasceu também por oposição e por crítica a inúmeros procedimentos, ou outras maneiras de enxergar o trabalho do ator, presentes tanto no próprio teatro de Grotowski – nasceu, assim, de um processo de autocrítica – quanto fora dele. Ao mesmo tempo em que marcou um terreno de investigação próprio, a consciência orgânica delineou, por oposição, um outro terreno. Assim, para entender organicidade pode ser útil entender também a que a organicidade se opôs.

Nos textos que analisamos, Grotowski explicita ou implicitamente releu, de maneira crítica, seu próprio percurso de experimentações sobre o ator. Ele colocou à vista tanto o que em seu próprio percurso quanto em percursos alheios – principalmente na formação fornecida nas escolas de teatro – blo-

---

471   J. Grotowski, O que Foi [1970], em L. Flaszen; C. Pollastrelli (orgs.), *O Teatro-Laboratório de Jerzy Grotowski: 1959-1969*, p. 200.

472   J. Grotowski, *Hacia un Teatro Pobre* [1968], p. 229.

250 PALAVRAS PRATICADAS

queava os processos orgânicos do ator. A direção de seus textos é clara: dar a ver uma investigação – a sua – que aderiu, por meio de erros e acertos, à organicidade. E a partir dessa adesão, necessitou, inclusive, afastar-se do teatro.

Volto, então, àquelas críticas que estavam vinculadas, muitas delas, ao treinamento psíquico realizado no início dos anos de 1960.

A noção de contato, como vimos, se opõe àquela de introspecção que aparece na entrevista a Barba. A introspecção foi vista paulatinamente como uma busca exacerbada pela riqueza das emoções, e era esse desejo de ter uma psiquê rica que levava ator e diretor a estimularem artificialmente o processo interno.

A introspecção também foi criticada, como já vimos, quando ele se referiu à sua investigação com as máscaras faciais. Também ali se visou estimular, de maneira artificial, o processo interno. O ator estimulava-se a descobrir, por meio de um trabalho baseado em fórmulas da personalidade, uma máscara, uma personalidade expressa nas linhas do rosto; o ator corria exatamente o risco de "expor apenas seu rosto, ao invés de si mesmo todo"[473].

A consciência orgânica, ao contrário da introspecção, permitiria o acesso a esse "si mesmo", a esse "si mesmo todo" não conduzido nem manipulado – e portanto, restrito – pelo intelecto. O próprio intelecto passava a fazer parte e era, portanto, reinventado a partir e por intermédio da consciência orgânica.

Além do estímulo artificial à psiquê, ao processo interno, havia outros inimigos da organicidade: a tentativa de controle do ator sobre seu próprio processo – controle do corpo, controle da voz (corpo e voz entendidos apenas como instrumentos atorais) e, em parentesco com o controle, outro inimigo da organicidade era a auto-observação.

Grotowski modificou, a partir da noção de organicidade, como deixou antever em seu texto "Respuesta a Stanislavski", de 1969, seu conceito de eficácia. O que passou a ser eficaz, a funcionar, para ele, foi menos uma força expressiva construída pelo domínio que cada ator podia ter de seu corpo e de seu

---

473 J. Grotowski, Exercícios [1969], em L. Flaszen; C. Pollastrelli (orgs.), *O Teatro-Laboratório de Jerzy Grotowski: 1959-1969*, p. 178.

O PERCURSO DA NOÇÃO DE ATOR EM GROTOWSKI

aparelho vocal, e mais uma ação que o ator realizasse com a totalidade do seu ser, o que significava dizer, organicamente.

Como exemplo dessa diferença na noção de eficácia, podemos comentar seu texto "A Voz", no qual historicizou seu processo de treinamento vocal. No início do T13F, segundo ele, os atores observavam o próprio instrumento vocal. Posteriormente, ele passou a considerar esse proceder, que fazia com que o ator prestasse atenção ao som da própria voz, ou fizesse a si mesmo indagações sobre a própria elocução, como um ato de violência contra si[474].

Mas sua crítica não parava aí. Ela se estendia também à pesquisa sobre os ressonadores (ou vibradores) do corpo, investigação que era posterior àquela dos exercícios baseados na observação do ator sobre a sua própria voz. Dizia: "Antes, observávamos o instrumento vocal; agora observávamos todo o corpo ou certas regiões do corpo e, por esse motivo, a voz era mais forte. [...] Controlar o corpo é mais natural, mas de qualquer forma era auto-observação"[475].

Utilizando com premeditação os vibradores, os atores conseguiam, segundo ele, vozes fortes e diversificadas, mas, ao mesmo tempo, essa voz

era dura, mecânica – não quero dizer fria, mas, antes, automática: não era viva. *Observei que, no trabalho, os atores podiam usar [...] as cores premeditadas da voz. Mas se começavam a agir com a totalidade do seu ser, era uma outra coisa completamente diferente, então não existiam mais os vibradores conscientes; ou os vibradores, que eles queriam usar conscientemente, bloqueavam o processo orgânico*[476].

Novamente, o controle do instrumento (a utilização consciente de tal ou qual vibrador) apareceu no discurso de Grotowski como elemento bloqueador do processo orgânico, já que corpo e voz ficavam submetidos a uma escolha mental que, só

---

474   J. Grotowski, A Voz [1969], em L. Flaszen; C. Pollastrelli (orgs.), *O Teatro--Laboratório de Jerzy Grotowski: 1959-1969*, p. 142.

475   Idem, p. 154-155.

476   Idem, p. 154. (Grifo nosso.) Os ressonadores – ou vibradores – descobertos por Grotowski e apresentados no *Em Busca de um Teatro Pobre* continuam a ser vistos, e utilizados, como exercícios grotowskianos por excelência, desconhecendo-se ou ocultando-se a crítica do próprio Grotowski a esse procedimento.

252   PALAVRAS PRATICADAS

posteriormente, se fazia voz. Além disso, esse controle exigia a
(e era baseado na) auto-observação, na fixação da atenção do
ator em si mesmo, o que impedia que a voz fosse vivenciada
como um "órgão de nós mesmos que nos estende em direção
ao exterior", em direção ao outro[477].

Transformando-se a noção de eficácia, transformou-se também aquela de expressividade, de expressão. Dizia: "Quando se
faz alguma coisa que já é conhecida até o fim, ela começa a ser
morta. Ao contrário, quando se está conhecendo, quando se está
no caminho do conhecer, então se tem a expressão. A expressão
é o prêmio, a dádiva da natureza pelo afã do conhecer"[478].

Como podemos imaginar, a crítica sobre a eficácia tinha
o potencial de se desdobrar, e efetivamente se desdobrou, em
uma crítica aos processos de aprendizagem, de aquisição de
técnicas, de construção de métodos. Os processos orgânicos
não se adequavam a modelos, eram incapazes de se organi-
zarem inteiramente em um método, em uma receita, em uma
experiência que, descrita por um, pudesse ser utilizada por
outros de maneira direta.

Grotowski traçou uma diferença entre o que chamou de
um "corpo liberado" e de um "corpo adestrado"[479]. E, a partir
dessa diferença, não poupou críticas a inúmeras técnicas atorais
ou treinamentos. Sobre a ginástica, ele disse: "vejam a expressão vital, biológica, das pessoas. São ágeis? Sim, em movimen-

---

477   Idem, p. 159.
478   J. Grotowski, Sobre a Gênese de *Apocalypsis* [1969/1970], em L. Flaszen; C.
      Pollastrelli (orgs.), *O Teatro-Laboratório de Jerzy Grotowski: 1959-1969*, p. 194.
479   Exercícios, em L. Flaszen; C. Pollastrelli (orgs.), *O Teatro-Laboratório de
      Jerzy Grotowski: 1959-1969*, p. 170. Em "Da Companhia Teatral à Arte como
      Veículo", Grotowski retomou, de certa forma, essa diferença, fazendo uma
      distinção entre duas abordagens distintas de resolver o problema da *obediên-
      cia* do corpo: podia-se domá-lo ou desafiá-lo. Apontou os perigos e limites da
      primeira abordagem: transformação do corpo em uma "entidade muscular"
      e não em "canal para as energias", e "separação entre a cabeça que dirige e o
      corpo, que se torna uma marionete manobrada". Mas – diferentemente do que
      fazia no final da década de 1960 e início dos anos de 1970 – afirmou serem
      ambas as abordagens "legítimas" e que aqueles limites relativos à primeira
      abordagem eram superáveis quando se trabalhava tendo conhecimento deles,
      e quando o instrutor era "lúcido". Afirmou que em sua vida criativa sempre
      esteve mais interessado na segunda abordagem, aquela na qual o corpo "não
      se sente como um animal domado ou doméstico, mas antes como um animal
      selvagem e digno". Em L. Flaszen; C. Pollastrelli (orgs.), *O Teatro-Laboratório
      de Jerzy Grotowski: 1959-1969*, p. 238.

O PERCURSO DA NOÇÃO DE ATOR EM GROTOWSKI 253

tos específicos. São expressivas nos pequenos movimentos, nos sintomas da vida? Não, elas são bloqueadas"[480]. A ginástica "aprisiona o corpo em um certo número de movimentos e reações aperfeiçoadas"[481]; sobre a acrobacia, que havia se tornado uma referência ao treinamento do ator, de certa forma a partir do próprio treinamento do t.-l., afirmou que ela não havia trazido nada essencial; também atacou a utilização de exercícios de pantomima em *Ak,* dizendo que os signos trabalhados ali funcionaram como estereótipos que bloqueavam o processo dos impulsos pessoais.

Analisou ainda a formação dos atores no que chamou de teatro oriental. Via com admiração os atores orientais que considerava como magos, como mestres do corpo, por serem capazes de construir com disciplina e rigor um alfabeto corporal. Falava que enxergava ali um milagre, mas que se tratava de um milagre estéril. Dizia que naquele tipo de teatro não havia o que era, para ele, mais fundamental, ou seja, a revelação da personalidade humana, do "ator como ser: Em tudo aquilo que fazem não há confissão alguma"[482].

A "pergunta principal" a ser feita a qualquer exercício quando se estava em busca da organicidade era, segundo ele, a seguinte: esse tipo de trabalho desenvolve os impulsos vivos do corpo? Na formação do ator oriental, respondia que não.

Em todos esses exemplos, Grotowski enxergava um corpo domesticado, um corpo comandado por uma mente, ela, sim, ativa. As reações corporais, nesse tipo de formação ou treinamento, eram vistas como cortadas[483], não compactuando com o fluxo orgânico, mas, ao contrário, por sua premeditação, pela conscientização do movimento, pelo controle do corpo, pela mecanicidade e pelo automatismo dos gestos, opondo-se, resistindo àquele fluxo.

---

480 J. Grotowski, Exercícios [1969], em L. Flaszen; C. Pollastrelli (orgs.), *O Teatro-Laboratório de Jerzy Grotowski: 1959-1969*, p. 169.
481 Idem, p. 170.
482 Idem, p. 164. Grotowski, ao longo dos anos, nuançou essa crítica. Embora continuasse colocando esse tipo de formação e trabalho do ator na chamada *linha artificial*, não falava mais em esterilidade, mas, apenas, em uma forma de abordagem diferente da sua.
483 Idem, p. 169.

A partir da consciência orgânica, passou a considerar inúmeros procedimentos artísticos como fundando e, ao mesmo tempo, sendo baseados em uma dissociação e em uma domesticação do organismo do ator.

Grotowski opunha-se fortemente à formação oferecida aos atores. Ela estava, segundo ele, focada em ensinar o ator a observar, controlar e manipular os seus chamados instrumentos vocal e corporal, dissociando o ator do seu corpo/voz, com vistas à produção da expressão requerida. Ela não era, portanto, orgânica. A formação não levava em consideração os processos sempre – e para sempre – mutáveis de cada organismo, de cada ator. Não levava em consideração o momento presente, sendo sempre um projeto colocado por sobre o corpo e a individualidade do aluno. Falou, nesse sentido, na produção de uma armadura.

Além disso, a própria expectativa do aprendiz com relação à aprendizagem, focada na aquisição de modos de fazer, na aprendizagem de meios, impulsionava a criação de modelos que passavam a ser aplicados indistintamente.

No texto "A Voz", por exemplo, fazia questão de afirmar que uma respiração não inibida era diferente para cada pessoa, e que ainda que essa diferença fosse mínima, era ela decisiva para que a naturalidade – a organicidade – estivesse presente. Ele se colocava frontalmente contra o modelo de respiração ensinado nas escolas de teatro, criticando-o por produzir novos bloqueios e não ser capaz de lidar com problemas individuais, evidentemente diferentes de aluno para aluno.

Há uma frase recorrentemente citada quando se fala sobre o trabalho do ator em Grotowski e que se refere à experiência de eliminação do lapso de tempo entre impulso e reação. Essa ideia parece ter sido construída, em um primeiro momento, em seus textos, ainda dentro de uma determinada oposição entre corpo e espírito. O corpo era apresentado como aquilo que se interpunha entre o impulso espiritual e a reação exterior. Posteriormente, entretanto, o não lapso de tempo entre impulso e ação passou a ser uma experiência proposta ao organismo do ator como um todo. O corpo que queimava, o corpo que desvanecia era, portanto, tanto o corpo que, por meio de seus inúmeros bloqueios físicos ou não (essas esferas não estando mais separadas), opunha resistência aos impulsos,

O PERCURSO DA NOÇÃO DE ATOR EM GROTOWSKI

quanto aquele corpo "virtuoso", controlado e domesticado pelo intelecto, que, da mesma forma, bloqueava o fluxo dos impulsos no organismo do ator.

A ênfase nos processos orgânicos – e no ato, como nomeava, então, a ação concebida no âmbito desses processos – também pôs em cheque o profissionalismo do ator e do diretor, e o próprio teatro como lugar de produção de espetáculos, de obras.

O profissionalismo com seu *savoir faire*, sua busca pelos meios de expressão, seu interesse por técnicas e exercícios foi, portanto, fortemente criticado. Segundo ele, o "profissionalismo" incitava a transformar tudo em truques, em meios; e o ato precisava ser humano e não profissional[484].

Para Grotowski, nem a perfeição técnica, nem o treinamento intensivo podiam levar ao ato, nem esse ato, uma vez realizado, podia ser reconstruído como meio, como truque. E era aí que Grotowski via a falência do profissionalismo, para ele espremido exatamente entre os pilares da técnica e dos efeitos. Via no profissionalismo – e em sua própria trajetória profissional – um tanto de manipulação e um tanto de utilitarismo, ligado à produção de um espetáculo, que era necessário abandonar.

Criticava o que enxergava, naquele momento, como uma relação distorcida, imposta pela necessidade da realização de um espetáculo teatral: era a relação entre aquela investigação íntima do ator e a sua transformação (ou sua utilização) na construção de uma expressividade, de meios, de efeitos que afetassem o espectador. Na citação abaixo, veremos que ele não poupou nem o seu "teatro pobre": "Podemos nos jogar naquilo que é mais íntimo, pessoal, e sem dúvida é preciso fazer assim, mas nunca interessadamente, isto é, à procura do efeito, de 'meios ricos' (alguém chamaria de 'pobres', não faz diferença). Não é lícito manipular isso."[485]

Dizia ainda: "Nós, entretanto, com toda a experiência de fracassos que temos, deveríamos saber que a coisa não pode ser jamais reconstruída enquanto meio, enquanto truque."[486]

---

484 J. Grotowski, Tel qu'on est, tout entier [12 dez., 1970], *"Jour Saint" et autres texts*, p. 37.

485 J. Grotowski, O que Foi [1970], em L. Flaszen; C. Pollastrelli (orgs.), *O Teatro-Laboratório de Jerzy Grotowski: 1959-1969*, p. 203.

486 J. Grotowski, Tel qu'on est, tout entier [12 dez., 1970], em *"Jour Saint" et autres texts*, p. 37.

256 PALAVRAS PRATICADAS

Quando falava de manipulação, ele, sem dúvida, se referia também à leitura que fazia à época sobre seu papel de diretor que acreditava ter sido baseado, antes da experiência inovadora da relação com Cieślak, também em um tanto de manipulação e utilitarismo.

Em entrevista de 1969 a Marc Fumaroli, dizia que um diretor não devia ser um domador, que não podia "extrair do ator à força todos os elementos criativos". Dizia que o diretor deveria "respeitar a germinação". Utilizava, nessa declaração, o mesmo campo semântico utilizado quando se referiu, ao relatar a gênese de *Ap*, à fidelidade que teve às sementes que nasciam nas investigações dos atores[487]. Grotowski opunha-se ao diretor domador da mesma maneira que se opunha a um diretor hipocritamente fraterno, o que dizia ser o outro extremo de uma relação ator-diretor. Nesse caso, criava-se uma espécie de compromisso, de conforto, de relação familiar, enfim, um clichê de fraternidade, que impedia o verdadeiro encontro[488].

Em outra entrevista mais ou menos do mesmo período, também recusava a ideia de um diretor analista dizendo que ela criava uma situação de doença tanto para o próprio diretor quanto para o ator: "se o diretor começa a julgar, a tratar, a observar como uma espécie de pacientes, ou de 'caso', aos atores,

---

487 Tanto Grotowski quanto alguns de seus colaboradores gostam de falar de seu trabalho como "gardening" – jardinagem – em oposição a "engineering" – engenharia –, mostrando, com essa escolha lexical, o tanto de espaço deixado à ação da própria *natureza*. Na *engenharia*, a opção seria pela manipulação e controle total dos materiais. Vejamos um fragmento da entrevista que François Kahn forneceu a Nicola Arrigoni, em 2004, e onde tratou exatamente desse tema: "Uma das últimas coisas que Grotowski me disse sobre o sentido do trabalho teatral foi '*gardening, not engineering*', ou seja, jardinagem, não engenharia. Não basta conhecer as regras, criar a estrutura, dominar a engenharia. No ofício do diretor há algo mais, há o aspecto incompreensível de um corpo vivo, assim como no ofício do jardineiro. O teatro não acontece porque você conhece bem as regras e as aplica; você deve conhecer as regras, mas o teatro tem uma vida em si, precisa de pequenos e imperceptíveis ajustes, não responde a regras matemáticas, vive de sua própria força, que vai além da vontade do ator, do diretor e do espectador. O teatro é como um jardim, tem uma vida própria com as suas estações: a germinação, a maturação e a decadência. Como um jardim, precisa de tempos longos. Há uma estreita relação entre teatro e ecologia". Cf. F. Kahn, Gardening not Engineering, *Il Grande Fiume*, n. 23, p. 2-3.

488 J. Grotowski, External Order, Internal Intimacy [1969], em R. Schechner; L. Wolford (orgs.), *The Grotowski Sourcebook*, p. 110-111.

O PERCURSO DA NOÇÃO DE ATOR EM GROTOWSKI

criará uma situação desigual [...] se tornará infecundo"[489]. Para ele, a relação mais fecunda era aquela que criava entre o ator e o diretor um campo de comunicação criativa: isso é evidente quando mutuamente um vai em direção ao outro. É evidente quando esqueço, quando estou na sua presença, que sou diretor[490].

Sobre sua função em *Holiday*, dizia que poderia se definir como um animador, "se a palavra não estivesse tão comprometida pelo mau uso"; via-se como alguém que colocava em evidência certas necessidades que nasciam dentro do grupo, alguém que fazia um convite, que criava condições, que fazia um chamado[491].

Nos textos relacionados a *Holiday*, fez uma crítica bastante virulenta ao teatro. Dizia-se incapaz de insuflar em alguém a fé no teatro, porque ele mesmo já não acreditava nisso[492]. Considerava a palavra teatro uma palavra morta, porque estava morto o que ela significava[493].

Todo o aparato teatral – o espectador, a técnica e o ofício do ator, a cena – pareciam ser, nesse momento, para ele, mais um lugar inventado pelos homens para estabelecimento de relações sociais e mentirosas, lugar de fuga do verdadeiro sentido da vida[494]. É a própria noção de arte, seja vista como ofício seja vista como lugar de produção estética, que ele parece recusar, abandonando assim, de um só golpe, a noção de obra e as noções de artista e de fruidor/espectador.

Grotowski não parece recuperar, em um primeiro momento, nada daquilo que trabalhou no período anterior; não faz nem mesmo uma separação entre o teatro que realizou e um teatro mais convencional ou comercial. Ao invés do teatro, falava na realização do ato, ato que o profissionalismo – com seus métodos e técnicas – e o teatro – com seus compromissos

---

489   J. Grotowski, Entrevista a Jerzy Grotowski por Margo Glantz [1968], *Hacia un Teatro Pobre*, p. 232.

490   J. Grotowski, External Order, Internal Intimacy [1969], em R. Schechner; L. Wolford (orgs.), *The Grotowski Sourcebook*, p. 110.

491   J. Grotowski apud E. Ertel, Grotowski au récamier, *Travail Théâtral*, n. 12, p. 133.

492   J. Grotowski, Tel qu'on est, tout entier [12 dez., 1970], em *"Jour Saint" et autres texts*, p. 33.

493   J. Grotowski, Jour Saint [13 dez., 1970], *"Jour Saint" et autres texts*, p. 3.

494   Podemos ver uma semelhança com as críticas de Artaud ao teatro ocidental.

258 PALAVRAS PRATICADAS

e exigências – não só não produziriam, como impediriam de ser realizado.

Dizia: "Na verdade, o teatro era a mestria na arte de se esconder e de imitar. Isso estava ligado à vida, que era um aprendizado do esconderijo e do fingimento. Hoje, as necessidades são exatamente opostas. E nossas investigações também"[495].

Por outro lado, a crítica ao profissionalismo não se resolvia com uma possível volta ao amadorismo, ao diletantismo. Na verdade, ele enxergava tanto o profissional quanto o amador como submetidos ao profissionalismo. O diletante buscava imitar o profissional – Grotowski falou de um profissionalismo inconsciente[496] – e, portanto, estava baseado nas mesmas regras de conduta.

Em tom irônico, referindo-se ao profissionalismo e ao diletantismo, perguntava-se: "mas para sair das areias movediças é preciso necessariamente ir parar no pântano?"[497] Dizia estar entrando em um território totalmente diferente, distante tanto do profissionalismo quanto do amadorismo.

Sua crítica mais central era efetivamente à dissociação entre o mental e o corpo, dissociação que se materializava tanto por meio de uma determinada pedagogia para o ator quanto por meio do próprio profissionalismo, ou seja, em última instância, por meio dos "modos de fazer" do teatro. Ele criticava a "criação" desse corpo separado da consciência, e que se submetia a executar as ordens dessa consciência.

Na origem dessa domesticação, dessa escravidão, via uma atitude com relação ao próprio corpo – "e não somente no plano físico": o corpo era percebido como um inimigo íntimo e, justamente por isso, era necessário controlá-lo; haveria um desprezo ou uma falta de confiança, ou ainda uma confiança distorcida – assim nomeava o virtuosismo – que via, no controle imposto pela consciência, algo salutar: "Com o corpo, com a carne, não estão à vontade, estão antes em perigo"[498].

495 J. Grotowski, ...Et le Jour Saint deviendra possible [out., 1972], "Jour Saint" et autres texts, p. 76.
496 Idem, p. 79.
497 J. Grotowski, O que Foi [1970], em L. Flaszen; C. Pollastrelli (orgs.), O Teatro-Laboratório de Jerzy Grotowski: 1959-1969, p. 199.
498 J. Grotowski, Exercícios [1969], em L. Flaszen; C. Pollastrelli (orgs.), O Teatro-Laboratório de Jerzy Grotowski: 1959-1969, p. 175.

O PERCURSO DA NOÇÃO DE ATOR EM GROTOWSKI   259

Os exercícios corporais e vocais eram, na maioria das vezes, baseados nessa desconfiança, pois, sentindo-se em perigo, o ator e seus instrutores buscavam nos exercícios e na técnica um lugar de proteção. Grotowski falou, então, da técnica como asilo. O controle, o domínio, o aperfeiçoamento impetrados ao corpo afastavam o ator do confronto/contato com esse seu próprio corpo, com esse motor vital desconhecido, embaraçante, constrangedor, contraditório, passional, erótico, divino(?), enfim, não domesticado:

> Porque não é tanto de ter consciência do nosso corpo que nós temos necessidade, mas de não estarmos separados dele. E não é tanto de *savoir-faire* que nós temos necessidade, mas de saber como não hesitar frente ao chamado, quando se trata de realizar o desconhecido e de realizá-lo deixando o "meio" (o mais possível) à nossa própria natureza"[499].

A técnica – com sua moral e suas exigências – mais do que apenas impedir o *ato* acabava tomando seu lugar. Ele dizia que a técnica podia ser vista inclusive como "um sintoma do Ato sub-rogado". E afirmava que se o ato fosse executado, a técnica existia por si mesma.

Dizia, em 1969, que:

> A técnica é sempre muito mais limitada que a ação. A técnica é necessária somente para entender que as possibilidades estão abertas, em seguida, apenas como uma consciência que disciplina e dá precisão. Em todos os outros sentidos, vocês deveriam abandonar a técnica. A técnica criativa é o contrário da técnica no sentido corrente da palavra: é a técnica daqueles que não caem no diletantismo e no plasma e que, ainda assim, abandonaram a técnica[500].

Levando em conta essas críticas, podemos imaginar o mal-estar dele frente à leitura – e à aplicação – que estavam, a essa altura, sendo feitas de seus textos e, principalmente, dos exercícios reproduzidos no *Em Busca de um Teatro Pobre*. Grotowski até hoje é reconhecido como uma espécie de pai do "treinamento"

---

499 J. Grotowski, Ce qui Fut [1970], *"Jour Saint" et autres textes*, p. 48. Embora haja uma tradução desse texto em português, já utilizada por mim em vários momentos do trabalho, preferi, com relação a esse fragmento, fazer minha própria tradução.

500 J. Grotowski, A Voz [1969], em L. Flaszen; C. Pollastrelli (orgs.), *O Teatro-Laboratório de Jerzy Grotowski: 1959-1969*, p. 162.

atoral. Mas, embora – ou, talvez, exatamente porque – tenha se dedicado a utilizar/inventar/investigar treinamentos para (e com) seus atores, tratava esse tema sem dogmatismos, e sim como um pesquisador.

Em vários textos da época, ele se pronunciou sobre isso. Em "O que Foi", dizia:

> Frequentemente, [...], me ocorre encontrar grupos que começam pelos exercícios tomados emprestados do meu livro. [...] Crê-se que um certo tipo de *training* preparatório, se se submete a ele por um período de tempo convenientemente longo, seja capaz de conduzir o homem ao ato. Mas o que recebe aquele que se exercita durante essa espera é apenas uma peculiar ilusão[501].

Em "Tel qu'on est, tout entier", diz, de modo semelhante, que seus exercícios estavam sendo utilizados como se fossem uma "chave miraculosa para a Criação". Ele criticava a atitude que fazia com que se procurasse por essas chaves, que fazia com que se acreditasse existir ideias ou práticas fecundas que bastaria aprender com os outros. Ele afirmava que não adiantava procurar "chaves miraculosas que nos dispensariam de nós mesmos".

Apresentava seus exercícios como se se tratassem de testes, de desafios ao organismo; como exercícios que ajudaram, certas vezes, a retomar a confiança no próprio organismo, a impor disciplina, a retomar a precisão; portanto, os exercícios eram um campo de investigação, e não um método. E, mais que isso, dizia que "os exercícios não constituem nem mesmo um ponto de partida, nem mesmo uma introdução" ao ato; que eles eram "como a prece para o crente antes de algo que deve se produzir, mas se alguém reza a vida inteira ao invés de agir, não fará grande coisa"[502].

Outra crítica feita à técnica e ao treinamento é que essas noções eram referidas à ideia de aperfeiçoamento, que, segundo Grotowski, desprezava o *hic et nunc,* sem o qual nenhum ato era possível de ser realizado. Na atitude de aperfeiçoar-se, encontraríamos mais uma divisão: aquela entre um projeto e sua

---

501 J. Grotowski, O que Foi [1970], em L. Flaszen; C. Pollastrelli (orgs.), *O Teatro--Laboratório de Jerzy Grotowski: 1959-1969*, p. 200.

502 J. Grotowski, Tel qu'on est, tout entier [12 dez., 1970], *"Jour Saint" et autres textes*, p. 29-30.

O PERCURSO DA NOÇÃO DE ATOR EM GROTOWSKI 261

realização, entre uma projeção ideal e um hoje ascendente ou decadente em relação a essa projeção. O tempo do aperfeiçoamento é um tempo *Chronos*, no qual o presente é dependente do futuro. Para ele, nessa atitude existia uma "indiferença em relação ao hoje", e, portanto, um "desejo de evitar o ato". No tempo *Kairos*[503] de Grotowski, o presente está para o próprio presente: é no aqui e agora que estão localizadas as memórias e as esperanças; o que foi, o que poderia ter sido, o que é, o que será, o que poderá ser: "Existem só as experiências, não o seu aperfeiçoamento. A realização é *hic et nunc*"[504].

Corpo-Memória e Corpo-Vida

No final da década de 1960, Grotowski circunscreveu o campo da consciência orgânica por meio de alguns termos como corpo-memória e corpo-vida. Esse corpo-vida era como o agir do teu Homem, um agir não submetido àquela dissociação entre consciência e corpo, não submetido a um eu projetivo e controlador que toma a frente do Homem, do teu Homem, o Homem do processo sempre *hic et nunc*.

Utilizou a noção de corpo-memória e depois substituiu-a por corpo-vida, talvez por achar o segundo termo mais abrangente. Mas a noção de corpo-memória parece-me ter cumprido, pelo menos, duas funções: ela tanto reformulava antigas investigações sobre a memória experimentadas previamente dentro do T.-L. quanto estava localizada dentro daquele tempo *kairos* que analisei logo acima. A noção de memória não era anterior à noção de corpo; ela não estava em um passado que era recuperado, no presente, enquanto "expressão" de um mental que manipulava o corpo; não se tratava de "realizar a imagem da recordação evocada anteriormente nos pensamentos"[505].

---

503 *Kairos* (καιρος) é uma antiga palavra grega que significa "o momento certo" ou "oportuno". Os gregos antigos tinham duas palavras para o tempo: *chronos* e *kairos*. Enquanto o primeiro refere-se ao tempo cronológico, ou sequencial, o segundo é um momento indeterminado no tempo em que algo especial acontece.

504 J. Grotowski, Exercícios [1969], em L. Flaszen; C. Pollastrelli (orgs.), *O Teatro--Laboratório de Jerzy Grotowski: 1959-1969*, p. 179.

505 J. Grotowski, O que Foi [1970], em L. Flaszen; C. Pollastrelli (orgs.), *O Teatro--Laboratório de Jerzy Grotowski: 1959-1969*, p. 205-206. (Grifo nosso.)

262 PALAVRAS PRATICADAS

Sobre o trabalho do ator especificamente, dizia, por exemplo:

Quando no teatro se diz: procurem recordar um momento importante da sua vida, e o ator se esforça por reconstruir uma recordação,
então o corpo-vida está como em letargia, morto, ainda que se mova e
fale... É puramente conceitual. Volta-se às recordações, mas o corpo-
-vida permanece nas trevas.
Se permitem que o seu corpo procure o que é íntimo [...], nisso
há sempre o encontro[506] [...] e então aparece aquilo que chamamos de
impulsos[507].

Da mesma forma, quando falava em associações, ele preca-
via os ouvintes contra a ideia de uma interioridade mais enun-
ciada mentalmente que organicamente experimentada:

As associações são ações que se ligam à nossa vida, às nossas experiências, ao nosso potencial. Mas não se trata de jogos de subtextos
ou de pensamentos. Em geral, não é algo que se possa enunciar com
palavras [...] Esse subtexto, esse pensar, é uma tolice. Estéril. Uma espécie de adestramento do pensamento, é isso, e só isso. Não é necessário "pensar" nisso. É necessário indagar com o corpo-memória, com o
corpo-vida. Não chamar pelo nome[508].

É nesse mesmo sentido que ele dizia que o corpo não tinha
memória, como se se tratasse de um bem a ser acessado, mas
que ele era, ele mesmo, memória:

Pensa-se que a memória seja algo de independente do resto do corpo
[leia-se também ele próprio, de certa forma, pensou assim]. Na verdade,
ao menos para os atores, é um pouco diferente. O corpo não *tem* memória, ele *é* memória. O que devem fazer é desbloquear o corpo-memória[509].

Opunha-se assim a outra dissociação, aquela entre figura –
corpo – e fundo – memória –, entre pele e interioridade, entre
espírito – lugar do pensamento, das memórias e associações – e

---

506 Voltarei à noção de *encontro* e sua fraternidade com a noção de *organicidade*
mais à frente.
507 Idem, p. 205-206.
508 J. Grotowski, Respuesta a Stanislávski [1969], *Máscara*, p. 25.
509 J. Grotowski, Exercícios [1969], em L. Flaszen; C. Pollastrelli (orgs.), *O Teatro-
-Laboratório de Jerzy Grotowski: 1959-1969*, p. 173.

O PERCURSO DA NOÇÃO DE ATOR EM GROTOWSKI 263

carne. As associações, as lembranças, eram "evocadas sem premeditação, eram sensuais, se podemos dizer assim"[510].

O problema do atuante não era, portanto, controlar e aperfeiçoar seu instrumento vocal e corporal com vistas a acessar, em um segundo momento, aquilo que era íntimo ou que estava velado. A aprendizagem (desaprendizagem) se dirigia exatamente a liberar os impulsos do corpo-memória: "Cada um tem um trabalho individual: para cada caso, problemas diversos, dificuldades diversas, uma outra natureza, um outro corpo-memória e outras possibilidades."[511]

Corpo-Vida, Consciência Orgânica e Mental

Gostaria de analisar agora o conceito de corpo-vida, explorando a noção de mental em relação àquela de consciência orgânica. Não acredito que o conceito de corpo-vida se confunda com o que mais comumente chamamos de corpo/mente. Sua investigação – ou a conceituação que deu a ela – não dizia respeito a uma junção de opostos em um todo unificado. O que ocorria é que a organicidade pressupunha e englobava outra noção de consciência, e de estrutura. Lembremos do fragmento de sua carta onde ele dizia ter passado a considerar como orgânico o que antes via como dependente do intelecto. E, nesse sentido, o termo mais exato talvez seja mesmo consciência orgânica e não organicidade. Vejamos por quê.

Grotowski, como vimos em alguns procedimentos de trabalho da primeira metade da década de 1960, visou a atuar sobre o corpo dos atores – ou sobre a energia psíquica – com um trabalho realizado a partir de técnicas de sugestionamento. Como disse Flaszen, havia, até *Pc*, um certo mal-estar em relação ao corpo.

Em um resumo bruto, podemos dizer que ele, naquela primeira fase do seu trabalho, referia-se ao corpo como desestruturado e sem consciência, ainda que cheio de vitalidade. Desse corpo, era necessário tanto encontrar as fontes de energia

---

510 J. Grotowski, ...Et le Jour Saint deviendra possible [out., 1972], *"Jour Saint" et autres textes*, p. 74.
511 J. Grotowski, A Voz [1969], em L. Flaszen; C. Pollastrelli (orgs.), *O Teatro-Laboratório de Jerzy Grotowski: 1959-1969*, p. 161.

264 PALAVRAS PRATICADAS

quanto não submergir nessas fontes. E, tanto no acesso às fontes quanto na não submersão, o mental era requerido por seu poder de sugestionar e de direcionar as energias corporais, a princípio cegas. Estamos exatamente próximos da noção de corpo visto como inimigo, à qual ele se referiu.

O corpo-vida tinha, ao contrário, estrutura e direção: "O corpo-vida está canalizado em uma linha distante do plasma"[512]. Não precisava mais ser sugestionado ou controlado pelo mental, pois na organicidade: "Não é a mente [que comanda] nem acontece por acaso, isso está em relação com a nossa vida"[513]. O corpo-vida é capaz de guiar. Nos exercícios corporais, por exemplo, "o corpo-memória dita o ritmo, a ordem dos elementos, a sua transformação [...]. Por fim, começam a intervir os conteúdos viventes do nosso passado (ou do nosso futuro?)"[514].

Claro, sempre havia o risco da submersão nos conteúdos inconscientes – do descontrole, da desestruturação –, mas não era necessário, por medo disso, submeter-se ao controle do mental, e sim estar acordado para essa nova consciência, e para uma nova maneira de estruturar/estruturar-se. As chaves de trabalho passaram a ser então a via negativa, a atenção (alargada), a intuição (palavra não encontrada com frequência no vocabulário de Grotowski, mas utilizada pelos participantes do parateatro e do Teatro das Fontes), o encontro.

Prossigamos aos poucos, pois não se trata de uma elaboração fácil. Em certo sentido, era como se a própria organicidade trouxesse em si mesma um mental diferente daquele que ele chamava de computador[515], necessário para certas tarefas. Era como se, por meio da própria organicidade, se encontrasse uma

---

512 J. Grotowski, Exercícios [1969], em L. Flaszen; C. Pollastrelli (orgs.), *O Teatro-Laboratório de Jerzy Grotowski: 1959-1969*, p. 174.

513 Idem, p. 173.

514 Idem, p. 177.

515 "Eu uso o *computador* que é a mente, mas estou certo de que ele não vem da fonte. Certamente ele pode me servir como um modo de antecipação particular, para estabelecer probabilidades negativas – onde há perigo ou as coisas podem ir mal – mas, apesar disso, não recebi nenhuma revelação desse *computador*. E quando eu digo *computador*, eu estou falando da mente, do intelecto, da programação ou mesmo do que chamamos conhecimento, informação, erudição. Eu nunca senti e não sinto que a fonte esteja lá. Mas eu não subestimo o computador. Eu consulto-o, programo-o, utilizo-o". Cf. J. Grotowski apud J. Kumiega, *The Theatre of Grotowski*, p. 22. (Grifo nosso.)

O PERCURSO DA NOÇÃO DE ATOR EM GROTOWSKI 265

estrutura, sem que fosse necessário recorrer a projeções mais racionalizantes sobre o corpo. Grotowski falava que essa consciência orgânica podia estar acordada ou, ao contrário, adormecida.

Dizia ainda que, quando o corpo-vida guiava os exercícios, quando estava no comando, não havia um eu ajo ou um eu guio, mas um isso age, ou um isso me age[516]. Tratava-se de outra maneira de enxergar e vivenciar a própria ação, o próprio fazer. Não dizia respeito a uma decisão voluntária, guiada e direcionada pelo mental, mas a um fazer que era reação; que, em última instância, estava vinculado àquela consciência orgânica.

Apresento um fragmento de um texto seu, "A Voz", em que muitas das questões relacionadas acima aparecem:

A respiração é um assunto delicado. Podemos observá-la, examiná-la e inclusive controlá-la, é uma questão de vontade. Mas quando estamos totalmente envolvidos em uma ação, não podemos controlar a nossa respiração, é o próprio organismo que respira. Por isso qualquer intervenção cria obstáculos ao processo orgânico. Nesse caso, talvez seja preferível não intervir [...] se o ator não tem dificuldade com o ar, se inspira uma quantidade suficiente de ar quando age, vocês não deveriam se intrometer, mesmo se, do ponto de vista de todas as teorias, o ator respira mal. [...] O axioma que se segue é fundamental: se não funciona, intervenham; se funciona, não intervenham. Tenham confiança na natureza. Esse é o primeiro ponto[517].

Esse exemplo, além de relacionar-se ao que vinha sendo analisado, mostra como trabalhar com vistas ao – ou a partir do – processo orgânico exige do condutor um desapego em relação às regras técnicas estabelecidas, e uma volta à simples, mas difícil, porque já cheia de "pré-conceitos", observação.

E essa é parte do percurso que ele fez como diretor: de um diretor, digamos, "intervencionista" que visava a produzir resultados, ainda que não de caráter estético, no ator, a um diretor capaz de observar o trabalho do ator e ter confiança na natureza. Ao invés do olhar "perfeccionista" do artesão ou "instrumental" do feiticeiro, ele passou a exercitar um olhar capaz de

516   J. Grotowski, Exercícios [1969], em L. Flaszen; C. Pollastrelli (orgs.), *O Teatro--Laboratório de Jerzy Grotowski: 1959-1969*, p. 177.
517   J. Grotowski, A Voz [1969], em L. Flaszen; C. Pollastrelli (orgs.), *O Teatro--Laboratório de Jerzy Grotowski: 1959-1969*, p. 139.

detectar o que chamava de a vida da ação, um olhar capaz de perceber e de guiar na direção de processos orgânicos.

Esse novo olhar, ele o reconhecia como não manipulatório, em oposição ao que tinha vigorado até então. Pode-se dizer também que se tratava de um olhar afetivo, porque os processos orgânicos, por sua própria especificidade, não podiam ser produzidos no outro como efeito. Ao contrário. Deviam ser detectados, estimulados, observados e, no máximo, facilitados tanto pelo tempo oferecido ao ator para a continuidade da sua experiência, quanto pela construção de uma estrutura que lhe desse suporte.

Os processos orgânicos, para falar metaforicamente, não se relacionavam à "magia faustiana", ao conhecimento que visa a controlar o mundo, mas ao "amor cruziano", ao conhecimento que se tem quando se está "em comunhão", inclusive sensual, com o mundo.

Grotowski afirmava:

Se cumprimos o ato com todo o nosso ser, como nos instantes do verdadeiro amor, chegará o momento em que será impossível decidir se agimos conscientemente ou inconscientemente. Em que é difícil dizer se somos nós a fazer algo ou se isso nos acontece. Em que somos ativos e totalmente passivos ao mesmo tempo. Em que a presença do outro se manifesta por si só, sem que se procure. Quando é eliminada toda a diferença entre o corpo e a alma. Naquele momento podemos dizer que não estamos divididos"[518].

Desafio, Risco, Fadiga e Encontro

Grotowski falou de algumas situações nas quais o corpo-vida aparecia: eram situações de desafio, de risco, de fadiga e de encontro[519].

Assim, o encontro, a fadiga/exaustão, e os desafios e riscos são apresentados como possíveis portas de entrada para a organicidade. Mas, não nos enganemos, fadiga, encontro,

---

518   J. Grotowski, O que Foi [1970], em L. Flaszen; C. Pollastrelli (orgs.), *O Teatro-Laboratório de Jerzy Grotowski: 1959-1969*, p. 211.

519   Como podemos imaginar pelo que foi dito até aqui, essas situações não são, de maneira alguma, as únicas.

risco e desafio também devem ser enxergados como conceitos/ procedimentos de Grotowski sob pena de moralizarmos ou oferecermos imagens do senso comum a noções e práticas de outrem. Nesse sentido, cabe sempre a pergunta: o que foi fadiga, risco, desafio e encontro em sua experiência?

Além disso, quando trago ao leitor essas situações, tenho em mente uma frase dele, na qual dizia que certos problemas podiam ser analisados de um ponto de vista técnico, mas que a solução desses problemas não era nunca técnica. Assim, estou analisando, neste momento, a organicidade por meio do que pode parecer ao leitor mais desavisado certas "chaves" de acesso a ela. Mas, na realidade, o que faço é analisar, de um ponto de vista técnico, aquilo que é um caminho a ser trilhado pelo agente, um caminho em que "chaves" precisam ser a cada vez – e sempre novamente – construídas; enfim, analiso, de um ponto de vista técnico, um problema para o qual, em última instância, não há uma solução técnica.

Fadiga Extrema

Grotowski falou em alguns de seus textos sobre a fadiga, a exaustão, na sua relação com a organicidade. Cito aqui três fragmentos, por ordem cronológica:

> Tenho repetido aqui, diversas vezes, porque acredito ser essencial, que se deve ser estrito no próprio trabalho, e que se deve ser organizado e disciplinado, e o fato de que o trabalho canse é absolutamente necessário. Muitas vezes, tem-se de *estar totalmente exausto para quebrar a resistência da mente* e começar a representar com autenticidade[520].

> Às vezes, vocês deveriam cansar o ator e até mesmo fazer com que ele faça exercícios que *o cansem muito – no sentido físico – até que ele não interfira mais no processo orgânico*. Ao mesmo tempo é perigoso: podem provocar complexos, traumas etc. Esse trabalho requer uma grande experiência[521].

---

520 J. Grotowski, O Discurso de Skara [jan., 1966], *Em Busca de um Teatro Pobre*, p. 197. (Grifo nosso.)

521 J. Grotowski, A Voz [1969], em L. Flaszen; C. Pollastrelli (orgs.), *O Teatro-Laboratório de Jerzy Grotowski: 1959-1969*, p. 141.

268 PALAVRAS PRATICADAS

Descobrirá [...] que mesmo depois de um longo e extenuante trabalho está menos cansado do que estava antes de começar[522].

O que fica claro, logo de início, é que o cansaço extremo teria o potencial de permitir a quebra de bloqueios, de resistências ao processo orgânico/autêntico. O agente podia readquirir uma confiança no corpo, aquela confiança que nasce do que Grotowski entendia como a não intervenção, o não controle. Além disso, o cansaço excessivo abriria – paradoxalmente – as portas a uma outra vitalidade.

Nos relatos dos participantes do parateatro e do Teatro das Fontes – e também em Grotowski – encontramos algumas vezes a expressão queimar a energia, expressão relacionada à experiência da fadiga extrema. François Kahn, por exemplo, disse que a expressão queimar energia significava exatamente "trabalhar para a fadiga psicofísica". Kahn acredita também que essa era uma das bases de trabalho de Grotowski, presente tanto no teatro – ele citou os exercícios físicos de Cieślak e plásticos de Mirecka feitos por horas e horas, como exemplos – quanto em Holiday e no Teatro das Fontes. A experiência tinha a ver com o gasto de energia física e psíquica: o participante ia até o fim de suas possibilidades físicas, dormia pouco (em Holiday, por exemplo, Kahn dormia apenas 4 horas durante o dia), não separava horário de trabalho e descanso etc. E, por outro lado, a experiência da fadiga era também uma experiência de permanência, de continuidade no trabalho, na ação. Assim, não se tratava de trabalhar para o cansaço, mas com ou a partir dele e, mesmo, depois dele.

É também nessa continuidade, nessa permanência, que se verifica a diferença entre o trabalho sobre a exaustão (o queimar a energia) e o pomper (bombear). Kahn afirmou que há pompage (bombeamento) quando o participante se atira à exaustão, quer se cansar; quando ele começa, por exemplo, a fazer sair "emoções", a respirar excessivamente, a fazer uma espécie de hiperventilação que leva a que, em pouco tempo, ele esteja verdadeiramente muito cansado, como após uma bebedeira. Segundo Kahn, não era essa a experiência da fadiga

---

522 J. Grotowski, O que Foi [1970], em L. Flaszen; C. Pollastrelli (orgs.), O Teatro-Laboratório de Jerzy Grotowski: 1959-1969, p. 206.

O PERCURSO DA NOÇÃO DE ATOR EM GROTOWSKI   269

extrema; queimar a energia não era como "encher um balão para fazê-lo explodir". A imagem trazida por ele é, ao contrário, a de uma *pompe à energie* (bomba de energia, como bomba d'água): quanto mais se queima a energia, mais ela aparece. Era o consumo – a queima – de certa energia que alimentava uma espécie de motor, de vitalidade "outra".

Queimar energia estava relacionado, então, tanto a um tempo longo de dedicação ao trabalho, a uma ação, quanto "ao fato de se estar consciente do que se passa".

Segundo Kahn:

> O cansaço faz com que o controle mental se transforme, deixa passar mais facilmente uma série de coisas: a intuição, a intuição física... O cansaço é um elemento que permite encontrar certas coisas, com a condição de estar consciente do que se passa; isso é sempre importante, estar consciente. Manter a consciência é a chave[523].

Essa consciência permitiria, em certo sentido, tanto perceber o que estava ocorrendo em volta quanto ajustar o trabalho, seguindo as indicações do instrutor que, observando, apontava o que não estava funcionando na ação realizada.

Kahn estabeleceu uma relação entre o cansaço e uma atenção extrema, dizendo que "para chegar a um determinado grau de atenção é preciso chegar a um determinado grau de cansaço"[524]. O que Kahn afirmava era que, para mobilizar certas energias, apenas a vontade, o querer fazê-lo, não adiantava. Era necessário "acordar essas energias, encorajá-las"[525]; e era justamente esse corpo cansado que tinha capacidade de acordar e mobilizar outro tipo de vitalidade, de atenção, de presença.

Kahn se referiu, todo tempo, a um trabalho de coragem e de paciência do participante, já que era necessário fazer um longo percurso de trabalho sem saber se algo iria ou não acontecer. Confessou que nem todos os momentos da investigação eram significativos; que havia momentos desinteressantes, ou onde se sentia dor, ou mesmo onde nada parecia acontecer, mas

---

523 Entrevista feita por Tatiana Motta Lima com François Kahn em 2006. Não publicada. Arquivo da pesquisadora, 2006.
524 Idem.
525 Idem.

que, também nesses momentos, era necessário permanecer em trabalho, continuar a investigação.

Em *Holiday* e no Teatro das Fontes, Kahn experienciou aquele queimar a energia em diferentes ações. Explicou que, com o tempo, pode-se começar a reconhecer certos sintomas. E deu alguns exemplos: disse que começou a perceber, por exemplo, que era "um freio que você coloca na energia que te faz ter bolhas nos pés"[526]; comentou ter começado a perceber se havia ou não um contato justo com o solo. Citou também o silêncio como um dos indícios de que se estava no bom caminho: "queimar energia começa a funcionar quando você está silencioso. Quando você escuta os outros e a você mesmo. O silêncio é uma espécie de revelador da qualidade"[527].

Kahn, na sua terminologia, que segue, nesse aspecto, a de Grotowski, diferenciou a consciência e o mental. A consciência seria como uma atenção que permite encontrar e trabalhar com essa energia outra, que permite seguir e ajustar-se àquela intuição física, que permite estar em contato: atento, presente, no aqui e agora. A consciência estaria, assim, unida temporalmente à própria experiência. Já o mental precede a experiência, quer controlar o corpo, quer aceder àquela energia, àquela experiência, através da vontade e da manipulação do corpo.

Mesmo afirmando a importância da fadiga excessiva para o trabalho que realizou, Kahn fez questão de afirmar ser possível entrar naquele mesmo processo sem necessariamente seguir pela via da exaustão. Havia, segundo ele, vários caminhos para acessar aquela energia/atenção/consciência. Falou, por exemplo, que uma pessoa mais velha não poderia, pela própria idade, "queimar tão rápido e tanto", mas que isso não significava que ela não pudesse aceder àquela vitalidade/consciência. Lembrou ainda que, em certo momento do seu trabalho com Grotowski, havia uma mulher utilizando canais diferentes, realizando o processo de maneira delicada e sem passar necessariamente pela exaustão.

Mas não há dúvida de que a exaustão colocava o participante em um lugar de risco, de desafio e de superação.

---

526 Idem.
527 Idem.

Risco e Desafio

Grotowski também se referiu, algumas vezes, ao risco ou ao desafio como via de acesso à organicidade: indivíduos colocados frente a perigos extremos podiam fabricar uma energia extra, desconhecida, produzir material psicofísico que lhes permitisse ir além do que eram aparentemente seus limites já conhecidos, limites baseados naquela divisão e dissociação entre o corpo e a ideia que se tinha dele, ou entre o indivíduo e seu corpo.

Os exercícios – se é que essa nomenclatura ainda fazia sentido naquele momento – também serviam na medida em que eram um desafio ao organismo do ator, deixando de ser interessantes quando plenamente realizados. Os exercícios eram, para os participantes, como os *koans* para os discípulos do *zen*: quando o buscador encontrava a resposta, a própria pergunta tornava-se desnecessária, e mesmo banal. Não se tratava, portanto, de busca de virtuose, de aperfeiçoamento.

Quando se fala em risco e em desafio pensa-se logo em superação e, de fato, Grotowski falava que o atuante devia "superar a si mesmo". Contudo, ao mesmo tempo, ele afirmava a necessidade de se "aceitar a si mesmo". Esse paradoxo era apenas aparente uma vez que, para ele, a superação requerida dizia respeito ao ultrapassamento da atitude/percepção que o indivíduo tinha do próprio organismo; atitude que se presentificava, muitas vezes, em "impossibilidades" físicas e/ou psíquicas. Assim, essa superação só era orgânica se fosse, ao mesmo tempo, uma aceitação desse mesmo organismo, ou seja, se não fosse manipulatória, intervencionista, baseada na auto-observação que busca corrigir a expressão. A superação era, em certo sentido, uma resposta advinda da aceitação; era, se quisermos, um sintoma da aceitação; a superação era um "ajuste" do organismo ao fluxo da própria organicidade, ao fluxo da vida.

Desafiava-se o corpo para que ele reencontrasse, justamente, a possibilidade de uma reação orgânica[528]. Em sua terminologia, era o Teu Homem (*Living Man*) que respondia ao

---

528 Desde esse momento, Grotowski utilizava o termo *impulso* para descrever essa "reação"; diferenciava-o então de *signo,* que seria conscientemente construído.

272 PALAVRAS PRATICADAS

desafio, que reagia. Essa reação era, ao mesmo tempo, superação e aceitação; era tanto criar/criar-se quanto relembrar/relembrar-se: "Se se pede ao ator para fazer o impossível e ele o faz, não é ele-o-ator que foi capaz de fazê-lo, porque ele-o-ator pode fazer somente aquilo que é possível, que é conhecido. É o seu homem que o faz"[529].

A superação pretendida aqui era a superação da dissociação e da domesticação efetuada – por inúmeras causas e meios – sobre o organismo:

> Superar a nós mesmos não é manipulação. Alguns atores, durante os exercícios corporais, se torturam e se atormentam: isso não é superar a si mesmos, pois é manipulação baseada na autorrepressão e nos sentidos de culpa. Superar a você mesmo é "passivo", é "não oponha resistência" ao superar a você mesmo[530].

Embora tenha também citado o *encontro* como uma das vias para a *organicidade*, vou reservar o estudo desse conceito para o final do quarto marco. Continuo, agora, trabalhando sobre a noção de *organicidade* a partir de alguns termos, a partir do transbordamento da noção para fora do terreno teatral, e a partir dos chamados *sintomas de organicidade*.

Teu Homem e Processo Orgânico

Aproximar-se da noção de teu Homem não é tarefa fácil. Ela envolve a noção paradoxal de um entrelaçamento entre personalidade e impessoalidade no chamado processo orgânico de Grotowski:

> teu Homem – é, ao mesmo tempo, tu – "o teu homem" – e não tu, não-tu como imagem, como máscara para os outros. É o tu-irrepetível, individual, tu na totalidade da sua natureza: tu carnal, tu nu. E ao mesmo tempo, é o tu que encarna todos os outros, todos os seres, toda a história"[531].

---

529 J. Grotowski, Exercícios [1969], em L. Flaszen; C. Pollastrelli (orgs.), *O Teatro--Laboratório de Jerzy Grotowski: 1959-1969*, p. 176.
530 Idem, p. 175.
531 Idem, p. 176.

O PERCURSO DA NOÇÃO DE ATOR EM GROTOWSKI

É como se, para ele, o máximo "tu" individual fosse, ao mesmo tempo, um "tu" para além da psicologia, um tu "impessoal", um tu "extensivo". O tu mais próximo de um "eu" era, para ele, um tu experimentalmente "nós". O tu "carnal", "nu", "imanente" era, ao mesmo tempo, um tu "transcendente".

Em "Tel qu'on est...", Grotowski falou desse paradoxo:

> Se alguém se esforça na direção da verdade na sua própria vida, implicando aí sua carne e seu sangue, pode parecer que o que vai se revelar é exclusivamente pessoal, individual. Entretanto, não é o que ocorre de fato, há aqui um paradoxo. Se levarmos nossa verdade até o fim, ultrapassando os limites do possível e se essa verdade não se contenta só com palavras, mas revela o ser humano de maneira total, então – paradoxalmente – ela encarna o homem universal com toda a sua história passada, presente e futura. Então é perfeitamente vão raciocinar sobre a existência – ou não – de um território coletivo do mito, do arquétipo[532].

Frente a essa noção e a essa prática do teu Homem, a busca por um território do arquétipo presente em temas, textos e processos, ou ainda a busca por analogias entre as vivências do ator e sua personagem perderam, para Grotowski, o sentido. Não era mais necessário que a *mise-en-scène* produzisse esse território comum. Era, agora, o próprio ator – ou participante – ou o acesso ao teu Homem de cada um que dava também acesso à esfera arquetípica. O ator não encontrava essa esfera realizando um ato análogo àquele da sua personagem-bisturi, ele a criava, ou relembrava-se dela, por meio – e a partir – daquilo que lhe era mais íntimo, cotidiano, contemporâneo e, por que não dizer, carnal.

Teu Homem: Essência ou Mistério?

Outra diferença trazida pela noção de teu Homem é que aqui não se tratava mais, a meu ver, da busca por uma essência subjetiva a desvendar, por uma essência fixa encoberta por máscaras sociais, como os textos do início dos anos de 1960 faziam

---

532 J. Grotowski, Tel qu'on est, tout entier [12 dez., 1970], *"Jour Saint" et autres textes*, p. 33-34.

274 PALAVRAS PRATICADAS

crer, mas de um território a percorrer. Retirar as máscaras era, nesse momento, retirar exatamente uma fixidez expressa em múltiplas caretas, ou mesmo como disse Flaszen citando Grotowski, expressa na máscara de "quem está desprovido de máscara"[533] – e passar a encarar-se como mistério, como território desconhecido a desvendar.

O território do desconhecido, do mistério, só podia ser penetrado por esse ser outro, ao mesmo tempo diverso da individualidade cotidiana, porém extremamente ligado a ela, um ser na passagem, entre. Era esse "outro/eu", esse "nós/eu", esse "mundo/eu" que parecia, para Grotowski, ser capaz de empreender um processo real de conhecimento: "Se o corpo-vida deseja nos guiar em uma direção, podemos ser o espaço, os seres, a paisagem que reside dentro de nós, o sol, a luz, a ausência de luz, o espaço aberto ou fechado; sem algum cálculo. Tudo começa a ser corpo-vida"[534].

Essa era uma investigação sem um ponto final. O tirar das máscaras que nos primeiros textos do artista parecia querer chegar/revelar uma essência, agora era abertura para o mistério. Fazer com que o teu Homem existisse não era o ponto final do trabalho, mas, ao contrário, o início. O teu Homem, o não domesticado, o não dividido, realizava as ações. E a pergunta passava a ser, então: o que ele constrói? O que ele é capaz de (ou deseja) construir?

Sintomas da Organicidade

> *Não estar divididos: não é somente a semente da criatividade do ator, mas é também a semente da vida, da possível inteireza*[535].

Como já havia ressaltado, a *organicidade* é uma daquelas noções que se localiza na passagem entre o artesanato e a metafí-

---

533 L. Flaszen, *Grotowski, homo ludens,* palestra de 24 de outubro de 2004 no Studio Théâtre/Comédie Française, não publicada, cedida à pesquisadora pelo autor, p. 10.

534 J. Grotowski, Exercícios [1969], em L. Flaszen; C. Pollastrelli (orgs.), *O Teatro-Laboratório de Jerzy Grotowski: 1959-1969,* p. 177.

535 Idem, p. 175.

sica. Ela não era, para Grotowski, apenas medida de produção de uma cena ou ação viva ou, ao contrário, mecânica. A noção, vivenciada por meio de práticas teatrais, ou parateatrais, era uma noção também terapêutica e, em certa medida, ética. Evitar a ação orgânica, bloqueá-la, gerava, segundo ele, distúrbios de ordem física e psíquica. Relatava, por exemplo, o caso de uma cantora que, exatamente pelo fato de evitar sua voz autêntica, tinha frequentemente crises vocais e ataques de nervos[536]. Dizia também que os atores-brabanções – como chamava os atores que haviam desenvolvido excessivamente sua força e musculatura, e por isso o corpo não respirava – deixavam-se "facilmente tomar pelo pânico e atravessam crises agudas"[537].

A dissociação trazida pelo controle do intelecto sobre o orgânico era vista por ele como uma morte em vida:

> Se o ator não for vivo, se não trabalhar com toda a sua natureza, se estiver sempre dividido, então – podemos dizer – envelhece. No fundo de todas as divisões que nos são impostas pela educação e pela nossa luta na vida cotidiana, no fundo de tudo isso existe – até a uma certa idade – a semente da vida, da natureza. Mas depois, começamos a descer ao cemitério das coisas. O problema não é a morte clínica, mas a morte que nos reclama pouco a pouco. Se o trabalho sobre o espetáculo, a criação, os ensaios, podem envolver a totalidade do ser do ator, se na criação o ator pode revelar a sua inteireza, não descerá ainda ao cemitério das coisas. Mas em todos os outros dias, sim[538].

O que Grotowski entendia, por exemplo, como verdade – questão metafísica – se amalgamava com um corpo capaz de entrar naquele fluxo dos impulsos: "A sinceridade [o verdadeiro, a verdade; *le vrai*, no original em francês] é algo que abraça o homem inteiramente, o seu corpo inteiro se torna uma corrente de impulsos tão pequenos que isoladamente são quase imperceptíveis"[539].

---

536 Grotowski acreditava que o ator e o cantor pudessem utilizar sua voz em inúmeros registros, mas que o ponto de partida deveria estar em uma "tonalidade dada por uma base natural, orgânica". Cf. A Voz, em L. Flaszen; C. Pollastrelli (orgs.), *O Teatro-Laboratório de Jerzy Grotowski: 1959-1969*, p. 148.

537 J. Grotowski, Exercícios [1969], em L. Flaszen; C. Pollastrelli (orgs.), *O Teatro-Laboratório de Jerzy Grotowski: 1959-1969*, p. 169.

538 Idem, p. 179.

539 J. Grotowski, O que Foi [1970], em L. Flaszen; C. Pollastrelli (orgs.), *O Teatro-Laboratório de Jerzy Grotowski: 1959-1969*, p. 203.

276 PALAVRAS PRATICADAS

Desse ponto de vista, podemos entender a pergunta que ele fez a si mesmo e aos ouvintes de sua conferência de dezembro de 1970, "Holiday": "A questão que nos colocamos é a seguinte: o que você quer fazer da sua vida?" – e continuando – "você quer se esconder ou se desvelar, você quer – no duplo sentido dessa palavra – se des-cobrir?"[540] Havia, para ele, uma opção a ser feita em favor da consciência orgânica, da vida. No entanto, mais uma vez o interessante é analisar por quais caminhos perseguiu essa opção no final da década de 1960 e início da de 70.

Sintomas da (Mas Não Procedimentos Para a) Organicidade

Grotowski, em seus textos do período (e posteriores), descreveu o que chamava de sintomas de organicidade ou sintomas de vida. O termo sintoma é importante. Ele opõe-se tanto a procedimentos – ou seja, descrição de maneiras, de meios, para alcançar a organicidade – quanto a signo – termo referido, em seu vocabulário, a um conceito expresso por meio do corpo/voz dos atores. Os sintomas de organicidade – e a palavra sintoma aqui parece ser utilizada da mesma forma que na clínica médica ou psicanalítica – falavam de um conjunto de indícios, sinais, mensagens que apareciam no organismo do ator ou do participante quando este estava vivenciando um processo orgânico.

Grotowski, ao falar de um ou mais desses sintomas, em seus textos, fazia questão de afirmar que eles não deviam ser abordados – utilizados – como chaves para o processo orgânico. O problema que o afligia não é difícil de entender. Tratando-se sintomas como procedimentos, eles passariam – também eles – a ser indícios, não mais da consciência orgânica, mas da manipulação do mental. E se o mental tentasse controlar os processos orgânicos, nesse exato momento, e *pour cause,* esses sintomas deixariam de indicar a presença da organicidade, e passariam a ser realizados como truques.

Assim, cada nova descrição de um sintoma de organicidade era acompanhada, nos textos dele, pela observação mais

---

540   J. Grotowski, Jour Saint, *"Jour Saint" et autres textes,* p. 14.

ou menos veemente de que era contraproducente manipular o corpo com vistas a produzir os sinais descritos. Por outro lado, não há dúvida de que, se a coluna vertebral era parte importante da experiência em um processo orgânico, o ator ou participante não podia ter uma coluna "de pedra". O ator podia (e devia), então, trabalhar sua coluna, flexibilizá-la, desafiá-la, encontrar seus bloqueios, mas não devia estimulá-la (ou treiná-la) na ânsia de produzir tal ou qual sintoma descrito. Pois não devemos esquecer que a via negativa era par do processo orgânico.

Acredito que perceber, analisar e mesmo inventariar esses sintomas foi importante para Grotowski quando, a certa altura do Teatro das Fontes, ele voltou novamente a buscar, e inventar, técnicas, procedimentos ou exercícios. Essas técnicas, buscadas após a descoberta e a investigação da organicidade, eram instrumentos que, potencialmente, podiam liberar o corpo-vida; não eram, assim, técnicas de controle ou adestramento do organismo.

Talvez justamente o inventário desses sintomas, colhidos na sua própria experiência com seus atores e os participantes tanto do parateatro quanto da primeira fase do Teatro das Fontes, tenha permitido a ele escolher/selecionar, posteriormente, as técnicas de que necessitava. O *yanvalou*, por exemplo, uma dança/passo do vodu haitiano foi uma dessas técnicas orgânicas selecionadas, e é utilizada até hoje no trabalho do Workcenter. Conhecendo os sintomas, ele sabia o que procurar.

Reúno, abaixo, muitos dos sintomas citados por Grotowski não só nos textos do marco em que estou trabalhando, como também em textos posteriores. Alguns desses sintomas não foram citados desde o início, o que demonstra, talvez, que aqui também operou por erros e acertos, por críticas e autocríticas.

Alguns *sintomas* de organicidade:

- O corpo funciona/responde a partir do centro e não das extremidades;
- O corpo funciona em "fluxo" e não em "bits" (em pequenos cortes);
- O corpo aparece como um "fluxo de impulsos vivos";
- O organismo está em contato com o ambiente, em encontro com outro; há permanentemente um *vis-à-vis;*
- O corpo está totalmente envolvido em sua ação;

278 PALAVRAS PRATICADAS

- A coluna vertebral está ativa, viva: "movimentar a coluna vertebral – como uma espécie de serpente – é uma das adaptações da vida"[541];
- O início da "reação autêntica", reação orgânica, está na cruz, no cóccix. "A coluna vertebral é o centro da expressão. O impulso, entretanto, origina-se dos quadris. Cada impulso vivo começa nessa região, mesmo se está invisível para o exterior[542];
- As associações contribuem para, ou revelam um, fazer orgânico[543]. Ele dizia, por exemplo, que por meio de um trabalho com associações, os ressonadores trabalhavam de maneira orgânica, não automaticamente.
- A natureza cíclica da vida aparece nas *contrações e distensões* do corpo – que "não podem ser definidas, nem sempre dirigidas"[544];
- O corpo está em constante "ajuste", em "adaptação", em "compensação vital".
- "As palavras nascem das reações do corpo. Das reações do corpo nasce a voz, da voz, a palavra"[545].

Relacionar esses sintomas permite, entre outros, compreender a diferença que Flaszen fez entre a organicidade para Grotowski e para Stanislávski. A busca pela organicidade, pela verdade em Grotowski não era a mesma que para Stanislávski, ela excedia o que era natural e psicológico, excedia o que Flaszen chamou de comportamento do "homem da sociedade instrumental". Segundo Flaszen, em Grotowski: "Essa é uma organicidade diferente. É mais perto, eu diria, da fisiologia"[546].

---

541   J. Grotowski, A Voz [1969], em L. Flaszen; C. Pollastrelli (orgs.), *O Teatro--Laboratório de Jerzy Grotowski: 1959-1969*, p. 142.

542   J. Grotowski apud J. Kumiega, *The Theatre of Grotowski*, p. 119.

543   Embora não queira entrar em detalhes, é necessário dizer que tanto a noção de *associação* quanto aquela de *memória pessoal* ganharam, nas práticas da arte como veículo, uma outra configuração, de modo que talvez esse *sintoma não fosse descrito hoje da mesma maneira*.

544   J. Grotowski, Exercícios [1969], em L. Flaszen; C. Pollastrelli (orgs.), *O Teatro--Laboratório de Jerzy Grotowski: 1959-1969*, p. 168. (Grifo nosso.)

545   J. Grotowski, O que Foi [1970], em L. Flaszen; C. Pollastrelli (orgs.), *O Teatro--Laboratório de Jerzy Grotowski: 1959-1969*, p. 204.

546   L. Flaszen, Conversations with Ludwik Flaszen [1977], *Education Theatre Journal*, p. 314.

O PERCURSO DA NOÇÃO DE ATOR EM GROTOWSKI

Helmut Kajkar, na sua crítica contundente às demandas que o artista polonês fazia ao ator, disse que o ator de Grotowski aproximava-se da corporeidade de um estigmata[547]. Ainda que não concorde com o ponto de vista de Kajkar, a imagem do estigmata faz com que, talvez, possamos entender melhor a diferença entre signo – visto como expressão – e sintoma – visto como marca reveladora de certa presença. Podemos também ver a que ponto, e de que modo, o organismo, o corpo do ator, esteve implicado nessas experiências: era no organismo que se presentificava, que se materializava, e que se podia ler, a partir de alguns sintomas, aquela presença da vida/verdade/autenticidade buscada.

Encontro

O segundo termo/prática que justifica esse quarto marco é encontro. Essa era a noção mais importante em *Holiday*. O encontro era o centro da experiência (e também o centro da terminologia). E não há dúvida de que a noção de encontro esteve presente também em *Ap*, modificando, inclusive, a relação com o espectador, como veremos no próximo capítulo.

Mas como podemos nos aproximar desse termo e dessa experiência? A sugestão de Grotowski era que lêssemos seus textos do período de *Holiday* de maneira pragmática. Eles eram, segundo ele, o relato de uma experiência:

> Tudo que estou dizendo, vocês consideram, talvez, como metáforas. Não são, entretanto, metáforas, é palpável e prático. Não é filosofia, é algo que se faz, e quem crê que é uma maneira de formular pensamentos se engana, é preciso tomar o que digo ao pé da letra, é uma experiência. [...] Basta compreender que eu tento aqui – tanto quanto posso – evocar alguma coisa da experiência do *encontro com o homem*, experiência diferente da tradicional, mas muito palpável[548].

Mas não é simples realizar a tarefa proposta por ele. À primeira vista, os textos parecem, efetivamente, bastante metafó-

547   Kajkar apud J. Kumiega, *The Theatre of Grotowski*, p. 140.
548   J. Grotowski, Jour Saint [13 dez., 1970], *"Jour Saint" et autres textes*, p. 16. (Grifo nosso.)

280 PALAVRAS PRATICADAS

ricos: são textos recheados de imagens, com uma determinada poesia que não encontramos nos textos do *Em Busca de um Teatro Pobre*[549]. E, além disso, não existe – salvo erro – nenhuma descrição ou relato das experiências feito pelos participantes permanentes, ligados ao grupo inicial. Os relatos começaram a aparecer a partir das experiências do *Special Project* – nas quais se recebiam participantes externos – e são feitos exatamente por participantes que não se demoravam muitos dias junto ao grupo guia[550]. São, em geral, relatos extremamente subjetivos.

De qualquer maneira, ative-me, mesmo com dificuldades, à indicação de Grotowski e, para ajudar-me nessa tarefa, segui diversas pistas: localizei, nos próprios textos, momentos nos quais uma determinada "descrição" parecia se repetir; comparei os textos de Grotowski com o relato, ainda que bastante discreto, de Kahn[551] sobre a sua experiência em um dos *Holiday*, e encontrei na noção de encontro os ecos daquele nascimento duplo e compartilhado de Grotowski com Cieślak em *Pc.*

Por meio dessas pistas, creio ter me aproximado, em parte, do que era chamado de encontro. Apresentarei minhas conclusões entremeando-as com fragmentos retirados de seus textos da época.

O encontro era uma prática específica. O termo não deve ser lido como referido àquele utilizado comumente. Ao "descrever"

---

549   Frente aos textos relacionados a *Holiday*, aparece mais fortemente o esforço didático, e mesmo metodológico, presente nos textos anteriores, nos da década de 1960, e que foi abandonado – e mesmo criticado – no começo da década de 1970.

550   Entre outros, Burzynski, em Special Project de Jerzy Grotowski, *Le Thèâtre en Pologne*, n.8, relatou um *Special Project* liderado por Cieślak na primavera de 1975; Mennen, em Jerzy Grotowski's Paratheatrical Projects, *The Drama Review*, T-68, relatou algumas experiências realizadas durante a "Recherche University. Theatre of Nations", em Wroclaw entre 14 de junho e 7 de julho de 1975.

551   Foi especialmente a partir de uma entrevista com François Kahn que comecei a poder desenhar um quadro ainda nebuloso do que foi aquele trabalho. Kahn também não fez parte do grupo inicial de *Holiday*, tendo participado do trabalho como um dos selecionados para o *Holiday* de 1973, na França. Mas, pela continuidade de sua colaboração, tanto em outras experiências parateatrais quanto no Teatro das Fontes, ficou claro que as informações de Kahn tinham qualidade diferente daquelas descrições feitas pelos participantes esporádicos. Kahn não quis fornecer um relato detalhado. Essa foi, para ele, uma experiência chave, geradora de inúmeras intuições que a descrição não só não abarcaria como poderia, de alguma maneira, conspurcar. Kahn afirmou que a recusa em fornecer detalhes não visava a criar uma aura de mistério em torno daquelas experiências, mas apenas respeitar sua vivência pessoal.

O PERCURSO DA NOÇÃO DE ATOR EM GROTOWSKI   281

o encontro, ele falava de uma experiência singular, que deman-
dava "condições muito delicadas"[552]. O encontro necessitava
de organização, de preparação, necessitava de um lugar específico – geralmente afastado das demandas da vida cotidiana,
e mesmo dos centros das cidades – e de um certo tempo. Ele
não podia ser realizado em uma convivência na qual o tempo
fosse muito restrito; ele não era o encontro de uma tarde, pois
a confiança requerida para o encontro não era adquirida apenas por meio da boa vontade, mas de experiências vividas em
comum. Assim, os laboratórios de *Holiday* demandavam, no
mínimo, uma semana de total imersão no trabalho.

Slowiak e Cuesta apresentaram o encontro como se se tratasse de uma das fases da experiência, antecedida pela fase de
desarmamento, que descreveram como "um confronto com suas
máscaras sociais, com os clichês pessoais e a libertação do medo
e da desconfiança para revelar um estado de vulnerabilidade"[553].

Próprio do encontro era sua condição ao mesmo tempo
exigente – necessidade de ultrapassar uma convivência pau-
tada em hábitos que eram vistos como armaduras – e frágil:

> Os encontros de que lhes falo exigem de nós, num certo sentido,
> a totalidade de nós mesmos, a um ponto que é quase insuportável, ou,
> digamos, quase irreal; embora seja real, a coisa é tão extrema nessa exi-
> gência de totalidade que se um de nós, que participamos desse tipo de en-
> contro, começar a mentir, tudo estará aniquilado. Então temos de aceitar
> o fato de que estamos sempre à beira do tudo ou nada. Por se tratar de
> um ato de vida, esse ato é provisório, vulnerável e frágil. É justamente
> isso que devemos aceitar[554].

Talvez, exatamente por isso, Grotowski tenha descrito a
própria experiência do encontro como circunscrita no tempo:
"Ultrapassar as fronteiras entre mim e você: ir a teu encontro
[...] Não me esconder mais, ser como eu sou. *Ao menos alguns
minutos, dez minutos, vinte minutos, uma hora*"[555].

A seleção – mútua – do grupo era, assim, muito importante.
Dela dependia a possibilidade de realização da experiência:

552 J. Grotowski, Comment on pourrait vivre, *Le Théâtre en Pologne*, n. 4-5, p. 223.
553 J. Slowiak; J. Cuesta, *Jerzy Grotowski*, p. 34.
554 J. Grotowski, palestra em 1974, *ArtCultura*, v. 1, n. 1, p. 65.
555 J. Grotowski, ...Et le Jour Saint deviendra possible [out., 1972], *"Jour Saint"
et autres textes*, p. 75. (Grifo nosso.)

282 PALAVRAS PRATICADAS

Sentimos a necessidade enfim de encontrar o tempo, o lugar onde possamos ser verdadeiramente nós mesmos sem nos esconder. É preciso então procurar as pessoas com quem isso seja possível. Não se trata de julgar os outros, mas é preciso confessar que aceitar todo mundo é, definitivamente, o mesmo que não aceitar ninguém[556].

Grotowski evitava que a ocasião fosse confundida tanto com um momento de contato com as técnicas ou o método do T.-L. quanto com uma busca por estados psíquicos excepcionais, por um bombeamento emocional. Dizia não querer histéricos nem devotos. O trabalho, ele afirmava, necessitava de lucidez para ser realizado.

Para poder começar, era necessário sentir-se em confiança, necessário saber que não haveria julgamentos, comentários, que se seria aceito como se é. Ele se referiu, em vários textos, à questão do olhar. A pergunta era, ao mesmo tempo, como olhar e como deixar-se ser olhado. Como olhar o outro sem julgamento, sem condenação, sem segundas intenções, sem hierarquias, sem uma visão utilitária, sem comparação: "Ser olhado (sim, olhado e não visto), olhado como árvore, flor, rio, peixe nesse rio"[557] e, ao mesmo tempo, como "renunciar ao medo e à vergonha aos quais seus olhos me constrangem a partir do momento em que fico *inteiramente* acessível a eles"[558]. Seria preciso ver o outro "com todo o nosso ser e não apenas com os olhos, como se o estivéssemos vendo pela primeira vez. Se pudermos fazer isso – e é isso que eu chamo de olhar – teremos uma revelação. É como se um crente tivesse encontrado Deus"[559].

Falava ainda em uma "não complacência" com a solidão, em uma busca realizada em pleno *vis-à-vis*[560], no qual o homem "não recusa a si mesmo e não impõe a si mesmo"[561].

Uma das especificidades do encontro – e isso aparece tanto nos textos de Grotowski quanto no relato de Kahn – era que

---

556 J. Grotowski apud E. Ertel, Grotowski au récamier, *Travail Théâtral*, n. 12, p. 130.

557 J. Grotowski, Jour Saint [13 dez., 1970], *"Jour Saint" et autres textes*, p. 11.

558 J. Grotowski,...Et le Jour Saint deviendra possible [out., 1972], *"Jour Saint" et autres textes*, p. 75.

559 J. Grotowski, palestra em 1974, *ArtCultura*, v. 1, n. 1, p. 65.

560 J. Grotowski, Jour Saint [13 dez., 1970], *"Jour Saint" et autres textes*, p. 22.

561 Idem, p. 24.

ele era realizado primeira e principalmente entre duas pessoas. Esse encontro podia, posteriormente, se espraiar na direção do grupo, mas ele era fortemente "a busca daquele que melhor vos corresponde"[562], pois: "Cada experiência essencial de nossa vida se realiza porque alguém está conosco – 'ele', esse outro que chega, emerge da sombra, entra na nossa vida – em nós encarnados, em nós de sangue e osso"[563].

Kahn comparou o encontro com uma "máquina que dá energia". Embora ressaltando que não se tratava de algo psicológico, Kahn afirmou haver uma importante carga afetiva na experiência; dizia que o fato de "encontrar esse alguém" era aquilo que fornecia a energia necessária "para vencer os limites, para ultrapassar, para ir além"; o encontro podia ser também com "alguém [...] que você tem vontade de ajudar a 'voar', a ultrapassar-se".

No relato de Kahn, encontro é sinônimo de revelação: "Duas pessoas que se revelem uma a outra, isso dá uma espécie de energia que as projeta no 'ultrapassamento'"[564]. Não seria justamente a isso que Grotowski se referia quando disse: "Eu sou água, pura, que corre, a fonte então é ele e não eu, aquele ao encontro de quem eu vou, frente a quem não me defendo. Somente quando ele é a fonte, que eu posso ser água viva"[565]. Ou ainda: "É como se disséssemos conosco mesmos: você é então eu sou; e também: eu nasço para que você possa nascer, para que você se torne; não tenha medo, eu vou com você"[566].

Segundo Kahn, os participantes não eram convidados a procurar o encontro, mas a experiência era preparada de tal maneira – poucos participantes, poucas palavras, inexistência de relatos pessoais (contar a sua vida aos outros[567]), de relações pautadas em hábitos cotidianos – que facilitava o "encontrar--se mutuamente".

562 J. Grotowski apud E. Ertel, Grotowski au récamier, *Travail Théâtral*, p. 130.
563 J. Grotowski, Tel qu'on est, tout entier [12 dez., 1970], *"Jour Saint" et autres textes*, p. 27.
564 Entrevista feita pela autora com François Kahn em 2006.
565 J. Grotowski, Jour Saint [13 dez., 1970], *"Jour Saint" et autres textes*, p. 9.
566 Idem, p. 24.
567 Grotowski dizia, em 1973, referindo-se a *Holiday*, que não se tratava de confissão; que não se tratava de contar o seu passado: "O que fora vivido deixa traços em cada um e não é necessário falar disso diretamente." Cf. J. Grotowski apud E. Ertel, Grotowski au récamier, *Travail Théâtral*, n. 12, p. 130.

Era a própria experiência, que Kahn descreveu como "muito ligada à presença física, ao cansaço, ao suor, à dor, ao dormir pouco", e ao fato de ultrapassar tudo isso, que abria certas portas, que permitia a criação de uma espécie de cumplicidade, de um nível de confiança, de um "estar sem defesa face ao outro".

Outro termo que é usado na época é irmão. No encontro, a relação era entre irmãos, pois Grotowski dizia que se uma mensagem fosse verdadeira, ela não produzia discípulos, mas irmãos. Perguntava-se: "como ir na direção do irmão, como chamar ao irmão como se chama a Deus? E ainda: Como se tornar irmão? Onde está meu nascimento, de irmão?"[568] Comparou ainda o compartilhar do pão na Igreja, o compartilhar Deus, com a necessidade, que enxergava como premente, de compartilhar a vida, de compartilhar-se com os outros. Via nessa busca a expressão de uma grande fé.

Grotowski fazia ainda questão de definir o encontro como uma experiência concreta, palpável, carnal, sensorial. De fato, os textos do início da década de 1970 são aqueles nos quais mais aparecem palavras referidas ao aspecto carnal, ou melhor, "encarnado" da existência.

A experiência do encontro se dava quando "nos revelamos nós mesmos, inteiros, encarnados", quando era possível "des-cobrir nosso ser humano até a pele, a célula, a pulsação da vida"; era preciso "descer à terra e tomar a mão – não importa se ela não está muito limpa, o que conta é o calor do corpo. Retirar as roupas e os óculos[569] e mergulhar na fonte"[570]. Para ele, "A carne e o sangue é o irmão, é lá que está 'Deus'. É o pé nu e a pele nua onde está o irmão"[571].

Assim, o corpo – encarnação, pele, nudez, relação direta com o mundo circundante – ganhou, já no final da década de 1960, e mais especialmente nos textos e experiências referidos a *Holiday*, uma positividade, e uma presença, que não existia em textos anteriores.

---

568 J. Grotowski, Tel qu'on est, tout entier [12 dez., 1970], *"Jour Saint" et autres textes*, p. 42.
569 Grotowski aqui parece fazer uma referência a si mesmo.
570 J. Grotowski, Jour Saint [13 dez., 1970], *"Jour Saint" et autres textes*, p. 11.
571 Idem, p. 23.

O PERCURSO DA NOÇÃO DE ATOR EM GROTOWSKI

Se antes o próprio Grotowski falava em ato psíquico, em 1970, ao responder uma questão, ele se opunha justamente a essa definição:

> Um de vocês falou aqui de ato psíquico à procura do qual – supostamente – eu estaria. Como se em geral o ato que procuramos pudesse ser unicamente psíquico. Nele (ou rumo a ele) o homem age com sua presença viva, ele é carnal com o outro. Ele é em comum como um ser encarnado[572].

Grotowski não queria ratificar o que chamava de via das divisões. Era preciso afastar-se da "velha fixação no desdobramento entre o corpo e a alma [...] a distinção entre o espírito e o corpo ou – ainda de outra maneira – entre o psíquico e o físico"[573].

Falar do aspecto carnal, palpável, da experiência era, de certa forma, falar de uma reconciliação, era buscar uma "totalidade que coloca fim na minha divisão em corpo e alma, sexo e intelecto, isso quer dizer que eu me recuso a ficar apartado do meu próprio corpo, do meu próprio instinto, do meu próprio inconsciente, quer dizer, de minha própria espontaneidade". E mais ainda: "ser verdadeiramente espontâneo é dar livre curso ao profundo fluxo que brota de minha experiência na sua totalidade, inclusive física, mas relacionada à minha consciência"[574].

Dizia que havia um desejo de "ser descoberto [...] com tudo aquilo que podem chamar como quiserem: intelecto, alma, psiquê, memória e coisas semelhantes. *Mas sempre tangivelmente, por isso digo: de maneira corpórea* [no original em francês: *charnellement*], *porque tangível*"[575].

A noção de encontro era, assim, par da noção de organicidade. A consciência orgânica, o não estar dividido, para ele, era a contraface do revelar-se, do não esconder-se frente ao outro, do doar-se: "No fundo, ambos os problemas, não se esconder e não estar dividido, se reduzem a um só"[576].

---

572 J. Grotowski, Tel qu'on est, tout entier [12 dez., 1970], *"Jour Saint" et autres textes*, p. 26.

573 Idem, ibidem.

574 J. Grotowski, External Order, Internal Intimacy [1969], em R. Schechner; L. Wolford (orgs.), *The Grotowski Sourcebook*, p. 109.

575 J. Grotowski, O que Foi [1970], em L. Flaszen; C. Pollastrelli (orgs.), *O Teatro-Laboratório de Jerzy Grotowski: 1959-1969*, p. 210. (Grifo nosso.)

576 Idem, p. 211.

O encontro era, de certa maneira, assim como a fadiga, o desafio e o risco, também uma porta de entrada para a organicidade, pois a possibilidade de "aceitar a si mesmo", de não estar cindido, passava pelo ultrapassamento do medo, da vergonha frente ao outro, passava pela desistência de esconder-se frente ao outro. Assim, "para ter a possibilidade de aceitar a nós mesmos, é necessário o outro, alguém que nos possa aceitar"[577].

Em 1974, foi ainda mais claro na relação entre encontro e organicidade: "No momento em que o verdadeiro encontro se torna possível [...] toda a natureza humana se desencadeia. Não há o problema dos impulsos do corpo. [...] Tudo está desbloqueado, tudo está vivo. Existem forças que nos transbordam, que nos carregam, há uma espécie de lucidez que é imediata"[578].

Aproximei-me, também, da noção de encontro quando, ao ler os textos do início da década de 1970, percebi, imediatamente, a grande semelhança existente entre essa noção e a forma com que Grotowski descrevia aquela relação que havia existido entre ele e Cieślak em *Pc*. A semelhança era tanto conceitual quanto lexical, mas me surpreende que, até então, eu não tenha encontrado essa comparação sendo feita pelos estudiosos de sua obra.

Talvez isso ocorra em razão daquela divisão por fases, que, a meu ver, dificulta o trabalho de encontrar paralelos de ordem mais artesanal – e não somente ideológica – entre os diversos momentos do seu percurso. Por um lado, os críticos se interessam por encontrar – e encontram – fios condutores que expliquem a obra de Grotowski como um todo, mas, por outro, é difícil encontrar um estudo que aponte continuidades e descontinuidades do fazer, que recupere continuidades e descontinuidades pragmáticas.

Claro que a divisão por fases não é o único empecilho a esse trabalho. Como vimos, Grotowski não foi eloquente na descrição do seu trabalho prático. E, mesmo quando temos acesso à descrição de certas experiências ou procedimentos, ainda nos faltam instrumentos metodológicos para avaliarmos

---

577 J. Grotowski, Exercícios [1969], em L. Flaszen; C. Pollastrelli (orgs.), *O Teatro-Laboratório de Jerzy Grotowski: 1959-1969*, p. 175.

578 J. Grotowski, palestra em 1974, *ArtCultura*, v.1, n. 1, p. 65.

O PERCURSO DA NOÇÃO DE ATOR EM GROTOWSKI 287

se houve ou não continuidade de *approche*, já que se tratam de experiências psicofísicas.

Porém, a noção de encontro em *Holiday* – pelo menos a partir da análise de certos textos – não deixa dúvida de sua gênese: ela estava em *Pc*, na relação humana nascida entre Cieślak e Grotowski.

Quando da entrevista com Kahn, minha intuição de leitora foi, em certa medida, confirmada. Kahn disse supor – e afirmou tratar-se apenas de uma suposição – que Grotowski visava a reencontrar em *Holiday* algo similar à relação que tivera com Cieślak em *Pc*. Assim, uma hipótese nascida, nesse caso, apenas a partir do estudo da terminologia de Grotowski pode encontrar como par a suposição de alguém que havia vivenciado o trabalho, que o praticara.

Lembremos que, ao falar da relação com Cieślak, o diretor dizia ter se percebido a si mesmo como alguém que, até então, estava dividido, cindido. O medo, a vergonha de si frente ao outro faziam que ele precisasse "se armar", "representar". No nascimento duplo e compartilhado, era a abertura para outro, o interesse pelo outro, que permitia que se vencesse a própria solidão, que permitia um autoconhecimento não baseado na introspecção, mas em um *vis-à-vis*. São esses exatamente os pontos que acabamos de analisar ao falarmos da noção de encontro.

Apresentarei dois fragmentos do livro de Grotowski – não citados até aqui – nos quais ele se referiu àquela relação com Cieślak. Ambos os textos dos quais retirei os fragmentos foram escritos/ditos em 1967: "A Técnica do Ator" e "Investigação Metódica", respectivamente.

Vamos às citações:

> Interesso-me pelo ator porque ele é um ser humano. Isso envolve dois pontos principais: primeiro, o meu encontro com outra pessoa, o contato, o sentimento mútuo de compreensão, e a impressão criada pelo fato de que nos abrimos para um outro ser, que tentamos compreendê-lo; em suma, uma superação da nossa solidão. Em seguida, a tentativa de entender a nós mesmos através do comportamento de outro homem, de encontrar-se nele[579].

---

579 J. Grotowski, Investigação Metódica [1967], *Em Busca de um Teatro Pobre*, p. 104.

288 PALAVRAS PRATICADAS

e

Gradualmente desenvolvi e descobri que a minha realização pessoal era muito menos frutífera que o estudo das possibilidades de ajudar os outros a realizarem-se. Isso não é uma forma de altruísmo. No fim, as aventuras de um diretor tornam-se fáceis, mas os encontros com outros seres humanos são mais difíceis, mais frutíferos e mais estimulantes. Se posso obter do ator – em colaboração com ele – uma total autorrevelação, como com Ryszard Cieślak em *O Príncipe Constante*, isso é mais fértil para mim [...]. Tenho me orientado, portanto, pouco a pouco, para uma pesquisa paracientífica no campo da arte do ator. Isso é resultado de uma evolução pessoal, e não de um plano inicial[580].

No segundo fragmento citado, ele falou nominalmente de Cieślak, e relacionou sua mudança de campo de interesse – do teatro para o que chamou de atividades paracientíficas no campo da arte do ator – à relação com aquele ator. Também fez questão de ressaltar que a nova direção tomada por suas pesquisas não esteve prevista inicialmente; que se tratou de um desenvolvimento nascido do próprio trabalho, e da experiência realizada com Cieślak.

Assim, em 1967, ou seja, anos antes de sua saída do teatro, ele já antevia uma outra direção de investigação, claramente relacionada ao que, anos depois, chamou de encontro.

Aquele *vis-à-vis* começou em uma relação onde ainda havia alguém na posição de diretor, e outro alguém na de ator, mas foi justamente aquela experiência que quebrou com essas posições, enfatizando, a partir de então, a relação homem-homem.

Grotowski sabia que não era possível desarmar-se, encontrar aquele estado de vulnerabilidade em todas as relações cotidianas. Afinal, desarmar-se enquanto todos permaneciam armados podia ser perigoso, insalubre para o indivíduo. Ao mesmo tempo, não desejava criar um gueto, um lugar de separação da vida de todo dia. Sua esperança, na época, estava em uma espécie de transbordamento da experiência, feita a portas fechadas, para a realidade diária. Dizia: "a rua nos cerca, é talvez um pouco contagioso, mas nos dois sentidos – podemos não nos deixar contaminar, contaminando os outros, sem pretensão de fazê-lo, sem

580 Idem, p. 184-185.

O PERCURSO DA NOÇÃO DE ATOR EM GROTOWSKI

nenhuma tática"[581]. Não se tratava, portanto, de messianismo, de expansão da "boa-nova", mas de contágio.

Em 1974, no Brasil, já parecia menos esperançoso em relação a esse contágio. Falava mais na esperança de permanecer, ele mesmo, fiel às experiências vividas:

> Tive suficientes experiências em torno disso. Mas essas experiências me mostraram que o encontro é sempre fraco – no sentido de provisório –, frágil e vulnerável. Trata-se de uma esperança? É alguma coisa entre a experiência vivida, entre certas práticas realizadas e a esperança de se permanecer fiel a elas[582].

Kahn afirmou em seu depoimento que o tipo de relação vivida naquele momento permite que, até hoje, haja uma ligação forte entre as pessoas que participaram do trabalho, quando, por acaso, se reencontram. Falou de experiências que permanecem inscritas em seu corpo e em sua memória. E em um conhecimento do outro, realizado em *Holiday*, que crê ser difícil definir por meio de palavras.

Concluo a análise sobre a noção de encontro com a resposta que Grotowski forneceu em "Tel qu'on est, tout entier":

> Cada experiência essencial de nossa vida ocorre pelo fato de que alguém está conosco – "ele", esse outro que chega, emerge das sombras, entra na nossa vida – em nós encarnado, em nós de sangue e osso. Nós somos como um grande livro onde se inscreve a presença dos outros seres humanos e, então, cada experiência essencial se torna palpável. Carnais e concretas são essas experiências porque elas se realizam entre mim e você. No curso de uma experiência verdadeira, nós sabemos imediatamente: alguma coisa acontece comigo. E acontece o mais concretamente possível: nos sentidos, na pele, nas células. Não possuímos isso, é isso que nos prende – e todo nosso ser geme, vibra. Somos um rio vivo, um fluxo de reações, um riacho de impulsos que envolvem nossos sentidos e a carne. E está aí precisamente o "material criativo" sobre o qual vocês me perguntaram[583].

Grotowski, em fevereiro de 1965, como vimos, se perguntava se o ator era um artista diferente dos outros, se era cobaia,

---

581 J. Grotowski, Jour Saint [13 dez., 1970], *"Jour Saint" et autres textes*, p. 20.
582 J. Grotowski, palestra em 1974, *ArtCultura*, v.1, n. 1, p. 65.
583 J. Grotowski, *"Jour Saint" et autres textes* [12 dez., 1970], p. 27-28.

290 PALAVRAS PRATICADAS

apóstolo ou ainda outra coisa. Em 1968, parecia responder a essas questões. O que buscava no ator era o encontro:

O que procuramos no ator? Indubitavelmente: ele mesmo. Se não o procuramos, não podemos ser-lhe de ajuda. Se não nos desperta a curiosidade, se ele não é para nós algo de essencial, não podemos ajudá-lo. Mas procuramos nele também nós mesmos, o nosso eu profundo, o nosso si.[584]

O ator era um homem que, talvez, pudesse "estar mais que os outros no encontro". Era um eu, um corpo, alargado, que não se distingue e não se separa do outro, do corpo do mundo. Um eu-si mesmo.

Junto a esse quarto marco, apresentarei ainda duas discussões em forma de apêndices. Na primeira, trarei à tona, ainda que de maneira rápida, três temas que engendram, até hoje, mal-entendidos sobre o trabalho de Grotowski. Esses mal-entendidos dizem respeito ao desconhecimento – ou esquecimento – das críticas e autocríticas dele sobre três assuntos: o deslizamento entre arte e vida, a importância do teatro de grupo e a importância do treinamento para o ator. Na segunda, analisarei a questão da existência ou não de um "método" no trabalho de Grotowski.

---

584   J. Grotowski, Sobre a Gênese de *Apocalypsis* [1969/1970], em L. Flaszen; C. Pollastrelli (orgs.), *O Teatro-Laboratório de Jerzy Grotowski: 1959-1969*, p. 181.

Apêndices

ARTE E VIDA, TEATRO DE GRUPO E TREINAMENTO

É difícil encontrar no percurso de Grotowski – e em seus textos – verdades fixadas de uma vez por todas. E, assim, quando seu nome é utilizado para justificar qualquer dogma teatral sempre me vêm à cabeça – ossos do ofício – os textos nos quais ele mesmo nuançou, criticou, negou ou chamou a atenção para os perigos e/ou os limites de certas afirmações suas que, por um interesse ou outro, alguns desejam anexar permanentemente a seu nome.

Ele foi, por exemplo, extremamente crítico a certas ideias ou experiências de criadores – inclusive ele mesmo – que intentaram fazer deslizar as fronteiras entre a arte e a vida. Não coloco em dúvida que o trabalho de Grotowski se inscreveu nesse deslizamento, mas o percurso realizado por ele, nesse campo, não foi destituído de questões e autocríticas.

No texto "External Order, Internal Intimacy" (Ordem Externa, Intimidade Interna), entrevista de 1969, fazia uma crítica severa a trabalhos que, buscando eliminar a divisão entre arte e vida, acabavam, segundo ele, caindo na esterilidade, escapando à criação, escapando ao *ato*.

Criticava tanto um determinado deslizamento entre arte e política que "trapaceando com palavras grandiosas tais como "humanismo", "solidariedade com os oprimidos", acabariam servindo apenas ao conforto sentimental e intelectual de certos artistas, quanto uma direção que, buscando a espontaneidade, estaria confundindo "o confortável com o livre desenvolvimento da minha natureza"[585]. Grotowski atacou, assim, toda a ênfase colocada na improvisação, no relaxamento, na busca por um determinado tipo de "contato" (tocar as mãos dos companheiros, olhá-los diretamente nos olhos), no espontâneo, num certo tipo de nudez, na criação de uma "atmosfera" de trabalho ou em um livre expressar-se. Segundo ele, todas essas formas de trabalhar seriam inférteis, estéreis.

---

585 J. Grotowski, External Order, Internal Intimacy [1969], em R. Schechner; L. Wolford (orgs.), *The Grotowski Sourcebook*, p. 107-108.

292 PALAVRAS PRATICADAS

Já em 1975, apareceram as primeiras críticas do artista às suas próprias experiências parateatrais. Dizia que, ancorados no novo trabalho, novos estereótipos teriam surgido: chamava-os de "estereótipos da espontaneidade amigável"[586].

Na intenção de fugir das mentiras engendradas pelas relações já estabelecidas no teatro tradicional – espectador/ator, obra/ator, técnica/ator, obra/espectador – havia se produzido, em certas experiências parateatrais, o estereótipo da "solidariedade": "começamos a nos dar as mãos, assim, formando um círculo, beijamo-nos, faz-se um círculo e um ou dois somente devem dançar no meio, faz-se um cortejo, carrega-se alguém nos braços etc. etc."[587]

Como já citamos, no fragmento IV do texto "Da Cia. Teatral à Arte como Veículo", ele referiu-se ao parateatro como tendo passado por duas fases: um momento no qual a experiência vivida/preparada durante meses por alguns líderes recebia, apenas em um segundo tempo, novos participantes, quando "aconteciam coisas no limite do milagre", e outro momento, em que ou não havia sido realizado um trabalho *a priori*, ou se permitiu a participação de um número excessivo de indivíduos. Nesse segundo instante, enxergou algo que decaía na direção de "uma sopa emotiva entre as pessoas ou em uma espécie de animação"[588].

Em alguns momentos do parateatro, Grotowski parece ter percebido que, ao buscar se afastar de certas estruturas estereotipadas, no intuito de buscar uma reação mais espontânea ou orgânica, acabou produzindo outras estruturas, vinculadas a outros estereótipos e clichês como aqueles da "solidariedade" e da "espontaneidade" entre os homens.

Sua busca voltou-se, então, novamente, para a investigação de certas estruturas/técnicas (ainda que não as mesmas, nem com os mesmos objetivos, da fase teatral) que justamente impusessem restrições e desafiassem os novos clichês, permitindo,

---

586   J. Grotowski apud C. Guglielmi, *Grotowski conferenziere i seminari al Teatro Ateneo Università degli Studi di Roma "La Sapienza" dal 1975 al 1988*, p. 46.
587   Idem, ibidem.
588   J. Grotowski, Da Companhia Teatral à Arte como Veículo [1989/1970], em L. Flaszen; C. Pollastrelli (orgs.), *O Teatro-Laboratório de Jerzy Grotowski: 1959-1969*, p. 231.

O PERCURSO DA NOÇÃO DE ATOR EM GROTOWSKI

assim, que se realizasse a experiência requerida: do ato e da organicidade.

De qualquer maneira, mesmo com – ou em razão de – todas essas críticas, não abriu mão, em seu percurso, daquele deslizamento entre arte e vida.

Grotowski também é, para alguns, uma espécie de pai do teatro de grupo, que, por meio do seu exemplo, teria mostrado que só um grupo permanente é capaz de criar obras significativas.

De fato, Grotowski opunha-se a uma estrutura de produção teatral na qual uma nova equipe fosse reunida a cada novo espetáculo. Em seu discurso para receber a *honoris causa* da Universidade de Wroclaw, por exemplo, alertou aos poloneses para que não deixassem que seu país reproduzisse a experiência teatral dos EUA, em que quase não existem mais companhias artísticas ou grupos de teatro, e onde os espetáculos são realizados por um elenco contratado que ensaia por poucas semanas. Afirmava ser necessário, na arte, um trabalho feito a longo prazo e, portanto, a presença de um coletivo. Senão "o ator que é obrigado a arranjar-se sozinho imediatamente, sob pena de sair do mercado, deve explorar aquilo que conhece e que sabe fazer. Ou seja, não descobre mais nada. E a arte de alto nível é descoberta, não exploração"[589].

Mas, se defendeu, em diferentes momentos do seu percurso, o teatro de grupo, ele também, em vários outros momentos, problematizou essa maneira de trabalhar. E, principalmente a partir do parateatro, a ideia de grupo foi submetida a inúmeras críticas.

Grotowski fez, por exemplo, em entrevista de 1968, uma diferença entre a noção de "teatro de grupo", que seria, segundo ele, baseada em uma necessidade de "compromisso e em uma igualdade de incompetências" e "teatro de equipe", onde cada um conheceria bem seus deveres, que não seriam os mesmos para todos, e cada um faria o trabalho que lhe correspondesse[590].

O que incomodava Grotowski era a ideia presente no teatro de grupo de uma "personagem coletiva" que existisse por redes de

---

589   J. Grotowski, Discorso del dottore honoris causa Jerzy Grotowski [1991], em J. Degler; G. Ziólkowski (orgs.), *Essere un uomo totale*, p. 50.

590   J. Grotowski, Entrevista a Jerzy Grotowski por Margo Glantz [1968], *Hacia un Teatro Pobre*. p. 233.

compromisso, afetos e concessões. Preferia que o grupo fosse visto mais como um lugar onde as investigações fossem feitas conjuntamente, mas onde cada um pudesse seguir seu próprio destino, sua própria liberdade (como ele próprio teve necessidade de fazer em relação ao t.-l.)

Dizia que a ditadura do encenador – fortemente presente nos anos de 1950 e mesmo de 1960 – teria dado origem, como reação, a uma forte ideia de grupo. Opunha-se também à criação coletiva, tão em voga à época, dizendo tratar-se de uma ditadura da coletividade, na qual as soluções criativas eram encontradas pelo capricho, pela sorte e eram, muitas vezes, soluções de compromisso entre tendências diferentes. Nessa época, para ele, o coração do trabalho deveria estar no encontro, na relação homem-homem, no ato. E o grupo podia colaborar para evitar o ato, já que não era impossível que se tornasse um lugar para um novo jogo de máscaras sociais.

O que considero interessante em toda essa discussão é exatamente que ela evita qualquer dogmatismo no que diz respeito à sua visão sobre o teatro de grupo. Ele parece ter colocado permanentemente a questão sobre qual seria a melhor forma e a melhor organização para realizar o trabalho de que necessitava a cada momento, não se contentando em escolher a priori um formato x ou y como o ideal.

Também afirmar que ele valorizava e insistia sobre a importância de um treinamento para o ator não dá minimamente conta da maneira como Grotowski se relacionou com esse tema/prática. Ele dedicou-se, não há dúvida, a investigar o treinamento do ator, mas, como em todo o resto, por tratar-se de uma investigação, não encontramos aqui verdades fechadas e utilizáveis, mas, sim, perguntas e experiências.

Seguindo o percurso de suas pesquisas, vemos tanto momentos de dedicação aguda à ideia de treinamento – pela descrição de exercícios, pelo tempo dedicado a esses exercícios etc. – quanto momentos de rejeição ao próprio treinamento, ou à maneira como ele vinha sendo entendido até então. Como observamos, houve também inúmeras críticas e autocríticas a certos treinamentos, técnicas ou exercícios que foram vistos por ele como parte daquele esforço de manipulação do corpo pelo mental, de não crença na organicidade, de fuga do ato.

O PERCURSO DA NOÇÃO DE ATOR EM GROTOWSKI 295

Já em entrevista de 1967, dizia: "Houve períodos – até de oito meses – em que não fizemos nenhum exercício. Verificamos que estávamos fazendo exercícios pelos exercícios, e desistimos deles. Os atores começaram a procurar a perfeição […]. Era como o tigre comendo a própria cauda"[591]. Os exercícios não eram, assim, importantes em si mesmos, não eram vistos como chaves para a criação, mas relacionavam-se com as necessidades – diferentes a cada momento – do grupo.

No texto "Exercícios", de 1969, retornou à questão do treinamento comparando-o, como vimos, ou com uma higiene diária – como escovar os dentes – ou ainda com "uma prece antes da batalha", e, assim, diminuindo a relação entre treinamento e processo criativo.

Portanto, ao invés de utilizarmos o nome de Grotowski para afirmar a importância inequívoca do treinamento do ator, seria mais pertinente com o percurso do artista depararmo--nos com as inúmeras perguntas que ele formulou sobre esse tema – o que é treinar, quando realizar um treinamento, qual o melhor tipo de treinamento, para que treinar etc. – e também com os potenciais perigos – que ele experienciou em suas investigações e explicitou em seus textos – ligados tanto aos treinamentos já existentes (inclusive os ditos grotowskianos), quanto à própria ênfase sobre a necessidade de treinar o ator. Esse, me parece, seria um legado ao mesmo tempo menos dogmático e mais desafiador.

NEM ATOR, NEM MÉTODO

Acredito que os anos que estou abarcando no Marco IV foram justamente os anos nos quais veio mais à tona, inclusive para o próprio artista, a pergunta sobre a possibilidade ou não de haver um método Grotowski para o ator.

Baseando-me também no tema da "renúncia" que, como vimos, originou *Ap*, analisarei a vertente pedagógica que – se já vinha acompanhando desde muito o percurso de Grotowski e

---

591   J. Grotowski, O Encontro Americano [dez, 1967], *Em Busca de um Teatro Pobre*, p. 209.

296 PALAVRAS PRATICADAS

do T.-L. – se intensificou na segunda metade dos anos de 1960 para ser, logo depois, no início da década seguinte, reelaborada e mesmo abandonada e criticada pelo artista. Essa vertente pedagógica também foi, como veremos, objeto de renúncia e rejeição.

Assim, falar dessa inclinação pedagógica, uma das marcas do seu trabalho na segunda metade dos anos de 1960, é deparar-se, de cara, com uma contradição. Por um lado, os esforços empreendidos por ele não deixam dúvidas quanto a uma direção metodológico-pedagógica: viajou ministrando inúmeros workshops pelo mundo afora; abriu, dentro do T.-L., um estúdio no qual recebia estagiários poloneses e estrangeiros; escreveu textos e ministrou conferências voltadas para essa questão.

Por outro lado, o "método" de Grotowski, quando encontrou, na segunda metade dos anos de 1960, o mundo do teatro internacional, já era um "antimétodo", já estava baseado em uma via negativa na qual não se pretendia fornecer chaves criativas ou ensinar um determinado "como fazer" – tudo isso sendo visto como produzindo estereótipos –, mas tinha a intenção de desbloquear aquilo que, no ator, impedia – e para cada indivíduo o caminho era, portanto, diferente – seu processo criativo.

Embora Kumiega tenha afirmado que, "no final dos anos de 1960, a ênfase do trabalho estava muito mais vinculada à pedagogia que às atividades estritamente teatrais"[592], ela optou por ressaltar, como contradição, apenas a contrariedade de Grotowski com relação às tentativas de retirarem de suas investigações um "método" a ser utilizado por outrem. De seu texto, pode-se depreender que ele próprio não tinha, naquele momento, interesse pela investigação de uma metodologia para o ator.

Discordo dessa interpretação: Grotowski, na segunda metade da década de 1960, esteve, a meu ver, de certa maneira dividido entre o desejo/necessidade de expandir as experiências atorais e de treinamento realizadas no T.-L. para além das fronteiras do seu próprio teatro e, nesse sentido, de ser o criador de um "método" ou "sistema", e a impossibilidade, pela própria especificidade desse "método", de fazê-lo totalmente.

592   J. Kumiega, *The Theatre of Grotowski*, p. 48.

O PERCURSO DA NOÇÃO DE ATOR EM GROTOWSKI

Quando Flaszen afirmou que "Grotowski queria o impossível" quando queria "uma aprendizagem que fosse uma desaprendizagem"[593], creio que tocou de forma aguda no problema. Era a natureza do ensinamento ou do método que não podia ser apresentado por meio de uma metodologia, um sistema e/ou de exercícios.

Além disso, e, nesse ponto, estou de acordo com Kumiega, ele defrontou-se, quando suas ideias ganharam fama, com uma apreensão que julgou, no mínimo, apressada e preguiçosa de suas investigações sobre o ator.

Creio que ao se colocar fortemente contrário, alguns anos depois, a qualquer método de formação de ator que levasse o seu nome, renunciava e rebelava-se ao mesmo tempo. Renunciava a uma de suas facetas possíveis, a de pedagogo e metodólogo do ator – assim como renunciou à faceta de diretor de teatro –, e rebelava-se contra os usos que se vinham fazendo – nos grupos teatrais, nas escolas – de seus exercícios e proposições.

Mas essas são as minhas conclusões. Sigamos, antes, o percurso da análise.

Se fizermos uma fotografia do T.-L. e de Grotowski – seus textos e práticas – nos primeiros tempos pós-*Pc*[594], vamos nos deparar exatamente com a construção de um teatro de "perfil metodológico"; um teatro que era, principalmente, um estúdio, que viajava ministrando workshops, que se mostrava interessado em investigar a "natureza do processo do ator". Alguns dos textos escritos no período enfatizavam exatamente essa vertente metodológica, construída a partir de uma via negativa.

Kumiega chamou a atenção para o contexto no qual foram escritos alguns desses textos: Grotowski necessitava afirmar as buscas e investigações em torno de um "método" para garantir a sobrevivência – sempre ameaçada – de seu teatro que era subvencionado pelo estado polonês e que não estava produzindo, com a velocidade requerida, novos espetáculos. Era necessário, então, que o teatro se caracterizasse como um "Instituto de Pesquisa dos Métodos de Atuação", para justificar, assim, a subvenção recebida para um trabalho que não

---

593 Depoimento de Flaszen no filme *Esquise d'un Portrait*.
594 Quando digo pós-*Pc*, quero dizer nos primeiros anos que seguem à estreia do espetáculo ocorrida em abril de 1965.

298 PALAVRAS PRATICADAS

estava resultando em produções teatrais[595]. Kumiega localizou apenas aí – nessa estratégia – toda a ambiguidade gerada em torno da existência de um "método" que levasse o nome de Grotowski.

A observação de Kumiega nos previne de uma leitura ingênua frente aos textos de Grotowski, principalmente aqueles que se mostram mais esquemáticos ou cartesianos na exposição do tal "método". Mas não acredito que a ênfase em uma orientação metodológica, nesse período, seja apenas uma estratégia que estava sendo posta em marcha por ele para garantir a sobrevivência do seu teatro. Como quase sempre, Grotowski encontrava estratégias políticas que permitissem que as pesquisas que lhe interessavam pudessem também ocorrer. E se olharmos para suas próprias investigações no período, elas apontam, sim, para uma inclinação metodológica.

A formação, desenvolvimento e amadurecimento do ator, como ser humano, e para fora das fronteiras do elenco do T.-L., esteve no foco de suas atenções. Não há dúvida de que sempre teremos um Grotowski estrategista, sem o qual o T.-L. não teria sido construído e se desenvolvido, mas, na análise dos seus textos, textos que ele mesmo escolheu para colocar em seu livro, vê-se não só estratégia, mas também genuíno interesse[596].

Grotowski enxergou a experiência realizada com Cieślak como passível de ser investigada metodologicamente, enxergou a si mesmo como portador de um papel fundamental frente ao ator dentro desse gênero de experiência, e ao T.-L. como um estúdio, como talvez tivessem sido os estúdios desenvolvidos por Stanislávski dentro do TAM.

Ao falar da gênese de *Ap*, confessou tanto a tentação de refazer os caminhos trilhados em *Pc*, como – diante da impossibilidade de fazê-lo, pelo menos de maneira direta, sem cair em clichês do seu próprio trabalho – a renúncia a essa tentação. Por que algo do mesmo tipo não pode ter se passado na sua experiência metodológica?

---

595 Idem, p. 50-51.
596 O artigo "Investigação Metódica", por sua linguagem e formato, é bom exemplo disso. Ele foi publicado pela primeira vez na Polônia em 1967, e reeditado no livro *Em Busca de um Teatro Pobre*.

O PERCURSO DA NOÇÃO DE ATOR EM GROTOWSKI   299

Como ficou claro no marco anterior, *Pc* revelou uma realização atoral – em Cieślak – que coroava, mas, ao mesmo tempo, redefinia suas investigações realizadas até então. Ele batizou essa realização como ato total. Acreditava, como vimos em carta escrita a Barba em abril de 1965, na "possibilidade de que esse tipo de trabalho" pudesse "se desenvolver", tanto do ponto de vista do método do ator como daquilo que poderia ser definido como o "espírito da obra".

O momento pós-*Pc* foi também o momento do sucesso mundial do T.-L., sobretudo no exterior. Além das apresentações do espetáculo, viajava pelo mundo dando conferências e, principalmente junto com Cieślak[597], ministrando workshops para atores em universidades e companhias teatrais[598].

Além disso, em Wroclaw[599], no segundo semestre de 1965, o T.-L. começou a receber, de maneira oficial[600], atores – estrangeiros e poloneses – para um período de estágio. Grotowski, em carta de setembro de 1965 para Barba dizia ter aberto de fato um estúdio, no qual depositava muitas esperanças e onde fazia projetos. Em carta anterior, falou desse "estúdio para atores" como de um espaço que "permitiria um processo de formação praticamente a partir dos primeiros passos". Meses antes, em primeiro de setembro de 1966, o Teatro-Laboratório tinha mudado de nome e passado a se chamar Instituto de Pesquisa dos Métodos de Atuação – Teatro-Laboratório.

Como se não bastasse, as duas tentativas de espetáculos anteriores a *Ap*, mas que são apresentadas por Grotowski como fazendo parte da gênese da peça, *Samuel Zborowski* e *Os Evangelhos*, contavam com a presença de vários estagiários em seu elenco, mostrando, talvez, que o estúdio tinha a pretensão de

597 A presença de Cieślak caracteriza ainda mais a relação entre as descobertas realizadas em *Pc* e a "inclinação pedagógica" que marcou os anos posteriores.

598 Por exemplo, em Holstebro (Odin Teatret), na Royal Shakespeare Company (Peter Brook), no Centro Nacional Dramático em Aix en Provence, na Universidade de Nova York etc. Em dezembro de 1969, Grotowski ministrou seu último estágio para atores na Polônia. O último no exterior foi, salvo engano, em Aix en Provence (com Grotowski e Cieślak), em junho/julho de 1970.

599 No início de 1965, o T.-L., após inúmeras ameaças de fechamento por parte do Estado, transferiu-se de Opole para Wroclaw.

600 O T.-L. já havia recebido, mesmo em Opole, alguns estagiários – Barba foi um deles – mas, em Wroclaw, essa prática passou a ser oficializada. Idem, p. 45.

300 PALAVRAS PRATICADAS

formar atores para o próprio T.-L. (já em *Ap*, não havia mais nenhum estagiário, com exceção de Elizabeth Albahaca)[601].

Por fim, alguns textos presentes no *Em Busca do Teatro Pobre* dão o tom do que estou caracterizando como um momento voltado ao interesse por uma metodológica baseada no que havia sido realizado no T.-L. e, principalmente, com Cieślak em *Pc*. Nada nessa época faz perceber a completa saída do teatro que se deu anos depois[602]. Nem é possível enxergar, nesse momento, a crítica aguda à técnica e a uma metodologia para o ator que esteve presente nos textos do final dos anos de 1960 e início dos 70. Ao contrário, o que se verifica é a apresentação de um teatro com características de um estúdio para formação e/ou aperfeiçoamento de atores. Por outro lado, esses textos já apontam as dificuldades de apresentação derivadas de um "método" que era um "antimétodo", de uma "aprendizagem" que era uma "desaprendizagem".

Mesmo o termo método era utilizado sem maiores pudores (digo isso porque foi rechaçado logo a seguir) nos textos, nos encontros, nas cartas a Barba. Grotowski dizia, por exemplo, que o ator não podia "esperar por uma irrupção de talento ou por um momento de inspiração". E se perguntava: "Como, então, se pode fazer com que tais fatores apareçam quando necessário? Obrigando o ator, que deseja ser criativo, a dominar um método"[603].

No artigo "Ele Não Era Inteiramente Ele", no qual se debruçou sobre a obra de Artaud, criticava o artista francês exatamente por não ter deixado "nenhuma técnica concreta", não ter indicado "nenhum método", por ter utilizado uma "linguagem intangível e fugidia" quando seria necessário, ao contrário,

---

601 Não encontrei nenhuma referência à saída dos estagiários do processo de trabalho. Elizabeth Albahaca, em simpósio ocorrido em Pontedera, em 2001, e dedicado aos 10 primeiros anos do trabalho de Grotowski, falou ao mesmo tempo do seu encantamento – trabalhar junto a atores que admirava intensamente – e das suas dificuldades – atores com personalidades fortes, período de crise – desse momento.

602 Grotowski foi mesmo convidado a – e aceitou – dirigir, no verão de 1966, em um teatro de Paris, um mistério medieval francês. Embora o projeto não tenha se realizado, ele fotografa, acredito, sua disposição por expandir seu trabalho de diretor para além das fronteiras do T.-L.

603 J. Grotowski, Investigação Metódica [1967], *Em Busca de um Teatro Pobre*, p. 102.

O PERCURSO DA NOÇÃO DE ATOR EM GROTOWSKI

utilizar "instrumentos de precisão" para estudar os "micro-
-organismos"[604].

Em três textos do período, "Declaração de *Princípios*"[605], "Investigação *Metódica*"[606] e "*Técnica* do Ator"[607], podemos ver sua tentativa de, a partir das experiências realizadas, retirar certos princípios de trabalho, retirar um método de investigação, e uma técnica atoral. Grifei as palavras "princípios", "metódica" e "técnica", utilizadas nos títulos dos capítulos do livro de Grotowski, propositalmente. Esses termos, usados aqui de maneira positiva, serão, já no final dos anos de 1960, como bem vimos, criticados e renegados.

Os três textos acima, todos escritos na segunda metade da década de 1960, veiculavam ideias semelhantes: 1. o ato total aparece como ápice e direção, como objetivo final e bússola, de um determinado processo artístico e humano que só podia ser realizado em primeira pessoa (nesse sentido, Grotowski falava em técnica individual); 2. o "método" utilizado não se submetia a uma via positiva de aprendizagem, mas seguia a via da retirada dos bloqueios, a via negativa; 3. havia a exigência de uma relação entre diretor e ator de "colaboração íntima"[608] e que se baseasse em uma ética semelhante àquela apresentada por Stanislávski: uma série de ações que permitisse subtrair a vida teatral – aquela dos ensaios, das relações entre os artistas, do contato com o material de trabalho – da "trivialidade", da "sordidez da vida", da "falta de tato em relação a si mesmo e ao outro"[609].

O método de Grotowski não era, portanto, uma relação de procedimentos. Ele apresentava determinadas "tendências orientadoras", ou "leis que regulam o trabalho criativo" ou "elementos da arte do ator". O artista afirmava que todo "método" que não se abria na direção do desconhecido era um mau "método". E dizia ainda que a natureza do seu "método" exigia que

---

604 J. Grotowski, Ele não Era inteiramente Ele [1966], *Em Busca de um Teatro Pobre*, p. 93.

605 Texto de 1965: originalmente um texto interno, destinado aos estagiários e visando a "colocá-los em contato com os princípios básicos do trabalho".

606 Artigo de 1967: escrito por Grotowski para explicar os objetivos do seu Instituto.

607 Entrevista de 1967: concedida a Denis Bablet quando da apresentação de *Pc* em Paris.

608 J. Grotowski, Les Perspectives de la contemporanéité, *Le Théâtre en Pologne*, n. 2-3, p. 104.

609 J. Grotowski, Declaração de Princípios [1965], *Em Busca de um Teatro Pobre*, p. 212.

ele fosse individual; que a formação devia se adaptar a cada caso, e que não acreditava em fórmulas.

O próprio Grotowski parecia perceber a dificuldade de transformar em "método" as suas experiências quando se perguntava: "Como podem as leis que governam tais processos pessoais e individuais serem expostas objetivamente? Como podemos até mesmo fornecer leis objetivas, sem fornecer uma fórmula...?"[610]

De qualquer modo, todos os conceitos do marco anterior – ato total, contato, estrutura e espontaneidade – só podem ser compreendidos como fazendo parte desse método ao reverso que, não oferecendo maneiras de fazer, que apresentando-se como inspiração e desafio – e por causa disso – era extremamente exigente com aquele que se propunha a percorrê-lo, já que intentava colocar em questão, de maneira direta e literal, o próprio "fazedor"[611].

As datas de finalização dos workshops e as experiências do estúdio reforçam a minha interpretação de uma "renúncia" também no campo metodológico. *Pc* e *Ak* foram apresentados até 1970, mesmo ano no qual Grotowski decidiu não ministrar mais workshops. Não tenho informações sobre a data de finalização do estúdio no seio do T.-L., mas, no primeiro semestre de 1970, só havia sido aceito um estagiário, o que demonstra, talvez, o seu enfraquecimento.

É como se a experiência com Cieślak tivesse exigido de Grotowski certas "respostas" práticas. E a primeira talvez tenha sido, exatamente, empreender através dela (e em busca dela) uma investigação metodológica. Mas a própria experiência escapava a qualquer tentativa de "método". Acredito que Grotowski esteve, nos anos iniciais da década de 1960, no centro de uma contradição que só o tempo – e os fracassos – puderam resolver.

Embora já tenha falado sobre isso ao longo dos outros tópicos, é importante sublinhar que o período de crise interna – 1966 a 1968-1969 – é contemporâneo ao período de grande

---

610 J. Grotowski, Investigação Metódica, *Em Busca de um Teatro Pobre*, p. 103.

611 Se por um lado isso é extremamente instigante, por outro produziu-se entre alguns "grotowskianos" um lugar de autoridade construída exatamente a partir de um julgamento sobre a maior ou menor proximidade de cada um dos seus atores frente ao "desafio" proposto por eles. O "desafio" acabou, algumas vezes, engendrando uma estrutura de poder que, se não consciente, pode gerar profundos mal-entendidos.

O PERCURSO DA NOÇÃO DE ATOR EM GROTOWSKI

reconhecimento mundial do seu trabalho e do T.-L. Grotowski se transformou – quase da noite para o dia – na figura teatral do momento, influenciando artistas e grupos por todo o globo[612]. Não há dúvida de que sua crise esteve ligada também a esse reconhecimento e a essa influência. Por um lado, o sucesso permitia a sobrevivência do seu trabalho na Polônia – impossível (ou quase) naquele momento que o governo polonês conseguisse acabar com o T.-L. que havia se tornado a instituição teatral polonesa mais conhecida no exterior –, mas, por outro lado, essa era uma influência que ele não podia controlar e na qual passou, com o tempo, a não mais se reconhecer. Sem dúvida havia, para dizer o mínimo, um mal-estar de Grotowski quanto àquilo que era feito em seu nome por seus ditos seguidores e admiradores espalhados pelo mundo.

Grotowski se colocou, nos anos seguintes à crise de *Ap*, frontalmente contra qualquer apropriação metodológica e/ou doutrinária do seu trabalho. Ele odiava o que entendia como cópias do T.-L.: seja no que dizia respeito à estética dos seus espetáculos, seja na apropriação do treinamento. Ao contrário de boa parte da classe teatral, que via no livro *Em Busca de um Teatro Pobre* uma espécie de manual para trabalho de ator e formação de grupo, ele passou, em quase todas as conferências do início dos anos de 1970, a "datar" seu livro. Referia-se a ele como a um "diário de bordo" de suas buscas na primeira metade dos anos de 1960 e se dizia já afastado daquelas experiências.

Arrependeu-se, particularmente, da inserção dos capítulos que descrevem o treinamento realizado no T.-L., pois que ofereciam o que pode ser, e foi, lido como um receituário de exercícios para o ator. Em muitas de suas entrevistas e conferências, falou desse mal-estar e criticou o que via como leituras e práticas apressadas e simplistas a partir de sua obra. Dizia também não querer discípulos.

---

612   Nesse período, Grotowski recebeu inúmeros estagiários estrangeiros na sede em Wroclaw; apresentou *Pc* e *Ak* em diversas partes do mundo (*Ak* foi transformado em filme apresentado por Brook na TV inglesa); foi convidado para ministrar estágios para atores (acompanhado, principalmente, por Cieślak) em instituições de prestígio, como em universidades europeias e americanas e na Royal Shakespeare Company, por exemplo. Além disso, em 1968, o Odin Teatret lançou o *Em Busca de um Teatro Pobre*, livro que teve grande repercussão mundial.

Em 1970, criticava-se por ter, ele também, contribuído para agravar o mal-entendido de que havia um sistema com o seu nome: "manifestamente eu errei e não se deve seguir essa via, porque ela ensina o 'como fazer' e por isso mesmo serve de armadura. Armamo-nos para nos esconder; a verdade começa lá onde estamos desarmados"[613].

No que Grotowski chamava, à época, de via do desarmamento, não se podia

prever o que vai se produzir e qual será, em definitivo, o resultado, já que isso depende unicamente da existência daquele que realiza o ato. Não podemos absolutamente prever a forma que a coisa tomará, nem os "temas", nem os fatos que vão resultar disso. Isso é o aporte pessoal de cada um. Não há resposta que possa servir de receita[614].

613   J. Grotowski, Tel qu'on est, tout entier [12 dez., 1970], *"Jour Saint" et autres textes*, p. 31.
614   Idem, ibidem.

Palestra de Jerzy Grotowski no Teatro Nacional de Comédia (atual Teatro Glauce Rocha), no Rio de Janeiro, para a Série "Depoimentos", do Serviço Nacional de Teatro (SNT), em 8 de julho de 1974.

Fotos gentilmente cedidas pelas Funarte/Centro de Documentação.

Jerzy Grotowski falando à plateia no Teatro Nacional de Comédia, no Rio de Janeiro, em 8 de julho de 1974.
Foto gentilmente cedida pela Funarte/Centro de Documentação.

Da esquerda para a direita: Yan Michalski, Maria Fernanda, Jerzy Grotowski, Tônia Carrero, Ruth Escobar e Orlando Miranda. Julho de 1974, Rio de Janeiro.
Foto gentilmente cedida pela Funarte/Centro de Documentação.

O Percurso da Noção de Espectador em Grotowski

Pode-se afirmar que a noção de espectador sofreu inúmeras transformações no percurso artístico de Grotowski. Utilizo a palavra espectador para me referir a um olhar exterior ao trabalho – não é o ator ou o participante, não é o diretor ou o cenógrafo, mas aquele que também foi chamado pelo artista de testador, testemunha, visitante, irmão, convidado. E mesmo quando nomeado espectador, não foi sempre visto da mesma maneira e não se ofereceu ou se demandou dele sempre uma mesma posição. A aventura da noção de espectador na trajetória de Grotowski, entre os anos de 1959 e 1974, será então, neste capítulo, discutida.

Interessa-me também analisar como ele, ao longo desses quinze anos, pensou – textual e praticamente – a função do seu trabalho para além daquela função, que geralmente é a mais estudada, exercida sobre os atores ou participantes que realizavam as investigações propostas por ele.

Grotowski nunca foi indiferente ao espectador. Ao contrário. Travou com seus contemporâneos poloneses, por exemplo, um embate importante sobre a nação e os mitos nacionais. Mexeu em feridas e em vespeiros. Criticou, aberta ou veladamente, Igreja e Estado, as duas grandes instituições polonesas à época. Além disso, na década de 1970, com *Ap*, deixou os poloneses tanto escandalizados quanto fascinados. Nessa época, transformou-se no guru de uma parcela da juventude polonesa e, porque não dizer, mundial.

Como afirmou Margorzata Dziewulska, no seu ensaio "Il Ladro di Fuoco", "Grotowski não era um artista que se ocupava só com o próprio imaginário. Ao contrário, tanto nos espetáculos quanto na sua atividade parateatral, mergulhou nos grandes temas de sua época"[1].

Refletir sobre o percurso da noção de espectador me permitirá, portanto, refletir, ao mesmo tempo, sobre sua maneira de olhar e se relacionar com o mundo em que vivia. Como enxergou, naqueles anos, seus espectadores? Ou, para usar um possível sinônimo, seus contemporâneos? De que maneira se dirigia a eles? Como se relacionava com a presença e o olhar dos espectadores? O que esperava deles?

Falar das noções do espectador em Grotowski significou, portanto, melhor perceber esse embate – ou esse diálogo – dele com o seu próprio tempo e dar a ver um Grotowski um pouco diferente daquele ermitão voltado apenas para as pesquisas intestinas do ator.

Concordo com Barba quando disse que a subversão, a coragem e a intransigência do teatro de Grotowski acabaram por se transformar em "categoria estética ou exemplo de técnica, mutilado de suas raízes que eram necessidade de transgressão e sede de transcendência"[2]. E, às vezes, a ênfase na "aplicabilidade" de suas investigações, ou nos seus "métodos" para o ator, acaba por contribuir para essa mutilação.

Flaszen também falou, em palestra de 8 de junho de 2000, sobre a importância, para o T.-L., das visões de mundo de Grotowski. Disse que, no início da colaboração entre ele e o diretor, ambos discutiam, para poder "inscrever a linha de ação do teatro", exatamente sobre o "estado do mundo"; era a tentativa de colocar "o teatro no contexto do mundo": "Na época, nós éramos muito jovens, nós queríamos refazer o mundo"[3].

E, de maneira irônica, acrescentou:

1 Em J. Degler; G. Ziólkowski (orgs.), *Essere un uomo totale*, p. 149.
2 Eugenio Barba, *A Terra de Cinzas e Diamantes*, p. 34.
3 Ludwik Flaszen, *Les Penseurs de l'enseignement*, p. 17.

O PERCURSO DA NOÇÃO DE ESPECTADOR EM GROTOWSKI

hoje, Grotowski é apresentado como alguém muito doce, um sábio muito doce, delicado etc., é preciso dizer que para um grande reformador, para um megapedagogo, o que é importante é o desprezo. A força do desprezo pelo estado do mundo, pela mediocridade, eu diria. O desprezo não é amor quando a gente é jovem, não é amor, é ódio. Há, é claro, um outro polo que emerge à medida que nós nos realizamos. Nós éramos companheiros do desprezo[4].

Minha expectativa é que nessa análise sobre as transformações da noção de espectador possamos entrar em contato com a subversão, a intransigência e mesmo o desprezo descritos por Barba e Flaszen; que possamos, portanto, não separar as investigações de Grotowski naqueles anos das suas raízes.

Trabalharei principalmente a partir de alguns temas e termos que considero chaves para a compreensão do percurso da noção de espectador na obra dele. Esses fotografam primordialmente, como iremos ver, um jogo pendular (mas nem por isso sempre antagônico) entre a vocação do espectador vista como participação ou como testemunho. As noções de participação e testemunho se transformaram ao longo dos anos, porém permaneceram como núcleos centrais de interesse.

Trabalhar sobre as noções de *participação* ou *testemunho* é, entre outras coisas, refletir sobre a influência que o espectador pode exercer sobre a obra (ou sobre a influência que se desejou ou não que ele exercesse), e vice-versa, sobre de que modo a obra exerceu (ou pode exercer) influência sobre o espectador. Não há dúvida de que seu trabalho esteve em forte contato com essa discussão.

Quando Grotowski privilegiou seja a participação seja o testemunho do espectador, ele visava exatamente a superar o lugar de contemplação e passividade que entendia ser o lugar oferecido ao espectador pelo teatro burguês. Rejeitou, como vimos, o teatro visto como obra final entregue ao olhar do espectador. E um dos caminhos para isso foi a rejeição de um espectador que se definia por ser o fruidor da obra teatral. Buscando a participação ou o testemunho, Grotowski oferecia uma antifruição e intentava penetrar em zonas de deslizamento entre teatro e ritual, arte e saúde, arte e vida, arte e sagrado.

4   Idem, ibidem.

Foram muitas as estratégias utilizadas e podemos quase dizer que cada espetáculo de Grotowski experimentou uma noção diferente de espectador. Mas, para efeitos de análise, trabalharei com quatro marcos.

O primeiro marco é aquele onde ainda não aparecia a noção de arquétipo: o diretor trabalhava, na relação com o espectador, sobre certas ideias de teatralidade e jogo. Ele falava em "participácolo" e "farsa-misterium" quando se referia à relação e ao impacto do espetáculo sobre a audiência.

As noções de arquétipo e de dialética da derrisão e apoteose apareceram, pela primeira vez, em texto de 1962. São noções que transformaram sua maneira de pensar a influência do espetáculo sobre o público e, por isso, caracterizaram um segundo marco.

Nesse segundo marco, o artista polonês continuava querendo que o público participasse de um *sacrum* secular, de um ato mágico, um mistério à moda grega ou medieval. O público continuava sendo visto como comunidade, ou melhor, como um grupo que deveria se perceber como comunidade ao longo do espetáculo, na medida em que esse funcionasse em sua finalidade. Mas a novidade era que a busca pela produção dessa comunidade passava a ser feita por meio do arquétipo. Os espetáculos procuravam, então, atacar o público nas camadas mais profundas da sua psiquê, ali onde os espectadores estariam indefesos a toda racionalização. Era na psiquê profunda dos espectadores que os espetáculos dele, a partir de 1962, intentavam funcionar e, por isso, a noção de arquétipo foi uma noção fundamental.

As práticas ligadas à noção de arquétipo – e, portanto, a própria noção – também se transformaram ao longo do tempo: de um trabalho realizado basicamente sobre o roteiro do espetáculo, a dialética da encenação e a arquitetura da sala, ele passou, sem deixar de lado sua experiência acumulada como encenador e roteirista, à ênfase em um processo que se desenrolava no organismo do ator, onde o arquétipo era encarnado no ator.

Já nesse segundo marco, ao analisar a temática e o modo de construção de alguns espetáculos, principalmente de *Ak*, reflito sobre o *approche* de Grotowski com o seu tempo e com seus contemporâneos.

O PERCURSO DA NOÇÃO DE ESPECTADOR EM GROTOWSKI

Nos primeiros espetáculos, como veremos em detalhes, buscava-se a participação ativa dos espectadores: A colocação dos espectadores no espaço, as áreas de luz e sombra, a direção dada às falas dos atores, tudo isso visava a produzir a participação do espectador, visava a fazer com que os espectadores compreendessem e realizassem a sua função na cena, função previamente escrita na concepção de encenação de Grotowski. O artista dizia que, no início, era tentado a "tratar os espectadores como atores". E que "isso significava que o teatro tinha comido a audiência"[5].

Posteriormente, essa *participação* foi vista como não espontânea, como fruto da manipulação da encenação. Por causa disso, afirmou que ela não havia produzido aquilo que ele buscava, ou seja, um deslizamento entre o teatro e o ritual. Ele apresentou, nesse momento, a noção de espectador como *testemunha*. Trata-se, para mim, de um terceiro marco.

Se, inicialmente, como dizia Flaszen em texto de 1963, o teatro que interessava era aquele "condenado à magia", que levava o espectador, quando misturado ao grupo, a "reagir com a parte emotiva e inconsciente da sua natureza", um espectador que, "repudiando a razão, vive o prazer da solidariedade com o que é coletivo"[6], posteriormente, em palestra proferida em 1968, Grotowski criticou justamente certos espetáculos – inclusive os seus – por produzirem no espectador a sensação, para ele fictícia, de estar submerso em um sentir/agir coletivo, de massa. Essas obras seriam, para ele, baseadas na manipulação do espectador e produziriam, portanto, apenas uma ilusão de pertencimento e de agregação. Veremos em detalhes todas essas transformações e críticas.

Outro jogo pendular quando se trata da noção de espectador em Grotowski foi aquele entre o confronto e o encontro com o espectador. Muitas vezes, na obra de Grotowski, o espectador

---

5   J. Grotowski, Interview with Grotowski [dez., 1967], em R. Schechner; L. Wolford (orgs.), *The Grotowski Sourcebook*, p. 48.

6   L. Flaszen, O Teatro Condenado à Magia [1963], em L. Flaszen; C. Pollastrelli (orgs.), *O Teatro-Laboratório de Jerzy Grotowski: 1959-1969*, p. 86. Como veremos mais à frente, a intenção de Grotowski, nos anos iniciais, não era apenas dar livre curso a essa "solidariedade com o coletivo", mas, a partir desse "campo comum", provocar e desestabilizar o espectador questionando sua visão do (e sua inserção no) mundo.

é o outro da obra, aquele que precisava ser despertado, inquirido, provocado. A obra tinha o potencial de transgredir e confrontar-se com as crenças mornas do espectador, de afrontá-lo, de colocá-lo em posição instável ou desconfortável. A própria possibilidade de um encontro com o espectador foi vista, em muitos momentos, como tendo de passar exatamente por essa provocação. Esse era um jogo jogado ao mesmo tempo com e contra o espectador.

Havia um ataque ao teatro burguês, exatamente um teatro que teria se separado da magia, do inconsciente; um ataque ao espectador que buscava no teatro o *divertissement* ou o sentimento de participação na alta cultura:

> O espectador representa um determinado papel (único em cada espetáculo). Frequentemente está em uma situação desconfortável, na qual seu papel é quase parodiado. Enquanto o espectador usual ansiar por atração, divertimento e entretenimento, sua situação será ridicularizada no nosso teatro[7].

O espectador era provocado de inúmeras maneiras, no entanto, sempre por meio de uma dialética que visava, ao mesmo tempo, a atraí-lo – em grupo ou individualmente, dependendo do momento das investigações – para aquelas zonas mais recônditas, onde o controle e a distância intelectuais não seriam mais tão operativos. E aqui podemos entender porque Grotowski falava que o espectador podia recusar e resistir ou, por outro lado, aceitar o convite que lhe estava sendo feito.

Mas em *Ap* – meu quarto marco –, o espectador (ou alguns espectadores) passou a ser visto como irmão, a partilhar a obra, a ser percebido como aquele que já estava buscando o mesmo alimento que a obra visava a produzir: "acho que estão [os espectadores] ligados por algo que nos é aparentado – não, isso não basta – algo que entre nós é fraternal"[8].

Em *Ap*, o trabalho foi-se deslocando, paulatina e primordialmente, para a investigação desse encontro entre irmãos. Reagir (os atores) intimamente à presença dos espectadores,

---

7 L. Flaszen, Conversations with Ludwik Flaszen [1977], *Education Theatre Journal*, p. 309.
8 J. Grotowski, Comment on pourrait vivre [1971], *Le Théâtre en Pologne*, n. 6-7, p. 2.

permitir sua participação ativa (ou não), sentir as possibilidades que nasciam da proximidade física e psíquica entre espectadores e atores, foram algumas das bases daquela investigação que, sem dúvida, se amalgamava com as experiências de *Holiday*.

Porém, a noção de participação, quando reaparece em *Ap*, é bastante diferente daquela noção que operava nos primeiros anos de trabalho do t.-l. A nova noção de participação precisou da passagem pelo testemunho para reescrever-se, como pretendo demonstrar mais à frente. Não se tratava de, por meio de inúmeras estratégias, constranger a audiência à participação, mas de estar aberto para receber as inúmeras formas de participação que nasciam espontaneamente – naturalmente porque havia espaço para elas dentro do espetáculo – entre os espectadores. O quarto marco se referirá, assim, à noção de espectador escrita nas diferentes versões de *Ap*.

Neste capítulo, continuo analisando termos e práticas cunhados entre os anos de 1959 e 1974, mas, além disso, achei que no trabalho realizado sobre certos termos – a noção de testemunho, por exemplo – era interessante poder abrir mão dessa temporalidade. A noção de testemunho esteve presente em diferentes períodos da trajetória de Grotowski: como par do ato total, nas ações do Teatro das Fontes, na arte como veículo. Acredito que acompanhar a noção de testemunho cunhada em todas essas fases possa dar a ver as investigações do artista sobre um dito "espectador", mesmo fora do período de construção de espetáculos.

Como o termo testemunho se construiu? O que ele revelava? Iremos, entre outros, refletir – ainda que superficialmente – sobre o lugar (ou não lugar) do espectador nas Actions, obras da arte como veículo, e analisaremos também a noção de indução e de *performer* como *pontifex*, pistas importantes que não devem ser deixadas de lado em uma discussão sobre a noção de testemunho.

MARCO 1:
PARTICIPÁCOLO E FARSA-MISTERIUM

Em 1977, Flaszen dizia que, nos primeiros anos do T13F, "os atores atacavam a audiência e parodiavam-na com malícia e com um humor desagradável" e citava, como os melhores exemplos dessa prática, os espetáculos *Os Antepassados*, *Sakuntala* e *Caim*. Afirmava ainda que, posteriormente, o T.-L. havia descoberto o trágico e desistido totalmente de quaisquer "manipulações diretas do espectador"; que eles haviam colocado "de lado esses jogos"[9].

Pois são justamente esses jogos posteriormente renegados que gostaria, neste momento, de explorar. Eles explicitavam uma noção de espectador bastante diferente daquela que associamos às investigações de Grotowski. A paródia, a ironia, o humor, o grotesco, o farsesco estavam presentes nos primeiros espetáculos – e no termo "farsa-misterium", que dava nome a um texto dele de 1960 – e falam exatamente de uma forma de relação entre a encenação e a audiência que, ainda que transformada ou criticada – ou por isso mesmo –, deixou marcas nos espetáculos subsequentes. A ideia de coparticipação do espectador no espetáculo – participácolo – e a noção de uma ritualidade que é teatralidade, artificialidade, convenção, que é jogo com a audiência, foram as marcas desse período.

Grotowski trabalhava com uma dialética da encenação. Ainda não se tratava exatamente do par derrisão e apoteose, mas de um jogo de opostos, em que inúmeros gêneros, ritmos, modos de fazer, não só se misturavam como se chocavam entre si dando um tom de farsa ao mistério ou de mistério à farsa. O espectador era submetido a essas transformações, que iam do grotesco ao sério, da imobilidade à intensificação do movimento, do silêncio à intensificação do som[10]. Tratava-se de não deixar o espectador tranquilo em sua cadeira, mas de surpreendê-lo por todos os lados – e isso literalmente, já que os atores circulavam entre os espectadores[11] – e provocá-lo (ou

---

9 L. Flaszen, Conversations with Ludwik Flaszen [1977], *Education Theatre Journal*, p. 309.

10 J. Grotowski, Farsa-Misterium [dez, 1960], em L. Flaszen; C. Pollastrelli (orgs.), *O Teatro-Laboratório de Jerzy Grotowski: 1959-1969*, p. 46.

11 Refiro-me a *Os Antepassados*, em que não havia mais uma divisão espacial entre atores e espectadores.

O PERCURSO DA NOÇÃO DE ESPECTADOR EM GROTOWSKI   315

mesmo forçá-lo) a uma participação ativa na trama que estava sendo montada. É exatamente esse estar submetido às surpresas da encenação e às provocações dos atores – Flaszen chamou de "método do choque e da surpresa psíquica" – que criava a necessária "aura da comunidade" e fazia com que a farsa se transformasse em mistério e o público em participante de um cerimonial. Flaszen dizia, entretanto, que esse cerimonial não é "totalmente sério, solene. É antes uma espécie de jogo de magia"[12].

De fato, a analogia entre o ritual e a teatralidade fazia com que o jogo de cena, a convenção, a ficção teatral fosse, naquele momento, positivada. O espectador era chamado a participar da trama do espetáculo, tanto espacialmente quanto em termos de função. Era visto como mais um dos atores, um ator secundário (de segundo grau), do rito teatral.

Para melhor enxergar esse caminho de investigação realizado nos primeiros espetáculos, vale a pena fechar o foco em algumas cenas de *Os Antepassados*, que estreou em junho de 1961. Esse foi o primeiro espetáculo do T13F, no qual havia um espaço teatral único em que, literalmente, atores e espectadores estavam misturados. Grotowski procurava, na época, uma "fórmula espacial comum aos dois *ensembles*" e isso não dizia apenas respeito a dispor e fazer deslocar atores e espectadores no espaço, mas também a encontrar uma ação que fosse comum a espectadores e atores.

O espaço em todos os seus espetáculos sempre dizia respeito à relação que se desejava estabelecer entre os dois *ensembles*. Contudo, em um primeiro momento, essa relação se dava exatamente por aquela ação comum. Dessa ação nascia, então, a arquitetura da sala.

Não pretendo entrar em pormenores de *Os Antepassados*, porém apenas revelar alguns aspectos presentes no espetáculo, sobretudo no primeiro ato, que permitem uma melhor visualização do que venho falando até aqui.

O título da peça de Mickiewicz, *Os Antepassados* (*Dziady*) se refere a um ritual popular no qual os vivos evocam e entram em contato com os espíritos dos mortos. Kumiega chamou a aten-

---

12 L. Flaszen apud J. Grotowski, A Possibilidade do Teatro fev., 1962], em L. Flaszen; C. Pollastrelli (orgs.), *O Teatro-Laboratório de Jerzy Grotowski: 1959-1969*, p. 61.

ção para a fascinação de Grotowski pelos aspectos rituais da peça, o que corroborava a ideia de teatro ritual presente naqueles primeiros anos. O primeiro ato[13] dizia exatamente respeito às cenas em que se evocavam os espíritos. As personagens da peça "*se manifestam* entre os participantes do ritual e depois de terem interpretado o próprio papel voltam para o Coro"[14]. A ideia era a de um Coro que produzia (e, depois, reabsorvia) os protagonistas que, por alguns momentos, passavam a líderes do Coro. Por sua vez, o Coro era também absorvido pela plateia. Dizia Flaszen: "*Os Antepassados* não é a apresentação de uma obra que existe fora da comunidade que participa do espetáculo, é como uma emanação da psiquê coletiva"[15].

Esse primeiro ato de *Os Antepassados* pode ser visto como um exemplo de um determinado tipo de relação entre atores e espectadores – o participáculo – e também como exemplo da junção – e confronto – entre aspectos de jogo, brincadeira ou convenção, e de rito ou mistério – a *farsa-misterium*.

Veremos esses dois aspectos em funcionamento por meio de alguns exemplos.

O espetáculo ocorria em um espaço único onde coabitavam atores e espectadores. Os espectadores estavam sentados em cadeiras colocadas em diferentes disposições e níveis. A ação dos atores acontecia em todo o espaço, forçando os espectadores a permanentemente se movimentarem ainda que permanecessem nas suas cadeiras. A proximidade entre atores e espectadores permitia ainda inúmeras formas de diálogo entre os dois grupos. Também a proximidade dos espectadores entre si, forçada pela disposição das cadeiras, era inquietante. Sobre isso, dizia Flaszen: "As cadeiras foram colocadas [...] às vezes

---

13 O primeiro ato foi baseado na parte II da peça de Mickiewicz. Grotowski baseou seu espetáculo nas partes II e IV do texto de Mickiewicz, bem como em fragmentos da parte I e na chamada "Grande Improvisação", um monólogo que compõe a parte III do texto. Ele deixou totalmente de lado o restante da parte III onde havia um conteúdo mais nacionalista e político. Segundo Flaszen, ter-se-ia optado por realizar o espetáculo utilizando principalmente as partes do texto de Mickiewicz que se ligam ao ritual, ao amor e à rebelião românticos. Cf. *Os Antepassados* e *Kordian* no Teatro das 13 Fileiras, em L. Flaszen; C. Pollastrelli (orgs.), *O Teatro-Laboratório de Jerzy Grotowski: 1959-1969*, p. 75.

14 Idem, p. 77. (Grifo nosso.)

15 Idem, p. 76.

O PERCURSO DA NOÇÃO DE ESPECTADOR EM GROTOWSKI   317

de modo tão pérfido que os espectadores ficam embasbacados, mutuamente admirados com a própria presença"[16].

Além disso, os atores manipulavam a iluminação acendendo e apagando luminárias presas no teto, e, portanto, eram responsáveis por colocar em foco, a cada momento, diferentes atores e espectadores que se tornavam, independente de sua vontade, porque presentes na área iluminada, os protagonistas da ação.

A ideia de brincadeira esteve presente tanto na escolha dos figurinos e objetos de cena quanto nas ações dos atores. Tratava-se, no primeiro ato, de uma brincadeira de bruxaria. Utilizavam-se tanto figurinos quanto objetos claramente domésticos e que os atores, assim como o fazem as crianças nas suas brincadeiras, transformavam, por sua atuação e manipulação, nos objetos necessários à ação ritual que estavam realizando.

Também a ação de evocar os espíritos aparecia como uma ação infantil, como se crianças fizessem uma roda e brincassem de chamar os mortos. "Os atores assustam os espectadores, assim como se assustam as crianças que fazem birra: um pouco a sério e um pouco de brincadeira. E também eles [atores] se assustam reciprocamente como crianças"[17].

Por outro lado, no decorrer do espetáculo, a "brincadeira supera as intenções de seus participantes"[18] ou, pelo menos, era essa a intenção da encenação: começava-se por uma brincadeira de ritual, por um jogo que atraía a audiência à participação. Envolvidos na trama, os espectadores deveriam se perceber como comunidade, e, aí sim, a encenação poderia desdobrar-se em um verdadeiro rito que atualizasse as imagens daquela dada comunidade.

No espetáculo *Os Antepassados*, esse verdadeiro rito deveria ocorrer, principalmente, na cena da "Grande Improvisação", cena em que o protagonista do texto faz um monólogo heroico e romântico. Esse monólogo, conhecido pelo público, se transformou, na visão de Grotowski, na *via crucis* de um Cristo quixotesco, que carregava uma vassoura no lugar da cruz.

16 Idem, p. 77.
17 Idem, p. 78.
18 Idem, p. 77.

318 PALAVRAS PRATICADAS

Durante o espetáculo, para convocar e conseguir aquela participação no jogo, os atores circundavam os espectadores, estimulavam-nos, não os deixando em uma posição de descanso, contemplação ou indiferença. Os espectadores eram convocados à participação por meio de vários procedimentos: um incenso de verdade aceso como parte da brincadeira ritual; sementes de papoula com as quais os atores salpicavam os espectadores em momento específico do texto; falas dos atores, expressamente dirigidas aos espectadores etc. Tudo isso contribuía para que o espectador permanecesse em um estado de alerta, sabendo que estava interagindo com os atores e que poderia estar a qualquer momento em foco e ser convocado a agir. "O método de choque e da surpresa psíquica cria a aura da comunidade"[19].

Chegava-se mesmo à participação ativa do espectador – na função de personagem – como relatou Jerzy Kreczmar:

A algumas pessoas são também confiados papéis. E assim, por exemplo, interpreta forçada a pastorinha uma jovem do público que desconhece as próprias funções, que se sentou sobre a tumba e é identificada imediatamente pelo ator que distribui os lugares na sala [...] "Do que você ri" diz o coro e acompanha aquela que está toda confusa do lado de fora da porta. Um momento depois há a pausa e a "atriz malgrado seu" volta à sala entre os aplausos[20].

Aqui a espectadora também brincava de ser a pastorinha do texto de Mickiewicz. Virava, como bem disse Kreczmar, uma atriz malgrado seu ao ser convocada – ou coagida – à ação pelos atores do espetáculo. Nota-se, na descrição acima, exatamente aquela atmosfera que normalmente vemos aparecer quando se convoca um dos espectadores à participação: risos envergonhados da parte do participante e aplausos calorosos do restante do público que se identifica imediatamente com aquele que foi alçado à condição de ator.

19 L. Flaszen apud J. Grotowski, A Possibilidade do Teatro [fev., 1962], em L. Flaszen; C. Pollastrelli (orgs.), *O Teatro-Laboratório de Jerzy Grotowski: 1959-1969*, p. 61.
20 J. Kreczmar apud J. Grotowski, A Possibilidade do Teatro [fev., 1962], em L. Flaszen; C. Pollastrelli (orgs.), *O Teatro-Laboratório de Jerzy Grotowski: 1959-1969*, p. 62.

O PERCURSO DA NOÇÃO DE ESPECTADOR EM GROTOWSKI 319

Mais à frente, em seu percurso, Grotowski buscou se afastar da ficção construindo uma cena que dizia ser cada vez mais literal em relação tanto ao ator – eram suas experiências íntimas que estavam no centro da cena – quanto ao espectador. Ele não queria mais que os espectadores representassem personagens ou figurantes da trama fictícia, como fazia nos primeiros espetáculos, mas que estivessem presentes como espectadores, como convidados, ou, mais ainda, como testemunhas do processo criativo do ator.

Em entrevista de 1967, referindo-se a *Kordian*, espetáculo em que os espectadores foram colocados na função de doentes da mesma clínica psiquiátrica onde estava a personagem principal, Grotowski dizia: "quando nós os colocamos no papel de loucos, nós simplesmente perturbamos sua função natural de observadores, ou, no melhor dos casos, de testemunhas; consequentemente suas reações não eram naturais"[21].

Acreditava ter chegado àquela literalidade desejada em *Dr. Fausto*: a função dramática do espectador – estar ali, convidado por Fausto, para ouvir o relato de sua vida – e a função do espectador como espectador eram as mesmas. Ou seja, os convidados de Fausto ouviam a sua confissão, ao mesmo tempo que os espectadores testemunhavam aquela de Cinkutis[22].

MARCO 2:
ARQUÉTIPO, DIALÉTICA DA DERRISÃO
E APOTEOSE

Foi na época de gestação do espetáculo *Kordian* que Grotowski apresentou pela primeira vez, no texto "A Possibilidade do Teatro", a noção de arquétipo e também aquela de dialética da derrisão e apoteose. Essas noções parecem nascer do seu temor de que "a proximidade entre atores e espectadores tivesse apenas um caráter convencional", que se limitasse a colocar de modo adequado os espectadores no espaço ou apenas a propor um jogo comum.

21 J. Grotowski, Interview with Grotowski [dez., 1967], em R. Schechner; L. Wolford (orgs.), *The Grotowski Sourcebook*, p. 50.
22 Idem, ibidem.

Definindo agora a teatralidade como nascida do contato entre os dois *ensembles* e o espetáculo como a centelha que passava entre eles, procurava, então, "o fator que poderia atacar o 'inconsciente coletivo' dos espectadores e o dos atores, assim como acontecia na pré-história do teatro, no período da comunidade viva e aparentemente 'mágica' de todos os participantes da representação"[23].

A noção de arquétipo parece assim marcar um segundo momento em que, paulatinamente, o que era um jogo de opostos proposto pela encenação, jogo que maravilhava, surpreendia ou revoltava o espectador, se transformou (ou se realizou integralmente, se quisermos optar por uma visão progressiva das investigações) na dialética da derrisão e apoteose do arquétipo. Assim como ocorrera com o ator, o jogo com o espectador também se "interiorizava", já que a encenação passava a ser construída para atacar o inconsciente coletivo, a psiquê profunda, dos dois *ensembles*.

Era aquela dialética que fazia, para ele, com que o arquétipo acordasse, voltasse a vibrar. O *misterium* afastou-se, aos poucos, de sua parceria mais evidente com o jogo da teatralidade para penetrar em um território sutil onde o encontro/confronto entre os atores e os espectadores se fazia por meio de certas imagens – polonesas, por excelência – de herói e de nação.

O termo "arquétipo" – ou o termo "mito", utilizado por Grotowski muitas vezes como sinônimo – esteve presente principalmente na primeira metade da década de 1960, porém veremos mais à frente que, na palestra/texto "Teatro e Ritual", de 1968, ainda era o eco dessa noção que estava em discussão quando Grotowski se referia a ritual.

Arquétipo é um dos termos-chave para que possamos analisar a noção de espectador na década de 1960. Esse termo esteve eminentemente ligado à influência que se desejou exercer ou ao tipo de experiência que se desejou proporcionar aos espectadores. Quando a noção é analisada levando em conta apenas a esfera do trabalho do ator, como aquele que encarnava o arquétipo, e a noção foi inúmeras vezes vista apenas por esse

---

23 J. Grotowski, A Possibilidade do Teatro [fev., 1962], em L. Flaszen; C. Pollastrelli (orgs.), *O Teatro-Laboratório de Jerzy Grotowski: 1959-1969*, p. 50.

O PERCURSO DA NOÇÃO DE ESPECTADOR EM GROTOWSKI   321

ângulo, deixa-se de lado o Grotowski encenador e roteirista[24], o Grotowski espectador de profissão, como ele mesmo se nomeou em 1985; aquele Grotowski que também visou e trabalhou sobre a atenção e, porque não dizer, sobre o coração do espectador. E deixa-se de lado, principalmente, um Grotowski crítico e transgressor, que realizou, por meio dos seus espetáculos, um diálogo nem sempre agradável com seus contemporâneos, principalmente poloneses.

A noção de arquétipo utilizada nos anos iniciais do T.-L. esteve relacionada a um trabalho que começava na feitura do roteiro a partir do texto original escolhido, e se desenvolvia na *mise-en-scène*. O diretor[25] buscava destilar do texto dramático ou plasmar na sua base o arquétipo[26]. Isso significava roteirizar o texto original – realizando cortes, reestruturações, mudanças de ordem, inserções etc., com vistas a trazer o arquétipo para o primeiro plano do espetáculo. Submetia, como um bom encenador moderno, o texto à sua encenação. Afirmava, inclusive, que o autor do texto poderia não ter tido consciência do arquétipo e que este não existia necessariamente de maneira objetiva no texto original, mas como possibilidade.

Paulatinamente, entretanto, seu trabalho, como vimos, foi-se deslocando para o ator, para seu organismo. E isso também ocorreu com o arquétipo. No texto "Em Busca de um Teatro Pobre", por exemplo, lemos: "Somente o mito – encarnado na realidade do ator, em seu organismo vivo – pode funcionar como tabu"[27]. Sem me ater, por enquanto, ao sentido total da frase, gostaria de chamar a atenção para a relação clara entre mito e encarnação. O cadinho para destilar ou plasmar o mito não era mais apenas o texto escolhido, o roteiro e a encenação – que continuavam

---

24 Richard Schechner afirmou que o caso de Grotowski era raro porque ele conseguia ser mestre nos três domínios: no trabalho do ator, na *mise-en-scène* e na montagem textual, no roteiro. Cf. Introduction (Part I), em R. Schechner; L. Wolford *(orgs.)*, *The Grotowski Sourcebook*, p. 26.

25 Todo o trabalho realizado sobre o texto original era feito por Grotowski. Embora Flaszen assinasse a direção literária, a escolha dos textos e sua roteirização sempre foi trabalho dele. A única exceção foi *Ap*, em que os atores também colaboraram com sugestões de textos para a *mise-en-scène*.

26 J. Grotowski, A Possibilidade do Teatro [fev., 1962], em L. Flaszen; C. Pollastrelli (orgs.), *O Teatro-Laboratório de Jerzy Grotowski: 1959-1969*, p. 50.

27 J. Grotowski, Em Busca de um Teatro Pobre [1965], *Em Busca de um Teatro Pobre*, p. 21.

322 PALAVRAS PRATICADAS

tendo, de qualquer maneira, um papel importante –, mas era, primordialmente, o próprio organismo do ator.

Foi no texto de 1962 que Grotowski apresentou sua primeira definição de arquétipo: "o símbolo, o mito, o motivo, a imagem radicada na tradição de uma dada comunidade nacional, cultural e semelhantes, que tenha mantido valor como uma espécie de metáfora, de modelo do destino humano, da situação do homem"[28].

Definição semelhante encontra-se no texto de 1964, "O Novo Testamento do Teatro". Ele falava então em "complexos coletivos da sociedade" ou em "núcleo do subconsciente ou do superconsciente coletivo" ou ainda em "representações coletivas" e os definiu como "aqueles mitos que não constituem invenções da mente, mas que são, por assim dizer, herdados através de um sangue, uma religião, uma cultura, um clima"[29]. Ofereceu ainda alguns exemplos: Cristo e Maria, nascimento e morte, Eros e Thanatos; além de exemplos de mitos nacionais poloneses presentes em alguns textos que já havia encenado.

Podemos entender o interesse pelo arquétipo como ligado à fuga de um teatro racional, culto, cerebral e à busca por um teatro ligado à esfera da magia. Como disse no capítulo anterior, Flaszen advogava, em 1963, que o teatro pertencia irremediavelmente a essa esfera, que, por ser considerada vergonhosa na contemporaneidade, nós nos esforçaríamos por fazer, mesmo que a duras penas, desaparecer. Nesse "teatro condenado à magia", o espectador estaria imerso na comunidade de espectadores (e atores), e propenso a reagir coletiva, inconsciente e emotivamente às imagens do espetáculo.

Barba, nesse mesmo sentido, comparava a investigação do T.-L., nesta época, a uma expedição antropológica que

abandona as terras civilizadas para penetrar no coração da floresta virgem; renuncia aos valores da razão claramente definidos para enfrentar as trevas da imaginação coletiva. Porque é nessas trevas que a nossa cultura, a nossa linguagem, a nossa imaginação, fundam as suas raízes[30].

28 J. Grotowski, Investigação Metódica [fev., 1962], *Em Busca de um Teatro Pobre*, p. 50.
29 J. Grotowski, O Novo Testamento do Teatro [1964], *Em Busca de um Teatro Pobre*, p. 37.
30 E. Barba, Rumo a um Teatro Santo e Sacrílego [1964], em L. Flaszen; C. Pollastrelli (orgs.), *O Teatro-Laboratório de Jerzy Grotowski: 1959-1969*, p. 100.

O PERCURSO DA NOÇÃO DE ESPECTADOR EM GROTOWSKI

Barba falava ainda na possibilidade de provocar uma "moderna variante da antiga catarse" ou de realizar, com o espetáculo, uma "terapia psicanalítica"[31].

As referências ligadas ao termo *arquétipo* – e a termos correlatos utilizados por Grotowski como *mito, representações coletivas* etc. – são tantas – Barba citou Jung, Lévi-Strauss, Durkheim, Hubert e Mauss, e Bastian[32], e Grotowski falou também em Nietzsche[33] – que funcionam para o leitor leigo ou como fonte de autoridade científica e/ou como a circunscrição de um terreno imagético onde os termos *raízes, primitivo, inconsciente, origem*, se reagrupam sem precisarem se definir de maneira estrita.

E parece que também não foi a busca por um rigor científico que levou Grotowski a trabalhar sobre esses autores e sua terminologia, de modo que não vale a pena recorrer a eles para melhor compreender os termos e expressões daquela época. Barba, ao referir-se à leitura feita por eles desses autores quando ainda estavam em Opole, disse que:

Seus textos nos faziam refletir em voz alta, usávamos a nós mesmos e as nossas experiências para indagar a zona fértil dos "arquétipos", das "representações coletivas", do "pensamento selvagem". Nós os comentávamos, os parafraseávamos, eles nos inspiravam intermináveis suposições e hipóteses[34].

Grotowski ainda afirmou: "As minhas formulações não são derivadas das ciências humanas, embora eu as use para análise"[35]. As formulações do artista nasciam efetivamente da sua busca experimental que visava a relacionar a esfera teatral com aquela do ritual.

Em relação a uma aproximação com a noção de arquétipo em Jung, ele dizia:

---

31 Idem, ibidem.

32 Idem, ibidem.

33 J. Grotowski, Em Busca de um Teatro Pobre [1965], *Em Busca de um Teatro Pobre*, p. 21.

34 E. Barba, *A Terra de Cinzas e Diamantes*, p. 44.

35 J. Grotowski, Em Busca de um Teatro Pobre [1965], *Em Busca de um Teatro Pobre*, p. 21.

324 PALAVRAS PRATICADAS

A convergência entre a minha definição teatral-doméstica do arqué-tipo e a teoria dos arquétipos de Jung é muito imprecisa, uso a palavra "arquétipo" em um sentido restrito [...] não pressuponho a incognisci-bilidade do arquétipo nem que ele exista fora da história[36].

Da mesma maneira, com relação a outro termo que utilizava, inconsciente coletivo, dizia não se tratar da referência a uma suprapsiquê, mas funcionar "apenas como uma metáfora ope-rativa: a possibilidade de influir sobre a esfera inconsciente da vida humana em escala coletiva"[37].

O artista polonês, estrategicamente, se afastava, com essas declarações, de ter de enfrentar discussões sobre o caráter a-his-tórico e transcendente dos conceitos junguianos, vistos como, no mínimo, suspeitos em um país sob ocupação comunista.

Por um lado havia, nesses senões, uma visão estratégica, por outro, nessa última declaração, em que afirmou o seu inte-resse em influir sobre a esfera inconsciente em escala coletiva, podemos encontrar o núcleo das suas investigações sobre o espectador naquele período: ele queria ativar, tocar, reacordar, trazer à luz do dia essa esfera "outra" em relação ao consciente, à racionalidade, ao bom gosto. E mais: queria atingir essa esfera em escala coletiva, ou seja, através de uma espetacularidade que fosse capaz de ameaçar aquele indivíduo "espiritualmente independente" fazendo-o cair – por contágio – nas malhas de uma "comunidade viva"[38].

O arquétipo era visto como "o ponto máximo de conver-gência de todos os participantes", como o "objeto do mistério", mas só era operante, para ele, se pudesse ser ativado por meio dos olhos daquela geração de homens, seus contemporâneos,

36 J. Grotowski, A Possibilidade do Teatro [fev., 1962], em L. Flaszen; C. Pollas-trelli (orgs.), *O Teatro-Laboratório de Jerzy Grotowski: 1959-1969*, p. 51.
37 Idem, ibidem.
38 L. Flaszen, *Os Antepassados* e *Kordian* no Teatro das 13 Fileiras [1963], em L. Flaszen; C. Pollastrelli (orgs.), *O Teatro-Laboratório de Jerzy Grotowski: 1959-1969*. Dizia Grotowski: "Estamos falando sobre a possibilidade de criar um *sacrum* secular no teatro. O problema é: pode o atual estágio de desenvolvi-mento da civilização tornar este postulado uma realidade em escala coletiva? Não tenho resposta para isso. Devemos contribuir para sua realização, pois uma conscientização secular, em vez de religiosa, parece ser uma necessidade psicossocial para a sociedade. Essa transição deveria acontecer, mas isso não significa que necessariamente aconteça". Cf. O Novo Testamento do Teatro, *Em Busca de um Teatro Pobre*, p. 43.

O PERCURSO DA NOÇÃO DE ESPECTADOR EM GROTOWSKI 325

e em confronto com as vivências, os valores e as crenças da modernidade.

Em seu teatro, a arte não era "uma garantia". Ao contrário: seus espetáculos buscavam impedir qualquer apaziguamento do que ele acreditava ser uma tensão, instaurada pelo arquétipo, entre os valores tradicionais e os valores modernos.

Os mitos nacionais ou religiosos e os textos clássicos do romantismo polonês foram retrabalhados por ele, e retirados de um quadro idealizado ao qual era fácil requerer pertencimento. Os mitos e textos nacionais pareciam, nos espetáculos de Grotowski, voltar-se contra os espectadores, até então seus defensores e aliados. Não era mais possível para o espectador afirmar-se, identificar-se ou apaziguar-se por intermédio daqueles tão conhecidos arquétipos nacionais. Eles não se apresentavam como – o que Grotowski nomeou de – "mitos do consolo coletivo".

Os arquétipos ganhavam vida, como no espetáculo *Ak*, mas acordavam, na cena de Grotowski, em Auschwitz, e não na catedral do castelo real de Wavel em Cracóvia, como previra o autor do texto, Wispianski. O herói nacional estava presente, como em *Kordian*, mas encontrava-se, na cena preparada por Grotowski, internado em um hospital psiquiátrico e o seu sangue derramado pela pátria era, na encenação do diretor, parte de uma intervenção médica.

Dizia Barba:

Grotowski submete o público a uma verdadeira agressão. Ele o arranca de sua segurança burguesa para lançá-lo naquela *no man's land* onde se dissimula o aspecto real do homem contemporâneo. Os humanistas epidérmicos, os "filantrópicos" acusam-no de crueldade e pessimismo. Esses não entenderam a lição do Extremo Oriente. Isto é, que os espíritos benéficos pegam emprestadas dos demônios as suas máscaras horrendas, terrificantes, para melhor combatê-los[39].

Segundo Grotowski, submetida a essa operação transgressora, "a magia, a esfera de sombra, a esfera do inconsciente coletivo" acabava superada[40]. O arquétipo emergia, assim, do

39 E. Barba, Rumo a um Teatro Santo e Sacrílego [1964], em L. Flaszen; C. Pollastrelli (orgs.), *O Teatro-Laboratório de Jerzy Grotowski: 1959-1969*, p. 101.
40 J. Grotowski, A Possibilidade do Teatro [fev., 1962], em L. Flaszen; C. Pollastrelli (orgs.), *O Teatro-Laboratório de Jerzy Grotowski: 1959-1969*, p. 61.

inconsciente coletivo para a consciência coletiva e, profanado, era utilizado como "modelo-metáfora da situação do homem. Atribuímos-lhe uma função cognitiva, ou mesmo – talvez – uma função do livre pensamento[41]"[42]. O arquétipo colocado sob a prova da contemporaneidade exigia que o espectador se posicionasse, novamente, quanto aos valores ali veiculados.

A operação a que se submetia o arquétipo era, portanto, independente dos nomes que teve durante o período, uma operação dialética[43]: colisão com as raízes, confirmação e superação[44], derrisão e apoteose, religião expressa pela blasfêmia, amor manifestado pelo ódio, fascinação e negação excessiva, aceitação e rejeição, ataque àquilo que é sagrado, profanação e adoração.

A noção de derrisão e apoteose (noção de referência para todas as outras) não foi inventada por Grotowski. Ela nasceu em uma crítica de Kudliński ao espetáculo *Os Antepassados*, de 1961. Dizia Kudliński, ao comentar a cena na qual a personagem Konrad carregava uma vassoura como se carregasse a cruz: "O aspecto ridículo do utensílio, torna-se de repente trágico. [...] Nessa cena também atinge o ápice a fundamental *dialética da derrisão e apoteose* em que um histrionismo grotesco e um martírio trágico e demoníaco se interpenetram"[45].

Grotowski, antes disso, como vimos, trabalhava em seus espetáculos com uma dialética cênica e conceitual que chamava de dialética da teatralidade: utilizava gêneros diferentes, opunha momentos trágicos e grotescos, a seriedade e o ridículo, a gravidade e a *blague* etc. Creio que algo desse modo de fazer dialético tivesse como referência as vanguardas russas – ele interessou-se por Meierhold, encenou Maiakóvski – no interesse pela não hierarquização dos gêneros, na mistura de cultura popular e erudita, circo e drama, feira e tragédia. Mas a formulação de Kudliński parece chamar a atenção para a operação, talvez não de todo

41 No original em italiano: *libero pensiero*. Relacionado, portanto, à expressão *libre-pensée*, que significa uma atitude filosófica que recusa todo o dogmatismo, fiando-se na própria razão individual.

42 Idem, p. 52.

43 Dizia Barba: "os seus dois elementos não podem ser separados: onde há derrisão há, ao mesmo tempo, apoteose". Cf. *Alla ricerca del teatro perduto*, p. 16.

44 E. Barba, *A Terra de Cinzas e Diamantes*, p. 43.

45 Kudliński apud Grotowski, A Possibilidade do Teatro [fev., 1962], em L. Flaszen; C. Pollastrelli (orgs.), *O Teatro-Laboratório de Jerzy Grotowski: 1959-1969*, p. 52. (Grifo nosso.)

O PERCURSO DA NOÇÃO DE ESPECTADOR EM GROTOWSKI

consciente à época de *Os Antepassados*, realizada em relação aos próprios mitos nacionais poloneses: havia a derrisão desses mitos e, por causa mesmo dessa derrisão, em oposição a ela, a sua apoteose. O martírio ganhava força – e mais tragicidade – por ser um martírio "de mentira" para quem o via e "de verdade" para a personagem que o experimentava na cena.

A formulação de Kudliński foi tão importante para Grotowski que, no texto de 1962, ele releu todos os seus espetáculos realizados até então – portanto, mesmo aqueles anteriores a *Kordian*, espetáculo que ensaiava no momento –, a partir dessa dialética da derrisão e apoteose. Ele também releu todos os seus espetáculos a partir de sua formulação sobre a destilação do arquétipo no roteiro[46] e na cena, formulação que não havia aparecido em seus textos anteriores.

Referindo-se a *Caim*, seu primeiro espetáculo no T13F, dizia, por exemplo, que havia trabalhado sobre o arquétipo do mito bíblico de Caim e Abel, mas que esse arquétipo fora sufocado por um excesso de artifícios e jogos de oposição. E que a dialética tinha sido construída, principalmente, por meio de "convenções teatrais contraditórias e surpreendentes". Segundo Grotowski, o espetáculo havia se tornado "uma série de convenções, quase uma série de gêneros"[47].

A formulação de Kudliński continuou sendo utilizada nos anos seguintes. Podemos perceber que Grotowski se referia exatamente à dialética da derrisão e apoteose quando dizia, em 1965:

> Eu fui tentado, como diretor, a utilizar situações arcaicas santificadas pela tradição, situações tabus (na esfera da religião e das tradições nacionais). Senti a necessidade de confrontar-me com esses valores. Estava fascinado e mesmo cheio de inquietação interior, ao mesmo tempo, que obedecia a uma tentação blasfema: quero dizer que eu

46 Para Barba, a tese e a antítese – do trabalho dialético do diretor sobre o texto – eram realizadas por meio do que chamou de *wishful thinking* e de *concrete thinking*. No primeiro caso, tratava-se de se deixar atrair pelo arquétipo, deixar que o arquétipo violasse "o próprio eu historicamente condicionado, pensar segundo as categorias *in illo tempore*, fazer triunfar o *Mythos*". No segundo caso, ao contrário, seria "o eu historicamente condicionado que prevalece, que racionaliza, que profana o arquétipo, o *Logos* analisa o *Mythos*, o vivissecciona com ceticismo e espírito cáustico". Cf. *Alla ricerca del teatro perduto*, p. 46.

47 J. Grotowski, A Possibilidade do Teatro [fev., 1962], em L. Flaszen; C. Pollastrelli (orgs.), *O Teatro-Laboratório de Jerzy Grotowski: 1959-1969*, p. 54.

328 PALAVRAS PRATICADAS

queria atacá-los, ultrapassá-los, ou, mais exatamente, confrontá-los com a minha própria experiência determinada, ela mesma, pela experiência coletiva do nosso tempo[48].

E será exatamente analisando como ele enxergou e trabalhou esse confronto entre os arquétipos e a experiência coletiva de seu tempo que vamos entrar em contato com as críticas agudas, permanentes e devastadoras que dirigiu à Polônia e, de certa maneira, a toda a civilização ocidental. É impossível não nos depararmos, por meio das noções de arquétipo e de derrisão e apoteose, com um Grotowski extremamente transgressor e provocador. Um Grotowski que aparece melhor se não retirarmos da nossa análise o trabalho que realizou sobre o espectador e, em certa medida, contra ele.

Não devemos ler sua frase, na qual dizia querer confrontar os valores tradicionais com a experiência do seu tempo, como expressão da afirmação de sua adequação à – ou exaltação da – modernidade. Ao contrário. A vida cotidiana do homem moderno parecia a ele, na maioria das vezes, destituída de sentido, não autêntica, ilusória.

Por outro lado, não se tratava de um nostálgico, no sentido de estar preso a um passado histórico ou idealizado ao qual se deveria retroceder. Para ele essa era, também, uma opção ilusória, acalentadora. Era, sobretudo, um rebelde. Sua "pátria espiritual" se construía na luta, na batalha tanto contra a tradição – católica, nacionalista – estática quanto contra uma modernidade que, andando pelas vias da ambiguidade, do relativismo e do pragmatismo, também não lhe interessava[49].

A montagem era concebida, assim, como um "combate aos valores tradicionais e contemporâneos (como transgressão)". Essa era, para ele, "a única possibilidade de que o mito funcione no teatro"[50].

---

48 J. Grotowski, Vers un théâtre pauvre [1965], *Cahiers Renault Barrault*, p. 60-61. Também aqui preferi traduzir por discordar da tradução de Conrado que venho utilizando.

49 "As pessoas acham que para ser vanguarda tem-se de apresentar espetáculos que sejam essencialmente ambíguos. Mas eu estou à procura de outros valores". Cf. I Said Yes to the Past, em R. Schechner; L. Wolford (orgs.), *The Grotowski Sourcebook*, p. 85.

50 J. Grotowski, Ele Não Era Inteiramente Ele [1966], *Em Busca de um Teatro Pobre*, p. 97.

Barba afirmava que, para o artista polonês,

retornar à "pátria espiritual" não significa inclinar-se diante dela. [...] *Tal retorno significa encontrar-se nela, ou seja, reconhecer a si mesmo nela e ela em si mesmo.* Refletir a si mesmo nos materiais dos seus mitos e motivos e refleti-la nas nossas experiências históricas, nas nossas cognições e visões contemporâneas[51].

A "pátria espiritual" de Grotowski não estava em conexão com um tempo ou lugar do passado, fosse ele histórico ou idealizado. Ela era uma espécie de descoberta, realizada no presente, de potencialidades adormecidas ou esquecidas do ser humano e que poderiam, e mesmo deveriam, ser exploradas. Se essas potencialidades tinham sido ou não, parcial ou totalmente, realizadas em alguma época histórica ou em algum lugar do mundo, ou se tinham deixado suas marcas em imagens arquetípicas, isso só era importante na medida em que permitia visualizar companheiros e exemplos de investigação, estivessem eles onde estivessem. A viagem de Grotowski não se fazia em direção ao passado ou ao exótico. O tempo para se voltar era um tempo presente transformado por uma nova ação e uma nova compreensão de (e do) homem.

Em entrevista de 1967, "Teatro é Encontro", publicada no seu livro, dizia que "na perspectiva da arte, as obras estão sempre vivas", e exemplificava com as personagens da *Odisseia*. A história seria atual porque ainda hoje existiriam peregrinos: "Nós também somos peregrinos. A peregrinação deles é diferente da nossa, e é por isso que lançam uma nova luz sobre a nossa própria condição"[52].

Seus espetáculos quase nunca eram solidários com o espectador, e isso era mais fortemente verdade com relação ao espectador polonês. O espectador era visto irremediavelmente como alguém a ser despertado do seu torpor, do seu limbo cotidiano. Havia uma desconfiança em relação aos espectadores, e as funções reservadas para eles nos espetáculos eram, muitas vezes, dúbias. Eles encarnavam – por sua posição espacial, pela função designada a eles na trama ou pelo modo como eram

---

51 E. Barba, *Alla ricerca del teatro perduto*, p. 32. (Grifo nosso.)
52 J. Grotowski, Teatro é Encontro [jun., 1967], *Em Busca de um Teatro Pobre*, p. 50.

330 PALAVRAS PRATICADAS

chamados a participar – a banalidade ou a crueldade passiva que Grotowski enxergava na vida cotidiana.

Os espectadores foram os doentes mentais em *Kordian;* os vivos, incapazes de compreender a experiência limite dos mortos nas câmaras de gás, em *Ak;* os mundanos amigos de Fausto convocados para sua confissão em *Dr. Fausto;* os *voyeurs* do martírio de Ferdinando no *Pc*[53].

Em *Dr. Fausto*, havia dois atores misturados aos espectadores, sentados entre eles, e que eram "como eles". Esses atores, por suas atitudes e falas superficiais e alienadas, produziam um "contraste agudo com a *hybris* ativa e intensa do Santo antiteísto"[54], materializando, assim, a visão de Grotowski sobre quem seria e de que modo agiria o espectador.

A participação que se requeria do espectador esteve relacionada com as funções citadas acima: não se buscava uma improvisação espontânea e subjetiva do espectador, mas sim torná-lo consciente de que estava mergulhado em uma situação particular[55]. Nessa situação, o espectador não estava mais protegido em seu papel de fruidor da obra teatral, nem sua participação era, para Grotowski, parte de um inofensivo jogo cênico. A participação do espectador era organizada de maneira ambígua: necessitava-se que entrasse no jogo, mas este era voltado, de certa maneira, contra o próprio jogador. O espetáculo – e a participação do espectador era parte integrante do trabalho do encenador que regia os dois *ensembles* – queria ser um "eletrochoque psíquico" que reativasse "o arsenal emocional desligado pela uniformidade e o pragmatismo da vida cotidiana"[56].

Seus espetáculos não acolhiam o espectador, mas, ao contrário, propunham um confronto, visavam a instaurar um mal-estar e eram extremamente críticos à modernidade vista, muitas vezes, como um mecanismo que domestica e produz ilusões.

Por outro lado, se desenhou, no discurso de Grotowski, algo como um espectador modelo que sentiria necessidade desse

53 Nas três últimas funções, nota-se aquela literalidade à qual Grotowski se referiu quando falou da função do espectador em *Dr. Fausto*. As funções de *convidados*, de *vivos* ou de *voyers*, estariam mais próximas da função – de observadores ou testemunhas – que ele entendia como mais natural para o espectador.

54 E. Barba, *Alla ricerca del teatro perduto*, p. 30.

55 E. Barba, *Théâtre psycho-dynamique*, p. 21.

56 Idem, p. 1.

O PERCURSO DA NOÇÃO DE ESPECTADOR EM GROTOWSKI

teatro, esse teatro que era "uma espécie de catacumba espiritual nessa civilização reluzente feita de pressa e de frustração"[57].

O espectador ideal faria parte de uma determinada elite formada não por uma distinção de classe social ou nível de educação, mas por "exigências particulares [...]: para os homens que se formam na inquietude"[58]. "Um espectador que alimenta uma autêntica necessidade espiritual e que deseja realmente, a partir do contato com a representação, analisar a si mesmo"[59]. Acreditava que o número desses espectadores era limitado e que não havia, portanto, sentido se pensar em teatros de massa[60].

Em suas declarações dos anos de 1990, fazia questão de se colocar como parte da tribo. Dizia que, também ele – e seus atores –, sentia o *frisson* quando um dos mitos nacionais era colocado sob suspeita ou blasfemado. Em certo sentido, estava dizendo que também ele estava inserido no pragmatismo da vida cotidiana e que, também para ele, os mitos nacionais tinham, antes da operação realizada nos seus espetáculos, se fossilizado. Porém, na década de 1960, não era exatamente isso que aparecia em seus discursos e textos, e sim, como disse Flaszen, um profundo desprezo e uma aguda crítica dirigida a uma grande parcela tanto da classe teatral quanto do público. Era a rebeldia que guiava, então, seus passos.

*Procedimentos: No Roteiro,
na Encenação e no Processo do Ator*

Mais à frente, voltarei à provocação que Grotowski fazia aos espectadores, e às suas críticas agudas à modernidade, analisando principalmente o espetáculo *Ak*. Por hora, gostaria de analisar mais detidamente os procedimentos aos quais o arquétipo foi

57 J. Grotowski apud E. Barba, *Alla ricerca del teatro perduto*, p. 102.
58 Idem, ibidem.
59 Idem, p. 100.
60 Idem, p. 102. Essa afirmação, quando da publicação do livro *Em Busca de um Teatro Pobre*, foi retirada. Acredito que se colocar contra o "teatro para massa" não seria visto com bons olhos em uma Polônia comunista, onde a maior ou menor quantidade de espectadores nas diversas produções era índice de uma menor ou maior inserção cultural da população.

submetido em seus espetáculos da primeira metade da década de 1960: da destilação do arquétipo no roteiro e da dialética da encenação dos dois *ensembles* à noção do arquétipo encarnado no organismo do ator, e às consequências dessa noção na relação com o espectador[61].

O arquétipo, o mito, transferiu-se, paulatinamente, de um trabalho ligado à espetacularidade – era no todo do espetáculo que envolvia texto, os dois *ensembles* e recursos de encenação que se buscava atacar o arquétipo (e aceder ao rito) – para uma investigação performativa – era no processo que envolvia o organismo do ator que se encontraria aquela área do tabu comum a ator e espectador.

As informações dos procedimentos ligados ao roteiro e à encenação foram descritos, principalmente, no texto "A Possibilidade do Teatro", mas também estão presentes nos textos de Barba escritos à época ("Le Théâtre psycho-dynamique" e "Alla ricerca del teatro perduto") e nas análises de Flaszen sobre alguns dos espetáculos realizados pelo t.-l. Para a noção de arquétipo encarnado no organismo do ator, tanto o livro *Alla ricerca...* quanto inúmeros textos de Grotowski do livro *Em Busca de um Teatro Pobre* foram fundamentais. Também no texto de Flaszen, "A Arte do Ator", encontrei pistas sobre esse processo.

Novamente, por meio da comparação entre os dois escritos de Barba de 1963 e 1965, percebe-se o momento da passagem entre arquétipo plasmado no roteiro e na encenação para aquele encarnado no organismo do ator.

Em parágrafo anexado ao livro e que, consequentemente, não estava presente em "Le Théâtre psycho-dynamique", Barba falou de modo diferente tanto sobre o arquétipo quanto sobre a dialética da derrisão e apoteose. As diferenças aparecem na maneira de "encontrar" o arquétipo e de trabalhar sobre a dialética da derrisão e apoteose.

Em texto de Grotowski de 1962 e na brochura de Barba, como vimos, o arquétipo devia ser plasmado ou destilado do

---

61 Importante ter em mente que, mesmo quando o processo do ator passou para o primeiro plano nas investigações de Grotowski, ele não abandonou o trabalho realizado nem sobre o roteiro, nem sobre a encenação, que continuaram também seguindo aquela *dialética da derrisão e apoteose*.

O PERCURSO DA NOÇÃO DE ESPECTADOR EM GROTOWSKI

texto, e o roteiro, baseado no texto, optava, então, por enfatizar o arquétipo escolhido e por confrontá-lo com as experiências do homem contemporâneo.

No livro de Barba, observa-se, ao contrário, que não se deve mais "empreender um trabalho com a intenção *a priori* de encontrar o arquétipo", que ele apareceria durante o trabalho prático e somente assim poderia ser "sujeito a definições, e mesmo assim aproximativas". A dialética da derrisão e apoteose também aparecia não como "uma fórmula fria, um instrumento de trabalho estabelecido *a priori*", mas significava a "confissão das próprias antinomias interiores"[62].

Grotowski mantinha, assim, a terminologia, mas modificava sobremaneira seu sentido. Antes, era o trabalho do encenador e do roteirista que contava. Trabalhava sobre o texto e, a partir dele, enfatizando o arquétipo escolhido, produzia um roteiro que auxiliava a construção de cenas que, além de preverem a participação do público, eram marcadas por uma dialética que profanava e ao mesmo tempo dignificava aqueles mitos nacionais. Posteriormente, o arquétipo não é mais escolhido, mas, de certa forma, reconhecido pelo criador do espetáculo em certos motivos, imagens, associações de ideias, experiências, ao mesmo tempo coletivas e íntimas, e que modelavam os pensamentos e ações do dia a dia.

No livro de Barba, exatamente nessa parte que estamos analisando, apareceu, pela primeira vez, uma crítica mais incisiva à tentativa de fixação dos processos criativos em uma terminologia ou em um método, mostrando claramente que Grotowski começava a se incomodar com o *gap* existente entre os processos artísticos e a capacidade que tinha o texto escrito de acompanhar as mudanças, falências e críticas que permeavam, de maneira frequente, o cotidiano de sua prática com os atores e a feitura de seus espetáculos.

Sigamos, então, trabalhando um pouco mais sobre as diferentes noções de arquétipo no percurso de Grotowski.

---

62 E. Barba, *Alla ricerca del teatro perduto*, p. 15.

O *Exemplo de* Kordian

No texto de 1962, "A Possibilidade do Teatro", Grotowski forneceu inúmeros exemplos de como plasmava o arquétipo no texto, e de como trabalhava com a dialética da derrisão e apoteose, tanto no texto quanto na encenação. Remeteu, inclusive, essas formulações para seus espetáculos anteriores a 1962, relendo-os por meio de procedimentos aos quais, ele mesmo o afirmou, não esteve necessariamente consciente à época.

Creio que o mais interessante, entretanto, é apresentar ao leitor o exemplo dos procedimentos realizados no próprio espetáculo *Kordian*, já que era esse o espetáculo que estava sendo ensaiado no mesmo momento de escrita do texto.

Kordian é um texto de Juliusz Slowacki, um dos expoentes do romantismo polonês. Depois de 1956, na Polônia, os textos do romantismo polonês foram muitíssimo encenados e, nesse sentido, olhando-se apenas o repertório do T.-L., Grotowski não se diferenciava muito dos seus colegas de profissão[63]. Era no trabalho de roteiro e encenação que o diretor chocava, quando não indignava, seus conterrâneos. Dizia precisar dos textos românticos poloneses: a partir deles e de outros textos clássicos, como *Fausto* de Marlowe, ou *Hamlet* de Shakespeare[64], era possível fazer colidir valores tradicionais e contemporâneos. Era possível plasmar ou destilar o arquétipo e operar a dialética da encenação.

Esses textos eram, por sua história, extremamente ligados à ideia de nação polonesa. Seus autores os escreveram no exílio em uma época em que a própria Polônia não existia geograficamente. Esses textos mantiveram, e ao mesmo tempo inventaram, uma nação[65]. Seus escritores eram figuras políticas (rebeldes, insurgentes) e, muitas vezes, messiânicas. Política,

---

63 Embora também seja verdade que os textos *Kordian* e *Pc* não fossem os textos (ou versões no caso de *Pc*) de Slowacki mais escolhidos pelos encenadores.

64 Em *Estudo Sobre Hamlet*, Grotowski utilizou no espetáculo também uma espécie de comentário de Wispianski sobre o texto de Shakespeare.

65 Dizia Grotowski: "Durante o tempo de repressão, especialmente no século passado ou durante a guerra com os nazis, a literatura romântica funcionou na Polônia como sedimento da vida nacional; nas casas das aldeias e nas das cidades, dentro das famílias cultivadas e das que não o eram. Poderíamos assegurar que uma espécie de religião nacional vivia nesses textos, funcionava através deles, como uma atitude para conservar os valores. Quando eu era muito jovem sabia de cor *O Príncipe Constante* na versão de Slowacki, porque fazia parte dessa

O PERCURSO DA NOÇÃO DE ESPECTADOR EM GROTOWSKI 335

religião, espiritualidade, história da Polônia, alma nacional e mitos nacionais – como o herói-mártir[66] – estavam presentes nesses textos, e na imagética criada em torno deles.

Os textos eram, na maioria das vezes, já conhecidos do público: estudados na escola, referenciados nas famílias. Assim, a novidade ficava por conta da encenação e não do enredo.

Para que possamos compreender algumas das escolhas e transformações que Grotowski operou no texto original, reescrevo uma pequena sinopse do texto de *Kordian* de Slowacki feita por Flaszen:

> É a história de um jovem aristocrático, acometido pelo "mal do século" que, nos anos da opressão estrangeira na pátria, perambula pela Europa procurando o sentido da vida. Encontra-o no sacrificar-se pela sua nação e pela humanidade. Decide matar o czar em sua residência de Varsóvia, mas, tomado pela hesitação, é capturado pela guarda. Depois do fracasso de sua missão, Kordian é internado em um manicômio para que sua loucura seja avaliada, porque – caso seja declarado louco – escapará da pena de morte[67].

Uma cena importante no texto original é o monólogo no cume do Monte Branco. É nesse monólogo que Kordian resolve assassinar o czar, resolve sacrificar-se, doar-se, pela nação. Kordian oferece seu sangue pela nação polonesa, e enxerga, no derramamento de sangue da própria Polônia, a redenção das outras nações. A Polônia é vista, então, por Slowacki, como um "Cristo das nações".

O arquétipo destilado por Grotowski era, justamente, o do "holocausto, o ato do autossacrifício, o sacrifício do sangue" nas "variações evidentes e escondidas do messianismo nacional

---

tradição". Cf. Entrevista a Jerzy Grotowski por Margo Glantz, em J. Grotowski, *Hacia un Teatro Pobre*, p. 228.

66 O herói polonês é identificado com a figura do mártir. Em geral, pensamos o nacionalismo associando-o a vitórias. Mas, no norte europeu e principalmente na Polônia, o nacionalismo é construído por meio de derrotas e martírios. Ver, a esse respeito, "Viagem a Varsóvia", prólogo de Todorov a seu livro *Em Face ao Extremo*. Flaszen referiu-se à imagem do mártir como "um mito muito vital na nossa sociedade", como "uma parte do equipamento subsconsciente polonês". Cf. L. Flaszen, Conversations with Ludwik Flaszen, *Education Theatre Journal*, p. 311.

67 L. Flaszen, *Os Antepassados* e *Kordian* no Teatro das 13 Fileiras [1964], em L. Flaszen; C. Pollastrelli (orgs.), *O Teatro-Laboratório de Jerzy Grotowski: 1959-1969*, p. 80.

336 PALAVRAS PRATICADAS

polonês (e não só)". A dialética da derrisão e apoteose era baseada em "uma só, mas radical, operação"[68]: ele deslocou todo o percurso de Kordian para dentro de um hospital psiquiátrico. Kordian era, assim, desde o início, um doente psiquiátrico, um louco, e todo o "acontecimento messiânico tornou-se o delírio, a alucinação, a improvisação e a ficção de uma pessoa doente"[69]. O monólogo do Monte Branco, no qual o herói oferecia seu sangue pela salvação da Polônia, acontecia em um momento de "choque histérico" de Kordian no qual ele era submetido, pelo doutor, a uma verdadeira retirada de sangue, a uma sangria.

O espaço cênico não separava atores e espectadores e sugeria um hospital psiquiátrico com três bicamas de ferro colocadas em pontos diversos da sala. Os espectadores, sentados nas camas, eram tratados – de modo provocativo – como internos.

Flaszen descreveu, em sua análise do espetáculo, uma cena na qual o Doutor – "uma personagem que tem em si algo de um psiquiatra charlatão[70], algo de mago de revista e algo de um 'verdadeiro' Diabo"[71] – obrigava todos a cantar, atores e espectadores, ameaçando-os com um bastão. Flaszen revelou que essa era uma operação privilegiada na encenação: "obrigar o espectador à ação de modo drástico". Por fim, disse que a cena tinha algo do infantilismo encontrado em Ubu Rei, de Jarry[72]. Podemos, então, imaginar que se buscava algo que, começando como um jogo, evoluísse para, no mínimo, um certo mal-estar do espectador. Jogo e crueldade se irmanam em Ubu e, também, em Kordian de Grotowski.

Além disso, e mais importante, a provocação e a crueldade da encenação estavam justamente em apresentar as ações do herói de Slowacki, herói da nação polonesa, como "delírio coletivo de gente doente". O Doutor desencadeava e organizava esse delírio. Era ele que, através de práticas hipnóticas, fazia

68 J. Grotowski, A Possibilidade do Teatro [fev., 1962], em L. Flaszen; C. Pollastrelli (orgs.), O Teatro-Laboratório de Jerzy Grotowski: 1959-1969, p. 58.
69 Idem, ibidem.
70 Na tradução para o português lê-se "charlatão psiquiátrico". Creio que "psiquiatra charlatão" seja mais correto.
71 L. Flaszen, Os Antepassados e Kordian no Teatro das 13 Fileiras [1964], em L. Flaszen; C. Pollastrelli (orgs.), O Teatro-Laboratório de Jerzy Grotowski: 1959-1969, p. 81.
72 Idem, p. 83.

O PERCURSO DA NOÇÃO DE ESPECTADOR EM GROTOWSKI 337

com que os doentes que escolhia para realizarem tal ou qual cena do texto original de Slowacki o fizessem com todo afinco; o Doutor fazia que os internos "sonhassem de olhos abertos"[73].

No trabalho de roteirização e encenação, havia uma fricção entre uma cena esperada, já conhecida pelos espectadores, e a cena proposta pelo espetáculo. A cena preparada por Grotowski agredia a cena esperada e a colocava sob suspeita e/ou negação (ela não era "natural"). Desnaturalizada (Barba dizia "desalienada"), a cena poderia voltar a incomodar e a fazer com que o espectador se defrontasse emocional e racionalmente com os valores ali veiculados. E isso o levaria a perguntar: O que pode ser essa cena hoje? Que valores ali veiculados ainda podem fazer sentido?

O choque dialético devia ser produzido pelo embate entre a potencialidade adormecida do arquétipo – para Grotowski, também conceituado como concentração de ideais, desejos e emoções – e a derrisão desse mesmo arquétipo. Ao mesmo tempo (e porque) se profanava o arquétipo, ele ressurgia, atualizava-se em um grau mais consciente, mais pessoal e, talvez, com mais força para colocar em questão a vida cotidiana, a vida moderna. A atualização do arquétipo, passado pela peneira da derrisão, forneceria outra lente, outros óculos pelos quais os espectadores olhariam seu próprio tempo.

Em *Kordian*, segundo Flaszen, confrontava-se o ato sublime do indivíduo, a ideia romântica do sacrifício, com "o sentido da realidade", com "o atual realismo do pensamento"[74]. A loucura romântica não seria uma falsidade digna de derrisão, mas apenas uma forma estropiada da verdade. Do mesmo modo, a pretensão absoluta do bom senso – imagem do homem moderno – também seria uma forma estropiada da verdade. Ainda segundo Flaszen, do dilema de Kordian – valores e ideais românticos e vida moderna – não havia saída senão por meio do choque[75].

---

73 Idem, p. 81.
74 Idem, p. 82.
75 Idem, p. 84. Dizia Grotowski, em 1967, comentando sua montagem de *Kordian*: "Kordian estava errado porque queria agir na alienação, ou, se você prefere, no isolamento, mas ele estava certo em querer fazer algo de alto valor, sacrificar sua vida e seu sangue [...]. As contradições das atitudes de Kordian eram trazidas à luz, e o espetáculo, por meio da aparente negação do com-

338 PALAVRAS PRATICADAS

A partir do exemplo de *Kordian,* podemos analisar mais uma definição de arquétipo construída em texto do artista de 1962: "forma simbólica de conhecimento do homem sobre si mesmo, ou – se alguém preferir – de ignorância"[76]. Na realidade, é nesse embate entre o que o arquétipo pode revelar, acordar, fazer conhecer e o que ele paralisa, adormece, e faz ignorar que podemos ler alguns dos seus espetáculos e, por exemplo, a recorrência, muitas vezes paradoxal, da imagem do martírio e do mártir.

Essa é uma imagem fortemente polonesa, imagem que Grotowski ao mesmo tempo atacava e atualizava em alguns de seus espetáculos. A Polônia, pela especificidade de sua história, uma história de laços nacionais fortes feitos em situações de recorrentes derrotas, e mesmo de momentos de desaparecimento das fronteiras geográficas do país, se reconhece, muitas vezes, como nação, na imagem e no *páthos* do mártir, do sacrificante.

No romantismo polonês, como vimos, a Polônia era vista como uma espécie de "Cristo das nações": uma nação que, pelo tanto de sacrifício pessoal, assumiria a função de redimir os outros povos. Assim, atacar o mito do mártir, como Grotowski fez, por exemplo, em *Kordian*, era a tentativa de colocar o dedo na ferida polonesa, não deixar que o mito se mumificasse ou se estabilizasse, não deixá-lo funcionar por inércia ou inconsciência. Retirá-lo do museu e fazê-lo, novamente, sangrar. Porém, como vimos no exemplo de Kordian, o sangue não glorificava imediatamente o herói; ao contrário, colocava-o em uma posição frágil, ambígua e marginal frente ao tecido social.

Barba chamou essa operação de desalienação do arquétipo[77]. Dizia que a reconstrução exata de uma imagem conhecida do arquétipo equivaleria a torná-lo banal, equivaleria a deixá-lo permanecer como um autorretrato alienado. Para operar a desalienação

portamento de Kordian, objetivava afirmá-lo". Cf. Interview with Grotowski, em R. Schechner; L. Wolford (orgs.), *The Grotowski Sourcebook,* p. 49.

76 J. Grotowski, A Possibilidade do Teatro [fev., 1962], em L. Flaszen; C. Pollastrelli (orgs.), *O Teatro-Laboratório de Jerzy Grotowski: 1959-1969,* p. 51.

77 O exemplo dado por Barba remetia a Konrad, de *Os Antepassados.* Dizia que um ator que carrega uma cruz mostra o Cristo de maneira literal, estereotipada e, assim, não provoca nenhuma reação nos espectadores; o espectador não veria a si mesmo nesse autorretrato coletivo, mas apenas o filho de Deus. Mas se, ao contrário, o ator carregasse uma vassoura, o espectador estaria confrontado com "um autorretrato maligno da ingenuidade e da Paixão de cada homem". E. Barba, *Alla ricerca del teatro perduto,* p. 14.

O PERCURSO DA NOÇÃO DE ESPECTADOR EM GROTOWSKI

do arquétipo, para que o espectador pudesse ver a si mesmo, ou suas potencialidades, por meio do arquétipo, era necessário profanar as imagens já estabelecidas. Para usar a terminologia de Barba, podemos dizer que *Kordian* de Grotowski profanou a personagem/arquétipo retirando-a de sua posição tradicional (alienada) de herói e mártir e permitiu ao espectador enxergar a si mesmo em um retrato, ou em um espelho, que revelava o sofrimento e a capacidade de sacrifício de cada homem.

O Arquétipo Encarnado[78]

Grotowski falou pela primeira vez no mito encarnado no organismo do ator no texto "Em Busca de um Teatro Pobre"[79]. Nesse texto, a encarnação do arquétipo é apresentada como condição de possibilidade para atingir as "camadas psíquicas que estão por trás da máscara da vida". Em um contexto contemporâneo fragmentário[80], no qual a noção de experiência, como a conceituou Benjamin[81], tornara-se praticamente impossível, apenas o corpo – em textos posteriores, Grotowski

78 A *encarnação* do *arquétipo* esteve ligada, como o próprio nome revela, a processos atorais. Porém, deixei sua análise para o capítulo sobre o espectador, pois o processo de ator aqui investigado transformou profundamente a maneira de Grotowski enxergar a função do espectador, levando-o, inclusive, à noção de *testemunha*. O diretor começou também a analisar mais diretamente a relação ator/espectador, quando este último foi colocado frente à "violência" e ao "excesso" engendrados no organismo do ator. Antes, como vimos, tratava-se de conformar o espectador a uma função na trama e fazê-lo participar a partir e por meio dessa função. Na análise sobre o *arquétipo encarnado*, trabalhei indiscriminadamente sobre o que, no capítulo sobre o ator, foram os marcos 2 e 3, *Dr. Fausto* e *Pc*. Embora localize diferenças entre essas duas maneiras de *encarnação*, e tenha chegado, inclusive, a pensar em apresentar duas maneiras diferentes de *encarnação do arquétipo*: uma a partir do embate entre *personagem-bisturi* e *autorrevelação* (*Dr. Fausto*) e outra a partir de um *ato psicofísico* que, por ele mesmo, levasse à *encarnação* (*Pc*), optei por não estabelecer nenhuma diferenciação. Entendi que meu objetivo principal, nesse capítulo, era investigar a relação ator/espectador e também percebi que já havia trabalhado suficientemente sobre as diferenças entre os processos atorais de *Dr. Fausto* e *Pc* no capítulo anterior.

79 Em texto publicado recentemente, mas datado de 1964, Flaszen também se referiu a essa mesma ideia.

80 Grotowski se referia à falta de uma comunidade de crentes, à perda de um céu comum, ou utilizava a imagem da Torre de Babel para falar dessa fragmentação.

81 Ver o texto "O Narrador" de Walter Benjamin.

340 PALAVRAS PRATICADAS

preferiu o termo intimidade[82] –, tinha condições de alcançar o mito. O corpo do ator submetido a um determinado processo de excesso, violência, ultraje, teria, para ele, a possibilidade de fazer com que ator e espectador retornassem à "experiência de uma verdade humana comum"[83].

Da mesma forma, Flaszen, em 1967, dizia que em *Pc* Grotowski havia conseguido alcançar o fenômeno trágico, tido como impossível de ser experimentado na contemporaneidade e que, para isso, fora necessário desonrar os valores últimos, elementares, desonrar "o asilo da dignidade humana, o organismo vivo que é como o fiador material da identidade do indivíduo, da sua particularidade em relação ao resto do mundo". Flaszen continuava:

> Quando o ator joga no prato da balança a sua intimidade, quando revela sem freio a sua vivência interior, encarnada nas reações materiais do organismo, quando a sua alma se torna, em um certo sentido, idêntica à fisiologia, quando está em público desarmado e nu, oferecendo o seu ser inerte à crueldade dos *partners* e à crueldade da plateia; então, em virtude de uma inversão paradoxal, readquire o *páthos*. E os valores profanados renascem – graças ao choque do espectador – em um plano superior. A miséria da condição humana, nada velada, ultrapassando na sua sinceridade todas as barreiras do assim chamado bom gosto e da boa educação, culminando no excesso, permite atingir a catarse na sua forma – ousaria afirmar – arcaica[84].

O mesmo embate que vimos existir entre tradição e contemporaneidade quando o foco de Grotowski estava na encenação/roteiro continuou presente na noção de encarnação. O ator aqui aparecia como representante do gênero humano [tradição] nas condições contemporâneas [contemporaneidade]. Encarnar o mito significou confrontar-se com ele, vestir-lhe

---

82 Em "External Order, Internal Intimacy", lê-se; "Na nossa época, quando os valores religiosos estão quase totalmente exauridos, a intimidade humana é talvez o único valor que tem alguma chance de sobreviver, talvez porque ela tenha uma origem mais terrena do que celeste. Homem na sua intimidade: esse é o último de nossos templos. Devemos espancar os vendilhões e expulsá-los do templo". Cf. R. Schechner; L. Wolford (orgs.), *The Grotowski Sourcebook*, p. 111.

83 J. Grotowski, Em Busca de um Teatro Pobre [1965], *Em Busca de um Teatro Pobre*, p. 20-21.

84 L. Flaszen, Depois da Vanguarda [1967], em L. Flaszen; C. Pollastrelli (orgs.), *O Teatro-Laboratório de Jerzy Grotowski: 1959-1969*, p. 116-117.

O PERCURSO DA NOÇÃO DE ESPECTADOR EM GROTOWSKI

"a pele mal ajustada para perceber a relatividade de nossos problemas, sua conexão com as 'raízes' e a relatividade dessas 'raízes' à luz da experiência de hoje"[85].

As vivências, memórias, desejos, segredos, nostalgias, vergonhas, medos, prazeres, couraças, de cada ator, vistos a partir de, e em confronto com, certos valores carregados pelos mitos, passaram para o centro da cena. Flaszen afirmou que o ator não funcionava mais como intérprete, que sua presença era, ela mesma, o conteúdo e o signo da cena, não havendo – e cita a poesia moderna como exemplo de processo semelhante – nenhuma separação entre esses dois valores[86].

A personagem, lida como arquétipo, era bisturi e trampolim para essa experiência e, nesse sentido, as personagens destinadas a cada ator eram como os bisturis mais exatos para cada tipo de pele.

Há nesse momento do trabalho, como vimos, um campo léxico ligado à psicologia e à psicanálise – máscara, persona, motivos psicanalíticos, personalidade etc. – que se mescla com um outro importado do romantismo polonês – sacrifício, dom de si, confissão. O encontro entre esses dois campos léxicos pode ser visto como metáfora de um processo que, passando pela individualidade do ator e mesmo pela particularidade e intimidade de cada ator, percorrendo seus motivos psicanalíticos, suas zonas de sombra, seu inconsciente, visava a atingir/operar em uma camada da psiquê que trazia a marca do pertencimento a uma certa comunidade (polonesa? humana?) ou a uma certa narrativa, para utilizar outra noção de Benjamin[87].

Como o espectador reagiu a esse ato extremo do ator? E, principalmente, como Grotowski refletiu sobre a reação do espectador? Que texto produziu, nesse período, sobre a relação ator/espectador?

Esse foi um dos momentos de maior reflexão sobre a relação entre ator e espectador no percurso dele. Definiu o teatro

---

85 J. Grotowski, Em Busca de um Teatro Pobre [1965], *Em Busca de um Teatro Pobre*, p. 20.

86 L. Flaszen, A Arte do Ator [1964], em L. Flaszen; C. Pollastrelli (orgs.), *O Teatro-Laboratório de Jerzy Grotowski: 1959-1969*, p. 88.

87 Novamente, a noção se encontra no texto "O Narrador" de Walter Benjamin.

como "o que ocorre entre o espectador e o ator"[88]. Refletir sobre esse "o que ocorre entre", sobre essa relação, tornou-se muito importante na medida em que, pela primeira vez, o ator de Grotowski não estava implicado em um trabalho diretamente voltado para o espectador, ainda que esse trabalho exercesse sobre a audiência um impacto importante.

Antes, como vimos, o ator trabalhava visando a provocar uma determinada reação no espectador. Era ele que inquiria ou estimulava o espectador, conduzindo-o à ação, à participação, e ao reconhecimento de sua função na trama. O ator trabalhava tendo sempre em vista "um contra-*ensemble* (ou um co-*ensemble*)"[89] formado pela audiência. Também, no que chamei de um primeiro marco, o espectador era percebido, por Grotowski, como coautor da cerimônia teatral e sua influência, tanto sobre o espetáculo quanto sobre o trabalho do ator, era considerada parte integrante, e importante, do fenômeno teatral. Essa influência (e coautoria) era inclusive o que caracterizava, para o diretor, o próprio fazer teatral.

Porém, quanto mais o processo criativo do ator ganhava centralidade, mais a participação do espectador e sua influência sobre o espetáculo e, particularmente, sobre o trabalho do ator, eram colocadas sob suspeita. Ele dizia que seus espetáculos eram "investigações do relacionamento entre ator e plateia", mas referia-se, com essa frase, à potencialidade que o arquétipo encarnado no organismo do ator tinha de atingir os espectadores, e não mais àquela participação ativa do espectador e à sua influência sobre o espetáculo.

A verdade é que, nesse segundo marco, a relação direta entre ator e espectador e a influência deste sobre o trabalho do ator passaram a ser vistas como potencialmente perniciosas para a investigação que estava em curso.

Em muitos textos da segunda metade dos anos de 1960, Grotowski alertava para o perigo da dependência do ator em relação ao espectador. Dizia que o publicotropismo, expressão que retirou de Osterwa, e que significava a orientação do ator

---

88 J. Grotowski, O Novo Testamento do Teatro [1964], *Em Busca de um Teatro Pobre*, p. 28.

89 J. Grotowski, A Possibilidade do Teatro [fev., 1962], em L. Flaszen; C. Pollastrelli (orgs.), *O Teatro-Laboratório de Jerzy Grotowski: 1959-1969*, p. 71.

O PERCURSO DA NOÇÃO DE ESPECTADOR EM GROTOWSKI

na direção do público (assim como tropismo significa o direcionamento das plantas em relação ao sol), era "o pior inimigo do ator"[90].

Essa crítica não implicava que o ator devesse esquecer a presença do espectador, fingir que ele não estava assistindo, mas sim que devia dirigir a sua atenção para o seu processo criativo, dirigir sua atenção na direção daquele paradoxal companheiro seguro.

Mas como proteger o processo atoral e ao mesmo tempo permitir a relação entre ator e espectador? Que tipo de relação era essa? Como se comportava o processo atoral frente à possível influência do espectador? E, por outro lado, como a experiência criativa do ator era recebida pelo espectador?

Em texto desse período, aparece uma ideia que geralmente vem à tona quando falamos da relação ator/espectador no trabalho de Grotowski: aquela que diz que o ator não deve fazer nada para o espectador, mas sim diante dele ou ainda no lugar dele[91]. Como analisar essa formulação? O espectador também tinha alguma função em relação ao trabalho do ator por ser parte integrante desse face a face?

O diretor não queria que o ator estabelecesse uma relação de dependência com o espectador: "não estamos no teatro para agradar ou alcovitar o espectador. Estamos ali para dizer-lhe a verdade[92]. Mas esse dizer-lhe a verdade também não deveria ser entendido como um compromisso do ator para com a plateia. Achava que essa última atitude poderia ser uma forma de barganha do ator consigo mesmo – faço isso

90 J. Grotowski, O Discurso de Skara [jan., 1966], *Em Busca de um Teatro Pobre*, p. 198. Grotowski repetiu algo semelhante no texto "Da Cia Teatral à Arte como Veículo", baseado em conferências de 1989/1990 : "O ator deve antes procurar *liberar-se* da dependência com relação ao espectador, se não quiser perder a própria semente da criatividade". Cf. L. Flaszen; C. Pollastrelli (orgs.), *O Teatro-Laboratório de Jerzy Grotowski: 1959-1969*, p. 234.

91 A realização do ator constitui uma superação das meias-medidas da vida cotidiana, do conflito interno entre corpo e alma [...]. Ele faz isso para o espectador? A expressão "para o espectador" implica num certo coquetismo, numa certa falsidade, numa barganha consigo mesmo. Devemos dizer "em relação ao" espectador, ou talvez, "em lugar" dele. E precisamente aqui está a provocação. Cf. Investigação Metódica, *Em Busca de um Teatro Pobre*, p. 105.

92 J. Grotowski, O Discurso de Skara [jan., 1966], *Em Busca de um Teatro Pobre*, p. 195. Para alcançar a essa verdade, Grotowski dizia aos estudantes para usarem "suas próprias experiências reais, específicas, íntimas".

pelo/para o outro – frente, talvez, às agruras do processo de autopenetração, processo que devia ser, em última instância, visto como uma necessidade íntima (ainda que intimidade não fosse igual a introspecção) de cada ator.

Grotowski enxergou a dependência – quero agradar – e o compromisso – tenho a obrigação de – como atitudes a serem evitadas pelo ator. Não havendo dependência ou compromisso do ator com o espectador, não havia prostituição – o ator não se colocava à venda, para usarmos o vocabulário grotowskiano da época – nem messianismo – o ator não realizava a experiência no sentido de querer converter o espectador ao que quer que fosse.

Talvez o termo convivência, no sentido de um espaço comum dividido por homens que não têm intenção nem de subjugar nem de se submeter aos outros, pudesse ajudar a clarear a relação que ali se estabeleceu. Mas esse termo não me satisfaz: ele deixa de fora dois pontos importantes do seu pensamento à época. O primeiro é o caráter de excesso da ação do ator frente ao que era visto como a trivialidade (para dizer o mínimo) da presença do espectador. O ator realiza uma ação no lugar do espectador, ou seja, uma ação que ele, espectador, poderia (deveria?) potencialmente vir a realizar. O segundo ponto está intrinsecamente vinculado ao primeiro: a noção de convivência parece não dar conta dos aspectos provocativo, polêmico e desafiador que ele enxergou como fazendo parte da – ou melhor, sendo propiciada pela – relação entre o ator e o espectador.

Poder-se-ia então falar em confronto? Talvez essa noção permita, ao menos, elucidar alguns aspectos. Vejamos.

Como comecei a comentar mais acima, o diagnóstico que Grotowski fazia do espectador não era dos melhores: o espectador "gosta de verdades fáceis"[93]; "o público não gosta de enfrentar problemas. É muito mais fácil para o espectador encontrar na peça o que já sabe"[94]; o espectador era, muitas vezes, aquele que "não quer renunciar ao conforto das suas ilusões, que crê ou não crê só para ser deixado em paz, cujos tabus permitem ignorar a verdade sobre si mesmo"[95]; o espectador

93 Idem, ibidem.
94 Idem, p. 198.
95 E. Barba, *Alla ricerca del teatro perduto*, p. 34.

O PERCURSO DA NOÇÃO DE ESPECTADOR EM GROTOWSKI 345

gostava também de assegurar-se do alto nível de seus padrões morais simpatizando com as personagens que encarnam vítimas: "A plateia – toda constituída de Creontes – pode ficar do lado de Antígona durante toda a representação, mas isso não a impedirá de comportar-se como Creonte, uma vez fora do teatro"[96].

Frente a esse espectador, a autorrevelação ou o ato total eram, segundo Grotowski, extremamente inquietantes e provocativos na medida em que eles traziam à tona a posição estável, confortável – e mentirosa – do espectador face à existência.

Por outro lado, Grotowski dizia que, no teatro pobre, o ator não recebia "flores e aplausos intermináveis, mas um silêncio especial no qual há muito de fascínio, mas também um pouco de indignação, e até de repugnância, que o espectador dirige não exatamente para ele [ator], mas para o teatro". Falava da grande dificuldade que era, para o ator, atingir um nível psíquico que permitisse suportar essa pressão[97].

Assim, ao mesmo tempo que a ação do ator polemizava com o espectador, o olhar deste tinha também a potencialidade de desestabilizar o trabalho do ator. Justamente por isso, a orientação do ator na direção do espectador (o publicotropismo) era "o pior inimigo do ator". Em última instância, o publicotropismo podia mesmo impedir a realização do processo atoral que se estava perseguindo. Havia, então, em certa medida, um confronto: a presença de um – ator ou espectador – colocava (ou podia colocar) em questão, desestabilizava, a presença do outro e vice-versa.

Contudo seria cedo se parássemos por aqui. Embora Grotowski reconhecesse esse confronto vivenciado pelo ator, acreditava que ele devia e podia ser superado. Assim, a posição do ator não era, a princípio, uma posição de agressão ou de defesa – ou seja, de entrada em confronto – face ao espectador.

Segundo ele, o ator realizava seu ato "na presença do espectador", "diante dele" ou "no lugar dele". Assim, a influência do ator sobre o espectador era uma influência indireta, era a influência do exemplo, ou melhor, de uma experiência exemplar (para retirar a ênfase do sujeito) que tinha o potencial, quando colocada pelo

96 J. Grotowski, O Novo Testamento do Teatro [1964], *Em Busca de um Teatro Pobre*, p. 25.
97 Idem, p. 38.

346 PALAVRAS PRATICADAS

diretor dentro de um espetáculo, de, aí sim, provocar, desafiar e convidar o espectador a realizar um processo semelhante.

A provocação do espectador – o confronto com ele – não era, então, necessariamente o objetivo do ato do ator, mas um dos resultados desse ato quando colocado dentro da encenação, no face a face com o espectador.

Não era o ator que trabalhava em relação ao espectador, mas a encenação que permitia ao espectador ter acesso à experiência do ator sem que ela fosse por isso, pela presença do espectador, maculada ou transformada. Em certa medida, o ator devia ser protegido da influência do espectador. Na sua função de encenador, Grotowski preparava o que chamou de uma história para o espectador que permitia que ele acalmasse sua necessidade de entender e pudesse, assim, receber inconscientemente o ato do ator.

O ator realizava uma experiência aguda que era dada a ver, mas que cumpria sua função em lugar diferente daquele destinado a influir sobre o espectador. Quando Grotowski falava em dom de si, em doação do ator, não estava se referindo à relação do ator com o espectador, ainda que estivesse presente no dom a ideia de uma experiência realizada em direção (e não para) ao exterior em contraposição a uma experiência introspectiva, puramente interna e que era criticada como narcisista[98].

O que já estava em jogo aqui era a perspectiva de uma investigação do ator não necessariamente dirigida para o espectador ou para o espetáculo, mas para um trabalho sobre si. A noção do teatro como veículo de uma determinada investigação sobre o humano estava presente, ainda que de maneira bastante diferente do que viria a ser nomeado, décadas mais tarde, de arte como veículo. O artista polonês dizia, nesse momento, que a experiência que podia funcionar para o ator como uma terapia psicanalítica, era, para os espectadores, uma psicoterapia social[99], na medida em que o espectador podia utilizar o espetáculo para analisar-se. Era a encenação que cumpria a dupla

98 Grotowski dizia: "o ator deve dar-se, e não representar para si mesmo ou para o espectador. Sua procura deve ser dirigida de dentro dele *em direção* ao exterior, mas não *para* o exterior" Cf. O Encontro Americano, *Em Busca de um Teatro Pobre*, p. 202-203. (Grifo nosso.)

99 J. Grotowski, O Novo Testamento do Teatro [1964], *Em Busca de um Teatro Pobre*, p. 40.

O PERCURSO DA NOÇÃO DE ESPECTADOR EM GROTOWSKI 347

função de permitir que a experiência do ator pudesse se realizar e de, conduzindo a atenção dos espectadores, provocá-los
àquela análise. A provocação era função da encenação, embora
seu germe estivesse no trabalho de revelação, de doação do ator.

O ato de revelação cumprido pelo ator deveria fugir do narcisismo e do masoquismo, deveria ser direcionado, portanto,
para o exterior; deveria ser feito "diante", "no lugar", "na presença" do espectador, mas não se vinculava a este, nem como
provocação. O ato do ator deveria se liberar totalmente do olhar
do espectador, sem com isso negligenciar a sua presença. Realizar um ato de exposição extrema em face do espectador não
era, para o ator, nem se orientar por seu olhar, nem depender
dele, nem ter com ele um compromisso qualquer que não fosse
o de permitir e, talvez, em certa medida, facilitar – na "mestria"
da relação entre a disciplina e a autenticidade da sua partitura –
que essa experiência chegasse ao espectador.

A provocação, como disse acima, era uma função da encenação, ainda que totalmente dependente da natureza do ato
do ator. A ação do ator, por seu desnudamento, ainda que não
realizada com esse intento, acabava por atacar o espectador. A
formulação de Grotowski era mais ou menos assim: porque
o ator estabelecia para si mesmo um desafio, ele acabava por
desafiar publicamente os outros[100], e, assim, ainda que indiretamente, convidava o espectador a empreender um processo
idêntico de autorrevelação[101].

Na imagem desse ator não estamos muito longe de uma espécie de diálogo entre os arquétipos do mártir (a imagem da
redenção, do dom de si), do rebelde (na rejeição das máscaras
cotidianas, na busca por autenticidade) e do *outsider* (sem dependência, sem compromisso, sem receber as benesses do pertencimento a um determinado grupo, como, no caso do ator,
por exemplo, sem receber o aplauso) que veremos mais à frente

---

100 Cito na primeira versão, em italiano: "Se o ator realiza publicamente uma
provocação em frente a outros homens como uma provocação em relação a
si mesmo, se com um excesso, uma profanação, um sacrilégio inadmissível
busca a ele mesmo, ignorando a sua personagem de todos os dias, ele permite
que também o espectador execute uma tal busca". J. Grotowski apud E. Barba,
Alla ricerca del teatro perduto, p. 90.

101 J. Grotowski, O Novo Testamento do Teatro [1964], *Em Busca de um Teatro
Pobre*, p. 29.

348 PALAVRAS PRATICADAS

no texto. E esses arquétipos aparecem aqui em contundente diálogo com o que Grotowski chamou de uma "violência impetrada ao organismo do ator": a violência impetrada pela escolha de não esconder suas contradições.

E o espectador? De que modo o diretor via o espectador e suas possibilidades de reação frente ao processo do ator, processo ao mesmo tempo protegido e revelado pela encenação?

A ideia de que se tratava, a partir do processo do ator, de um conflito com o espectador esteve, nessa época, permanentemente presente no discurso de Grotowski. É natural que frente à impossibilidade de "educar o espectador – pelo menos sistematicamente" – e frente ao diagnóstico negativo que fazia do espectador, ele esperasse – e mesmo ansiasse – pelo conflito como a reação mais comum aos espectadores.

Grotowski via o artista, nessa época, como alguém em constante luta com o público: "os grandes trabalhos são sempre fonte de conflito". O artista devia dizer a verdade[102] para um público que "não gosta de enfrentar problemas" que "quer encontrar na peça o que já sabe". O diretor queria fugir "das verdades de calendário, onde em cada data se encontra um provérbio como: aquele que ama os outros será feliz"; queria, em seus espetáculos, enfrentar as contradições e dar a ver, ao espectador, a crueldade da existência, "o lado desconhecido das coisas"[103].

Seus espetáculos submetiam o espectador a um teste: de que maneira iria responder frente ao, para dizer o mínimo, desconforto propiciado pela encenação e, sobretudo, pelo excesso do ator? Na encenação de Grotowski era difícil para o espectador isolar-se ou esconder-se, ou ainda colocar-se apenas na posição de fruidor. Barba dizia que o espectador estava em um "*huis clos*, até mesmo este inferno pode assumir o aspecto solene de uma cerimônia"[104].

Diante da provocação – também chamada de desafio ou convite – o espectador tinha, segundo o diretor, duas opções:

102 A verdade, em Grotowski, é sempre paradoxal, contraditória, nunca politicamente correta. É particularmente interessante o exemplo que ele dá sobre a maternidade. A verdade da maternidade é, ao mesmo tempo, a Madona – o exemplo transcendental de mãe, a mãe espiritual – e uma vaca – a mãe reduzida à fisiologia da amamentação. Cf. O Discurso de Skara, *Em Busca de um Teatro Pobre*.
103 Idem, p. 195-198.
104 E. Barba, *Alla ricerca del teatro perduto*, p. 31.

O PERCURSO DA NOÇÃO DE ESPECTADOR EM GROTOWSKI

ou "seguia o exemplo do ator", ou "lutava para manter intacta a sua máscara de mentiras". Dito de outro modo: ou o espectador "realizava uma pesquisa análoga" ou "resistia psiquicamente"[105].

Kumiega[106] tocou em uma questão delicada, mas fundamental, sobre a relação ator/espectador quando se debruçou sobre essa época. Indagava se o ator de Grotowski, quando abandonava a atuação, retirando suas defesas e máscaras, não podia ser – exatamente pelo excesso de exposição – percebido pelo espectador, não como alguém que se revelava, mas, ao contrário, justamente como um "superator". E se perguntava então, diante disso, quais seriam as opções de resposta para o espectador.

É claro que não há uma única maneira de responder a essa questão, e por meio de depoimentos diversos, aparece tanto o incômodo de alguns críticos que sentiam uma "imensa distância entre esses espetáculos e qualquer experiência comum"[107], ou um possível ressentimento do espectador frente a "esses que nos fazem sentir inferiores"[108], quanto a sensação de outros espectadores que, diante da experiência vivida pelo ator, chegaram ao que nomearam de "revelação"[109] ou "iluminação"[110] de sua própria existência.

De qualquer jeito, esse parece ser um tópico importante de discussão válido ainda hoje na arte como veículo, mesmo que não haja mais espectadores *stricto sensu*. Tendo testemunhado, algumas vezes, *Action* e *Action in Creation* me deparei exatamente com algumas dessas mesmas reações entre aqueles que foram convidados a ver o trabalho: alguns o achavam extremamente fechado, feito exclusivamente para os próprios artistas, e se perguntavam por que haviam sido convidados, sentindo-se como intrusos; outros, ainda, tinham uma reação defensiva frente ao que caracterizavam como excessivo, como heroico por parte dos

---

105 J. Grotowski, O Novo Testamento do Teatro [1964], *Em Busca de um Teatro Pobre*, p. 40.

106 J. Kumiega, *The Theatre of Grotowski*, p. 148-150.

107 Wardle apud J. Kumiega, *The Theatre of Grotowski*, p. 148.

108 Feldman apud J. Kumiega, *The Theatre of Grotowski*, p. 149.

109 Jòsef Kerela; Propos sur un acteur, em G. Banu, *Ryszard Cieslak, l'acteur-emblème des années soixante*; Kreczmar apud J. Grotowski [fev., 1962], A Possibilidade do Teatro, em L. Flaszen; C. Pollastrelli (orgs.), *O Teatro-Laboratório de Jerzy Grotowski: 1959-1969*.

110 Eric Bentley, Dear Grotowski: An Open Letter, em R. Schechner; L. Wolford (orgs.), *The Grotowski Sourcebook*.

atuantes, sentiam-se julgados; e um outro grupo, ao contrário, sentia-se profundamente tocado pelo trabalho: como se uma espécie de nostalgia, uma espécie de saudade de algo não totalmente nomeado viesse à tona a partir daquelas ações e cantos.

Civilização Akrópolis

Como prometido, passo agora ao que chamei de crítica contundente de Grotowski à modernidade. Embora essa crítica não estivesse tão claramente presente em seus textos mais famosos da década de 1960, creio que, para uma melhor compreensão desses mesmos textos e, sobretudo, para uma maior compreensão da noção de espectador e de ator em seu percurso, é fundamental levá-la em conta.

A crítica apareceu de forma mais explícita nas descrições, comentários e análises dele próprio ou de terceiros aos seus espetáculos. Minha tentativa será de, por meio desse material, disperso em textos escritos/ditos em diversas épocas, radiografar aquela crítica de Grotowski ao seu tempo.

Nos textos do livro *Em Busca de um Teatro Pobre*, lemos sobre máscaras cotidianas, sobre os esforços diários para esconder a verdade acerca de nós mesmos, e também sobre a possibilidade de revelação, de autopenetração e de realização do ato total (ou de uma experiência análoga que podia ser vivida pelo espectador); também encontramos a ideia da perda de um céu comum de crenças, ou a imagem da Torre de Babel na qual estaríamos vivendo. Mas tanto os termos que ele escolheu para fazer o diagnóstico da modernidade quanto aqueles que ele utilizava para falar de uma possível terapêutica são mais tímidos e menos transgressores – e ainda têm um certo tom messiânico[111] – que aquele diagnóstico e aquela terapêutica que aparecem quando analisamos os seus espetáculos.

Ele dizia que o teatro era lugar de blasfêmia, transgressão e provocação. Mas o que o teatro profanava? O que transgredia? A quem provocava?

---

111 Disse Antonio Attisani: "*Em Busca de um Teatro Pobre* também é, sob certos aspectos, discutível; por exemplo, por um certo tom messiânico que às vezes prevalece". Cf. *Un teatro apocrifo*, p. 17.

O PERCURSO DA NOÇÃO DE ESPECTADOR EM GROTOWSKI   351

Concordo com Malgorzata Dziewulska quando, em seu ensaio "Il ladro di Fuoco", afirmou que Grotowski partia de uma crítica absoluta da base mesma da cultura humanista europeia. E principalmente quando diz que acredita que "tanto seu pessimismo quanto sua rebelião cheguem mais longe do que estamos habituados a crer baseando-nos em suas declarações"[112]. É esse pessimismo e essa rebelião que intento examinar agora. Transformei essa investigação em uma pergunta que joga com o título e com certas personagens de seus espetáculos. A pergunta que me guia é: para uma civilização *Ak*, um herói *Fausto, Ferdinando ou Escuro/Inocente*?

Creio que a discussão sobre mito, tradição e contemporaneidade que Grotowski fazia à época pode ser mais bem compreendida se olharmos para o espetáculo *Ak* como se se tratasse de um certo diagnóstico feito por ele não só dos campos de concentração, mas da própria modernidade.

De fato, ele afirmou em 1992 que *Ak* era "como um juízo sobre uma época, sobre o tempo, sobre a destruição: algo tinha sido rompido em profundidade, queríamos falar isso"[113]. Esse diagnóstico abria inúmeras questões sobre a própria noção de homem. Se o mundo é Akrópolis, quais as possibilidades do humano, do homem? E qual o lugar dos mitos na construção e/ou rememoração dessas possibilidades?

Leio as personagens Fausto e Ferdinando – o príncipe constante – e o Escuro/Inocente, de *Ap,* como possibilidades de resposta (se uma resposta é possível) que Grotowski formulava para esse mundo quebrado em profundidade.

Ak é um texto de Wyspianski[114], artista polonês que trabalhou entre o final do século xix e o início do xx. Mas a *Ak* de Grotowski é quase a antítese daquela desenhada por Wyspianski. Na peça de Wyspianski temos

uma espécie de sonho com uma Wavel-Acrópolis polonesa, em que estátuas da catedral e figuras da tapeçaria do palácio real [representando

112   M. Dziewulska, Il ladro di Fuoco, em J. Degler; G. Ziólkowski (orgs.), *Essere un uomo totale*, p. 152.
113   J. Grotowski, Intervista di Marianne Ahrne [1992], *Teatro e Storia*, xiii-xiv, p. 433.
114   Um dos seus espetáculos, *As Núpcias*, de 1904, inaugura o teatro polonês moderno. Havia nos textos de Wyspianski uma tensão entre o sonho romântico e a realidade de fim de século.

352 PALAVRAS PRATICADAS

cenas da mitologia antiga e da *Bíblia*] ganham vida para discutir o passado e o futuro da Polônia, até que, no final, aparece Cristo-Apolo para anunciar o novo mundo e a nova Polônia, que será uma síntese da espiritualidade cristã e da vitalidade helênica[115].

Grotowski relatou o processo para chegar à sua Akrópolis da seguinte maneira: "na peça de Wyspianski falava-se da Acrópole de maneira gloriosa, é o cemitério das tribos no sentido glorioso. Eu me perguntava: qual o cemitério das tribos de nossa época? É o campo de concentração, é Auschwitz"[116]

Sua Acrópole era Auschwitz, e Auschwitz era "a realidade mais negra da nossa história contemporânea... o teste da humanidade"[117]. A blasfêmia de Grotowski foi justamente localizar Akrópolis, esse lugar a partir do qual se poderia ver e discutir o passado e o futuro da Polônia e, em certo sentido, da modernidade, não mais em uma catedral, mas em um campo de concentração. Toda a ação da peça passou a se localizar em Auschwitz. O cemitério das tribos, aquele lugar onde os mortos têm, talvez, algo a dizer aos vivos[118], era, em seu espetáculo, um campo de concentração. É nesse mundo-campo-de-concentração, nessa civilização das câmaras de gás, que os mitos e as figuras representadas no texto de Wyspianski pelas estátuas e tapeçarias surgiam. Os mitos apareciam como fantasmas, ou melhor, como devaneios dos detentos, como sonhos acordados ocorridos nas pausas do trabalho destinado à construção do forno crematório.

Ao olhar para essa civilização das câmaras de gás, ele enfatizou o que chamou de seu aspecto mais negro: os mecanismos dos campos de concentração. Na peça, não havia algozes, apenas alarmes que indicavam os momentos de pausa ou os momentos de trabalho: "Precisamos mostrar Auschwitz como um mecanismo gigante com toda sua crueldade"[119]. Esse era um mecanismo que, por meio de uma série de ações disciplinadas e disciplinadoras, buscava despossuir os prisioneiros de

115 Henryk Siewierski, *História da Literatura Polonesa*, p. 139.
116 J. Grotowski, Intervista di Marianne Ahrne [1992], *Teatro e Storia*, p. 433.
117 J. Grotowski, I Said Yes to the Past [jan., 1969], em R. Schechner; L. Wolford (orgs.), *The Grotowski Sourcebook*, p. 84.
118 E era justamente essa a relação entre os atores (os mortos) e os espectadores (os vivos) no espetáculo *Ak*.
119 J. Grotowski, I Said Yes to the Past [jan. 1969], em R. Schechner; L. Wolford (orgs.), *The Grotowski Sourcebook*, p. 85.

O PERCURSO DA NOÇÃO DE ESPECTADOR EM GROTOWSKI 353

tudo, "inclusive de suas qualidades humanas". Era dessa maneira que Grotowski enxergava a modernidade. Dizia: "Os mecanismos do campo eram feitos com um objetivo específico e eles funcionavam"[120]. Esse era o diagnóstico do artista.

Também estavam presentes no espetáculo os devaneios dos prisioneiros. Eram os mitos helênicos e bíblicos que tomavam corpo por meio das ações e das relações dos prisioneiros entre si e com os materiais à sua disposição. Os mitos apareciam, aqui também, de maneira paradoxal, cumprindo uma dupla – e contraditória – função. Por um lado, apaziguavam e consolavam do desespero e da crueldade. São os mitos de consolo coletivo – e, assim, não estão necessariamente em oposição aos mecanismos do campo, mas, ao contrário, contribuem para a manutenção desses mecanismos. Por outro lado, são imagens que refazem ou mantêm os laços entre aqueles prisioneiros, reduzidos, segundo Grotowski, à condição de resíduos, e a própria condição humana (ou sua potencialidade).

Os mitos, de alguma forma, poderiam fornecer (e essa é uma das questões do espetáculo, e também, como vimos, uma questão mais ampla para Grotowski na década de 1960), mesmo àqueles homens despossuídos, inspiração para novas ações, para novas escolhas e para nova construção (ou rememoração, como ele prefere) de sentido: "É uma escolha que fizemos: os mecanismos de Auschwitz em confronto com os valores do passado"[121].

Esses sonhos, esses mitos, aparecem, no espetáculo, sempre de maneira paradoxal, ambígua: Paris e Helena, por exemplo, são dois prisioneiros homossexuais e sua cena de amor é ridicularizada pelas risadas dos outros detentos; a luta de Jacó com o anjo é uma luta entre dois prisioneiros. Eles estavam unidos um ao outro: um deles carregava o outro em um daqueles carrinhos de mão que se utilizavam nos campos de concentração para carregar os cadáveres.

No final do espetáculo, Grotowski fez, talvez, a provocação suprema. No texto de Wyspianski, o Cristo-Apolo redentor aparece anunciando o novo mundo. Em seu espetáculo, o Cristo era um corpo destroçado, um cadáver representado por um

120 Idem, ibidem.
121 Idem, p. 84.

manequim de pano que os prisioneiros do campo de extermínio carregavam em triunfo místico (era a procissão, no original de Wyspianski) até a entrada de um buraco no centro do espaço cênico: o forno crematório que haviam construído. Todos – prisioneiros e "Cristo" – entravam e desapareciam dentro desse buraco.

Difícil não enxergar nessa cena uma crítica mordaz aos valores humanistas e cristãos: um Cristo cadáver carregado em triunfo por moribundos; uma procissão que caminha em direção ao forno crematório e nele entra. Porém, ao mesmo tempo, ao assistir ao filme do espetáculo, não nos deparamos com uma cena crítica ou irônica. Não há derrisão – e aí talvez esteja toda a força dessa cena –, mas uma espécie de transcendência trágica, de libertação.

Nessa cena, o par derrisão/apoteose não aparece, no entanto continua havendo como uma afirmação do mito, do arquétipo – aquele da "Ressurreição" de Cristo – pela sua rejeição. Grotowski negava o consolo, o apaziguamento, a cegueira e, em última instância, para ele, a morte por trás do mito de Cristo, mas, ao mesmo tempo, o mito podia ser – se reatualizado – medida do (e exemplo para o) que o artista chamava de gênero humano.

As imagens arquetípicas se opunham a um espírito moderno, científico, racional. Tinham o potencial de barbarizar esse espírito. Mas podiam também ser por ele domesticadas. E, segundo Grotowski, o foram. Era por meio do choque, e não da identificação apaziguadora, que o arquétipo podia operar na modernidade. Assim, o canto final de sua peça *Ak*, canto que acompanhava a procissão até o forno, era ao mesmo tempo, "um canto libertador, cheio de esperança e absurdo"[122].

Grotowski negava pertencer à vanguarda. Dizia que seu trabalho não estava baseado na ambiguidade característica, para ele, dos autores vanguardistas: "estou procurando outros valores"[123]. Flaszen falou em uma sede do absoluto no artista e Barba referiu-se, como vimos acima, a uma sede de transcendência. *Ak* participou dessa sede, pois, Grotowski disse ter deixado, com *Ak*, perguntas a serem respondidas pela audiência,

---

122 J. Grotowski, Intervista di Marianne Ahrne [1992], *Teatro e Storia*, p. 434.
123 J. Grotowski, I Said Yes to the Past [jan., 1969], em R. Schechner; L. Wolford (orgs.), *The Grotowski Sourcebook*, p. 85.

O PERCURSO DA NOÇÃO DE ESPECTADOR EM GROTOWSKI   355

pelos "representantes dos vivos" que "viam os companheiros mortos em seus pesadelos. [...] Irá o gênero humano recuperar seus sonhos passados? Poderão eles sobreviver à maior brutalidade do século? Há esperança?"[124]

E quais eram os heróis (ou anti-heróis) de seus espetáculos? Quem trazia a terapêutica – se é que se pode usar essa palavra e, se sim, trata-se, sem dúvida, de uma terapêutica herética – para o diagnóstico sombrio de um mundo mecanismo (*Ak*), onde o diabo e o anjo são o mesmo ser indiferente-profissional (*Dr. Fausto*)?

O Mártir, o Rebelde e o Outsider

No texto "A Possibilidade do Teatro", Grotowski, ao fornecer exemplos do que estava chamando de arquétipos, deteve-se em três grandes núcleos que, creio, fornecem uma chave de leitura para essa "terapêutica": o arquétipo do autossacrifício (Jesus, Prometeu), o arquétipo do homem-xamã que se ofereceu ao demônio e obteve poderes sobre a matéria (Fausto) e, por último, o arquétipo derivado do bobo Arlequim e do cavaleiro errante "Dom Quixote"[125].

Embora Grotowski não tenha explicitado que sentido dava a esse último arquétipo, creio que, tendo em mente os espetáculos de Grotowski, podemos lê-lo como exemplo de um determinado tipo de "ingenuidade", de "marginalidade". Ou melhor, de uma atitude face ao mundo que coloca o próprio mundo em cheque e revela sua arbitrariedade/inautenticidade, apenas por meio de ações e escolhas individuais, sem criticar abertamente a sociedade, sem apontar-lhe, necessariamente, o dedo. Trata-se ao mesmo tempo de uma inadequação e de uma falta de bom senso face à sociedade na qual se está inserido. Essa atitude recebe como paga o fascínio e, sobretudo, a crueldade, a inveja e o escárnio alheios.

O primeiro arquétipo do autossacrifício – o mártir – esteve presente em *Kordian* e, principalmente, em *Pc*, o segundo – o

---

124 Idem, p. 87.
125 J. Grotowski, A Possibilidade do Teatro [fev., 1962], em L. Flaszen; C. Pollastrelli (orgs.), *O Teatro-Laboratório de Jerzy Grotowski: 1959-1969*, p. 50-51.

rebelde – no próprio *Dr. Fausto* e o terceiro – o *outsider* – pode ser localizado tanto em Konrad (*Os Antepassados*) – no qual o herói aparece como uma espécie de Cristo quixotesco, quanto na personagem de Cieślak em *Ap*, uma espécie de mendigo, idiota, bobo da cidade que é convocado/alçado, em uma brincadeira, à função de Cristo e que, na medida em que vai assumindo essa função, desestabiliza e revela aqueles mesmos que queriam apenas utilizá-lo para distraírem-se[126]. Um Cristo "que não sabe que o é e talvez não o seja", assim como Grotowski descreveu o Escuro/Inocente de *Ap*.

A divisão acima é apenas uma primeira aproximação. Mais interessante, talvez, é perceber que os quatro espetáculos citados dialogam com essas três imagens. Podemos, por exemplo, ler o arquétipo do autossacrifício em *Dr. Fausto*: Fausto se sacrifica indo ao inferno para provar a crueldade de Deus que não o redime – podendo fazê-lo – no final. É o santo contra Deus; também em *Ap* encontra-se a noção de autossacrifício: a personagem de Cieślak – o Escuro/Inocente – se oferece em sacrifício na medida em que vai encarnando cada vez mais autenticamente o papel de Cristo. Um "dom quixotismo" e uma rebeldia também estão presentes na constância do príncipe que prefere morrer a renunciar a seus valores e, na loucura de Kordian, que cumpre sua missão patriótica sem se perceber dentro de um hospital psiquiátrico, existe claramente o *outsider*.

Essas três imagens-modelo de homem – o mártir, o rebelde e o *outsider* – entrelaçadas acompanharam o trabalho de Grotowski nos anos de 1960. O *outsider* pode tomar ou não a forma de um *jurodivij*[127] – o louco de Deus –, mas é sempre visto como marginal, inadequado, bobo, crédulo e ingênuo pelos olhos da sociedade que, de certa maneira, ao mesmo tempo o inveja. Essas imagens-modelo estiveram presentes tanto em suas encenações quanto, acredito, em sua visão de mundo, de teatro e mesmo em sua noção de ator[128]. É com esses modelos que seu

---

126 Referência forte para essa personagem foi o Príncipe Mischkin de *O Idiota*, de Dostoiévski.

127 Grotowski utilizou, algumas vezes, essa palavra russa que quer dizer uma espécie de "louco de Deus": ele reconheceu no "Príncipe Mischkin" esse mesmo modelo de homem.

128 Algo desse modelo ainda esteve presente nas descrições do "Performer": texto de Grotowski de 1987.

O PERCURSO DA NOÇÃO DE ESPECTADOR EM GROTOWSKI 357

espectador foi confrontado. Esses eram os principais arquétipos colocados em confronto com a modernidade[129].

O protagonista (herói?) de Grotowski, nesse período, se opõe à ordem de mundo – e também, em certo sentido, como em *Dr. Fausto*, à ordem de Deus – sem esperanças de modificá--la. Embora sem essa esperança – ou mesmo sem esse objetivo –, ele não aceita nem quer participar dessa ordem. É louco, sacrificante, mendigo, rebelde, de uma rebeldia declarada ou não. Assim como em Dostoiévski, o diagnóstico do diretor era, de um determinado ponto de vista, cruel, pessimista e crítico[130]. O homem estaria exilado no mundo.

Como comenta Dziewulska, para Grotowski – ao menos nesse período – a natureza do mundo estaria corrompida para sempre e a única possibilidade seria a de "um golpe de estado apenas na esfera da existência singular, individual"[131]. O pagamento por esse "golpe de estado", por essa rebeldia, para os protagonistas dos seus espetáculos, é a marginalidade diante do tecido social, é ser permanentemente um *outsider*.

Não posso apresentar a próxima noção, o espectador como testemunha, que caracterizei como um terceiro marco na noção de espectador entre os anos de 1959 e 1974, sem antes me referir às reflexões e ao trabalho de Grotowski sobre o espaço cênico, e às suas particulares exigências sobre o número de espectadores nos espetáculos.

Lugar e Número

A noção de espectador do artista polonês esteve, inúmeras vezes, amalgamada com uma reflexão sobre o espaço. São inúmeros os textos nos quais, falando sobre espectador, ele aludia à posição espacial desse dentro do espetáculo. Alguns críticos consideram, inclusive, essa relação entre espectador e espaço cênico

---

129 Em 1977, Flaszen referiu-se à época na qual o t.-l. havia se confrontado com o mito do mártir e dizia: "Nós exorcizamos esse mito no decorrer do trabalho (Talvez!)". Cf. Conversations with Ludwik Flaszen, *Education Theatre Journal*, p. 312.

130 Attisani prefere falar, nesse sentido, da influência, que diz ter sido pouco estudada em Grotowski, das ideias de Nietzsche.

131 M. Dziewulska, Il ladro di fuoco, em J. Degler; G. Ziólkowski (orgs.), *Essere un uomo totale*, p. 152-153.

358 PALAVRAS PRATICADAS

como uma das contribuições mais importantes de Grotowski ao teatro do século XX.

Ao falar sobre espaço, é necessário lembrar a parceria entre o diretor e Gurawski, responsável exatamente pela "arquitetura cênica"[132] de quase todos os espetáculos do T.-L.[133]. É necessário também fazer referência às suas reflexões e exigências quanto à quantidade de espectadores por sessão.

Barba, analisando a quebra da dicotomia entre palco e plateia nos espetáculos do T.-L., foi feliz ao dizer que Grotowski "*mette in scena la sala*"[134], ou seja, a encenação trabalhava com todo o espaço da sala onde o espetáculo era apresentado.

Em *Ap*, esse encenar a sala foi ainda mais radicalizado. Como não havia nenhum tipo de arquitetura a ser acoplada à sala de apresentação, apenas refletores voltados para as paredes, o que era importante era justamente a própria arquitetura da sala onde ocorreria o espetáculo, arquitetura que "é uma parte viva da performance"[135]. Assim, para apresentar *Ap* fora da sede do T.-L., em Wroclaw, Grotowski passou a procurar e a exigir um espaço onde houvesse uma determinada arquitetura diferente daquela presente nos espaços destinados a peças de teatro[136], por mais que esses espaços pudessem ser modificados em função de cada espetáculo.

Ele fugia,em *Ap*, tanto de um espaço físico característico do fenômeno teatral – fugia tanto do palco italiano quanto do que hoje chamaríamos de sala "multiuso" – quanto também de um espaço social já caracterizado pelo nome de teatro ou sala de espetáculos. Segundo Flaszen, as exigências eram grandes: "Podia ser uma igreja, porão, sótão – de todo modo, deveria

---

132 Os termos *arquitetura cênica*, ou simplesmente *arquitetura*, e *arquiteto* para nomear a função de Gurawski, eram utilizados pelo próprio T.-L. Não se empregava a noção de *cenografia* ou *cenógrafo*. Essa escolha ficará clara no decorrer do texto.

133 Gurawski assinou a *arquitetura* de *Sakuntala*, *Os Antepassados*, *Kordian*, *Ak*, *Dr. Fausto* e *Pc*.

134 E. Barba, Verso um teatro santo e sacrílego [1964], em L. Flaszen; C. Pollastrelli (orgs.), *Il teatr laboratorium di Jerzy Grotowski 1959-1969*, p. 109.

135 L. Flaszen, Conversations with Ludwik Flaszen [1977], *Education Theatre Journal*, p. 310.

136 A ideia de um espaço vivo que se relaciona – seja por sua história, seja por suas características específicas (época de construção, por estar ao ar livre etc.), seja ainda por sua função social passada ou presente – com a experiência vivida no espetáculo nos é familiar, e os espetáculos do Teatro da Vertigem, apresentados em igrejas, hospitais, presídios etc, são um bom exemplo disso.

O PERCURSO DA NOÇÃO DE ESPECTADOR EM GROTOWSKI

ser real. Não eram permitidas mudanças cosméticas ou artificiais [...]. A ação é sempre adaptada ao espaço"[137]. Podemos dizer que, imageticamente, sótãos, porões e igrejas são espaços outros em relação à vida do dia a dia. Lugar de guardados, de memória/esquecimento, de contato com o não humano ou o não consciente; são espaços do inconsciente, da sombra ou do sagrado. Espaços acima (sótão), abaixo (porão) ou ao lado (igreja) da consciência/casa e que, assim, predispõem, talvez, por sua própria qualidade, a uma vivência menos controlada e menos racionalizada.

Em Paris, *Ap* foi apresentada na Saint Chapelle e, em Nova York, na Washington Square Methodist Church[138], para dar dois exemplos importantes[139]. Não se pode dizer que se tratava de espaços socialmente neutros. Ao retirar seu espetáculo do espaço teatral, Grotowski optou, pelo menos nesses dois exemplos, por colocá-lo em espaços sacros[140]. A possível última vinda de Cristo – e seu rechaço – se realizava dentro de uma igreja. Se a provocação é clara, parece-me que não se tratava apenas disso. Apresentar *Ap* em um espaço sacro era fazê-la participar – e aos atores e aos espectadores – de uma atmosfera diferente da atmosfera teatral ou cotidiana. A ida à Saint Chapelle, por exemplo, e em horário diferente daquele oferecido à visitação, já estava carregada de imagens que dialogavam de certa maneira com o espetáculo. A própria arquitetura da igreja foi construída para uma função específica: orar, encontrar com o divino. Tratava-se de um espaço ritual, que também podia trazer sua qualidade para o espetáculo. Além disso, é preciso

---

137 Idem, ibidem.

138 Os espetáculos *Ak* e *Pc* também foram apresentados nessa igreja.

139 Um dos objetivos da vinda de Grotowski ao Brasil em 1974 foi exatamente o de buscar um lugar propício para apresentação de *Ap*. Algumas reportagens da época falavam da dificuldade de encontrar esse lugar.

140 *Action*, obra da arte como veículo, segue, em certo sentido, o exemplo de *Ap*. Ela não é mostrada em espaços teatrais. Há um grande trabalho na busca do espaço adequado à apresentação. No Brasil, por exemplo, Carla Pollastrelli, uma das diretoras do Teatro de Pontedera e, à época, produtora do Workcenter, e Mario Biagini estiveram meses antes em São Paulo visitando espaços para escolher aquele que mais se adequava às exigências – principalmente acústicas – da obra. Pollastrelli disse ter visitado alguns prédios históricos do século XIX. *Action* acabou sendo realizada em uma sala da Pinacoteca de São Paulo. Também o filme *Action in Aya Irina* foi realizado a partir da filmagem de *Action* em uma igreja (Aya Irina/Hagia Eirene) na Turquia.

360 PALAVRAS PRATICADAS

não esquecer as questões técnicas, como a boa acústica, por exemplo, relacionadas a esses espaços.

Se por um lado a presença de *Ap* colocava, por sua própria temática, o espaço sacro da igreja sob suspeita, ela, ao mesmo tempo, reatualizava a qualidade – arquitetônica, social, imagética – sagrada daquele local.

Mas, voltemos à primeira metade dos anos de 1960 em que toda a investigação sobre a relação espectador/espaço começou. Lembremos que Grotowski considerava, naquele momento, o encenador como um regente de "dois *ensembles*", atores e espectadores, que se encontrariam inclusive – e, no início das investigações, podemos mesmo dizer principalmente – por meio do trabalho realizado sobre o espaço.

Em "A Possibilidade do Teatro", de 1962, intitulou uma parte do texto como *A Fórmula Espacial dos Dois Ensembles* e em letras maiúsculas escreveu: "É necessário estabelecer uma fórmula espacial comum aos dois conjuntos, uma chave espacial, para que a conjunção *não seja uma questão facultativa*"[141].

Grotowski trabalhou, a cada novo espetáculo, uma configuração espacial diferente que dizia respeito à ação experienciada entre atores e espectadores. Contudo, na citação acima, vê-se que ele buscava ir mais longe: pensava em uma espacialização que afetasse o espectador a ponto de não deixá-lo escolha quanto à participação – e mesmo quanto à forma de participação – no espetáculo.

Vemos, assim, que também a organização do espaço buscava, em um primeiro momento, provocar o espectador e quebrar suas resistências. Grotowski, quando se referia à participação, estava pensando na situação relacional e espacial do espectador, ele era participante de um dos grupos que deveria entrar em contato ou em confronto com o outro durante o desenrolar do espetáculo: "O objetivo essencial é encontrar o relacionamento adequado entre ator e espectador, para cada tipo de representação, e incorporar a decisão em disposições físicas"[142].

---

141 J. Grotowski, A Possibilidade do Teatro [fev., 1962], em L. Flaszen; C. Pollastrelli (orgs.), *O Teatro-Laboratório de Jerzy Grotowski: 1959-1969*, p. 60. (Grifo nosso.)
142 J. Grotowski, Em Busca de um Teatro Pobre [1965], *Em Busca de um Teatro Pobre*, p. 18.

O PERCURSO DA NOÇÃO DE ESPECTADOR EM GROTOWSKI   361

Quando imaginava o espetáculo a partir da localização e do número de espectadores por sessão, estava pensando no teatro como um lugar de encontro psicossomático. Grotowski e Gurawski se perguntavam quantas pessoas deveriam estar presentes e de que maneira dispostas no espaço para que uma determinada relação pretendida ocorresse entre elas.

Era em uma vizinhança de corpos e psiquês que se construía a possibilidade do teatro e era, nesse sentido, que o diretor via uma diferença entre o teatro e o cinema. O que era exatamente esse encontro e de que maneira ele podia ser propiciado eram questões que estiveram permanentemente presentes em suas diferentes investigações. Essas questões produziram diferentes respostas que foram desde a participação ativa do espectador, convidado a agir, a responder, a cantar, até a sua vocação de ser testemunha.

Essa maneira de olhar o fazer teatral – como um encontro psicossomático em uma situação extracotidiana – permitiu aproximá-lo, compará-lo ou mesmo enxergá-lo em continuidade com outros rituais, festas etc. Aqui não encontramos o reforço da ideia, sempre relacionada a uma certa nostalgia e, segundo vários autores, também equivocada, de que o ritual teria gerado o teatro[143], mas uma investigação mais instigante que enxerga as duas atividades, teatro e ritual, como participando de um mesmo campo de estudo das ações humanas[144].

A partir dessa perspectiva, é fácil compreender a importância de um trabalho permanente sobre o espaço e o número de espectadores no teatro de Grotowski: essas variantes causam, sem dúvida, impacto sobre o encontro de corpos e almas que se estava intentando produzir.

---

143   Embora essa ideia não esteja de todo ausente dos textos de Grotowski.

144   Uma determinada noção de *performance* e *performatividade* diz respeito exatamente a esse campo de investigações do qual Grotowski foi um dos grandes fundadores, e que foi e é explorado como campo de estudos, de forma sistemática, tanto pela Etnocenologia quanto pelos Performance Studies.

Lugar

Como nos demais aspectos, Grotowski foi, na investigação do espaço, um experimentador incansável. Em 1962, três anos depois da fundação do T13F, ele já historicizava suas investigações nesse campo. Dizia que o "teatro sem cena", ou seja, a percepção de que toda a arquitetura da sala, com atores e espectadores, albergava (ou mesmo era) o evento artístico, havia sido resultado de uma longa evolução, que teria tomado forma final em *Os Antepassados*[145].

Flaszen dizia ainda que, com o campo da ação se deslocando incessantemente entre atores e espectadores, o espetáculo, como tal, "sucumbia". Essa era, em última instância, no início dos anos de 1960, a tentação maior de Flaszen e Grotowski: fazer com que o espetáculo – "algo que se vê" – sucumbisse em favor de "algo do qual se participa"[146].

Para isso, várias estratégias espaciais foram experimentadas nos primeiros espetáculos: a colocação dos espectadores de modo a verem e serem vistos não só pelos atores, mas também pelos outros espectadores; a proximidade física entre os dois *ensembles*; a iluminação que revelava diferentes áreas de jogo, independente de nessas áreas se localizarem atores ou espectadores. As estratégias espaciais realizadas facilitavam, ainda, nos primeiros espetáculos, que as funções designadas para os espectadores pela encenação ficassem mais evidentes no decorrer da ação.

Já em *Ak,* a ação continuava se realizando em toda a sala, e os atores estavam bem próximos da audiência, a ponto de o espectador sentir a respiração do ator, mas, embora envolvendo fisicamente a audiência, os atores não se dirigiam a ela, agindo como se não a vissem, como se ela fizesse parte de um outro mundo. Essa era uma escolha consciente. Em *Ak,* Grotowski queria um espectador separado da ação, destacado e, nas suas pesquisas com Gurawski, tinha percebido que a proximidade, na realidade, acabava gerando, paradoxalmente, pela ameaça implícita, uma separação. Ora, era justamente dessa "proximi-

---

145 J. Grotowski, A Possibilidade do Teatro [fev., 1962], em L. Flaszen; C. Pollastrelli (orgs.), *O Teatro-Laboratório de Jerzy Grotowski: 1959-1969.*
146 Idem, p. 61.

O PERCURSO DA NOÇÃO DE ESPECTADOR EM GROTOWSKI   363

dade separada" que ele precisava em *Ak*. A vivência de Auschwitz era a vivência dos mortos e a audiência não tinha essa experiência. Produzindo-se uma aproximação espacial, criava-se, na verdade, uma alienação. Tornava-se impossível a identificação com as experiências limites – com o sofrimento, com a morte – experimentadas pelos detentos.

Segundo Flaszen, Grotowski teria sentido necessidade de ir além da moralidade cotidiana – que diz que devemos "simpatizar [no sentido de identificarmo-nos] com o sofrimento e a morte – e confrontar a nossa consciência. Mas, quando percebemos a impureza da nossa consciência 'pura', vemos novos caminhos e reconhecemos nossa situação autêntica. Vemos como nossa moral é relativa e como é confortável. Percebemos que não conseguimos estar com quem está sofrendo ou morrendo. Essa é a relatividade de ser honesto"[147].

Em entrevista do final dos anos de 1960, Grotowski se opunha à ênfase, que entendia ser demasiada, na questão da participação direta da audiência. Dizia que essa participação havia se transformado em um "novo mito", em uma "solução miraculosa", embora não negasse que o T.-L., mesmo que inconscientemente, houvesse ajudado a construir aquela ênfase[148].

O foco estava, naquele momento, para ele, colocado em outro lugar. Estava na relação que chamava de necessária entre o ato autêntico do ator e o espectador-testemunha. Ou seja, aquilo que podia permitir o encontro – energético, psicossomático – entre ator e espectador estaria mais vinculado à qualidade do ato do ator do que à participação ativa do espectador. Segundo ele, a busca por uma espontaneidade nascida da audiência era impossível de ser conseguida na sociedade atual. O que aparecia, quando se forçava ou convidava o espectador à participação direta era, ao contrário, "só a participação da 'máscara comum'"[149].

A relação com o espectador também passava, nessa época, a ser mais individualizada do que anteriormente. No início,

---

147 L. Flaszen, Conversations with Ludwik Flaszen [1977], *Education Theatre Journal*, p. 309.

148 J. Grotowski, External Order, Internal Intimacy [1969], em R. Schechner; L. Wolford (orgs.), *The Grotowski Sourcebook*, p. 112-113.

149 J. Grotowski, Interview with Grotowski [dez., 1967], em R. Schechner; L. Wolford (orgs.), *The Grotowski Sourcebook*, p. 49.

Grotowski intentava fazer com que o indivíduo isolado que chegava a seu teatro pudesse, no decorrer do espetáculo, perceber-se como parte de uma mesma comunidade. A "fórmula dos dois *ensembles*" não deveria deixar margem para qualquer outra reação que não fosse aquela desejada. Dizia que a relação entre atores e audiência, e a maneira de ela ocorrer, não devia ser uma questão facultativa. Já quando falava no espectador-testemunha, mesmo havendo a intenção de atingir objetivamente o espectador, referia-se à plateia como formada por diferentes indivíduos, com diferentes maneiras de receber o ato do ator.

Eric Bentley, em uma carta aberta a Grotowski publicada no *New York Times*, em 30 de novembro de 1969, logo após as apresentações dos espetáculos do T.-L. em Nova York, dizia que os espetáculos de Grotowski corrigiam o que estava sendo feito nos EUA em nome dele. Que, no teatro de Grotowski, havia uma "intimidade peculiar" que não era a intimidade – que Bentley via como agressiva e sexualizada – proposta pela *off* Broadway da época:

> No seu teatro, o espectador é uma pessoa e lhe é permitido guardar sua dignidade, isto é, sua separação individual. Às vezes, seus atores chegam a centímetros de nós, mas eles nunca colocam suas mãos em nós, nem sussurram no ouvido de ninguém. No espaço que nossos corpos ocupam, nós somos invioláveis[150].

Essa observação de Bentley revela bem a mudança, no que dizia respeito à relação com os espectadores, entre os espetáculos realizados até *Ak* e aqueles que foram feitos em seguida.

Número

Nas salas de Opole e de Wroclaw cabiam mesmo poucas pessoas, mas a exigência por um número pequeno de espectadores continuou se mantendo quando das viagens do grupo realizadas na segunda metade dos anos de 1960, confirmando a importância,

---

150   E. Bentley [1969], Dear Grotowski, em R. Schechner; L. Wolford (orgs.), *The Grotowski Sourcebook*, p. 167.

O PERCURSO DA NOÇÃO DE ESPECTADOR EM GROTOWSKI

para Grotowski, tanto da escolha do espaço quanto da quantidade de espectadores nos seus espetáculos. Ele dizia:

> Eu também acredito que, se alguém procura, como nós fazemos, encontrar cada espectador ao invés de um público indiferenciado, é talvez preferível que a audiência não seja enorme. Nossas produções são destinadas, então, ao número de espectadores que elas podem verdadeiramente receber[151].

Essa exigência causava inúmeros transtornos aos produtores, mas era necessária – assim como aquelas relativas ao espaço – para que o ato do ator pudesse "chegar" aos espectadores.

Na mesma carta aberta, Bentley dizia:

> Você insiste em um teatro muito pequeno. Correção. Você insiste em um *não* teatro. Aquilo em que você insistiu em Nova York era a Washington Square Methodist Church. E quando eu vi *Apocalypsis*, eu vi também porque você tinha sido tão difícil [...]. Você precisava disso porque [...] desejou que sua imagem tivesse muitos detalhes delicados, detalhes que se transformam, que se perderiam em um espaço grande. Seu não teatro é tão pequeno, ele tem muitas das vantagens dos *close-ups* do cinema. Pode-se ver o jogo da ruga e do músculo no corpo dos seus atores[152].

Bentley, nesse fragmento, se referia ao espaço e à proximidade espacial do ponto de vista do olhar do espectador: enxergam-se detalhes invisíveis à distância.

Já Grotowski, em certo momento, se referiu ao que se passava no organismo do ator durante o seu ato como passível de ser experimentado, ainda que de modo menos aparente, no organismo do espectador. Cunhou, então, o termo indução para descrever esse processo. Não há dúvida de que, também para a indução, o espaço – a maior ou menor proximidade entre ator e espectador – foi sempre uma variante levada extremamente em conta. Porém o trabalho sobre a proximidade ou a distância do espectador não é só, desse ponto de vista, uma questão de proximidade ou distância do "olhar", mas de todo o "corpo"

---

151 J. Grotowski, External Order, Internal Intimacy [1969], em R. Schechner; L. Wolford (orgs.), *The Grotowski Sourcebook*, p. 112.

152 E. Bentley, Dear Grotowski [1969], em R. Schechner; L. Wolford (orgs.), *The Grotowski Sourcebook*, p. 168.

366 PALAVRAS PRATICADAS

do espectador. Indução é uma noção próxima àquela de testemunho e, portanto, voltarei a ela mais a frente.

MARCO 3:
O ESPECTADOR-TESTEMUNHA

O Silêncio ao Final dos Espetáculos

Flaszen, em 2004, realizou na Sorbonne[153] uma conferência sobre Grotowski que tinha como tema o silêncio. Entre inúmeros assuntos, Flaszen relembrou a reação dos espectadores ocorrida ao fim da estreia do espetáculo *Ak*, em 1962. Segundo ele, pela primeira vez, o espetáculo havia sido recebido pelo público com um silêncio total, sem um só aplauso: "Não se tratava da expressão de uma desaprovação. Era o efeito de um choque".

Após essa primeira experiência, outras inúmeras vieram a se repetir nas apresentações e nos espetáculos posteriores. Flaszen citou nominalmente, além de *Ak*, os espetáculos *Pc* e *Ap*: os espectadores não aplaudiam, demoravam a sair e ficavam muito tempo em silêncio, sem trocar palavras, depois do fim da ação. Era como se a ação se prolongasse entre os espectadores.

Grotowski falou, como vimos, em "um silêncio especial no qual há muito de fascínio, mas também um pouco de indignação, e até de repugnância, que o espectador dirige não exatamente para ele [ator], mas para o teatro"[154]. Assim, o silêncio podia falar tanto daquele espectador que, para usar uma expressão sua, aceitava o convite do ator e se autoanalisava, quanto do que resistia e se indignava.

De qualquer maneira, por aceitação ou indignação, esse silêncio esteve ligado, para o artista – e isso foi confirmado em depoimento de inúmeros espectadores –, a uma superação daquilo que ele vinha tentando de várias maneiras ultrapassar: o teatro como "obra de arte" dada à fruição de um público. E esse ultrapassamento se fazia tanto do ponto de vista do trabalho do

---

153 Conferência não publicada. Cedida à pesquisadora pelo autor.
154 J. Grotowski, O Novo Testamento do Teatro [1964], *Em Busca de um Teatro Pobre*, p. 38.

ator, mais sujeito ao controle de Grotowski, quanto do ponto de vista do espectador.

Essa reação do espectador – não momentânea, mas recorrente nos espetáculos grotowskianos – convidava realmente a pensar sobre a possibilidade de um espectador não inteiramente conformado ao seu lugar de ouvinte/assistente/fruidor, um espectador que pôde, de alguma maneira, ultrapassar essa condição.

Flaszen, na conferência de 2004, não escondeu que os finais dos espetáculos eram construídos de maneira a poder levar o espectador àquele silêncio. E isso se confirma se assistimos a alguns vídeos dos espetáculos ou lemos depoimentos sobre as montagens. *Ak* acabava com os prisioneiros do campo de concentração carregando um corpo (manequim) destroçado como se carregassem o Redentor. O grupo cantava um hino de Natal e os atores iam, um a um, entrando, logo após o Cristo manequim, em uma caixa/buraco no meio do espaço que representava o forno crematório. Depois: "O silêncio cai de repente; então, depois de uma certa calma, ouve-se uma voz. Ela diz simplesmente: 'Eles se foram e a fumaça sobe em espirais'"[155].

A cena final de *Pc* era um monólogo de Cieślak no qual ele acabava sendo sacrificado. O ator finalizava deitado de pernas e braços abertos em cruz em um tablado de madeira, recoberto por um pano, e não se levantava até a saída de todos os espectadores.

Ap acabava com o monólogo do "Grande Inquisidor" de Dostoiévski. No espetáculo, o monólogo era dito pela personagem Simão Pedro – o ator era Jaholkowski – e dirigido ao Escuro/Inocente – Cieślak. A última frase, dita no escuro por Simão Pedro era: "vá e não volte mais". Depois disso, voltava-se a iluminação e os atores retomavam o ritmo natural do início do espetáculo.

Descrevi as cenas finais para que possamos visualizar, ainda que superficialmente, a construção espetacular de Grotowski. Mas, se havia uma construção potencialmente geradora do silêncio final, esse silêncio não estava, segundo Flaszen, vinculado somente à construção formal da cena – a sua lógica e/ou a seu ritmo. O silêncio do espectador estava ligado ao processo orgânico que se desenvolvia no ator, as "suas elevações e quedas de energia, até a extinção em um apaziguamento natural". Era

---

155 L. Flaszen apud J. Grotowski, *Em Busca de um Teatro Pobre* [1964], p. 58.

368 PALAVRAS PRATICADAS

o acompanhar desse processo que levava o espectador a reter "o reflexo atávico de bater palmas ao final de um espetáculo".

O que esteve em jogo, se levarmos em consideração a descrição de Flaszen, era uma relação ator/espectador que se dava inclusive a nível energético (e espero ter no capítulo anterior explicado o que estou chamando de energia). O espectador tinha, segundo Flaszen, a possibilidade de vivenciar em seu próprio organismo o percurso energético realizado pelo ator, percurso que levava os espectadores – ou alguns deles, já que o não aplauso podia ter também outras causas – a não aplaudir ao final do espetáculo.

A noção de testemunho esteve de certa forma também relacionada com esse acompanhamento do percurso orgânico e energético do ator por parte do espectador, como veremos mais à frente. Grotowski nomeou indução essa possibilidade que o percurso do ator tinha de ser, de alguma maneira, vivenciado no organismo do espectador.

O não aplauso chegou a ser visto de maneira quase normativa por alguns grotowskianos (aplaudir ao final de um espetáculo de um desses seguidores podia ser considerado ofensivo e aquele que aplaudia podia ser visto como refratário a desistir de sua cômoda posição de espectador), e existem muitas histórias e piadas a esse respeito. É verdade que Grotowski e Flaszen falaram também sobre a presença ou não do aplauso como bússola do maior ou menor funcionamento do espetáculo junto aos espectadores[156]. Mas, justamente, normatizar qualquer reação do espectador é transformar uma fina percepção sobre a relação entre espectador e espetáculo em regra de conduta social – ainda que para poucos, para o grupo de grotowskianos.

O que me parece interessante – bem mais que normatizar a reação do espectador – é exatamente a possibilidade, oferecida por esse exemplo, da desnaturalização de sua reação. Grotowski foi um dos artistas que permitiu que enxergássemos a relação do ator com o espectador como passível de crítica e de trans-

---

156 Dizia Flaszen: "No final de *Akrópolis*, ninguém aplaudia. Isso era um fenômeno. Se eles aplaudissem, significava que ou eles não estavam do jeito que deviam estar, ou que a performance não tinha estado lá. Se ninguém quisesse aplaudir, então algo significativo tinha se passado. O espectador tinha parado de ser espectador". Cf. Conversations with Ludwik Flaszen, *Education Theatre Journal*, p. 309.

formação. Foi mais longe: permitiu que refletíssemos sobre essa relação de um ponto de vista psicossomático (ou energético, como se queira). Assim, pensar a relação ator/espectador no percurso do artista foi também refletir sobre relação *tout court*, sobre as relações entre os homens. Grotowski "filosofou" essas relações por meio de diferentes práticas.

Lembro-me de uma discussão aberta na internet há alguns anos – em pleno século xxi – em uma lista de discussão sobre teatro formada por atores, produtores, diretores e professores de teatro, sobre a questão dos aplausos de pé ao final dos espetáculos que, segundo alguns debatedores, estavam se tornando praxe no Rio de Janeiro. A discussão nem chegou realmente a ser aberta, porque o debatedor, que havia colocado em questão o que chamou, se me lembro bem, de hábito ou de reação destituída de critérios do público, foi imediatamente alvejado de críticas. Algumas o achavam soberbo por querer julgar a reação do público, que deveria ser soberano. Outras foram mais longe e o achavam ressentido: talvez o público não estivesse aplaudindo suficientemente seus espetáculos. Diante desse panorama, ter o direito de refletir sobre o silêncio do público após um espetáculo – ou sobre quaisquer outras reações – é, no mínimo, não deixar que no teatro morram discussões e preocupações – como aquelas referentes à relação ator/espectador – que, longe de serem filigranas, construíram e constroem esse fazer.

Espectador-Testemunha

O termo "testemunha" no que diz respeito ao espectador apareceu pela primeira vez na versão do artigo de Grotowski "Em Busca de um Teatro Pobre", publicado no *Cahiers Renault Barrault* (5/1966). Posteriormente, no livro homônimo, ele cortou esse termo do artigo e não o utilizou em nenhum outro momento do livro. O termo não era central na publicação de 1966. Ele era utilizado apenas para caracterizar uma das possibilidades da relação entre atores e espectadores. Uma relação na qual os atores, pela configuração do espaço e pela forma de atuação, seriam como corifeus da comunidade de espectadores, como uma "emanação" dos espectadores, e assim imporiam a estes

370 PALAVRAS PRATICADAS

um papel no espetáculo. O diretor caracterizava o papel dos espectadores, naquele momento, como passivo, de testemunha, utilizando os dois termos quase como sinônimos. No livro, publicado posteriormente, citou os espetáculos *Caim* e *Sakuntala* como espetáculos nos quais o espectador esteve nesse papel passivo, mas retirou o termo testemunha.

O exemplo acima caracteriza que a ideia de um espectador no papel de testemunha já fazia parte do vocabulário dele em meados da década de 1960, mas, por outro lado, ainda não temos elementos suficientes para nos aproximarmos dessa palavra que foi utilizada em diferentes momentos – e designando diferentes relações entre um observador e uma ação realizada por um ator, participante ou atuante – ao longo de seu percurso artístico. É a tarefa de acompanhar a produção desse conceito (ou de diferentes conceitos para um mesmo termo) que realizo a partir de agora.

A pista mais forte sobre a noção de espectador como testemunha, se pensarmos nos textos/conferências escritos/ditos na década de 1960, está, sem dúvida, no texto "Teatro e Ritual", de 1968.

Nesse texto ele historicizou e criticou os procedimentos utilizados na sua tentativa de recriar o rito no teatro. Segundo o artista, foi somente quando a própria ideia de ritual foi colocada de lado em seu trabalho – porque ele percebeu que o seu eixo, a coparticipação da coletividade de espectadores, era impossível de ser conseguido no mundo moderno – que o T.-L. se aproximou da possibilidade de um "teatro ritual". Entretanto, como ele disse, o que foi encontrado "não era o ritual no teatro que tínhamos em mente anteriormente"[157].

O texto referido descrevia, assim, o percurso de um paulatino avizinhar-se de uma experiência, de um determinado fenômeno para o qual ainda era preciso criar uma categoria, uma terminologia, mas que, na falta desta, Grotowski descrevia, ainda que tecendo inúmeros senões[158], como pertencendo à tentação de encontrar o ritual no teatro; tentação que, como

157 J. Grotowski, Teatro e Ritual [out. 1968], em L. Flaszen; C. Pollastrelli (orgs.), *O Teatro-Laboratório de Jerzy Grotowski: 1959-1969*, p. 135.

158 Grotowski criticou a noção de um "teatro ritual" porque a ele parecia que essa noção estaria impregnada de uma série de imagens e preconceitos dos quais queria afastar-se: a coparticipação literal, a convulsão coletiva e desenfreada, a espontaneidade desordenada, o mito reproduzido, o "ecumenismo" estereotipado que reunia modelos de diversas religiões e culturas.

O PERCURSO DA NOÇÃO DE ESPECTADOR EM GROTOWSKI   371

vimos, acompanhava o artista desde o início. Nesse texto, analisando o trabalho realizado em seus espetáculos, construiu, tanto por negação quanto por afirmação, as fronteiras e especificidades daquele "novo" fenômeno ainda não nomeado.

Interessa-me seguir essa história contada por Grotowski, porque ela diz respeito justamente ao percurso do espectador em seu trabalho e também porque, por meio dela, chegaremos à noção de testemunho.

As suas críticas compreenderam inúmeros pontos e um dos mais centrais foi a descrença na participação ativa do espectador como passível de ser realizada de maneira autêntica e, portanto, de poder contribuir para a construção do ritual no teatro. Essa descrença, segundo Grotowski, foi aparecendo aos poucos por meio da feitura e análise dos seus próprios espetáculos.

A primeira busca, como vimos, era pela participação dos espectadores. Eles eram induzidos – quando não forçados – à ação, e cumpriam diferentes funções dependendo da trama de cada espetáculo. Além disso, por meio do trabalho realizado sobre os arquétipos, e pela dialética da derrisão e apoteose, buscava-se atingir os espectadores nas camadas mais profundas do seu inconsciente no intuito de criar aquela aura de comunidade necessária ao ritual. No texto "Teatro e Ritual", todos esses procedimentos foram criticados, pois eles retiravam do espectador a possibilidade de uma reação autêntica.

Havia, quando frente à provocação por parte do ator, um determinado número fixo de reações esperadas do espectador, reações para as quais os atores podiam mesmo preparar antecipadamente suas réplicas. As reações dos espectadores pareceram a ele eminentemente cerebrais, estivessem elas mais ligadas ao polo da derrisão – respostas irônicas, demonstração do senso de humor por parte dos espectadores, espectadores que buscavam uma compreensão do espetáculo em nível intelectual – ou da apoteose – reações que Grotowski nomeou de histéricas, ligadas à realização "cerebral, artificial de uma imagem um tanto estereotipada do comportamento dos selvagens"[159]. O espectador respondia, nesse segundo caso, por meio de uma excitação autoinduzida, e, portanto, também

---

159   J. Grotowski, Teatro e Ritual [out. 1968], em L. Flaszen; C. Pollastrelli (orgs.), *O Teatro-Laboratório de Jerzy Grotowski: 1959-1969*, p. 121.

372 PALAVRAS PRATICADAS

cerebral. Assim, aquela dialética "não funcionava profundamente na obra, porque não funcionava em ambas as suas polaridades em cada espectador"[160].

O diretor criticou também, na busca pelo ritual no teatro, qualquer tentativa de produção do que chamava de um "comportamento de multidão", que faria o indivíduo "imergir-se na desordem, no caos". Esse era para ele um ritual inebriante, um ritual que respondia a "instintos de baixa laia". Nesse texto, citava o boxe e a corrida como exemplos dessa experiência inebriante[161]. Em outros textos posteriores, sua crítica se dirigiu, pela mesma razão, aos grandes shows de rock.

Esteve interessado em tocar, com seu trabalho, energias que via como tendo sido esquecidas, apaziguadas ou recalcadas no cotidiano; energias que ele via emergir, de alguma maneira, nos mesmos exemplos que criticava. Mas acreditava que, nesse tipo de experiência – boxe, shows de rock –, o indivíduo "sucumbia" àquelas forças. A ele interessava, ao contrário, que essas energias fossem, de certa maneira, dirigidas, conscientizadas, tanto no trabalho do ator quanto até mesmo na recepção do espectador.

A ele interessava que o ator estivesse "de pé no início", o que significava que, no contato com forças arquetípicas, com novas fontes de energia, o ator permaneceria consciente e, embora lidando com conteúdos do inconsciente, não sucumbiria a essa invasão, não naufragaria nos conteúdos emergidos. Assim, o espectador estaria diante de um fenômeno que "tira origem da terra, dos sentidos, do instinto, das fontes, até mesmo das reações das gerações passadas, mas é ao mesmo tempo iluminado, consciente, controlado e individual"[162].

Nas palestras proferidas em 1982 na Universidade da Itália, por exemplo, Grotowski analisou em detalhes o "esquecimento" que via operar, na prática do vodu haitiano, nos indivíduos que haviam "recebido" uma entidade e que diziam, posteriormente,

160 Idem, p. 125.
161 Idem, p. 124.
162 Idem, p. 134. Mas lembremos que, em texto de 1963, Flaszen dizia que o teatro vivo estava exatamente ligado a esse tipo de participação, na qual o indivíduo se perde na multidão, a essa experiência na qual o indivíduo sucumbe à coletividade. Posteriormente, como bem dá a ver o texto de Grotowski que estamos analisando, abandonou-se a ênfase na produção de uma "comunidade" de espectadores, considerando-a, além de pouco efetiva, manipulatória.

O PERCURSO DA NOÇÃO DE ESPECTADOR EM GROTOWSKI   373

não se lembrar do que tinham falado ou feito. Interessava a ele saber se esse "esquecimento" era ou não parte inseparável do fenômeno. Grotowski acabou por enxergá-lo como ligado principalmente às condições sociais nas quais aquele ritual estava inserido, e não como única condição de possibilidade para a própria experiência ritual. Essa pergunta era fundamental para o artista, na medida em que a ele interessava que seu atuante, na relação com certas forças inconscientes, arquetípicas, pudesse relembrar a experiência, trazê-la à luz, sem que com isso precisasse, por outro lado, teatralizá-la, formalizá-la ou desconectá-la das suas fontes. Não interessava que o atuante sucumbisse, "servisse" àquelas forças, mas que realizasse, com elas, e a partir delas, um trabalho sobre si mesmo – um si mesmo, como vimos, alargado, por meio e a partir desse contato.

Do ponto de vista do espectador, Grotowski também não queria aquela descarga de energia bruta que acreditava ocorrer nos grandes shows de rock; tampouco queria que fossem submetidos a um teatro que os inebriasse. Os espectadores não deveriam ser conduzidos, como que hipnoticamente, para dentro de "outra" realidade, realidade que faria com que respondessem em conjunto, em massa, às ações dos atores. A busca por entrar em contato com conteúdos inconscientes, sem entretanto permitir o naufrágio do indivíduo – seja ator, atuante, espectador ou participante – nesses mesmos conteúdos, fez parte da investigação do artista.

Ato Total e Testemunho

Mas qual o fenômeno Grotowski disse ter encontrado e que, para ele, desenhou outra possibilidade de interseção entre ritual e teatro, longe daquela busca pela participação ativa e direta do espectador? Esse fenômeno só pôde ser encontrado, segundo ele, quando se abandonou a manipulação do espectador, quando se desistiu de responder às perguntas: "Como provocar as reações do espectador? Como explorá-lo enquanto cobaia?" A intenção era, ao contrário, "esquecermo-nos do espectador, esquecermo-nos de sua existência"[163].

163 Idem, p. 129.

374 PALAVRAS PRATICADAS

Foi quando o ator descobriu/realizou o ato total que o espectador pôde, segundo Grotowski, encontrar sua autêntica função, sua vocação, que era a de "ser observador, e, mais ainda, a de ser testemunha"[164]. A condição de possibilidade do testemunho estava, portanto, no ato do ator[165], e também em um "silenciar" do espectador que permitiria, de alguma maneira, o reconhecimento e a recepção desse ato. Grotowski dizia: "O espectador olha, sem analisar, sabe só que se encontrou diante de um fenômeno no qual está contido algo de autêntico. No fundo do seu ser sabe que está lidando com um ato"[166]. Esse espectador deixava de acompanhar um fenômeno estético quando reconhecia, por meio da verdade do ator, a sua condição não verdadeira[167].

O trabalho de Grotowski como espectador de profissão[168] também favorecia, de certa forma, o testemunho. O artista polonês oferecia ao espectador uma história que este pudesse acompanhar. O objetivo dessa história era acalmar a mente inquieta do espectador – aquela que se perguntava incessantemente "o que isso quer dizer?" – oferecendo a ela um enredo e deixando, portanto, o indivíduo mais aberto para receber os conteúdos liberados no próprio ato do ator.

É necessário ainda não esquecer a importância do texto, ou melhor, do que Grotowski chamou, nessa fase do seu trabalho, de "o encontro com o cristal do desafio presente no texto" utilizado no espetáculo. Aqui não se buscava mais plasmar ou destilar o arquétipo do texto ou submetê-lo à dialética da derrisão e apoteose, operações criticadas como baseadas em cálculos artificiais ou fórmulas frias. Propunha-se um encontro entre o ator e o texto, um confronto entre a experiência presente do ator – levada ao excesso confessional do ato total – e essas "vozes do abismo", essa "experiência de nossos ancestrais"

---

164 Idem, p. 122.
165 Grotowski dizia: "se não há ato autêntico, o que há lá para testemunhar?" Cf. External Order, Internal Intimacy, em R. Schechner; L. Wolford (orgs.), *The Grotowski Sourcebook*, p. 113.
166 J. Grotowski, Teatro e Ritual [out., 1968], em L. Flaszen; C. Pollastrelli (orgs.), *O Teatro-Laboratório de Jerzy Grotowski: 1959-1969*, p. 135.
167 L. Flaszen, Conversations with Ludwik Flaszen [1977], *Education Theatre Journal*, p. 309.
168 Aquele que prepara uma montagem para guiar a atenção/percepção do espectador.

O PERCURSO DA NOÇÃO DE ESPECTADOR EM GROTOWSKI

presente nos textos escolhidos por ele: "Desse modo demos início a um confronto real com nossas fontes e não com ideias abstratas a respeito"[169].

Desse encontro, o espectador também pode ser testemunha, pois, em um segundo momento, era ele que presenciava o confronto entre um universo tradicional, coletivo, e um tipo específico de experiência pessoal – o ato total – que permitia a esse universo irromper, mesmo que não estivesse mais sustentado por nenhuma crença coletiva ou comunidade de fé. Grotowski disse, então, que havia chegado a um ritual não religioso, mas humano, realizado não por meio da fé, mas do ato. Afirmava que "na perspectiva da arte, as obras estão sempre vivas"[170], o que significava dizer que não tratava o texto e as personagens como parte da literatura, mas como uma espécie de arca, de receptáculo de experiências, de vozes, que chegaram, por meio dos textos, até nós. Dizia que "aquela voz calar-se-á, se não encontrar uma reação, uma resposta"[171]. Essa resposta seria, justamente, a experiência oferecida em confissão pelo ator por meio do ato total.

O espectador teria, assim, a possibilidade de "ouvir" essas vozes, de "ouvir" essa "humanidade de ontem" como se *hic et nunc*; não congelada em uma perspectiva tradicional e romântica, não como parte de uma cultura a ser reverenciada, mas como um "outro" que o impactava intimamente[172]. Esse seria um espectador-testemunha.

---

169 J. Grotowski, Teatro e Ritual [out., 1968], em L. Flaszen; C. Pollastrelli (orgs.), *O Teatro-Laboratório de Jerzy Grotowski: 1959-1969*, p. 129.

170 J. Grotowski, Teatro é Encontro [jun., 1967], *Em Busca de um Teatro Pobre*, p. 50.

171 J. Grotowski, Teatro e Ritual [out., 1968], em L. Flaszen; C. Pollastrelli (orgs.), *O Teatro-Laboratório de Jerzy Grotowski: 1959-1969*, p. 129.

172 Uma imagem de Grotowski pode nos ajudar a compreender essa perspectiva: "o texto tem a mesma função que o mito tinha para o poeta dos tempos antigos. O autor de Prometeu encontrou no mito de Prometeu tanto de desafio quanto de abertura, talvez até mesmo a fonte de sua criação. Mas o seu Prometeu foi produto da sua experiência pessoal". Cf. Teatro é Encontro [jun., 1967], *Em Busca de um Teatro Pobre*, p. 49.

376 PALAVRAS PRATICADAS

Espectador-Testemunha e Príncipe Constante

*O que define o público
como testemunha é o ato total*[173]

Se foi o ato total que permitiu a existência da testemunha, cabe, então, pensar essa noção na sua relação com a experiência de Ryszard Cieślak em *Pc*. De fato, no texto de 1968 que estamos analisando, Grotowski afirmou que em *Pc* o espectador tinha sido "colocado na situação da testemunha", já que havia sido afastado espacialmente, não convidado à participação, e não era "sequer aceito" pelo espetáculo. Afirmava que recuperada sua vocação de observador e testemunha, o espectador era capaz de uma verdadeira coparticipação emocional[174].

Os espectadores em *Pc* estavam separados dos atores por um tapume alto que lhes chegava ao queixo e olhavam, então, com alguma dificuldade, para baixo no intuito de acompanhar a ação[175]. Ao descrever metaforicamente a situação desse espectador, Grotowski[176] e Flaszen[177] utilizavam preferencialmente duas imagens: a de uma arena romana, com a plateia assistindo a "algum esporte cruel" ou a "animais", ou a imagem de uma sala de cirurgia: os espectadores, como se fossem estudantes de medicina, assistiam a uma operação. Flaszen foi mais longe e se referiu ao quadro *Anatomia do Dr.*

---

173 L. Flaszen, Conversations with Ludwik Flaszen [1977], *Education Theatre Journal*, p. 310.

174 J. Grotowski, Teatro e Ritual [out., 1968], em L. Flaszen; C. Pollastrelli (orgs.), *O Teatro-Laboratório de Jerzy Grotowski: 1959-1969*, p. 123.

175 Em 2001, quando de um amplo seminário sobre os dez primeiros anos do T.-L. realizado em Pontedera, Itália, fez-se a reconstrução de duas "arquiteturas" de Gurawski, de *Dr. Fausto* e de *Pc*, tive a oportunidade, então, de me colocar no lugar destinado ao espectador. De fato, a posição do espectador não era agradável. Sentado em bancos sem encosto, aos quais ascendia subindo alguns degraus, o espectador devia fazer um certo esforço para ver o espetáculo que ocorria embaixo. Mas o espaço de toda essa arquitetura não era grande, de modo que, mesmo com essa distância, digamos, vertical, atores e espectadores estavam bastante próximos.

176 J. Grotowski, Vers un théâtre pauvre [1965], *Cahiers Renault Barrault*; Em Busca de um Teatro Pobre [1965], *Em Busca de um Teatro Pobre*; Le Prince constant de Ryszard Cieślak [dez., 1990], em G. Banu, *Ryszard Cieślak, l'acteur-emblème des années soixante*.

177 L. Flaszen, O Príncipe Constante [1965], em J. Grotowski, *Em Busca de um Teatro Pobre*.

Tulp[178], no qual Rembrandt retratou a sessão de dissecação pública de um cadáver. Grotowski também utilizou o termo *voyeur*[179] para designar a situação do espectador, e disse ainda que o olhar para baixo, impingido ao espectador, conferia à ação um sentido de transgressão moral[180].

A noção de testemunha parece ter surgido exatamente quando foi retirada do espectador quase qualquer função no desenvolvimento do espetáculo, ou na relação com o trabalho do ator. Como vimos, ele queria esquecer-se da presença do espectador, que não deveria mais ser admitido, convidado, nem aceito; era preciso que ele fosse mantido ao largo, ao longe, não sendo chamado à participação. A noção de testemunha se coaduna com o que eu havia dito antes sobre a proteção – oferecida pela moldura do texto, da cena, e, agora, pela função e colocação espacial do espectador – ao processo de Cieślak, que não devia ser influenciado pela presença da plateia. Por outro lado, sendo apenas observador – mas observador do ato total –, o espectador tinha a possibilidade – Grotowski o afirmava – de participar emocionalmente do que se passava com os atores, tinha a possibilidade de, então, testemunhar.

A definição de testemunha que aparecia no texto implicava uma distância, ao mesmo tempo espacial e de função – o espectador não deve "intrometer-se nas ações dos outros"[181] –, e, por outro lado, uma coparticipação emotiva. A noção de testemunha

---

178 No quadro de Rembrandt (pintura a óleo sobre tela, 1632), um corpo morto, branco, com o sexo coberto por um pano também branco está sendo dissecado durante uma aula pública. Uma figura – Dr. Tulp – com o bisturi na mão, levanta um feixe de músculos do braço esquerdo do defunto que já se encontra totalmente aberto pela dissecação, e está, em oposição ao branco do resto do corpo, com o vermelho do sangue totalmente à mostra. O resto do corpo ainda está "fechado". Outras sete figuras, vestidas da mesma maneira, acompanham a lição. Uma delas traz nas mãos um papel com anotações. Estranhamente, nenhuma das personagens olha para o morto, nem para o braço já dissecado. Seu olhar se projeta para além da cena, para, talvez, outros interlocutores que estivessem ao redor. Dois deles encaram o artista que os retrata e, consequentemente, nos encaram a nós, os espectadores do quadro. Outros dois parecem olhar para um grande livro colocado aos pés do morto.

179 J. Grotowski, *Le Prince constant* de Ryszard Cieślak [dez., 1990], em G. Banu, *Ryszard Cieślak, l'acteur-emblème des années soixante*, p. 14.

180 J. Grotowski, Em Busca de um Teatro Pobre [1965], *Em Busca de um Teatro Pobre*, p. 18.

181 J. Grotowski, Teatro e Ritual [out. 1968], em L. Flaszen; C. Pollastrelli (orgs.), *O Teatro-Laboratório de Jerzy Grotowski: 1959-1969*, p. 122.

378 PALAVRAS PRATICADAS

diferenciava, de maneira evidente, os atores ou atuantes (*doers*) e os observadores. Não se tratava mais, como no início, de um mesmo cerimonial do qual participavam "atores" principais e secundários. Agora, o ator realizava o ato e aos espectadores cabia testemunhá-lo.

É, entre outros fatores, por causa dessa "diferença" entre o ator e o espectador que nasceu em Grotowski a crítica ao espectador que queria se imiscuir na ação:

> A testemunha não é quem enfia por toda parte o nariz, quem se esforça por ficar o mais próximo possível, ou por intrometer-se nas ações dos outros. A testemunha mantém-se levemente à parte, não quer se misturar, deseja estar consciente, ver o que acontece do início ao fim e guardar na memória; a imagem dos eventos deveria permanecer dentro dela[182].

Mas também não há dúvida de que, pelo menos frente ao espetáculo *Pc*, a noção de testemunho também esteve relacionada com uma posição, digamos, cruel do espectador, presente quando pensamos na plateia das arenas romanas ou na assistência que, à época de Rembrandt, era convidada a assistir às sessões públicas de dissecação.

Nos encontros com Flaszen em Paris, quando conversamos sobre o lugar dos espectadores em *Pc*, entendi tratar-se, pelo menos nos primeiros anos do espetáculo, de colocar o espectador nesse lugar desconfortável; não ao lado do príncipe, mas, de certa forma, dos torturadores. Os espectadores acompanhavam toda a tortura à qual o príncipe era submetido sem intervir, e à maneira de um *voyeur*. Se voltarmos à imagem das arenas e das salas de dissecação, podemos dizer que as audiências ali presentes parecem querer ver o corpo humano submetido a certas situações limites, mas dentro de um quadro suficientemente controlado. Um corpo aberto à operação ou à dissecação, ou em confronto com as bestas, com as feras, era motivo de interesse, porém tratava-se, ou de uma operação médica oferecida à contemplação, ou de um esporte/jogo oferecido à diversão pública. O espectador encontrava-se em uma situação

---

182 J. Grotowski, A Possibilidade do Teatro [out. 1968], em L. Flaszen; C. Pollastrelli (orgs.), *O Teatro-Laboratório de Jerzy Grotowski: 1959-1969*, p. 122.

O PERCURSO DA NOÇÃO DE ESPECTADOR EM GROTOWSKI   379

em que podia ver um corpo sendo desmembrado ou manipulado sem efetivamente imiscuir-se na ação.

Por outro lado, estar como *voyeur* diante da morte e da violência, diante desse corpo que, de certa forma, também é o meu corpo talvez pudesse permitir efetivamente uma coparticipação emocional, diferente daquela identificação psicológica/subjetiva (e, segundo Grotowski, extremamente momentânea e autoindulgente) do teatro burguês e naturalista. Talvez seja exatamente a isso que ele estivesse se referindo quando falava do corpo, do organismo, como última morada – na contemporaneidade – do mito funcionando como tabu: "A violação do organismo humano, levada a um excesso ultrajante, faz-nos retornar a uma situação mítica concreta, experiência de uma verdade humana comum"[183].

Era a função destinada ao espectador, essa que o separava radicalmente dos atores, que permitia, segundo Grotowski, paradoxalmente, sua coparticipação emocional. O espectador em *Pc* era *voyeur*, ele não era admitido, sua presença era quase um ato proibido, transgressor e, por causa disso, identificava-se com o ator que "carrega a responsabilidade da tragédia que está sendo desenvolvida". Identificava-se com o ator e não com a história da personagem; identificava-se com aquele organismo violado, aberto.

A noção de testemunho aparecia relacionada com a possibilidade de uma verdadeira coparticipação, e em oposição a uma participação cerebral que, como vimos, teria sido, segundo ele, malgrado sua vontade, estimulada em alguns dos seus espetáculos.

Espectador-Testemunha e o Monge de Saigon

Na construção da noção de testemunha, Grotowski lançou mão, também no texto de 1968, de outra analogia: citou um documentário que havia visto no qual um monge, em ato de protesto, se queimava vivo em praça pública acompanhado por "uma multidão de outros monges que observam toda a cena"[184].

---

183 J. Grotowski, Em Busca de um Teatro Pobre [1965], *Em Busca de um Teatro Pobre*, p. 21.

184 Grotowski referia-se ao ato de Thich Quang Duc realizado em uma rua movimentada de Saigon, em 11 de junho de 1963. O monge protestava contra a ditadura de Ngo Dinh Diem no Vietnã do Sul.

380 PALAVRAS PRATICADAS

Os monges que observavam estariam, segundo ele, na posição de testemunhas: estavam a uma determinada distância, quase escondidos, "permanecendo imóveis durante toda a cena", e "assim podiam ser ouvidos o ruído do fogo e o silêncio", eles "não intervinham, permaneciam à parte"[185].

A função da testemunha era "não se intrometer com o próprio mísero papel, com aquela inoportuna demonstração: 'eu também', mas ser testemunha – ou seja, não esquecer, não esquecer custe o que custar"[186]. Falava dessa condição de não intromissão como de uma condição de *Respicio*[187].

Novamente aqui, aparecem aquelas três condições que já tinham aparecido no exemplo de *Pc* e que possibilitavam uma vivência de testemunha: a distância espacial, a não intromissão e o estar colocado diante de "um ato extremo frente ao mundo e frente à vida"[188]. Mas, nesse exemplo, diferentemente do que ocorre nas imagens da relação espectador-cena em *Pc*, os monges que observavam estavam, desde o início, irmanados com o ato do monge que se sacrificava, já que todos faziam parte de uma mesma congregação, de uma mesma crença.

Na analogia com o monge, o artista falou na possibilidade – fornecida pela própria testemunha – de permitir que se ouvisse o fogo e o silêncio. Testemunhar era assim, de certa maneira, impedir que o burburinho do mundo e a mecanicidade das reações daquele que observava, reações relacionadas, muitas vezes, com uma identificação mecânica – o "eu também", a qual Grotowski se opunha – viessem se colocar entre o *ato* do ator e a observação. Testemunhar era silenciar, era silenciar-se. E isso também estava presente no termo *Respicio*.

Em 1973, referiu-se novamente àqueles que assistiam ao ato do monge, porém a ênfase, naquele momento, estava na possibilidade do encontro: "É preciso deixar esse último [o espectador] no seu papel de testemunha que olha o espetáculo com a mesma intensidade que poderíamos experimentar vendo um monge se fazendo queimar no Vietnã. O compa-

---

185 J. Grotowski, Teatro e Ritual [out., 1968], em L. Flaszen; C. Pollastrelli (orgs.), *O Teatro-Laboratório de Jerzy Grotowski: 1959-1969*, p. 123.

186 Idem, ibidem.

187 Respicio, em latim significa respeitar, considerar, olhar com atenção.

188 Idem, ibidem.

O PERCURSO DA NOÇÃO DE ESPECTADOR EM GROTOWSKI   381

nheiro deixa de ser um simples companheiro de jogo: o que emerge, é 'você', o 'ser', o diálogo entre dois seres"[189].

A noção de testemunho vai aparecer ainda algumas vezes no percurso artístico de Grotowski: no Teatro das Fontes e na *arte como veículo*. Não cabe nesse trabalho discutir o termo fora do período que escolhi para concentrar-me, porque seria necessário um trabalho preliminar sobre as práticas e processos desenvolvidos em cada momento. Entretanto, gostaria de aproveitar, nesse trabalho, duas noções – *pontifex* e indução – que, presentes principalmente no seu vocabulário dos anos de 1990, podem lançar ainda alguma luz sobre a noção de testemunha que estamos analisando.

Pontifex

O termo *pontifex,* salvo engano, aparece em apenas dois dos textos de Grotowski. A primeira vez, o termo apareceu em entrevista fornecida a Schechner e Hoffman em dezembro de 1967, e a segunda no texto "Performer", texto baseado em conferência de 1987.

Cito os dois fragmentos:

1. Cada grande criador constrói pontes entre o passado e ele mesmo, entre suas raízes e seu ser. Esse é o único sentido no qual o artista é um padre: *pontifex*, em latim, aquele que constrói pontes[190].
2. As testemunhas entram então em estados intensos porque, dizem, sentiram uma presença. E isso, graças ao *Performer*, que é uma ponte entre a testemunha e algo. Nesse sentido, o *Performer* é *pontifex*, fazedor de pontes[191].

A noção de *pontifex* (ou pelo menos as noções que aqui se apresentam) descreve uma relação entre o artista (citação 1) ou *Performer* (citação 2) e a testemunha. Na primeira citação, enfatiza-se aquela relação especial que vimos aparecer quando Grotowski se referia ao "cristal do desafio do texto" escolhido para encenação, e seu confronto com o ator. O passado, as raízes

---

189   J. Grotowski apud E. Ertel, Grotowski au récamier, *Travail Théâtral*, n. 12, p. 130.
190   J. Grotowski, Interview with Grotowski [dez., 1967], em R. Schechner; L. Wolford (orgs.), *The Grotowski Sourcebook*, p. 53.
191   J. Grotowski, *Workcenter of Jerzy Grotowski* [1987], p. 54.

precisavam da ponte construída pelo organismo do ator, pelo seu ser, para se atualizarem e, assim, terem a possibilidade de afetar as testemunhas.

Na segunda citação, novamente, é o *Performer* que permite que a *testemunha sinta uma presença,* que faz a *ponte* entre *algo* e a *testemunha.*

Assim, sem trabalhar diretamente para o espectador, sem visar a atingi-lo, parece que o próprio processo do artista ou do *Performer* – processo de *pontifex* com relação a seu próprio organismo – mobiliza forças que podem, de certa forma, fazer com que as testemunhas entrem em estados intensos, percebam uma presença, presença que não é aquela do próprio ator, mas que aparece por intermédio dele.

Indução

Para falar dessa possível passagem de forças de um lado a outro, dos atuante às testemunhas, Grotowski utilizou o termo indução. A noção de indução falava, exatamente, da possibilidade que cada espectador tinha de testemunhar o processo experimentado pelo atuante.

Ele utilizou pelo menos duas imagens para explicar o termo indução: uma ligada à eletricidade e outra à ressonância. As imagens falavam da possibilidade de contágio: assim, um fio com corrente elétrica pode, quando colocado próximo a outro fio sem corrente, fazê-lo funcionar; do mesmo modo que um violão que está sem ser tocado pode ressoar exatamente a nota que está sendo tocada em outro violão.

A participação aqui experimentada era muito diferente daquela inicial na qual ele tentava atingir diretamente o espectador. Segundo Kumiega, Grotowski teria percebido que

era impotente para influenciar diretamente o processo espiritual e as respostas psíquicas do espectador em relação ao ato que ele testemunhava. Entretanto, sugeriu que era possível haver uma relação direta entre o processo interno do ator [...] e o processo posto em movimento entre participantes individuais da audiência[192].

192 J. Kumiega, *The Theatre of Grotowski,* p. 147.

O PERCURSO DA NOÇÃO DE ESPECTADOR EM GROTOWSKI

Flaszen, mais recentemente, utilizou uma noção russa – *sobornosti* – que traduziu como "a comunhão de almas, da qual o teatro pode tornar-se a morada sagrada" – para traçar uma analogia com o processo do testemunho[193].

Ao comentar as obras da arte como veículo, Grotowski dizia que elas – as *Actions* – não eram feitas para os visitantes e não necessitavam da presença destes para cumprirem a sua função, ou seja, para atuarem sobre "o corpo, o coração e a cabeça dos atuantes"[194]. Mas, nem por isso, elas excluiriam os espectadores. Ao contrário. Havia – e há – dentro da própria obra, no seu processo de construção, o que Richards chamou de uma "janela" para o espectador, ou seja, um lugar apropriado de onde ele pode – e é convidado a – observar.

Segundo Grotowski, as *Actions*, embora não fosse aquele o seu objetivo, ofereciam condições para que o fenômeno de indução pudesse – potencialmente – ocorrer. Chamou inclusive a atenção para "uma relação profunda e de longo prazo", nascida entre alguns visitantes e o Workcenter; relação vinculada, exatamente, à experiência de indução vivida por aqueles visitantes[195].

MARCO 4:
POR UMA PARTICIPAÇÃO OUTRA

"O Indivíduo Ainda um Pouco Espectador"

Para finalizar as noções de espectador no período de 1959 a 1974, cumpre, ainda, analisar o espetáculo *Ap* e a nova noção de participação do espectador que ali amadureceu. A participação do espectador em *Ap* em nada se parece com aquela dos primeiros

---

193   L. Flaszen, À propos des laboratoires, studios et instituts, *Alternatives théâtrales*, p. 65.

194   J. Grotowski, Da Companhia Teatral à Arte como Veículo [1989/1990], em L. Flaszen; C. Pollastrelli (orgs.), *O Teatro-Laboratório de Jerzy Grotowski: 1959-1969*, p. 232.

195   J. Grotowski, aulas de Jerzy Grotowski no Collège de France: Anthropologie Théâtrale: "La 'Lignée organique' au théâtre et dans le Rituel". Collection College de France: aula inaugural e sessões de 2, 16 e 23 de junho & 6, 13 e 20 de outubro 1997 & 12 e 26 de janeiro de 1998. Coleção completa.

espetáculos de Grotowski; ela é quase uma participação da testemunha, se pudéssemos avançar tanto no paradoxo sem aniquilar a noção de testemunho que acabamos de analisar. Digamos, então, que ela é uma participação que apareceu depois da noção de testemunho e de todas as críticas e autocríticas de Grotowski à participação (não autêntica, massiva ou racional) do espectador.

É difícil ainda afirmar tratar-se da participação de um espectador, já que, justamente a partir de *Ap,* as noções de espectador, mesmo aquelas produzidas ao longo dos anos pelo T.-L., começaram a sucumbir. Em seu vocabulário, ele ia cada vez mais substituindo o termo espectador, por visitante, irmão, participante. A busca por um novo modo de participação acabou contribuindo fortemente para dar cabo da própria noção de espectador. Cieślak, comentando as transformações em *Ap,* afirmou que elas permitiam a realização do que era mais importante, "a saber, o que se passa sinceramente entre o-indivíduo-ainda-um-pouco-espectador e o-indivíduo-ainda-um-pouco-ator. Desejando, entretanto, que essa relíquia da antiga dicotomia ator-espectador se transforme em uma outra relação humana"[196].

Assim, ainda que houvesse "algo" de espectador naquele que chegava para o espetáculo e ainda "algo" de ator naquele que o realizava – sobretudo em comparação com *Holiday,* onde essa divisão não fazia mais sentido – a expectativa era a de que o espectador pudesse encontrar outra reação humana que não aquela conformada pela sua própria posição social/cultural de espectador.

Mais uma vez, e agora pelo ângulo da investigação da noção de espectador, *Ap,* espetáculo da fase teatral, e *Holiday,* experiência parateatral, parecem poder ser mais bem compreendidas se não forem rigidamente separadas em dois momentos distintos – o teatral e o parateatral – de sua trajetória. O participante de *Holiday* foi, em certo sentido, e, às vezes literalmente, o espectador de *Ap.* E o desfazimento da noção de espectador em *Ap* nasceu também a partir das experiências de *Holiday,* e dos outros experimentos parateatrais.

Assim, o desfazimento da noção de espectador encontra-se mais descrito no próprio percurso do espetáculo *Ap* que,

---

196 Ryszard Cieślak, Sans jeu, *Le Théâtre en Pologne,* n. 6-7, p. 4.

O PERCURSO DA NOÇÃO DE ESPECTADOR EM GROTOWSKI   385

como sabemos, foi um espetáculo apresentado durante muitos anos, e coexistiu com o parateatro, do que em qualquer definição dada *a priori* por Grotowski ou pelo grupo. Sigamos, então, esse percurso que não se iniciou imediatamente com a ideia de participação, mas sim com aquela do espectador-testemunha que acabamos de analisar.

Ap sofreu inúmeras modificações ao longo do tempo em que foi apresentado e, talvez, os primeiros cinco anos, exatamente o período que nos interessa nesse trabalho, tenham sido aqueles em que essas transformações ocorreram com mais força.

Por meio de alguns depoimentos – de Flaszen, Cieślak e Grotowski – em textos da década de 1970, percebe-se que as transformações incidiam exatamente sobre a relação entre ator, espetáculo e espectador. A presença de um novo espectador levava o grupo a produzir uma série de mudanças no espetáculo e, como em um sistema de retroalimentação, as modificações operadas também estavam endereçadas àquele novo espectador, produzindo-o.

Em *Ap* e *Holiday*, Grotowski e o t.-l. viveram uma sensação de pertencimento ao tempo, de pertencimento à época, que talvez nunca tivesse sido experimentada até então, e não creio que viesse a ser experimentada depois. O tempo era aquele dos movimentos culturais dos anos de 1960, que chegaram à Polônia com atraso, e que apontavam para uma nova maneira de pensar a cultura e a produção cultural. O país vivia sua contracultura tardia: uma nova sensibilidade da qual Grotowski fez parte e na qual depositou esperanças. O início dos anos de 1970 significou também, na Polônia, o fim (mesmo que momentâneo) de período muito difícil marcado pelo antissemitismo e por restrições à liberdade de expressão[197].

Especialmente em relação ao teatro, ganhava força o teatro de jovens, o teatro estudantil relacionado com as vanguardas e que produzia espetáculos, festivais, eventos. Esses jovens identificaram-se fortemente com *Ap*, transformando o espetáculo

197   Sobre esse período difícil, vejamos o que disse Barba: "O contexto político da Polônia tinha se tornado particularmente plúmbeo depois da participação polonesa na invasão da Tchecoslováquia em 1968 e da violenta campanha 'antissionista' (na verdade antissemítica) que tinha provocado a fuga ao exterior dos poucos judeus que sobraram na Polônia depois do extermínio da Segunda Guerra Mundial". Cf. *A Terra de Cinzas e Diamantes*, p. 179.

em uma referência. Grotowski tornou-se, então, uma espécie de guru dessa nova geração.

Em consonância com todos esses fatores, além das próprias necessidades internas, *Ap* se transformou e fundou um momento de comunhão entre um determinado tipo de espectador que buscava experiências marcadas pela promessa de uma mudança, de uma "revelação", e um espetáculo que se voltava exatamente na direção desse espectador, partilhando com ele essa mesma esperança. Os participantes de *Holiday* e das outras experiências parateatrais foram, como vimos, selecionados entre esses espectadores.

Cieślak, no texto "Sans jeu", publicado no n. 8 de *Le Théâtre en Pologne*, dizia ainda que a principal transformação ocorrida em *Ap* esteve vinculada à pesquisa de um ultrapassamento ou mesmo de uma rejeição do que havia de sombrio na primeira versão do espetáculo. Na realidade, o ultrapassamento do sombrio e o sentimento da presença direta do espectador, outra mudança relatada por Cieślak, eram como duas faces de uma mesma moeda. Era, entre outros, a visão negativa que ainda existia sobre o espectador como aquele incapaz de partilhar – a não ser por meio de uma violência impetrada contra ele – as questões apresentadas pelo espetáculo, que também favorecia a visão sombria do mundo contada no espetáculo. Os espetáculos grotowskianos anteriores a *Ap* (e mesmo *Ap* em seu início) eram, de alguma maneira, espetáculos que se colocavam contra o mundo – ilusório, banalizado, cego – do espectador.

Ap, tanto pelo processo de feitura do espetáculo, relacionado intimamente com a vida do próprio grupo, quanto por sua relação com o movimento cultural que avançou pelo mundo nas décadas de 1960 e 1970, era um espetáculo que se colocou pouco a pouco a favor do espectador, já que Grotowski e o T.-L. haviam encontrado, em uma parcela mais jovem da audiência, uma fraternidade até então desconhecida[198]. O espetáculo

---

198 Isso não quer dizer que não houvesse contra Grotowski, também por parte dessa geração vinculada a uma mudança de paradigma político-cultural, críticas contundentes. Uma delas era a sua não vinculação a uma prática *stricto sensu* política. Quando esteve no Brasil, em 1974, por exemplo, Grotowski teve que responder a questões desse tipo. Perguntado se se sentia como "o contrário a Brecht" – considerado, então, o pai de um teatro político – respondeu com uma pergunta irônica: "um hipopótamo é o contrário de uma

O PERCURSO DA NOÇÃO DE ESPECTADOR EM GROTOWSKI

tornava-se, portanto, mais luminoso à medida que a presença desse outro – espectador, mas, nesse momento, irmão – podia ser integralmente acolhida.

Vamos então acompanhar quais foram as modificações realizadas nas diferentes versões de *Ap* e como elas se relacionaram com – e ao mesmo tempo, em certa medida, produziram – esse novo espectador.

O espetáculo havia estreado com a premissa de um espectador-testemunha que não se imiscuísse na ação, que não atrapalhasse o processo criativo do ator, ainda que pudesse, como vimos na noção de testemunha, coparticipar emocionalmente – e mesmo ser transformado – a partir do ato do ator. Como afirmou Cieślak, no início de *Ap,* "os espectadores [...] eram os observadores, as testemunhas à distância, de certa maneira, de um acontecimento que se desenrolava no meio, entre os atores"[199]. Nessa primeira versão de *Ap, o* espaço de apresentação era um espaço vazio com cinco bancos – para os espectadores –, colocados como que aleatoriamente ao longo das paredes da sala. Os atores realizavam suas ações no centro do espaço.

Uma das associações que sustentavam o espetáculo era, como vimos, a segunda vinda de Cristo; Cristo sendo visto aqui não exatamente como filho de Deus, mas como um homem capaz de revelar a si mesmo. E uma questão que atravessava o espetáculo era: Se Ele aparecesse seria notado? Digo isso porque, na primeira versão, os espectadores, em pouco número (35), eram pensados como aqueles que, vindos por acaso, talvez pudessem, em meio à balburdia e à crueldade modernas, reconhecê-Lo sob sua capa – a única sob a qual, segundo Grotowski, ainda havia espaço para Ele existir na modernidade – de *outsider,* de marginal, de mendigo. Bentley, que assistiu ao espetáculo nessa época, dizia: "Nós éramos um pequeno grupo de espectadores, pequeno o suficiente para nos

girafa?" Grotowski marcava então a especificidade do seu trabalho no campo dos processos criativos. Em outros momentos, dizia que um discurso que valorizava um teatro eminentemente político ocultava, muitas vezes, tanto uma culpabilização – como se a cultura fosse algo menor –, quanto a dificuldade de uma dedicação integral à luta política.

199   R. Cieślak, Sans jeu, *Le Théâtre en Pologne,* n. 8, p. 4.

388 PALAVRAS PRATICADAS

sentirmos discípulos dos discípulos"[200]. Pode-se reconhecer, na fala de Bentley, um pouco daquela imagem dos monges testemunhas em Saigon.

Flaszen afirmou que essa maneira de apresentar o espetáculo tinha sentido para o grupo naquele momento: "Tínhamos nos tornado um teatro famoso. Mas, na verdade, nós ainda nos sentíamos solitários, isolados, quase estranhos. Vivíamos em tensão com o mundo, ou talvez em rebelião, ou negação"[201].

Mas, com o tempo, foi havendo, no t.-l., uma profunda modificação na maneira de se perceber o espectador. O grupo começou a reconhecer um novo espectador que chegava ao t.-l. para assistir ao espetáculo. Era, de modo geral, um espectador jovem que vinha repetidas vezes ao espetáculo e que não recebia "nosso trabalho como um evento cultural/artístico, mas que era de alguma maneira, 'aparentado' conosco"[202]. Grotowski se referia a esses novos espectadores dizendo que eles tinham uma sensibilidade que os colocava sobre a mesma "extensão de ondas" próprias aos membros do t.-l.

Esse novo espectador fez com que *Ap* ganhasse novas versões e contribuiu, de certa maneira, para o nascimento das experiências parateatrais. Frente a esse novo espectador, como afirmam diferentes depoimentos, o sentimento de vazio e abandono desapareceu, e também a agressividade e a necessidade de ridicularizar, embaraçar ou afastar o espectador: "Paramos de ser contra as pessoas que vinham a nós e contra as que não vinham a nós"[203].

O acontecimento do espetáculo passou, então, a se realizar em toda a sala. Havia um maior número de espectadores que, agora, sentados no chão, experimentavam uma grande proximidade física entre eles mesmos, e também entre eles e os atores.

200   E. Bentley, Dear Grotowski: An Open Letter [1969], em R. Schechner; L. Wolford (orgs.), *The Grotowski Sourcebook*, p. 169.
201   L. Flaszen, Conversations with Ludwik Flaszen [1977], *Education Theatre Journal*, p. 326.
202   Idem, ibidem.
203   Idem, p. 327.

Com Bancos / Sem Bancos

Aquela primeira versão de *Ap* foi chamada, posteriormente, a versão "com bancos". É que uma das transformações operadas foi justamente, ainda que paulatinamente, a retirada dos bancos nos quais os espectadores se sentavam. Por algum tempo, houve duas versões do espetáculo: a "com bancos" e a "sem bancos". Na segunda versão, admitia-se mais pessoas – por volta de 100/120 – que ficavam de pé ou se sentavam no chão. Por fim, a partir de 1973, apenas a versão "sem bancos" permaneceu.

Para se ter uma ideia desse processo, retomo um relato de Barba, em *Terra de Cinzas e Diamantes,* sobre as doze apresentações de *Ap* – oito com bancos e quatro sem – ocorridas em agosto de 1971 na sede do Odin Teatret em Holstebro. Grotowski queria que se vendessem os ingressos para os espetáculos "sem bancos" apenas para os espectadores jovens; dava como justificativa o desconforto, para os mais velhos, em assistir ao espetáculo sentado no chão ou em pé. Barba considerou isso uma discriminação: negar-se um ingresso por causa da idade do espectador parecia-lhe inaceitável. Por fim, só foram colocados à venda os espetáculos "com bancos", mas as entradas só podiam ser compradas mediante um pedido escrito acompanhado de um currículo. Era uma estratégia para que se pudesse selecionar, sem maiores constrangimentos, os espectadores das apresentações "sem bancos".

Seleção dos Espectadores

Uma das diferenças na noção de espectador em *Ap* dizia exatamente respeito à tentativa, cada vez mais importante para Grotowski, de selecionar os espectadores que veriam o seu espetáculo. Grotowski intentava propor uma relação diferente daquela na qual o espectador é aquele que adquire a possibilidade de aceder a um bem cultural através do pagamento de um ingresso. Queria que *Ap* fosse um lugar de *encontro* de almas esfomeadas por um mesmo desejo.

Há inúmeros relatos de estratégias de Grotowski para controlar, em *Ap*, à época da versão "sem bancos", quem teria

390 PALAVRAS PRATICADAS

acesso ao espetáculo. Grotowski tentava, por exemplo, a todo custo, e tanto nas viagens ao exterior quanto dentro da Polônia e no espaço do T.-L., diminuir o número dos ingressos fornecidos aos produtores, às autoridades, à imprensa[204]. Pedia a algumas pessoas nas quais confiava – por exemplo, aos participantes das experiências parateatrais –, que encontrassem, às vezes apenas algumas horas antes do espetáculo, aqueles que percebessem ter necessidade de estar entre os espectadores. Para esses, fornecia, muitas vezes gratuitamente, os ingressos.

Kristian Lupa, hoje um importante encenador polonês e, na época, um jovem estudante da Escola Nacional Superior de Arte Dramática, contou que fez parte de um grupo de estudantes que, mesmo não tendo ingressos, foi admitido no espetáculo no mesmo momento em que membros do governo, com ingressos, tinham sido excluídos da assistência: "era uma espécie de provocação". Lupa acrescentou que essa atitude de selecionar e de admitir ou não os espectadores

era uma coisa típica de Grotowski. Dizia-se que ele tinha medo das pessoas que se distanciavam muito em relação a seu espetáculo, pois esse lado negativo instaurava uma energia ruim. Ele preferia um público homogêneo mais propício a viver o acontecimento metafísico que ele propunha[205].

De fato, Grotowski queria selecionar seus espectadores e o fazia com base no que reconhecia como uma necessidade vital de parte da audiência por aquele convívio com o espetáculo. Grotowski, nesse momento, não apenas criticava, como em "O Novo Testamento do Teatro", o espectador que "alimenta veleidades culturais"; ele tentava, a todo custo, negar-lhe o assento – ou melhor, o chão – no espetáculo:

Nós nos encontramos então face à necessidade de organizar nossos encontros com eles [os espectadores] de modo diferente para que as pessoas que querem nos encontrar não batam com a cara na porta. Eu

204 Dizia Flaszen, em 1977, que a partir da permanência apenas da versão sem bancos "setenta por cento dos bilhetes foram entregues para aqueles que necessitavam dessa experiência, e trinta por cento foram distribuídos pelos organizadores e produtores". Idem, p. 311.

205 Krystian Lupa, *Krystian Lupa, entretiens realisés par Jean-Pierre Thibaudat*, p. 31.

O PERCURSO DA NOÇÃO DE ESPECTADOR EM GROTOWSKI 391

quero dizer [...] que não vejo nada de errado se alguém, que veio nos ver porque quer participar de todos os "eventos culturais", volte para casa; [...] Há pessoas que nos buscam especialmente, e outras que vêm casualmente, entre "outras coisas". Nós devemos dar prioridade para o primeiro tipo de visitante – e não só em nossos corações[206].

Proximidade e Participação

A noção de participação do espectador criticada, em "Teatro e Ritual", como manipulatória (por parte da encenação) e mecânica (por parte do público) foi retomada, mas em bases extremamente diferentes tanto em *Ap* quanto, é claro, nas experiências parateatrais. Grotowski continuou, nos textos do início da década de 1970, a criticar a "tirania" de alguns de seus espetáculos que teriam constrangido o espectador à participação. Ele acreditava que aquela participação fora teatralizada, e não fruto de uma relação autêntica dos homens e mulheres da plateia com os atores, ou mesmo com o tema do espetáculo.

Grotowski, que também não costumava fazer críticas diretas e nominais a outros espetáculos ou artistas, criticou duramente, em um de seus depoimentos, uma cena do espetáculo *Commune,* do Performance Group, na qual os espectadores eram convidados a sentar dentro do palco e a representar as vítimas do Vietnã. Para Grotowski: "É muito fácil, e mesmo indecente, 'jogar' teatralmente com esse problema em um terreno de conforto moral". Além disso, havia, também aqui, uma manipulação do espectador que Grotowski criticava e queria, a todo custo, evitar.

Mas, se em *Ap* não se tratava mais do que Grotowski entendeu como uma participação manipulatória e, por outro lado, também não era um *testemunho*[207], do que se tratava então?

No texto "I See You, I React to You", Grotowski se debruçava sobre essa questão: o problema da participação voltava a ter validade porque a relação entre atores e espectadores havia

---

206   J. Grotowski, Comment on pourrait vivre [1971], *Le Théâtre en Pologne*, n. 4-5, p. 129.
207   Kumiega fala de "testemunho" no *Pc* e em *Ap* (*The Theatre of Grotowski*, p. 146), mas acredito que a noção de *testemunho* como Grotowski a construiu não se aplica totalmente à experiência de *Ap*.

se transformado inteiramente. Antes, como vimos, a ênfase na participação do espectador era mais uma das peças do quebra-cabeça de uma encenação que visava produzir um coletivo, uma comunidade, através do ataque a mitos, valores e imagens presentes no inconsciente coletivo dos espectadores. Era pela via da provocação, do choque, da derrisão e apoteose que se queria "acordar" o espectador. Havia, em todo esse trabalho inicial do T.-L., uma desconfiança em relação ao espectador. E isso tornava impossível um compartilhar afetivo, um compartilhar entre iguais.

A relação entre ator e espectador, pelo menos na primeira metade dos anos de 1960, se bem sucedida, aparecia no confronto, no mal-estar nascido do embate entre as defesas prévias do espectador e a provocação à qual ele era submetido, seja através da destilação do arquétipo no espetáculo, seja através da autorrevelação e do excesso do ator. Barba falava, como vimos, em domadores e feras, referindo-se respectivamente aos atores e espectadores dos primeiros espetáculos do T.-L.

Em certa medida, essa desconfiança em relação ao espectador era também uma desconfiança em relação a si mesmo, e atingia, de certa forma, a própria relação de Grotowski com seus atores, como pudemos ver na entrevista do artista de 1975. As noções de corpo-memória e corpo-vida falavam exatamente da superação dessa desconfiança do ator (e de Grotowski) em relação a si mesmo, ao seu próprio corpo e, naturalmente, às relações que esse corpo podia estabelecer com os outros.

Além disso, o trabalho do artista, até meados dos anos de 1960 e mesmo depois, teve uma aceitação difícil entre seus contemporâneos poloneses. Era recebido com indiferença, com reservas, quando não com ataques frontais da crítica e do teatro poloneses. A noção de espectador foi desenhada tendo esse pano de fundo e, também por isso, baseava-se naquela desconfiança à qual estou me referindo.

Já nos anos de 1970, o problema da participação voltava a ter validade porque o pano de fundo, mundial e mesmo polonês, era outro. Grotowski havia se transformado em uma espécie de guru da nova geração: suas conferências, por exemplo, eram aguardadas com fervor, faziam-se acampamentos em frente ao teatro para conseguir entradas para *Ap* etc. Foi, por-

O PERCURSO DA NOÇÃO DE ESPECTADOR EM GROTOWSKI 393

tanto, no encontro com um espectador que procurava o t.-l. "constantemente, sistematicamente e passionalmente" e que estava "sintonizado com a mesma extensão de onda que nós"[208] que a noção de participação, e também aquela de proximidade física e psíquica, ressurgiu. Segundo Grotowski, "Nós não temos medo da proximidade física com as pessoas que vêm a nós [...]. Muitos desses que vêm são muito próximos de nós para que sintamos medo deles"[209].

O artista polonês encontrou na aceitação e mesmo na exaltação da juventude polonesa (e internacional) à sua investigação um lugar para o espectador que até então não havia se apresentado. Aqueles novos espectadores eram irmãos: "Eu penso que eles são ligados por algo que entre nós é parecido – não, isso não é o suficiente – algo que entre nós é fraternal"[210].

E por causa dessa fraternidade, eles não precisavam mais ser atacados, e nem os atores ou Grotowski precisavam da proteção do espetáculo – ideia, de certa maneira, também presente na noção de testemunho – frente a eles: "Eles são os nossos. Eles não têm que ser brutalmente sacudidos para entender"[211].

Mas, o que era então essa nova relação com o espectador? Como se dava essa participação e proximidade em *Ap*?

Não se tratava de colocar, como nos primeiros espetáculos do t.-l., o espectador realizando uma função na trama, nem de tratá-lo como parte de uma massa que, estimulada de certa maneira, reagiria em conjunto. O espectador era visto como indivíduo, que iria – mesmo ativamente, se assim o desejasse – se encontrar com e participar das ações realizadas por outros indivíduos.

O espetáculo não se dirigia a uma *audiência*, mas partilhava com cada espectador certas associações e ações. A participação ativa era *affair* do espectador – ainda que contasse com a aquiescência do espetáculo – e, portanto, facultativa e individual. Além disso, ela exigia potencialmente uma resposta

---

208 J. Grotowski, Comment on pourrait vivre [1971], *Le Théâtre en Pologne*, n. 4-5, p. 128-129.
209 Idem, p. 129.
210 Idem, p. 32.
211 L. Flaszen, Conversations with Ludwik Flaszen [1977], *Education Theatre Journal*, p. 327.

394 PALAVRAS PRATICADAS

que, segundo depoimentos dos atores do grupo, era baseada não na manipulação, mas no *encontro*.

Algumas premissas dessa nova noção de *participação* foram:

1. A aceitação do espectador, a aceitação do seu olhar: "Não é necessário ser aceito pelo espectador. É a ele que é preciso aceitar. [...] A coragem que é necessária para nos desvelar, para nos descobrir encontra um novo obstáculo que são os olhos do desconhecido"[212]. O que estava em jogo aqui era, em primeiro lugar, a suspensão de um julgamento realizado *a priori* sobre o espectador; julgamento que era, inúmeras vezes, negativo. Para que o ator pudesse encontrar o outro, pudesse encontrar o espectador, era necessário permitir que o olhar do outro se colocasse sobre ele. Era necessário não se fechar ou se proteger desse olhar – proteção, muitas vezes, confundida com julgamento ou crítica – porém, oferecer-se inteiramente (e intimamente) a esse olhar. A permissão que o ator dava ao espectador de olhá-lo era uma das premissas à participação do espectador. Aceitar o espectador significou, também, percebê-lo e reagir a essa percepção.

2. A reação do ator à presença do espectador era sinal, para esse último, de que sua presença e participação tinha sido aceita e mesmo requerida: "Eles não são [...] para nós o 'público' – são pessoas [...] na presença das quais nós reagimos intensamente, com todo o nosso organismo, os nervos à flor da pele, nós reagimos mais calorosamente"[213]. Também no discurso sobre o espectador aparecem palavras como nervos, pele, fibra, calor que mostram que a relação requerida passava, necessariamente, pelo organismo, pelo corpo de atores e espectadores. A proximidade física entre atores e espectadores, e entre espectadores entre si, parece corroborar essa afirmação.

3. Aos poucos, o espetáculo foi proporcionando, entre atores e espectadores, uma grande proximidade física que se amalgamava, segundo Cieślak, a uma grande proximidade psíquica. O contato físico acidental entre ator e especta-

---

212 J. Grotowski, Tel qu'on est, tout entier [12 dez., 1970], *"Jour Saint" et autres textes*, p. 28.
213 R. Cieślak, Sans jeu, *Le Théâtre en Pologne*, n. 6-7, p. 3.

O PERCURSO DA NOÇÃO DE ESPECTADOR EM GROTOWSKI

dor ocorria com frequência, e os próprios espectadores sentavam-se encostados uns nos outros. A sala propiciava uma intensa proximidade física – rara em circunstâncias sociais – e isso contribuía para a intensidade da experiência dos espectadores.

Note-se que até agora não me referi à participação como temos o hábito de entender essa noção. Não estou me referindo a um espectador que é chamado à cena, convidado a responder, transportado de lugar, convidado a seguir um espetáculo itinerante etc. É através da nova relação – de aceitação, de reação calorosa, de proximidade físico-psíquica – que se pode melhor entender a noção de participação em *Ap*. A busca era, em menor grau e de maneira diferente, a mesma que esteve presente nas experiências de *Holiday*; era baseada no encontro e na organicidade.

Mas a experiência de uma participação mais direta do espectador também esteve presente em *Ap*. A partir de 1973, o espectador foi também convidado a participar diretamente. "O objetivo dessa abertura é estudar as condições sob as quais o espectador sem coerção e de maneira delicada, quase imperceptível, pode abandonar o papel de observador"[214].

Kumiega[215] relatou parte desse processo. Grotowski afirmou que na Filadélfia, em 1973, espetáculos experimentais de *Ap* foram apresentados e que nessas apresentações os espectadores eram convidados a uma participação direta, com a única recomendação de não destruírem a estrutura da performance[216]. Kumiega afirmou, por outro lado, que em raras ocasiões houve uma resposta genuína do espectador e, relembrando uma dessas respostas, citou Flaszen quando ele descreveu a participação de uma jovem em espetáculo apresentado na Austrália em 1974: "uma garota entrou na ação ternamente para consolar o Escuro/Inocente; isso durou um pouco, porque ela o fez de maneira humana e delicada. Era a Pietá"[217].

214 J. Grotowski apud J. Kumiega, *The Theatre of Grotowski*, p. 104-105.
215 J. Kumiega, *The Theatre of Grotowski*, p. 104-105.
216 Também no debate, após a palestra de 1974 no Rio de Janeiro, Grotowski falou da necessidade do espectador ser "responsável" se quisesse se misturar, de maneira ativa, ao espetáculo.
217 L. Flaszen, apud J. Kumiega, *The Theatre of Grotowski*, p. 105.

396 PALAVRAS PRATICADAS

O que também se percebe através dos relatos é que não eram muitos os espectadores que se aventuravam à participação. Por outro lado, os atores estavam disponíveis e preparados para, se necessário, reagirem a essas intervenções. Eles podiam tanto acolher uma reação sensível e responsável, quanto evitar – de maneira cuidadosa – uma reação histérica ou destrutiva.

Desconfiança em Relação à Obra

Ao longo desse percurso, cada vez mais a obra, o espetáculo, acabou sendo visto como empecilho para o encontro. Muitas mudanças de *Ap* visaram então, de diferentes formas, retirar do espetáculo tudo aquilo que fosse teatral. Flaszen dizia, em 1977, que "Cada obra de arte [...] é algo que se coloca entre nós; nós não estamos juntos. Precisa-se de moldura, de mediação"[218]. Assim, mesmo a estrutura, quase sempre tão cara a Grotowski, foi colocada de lado em função da possibilidade, fornecida por *Ap*, de um autêntico encontro entre espectador e ator. Havia certa liberdade para a improvisação. *Ap* era "apenas um título, uma corrente de associações, todo o resto se abre sobre o imprevisível, atrai, chama o imprevisível – em nós e fora de nós"[219]. A busca era por uma relação direta, não mediada, não manipulada e não amedrontada – e, por isso, também não agressiva – entre ator e espectador.

No Meio dos Espectadores, os Participantes

Kumiega apresentou a investigação da relação ator e espectador como um dos fatores que influenciou fortemente a transição entre o teatro e o parateatro. Frente ao ato do ator, o espectador ultrapassou a sua posição passiva, de fruidor da obra artística. Para dar um passo além nessa mesma direção, Grotowski teve, segundo Kumiega, que reestruturar seu trabalho e avançar para

218 L. Flaszen, Conversations with Ludwik Flaszen [1977], *Education Theatre Journal*, p. 327.
219 R. Cieślak, Sans jeu, *Le Théâtre en Pologne*, n. 6-7, p. 4.

o parateatro, lugar onde ele pôde finalmente fornecer outro estatuto ao antigo espectador[220].

Embora Kumiega toque em um ponto fundamental, tanto a experiência proposta ao espectador em *Ap* quanto as investigações parateatrais não se consolidaram enquanto lugar do espectador nas experiências subsequentes de Grotowski e, muito menos, no trabalho do Workcenter. A ideia de uma participação direta do espectador valorizada/possibilitada em algumas versões de *Ap* e no parateatro não aparece nas *Actions* e nem, por enquanto, no projeto *The Bridge*. Essa experiência esteve vinculada, ao que parece, a uma determinada época – da contracultura – e sofreu, ela também, ao longo do trabalho de Grotowski, duras críticas.

Mas, nos anos de 1970, Grotowski se referiu a *Ap* como uma "espécie de amostra daquilo que acontece entre nós" na experiência de *Holiday*. Afirmou que o espetáculo era, por sua própria natureza, uma "espécie de encontro ao acaso", que não havia uma "verdadeira escolha recíproca" – ainda que ele tivesse tentado, o mais possível, reservar ao menos uma cota de ingressos para aqueles espectadores irmãos – e que, portanto, no espetáculo não era possível realizar o encontro, como vimos, o ponto fundamental e a base de *Holiday*[221].

Por outro lado, assistir a *Ap* era, se podemos dizer assim, parte do processo de seleção para *Holiday*. Um cartaz feito à mão e pendurado no camarim do T.-L. solicitava àqueles espectadores que desejassem *encontrar* os membros do T.-L. em um estágio parateatral que ficassem na plateia após o espetáculo, escrevessem em poucas palavras o que esperavam do estágio, e entregassem esse papel a Cieślak. O cartaz ainda afirmava não serem necessárias – e, podemos dizer, nem bem-vindas – ambições artísticas. Os espectadores selecionados não eram necessariamente atores.

Imagino que, nas conversas que faziam parte do processo de seleção, *Ap* fosse tema de discussão. Não de maneira teórica, é claro, pois não se tratava de nenhuma sabatina. No entanto acredito que a Grotowski interessava saber como o espetáculo

---

220   J. Kumiega, *The Theatre of Grotowski*, p. 150.
221   J. Grotowski, debate de Jerzy Grotowski [1974], não publicado, cedido à pesquisadora por Narciso Telles.

398 PALAVRAS PRATICADAS

tinha afetado – poética, psíquica, energeticamente – aquele espectador que iria ser ou não selecionado para *Holiday*. François Kahn relatou que, em seu processo de seleção, conversou sobre uma palestra de Grotowski a que ele havia assistido anteriormente, contando as partes que mais se lembrava, o que o havia afetado etc. Acho que isso mostra como, nesse momento, no início dos anos de 1970, as experiências parateatrais, as palestras repletas de espectadores e extremamente longas de Grotowski, e o espetáculo *Ap* faziam parte de um mesmo grande espaço de experimentação aberto no T.-L.

Finalizo com uma declaração de Grotowski na qual desqualificava a própria noção de público, de espectador, em favor da noção de encontro. Afirmava que, baseando-se no *encontro*, encontraria o "lugar" daqueles que viriam vê-los. Grotowski aparece, nessa fala, como um permanente investigador das possibilidades de relação entre atores e espectadores, ou, se quisermos, entre atuantes e testemunhas.

Qual é o papel do público? Por que se preocupar em saber qual deve ser o papel do público? E, além disso, o que isso quer dizer: o público? Nós fazemos alguma coisa e há os outros, aqueles que querem nos encontrar; isso não é um público, isso são seres concretos, em carne e osso, uns abrem suas portas, outros vêm ao seu encontro, algo vai se passar entre nós. É mais importante do que ter uma teoria sobre o que deve ser o público. O que temos que fazer e quem temos vontade de encontrar? E, o que vai se passar entre nós e no meio de nós? Essas são as questões que nos colocamos de novo, a cada vez, e, como é assim, o lugar daqueles que terão vindo nos ver se encontrará por ele mesmo. Defini-lo *a priori* seria um jogo puramente abstrato[222].

Grotowski dizia também não ter exigências em relação aos *visitantes,* mas sim esperanças[223].

222　J. Grotowski, Tel qu'on est, tout entier [12 dez., 1970], *"Jour Saint" et autres textes*, p. 41.
223　J. Grotowski, debate de Jerzy Grotowski [1974], não publicado, cedido à pesquisadora por Narciso Telles.

Conter o Incontível[1]

Após acompanhar o percurso de Grotowski entre os anos de 1959 e 1974, não há dúvida de que uma das questões mais importantes do período – e veremos como essa discussão não se encerrou aí, mas atravessou todo percurso do artista – foi aquela sobre estrutura e espontaneidade. Ao pesquisar as noções de ator, e mesmo de espectador, no trabalho de Grotowski, vimos que as definições de estrutura e espontaneidade estiveram relacionadas a diferentes práticas e também deram origem a diferentes termos.

Gostaria de concluir meu trabalho enfrentando, de maneira resumida, esses termos e práticas ligadas às noções de estrutura e espontaneidade que o artista experimentou ao longo de sua pesquisa. Meu intuito é permitir que o leitor, a partir de um tema específico, possa rever e aprofundar discussões apresentadas em diferentes momentos do livro. Gostaria também que ele se deparasse, na conclusão, com o que acredito ter sido o cerne do meu trabalho: a busca por um Grotowski *pesquisador* que, através de experimentações, crises, abandonos

---

1 Desenvolvi parte da análise que apresento aqui no artigo "Conter o Incontível: Apontamentos Sobre os Conceitos de 'Estrutura' e 'Espontaneidade' em Grotowski", publicado na *Sala Preta, Revista de Artes Cênicas*, 2005, n. 5, São Paulo-USP.

400 PALAVRAS PRATICADAS

e retomadas, mapeou e penetrou em diferentes territórios artísticos e para-artísticos.

Na discussão sobre estrutura e espontaneidade, não me ative apenas ao período investigado nesse trabalho. Interessou-me ver, através de textos de Thomas Richards e Mario Biagini, como essa discussão se realizava no Workcenter. Interessou-me, também, enxergar essa discussão através da definição das linhas orgânica e artificial das artes performativas, linhas que Grotowski criou e analisou nas suas aulas do Collège de France entre os anos de 1997 e 1998. Acredito que, assim, saindo do período que circunscrevi para trabalhar, poderei, além de mostrar a centralidade dessa questão que atravessou todo o percurso do artista polonês, deixar pistas e desejos para um próximo trabalho.

Trabalhar, na conclusão, sobre as definições de estrutura e espontaneidade também é interessante na medida em que essas definições trazem à tona de maneira clara aquele cruzamento entre o artesanato e a metafísica, defendido por Flaszen como uma das marcas da investigação e da terminologia de Grotowski.

ESTRUTURA E ESPONTANEIDADE

As práticas vinculadas, ao longo do percurso de Grotowski, a esses termos são múltiplas. E também a escolha lexical que acompanhou essa área de investigação variou ao longo do tempo. O artista se referiu, entre outros, a *artifício, forma, partitura, estrutura, signos*, e a *organicidade, espontaneidade, vida, fluxo de vida, sintomas, impulsos.*

Apresentar esses termos como se eles estivessem divididos em dois blocos distintos, como, didaticamente, acabei de fazer, não dá conta do modo como a investigação sobre estrutura e espontaneidade foi trabalhada no percurso de Grotowski. Muitas vezes ele enfatizou a tensão existente entre os dois polos do que entendia ser um binômio. Em alguns textos, ele preferiu chamar a atenção para uma unidade fundamental entre os dois lados: "Só quando existem juntos, não enquanto união de duas coisas mas como uma coisa única, estamos inteiros"[2]. Mas,

2 J. Grotowski, Respuesta a Stanislávski [1969], *Máscara*, n. 11-12, p. 23.

também, certas vezes, os termos operaram uma contraposição, como, por exemplo, na apresentação dos dois polos – orgânico e artificial – no curso do Collège de France. O que Grotowski definiu, por exemplo, como uma estrutura na linha artificial era diferente da definição de estrutura quando se tratava da linha orgânica.

Para realizar minhas intenções, apresento essa conclusão em seis sessões distintas: 1. a positividade do *artifício*; 2. ideoplastia: "nutrindo" os signos; 3. partitura é contato; 4. organicidade, autorregulação e sintomas; 5. técnicas: dramáticas e ecológicas; 6. ação física, ajustamento e inércia. As quatro primeiras estão referidas a quatro momentos pelos quais acredito ter passado a investigação sobre estrutura e espontaneidade entre 1959 e 1974. Na quinta, mostro como Grotowski voltou, após um período de negação total da técnica, a dar, novamente, positividade a ela. Contudo, as técnicas buscadas eram orgânicas. Estávamos longe das técnicas que Grotowski criticou – no final dos anos de 1960 e início dos anos de 1970 – por retardarem ou mesmo impedirem o ato, longe do pensamento – também criticado pelo artista – que via o organismo como algo a ser controlado ou adestrado pelas técnicas. A busca era, ao contrário, por técnicas que permitissem e/ou facilitassem o desbloqueio dos processos humanos. Grotowski dizia que buscava técnicas dramáticas e ecológicas. Na última, me dedicarei ao estudo da investigação sobre estrutura e espontaneidade a partir de certas noções – ação física, ajustamento e inércia – utilizadas por Richards ou Biagini em alguns dos seus textos/entrevistas.

A Positividade do Artifício

Como vimos, nos seus primeiros textos, ao traçar um paralelo entre teatro e ritual, Grotowski fazia um elogio da artificialidade. Tanto no ritual como na teatralidade, o artista se interessou por um sistema de signos abreviado, definido *a priori*, e, portanto, convencional. A teatralidade se distinguiria da vida de todo dia exatamente por ser produtora de um sistema de signos. Havia uma diferença entre a chamada lógica da forma,

402 PALAVRAS PRATICADAS

justificada pelas leis da teatralidade e baseada na construção de signos, na convenção, e lógica da vida corrente que, não sendo estruturada, não seria, portanto, artística.

Além do ritual, as referências de Grotowski, quando falava em lógica da forma ou em sistema de signos, eram tanto o teatro oriental quanto a biomecânica de Meierhold. De qualquer maneira, o campo do artístico estava definido para ele, naquele momento, como um espaço de construção, de estruturação, de convenção e de artificialidade.

Nos primeiros espetáculos, a teatralidade era buscada equitativamente em todos os elementos da *mise-em-scène*, e não havia nenhuma ênfase sobre o trabalho do ator. Só em *Shakuntala*, quarto espetáculo de Grotowski à frente do T13F, a *artificialidade* começou a ser trabalhada através de signos vocais e corporais do ator fixados precisamente em uma partitura. Aqui começou a aparecer o ator-feiticeiro, construtor de signos que provocavam associações no psiquismo da plateia. Como um feiticeiro, o ator devia conhecer e controlar seus instrumentos, seu corpo e sua voz, para que saíssem da esfera do cotidiano e se aventurassem em posições, gestos e entonações inusuais, que causassem um impacto profundo na imaginação do espectador.

Nesses primeiros anos da década de 1960, as palavras artifício, habilidade, efeito e truque eram utilizadas de maneira positiva por Grotowski: ele entendia que, para ser produtor de signos, o ator deveria, assim como o feiticeiro, possuir um arsenal de instrumentos a serem utilizados quando necessário.

Nesse primeiro momento, ele entendia partitura como um conjunto de signos vocais e corporais, repetidos pelo ator habilidoso de maneira precisa e mesmo, como afirmou Flaszen, matemática. Podemos perceber, também, que o alvo mais evidente da partitura era a psiquê dos espectadores.

Grotowski fez, em inúmeros textos, críticas a esse período de sua investigação. Criticava justamente o ator que construía um arsenal de habilidades reforçando a divisão entre ele mesmo e seu organismo, produzindo, assim, um corpo domesticado, não liberado para as possibilidades do próprio processo criativo. Ele estava criticando de certa maneira também a partitura construída com base naquela mesma relação de domesticação. Novas maneiras de entender a partitura surgiram entre *Shakuntala* e os últimos anos da década de 1960. Antes, a noção de partitura ou de forma não se relacionava com a de espontaneidade. Ao contrário, a espontaneidade, nos primeiros anos, era rechaçada porque era concebida como sinônimo de uma atuação – naturalista e/ou natural –, que se apoiava no comportamento cotidiano do ator, ou o reproduzia.

A espontaneidade como um termo positivo e, mais do que isso, fundamental para o trabalho do ator, só começou a aparecer nos textos de Grotowski a partir de 1962. O artista começou a dar "um pouco de razão" a Stanislávski: a dizer que à forma era necessário aliar o empenho interior, a intenção consciente, e/ou as associações íntimas do ator. Foi, portanto, somente a partir de 1962 que o processo pessoal e a articulação formal[3] apareceram como um binômio, ainda que a relação entre as duas partes tenha assumido, com o passar dos anos, diferentes configurações.

Ideoplastia: Nutrindo os Signos

> *Podemos dizer que no primeiro período do trabalho com disciplina e espontaneidade os sintomas da vida nutriam os signos, a construção[4].*

Nos textos escritos entre 1962 e 1965, já podemos ver algumas dessas configurações. Em "O Novo Testamento do Teatro", de 1964, por exemplo, Grotowski continuava definindo a artificialidade como "um problema de ideogramas [...] que evocam associações no psiquismo da plateia", mas fica claro, também, que esse ideograma começou a relacionar-se com as "motivações escondidas do ator". A "rigidez nas disciplinas externas" era apresentada, então, como o par exigido à absorção "no que está escondido dentro de nós"[5].

O artista falava em construir uma linguagem psicanalítica de sons e gestos e a fonte dessa linguagem estava na desrepressão

---

3 J. Grotowski, Em Busca de um Teatro Pobre [1965], *Em Busca de um Teatro Pobre*, p. 15.

4 Ludwik Flaszen, *Du tabou jusqu'à l'Idiosyncrasie.*

5 J. Grotowski, O Novo Testamento do Teatro [1964], *Em Busca de um Teatro Pobre*, p. 33-34.

404 PALAVRAS PRATICADAS

dos impulsos psíquicos que, quando liberados, se refletiam (se materializavam) no corpo e na mobilidade do ator. Em um segundo momento, era necessário que os reflexos/impulsos fossem organizados em uma partitura. A estrutura servia, assim, para afastar a possibilidade do caos biológico, de uma erupção caótica de conteúdos inconscientes, ao mesmo tempo em que cumpria uma função de comunicação com o espectador. Os materiais revelados no processo de autopenetração deveriam se transformar (ou nutrir, como dizia Flaszen) em linguagem (os signos) que operaria(m) junto ao espectador.

No artigo "Em Busca de um Teatro Pobre", de 1965, Grotowski apontou para uma qualidade do binômio que esteve, a partir de então, permanentemente presente na obra escrita do artista: a tensão tropística entre os dois polos. Dizia que "a forma é como uma sedutora armadilha à qual o processo responde instantaneamente, contra a qual Luta"[6]. Richards, trinta anos depois, falava desse mesmo "paradoxo do ofício do ator", afirmando que somente a partir da luta de duas forças opostas, que nomeou de forma e fluxo da vida, o equilíbrio da vida cênica poderia aparecer[7]. Não havia para Grotowski uma contradição entre a técnica interior e o artifício. Ele acreditava que o processo interior do ator não só suportava a artificialidade, como necessitava dela para existir e expandir-se. Em momentos chaves, a interioridade, segundo o artista, amalgamava-se com o artifício: "O homem em um estado espiritual elevado não se comporta 'naturalmente', usa símbolos[8] articulados ritmicamente"[9].

Flaszen, em 1977, já utilizando o termo orgânico, pareceu se referir ao mesmo amálgama quando citou o trabalho do ator Woszczerowicz, que havia influenciado as investigações do t.-l. Segundo Flaszen, na interpretação desse ator, o gesto orgâ-

6 J. Grotowski, Em Busca de um Teatro Pobre [1965], *Em Busca de um Teatro Pobre*, p. 15. (Grifo nosso.)
7 Thomas Richards, *Trabalhar com Grotowski Sobre as Ações Físicas*, p. 22.
8 Grotowski, ao explicar sua noção de "símbolo", afastou-a dos *símbolos hieroglíficos do teatro oriental*. Dizia que, no teatro oriental, os símbolos eram *inflexíveis, como o alfabeto,* mas que, no seu trabalho, eles eram a *articulação da psicofisiologia particular do ator.* J. Grotowski, Em Busca de um Teatro Pobre [1965], *Em Busca de um Teatro Pobre,* p. 21. Em outro momento desse mesmo texto, *símbolo* apareceu quase como sinônimo de *impulso.* Idem, p. 16.
9 Idem, p. 15.

CONTER O INCONTÍVEL   405

nico era ao mesmo tempo – sem que isso fosse controlado ou construído conscientemente pelo ator – um gesto simbólico. Melhor dizendo, o ator trabalhava no limite de um gestual que conectava o orgânico com o simbólico[10].

Podemos entender melhor os termos do binômio, nos anos anteriores a *Pc*, se aceitarmos que navegavam entre pelo menos, dois eixos. Por um lado, buscava-se com a forma obter um impacto sobre o espectador, e, por outro, a forma também operava e era mesmo fundamental no âmbito do trabalho do próprio ator, já que ela suportava, reforçava e expandia o processo interior.

Na descrição do binômio *estrutura/espontaneidade* nos textos datados entre 1963 e 1965, percebo tratar-se, certas vezes, da imagem de uma interioridade do ator encoberta (caótica, reprimida, escondida) que deve ser penetrada, organizada, estruturada. O binômio foi descrito de maneira diferente, nos anos seguintes, principalmente após a experiência de Cieślak no espetáculo *Pc*.

Em texto do início da década de 1970, por exemplo, Grotowski criticava exatamente essa dicotomia (e, quem sabe, também as leituras de sua obra que se aprisionaram nesse período e nessa nomenclatura) quando criticava a expressão *se abrir*:

> Nós caímos todos em tentação, e também eu, por essa palavra mágica, "se abrir". Mas, a partir do momento que dizemos "se abrir" caímos na cova dessa tradição mil vezes milenar que, a despeito da todas as suas vitórias, apesar de toda sua fecundidade, nos mutila: aquela que diz que o homem se divide entre o que é interior e o que é exterior, o intelecto e o corpo, etc. Na verdade quando dizemos "se abrir", queiramos ou não, dizemos que em nós, bem no fundo, há algo que é preciso deixar sair e oferecer aos outros; que o interior e o exterior existem como duas coisas distintas [...] um pouco para evitar agir com todo o seu ser, para não ser você mesmo, inteiramente[11].

---

10   L. Flaszen, Conversations with Ludwik Flaszen, *Education Theatre Journal*, p. 314.

11   J. Grotowski, Jour Saint [13 dez., 1970], *"Jour Saint" et autres textes*, p. 10.

Partitura é Contato

O conceito de contato, conceito-chave que se relacionou com inúmeras transformações práticas ocorridas no T.-L., reescreveu também o binômio estrutura/espontaneidade. A noção de partitura, por exemplo, passou a ser definida com relação ao contato. O que se partiturava eram os elementos do contato humano, o dar e tomar das relações. Frente ao conceito de contato, não era mais possível definir a partitura como uma exteriorização organizada de conteúdos interiores, já que, no contato, aquilo que está "dentro" ou "fora" do ator não podia mais ser tão facilmente distinguido. As intenções, as associações eram também reações ao outro, ao espaço, e estavam firmemente atadas à corporeidade, ao organismo – também sensorial – do ator; não eram mais definidas apenas como reflexos psíquicos.

O ato total, outro conceito importante da época, se originava exatamente pela conjunção entre espontaneidade e disciplina. Na prece carnal, aquilo que era visto como biológico ou instintivo não estava mais separado daquilo que era relacionado à espiritualidade ou à interioridade. O corpo, o outro e o espaço permitiam, na tangibilidade que lhes é própria, a presença do intangível; eram setas lançadas ao desconhecido. Podemos entender, então, porque Grotowski se opunha a denominação de seu teatro como "teatro do corpo" ou "teatro físico". Se pensarmos o conceito de estrutura somente em termos de fisicalidade, podemos acabar por fetichizar o corpo e a musculatura como se a uma forma física precisa e repetida correspondesse, inexoravelmente, a vida, a espontaneidade da ação.

Quando Grotowski afirmava que as recordações eram sempre reações físicas ou que o ator deveria pensar com o corpo, o que estava em jogo não era uma exaltação do corpo físico. Ele não estava querendo inverter os polos do modelo que separa corpo, mente e espírito em instâncias estáveis, distintas e hierarquizadas, mas justamente criticar essa separação e hierarquização. O artista criticava ainda a crença na existência de individualidades estáveis e separadas. O "eu" continha/era o outro e o Outro[12].

---

12 Dizia Grotowski em 1970: "O ato do corpo-vida implica a presença de uma outra pessoa humana, a comunicação dos homens, a comunidade. E mesmo nossas lembranças só são verdadeiramente importantes quando elas nos ligam

Organicidade, Autorregulação e Sintomas

> *Mais tarde, a partitura era o pretexto*
> *para a manifestação dos sintomas[13].*

A "descoberta" da organicidade trouxe para dentro do trabalho do T.-L. uma confiança no organismo, na natureza, que, segundo Flaszen, até o *Pc* não havia sido encontrada. Antes disso, o que se revelava nos textos de Grotowski era uma noção de corpo, de organismo, de vida, como um lugar de forças instintivas, às vezes represadas, e, em certa medida, caóticas, que deveriam ser liberadas, e, necessariamente, controladas e organizadas por uma dita estrutura. A imagem que Grotowski utilizou era a da estrutura como uma rédea no cavalo da espontaneidade. A rédea controla, dirige, e, assim, potencializa a ação do cavalo[14].

A "descoberta" da organicidade trouxe a percepção de que, em um determinado grau de plenitude da ação, aquilo que é considerado mais instintivo e o que é mais consciente não existem como forças separadas: o ato era fruto da consciência orgânica. Assim, um ator subserviente às forças instintivas não era, necessariamente, um ator submerso no caos. Naquela subserviência havia liberdade, libertação da desconfiança no corpo, no outro e na Natureza.

Nessa época, Grotowski afirmou que até mesmo "aquela contradição entre espontaneidade e precisão" era "natural e orgânica". Indicava, assim, que na organicidade coexistiam – se fundiam – espontaneidade e estrutura. Ele continuava dizendo:

> com um outro, quando elas evocam os momentos onde vivemos intensamente com os outros. [...] e se com seu corpo-vida vocês forem tocar alguém, seu alguém aparecerá naquilo que vocês fazem. E haverá, talvez, ao mesmo tempo, a presença daquele que está aqui e agora, seu parceiro, e daquele que conta na sua vida e daquele que contará na sua vida – e Ele será um. Veja porque, entre outras coisas, isso não pode contentar-se com a introspecção, com uma atitude fechada sobre si mesmo". Cf. Ce qui Fut, *"Jour Saint" et autres textes*, p. 60.

13 L. Flaszen, *Du tabou jusqu'à l'Idiosyncrasie*.

14 Idem. "Ao mesmo tempo, esses dois elementos restringem um ao outro enquanto eleva-se a expressividade. Grotowski usou a comparação com as rédeas do cavalo que, se utilizadas para controlar o cavalo, aumentam suas reações. Em outras palavras, se através da disciplina se contém o que é espontâneo, aumenta-se a força dos atos do ator".

408 PALAVRAS PRATICADAS

Em um certo sentido, a precisão é o campo de ação da consciência, a espontaneidade – por outro lado – do instinto. Em outro sentido – ao contrário – a precisão é o sexo, enquanto a espontaneidade é o coração. Se o sexo e o coração são duas qualidades separadas, então estamos desmembrados. Só quando existem juntos, não enquanto união de duas coisas senão como uma única coisa, estamos inteiros. Nos instantes de plenitude, o que em nós é animal não é unicamente animal, mas toda a natureza. Não a natureza humana, mas toda a Natureza no homem. [...] E então não atuo "eu" – atua "isso". Não "eu" cumpre o ato, "meu homem" cumpre o ato" [...] Quando se fala de espontaneidade e de precisão na mesma formulação ficam ainda dois conceitos contrapostos que dividem injustamente[15].

Quando Grotowski colocou consciência e sexo no lado da precisão, e instinto e coração no lado da espontaneidade, ele perverteu a oposição mais comumente aceita entre, de um lado, consciência, pensamento, espírito e, de outro, instinto, corpo, natureza. A Natureza do homem, que aparecia para Grotowski naqueles momentos de plenitude, momentos nos quais o ato era levado até o seu termo, não era puramente animal. Ela tem/ traz/é uma consciência. As noções de corpo-vida, consciência orgânica, teu homem, serviram exatamente para circunscrever e nomear essa experiência.

Quando se referiam àquela experiência de plenitude, tanto Flaszen quanto Grotowski falavam da presença de estruturas, ainda que estas não fossem construídas conscientemente. Flaszen, referindo-se às experiências parateatrais, tocou exatamente nesse ponto:

do ponto de vista da atividade nas experiências parateatrais, trata-se de estímulos sendo trocados entre seres humanos. Mas, nesse caso, não podemos dizer que o que é espontâneo – esses sintomas da vida – não tem nenhuma estrutura. *Se você toca o ponto vital, a fonte de onde brota toda a vida, então, a despeito do fato de que isso não é construído conscientemente, seu comportamento se torna extremamente harmonioso, mesmo estruturado.* Não se trata de caos[16].

Outra noção importante no período foi justamente aquela de sintomas de organicidade: descobrir os sintomas era reconhecer

---

15 J. Grotowski, Respuesta a Stanislávski [1969], *Máscara*, n. 11-12, p. 23.
16 L. Flaszen, *Du tabou jusqu'à l'Idiosyncrasie*. (Grifo nosso.)

CONTER O INCONTÍVEL 409

o modo com que a vida tinha de se estruturar. Flaszen dizia ter criado uma formulação, utilizada também por Grotowski, na qual distinguia as experiências do início do trabalho no T13F, relacionadas a uma questão de signos, e as experiências posteriores, relacionadas à questão de sintomas de vida. Esses sintomas – "todo o movimento da matéria viva, com seu modo próprio de manifestar-se" –, que passaram a ser mais e mais importantes, eram como indicadores, segundo Flaszen, de que havia "uma aceitação da vida de nosso organismo, como ele é"[17].

Estamos longe, portanto, da ideia de uma estrutura artificial, construída, codificada, ou mesmo de uma estrutura que organiza em "linguagem" reflexos/impulsos inconscientes.

Técnicas Dramáticas e Ecológicas

Grotowski, já na segunda metade da década de 1960, colocava, com sua noção de *via negativa,* a técnica do ator em questão. Na primeira metade dos anos de 1970, essa crítica se radicalizou e ele começou a acreditar que na busca e na utilização de técnicas e exercícios estava implícita uma desconfiança, um desconforto ou mesmo uma rejeição do organismo e da natureza. Meu estudo realizou-se preferencialmente até o ano de 1974, quando essa crítica estava ainda vigorosamente presente.

Porém, já na segunda metade dos anos de 1970, Grotowski voltou a procurar, a utilizar e a "criar" exercícios e técnicas. Essa experimentação baseou-se em parâmetros diferentes daqueles que atuaram nos anos de 1960. Grotowski se interessou por experimentar técnicas e exercícios que pudessem atuar como instrumentos eficazes para auxiliar o atuante a penetrar no território da *organicidade*; técnicas e exercícios – na sua maioria vinculados a experiências rituais – que facilitassem a entrada do organismo naquele *fluxo de ações* que caracterizava a *organicidade.*

Grotowski investigou, no Teatro das Fontes, determinadas técnicas que chamou, à época, de dramáticas e ecológicas. E parece não haver dúvida de que a descoberta daqueles sintomas de

17 Idem.

410 PALAVRAS PRATICADAS

organicidade o auxiliaram na busca e seleção dessas "novas" técnicas. Elas deveriam ser dramáticas, o que quer dizer que eram dinâmicas, realizadas em ação, não sendo, dessa forma, técnicas contemplativas. O organismo do participante era colocado em jogo, não deveria ser anulado ou controlado. Não se buscava, como, por exemplo, em um determinado tipo de meditação, a diminuição do ritmo metabólico do corpo. Este, para Grotowski, era visto, no mínimo, como pista de decolagem para o ato. As técnicas deveriam ser também ecológicas, ou seja, o homem deveria ser colocado frente às forças da natureza, se percebendo como integrado, pertencente à Natureza e não apartado dela.

Ação Física, Ajustamento e Inércia

Começo essa seção com uma citação de Richards na qual ele, por um lado, reafirmou o que vimos falando até aqui, ou seja, que a *vida* – a espontaneidade – na sua plenitude é estruturada, ao mesmo tempo em que chamou a atenção para a importância da repetição quando se busca reviver uma dita experiência e/ou quando se quer construir uma obra. Chamou a atenção, portanto, para um, digamos, segundo tempo da noção de estrutura.

Vamos à citação:

Quando a necessidade de precisão e forma aparecem? Sempre. Mesmo no momento de realizar um ato de qualidade muito grande, pela primeira vez, não haverá só o aspecto da energia (no original, "drive"), mas também a articulação formal. A necessidade desses dois polos torna-se totalmente evidente, entretanto, quando chegamos à questão da repetição. Quando queremos reviver aquela experiência e tentamos, imediatamente vemos que não podemos simplesmente revivê-la. Então, devemos analisar: o que eu estava fazendo, que me levou a tocar essa experiência? O que eu estava *realmente fazendo*?[18]

Como então tocar novamente, e mesmo aprofundar, aquela vida/estrutura que apareceu uma primeira vez? Como trans-

---

18 Entrevista concedida por Thomas Richards à autora em 1998, retrabalhada e parte integrante de Thomas Richards, *Heart of Practice, Within the Workcenter of Jerzy Grotowski and Thomas Richards*.

CONTER O INCONTÍVEL 411

formá-la em uma obra que possa ser repetida, que possa amadurecer, crescer, trazer novas descobertas?

Para trazer à tona esse "segundo tempo" da noção de estrutura e espontaneidade, analisarei alguns textos, sejam de Richards ou Biagini, escritos entre o final da década de 1990 e início dos anos de 2000.

Em primeiro lugar, explorarei a noção de *ação física* que, se já era utilizada há muito por Grotowski, apareceu mais claramente no livro *Trabalhar com Grotowski Sobre as Ações Físicas* de Thomas Richards, publicado em 1993. Trabalharei, dessa noção, somente o que for necessário para iluminar os conceitos de *estrutura* e *vida* utilizados pelos diretores do Workcenter. Pretendo ainda, através de certas respostas de Biagini e de um exemplo de Richards, refletir sobre a polaridade do binômio, o *"conjunctio oppositorum"* espontaneidade e estrutura, que Grotowski havia apresentado em textos da segunda metade dos anos de 1960. Trabalharei ainda as noções de detalhamento e/ ou precisão de uma dada estrutura. E, por último, chamarei a atenção para as noções de ajustamento e de inércia utilizadas por Richards, e examinarei como elas problematizam uma visão muito fisicalizada/rígida de partitura.

Antes disso, quero abrir um grande parêntese para apresentar, em linhas gerais, o que Grotowski, em 1997, no seu projeto de pesquisa e ensino para o Collège de France, distinguiu como os dois polos principais do jogo do ator, polos que, por analogia, ele localizou também nos rituais: o polo artificial e o orgânico.

O primeiro polo, o artificial[19], está relacionado a técnicas artificiais de jogo, técnicas que, segundo o artista, como aquelas descritas por Diderot no "Paradoxo do Comediante", visariam exercer um efeito sobre a percepção do espectador, sem nenhuma identificação por parte do ator nem com o caráter da personagem, nem com a lógica de comportamento ligada ao papel. O ator trabalha sobre uma estrutura composta de elementos extremamente precisos (herdados, em alguns casos, das gerações precedentes), e se concentra na *composição* daqueles

---

19 Grotowski fez questão de dizer que não havia nenhum desmerecimento por esse polo ao usar o termo "artificial", ligado, para ele, à mesma etimologia da palavra "arte".

412 PALAVRAS PRATICADAS

elementos. O movimento do ator, mesmo se não é assim que a plateia o percebe, está separado em pequenos pedaços, havendo como paradas de frações de segundo (*stops/bits*) entre um movimento e o seguinte.

O engajamento pessoal do ator aparece através da distribuição (e mudanças) na quantidade de força muscular e nervosa (Grotowski a chamava de tônus) que ele utiliza na realização da sequência pré-fixada. Há, segundo Grotowski, um fluxo de tônus, mas o corpo do ator não estaria, como no polo orgânico, em uma fluidez do movimento.

A maestria da execução do ator estaria na sua capacidade de se concentrar nos micro elementos gestuais de uma composição pré-ordenada. Grotowski exemplificou esse polo principalmente através da Ópera de Pequim, porém citou também outros exemplos do Teatro Oriental e, ainda, a investigação de Meierhold. Dizia Grotowski que os *approches* "artificiais" se caracterizariam "pela composição bastante estrita das posições corporais (as posições, e não as transições), pela não identificação com o processo, pelo que poderíamos qualificar de não espontaneidade"[20].

O outro polo, chamado de linha orgânica, teria como pai fundador Stanislávski, que, segundo Grotowski, estimulava o ator a construir a personagem como se se tratasse de um fenômeno da sua própria vida. As técnicas orgânicas de jogo estariam apoiadas no fluxo contínuo de impulsos; eram técnicas em que o elemento inter-humano e o corpóreo apareceriam em primeiro plano; Grotowski acreditava ter conduzido sua investigação dentro do polo orgânico, mas de maneira diferente de Stanislávski. Grotowski apresenta suas investigações como ligadas ao comportamento humano em condições extracotidianas, campo no qual o aspecto dos impulsos e da organicidade seriam ainda mais explícitos[21].

Embora esses polos não devam ser vistos como duas possibilidades que se excluem mutuamente e que exijam fidelidade irrestrita, creio que essas "categorias" utilizadas pelo artista acabam apontando, também, para duas maneiras diferentes de se

---

20 J. Grotowski, O Que Restará Depois de Mim [1995], em *Workcenter of Jerzy Grotowski and Thomas Richards*, p. 18. (Grifo nosso.)
21 Idem, p. 13.

CONTER O INCONTÍVEL 413

conceituar/experimentar uma estrutura. Claro está que investigo o conceito de *estrutura* dentro do trabalho de Grotowski e, portanto, pelo menos a partir de 1962, dentro do que ele nomeou de técnicas orgânicas de jogo.

Parece impossível pensar produtivamente a obra e o legado de Grotowski se não encararmos que suas investigações apontavam para um entrecruzamento entre arte e vida. Pois, o que seria, afinal, essa linha orgânica na qual o fenômeno teatral precisa ligar-se aos processos psicofísicos do atuante senão esse deslizamento levado às últimas consequências? Não existe a ideia de um corpo de ator, um corpo da arte, separado ou diferente do corpo do homem/artista, separado de um corpo vivo. Não existe um corpo para servir à cena. Ao contrário, a cena é que pode servir como espaço potencializador para a vida do corpo, para a descoberta de um corpo-vida. E mesmo quando Grotowski falava em condições extracotidianas, ele não estava falando em um processo de vida submetido às exigências da arte, mas de uma vida excessiva, distinta porque mais visível, e porque menos submetida à domesticação seja do corpo, das relações ou do pensamento cotidianos: uma vida do teu Homem.

Assim, quando pensarmos em *partitura*, por exemplo, não podemos pensar apenas na sua função junto à fruição do espectador, porém como referida ao *trabalho do ator sobre si mesmo*, para usar uma expressão de Stanislávski. É a serviço daquela *fluidez do movimento* que, para Grotowski, a *estrutura* deveria funcionar.

Nos textos de Richards e Biagini, a noção de estrutura está, assim, bastante próxima da noção de ação física. Estruturar um fragmento seria poder organizá-lo através de uma linha de ações físicas. E as ações físicas diriam respeito àquilo que o atuante faz: "não é somente algo físico. É algo que envolve você todo: a sua carne, mas também o seu pensamento, a sua vida, os seus desejos e os seus medos, e, além disso, a sua vontade, as suas intenções"[22].

Na ação física, as intenções não são um pensamento racional e nem devem ser entendidas de maneira apenas psíquica ou

22 Mario Biagini, Seminario a "la sapienza", ovvero della coltivazione delle cipolle, em A. Attisani, *Opere e sentieri: Il Workcenter of Jerzy Grotowski and Thomas Richards*, p. 23.

414 PALAVRAS PRATICADAS

emocional; elas existem também no nível muscular do corpo. Biagini explicou que "as intenções estão ligadas também a uma orientação da mobilização corporal ('em-tensão', 'in-tencionar' na direção de algo ou de alguém)". Elas se configuram, portanto, "como um ponto de contato entre um mundo impalpável e um palpável. Uma ponte entre aquilo que desejo e aquilo que faço"[23]. Por esse motivo, por serem também aquilo que "faço", as intenções podem ser estruturadas e podem servir de âncoras para o ator que quer se reaproximar de um dado fragmento.

Mas, como disse Magnat, ao mesmo tempo que "o trabalho sobre as ações físicas visa essencialmente permitir ao ator construir uma partitura física precisa que pode ser reproduzida", esse trabalho intenta gerar "a cada vez, um novo fluxo de impulsos e de associações no seio do seu organismo [do ator]", influindo "sobre ele de maneira não predeterminada e não premeditada"[24]. Tenho um especial apreço por essa formulação, pois, ao falar em possibilidade de "reprodução" e, ao mesmo tempo, em "não predeterminação ou premeditação", Magnat expõe uma certa noção de estrutura. Afinal, o que seria *estruturar* quando a *estrutura* visa tanto refazer um fragmento, retornar a uma experiência vivida pelo ator, quanto permitir que essa experiência continue guiando-se (como toda experiência) pelo que é desconhecido, pelo que não está determinado *a priori*?

A partir dessa questão, pode-se compreender melhor a formulação de Biagini quando disse que a estrutura não seria a conscientização, por parte do ator, da totalidade do seu comportamento cênico:

> O ator é consciente das suas intenções que vão na direção do exterior (intenções que, talvez, sejam suscetíveis de acordar nele intenções e reações secretas, íntimas, que são a raiz viva, o núcleo fundamental, quente, de seu ato), mas o modo como a intenção passa no corpo atra-

23 Idem, p. 23-24. Quando Toporkov falou do trabalho sobre as ações físicas em Stanislávski, chamando a atenção de que não se trata de um "movimento plástico que expressa a ação", ele fez uma certa distinção interessante e que vai ao encontro do que pontua Biagini. Chamou de "ação física" uma ação "autêntica, logicamente fundamentada e que persegue uma finalidade" e, como para enfatizar que há algo que não é apenas "físico", disse que "no momento da sua execução, ela se transforma em ação *psicofísica*". Cf. *Stanislavski Dirige*, p. 175. (Grifo nosso.)

24 Virginie Magnat, Cette vie n'est pas suffisante, *Théâtre/Public*, 153, p. 9.

vés do agir, passa na voz, passa no espaço, passa no *partner*... Todo esse processo não é plenamente consciente. No momento em que se torna, há o risco de se ter entre as mãos uma forma vazia[25].

Podemos concluir que nem a vida se apresenta sem uma estrutura qualquer, nem a estrutura pode ser entendida como uma série de movimentos que, matematicamente repetidos, poderão fazer com que o ator reencontre a vida da ação.

DETALHAMENTO E PRECISÃO

Richards também tocou na questão do desenvolvimento de uma estrutura quando se referiu ao trabalho realizado com os novos participantes que chegam ao Workcenter. Dizia que

o tempo, a etapa de desenvolvimento de uma pessoa, é isto que dita a natureza e o tempo de elaboração de uma estrutura. [...] Para descobrir o potencial, às vezes a pessoa tem necessidade de espaço, ela não tem necessariamente necessidade de que você preencha o tempo muito rapidamente com o que você já sabe: ela está procurando o que ela não sabe. Depois de algum tempo de trabalho, depois que descobertas foram feitas e quando a questão se torna como não perder essas descobertas e desenvolvê-las, nós nos encontramos naturalmente face à questão de tornar a estrutura mais precisa[26].

Podemos então falar, tomando em consideração o que diz Richards, em estruturas mais abertas ou mais fechadas que possam acompanhar a maturação de um certo fragmento. O detalhamento da estrutura não nasceria, assim, como puro artefato formal, mas como uma demanda da própria experiência (ou do atuante que a realiza) que, refinando-se, refina, ao mesmo tempo, a estrutura de sua ação. Há, portanto, uma relação estreita entre o número de descobertas feitas pelo atuante e a precisão de um dado fragmento[27].

25 M. Biagini, Seminario a "la sapienza", ovvero della coltivazione delle cipolle, em A. Attisani, *Opere e sentieri: Il Workcenter of Jerzy Grotowski and Thomas Richards*, p. 31.

26 T. Richards, *De l'art comme véhicule*, p. 263.

27 Diz Biagini: "Quando, para mim, o rigor, a estrutura, a artificialidade no sentido forte da palavra atingem todo o seu sentido? Quando a força da vida

416 PALAVRAS PRATICADAS

Nesse sentido, mais uma vez, não é possível pensar em uma relação entre forma e conteúdo, não é possível separar o aspecto formal do aspecto interior. Estruturam-se, desde a fase inicial, intenções, associações, impulsos. E essas intenções – ao mesmo tempo tangíveis e intangíveis – é que ficam mais e mais detalhadas.

A estrutura é também apresentada como uma espécie de canalização que, além de configurar uma dada experiência, traz em seu bojo a possibilidade de aprofundamento dessa experiência que terá sempre, porque experiência, um dado de risco, de desconhecimento, de inconsciência. Construir uma partitura no Workcenter não é, como já vimos, o processo de trazer à consciência a totalidade do comportamento cênico e sim um processo de construção de âncoras, de pontos de referência, que evitam a dispersão, impõem uma direção, permitem e exigem sempre novas descobertas e ajustes.

Richards trabalhou com a imagem de um rio que já tinha sido utilizada por Grotowski. Dizia Richards:

> A força da água descendo da montanha [...] em direção ao oceano é enorme. Se a água desce da montanha sem as bordas do rio, ela vai um pouco para um lado, um pouco para outro. É preciso que haja margens – que devem também ser fortes – para canalizar a água. Assim a força dessa mesma água, canalizada, fica ainda maior e nós temos um rio. [...] é preciso os dois [a força da água e a força das margens] para que um rio possa aparecer. De uma certa maneira, na arte é a mesma coisa[28].

Para concluir essa sessão, gostaria ainda de comentar a relação entre um atuante e sua partitura, como a percebo através dos escritos dos diretores do Workcenter. O processo criativo não acaba, para eles, no momento em que, depois de longo trabalho, chega-se a uma estrutura bem detalhada.

que escorre dentro do ator é forte, quando verdadeiramente nele acontece algo [...] a vida sempre fará resistência a uma estrutura, faz resistência porque quer sair, é maior, é mais plena [...] Do meu ponto de vista, a armadura da técnica, do artesanato, tem sentido se protege uma carne viva. Sustenta-a: paradoxalmente, como contradizendo-a, lhe dá força. E defende-a frente ao mundo". Cf. Incontro all'università "la Sapienza" in I giganti della montagna, *Rivista di Cultura Teatrale*, n. 0, p. 31.

28 T. Richards, *De l'art comme véhicule*, p. 236.

Não se trata de, a partir desse momento, repetir a partitura, mas de vivê-la, de passar novamente por uma experiência. A pergunta que se coloca é: como no momento da execução não privilegiar a forma ou o que foi organizado *a priori*, mas deixar essa organização ser, tornar-se novamente, uma série de ações psicofísicas?

A noção que aparece na fala de Richards para dar conta dessa operação prática é a noção de ajustamento. O ator ajusta a estrutura ao contato, àquilo que ocorre no momento presente e, como a estrutura é uma série de intenções e não um conjunto de movimentos, quando o ator a ajusta consegue, então, repeti-la. Se ele simplesmente mantivesse a estrutura sem ajustá-la, ela se tornaria seca, mecânica. Por outro lado, se ele a desrespeitasse totalmente, como ela é uma estrada para uma dada experiência, ele teria aberto mão daquela experiência. Aqui estamos no cerne da noção de ajustamento e também de estrutura: um jogo permanente entre estabilidade e dinamismo.

A noção contrária àquela de ajustamento é a de inércia, também de Richards. Estar na inércia diria respeito a não se permitir lidar com – e mesmo a querer bloquear – a dinâmica inerente à experiência viva. Para Richards, a inércia está ancorada em uma determinada relação que o ator estabelece com a passagem do tempo. A identificação do atuante com um momento já experienciado – bom ou ruim, de um tempo remoto ou de apenas alguns segundos atrás – impede-o de seguir a dinâmica da ação, permanecendo como que "amarrado" ao passado. Assim, impedido (ou impedindo-se) de entrar em contato, ele não realiza os ajustamentos necessários ao desenrolar da experiência criativa.

A inércia pode ser gerada por várias causas: o apego do ator àquilo que funcionou no passado, o seu apego aos erros que acabara de cometer (no sentido de ficar relembrando os erros nos momentos sucessivos da ação), o apego do ator ao olhar – positivo ou negativo – do espectador. Os exemplos são infinitos. Richards falou também da relação entre a inércia e o medo daquilo que ainda é desconhecido:

Há uma parte de nós, uma parte que se manifesta através de todos os nossos diferentes aspectos, que adora fixar as coisas; sentimos que

418 PALAVRAS PRATICADAS

as conhecemos, não nos arriscamos no desconhecido. [...] Esta atitude não aceita a realidade, que é a de que nada pode ser exatamente a mesma coisa. É um paradoxo estranho: a experiência no ato performático pode ser quase a mesma, quase exatamente a mesma, mas não é a mesma, do mesmo modo que nada jamais é o mesmo, tudo se transforma todo o tempo[29].

Frente à complexidade e às variantes do processo, seria, portanto, impossível dar uma resposta puramente técnica à questão de como repetir uma ação viva. Este processo está nas mãos da pessoa que o realiza. As ferramentas têm que ser criadas e as estratégias inventadas e reinventadas pelo próprio atuante a todo o momento.

A investigação do binômio estrutura/espontaneidade parece servir para colocar em questão algumas leituras que parecem ter ficado coladas ao nome de Grotowski. Frente a certos conceitos, não é mais possível falar do teatro de Grotowski como de um teatro físico. É difícil sustentar também a imagem de um ator grotowskiano como aquele que trabalha em busca de uma subjetividade estática e interior que revela a sua essência para o mundo. Essa subjetividade é, durante todo o tempo, percebida em fluxo, em dinamismo; é a subjetividade de um corpo-vida, no qual as noções de corpo, de eu, de outro, de espaço, de memória, de espírito não se distinguem tão facilmente. Não é uma subjetividade introspectiva, mas se quer "acordada" para seus próprios padrões e hábitos mecanizados, se quer atenta e capaz de reagir às experiências que se apresentarem. Por outro lado, não se trata apenas de reagir, de ser moldada inteiramente pelos acontecimentos, jogada para lá e para cá ao sabor dos acontecimentos, mas de fazer escolhas rigorosas e ajustá-las com vistas a poder seguir, arriscada e instavelmente, um percurso que lhe interessa.

29 Idem, p. 245.

Anexo:
Para "Ler" Grotowski

Textos e gravações de Grotowski reunidos pela pesquisadora (em ordem cronológica do material oral ou escrito que deu origem às publicações):

1959 "Invocação para o Espetáculo *Orfeu*", texto proferido como epílogo a *Orfeu*, primeiro espetáculo do T13F, publicado pela primeira vez no programa do espetáculo em outubro.

1960 "Alfa-Ômega", texto lido pelos espectadores em um pano branco ao final do espetáculo *Caim* e publicado pela primeira vez no programa da peça em janeiro.

"Brincamos de Shiva", apêndice à monografia de Grotowski para obtenção do diploma em direção teatral. Primeira publicação em 1993, na Polônia.

"Farsa-Misterium", texto de dezembro para discussão em seminário teórico interno realizado no T13F.

1962 "A Possibilidade do Teatro", brochura publicada pelo T13F em fevereiro.

1964 "O Novo Testamento do Teatro", entrevista feita por Eugenio Barba na qual Grotowski explicita os princípios fundamentais de seu teatro. Em E. Barba, *Alla ricerca del teatro perduto*, 1965. Publicada com cortes no livro *Em Busca de um Teatro Pobre*.

1965 "Declaração de Princípios", texto escrito para uso interno no T.-L. Endereçado particularmente aos estagiários, a fim de colocá-los a par dos princípios do trabalho ali realizado.

420 PALAVRAS PRATICADAS

"Em Busca de um Teatro Pobre", publicado pela primeira vez em polonês, e, em 1966, nos *Cahiers Renault-Barrault*.

1966 Texto de Grotowski introdutório ao capítulo "O Treinamento do Ator (1959-1962)", no qual Eugenio Barba faz um inventário dos exercícios realizados no T13F entre os anos supracitados. Em J. Grotowski, *Em Busca de um Teatro Pobre*.

"O Discurso de Skara", discurso de encerramento de um seminário realizado na Escola Dramática de Skara, Suécia, em janeiro.

"A Técnica do Ator", entrevista concedida a Denis Bablet durante a temporada de apresentação do *Pc* em Paris (junho/julho).

"Investigação Metódica", conferência de Grotowski, na qual ele explica os objetivos do seu Teatro-Laboratório – Instituto de Pesquisa dos Métodos de Atuação, nome adotado por Grotowski a partir 1 de setembro para dar conta das pesquisas realizadas no T.-L.

"Les Perspectives de la contemporaneité", palestra de Grotowski em outubro no Teatr Wielki, Varsóvia.

"Ele Não Era Inteiramente Ele", artigo escrito em 1966 (ver carta para Barba de 5.12.1966) publicado em abril de 1967 em "Les Temps modernes". Grotowski reflete aqui sobre o trabalho de Artaud.

1967 "Teatro é Encontro", entrevista concedida a Naim Kattan, em junho , durante a Expo/67, no Canadá. Grotowski reflete aqui sobre o lugar da literatura e da dramaturgia no chamado "Teatro Pobre".

"O Encontro Americano", fragmento de uma entrevista concedida em 1 dezembro quando Grotowski e Cieślak haviam acabado de ministrar um curso para estudantes da Escola de Artes da Universidade de Nova York. A entrevista na íntegra foi publicada em *The Grotowski Sourcebook*, sob o título "Interview with Grotowski".

1968 "Teatro e Ritual", conferência de 18 de outubro. Primeira publicação "Le Théâtre d'aujourd'hui à la recherche du rite" na revista *France-Pologne* n. 28-29.

"Entrevista a Jerzy Grotowski", concedida a Marco Glantz e publicada no suplemento cultural de *Siempre! "La Cultura en México"*, n. 349, 23 de outubro.

1969 "I Said Yes to the Past", entrevista concedida a Margaret Croyden em 23 de janeiro.

"A Voz", conferência para os estagiários estrangeiros em maio no T.-L., Wroclaw. Primeira publicação na revista *Le Théâtre*, n. 1, 1971.

"Exercícios", conferência para os estagiários estrangeiros em maio no T.-L., Wroclaw. Primeira publicação na revista *Le Théâtre*, n. 1, 1971.

"Respuesta a Stanislavski", texto reelaborado por Grotowski e baseado na conferência ministrada por ele em 22 de fevereiro, na Brooklyn Academy, Nova York. Primeira publicação em 1980.

"External Order, Internal Intimacy", entrevista concedida a Marc Fumaroli.

"Sobre a Gênese de *Apocalypsis*", versão polonesa de Leszek Kolankiewicz baseada na transcrição de alguns encontros realizados entre 1969 e 1970.

ANEXO: PARA "LER" GROTOWSKI

Primeira publicação traduzida do polonês no "programa della Stagione 1984/1985 – 10 anni" do Centro de Pontedera.

1970 "O Que Foi", texto do encontro realizado no verão, no Festival da América Latina, Colômbia. Publicado pela primeira vez em polonês na *Dialog*, n. 10, 1972.

"Tel qu'on est, tout entier", texto baseado na estenografia de uma conferência ministrada por Grotowski na prefeitura de Nova York em 12 de dezembro.

"Jour Saint", texto baseado em conferência ministrada por Grotowski em 13 de dezembro, na Universidade de Nova York.

"Holiday [Swieto]: The Day that is Holy", versão considerada definitiva pelo autor em *The Grotowski Sourcebook*.

1971 "Comment on pourrait vivre", fragmentos das respostas dadas numa conferência de imprensa realizada no Teatro Ateneum.

"Une rencontre avec Grotowski", extratos da estenografia do encontro de Grotowski, em 23 de outubro, com os participantes e convidados do III Festival Internacional dos Festivais de Teatro Estudantil no Clube dos Estudantes *Palacyk* em Wroclaw.

1972 "... Et le Jour Saint deviendra possible", versão corrigida pelo autor da sua intervenção no colóquio franco-polonês de Royaumont em 11 de outubro.

1974 "Palestra de Jerzy Grotowski", tradução e transcrição de Yan Michalski de palestra proferida por Grotowski em 8 de julho, no Teatro Nacional de Comédia, Rio de Janeiro. Recebi, também, dos organizadores da revista, o debate com Grotowski que se seguiu à palestra e que não foi publicado por questões de espaço. Em *ArtCultura*, n. 1, vol. I Uberlândia, Minas Gerais, 1999.

1975 "Intervista di Mario Raimondo", entrevista concedida em Holstebro.

"Conversation with Grotowski", extratos da entrevista fornecida a Andrzej Bonarski e publicada no periódico polonês *Kultura*. Na bibliografia, Jennifer Kumiega, *The Theatre of Grotowski*.

1978 "Action is Literal", extratos da conferência feita por Grotowski em 19 de abril, na Kościuszko Foundation em Nova York. Na bibliografia, Jennifer Kumiega, *The Theatre of Grotowski*.

"Wandering Towards a Theatre of Sources", extratos da palestra feita em 5 de junho, em Varsóvia, no ITI. Na bibliografia, Jennifer Kumiega, *The Theatre of Grotowski*.

"The Art of the Beginner", fragmentos, escolhidos e organizados por Georges Banu, da palestra realizada em 4 de junho, durante o simpósio "Art of the Beginner" realizado em Varsóvia, no Centro polonês do ITI.

1979 "Ipotesi di lavoro", texto elaborado tendo como base a comunicação feita por Grotowski em 15 de novembro, em Wroclaw, nas comemorações do XX aniversário do T.-L. Publicado pela primeira vez na *Polityka*, n. 4, 1980.

"Grotowski: venti anni di attività", entrevista concedida a Ugo Volli em dezembro. Publicada em 1980.

422 PALAVRAS PRATICADAS

"Jerzy Grotowski parle du Théâtre des Sources", reprodução da entrevista fornecida por Grotowski a Tadeusz Burzyński do jornal *Trybuna Ludu*.

1980 "Leis Pragmáticas", Grotowski participou de um simpósio internacional realizado como parte da primeira sessão pública da ISTA, de 24 a 26 de outubro, e falou a Franco Ruffini sobre as investigações que Eugenio Barba estava desenvolvendo. Na bibliografia, Eugenio Barba e Nicola Savarese, *A Arte Secreta do Ator: Dicionário de Antropologia Teatral*.

"Theatre of Sources", extratos da palestra feita em outubro, na Universidade de Toronto. Na bibliografia, Jennifer Kumiega, *The Theatre of Grotowski*.

1981 "Theatre of Sources", texto baseado em diferentes extratos de explanações de Grotowski sobre o Teatro das Fontes. A maior parte dos fragmentos foi retirada de uma versão polonesa de 1981, editada por Kolankiewicz. Também há extratos da palestra de outubro de 1980, na Universidade de Toronto, e de outras explanações feitas entre 1979 e 1982. Versão publicada pela primeira vez em 1997.

1982 "Tecnique Originarie dell'attore", tradução de Luisa Tinti não revista pelo autor e não publicada, cedida à pesquisadora pela prof. Luisa Tinti. Palestras proferidas por Grotowski pelo Istituto del Teatro e dello Spettacolo, no Teatro Ateneo dell'Università di Roma "La Sapienza", entre março e maio.

1984 "Oriente/Ocidente", texto baseado na conferência ministrada por Grotowski em 24 de setembro no seminário sobre o Oriente e o Ocidente realizado no Istituto dello Spetacolo da Universidade de Roma. (Apareceu também, em versão um pouco diferente, no *Asian Theatre Journal*, v. 6, n. 1, 1989, sob o título "Around Theatre: The Orient-the Occident".

"O Diretor como Espectador de Profissão", baseado em transcrição de uma palestra feita em Volterra, dentro de um encontro organizado pelo Centro de Cultura Ativa Il Porto.

1985 "Tú Eres Hijo de Alguien", texto de conferência ministrada por Grotowski em 15 de julho quando da abertura do Workcenter. Publicada pela primeira vez na revista *Europa*, em Paris, em outubro de 1989. O texto também está em *The Grotowski Sourcebook*.

1987 "Le Performer", primeira versão desse texto foi realizada por Banu, a partir de conferência feita por Grotowski em 14 de março e publicada sob o título "Le Performer et le teacher of performer" na revista *Art Press* n.114, maio de 1987, Paris. Versões em *Workcenter of Jerzy Grotowski*, Pontedera: Centro per la Sperimentazione e la Ricerca Teatrale, 1988 e no *The Grotowski Sourcebook*.

1989 "El Montaje en el Trabajo del Director", texto corrigido e ampliado por Grotowski, baseado na conferência ministrada por ele no Teatro de Pontedera em 15 de fevereiro. Primeira publicação em 1991.

"Da Companhia Teatral à Arte como Veículo", texto baseado em duas conferências de Grotowski: outubro, em Módena e maio de 1990, na Universidade da Califórnia, Irvine. Primeira publicação em Thomas Richards, 1993.

"Unicamente la Calidad Salvará al Teatro de Grupo", entrevista concedida por Grotowski a Edgar Ceballos em 7 de setembro, em Pontedera, Itália.

ANEXO: PARA "LER" GROTOWSKI   423

Como não houve revisão do autor, ela é apresentada como a versão do entrevistador.

1990 "Le Prince constant de Ryszard Cieślak", transcrição revista e corrigida por Grotowski de sua intervenção no encontro consagrado a Cieślak organizado pela Academie Expérimental des Théâtres em 9 de dezembro. Grotowski descreverá de forma minuciosa o trabalho sobre o espetáculo *Pc*. Há uma tradução desse texto em português, para uso didático, feita por Renata Santiago e revisada por mim. Na bibliografia em Georges Banu, *Ryszard Cieślak, l'acteur emblème des années soixante*.

1991 "Era como un volcán", entrevista realizada em Paris em fevereiro. Em *Georges Ivanovitch Gurdjieff*.

"Discurso del dottore honoris causa Jerzy Grotowski", palestra de Grotowski durante a cerimônia do título de concessão de *honoris causa* em Wroclaw.

1992 "Intervista di Marianne Ahrne", entrevista concedida em Pontedera, na qual se organiza o filme, dirigido por Marianne Ahrne, *Il Teatr Laboratorium di Jerzy Grotowski*. Este filme faz parte do projeto "Cinque sensi del teatro. Cinque monografie sulla filosofia del teatro" organizado por Mario Raimondo.

1995 "Préface", prefácio de Grotowski ao primeiro livro de Thomas Richards. Primeira edição em italiano, em 1993.

"O Que Restará Depois de Mim", entrevista concedida a Jean-Pierre Thibaudat. Publicada pela primeira vez no *Libération* em 26 de julho.

"Projet d'enseigment et de recherches – Antrophologie Théâtrale", projeto apresentado ao Collège de France como parte do processo de inclusão de Jerzy Grotowski no corpo dos professores daquela instituição. Cedido à pesquisadora por Mario Biagini.

1996 K7-s contendo a gravação da palestra proferida por Jerzy Grotowski quando da apresentação do filme-documentário *Art as a Vehicle* no dia 30 de setembro, no CineSesc. A pesquisadora e um grupo de alunos realizaram a transcrição destas fitas, faltando, ainda, uma última revisão.

K7-s contendo todo o Simpósio Internacional "A Arte Como Veículo: O Trabalho Atual de Grotowsky e Thomas Richards" ocorrido nos dias 14, 15 e 16 de outubro no Teatro Sesc Anchieta. A pesquisadora e um grupo de alunos realizaram a transcrição destas fitas, faltando, ainda, uma última revisão.

"Antrophologie Théâtrale, M. Jerzy Grotowski, professeur, Annuaire du Collège de France, années 1996-1997 e 1997-1998, résumé des cours et travaux", resumo geral da disciplina Antrophologie Théâtrale, seguido dos pontos trabalhados a cada ano escolar. Arquivo de Mario Biagini.

Aulas no Collège de France, Antrophologie Théâtrale – La 'lignée organique' au théâtre et dans le rituel, Collection College de France – Le Livre qui Parle. Em K7s, coleção completa.

1998 "Texte sans titre", texto escrito em francês, em Pontedera, Itália, 4 de julho. Segundo a vontade do autor, o texto só foi publicado postumamente. Em *Teatro e Storia*, n. 20-21.

"Nota per gli amici", texto, datado de 23 de outubro e publicado postumamente. Grotowski comenta e retifica declaração que teria dado a Richard Schechner e que foi publicada por este no artigo "Exuduction" em *The Grotowski Sourcebook*.

Bibliografia

ATTISANI, Antonio. *Un teatro apocrifo: Il potenziale dell'arte teatrale nel Workcenter of Jerzy Grotowski and Thomas Richards*. Milão: Medusa, 2006.

AUTANT-MATHIEU, Marie-Christine (org.) *Le Théâtre d'art de Moscou: ramifications, voyages*. Paris: CNRS Editions, 2005.

BACCI, Roberto; CARVALHO, Cacá. Lembrança de um Sorriso. In: FLASZEN, Ludwik; POLLASTRELLI, Carla (orgs.) *O Teatro-Laboratório de Jerzy Grotowski: 1959-1969*. São Paulo: Fondazione Pontedera Teatro/Sesc-SP/Perspectiva, 2007.

BANU, Georges. La Langue ou l'Autre du corps. In: RICHARDS, Thomas. *Travailler avec Grotowski sur les Actions physiques*. Paris: Actes Sud, 1995.

_____ (org.) *Ryszard Cieślak, l'acteur emblème des années soixante*. Paris: Actes Sud, 1992.

_____. Partir vers le lieu du retour (Grotowski et Staniewski à Nancy). *Cahiers de L'Est-Revue Trimestrielle*, Paris, n. 20, 1980.

BARBA, Eugenio [1964]. Rumo a um Teatro Santo e Sacrílego. In: FLASZEN, Ludwik; POLLASTRELLI, Carla (orgs.) *O Teatro-Laboratório de Jerzy Grotowski: 1959-1969*. São Paulo: Fondazione Pontedera Teatro/Sesc-SP/Perspectiva, 2007.

_____ [1964]. Verso um teatro santo e sacrílego. In: FLASZEN, Ludwik; POLLASTRELLI, Carla (orgs.) *Il teatr laboratorium di Jerzy Grotowski 1959-1969*. Pontedera: Fondazione Pontedera , 2001.

_____ [1998]. *A Terra de Cinzas e Diamantes: Minha Aprendizagem na Polônia. Seguido de 26 cartas de Jerzy Grotowski a Eugenio Barba*. São Paulo: Perspectiva, 2006. (Coleção Estudos.)

_____. *A Canoa de Papel: Tratado de Antropologia Teatral*. São Paulo: Hucitec, 1994.

_____ [1964]. Dr. Faustus: Montagem Textual. In: GROTOWSKI, Jerzy. *Em Busca de um Teatro Pobre*. Rio de Janeiro: Civilização Brasileira, 1987.

426   PALAVRAS PRATICADAS

_____. O Treinamento do Ator (1959-1962). In: GROTOWSKI, Jerzy. *Em Busca de um Teatro Pobre*. Rio de Janeiro: Civilização Brasileira, 1987.

_____. *Alla ricerca del teatro perduto. Una proposta dell'avanguardia polacca*. Veneza: Marcilio, 1965.

_____. *Théâtre psycho-dynamique*. Brochura datilografada, 1963, encontra-se no Arquivo da Bibliotèque de l'Arsenal, Paris.

_____; SAVARESE, Nicola. *A Arte Secreta do Ator: Dicionário de Antropologia Teatral*. São Paulo: Hucitec, 1995.

BENJAMIN, Walter. O Narrador. In: _____. *Obras Escolhidas de Walter Benjamin*, v. 1, São Paulo: Brasiliense, 1996.

BENTLEY, Eric. Dear Grotowski: An Open Letter. In: SCHECHNER, Richards; WOLFORD, Lisa (orgs.). *The Grotowski Sourcebook*. Londres/Nova York: Routledge, 1997.

BIAGINI, Mario. Seminario a "la sapienza", ovvero della coltivazione delle cipolle. In: BIAGINI, Mario; ATTISANI, Antonio (orgs.). *Opere e sentieri: Il Workcenter of Jerzy Grotowski and Thomas Richards*. Roma: Bulzoni, 2007.

_____. Incontro all'università "la Sapienza" in I giganti della montagna. *Rivista di Cultura Teatrale*, Roma, ano I, n. 0, feb. 2001.

BIAGINI, Mario; ATTISANI, Antonio (orgs.) *Opere e sentieri: Il Workcenter of Jerzy Grotowksi and Thomas Richards*. Roma: Bulzoni, 2007.

_____. *Opere e Sentieri II: Jerzy Grotowski. Testi 1968-1998*. Roma: Bulzoni, 2007.

BOURDIEU, Pierre. La Ilusion Biografica. *Historia y Fuente Oral*, Barcelona, v. 2, 1989.

BRAMINI, Sista. In margine al teatro delle sorgenti di Jerzy Grotowski: Considerazioni di método. *Biblioteca Teatrale: Rivista Trimestrale di Studi e Ricerche Sullo Spettacolo*, n. 33, 1995.

_____. *Il teatro delle sorgenti di Jerzy Grotowski: Ricostruzione storica e testimonianze*. Tese di laurea. Universidade de Roma, 1991-1992.

BRANDÃO, Tânia. Ora, Direis Ouvir Estrelas: Historiografia e História do Teatro Brasileiro. *Latin American Theatre Review*, v. Fall, 2002.

BURZYNSKI, Tadeusz. Special Project de Jerzy Grotowski. *Le Thèâtre en Pologne*, Varsóvia, n. 8, 1976.

BURZYNSKI, Tadeusz; OSINSKI, Zbigniew. *Le Laboratoire de Grotowski*. Varsóvia: Editions Interpress, 1979.

CARREIRA, André. Grotowski y el Teatro de Grupo en el Brasil: El Presente/Ausente. *Cuadernos de Picadero*, Instituto Nacional del Teatro, n. 5, 2005.

CASTILHO, Carlos; WAACK, William. *Polônia. A Crise de 500 Dias que Abalou o Socialismo*. Rio de Janeiro: Codecri, 1982.

CIEŚLAK, Ryszard. Sans jeu. Une entretien avec Ryszard Cieślak, de L'Institut Laboratoire de Jerzy Grotowski à Wroclaw. *Le Théâtre en Pologne*, Varsóvia, n. 8 (204), ago. 1975.

CLOT, Yves. La Otra Ilusion Biografica. In: *Historia y Fuente Oral*, v. 2, 1989.

CONRADO, Aldomar. Entrevista feita por Perla de Maio. Arquivo da pesquisadora, s/d. (Não publicada.)

CSATO, Edward. *Le Théâtre polonais contemporain*. Varsovia: Editions Polonia, 1963.

CYNKUTIS, Zbigniew. After Grotowski: Second Wroclaw Studio, Conversation with Zbigniew Cynkutis. *Le Théâtre en Pologne*, n. 8-10, Varsóvia, 1985.

D'AVILA, Thérèse. *Le Château intérieur*. Paris: Payot/Rivages, 1998.

BIBLIOGRAFIA 427

DE LA CROIX, Jean. *Dans la Nuit obscure: Poèsie mystique complète*. Paris: E. J. L., 2001.

DE MARINIS, Marco. *La Parabola de Grotowski: El Secreto del "Novecento" Teatral*. Buenos Aires: Galerna, 2004.

_____. Teatro Rico y Teatro Pobre. *Máscara, Cuaderno Iberoamericano de Reflexion sobre Escenologia*, Cidade do México, ano 3, n. 11-12, 1993.

DEGLER, Janusz. Laudatio. In: DEGLER, Janusz; ZIÓLKOWSKI, Grzegorz (orgs.) *Essere un uomo totale: Autori polacchi su Grotowski. L'ultimo decennio*. Pisa: Titivillus, 2005.

DEGLER, Janusz; ZIÓLKOWSKI, Grzegorz (orgs.). *Essere un uomo totale: Autori polacchi su Grotowski. L'ultimo decennio*. Pisa: Titivillus, 2005.

DELEUZE, Gilles. *Bergsonismo*. São Paulo: Editora 34, 1999.

DERRIDA, Jacques. O Teatro da Crueldade e o Fechamento da Representação. In: *A Escritura e a Diferença*. 4 ed. São Paulo: Perspectiva, 2009.

DOSTOIEVSKI, Fiodor. *Os Irmãos Karamázovi*. São Paulo: Abril Cultural, 1970.

DZIEWULSKA, Malgorzata. Il ladro di fuoco. In: DEGLER, Janusz; ZIÓLKOWSKI, Grzegorz (orgs.) *Essere un uomo totale: Autori polacchi su Grotowski. L'ultimo decennio*. Pisa: Titivillus, 2005.

EAGLETON, Terry. Rainer's Sterile Thunder. *Prospect Magazine*, n. 132, mar. 2007. (Resenha do livro T. S. Eliot de Craig Rainer, disponível *on-line* apenas para assinantes.)

ELIOT, T. S. *Poesia*. Tradução de Ivan Junqueira. Rio de Janeiro: Nova Fronteira, 1981.

ERTEL, Évelyne. Grotowski au récamier. *Travail Théâtral*, été, n. 12, juil.-sept., 1973.

FADIMAN, James; FRAGER, Robert. *Teorias da Personalidade*. São Paulo: Harbra, 1980.

FILIPOWICZ, Halina. Dov'è "Gurutowski"? In: DEGLER, Janusz; ZIÓLKOWSKI, Grzegorz (orgs.) *Essere un uomo totale: Autori polacchi su Grotowski. L'ultimo decennio*. Pisa: Titivillus, 2005.

FILLER, Witold. *El Teatro Contemporaneo Polaco*. Varsovia: Interpress, s/d.

FINDLAY, Robert. Grotowski's Laboratory Theatre Dissolution and Diaspora. In: SCHECHNER, Richards; WOLFORD, Lisa (orgs.). *The Grotowski Sourcebook*. Londres/Nova York: Routledge, 1997.

FLASZEN, Ludwik [2001]. De Mistério a Mistério: Algumas Considerações em Abertura. In: FLASZEN, Ludwik; POLLASTRELLI, Carla (orgs.). *O Teatro-Laboratório de Jerzy Grotowski: 1959-1969*. São Paulo: Fondazione Pontedera Teatro/Sesc-SP/Perspectiva, 2007.

_____. [1964] *Os Antepassados* e *Kordian* no Teatro das 13 Fileiras. In: FLASZEN, Ludwik; POLLASTRELLI, Carla (orgs.). *O Teatro-Laboratório de Jerzy Grotowski: 1959-1969*. São Paulo: Fondazione Pontedera Teatro/Sesc-SP/Perspectiva, 2007.

_____ [1963]. O Teatro Condenado à Magia. In: FLASZEN, Ludwik; POLLASTRELLI, Carla (orgs.). *O Teatro-Laboratório de Jerzy Grotowski: 1959-1969*. São Paulo: Fondazione Pontedera Teatro/Sesc-SP/Perspectiva, 2007.

_____ [1964]. A Arte do Ator. In: FLASZEN, Ludwik; POLLASTRELLI, Carla (orgs.). *O Teatro-Laboratório de Jerzy Grotowski: 1959-1969*. São Paulo: Fondazione Pontedera Teatro/ Sesc-SP/Perspectiva, 2007.

_____ [1964]. *Hamlet* no Laboratório Teatral. In: FLASZEN, Ludwik; POLLASTRELLI, Carla (orgs.). *O Teatro-Laboratório de Jerzy Grotowski: 1959-1969*. São Paulo: Fondazione Pontedera Teatro/Sesc-SP/Perspectiva, 2007.

428 PALAVRAS PRATICADAS

_____ [1967]. Depois da Vanguarda. In: FLASZEN, Ludwik; POLLASTRELLI, Carla. *O Teatro-Laboratório de Jerzy Grotowski: 1959-1969*. São Paulo: Fondazione Pontedera Teatro/Sesc-SP/Perspectiva, 2007.

_____. *Grotowski et le Silence*. Palestra de 3 de junho de 2004 na Sourbonne, não publicada, cedida à pesquisadora pelo autor, 2004.

_____. *Grotowski, homo ludens*. Palestra de 24 de outubro de 2004 no Studio Théâtre/Comédie Française, não publicada, cedida à pesquisadora pelo autor, 2004.

_____. *À propos des laboratoires, studios et instituts*. *Alternatives théâtrales:Les Penseurs de l'enseignement, de Grotowski a Gabily*, n. 70-71, 2001.

_____. *Les Penseurs de l'enseignement*. Palestra de 8 de junho de 2000, não publicada, cedida à pesquisadora pelo autor, 2000.

_____ [1965]. O Príncipe Constante. In: GROTOWSKI, J. *Em Busca de um Teatro Pobre*. Rio de Janeiro: Civilização Brasileira, 1987.

_____. *Du tabou jusqu'à l'idiosyncrasie*. Transcrição de entrevista concedida a Kumiega em 3 de junho de 1981, não publicada, cedida à pesquisadora pelo autor, 1981.

_____ [1977]. Conversations with Ludwik Flaszen. *Education Theatre Journal*, v. 30, n. 3, Toledo, 1978.

FLASZEN, Ludwik; POLLASTRELLI, Carla (orgs.) [2001]. *O Teatro-Laboratório de Jerzy Grotowski: 1959-1969*. São Paulo: Fondazione Pontedera Teatro/ Sesc-SP/Perspectiva, 2007.

_____. *Il Teatr Laboratorium di Jerzy Grotowski 1959-1969*. Pontedera: Fondazione Pontedera Teatro, 2001.

GARCIA, Silvana. Apocalipse cum Brasilia Figura. Traços da Presença de Grotowski no Brasil. *Cuadernos de Picadero*, Buenos Aires, n. 5, 2005.

GOETTMAN, Alphonse; GOETTMAN, Rachel. *Prière de Jesus Prière du Coeur*. Paris: Albin Michel, 1994.

GOMBROWITZ, Witold [1937]. *Ferdydurke*. São Paulo: Companhia das Letras, 2006.

GOUILLARD, Jean. *Petite Philocalie de la Prière du coeur*. Paris: Seuil, 1979.

GROTOWSKI, Jerzy [out, 1959]. Invocação para o Espetáculo *Orfeu*. In: FLASZEN, Ludwik; POLLASTRELLI, Carla (orgs.) *O Teatro-Laboratório de Jerzy Grotowski: 1959-1969*. São Paulo: Fondazione Pontedera Teatro/Sesc-SP/Perspectiva, 2007.

_____ [jan, 1960]. Alfa-Ômega. In: FLASZEN, Ludwik; POLLASTRELLI, Carla (orgs.) *O Teatro-Laboratório de Jerzy Grotowski: 1959-1969*. São Paulo: Fondazione Pontedera Teatro/Sesc-SP/Perspectiva, 2007.

_____ [1960]. Brincamos de Shiva. In: FLASZEN, Ludwik; POLLASTRELLI, Carla (orgs.) *O Teatro-Laboratório de Jerzy Grotowski: 1959-1969*. São Paulo: Fondazione Pontedera Teatro/Sesc-SP/Perspectiva, 2007.

_____ [dez, 1960]. Farsa-Misterium. In: FLASZEN, Ludwik; POLLASTRELLI, Carla (orgs.) *O Teatro-Laboratório de Jerzy Grotowski: 1959-1969*. São Paulo: Fondazione Pontedera Teatro/Sesc-SP/Perspectiva, 2007.

_____ [fev, 1962]. A Possibilidade do Teatro. In: FLASZEN, Ludwik; POLLASTRELLI, Carla (orgs.) *O Teatro-Laboratório de Jerzy Grotowski: 1959-1969*. São Paulo: Fondazione Pontedera Teatro/Sesc-SP/Perspectiva, 2007.

_____ [1965]. Em Busca de um Teatro Pobre. In: FLASZEN, Ludwik; POLLASTRELLI, Carla (orgs.) *O Teatro-Laboratório de Jerzy Grotowski: 1959-1969*. São Paulo: Fondazione Pontedera Teatro/Sesc-SP/Perspectiva, 2007 .

BIBLIOGRAFIA 429

_____ [out,1968]. Teatro e Ritual. In: FLASZEN, Ludwik; POLLASTRELLI, Carla (orgs.) *O Teatro-Laboratório de Jerzy Grotowski: 1959-1969*. São Paulo: Fondazione Pontedera Teatro/Sesc-SP/Perspectiva, 2007.

_____ [1969]. A Voz. In: FLASZEN, Ludwik; POLLASTRELLI, Carla (orgs.) *O Teatro-Laboratório de Jerzy Grotowski: 1959-1969*. São Paulo: Fondazione Pontedera Teatro/Sesc-SP/Perspectiva, 2007.

_____ [1969]. Exercícios. In: FLASZEN, Ludwik; POLLASTRELLI, Carla (orgs.) *O Teatro-Laboratório de Jerzy Grotowski: 1959-1969*. São Paulo: Fondazione Pontedera Teatro/Sesc-SP/Perspectiva, 2007.

_____ [1969/1970]. Sobre a Gênese de *Apocalypsis*. In: FLASZEN, Ludwik; POLLASTRELLI, Carla (orgs.) *O Teatro-Laboratório de Jerzy Grotowski: 1959-1969*. São Paulo: Fondazione Pontedera Teatro/Sesc-SP/Perspectiva, 2007.

_____ [1970]. O que Foi. In: FLASZEN, Ludwik; POLLASTRELLI, Carla (orgs.) *O Teatro-Laboratório de Jerzy Grotowski: 1959-1969*. São Paulo: Fondazione Pontedera Teatro/Sesc-SP/Perspectiva, 2007.

_____ [1984]. O Diretor como Espectador de Profissão. In: FLASZEN, Ludwik; POLLASTRELLI, Carla (orgs.) *O Teatro-Laboratório de Jerzy Grotowski: 1959-1969*. São Paulo: Fondazione Pontedera Teatro/Sesc-SP/Perspectiva, 2007.

_____ [1989/1990]. Da Companhia Teatral à Arte como Veículo. In: FLASZEN, Ludwik; POLLASTRELLI, Carla (orgs.) *O Teatro-Laboratório de Jerzy Grotowski: 1959-1969*. São Paulo: Fondazione Pontedera Teatro/Sesc-SP/Perspectiva, 2007.

_____. *Holiday e teatro delle fonti, preceduti da 'sulla genesi di "Apocalypsis"*. Florença: La Casa Usher, 2006.

_____ [1991]. Discorso del dottore honoris causa Jerzy Grotowski. In: DEGLER, Janusz; ZIÓLKOWSKI, Grzegorz (orgs.) *Essere un uomo totale: Autori polacchi su Grotowski. L'ultimo decennio*. Pisa: Titivillus, 2005.

_____ [1974]. Palestra de Jerzy Grotowski. *ArtCultura*, Uberlândia, v. I, n. 1, 1999.

_____ [1974]. Debate de Jerzy Grotowski, não publicado, cedido à pesquisadora por Narciso Telles, 1999.

_____ [23.10.1998]. Nota per gli amici. *Teatro e Storia*, Bolonha, XIII-XIV, 1998/1999.

_____ [4.7.1998]. Testo senza titolo. *Teatro e Storia*, Bolonha, XIII-XIV, 1998/1999.

_____ [1992]. Intervista di Marianne Ahrne. *Teatro e Storia*, Bolonha, XIII--XIV, 1998/1999.

_____ [1975]. Intervista de Mario Raimondo. *Teatro e Storia*. Bolonha, XIII--XIV, 1998/1999.

_____. Antrophologie théâtrale. In: *Annuaire du Collège de France,* années 1996-1997 e 1997-1998, résumé des cours et travaux, 1997.

_____ [fev, 1991]. Era como un Volcán. In: *Georges Ivanovitch Gurdjieff*. Caracas: Ganesha, 1997.

_____ [1965]. Towards a Poor Theatre. In: SCHECHNER, Richards; WOLFORD, Lisa (orgs.). *The Grotowski Sourcebook*. Londres/Nova York: Routledge, 1997.

_____ [dez, 1967]. Interview with Grotowski. In: SCHECHNER, Richards; WOLFORD, Lisa (orgs.). *The Grotowski Sourcebook*. Londres/Nova York: Routledge, 1997.

430   PALAVRAS PRATICADAS

_____ [jan, 1969]. I Said Yes to the Past. In: SCHECHNER, Richards; WOLFORD, Lisa (orgs.). *The Grotowski Sourcebook*. Londres/Nova York: Routledge, 1997.

_____ [1969]. External Order, Internal Intimacy. In: SCHECHNER, Richards; WOLFORD, Lisa (orgs.). *The Grotowski Sourcebook*. Londres/Nova York: Routledge, 1997.

_____ [1970]. Holiday [*Swieto*]: The Day that is Holy. In: SCHECHNER, Richards; WOLFORD, Lisa (orgs.). *The Grotowski Sourcebook*. Londres/Nova York: Routledge, 1997.

_____ [1980/1981/1982]. Theatre of Sources. In: SCHECHNER, Richards; WOLFORD, Lisa (orgs.). *The Grotowski Sourcebook*. Londres/Nova York: Routledge, 1997.

_____ [15 jul., 1985]. Tu es le Fils de quelqu'un. In: SCHECHNER, Richards; WOLFORD, Lisa (orgs.). *The Grotowski Sourcebook*. Londres/Nova York: Routledge, 1997.

_____ [1987]. Performer. In: SCHECHNER, Richards; WOLFORD, Lisa (orgs.). *The Grotowski Sourcebook*. Londres/Nova York: Routledge, 1997.

_____ [1995]. O Que Restará Depois de Mim. In: *Workcenter of Jerzy Grotowski and Thomas Richards*. Brochura do simpósio realizado em set./out. de 1996 em São Paulo. (transcrição da entrevista realizada por Jean-Pierre Thibaudat para o jornal *Libération*. Publicada em 26 de julho de 1995), 1996.

_____ [1993]. Preface. In: RICHARDS, Thomas. *Travailler avec Grotowski sur les Actions physiques*. Paris: Actes Sud, 1995.

_____ *Projet d'enseigment et de recherches: Antropologie théâtrale*. Projeto apresentado para candidatura de Grotowski ao Collège de France. Arquivo de Mario Biagini. Cedido à pesquisadora, 1995.

_____ [1984]. Oriente/Ocidente. *Máscara. Cuaderno Iberoamericano de Reflexion sobre Escenologia,* Cidade do México, ano 3, n. 11-12, 1993.

_____ [15 jul., 1985] Tú Eres Hijo de Alguien. *Máscara: Cuaderno Iberoamericano de Reflexion sobre Escenologia*, Cidade do México, ano 3, n. 11-12, 1993.

_____ [15 fev., 1989] El Montaje en el Trabajo del Director. *Máscara: Cuaderno Iberoamericano de Reflexion sobre Escenologia*, Cidade do México, ano 3, n. 11-12, janeiro de 1993.

_____ [1969]. Respuesta a Stanislavski. *Máscara: Cuaderno Iberoamericano de Reflexion sobre Escenologia*, Cidade do México, ano 3, n. 11-12, 1993.

_____ [7 set., 1989] Unicamente la Calidad Salvará al Teatro de Grupo. *Máscara: Cuaderno Iberoamericano de Reflexion sobre Escenologia*, Cidade do México, ano 3, n. 11-12, janeiro de 1993.

_____ [dez, 1990]. *Le Prince constant* de Ryszard Cieślak. In: BANU, Georges. *Ryszard Cieślak, l'acteur-emblème des années soixante*. Paris: Actes-Sud Papiers, 1992.

_____ [1984]. Around Theatre: The Orient, the Occident. *Asian Theatre Journal*, v. 6, n. 1, spring, 1989.

_____ [1987]. Le Performer. In: *Workcenter of Jerzy Grotowski*. Brochura em inglês, italiano e francês do Workcenter, 1988.

_____. Le Performer et le teacher of performer. *Revue Art Press*. n. 114, mai., Paris, 1987.

_____. *Em Busca de um Teatro Pobre*. 3. ed. Rio de Janeiro: Civilização Brasileira, 1987.

BIBLIOGRAFIA   431

_____ [1965]. Em Busca de um Teatro Pobre. In: _____. *Em Busca de um Teatro Pobre*. Rio de Janeiro: Civilização Brasileira, 1987.

_____ [1964]. O Novo Testamento do Teatro. In: _____. *Em Busca de um Teatro Pobre*. Rio de Janeiro: Civilização Brasileira, 1987. A primeira versão dessa entrevista encontra-se no livro de Eugenio Barba de 1965, *Alla ricerca del teatro perduto*.

_____ [jun,1967]. Teatro é Encontro. In: _____. *Em Busca de um Teatro Pobre*. Rio de Janeiro: Civilização Brasileira, 1987.

_____ [1966]. Ele Não Era Inteiramente Ele. In: _____. *Em Busca de um Teatro Pobre*. Rio de Janeiro: Civilização Brasileira, 1987.

_____ [1967]. Investigação Metódica. In: _____. *Em Busca de um Teatro Pobre*. Rio de Janeiro: Civilização Brasileira, 1987.

_____ [mar, 1967]. A Técnica do Ator. In: _____. *Em Busca de um Teatro Pobre*. Rio de Janeiro: Civilização Brasileira, 1987.

_____ [jan, 1966]. O Discurso de Skara. In: _____. *Em Busca de um Teatro Pobre*. Rio de Janeiro: Civilização Brasileira, 1987.

_____ [dez, 1967]. O Encontro Americano. In: _____. *Em Busca de um Teatro Pobre*. Rio de Janeiro: Civilização Brasileira, 1987.

_____ [1965]. Declaração de Princípios. In: _____. *Em Busca de um Teatro Pobre*. Rio de Janeiro: Civilização Brasileira, 1987.

_____ [1975]. Conversation with Grotowski. In: KUMIEGA, Jennifer. *The Theatre of Grotowski*. Londres /Nova York: Methuen, 1985.

_____. *Tecnique originaire dell'attore*. Palestras de Grotowski no Istituto del Teatro e dello Spettacolo. I Cattedra di Storia del Teatro e dello Spettacolo. Tradução de Luisa Tinti. Texto não revisto pelo autor e não publicado. Cedido à pesquisadora por Luisa Tinti, 1982-1983.

_____ [15 nov., 1979]. Ipotesi di lavoro. *Sipario*, Milano, trimestrale monografico di teatro, ano XXXV, n. 404, I trimestre, 1980.

_____ [dez., 1979]. Grotowski: venti anni di attività. *Sipario*, Milano, trimestrale monografico di teatro, ano XXXV, n. 404, I trimestre, 1980.

_____. Jerzy Grotowski parle du Théâtre des Sources. Entrevista concedida a Tadeusz Burzyński. *Le Théâtre en Pologne*, Varsóvia, n. 11 (255), 1979.

_____. L'Art du débutant (The Art of the Beginner). *International Theatre Information*, Paris, printemps-été, 1978.

_____ [1971]. Comment on pourrait vivre. *Le Théâtre en Pologne*, Varsóvia, n. 4-5 (200-201), abr./maio 1975. (Também nos *Cadernos de Teatro*, n. 66.)

_____ [1970]. Holiday. *The Drama Review*, T-58, jun., 1973.

_____ [1970]. Holiday. *Theatre Quaterly*, Londres, v. III, n. 10, abr./jun., 1973.

_____ [1970]. *"Jour Saint" et autres textes*. Paris: Gallimard, 1973.

_____ [13.12.1970]. Jour Saint. In: _____. *"Jour Saint" et autres textes*. Paris: Gallimard, 1973.

_____ [12.12.1970]. Tel qu'on est, tout entier. In: _____. *"Jour Saint" et autres textes*. Paris: Gallimard, 1973.

_____ [1970]. Ce qui Fut. In: _____. *"Jour Saint" et autres textes*. Paris: Gallimard, 1973.

_____ [out, 1972]. ... Et le Jour Saint deviendra possible. In: _____. *"Jour Saint" et autres textes*. Paris: Gallimard, 1973.

_____ [1971]. Une Rencontre avec Grotowski. *Le Théâtre en Pologne*, Varsóvia, n. 7 (167), 1972.

432 PALAVRAS PRATICADAS

_____. *Vers un théâtre pauvre*. Lausanne: L'Age d'Homme, 1971.

_____. *Hacia un Teatro Pobre*. Cidade do México/Madri: Siglo Veintiuno, 1970.

_____ [1968]. Entrevista a Jerzy Grotowski por Margo Glantz. _____. *Hacia un Teatro Pobre*. Cidade do México/Madri: Siglo Veintiuno, 1970.

_____ [1966]. Les Perspectives de la contemporanéité. *Le Théâtre en Pologne*, Varsóvia, n. 2-3 (102-103), mar., 1967.

_____ [1965]. Vers un théâtre pauvre. *Cahiers Renault Barrault*, n. 55, 1966.

GROTOWSKI, Kazimierz. Ritratto di famiglia. In: DEGLER, Janusz; ZIÓLKOWSKI, Grzegorz (orgs.) *Essere un uomo totale: Autori polacchi su Grotowski. L'ultimo decennio*. Pisa: Titivillus, 2005.

GUGLIELMI, Chiara. *Grotowski conferenziere i seminari al Teatro Ateneo Università degli Studi di Roma "La Sapienza" dal 1975 al 1988*. Tesi di laurea in Storia del Teatro e dello spettacolo, Universidade de Roma, 1998/1999.

J. F. LE THÉÂTRE des 13 rangs. *Le Théatre em Pologne*, Varsóvia, dez., 1961.

KAHN, François. Entrevista feita por Tatiana Motta Lima. Não publicada. Arquivo da pesquisadora, 2006.

_____. Gardening not Engineering. Entrevista a Nicola Arrigoni. *Il Grande Fiume*, Cremona, n. 23, inverno, 2004.

KENZLER, Wilhelm. Prólogo. In: SCHULTZ, J. H. *O Treinamento Autógeno, Auto-relaxação Concentrativa*. São Paulo: Mestre Jou, 1967.

KERELA, Jòzef. Propos sur un acteur. In: BANU, Georges. *Ryszard Cieślak, l'acteur-emblème des années soixante*. Paris: Actes-Sud, 1992.

_____ [1973]. Grotowski dans le style indirect libre. *Le Théâtre en Pologne*, Varsóvia, n. 10 (194), 1974.

KLOSSOWICZ, Jan. Grotowski en Pologne. *Le Théâtre en Pologne*, n. 5 (153), maio 1971.

KOLANKIEWICZ, Leszek. Grotowski alla ricerca dell'essenza. In: DEGLER, Janusz; ZIÓLKOWSKI, Grzegorz (orgs.). *Essere un uomo totale*. Pisa: Titivillus, 2005.

_____. *On the Road to Active Culture: The Activities of Grotowski's Theatre Laboratory Institute in the Years 1970-1977*. Wroclaw, 1978. Brochura não destinada à publicação.

KRECZMAR apud GROTOWSKI, J. [fev., 1962]. A Possibilidade do Teatro. In: FLASZEN, Ludwik; POLLASTRELLI, Carla (orgs.) *O Teatro-Laboratório de Jerzy Grotowski: 1959-1969*. São Paulo: Fondazione Pontedera Teatro/Sesc-SP/Perspectiva, 2007.

KROSIGK, Barbara Schwerin von. Jerzy Grotowski: À la recherche de la dimension spirituelle perdue. *Theaterschreft*, n. 13, set. 1998.

KUMIEGA, Jennifer. *The Theatre of Grotowski*. Londres/Nova York: Methuen, 1985.

LOPES, Angela Leite. Além da Interpretação, de Stanislavski a Grotowski. *Folhetim* (Teatro do Pequeno Gesto), n. 9, jan./abr., 2001.

LUPA, Krystian. *Krystian Lupa, entretiens realisés par Jean-Pierre Thibaudat*. Paris: Actes Sud, 2004.

MAGNAT, Virginie. Cette vie n'est pas suffisante: De l'acteur selon Stanislavski au performer selon Grotowski. *Théatre/Public*, Paris, 153, mai.-juin. 2000.

MARIJNEN, Franz [1966]. O Treinamento do Ator. In: GROTOWSKI, Jerzy. *Em Busca de um Teatro Pobre*. Rio de Janeiro: Civilização Brasileira, 1987.

MAUSS, Marcel. As Técnicas Corporais. In: *Sociologia e Antropologia*. São Paulo: Edusp, 1974.

BIBLIOGRAFIA 433

MENCARELLI, Fernando. Grotowski e a Criação Teatral Contemporânea no Brasil. In: CARREIRA, André; VILLAR, Fernando et al. (orgs.) *Mediações Performáticas Latino-Americanas II*. Belo Horizonte: FALE/UFMG, 2004.

MENNEN, Richard. Jerzy Grotowski's Paratheatrical Projects. *The Drama Review*, T-68, dez., 1975.

MILOSZ, Czeslaw. *La Terre d'Ulro*. Paris: Albin Michel, 1996.

MOTTA LIMA, Tatiana. A Arte como Veículo. *Revista do Lume*, Campinas, n. 2, 1999.

_____. Conter o Incontível: Apontamentos Sobre os Conceitos de "Estrutura" e "Espontaneidade" em Grotowski. *Sala Preta, Revista de Artes Cênicas*, São Paulo, n. 5, 2005.

_____. Consideraciones sobre "The Action". *Cuadernos de Picadero*, Instituto Nacional del Teatro, n. 5, 2005.

ODIER, Daniel. *Tantra Yoga, le Tantra de la connaisance suprême*. Paris: Albin Michel, 2004.

OSINSKI Zbigniew. Grotowski au Collège de France: Leçon première. *Le Théâtre en Pologne*, n. 3, 1997.

_____. *Grotowski wytycza trasy*. Varsóvia: Pusty Oblok, 1993.

_____. La tradizione di Reduta in Grotowski e nel Teatro Laboratório. *Teatro e Storia*, ano V, n. 9, n. 2, out. 1990.

_____. La Tradition de Stanislavski au "Théâtre Reduta" et au "Théâtre Laboratoire". *Bouffonneries*, n. 20-21, 1989.

_____. Vingt ans du Théâtre Laboratoire de Jerzy Grotowski. *Le Théâtre en Pologne*, Varsóvia, n. 5, 1980.

OUAKNINE, Serge. *Théâtre laboratoire de Wroclaw: Le Prince constant. Étude et recontitution du déroulement du spectacle. Les Voies de la Création Théâtrale*, v. I. Editions du Centre National de la Recherche Scientifique, 1970.

PAZ, Octavio. *Vislumbres da Índia*. São Paulo: Mandarim, 1996.

POLIAKOVA, Jelena Ivanovna. Sulerjickij et le Premier studio. In: *Le Siècle Stanislavski*, Centre d'Action Culturelle de Montreuil, 1989.

POLLASTRELLI, Carla. Prefácio. In: FLASZEN, Ludwik; POLLASTRELLI, Carla (orgs.). *O Teatro-Laboratório de Jerzy Grotowski: 1959-1969*. São Paulo: Fondazione Pontedera Teatro/Sesc-SP/ Perspectiva, 2007.

_____. Prefazione. In: J. Grotowski. *Holiday e Teatro delle Fonti*. Florença: La Casa Usher, 2006.

PONDÉ, Luiz Felipe. *Crítica e Profecia: A Filosofia da Religião em Dostoiévski*. São Paulo: Editora 34, 2003.

PRADIER, Jean-Marie. Sciences et arts de la Vie. *Théâtre*, n. 7 , Montreal, 2002. Actes du colloque "Théorie et Pratique".

_____. Des Chimères de l'abstration au ravissement des corps em scène. In: *Internationale de L'Imaginaire, nouvelle série*, n. 20, Paris, Babel/Maison des Cultures du Monde, 2005. Cultures du Monde, matériaux et pratiques,

PUZYNA, Konstanty. *Apocalypsis cum Figuris. Le Théâtre en Pologne*, n. 6-7, 1971.

_____. Alcune note storiche. Entrevista concedida a Renata Molinari. *Sipario*, Milão, Trimestrale Monografico di Teatro, ano XXXV, n. 404, I trimestre, 1980.

REICH, William. *A Função do Orgasmo*. São Paulo: Brasiliense, 1982.

_____. *Assassinato de Cristo*. São Paulo: Martins Fontes, 1991.

RENOU, Louis. *L'Hindouisme*. Paris: PUF, 2001.

434 PALAVRAS PRATICADAS

RICHARDS, Thomas. *Trabalhar com Grotowski Sobre as Ações Físicas*. São Paulo: Perspectiva, 2012.

_____. [2008]. *Heart of Practice, within the Workcenter of Jerzy Grotowski and Thomas Richards*. Londres/Nova York: Routledge, 2008.

_____ . *De L'art comme véhicule*. Tese de doutoramento. Universidade Paris VIII, 2001.

_____. *The Edge-Point of Performance*. Pontedera: Documentation Series of the *Workcenter* of Jerzy Grotowski, fevereiro, 1997.

_____ [1993]. *Travailler avec Grotowski sur les Actions physiques*. Paris: Actes Sud/Académie Expérimentale des Theaters, 1995.

_____. *Al lavoro con Grotowski sulle azioni fisiche*. Milão: Ubulibri, 1993.

ROUBINE, Jean-Jacques. *A Linguagem da Encenação Teatral*. Rio de Janeiro: Zahar, 1982.

RUFFINI, Franco. La stanza vuota: Uno studio sul livro di Jerzy Grotowski. *Teatro e Storia*, XIII-XIV, 1998/1999.

SARACENO, Benedetto. Alla frontiera della storia. *Sipario*, trimestrale monografico di teatro, Milão, ano XXXV, n. 404, trimestre I, 1980.

SCHECHNER, Richard. Introduction (Part I). In: _____; WOLFORD, Lisa (orgs.). *The Grotowski Sourcebook*. Londres/Nova York: Routledge, 1997.

_____. Introduction (Part II). In: _____; WOLFORD, Lisa (orgs.). *The Grotowski Sourcebook*. Londres/Nova York: Routledge, 1997.

_____. Exoduction. In: _____; WOLFORD, Lisa (orgs.). *The Grotowski Sourcebook*. Londres/Nova York: Routledge, 1997.

SCHECHNER, Richard; WOLFORD, Lisa (orgs.). *The Grotowski Sourcebook*. Londres/Nova York: Routledge, 1997.

SCHULTZ, J. H. *O Treinamento Autógeno, Autorrelaxação Concentrativa*. São Paulo: Mestre Jou, 1967.

SIEWIERSKI, Henryk. *História da Literatura Polonesa*. Brasília: Editora UNB, 2000.

SILVA, Marta Isaacsson de Souza e. *Le Processus créateur de l'Acteur: Etude d'une filiation, Stanislavski et Grotowski*. Tese de doutoramento, Paris III, 1991.

SLOWIAK, James; CUESTA, Jairo. *Jerzy Grotowski*. Londres/Nova York: Routledge, 2007.

SORIANO, Jaime. Una Conclusión Mexicana. *Máscara: Cuaderno Iberoamericano de Reflexion sobre Escenologia*, Cidade do México, ano 3, n. 11-12, 1993.

STANISLÁVSKI, Constantin. *El Trabajo del Actor Sobre Si Mesmo. Tomo I: En el Proceso Creador de las Vivencias*. Buenos Aires: Quetzal, 1994.

_____. *El Trabajo del Actor sobre Si Mesmo, Tomo II: En el Proceso Creador de la Encarnacion*. Buenos Aires: Quetzal, 1986.

_____. *Trabajos Teatrales*. Buenos Aires: Quetzal, 1986.

_____. *A Preparação do Ator*. Rio de janeiro: Civilização Brasileira, 1984.

_____. *A Criação do Papel*. Rio de Janeiro: Civilização Brasileira, 1972.

_____. *A Construção do Personagem*. Rio de Janeiro: Civilização Brasileira, 1970.

_____. *Minha Vida na Arte*. São Paulo: Anhembi, 1956.

SZYDLOWSKI, Roman. *Le Théâtre em Pologne*. Varsóvia: Interpress, 1972.

TAVIANNI, Fernando. Commento a il performer. *Teatro e Storia*, Bolonha, 5, ano III, n. 2, 1988.

_____. Grotowski posdomani. Ventuno riflessioni sulla doppia visuale. *Teatro e Storia*, ano XIII, n. 20-21, 1998/1999.

BIBLIOGRAFIA 435

TEMKINE, Raymonde. *Grotowski*. Lausanne: L'Age d'Homme, 1968. (Collection Théâtre Vivant.)

TIEZZI, Federico. *Workcenter di Jerzy Grotowski a Pontedera: Action, maggio 1988. Dieci Anni Dopo: Only Connect. Il Patalogo ventuno annuario dello spettacolo*, Ubulibri, 1998.

TODOROV, Tzvetan. *Em Face ao Extremo*. Campinas: Papirus, 1995.

_____. *Face à l'Extrême*. Paris: Seuil, 1994.

TOPORKOV, Vasily Osipovich. *Stanislavski Dirige*. Buenos Aires: General Fabril, 1961.

TREUGUTT, Stefan. La Tradition romantique du théâtre polonais. *Le Thèâtre en Pologne*, Varsóvia, jul.-ago. 1965.

TRUNGPA, Chogyam. *L'Aube du Tantra*. Paris: Albin Michel, 1982.

TURNER, Victor; BRUNER, Edward (ed.) *The Anthropology of Experience*. Chicago: University of Illinois Press, 1986.

WEIL, Simone. *A la Espera de Dios*. Madri: Editorial Trotta, 1993.

WHITE, R. Andrew. Stanislavski and Ramacharaka: The Influence of Yoga and Turn-of-the-Century Occultisme on the System. *Theatre Survey: The Journal of the American Society for Theatre Research*, v. 47, n.1, maio 2006.

WOLFORD, Lisa. General Introduction: Ariadne's Thread. In: SCHECHNER, Richard; WOLFORD, Lisa (orgs.). *The Grotowski Sourcebook*. Londres/Nova York: Routledge, 1997.

_____. *Grotowski's Objective Drama Research*. Mississipi: University Press of Mississippi, 1996.

ZIÓLKOWSKI, Grzegorz. Introduzione. In: DEGLER, Janusz; ZIÓLKOWSKI, Grzegorz (orgs.)*Essere un uomo totale: Autori polacchi su Grotowski. L'ultimo decennio*. Pisa: Titivillus, 2005.

FONTES

Impressas

Bouffoneries, Paris, Exercise(s) Le Siècle Stanislavski, n. 18-19, Ed. Bouffoneries Centre D'Action Culturelle de Montreuil, 1989.

Bouffoneries, Paris, Le Siècle Stanislavski., n. 20-21, Ed. Bouffoneries Centre D'Action Culturelle de Montreuil, 1989.

Dialog, Il Teatro in Polonia. Tradizione e contemporaneità nella rivista *Dialog*, ano XXIV, n. 12, 1979.

Il Pegaso d'Oro della Regione Toscana, Pubblicazione a cura dell'Ufficio di gabinetto del Presidente, 1998.

Les Voies de la Creation Thèatrale, Théâtre Laboratoire de Wroclaw, v. I, Editions du Centre National de la Recherche Scientifique, 1970.

Máscara: Cuaderno Iberoamericano de Reflexion sobre Escenologia, Cidade do México, ano 3, n. 15, out. 1993. Stanislavski, Esse Desconocido.

Máscara: Cuaderno Iberoamericano de Reflexion sobre Escenologia, Cidade do México, ano 3, n. 11-12, jan. 1993. Grotowski.

Simpósio Internacional "Arte como veículo: O Trabalho Atual de Grotowsky e Thomas Richards". São Paulo: Sesc, 1996.

436 PALAVRAS PRATICADAS

Sipario, trimestrale monografico di teatro, Milão, ano XXXV, n. 404, I trimestre 1980.

Teatro e Storia, n. 20-21, 1998/1999.

Tecnique originarie dell'attore – palestras proferidas por Grotowski pelo Istituto del Teatro e dello Spettacolo, no Teatro Ateneo dell'Università di Roma "La Sapienza", entre março e maio de 1982. (Transcrição não revista pelo autor e não publicada. Arquivo da prof. Luisa Tinti.)

TDR, *The Drama Review*, v. 35, n. 1 (T129), 1991.

TDR, *The Drama Review*, Re-Reading Grotowski.v. 52, n. 2, summer (T198), 2008.

On the Road to Active Culture The Activities of Grotowski's Theatre Laboratory Institute in the Years 1970-1977 (Leslek Kolankiewicz). The Centre of Studies on Jerzy Grotowski's Work and of Cultural and Theatrical Research, Wroclaw, Polônia. (Não publicado.)

Programa do espetáculo *Akrópolis* em inglês. The Centre of Studies on Jerzy Grotowski's Work and of Cultural and Theatrical Research, Wroclaw, Polônia.

Programas do espetáculo *Apocalypsis cum Figuris* em espanhol e em francês. The Centre of Studies on Jerzy Grotowski's Work and of Cultural and Theatrical Research, Wroclaw, Polônia.

Programa da obra *Thanatos Polski* em francês. The Centre of Studies on Jerzy Grotowski's Work and of Cultural and Theatrical Research, Wroclaw, Polônia, Workcenter of Jerzy Grotowski. Centro per la Sperimentazione e la Ricerca Teatrale, Pontedera, Itália, 1988.

Roteiros de Vídeos e Filmes

A Postcard from Opole. Direção: Michael Elster. Produção: Academy Film and Theatre, Lodz, 1963.

A Sacrileous Rite Abounding in Sorcery. Jerzy Grotowski's Theatre Laboratory. Direção: Krzysztof Domagalik. Produção: TVP Warszawa, 1979.

Grotowski. Was Socrates a Pole? Produção e direção: Jean-Marie Drot, 1966.

The Total Actor. Reminiscences of Ryszard Cieślak (1937-1990). Direção: Krzysztof Domagalik. Produção: TV Theatre and the Centre, 1994.

Audiovisuais

Vídeos e Filmes

Akropolis. Filmado nos Studios Twickenham em novembro de 1968. Produção: Lewis Freedman. A apresentação do espetáculo é feita por Peter Brook. Foi ao ar pela primeira vez em 12 de dezembro de 1969, canal 13, New York cable TV.

BIBLIOGRAFIA 437

Il Teatr Laboratorium di Jerzy Grotowski. Direção: Marianne Ahrne. Esse filme faz parte do projeto "Cinque sensi del teatro. Cinque monografie sulla filosofia del teatro" organizado por Mario Raimondo. Produção: RAI, 1992.

Jerzy Grotowski, esquise d'un portrait. Direção: Maria Zmarz-Koczanowicz. Produção: Telewiska Polska/Arte, 1999.

My Dinner with Andre. Filme de Louis Malle com Wallace Shawn e André Gregory. Produção: The André Company New York, USA, 1981.

The Constant Prince. Reconstrução da performance. Instituto de Teatro de Roma, 1970.

TEATRO NA PERSPECTIVA

O Sentido e a Máscara
  Gerd A. Bornheim (D008)
A Tragédia Grega
  Albin Lesky (D032)
Maiakóvski e o Teatro de Vanguarda
  Angelo M. Ripellino (D042)
O Teatro e sua Realidade
  Bernard Dort (D127)
Semiologia do Teatro
  J. Guinsburg, J. T. Coelho Netto e
  Reni C. Cardoso (orgs.) (D138)
Teatro Moderno
  Anatol Rosenfeld (D153)
O Teatro Ontem e Hoje
  Célia Berrettini (D166)
Oficina: Do Teatro ao Te-Ato
  Armando Sérgio da Silva (D175)
*O Mito e o Herói no Moderno Teatro
Brasileiro*
  Anatol Rosenfeld (D179)
*Natureza e Sentido da Improvisação
Teatral*
  Sandra Chacra (D183)
Jogos Teatrais
  Ingrid D. Koudela (D189)
Stanislávski e o Teatro de Arte de Moscou
  J. Guinsburg (D192)
O Teatro Épico
  Anatol Rosenfeld (D193)
Exercício Findo
  Décio de Almeida Prado (D199)
O Teatro Brasileiro Moderno
  Décio de Almeida Prado (D211)
Qorpo-Santo: Surrealismo ou Absurdo?
  Eudinyr Fraga (D212)
Performance como Linguagem
  Renato Cohen (D219)
Grupo Macunaíma: Carnavalização e Mito
  David George (D230)
Bunraku: Um Teatro de Bonecos
  Sakae M. Giroux e Tae Suzuki (D241)
No Reino da Desigualdade
  Maria Lúcia de Souza B. Pupo (D244)

A Arte do Ator
  Richard Boleslavski (D246)
Um Vôo Brechtiano
  Ingrid D. Koudela (D248)
Prismas do Teatro
  Anatol Rosenfeld (D256)
Teatro de Anchieta a Alencar
  Décio de Almeida Prado (D261)
A Cena em Sombras
  Leda Maria Martins (D267)
Texto e Jogo
  Ingrid D. Koudela (D271)
O Drama Romântico Brasileiro
  Décio de Almeida Prado (D273)
Para Trás e Para Frente
  David Ball (D278)
Brecht na Pós-Modernidade
  Ingrid D. Koudela (D281)
O Teatro É Necessário?
  Denis Guénoun (D298)
O Teatro do Corpo Manifesto: Teatro Físico
  Lúcia Romano (D301)
O Melodrama
  Jean-Marie Thomasseau (D303)
Teatro com Meninos e Meninas de Rua
  Marcia Pompeo Nogueira (D312)
O Pós-Dramático: Um Conceito Operativo?
  J. Guinsburg e Sílvia Fernandes
  (orgs.) (D314)
Contar Histórias com o Jogo Teatral
  Alessandra Ancona de Faria (D323)
João Caetano
  Décio de Almeida Prado (E011)
Mestres do Teatro I
  John Gassner (E036)
Mestres do Teatro II
  John Gassner (E048)
Artaud e o Teatro
  Alain Virmaux (E058)
Improvisação para o Teatro
  Viola Spolin (E062)
Jogo, Teatro & Pensamento
  Richard Courtney (E076)

Teatro: Leste & Oeste
Leonard C. Pronko (E080)
Uma Atriz: Cacilda Becker
Nanci Fernande e Maria T. Vargas
(orgs.) (E086)
TBC: Crônica de um Sonho
Alberto Guzik (E090)
Os Processos Criativos de Robert Wilson
Luiz Roberto Galizia (E091)
Nelson Rodrigues: Dramaturgia e Encenações
Sábato Magaldi (E098)
José de Alencar e o Teatro
João Roberto Faria (E100)
Sobre o Trabalho do Ator
M. Meiches e S. Fernandes (E103)
Arthur de Azevedo: A Palavra e o Riso
Antonio Martins (E107)
O Texto no Teatro
Sábato Magaldi (E111)
Teatro da Militância
Silvana Garcia (E113)
Brecht: Um Jogo de Aprendizagem
Ingrid D. Koudela (E117)
O Ator no Século xx
Odette Aslan (E119)
Zeami: Cena e Pensamento Nô
Sakae M. Giroux (E122)
Um Teatro da Mulher
Elza Cunha de Vincenzo (E127)
Concerto Barroco às Óperas do Judeu
Francisco Maciel Silveira (E131)
Os Teatros Bunraku e Kabuki:
Uma Visada Barroca
Darci Kusano (E133)
O Teatro Realista no Brasil: 1855-1865
João Roberto Faria (E136)
Antunes Filho e a Dimensão Utópica
Sebastião Milaré (E140)
O Truque e a Alma
Angelo Maria Ripellino (E145)
A Procura da Lucidez em Artaud
Vera Lúcia Felício (E148)

Memória e Invenção: Gerald Thomas
em Cena
Sílvia Fernandes (E149)
O Inspetor Geral de Gógol/Meyerhold
Arlete Cavaliere (E151)
O Teatro de Heiner Müller
Ruth C. de O. Röhl (E152)
Falando de Shakespeare
Barbara Heliodora (E155)
Moderna Dramaturgia Brasileira
Sábato Magaldi (E159)
Work in Progress na Cena
Contemporânea
Renato Cohen (E162)
Stanislávski, Meierhold e Cia
J. Guinsburg (E170)
Apresentação do Teatro Brasileiro Moderno
Décio de Almeida Prado (E172)
Da Cena em Cena
J. Guinsburg (E175)
O Ator Compositor
Matteo Bonfitto (E177)
Ruggero Jacobbi
Berenice Raulino (E182)
Papel do Corpo no Corpo do Ator
Sônia Machado Azevedo (E184)
O Teatro em Progresso
Décio de Almeida Prado (E185)
Édipo em Tebas
Bernard Knox (E186)
Depois do Espetáculo
Sábato Magaldi (E192)
Em Busca da Brasilidade
Claudia Braga (E194)
A Análise dos Espetáculos
Patrice Pavis (E196)
As Máscaras Mutáveis do Buda Dourado
Mark Olsen (E207)
Crítica da Razão Teatral
Alessandra Vannucci (E211)
Caos e Dramaturgia
Rubens Rewald (E213)

Para Ler o Teatro
Anne Ubersfeld (E217)
Entre o Mediterrâneo e o Atlântico
Maria Lúcia de Souza B. Pupo (E220)
Yukio Mishima: O Homem de Teatro
e de Cinema
Darci Kusano (E225)
O Teatro da Natureza
Marta Metzler (E226)
Margem e Centro
Ana Lúcia V. de Andrade (E227)
Ibsen e o Novo Sujeito da Modernidade
Tereza Menezes (E229)
Teatro Sempre
Sábato Magaldi (E232)
O Ator como Xamã
Gilberto Icle (E233)
A Terra de Cinzas e Diamantes
Eugenio Barba (E235)
A Ostra e a Pérola
Adriana Dantas de Mariz (E237)
A Crítica de um Teatro Crítico
Rosangela Patriota (E240)
O Teatro no Cruzamento de Culturas
Patrice Pavis (E247)
Eisenstein Ultrateatral
Vanessa Teixeira de Oliveira (E249)
Teatro em Foco
Sábato Magaldi (E252)
A Arte do Ator entre os Séculos XVI e XVIII
Ana Portich (E254)
O Teatro no Século XVIII
Renata S. Junqueira e Maria Gloria C. Mazzi (orgs.) (E256)
A Gargalhada de Ulisses
Cleise Furtado Mendes (E258)
Dramaturgia da Memória no Teatro-Dança
Lícia Maria Morais Sánchez (E259)
A Cena em Ensaios
Béatrice Picon-Vallin (E260)
Teatro da Morte
Tadeusz Kantor (E262)
Escritura Política no Texto Teatral
Hans-Thies Lehmann (E263)

Na Cena do Dr. Dapertutto
Maria Thais (E267)
A Cinética do Invisível
Matteo Bonfitto (E268)
Luigi Pirandello:
Um Teatro para Marta Abba
Martha Ribeiro (E275)
Teatralidades Contemporâneas
Sílvia Fernandes (E277)
Conversas sobre a Formação do Ator
Jacques Lassalle e Jean-Loup Rivière (E278)
A Encenação Contemporânea
Patrice Pavis (E279)
As Redes dos Oprimidos
Tristan Castro-Pozo (E283)
O Espaço da Tragédia
Gilson Motta (E290)
A Cena Contaminada
José Tonezzi (E291)
A Gênese da Vertigem
Antonio Araújo (E294)
Do Grotesco e do Sublime
Victor Hugo (EL05)
O Cenário no Avesso
Sábato Magaldi (EL10)
A Linguagem de Beckett
Célia Berrettini (EL23)
Idéia do Teatro
José Ortega y Gasset (EL25)
O Romance Experimental e o Naturalismo no Teatro
Emile Zola (EL35)
Duas Farsas: O Embrião do Teatro de Molière
Célia Berrettini (EL36)
Marta, A Árvore e o Relógio
Jorge Andrade (T001)
O Dibuk
Sch. An-Ski (T005)
Leone de'Sommi: Um Judeu no Teatro da Renascença Italiana
J. Guinsburg (org.) (T008)

Urgência e Ruptura
  Consuelo de Castro (T010)
Pirandello do Teatro no Teatro
  J. Guinsburg (org.) (T011)
Canetti: O Teatro Terrível
  Elias Canetti (T014)
Idéias Teatrais: O Século XIX no Brasil
  João Roberto Faria (T015)
Heiner Müller: O Espanto no Teatro
  Ingrid D. Koudela (org.) (T016)
Büchner: Na Pena e na Cena
  J. Guinsburg e Ingrid Dormien
  Koudela (orgs.) (T017)
Teatro Completo
  Renata Pallottini (T018)
Barbara Heliodora: Escritos sobre Teatro
  Claudia Braga (org.) (T020)
Machado de Assis: Do Teatro
  João Roberto Faria (org.) (T023)
*Luís Alberto de Abreu: Um Teatro
de Pesquisa*
  Adélia Nicolete (org.) (T025)
Três Tragédias Gregas
  G. de Almeida e T. Vieira (S022)
Édipo Rei de Sófocles
  Trajano Vieira (S031)
As Bacantes de Eurípides
  Trajano Vieira (S036)
Édipo em Colono de Sófocles
  Trajano Vieira (S041)
Agamêmnon de Ésquilo
  Trajano Vieira (S046)
Antígone de Sófocles
  Trajano Vieira (S049)
Lisístrata e Tesmoforiantes de Aristófanes
  Trajano Vieira (S052)
Teatro e Sociedade: Shakespeare
  Guy Boquet (K015)
Alteridade, Memória e Narrativa
  Antonia Pereira Bezerra (P27)
Lisístrata e Tesmoforiantes, de Aristófanes
  Trajano Vieira (S52)
Eleonora Duse: Vida e Obra
  Giovanni Pontiero (PERS)

Linguagem e Vida
  Antonin Artaud (PERS)
Ninguém se Livra de seus Fantasmas
  Nydia Licia (PERS)
O Cotidiano de uma Lenda
  Cristiane Layher Takeda (PERS)
*Vsévolod Meierhold, Ou a Invenção
da Encenação*
  Gérard Abensour (PERS)
Eis Antonin Artaud
  Florence de Mèredieu (PERS)
História Mundial do Teatro
  Margot Berthold (LSC)
O Jogo Teatral no Livro do Diretor
  Viola Spolin (LSC)
Dicionário de Teatro
  Patrice Pavis (LSC)
*Dicionário do Teatro Brasileiro: Temas,
Formas e Conceitos*
  J. Guinsburg, João Roberto Faria e
  Mariangela Alves de Lima (LSC)
Jogos Teatrais: O Fichário de Viola Spolin
  Viola Spolin (LSC)
Br-3
  Teatro da Vertigem (LSC)
Zé
  Fernando Marques (LSC)
Últimos: Comédia Musical em Dois Atos
  Fernando Marques (LSC)
Jogos Teatrais na Sala de Aula
  Viola Spolin (LSC)
*Uma Empresa e seus Segredos:
Companhia Maria Della Costa*
  Tania Brandão (LSC)
O Teatro Laboratório de Jerzy Grotowski
  Ludwik Flaszen e Carla Pollastrelli
  (cur.) (LSC)
Queimar a Casa: Origens de um Diretor
  Eugenio Barba (LSC)
*Rastros: Treinamento e História de uma
Atriz do Odin Teatret*
  Roberta Carreri (LSC)

Este livro foi impresso na cidade de São Paulo,
nas oficinas da Markpress Brasil, em setembro de 2012,
para a Editora Perspectiva.